Geist und Natur

Hans-Peter Dürr
Walther Ch. Zimmerli
(Herausgeber)

Geist und Natur

Über den Widerspruch zwischen naturwissenschaftlicher Erkenntnis und philosophischer Welterfahrung

Scherz

1. Auflage der Sonderausgabe 1991

Inhalt

Walther Ch. Zimmerli

Vorwort

Daß wir Menschen sind, was wir sind, und doch zugleich immer auch mehr, ist eines der ältesten Rätsel, das uns zu philosophieren treibt. «Transzendenz» hat man es genannt, die Metaphysik hat es in begrifflicher, die Kunst in sinnlicher Form und die mystische Religiosität in unmittelbarer Vereinigung zu erfassen gesucht.

Eins zu sein mit sich selbst und doch uneins, sich selbst zu übersteigen und doch an sich gefesselt zu bleiben – dieses Dilemma der Erfahrung unseres eigenen Daseins hat im neuzeitlichen wissenschaftlich-technischen Typ der Welterfassung ihr Gegenstück gefunden. Natur wird zum Anderen des Menschen, das von ihm erfaßt, durchschaut und schließlich beherrscht werden kann. Daß es eben dieser Prozeß ist, der das Dilemma noch weiter zuspitzt, zeigt sich an verschiedenen scheinbar charakteristischen Zügen des westlichen neuzeitlichen Denkens:

In dem Maße, in dem die außermenschliche Natur sich technisch-wissenschaftlicher Erfassung erschließt, scheint die Einheit von menschlicher und außermenschlicher Natur sich zu entfernen.
In dem Maße, in dem die Welt durch die wissenschaftlich-technische Rationalität «entzaubert» wird, scheint die einheitsstiftende Kraft religiöser und mythischer Weltbilder zu ermatten.
In dem Maße, in dem wissenschaftlich-technische Spezialkenntnisse zunehmen, scheint der sie einigende ganzheitliche Zusammenhang zu verschwinden.
In dem Maße, in dem unser wissenschaftlich-technisches Wissen über das, was ist, zunimmt, scheint unser moralisches Wissen über das, was sein soll, abzunehmen.

Kurz: Es sieht so aus, als gehe mit zunehmendem wissenschaftlich-technischen Wissen über das Sein ein Verschwinden der Orientierung über den Sinn Hand in Hand. Da verwundert es nicht, daß als naheliegender Ausweg in einer etwas zu wörtlichen Interpretation von «Orientierung» Abhilfe im Osten gesucht wird. Fernöstliche Weisheit und Kunst, meditative Praktiken und neue Formen einer erleuchteten Spiritualität bieten sich aus dem Schatz uralter kultureller Traditionen an, die durchaus neben der sich weltweit ausbreitenden technisch-wissenschaftlichen Rationalität der westlichen Neuzeit bestehen können. Aber auch innerhalb von deren eigener Entwicklung lassen sich Tendenzen zur ganzheitlichen Weltdeutung, zur Einarbeitung von Transzendenz und zur Berücksichtigung des theoretischen wie praktischen Dilemmas des Menschen erkennen.

Nun ist es eines der Kennzeichen westlicher wissenschaftlich-technischer Rationalität, solche ihrerseits die Wissenschaft übersteigenden Leistungsversprechen in Richtung einer ganzheitlichen Weltorientierung nicht einfach nebeneinander stehen zu lassen, sondern argumentativ aufeinander zu beziehen und so gegebenenfalls irreführende Vorurteile zu beseitigen und hilfreiche Vorurteile zu bestätigen, gemäß der paulinischen Ermahnung, alles zu prüfen und das Gute zu behalten.

Dies war denn auch die – gewiß nicht bescheidene – Absicht, die dazu führte, daß die Stiftung Niedersachsen vom 21. bis 27. Mai 1988 in Hannover einen internationalen Kongreß der Superlative durchführte, dessen wissenschaftliche Koordination mir übertragen wurde. Über 60 international renommierte Wissenschaftler, Philosophen, Meditationslehrer und Geistliche trafen sich, um eine Woche lang miteinander sowie mit den Tausenden von Teilnehmern über die Kongreßthematik diskursiv und meditativ nachzudenken. Ein «rauschendes Fest des Denkens» hatte ich in meinen Begrüßungsworten zur Eröffnung des Kongresses versprochen; und für nahezu alle Teilnehmer wurde diese Begegnung von westlichem und östlichem Denken, von wissenschaftlich-technischer Rationalität und mystischer Religiosität, von theoretischem Diskurs und meditativen Praktiken zu einem einmaligen und unvergeßlichen Erlebnis. Gewiß – hierzu die Form eines wissenschaftlich-philosophischen Kongresses zu wählen, ist bereits ein Zugeständnis an unsere westlich-neuzeitliche Rationalität. Aber sie ist nun einmal der Felsen, an den unser Denken prometheisch gefesselt ist; selbst unsere Versuche, dies zu leugnen, erfolgen noch nach Maßgabe ihrer Regeln. Und gewiß ist ein Kongreß dieser Art nicht auch schon die Lösung der Probleme, die er thematisiert. Vielmehr handelt es sich dabei um einen «ersten Gesprächstermin», wie Carl Friedrich von Weizsäcker es formuliert hat.

Die hier in einem Buch versammelte Auswahl von Beiträgen stellt denn auch nicht eine Kongreßdokumentation dar. Das wäre bei einem Kongreß dieser Art, bei dem nicht nur mehr als doppelt so viele Vorträge gehalten wurden, sondern auch eine größere Anzahl an meditativ-praktischen, religiösen und durch Selbstorganisation der Teilnehmer zustande gekommenen zusätzlichen Veranstaltungen durchgeführt wurden, gar nicht möglich. Außerdem würde es meine Kompetenz als Philosoph, der von der wissenschaftlich-technischen Rationalität des Westens geprägt ist, übersteigen.

Die hier vorgelegte Auswahl setzt vielmehr bewußt Akzente, die auch von der sorgfältig vorbereiteten Struktur des Kongresses wesentlich abweichen. Von der westlichen wissenschaftlich-technischen Rationalität und deren selbsttranszendierenden Elementen geht sie mit den Beiträgen von Carl Friedrich von Weizsäcker, Hans-Peter Dürr, Hans Jonas und Ilya Prigogine («Welt, Wissenschaft, Wirklichkeit») aus, zu ihr führt sie mit den Gedanken von Erwin Chargaff, Roger Garaudy, Sir Karl Raimund Popper und mir selbst zurück («Technische Wissenschaft, Natur, westliche Kultur»). Von den evolutionsbiologischen Hintergründen bis zur Ästhetik reichen die neurobiologisch- und neuropsychologisch-philosophischen Analysen von Sir John Eccles, Francisco Varela, Ernst Pöppel und Ingo Rentschler («Geist, Gehirn, ästhetische Wahrnehmung»). Die Vorträge von Carolyn Merchant, Hazel Henderson und Francesco Forte beleuchten dagegen normativ die Dimensionen von Umwelt, Industrie und Wirtschaft («Natur, Ökologie, Ökonomie»). Grundsätzlich andere, nämlich nah- und fernöstliche Zugänge zum Problem von Geist und Natur finden sich dagegen in den Überlegungen von Agehananda Bharati, Raimundo Panikkar und Seyyed Hossein Nasr («Ganzheitliche Rationalität, Mystik, Mythos»). Die Verbindung von diesen Fragen via unterschiedliche Religionen zur Verantwortung des Christen knüpfen die Texte von Rocque Lobo, Michael von Brück, Hugo Enomiya-Lassalle SJ, David Steindl-Rast und Kardinal Franz König («Zeitlichkeit, Kontemplation, Religion»), während die Beiträge von Hans Sebald und Christof Schorsch über eine Kritik an voreiligen Synthesen von fernöstlicher Geistigkeit und westlicher Zivilisation («Wiederverzauberte Natur, Versöhnung, neue Spiritualität») zur bereits erwähnten Rückkehr zum Ausgangspunkt der wissenschaftlich-technischen Rationalität überleiten. Die Gedanken, mit denen der Gastgeber Ernst Albrecht, Ministerpräsident des Landes Niedersachsen, den Kongreß eröffnete, sind der Auswahl vorangestellt.

Dem wissenschaftlichen Koordinator des Kongresses und Herausgeber dieses Buches bleibt zum Abschluß dieser Vorbemerkungen noch die angenehme Pflicht, Dank zu sagen: der Stiftung Niedersachsen für den wahrhaft nicht eben häufigen Mut, ein Unternehmen dieser Art durchzuführen, dem «Spiritus rector» Carl Friedrich von Weizsäcker für die vielfältigen geistigen Anstöße, den Mitgliedern der wissenschaftlichen Vorbereitungsgruppe, Michael von Brück, Rocque Lobo und Ingo Rentschler, für die unermüdliche und letztlich erfolgreiche Anstrengung um die Gestaltung des Programms, der Firma Media & Congress für ihre erstaunlichen organisatorischen Leistungen, dem Generalsekretär der Stiftung Niedersachsen, Bernd Kauffmann, für geduldige Flexibilität und immense Arbeit, meinen eigenen Mitarbeitern, allen voran Veronika Werner und Roland Simon-Schaefer, für effektive und freundschaftliche Kooperation, dem Scherz Verlag für die Lösung der nicht wenigen Probleme bei Lektorierung und Produktion sowie meinem Mitherausgeber Hans-Peter Dürr für Großzügigkeit und Nachsicht. Der größte Dank aber gilt den Autoren, ohne die es überhaupt nicht zu einem Buch gekommen wäre, und den Lesern, ohne die es nie zu einem richtigen Buch werden würde.

Ernst Albrecht

Zur Eröffnung des Kongresses «Geist und Natur»

Das Thema «Geist und Natur» ist seit Jahrhunderten aktuell, und zwar aktuell im Wortsinne: Es bezeichnet die Beziehung zwischen jenen Wirkkräften, die unser Leben und Denken von allem Anfang an und quer durch alle Kulturen und Religionen hindurch bestimmen. Es ist daher kein Zufall, daß in Europa das vorsokratische Denken mit Thales von Milet und Anaxagoras bei der Frage nach den Prinzipien von Physis (Natur) und Nous (Geist) einsetzte.

Als ich der Stiftung Niedersachsen, die der Träger dieses Kongresses ist, vorschlug, einen internationalen Kongreß zu veranstalten, der dem Thema «Geist und Natur» gewidmet sein sollte, bin ich von drei Feststellungen ausgegangen. Die erste:

Philosophie und Naturwissenschaft, aber auch Religion und Naturwissenschaft, bewegen sich wieder aufeinander zu, nachdem es im 19. und beginnenden 20. Jahrhundert so aussah, als würden sich religiöse Erfahrungen, philosophisches Denken und naturwissenschaftliche Erkenntnisse immer weiter voneinander entfernen. Die Relativitätstheorie und die Quantenphysik haben hier einen ersten Richtungswandel herbeigeführt.

Heute gehen gerade von den modernen Naturwissenschaften bedeutende philosophische Impulse aus. Naturwissenschaftliche Erkenntnisse sind heute in hohem Maße philosophische oder doch philosophisch relevante Erkenntnisse, und es scheint, als könne die Kluft zwischen Naturwissenschaften, Philosophie und Religion zumindest ansatzweise überwunden werden.

Wir wollten deshalb führende Wissenschaftler aus den verschiedensten Kontinenten bitten, in Referaten und Gesprächen für die Öffentlichkeit deutlich zu machen, welches der Stand der Erkenntnisse ist.

Die zweite Feststellung:

In den letzten Jahren haben sich unsere Einstellung zur Natur und unsere Sicht der Stellung des Menschen in der Natur tiefgreifend gewandelt. Die moderne Technik, dieses Kind der Naturwissenschaften, hat uns gelehrt, daß wir mit den klassischen linearen Vorstellungen von Natur nicht auskommen, daß wir einen Weg finden müssen, der durch das Verhältnis von Einheit und Vielheit, Geist und Natur hindurchführen kann.

Die Natur- wie die Geistes- und Sozialwissenschaften in einer technologisch werdenden Welt sehen sich heute vor der Schwelle der Einsicht, daß philosophische Besinnung not tut, und die Philosophie selbst weiß, daß sie diese Aufgabe nur im Gespräch mit den Einzelwissenschaften angehen kann.

Natur – so denken nicht nur Wissenschaftler und Philosophen heute – kann nicht mehr als das Andere des Menschen aufgefaßt werden und der Geist nicht mehr als das bloß Andere der Natur. In den vielfältigen theoretischen Versuchen, dieses Beziehungsgeflecht als «Selbstorganisation», als «hochrückgekoppeltes System», als Zusammenspiel von menschlichem Denken und Handeln mit der außermenschlichen Natur zu sehen, drückt sich dieses neue Streben aus.

Es ist letztlich die durchaus praktische Erfahrung, daß die Welt nicht die objektive Wirklichkeit ist, die uns fremd gegenübersteht, sondern die Einheit, die uns ebenso wie unseren Objektbereich umgreift. Ich sage «Erfahrung», weil es sich dabei nicht um eine bloße Theorie handelt. Die Auswirkungen unserer technischen Umgestaltung der Welt sind greifbare Faktizität, die uns – wie unangenehm auch immer – von der Einheit der Natur überzeugen. Fraglos ist es in unseren Breiten die Technologie, die sich so als der Zusammenhang von Natur und Geist enthüllt.

Die von allen – zu Recht – beschworene ökologische Krise, das Ausgeliefertsein des Menschen an seine eigenen Produkte, das, was wir das «Zurückschlagen der geknechteten und ausgebeuteten Natur» nennen und was uns zur Beachtung des «Prinzips Verantwortung» zwingt, all dies zeigt, daß wir Zeit zur Besinnung brauchen.

Daher fragen wir nach dem Zusammenhang von «Geist und Natur». Martin Heidegger hat das Fragen die «Frömmigkeit des Denkens» genannt. Nicht das Räsonieren, nicht das laute Klagen, nicht das hektische Debattieren und erst recht nicht das blinde Machen wird uns helfen können. Es bedarf vielmehr der, wie Hegel sagen würde, «Anstrengung des Begriffs».

Und schließlich die dritte Feststellung:

Unsere Welt wird eine. Dies ist keine philosophische, sondern eine politische Feststellung. In dem Maße, wie die moderne Technik, etwa durch Raketen oder durch die Telekommunikation, den Raum überwindet, aber auch in dem Maße, wie eben diese Technik globale Gefährdungen mit sich bringt, wird die Welt tatsächlich eine. Wenn NATO und Warschauer Pakt in der Friedenssicherung versagen, wird menschliches Leben auf der ganzen Welt gefährdet, wird die Erde unbewohnbar. Wenn die Völker der tropischen Zone bedenkenlos die Urwälder abholzen, können sie das Klima in der gemäßigten Zone zerstören. Auch das Ozonloch über der Antarktis zeigt uns, daß wir globale Verantwortung tragen, wir, die Menschen in Asien, Europa, Amerika, Afrika und Australien.

Wenn aber die Welt zunehmend eine wird, ist es da nicht von größter, ja von friedensichernder Bedeutung, daß wir mehr voneinander wissen, daß wir uns tiefer verstehen als nur in der Anwendung moderner Technologie oder im Austausch von Waren? Mit anderen Worten, ich meine, daß es höchste Zeit ist, daß westliche und östliche Welt- und Gotteserfahrung sich begegnen, und dies nicht nur in der Person einzelner Gelehrter.

Wir im Westen haben Jahrhunderte lang vorwiegend das Sein bedacht, aufsteigend vom Seienden über das Sein des Seienden zum absoluten Sein. Der Osten hat vorwiegend das Nichts bedacht. Wir alle wissen, daß diese unterschiedliche Orientierung zu unterschiedlichen Weltbildern, zu unterschiedlichen Lebensformen und zu unterschiedlichen Verhaltensweisen geführt hat. Und doch: Ist die Distanz wirklich so groß? Haben nicht das absolute Sein und das absolute Nichts eine große Nähe zueinander? Und haben nicht die Weisen in Ost und West hinter der Welt der Erscheinungen das Eine gesucht und erfahren? Und selbst wenn die Distanz zwischen westlicher und östlicher Welt- und Gotteserfahrung groß bliebe: Ist es nicht gerade dann im Wortsinne lebensnotwendig, daß unsere Kulturen, ja unsere Völker den jeweils anderen besser verstehen in dem, was ihn im Tiefsten bewegt? Auch dieses Gespräch wollten wir fördern.

Und damit lassen Sie mich ein Letztes sagen:

Wir sind überwältigt von dem außerordentlichen Echo, das unsere Initiative gefunden hat. Wir sind glücklich, daß wir hervorragende Referenten aus aller Welt hier begrüßen können, deren Namen für sich selber sprechen. Anscheinend haben wir zur rechten Zeit das rechte Thema vorgeschlagen.

I
Welt, Wissenschaft, Wirklichkeit

Carl Friedrich von Weizsäcker

Geist und Natur

Geist und Natur – was soll das denn heißen? Was bedeuten diese sprachlichen Symbole im deutschen Wortgebrauch? Wie müßte man ihre Bedeutungen aufgliedern, wenn man sie ins Englische, Französische, Lateinische, Russische, Griechische, gar Hebräische, Arabische, ins Sanskrit, ins Chinesische, Japanische, in die Hopi-Sprache übersetzen wollte?

Versuchen wir es! Geist – das meint vielleicht Bewußtsein; Natur – das meint vielleicht Materie? Englisch vielleicht *mind and matter*? Sie kennen den Scherz: *«What is mind? No matter. What is matter? Never mind!»* Lateinisch vielleicht *mens*, oder lieber *animus* oder *anima*? *Materia* ist ein lateinisches Wort, es bedeutet Holz. Es ist die philosophische Übersetzung des griechischen Terminus *hyle*, der auch Holz bedeutet. Holz ist das «Material» par excellence, aus dem man Häuser, Tische, Stühle macht. Geist: Ist das griechisch *psyche* oder *nus* oder *pneuma*? *Psyche* heißt ursprünglich Atem, *nus* heißt sehende Wahrnehmung, *pneuma* ist Wind oder wieder Atemhauch. Lauter Gleichnisse braucht die Sprache, um von dem zu reden, was wir hier suchen.

Was ist Bewußtsein? Das soll wohl die Weise bezeichnen, wie ich mich selbst kenne? Aber kenne ich mich denn? Kenne ich meine unbewußten Motive? Ist nicht Bewußtsein selbst ein unbewußter Akt? Ist nicht das Bewußtsein wie eine Blume, die aus einem Boden wächst, den sie braucht, aber nicht kennt, und den sie nicht zu kennen braucht? Ist nicht die Natur um Jahrmillionen älter als der menschliche Geist? Der Geist, der heute fragend in der Natur herumirrt und der das Seine tut, um das kleine Stückchen Natur, das wir die Erdoberfläche nennen, definitiv zu zerstören? Und das tut er, weil er sie als Material, als Bauholz behandelt.

Was ist Materie? «Materie» ist ein Terminus der europäischen Philosophie, der neuzeitlichen Naturwissenschaft. Hier geraten wir in einen Kreislauf. Die Natur ist älter als der Mensch. Der Mensch ist ein Kind dieser Mutter – etymologisch phantasievolle Denker haben mit dem Anklang von *materia* an *mater* (Mutter) gespielt. Aber der Mensch ist älter als die Naturwissenschaft. In einer der historisch späten Hochkulturen, der griechischen aus der Mitte des ersten vorchristlichen Jahrhunderts, mehr als dreitausend Jahre nach den ersten Städten, mehr als zweitausend Jahre nach den ersten Großreichen, ist die Ehe von Philosophie und Mathematik geschlossen worden, deren jüngstes Kind die Naturwissenschaft ist, der harte Kern der europäischen Neuzeit. Der harte Kern – nicht das höchste Ziel der Sehnsucht neuzeitlicher Europäer; sie suchten Wohlstand, Freiheit, Kunst, Aufklärung, Selbstverwirklichung. Aber all das blieb umstritten; nur mathematisch-experimenteller Naturwissenschaft konnte man nicht mit Erfolg widersprechen. Zweimal zwei ist vier; wer kann das leugnen? Und es gibt Atome... Ja, gibt es wirklich Atome? Wer weiß das? Welcher Geist lehrt uns die Natur so sehen, daß sie aus Atomen besteht?

Übersetzen wir überhaupt das deutsche Wort «Geist» richtig mit *«mind»*? Müßten wir nicht sagen *«spirit»*? Ist Geist überhaupt das Bewußtsein individueller Menschen? Jesus sagt im Johannes-Evangelium (14, 16–17) zu seinen Jüngern: «Und ich will den Vater bitten, und er wird euch einen anderen Tröster schicken, daß er bei euch sei ewiglich: der Geist der Wahrheit.» Diese Wirklichkeit nennen die Christen den Heiligen Geist. Griechisch *pneuma*, Hauch. Wenn wir Jesus im selben Johannes-Evangelium zu Nikodemus (3,8) sagen hören: «Der Wind bläst, wo er will, und du hörst sein Sausen wohl, aber du weißt nicht, woher er kommt und wohin er fährt. So ist ein jeglicher, der aus dem Geist geboren ist», so sind «Wind» und «Geist» hier zwei verschiedene Übersetzungen des einen griechischen Wortes *pneuma*. Also scheinen für den Verfasser dieses Textes der physische Wind und der Geist Gottes geradezu dieselbe Wirklichkeit zu sein. Und zur Samariterin sagt Jesus (4,24): «Gott ist Geist, und die ihn anbeten, müssen ihn im Geist und in der Wahrheit anbeten.» Griechisch steht hier: *«Pneuma ho theos»*, also «Geist nämlich ist Gott».

Auch die abendländische Metaphysik hat durchgehend Geist als bestimmendes Prädikat Gottes angesehen. Bei Aristoteles ist der *nus*, der Geist, das oberste Vermögen der Seele, der unbewegte Beweger der lebendigen Welt, die göttliche Wirklichkeit, der keine unerfüllte Möglichkeit mehr aussteht. Die Neuplatoniker haben die Trinität erfunden:

zuerst das unaussprechliche Eine, nur der *unio mystica* nahbar; dann der göttliche *nus*, der ewig das Eine anschaut, höchste Bewegung in sich und so höchste Ruhe zugleich; schließlich die in die Zeit wehende *psyche*, die Eine Seele, die wir die Weltseele nennen.

Was aber wäre vor solchem Hintergrund die Natur? Das lateinische Wort *natura* heißt Geburt, zu *nasci*, geboren werden. Es ist die Übersetzung des griechischen *physis*, welches Hervorgehen, Wachstum bedeutet. *Physis* heißt in der griechischen Lehre vom Menschen die menschliche Natur, im Gegensatz zum *nomos*, dem erst von der Gesellschaft erzeugten Gesetz; *physis* bedeutet auch das, was um uns Menschen von selbst schon da ist, im Gegensatz zu den Werken unserer *techne*, unseres Handwerks. In einem pädagogisch erklärenden dichterischen Gleichnis beschreibt Platons *Timaios*-Dialog, mit priesterschriftlichem, nüchternem Ernst beschreibt das erste Kapitel der Bibel die Natur, die sichtbare, große Welt als das planvolle Werk eines schöpferischen göttlichen Geistes.

Die abendländische Naturwissenschaft beschreibt die Welt seit dem späten 18. Jahrhundert als ein Werdendes, ein aus gestaltarmen Anfängen sich Entfaltendes: als Werden des Planetensystems aus einem Nebel, Werden des organischen Lebens aus Molekülen, als Evolution. Wie verhält sich diese Natur zum Geist?

Die Naturwissenschaft ist ein spätes Produkt der Hochkultur, also auch des Machtwillens. Eine kleine Gesellschaft, eine Familie, ein Stamm in einer Jäger- und Sammlerkultur, kann sich, wie schon tierische Gruppen, durch persönliche Bekanntschaft ihrer Glieder, durch Vertrautheit und Hackordnung organisieren. Eine große Gesellschaft, eine Stadt, ein zu bewässerndes Stromtal, ein Imperium bedarf objektiver Ordnungen, und diese bedurften bisher immer der Stabilisierung durch Macht. Macht nenne ich die Bereitstellung von Mitteln für offengehaltene Zwecke. Objektive, gar mathematische Erkenntnis von der Natur nun schafft uns Macht über die Natur. René Descartes hat zu Beginn der europäischen Neuzeit dieser Macht das ideologische Gerüst gegeben durch die Unterscheidung von zwei Substanzen: *res cogitans*, die bewußte Substanz, der menschliche Geist; *res extensa*, die ausgedehnte Substanz, die der Mensch geometrisch-mechanisch zu denken und somit zu beherrschen vermag.

Aber wenn nun der Mensch in der Evolution ein Kind der Natur ist, woher kommt dann sein Bewußtsein? Wie haben wir die Natur zu denken, wenn sie das Bewußtsein aus sich hervorgehen lassen konnte? Bei Spinoza ist *natura naturans*, hervorbringende Natur, ein Name Gottes, also der einzigen Wirklichkeit; und *natura naturata*, hervorgebrachte Natur, ist ihr vielheitlich geschichtlicher Aspekt. So dachte auch Goethe, und Goethes zeitweiliger jüngerer Gesprächspartner, mein schwäbischer Landsmann Schelling, sagte: «Die Natur ist der Geist, der sich nicht als Geist kennt.»

Ich habe Sie soeben auf einem verwirrenden kleinen Spaziergang durch einige abendländische historische Aspekte unseres Problems zu führen versucht. Der Beitrag der Weltkulturen, die älter und auf vielen Gebieten einsichtiger sind als die europäische, und der Beitrag der weltweiten Naturwissenschaft unseres Jahrhunderts – diese beiden Beiträge sollen im Rahmen dieses Kongresses entfaltet und miteinander ins Gespräch gebracht werden. Ich selbst versuche, im Rest meines Vortrags nur aus dem Fach heraus etwas beizutragen, das ich ursprünglich gelernt habe, der theoretischen Physik.

Ich möchte mit einer Motiverklärung beginnen. Es ging und geht mir in der Physik nicht um Macht. Es ging mir zuerst um bewundernde Erkenntnis, später, seit der Atombombe, auch um konkrete Verantwortung. Als Kind wollte ich Astronom werden. Als Zwölfjähriger, allein in einer wunderbaren sommerlichen Sternennacht, meinte ich unmittelbar zwei Dinge zu wissen: Hier ist Gott gegenwärtig, und diese Lichtpunkte sind ferne Gaskugeln. Beides wußte ich, nur wie es zusammenhing, hatte ich noch nicht gut verstanden. Das wollte ich im künftigen Leben herausbringen.

Ich erlaube mir, noch eine Anekdote zu erzählen. Der Astronom Otto Heckmann und der Philosoph und Soziologe Eduard Baumgarten waren vor 1933 in Göttingen als junge Privatdozenten befreundet. Heckmann hat mir später erzählt, Baumgarten habe gesagt: «Ihr Naturwissenschaftler wollt die Welt beherrschen und verändern; wir Geisteswissenschaftler wollen nur den Menschen, den Mitmenschen verstehen.» Heckmann antwortete: «Lieber Freund Baumgarten, ich kenne Sie doch. Sie können nicht von der Gesellschaft reden, ohne böse zu werden und sie bessern zu wollen. Haben Sie je erlebt, daß ich über die Sterne böse werde oder sie verbessern will?»

Was lehrt nun die Naturwissenschaft über die Sterne? Wir Menschen stehen auf einem Stern, einem Planeten, der Erde. Die Planeten kreisen um einen leuchtenden Stern, die Sonne. Im Milchstraßensystem, unserer Galaxie, gibt es etwa hundert Milliarden (10^{11}) leuchtende Sterne. Unsere Geräte lassen uns etwa hundert Millionen (10^{8}) Galaxien sehen. Das Licht läuft vom Mond zu uns in wenig mehr als einer Sekunde, von der

Sonne in acht Minuten, vom nächsten Fixstern in vier Jahren, von der fernsten heute für uns wahrnehmbaren Galaxie in vielleicht drei Milliarden Jahren. Abgrund des Raums. Abgrund der Zeit. Unbekannter Anfang.

Die selbstleuchtenden Sterne, die wir sehen, sind Gaskugeln. Was ist ein Gas? Ein Mückenschwarm durcheinanderschwirrender Atome. Was ist ein Atom? Nach Rutherford und Bohr ein kleines Planetensystem. Als zwölfjähriger Junge, 1924, las ich das schon in meinen populären Büchern. Der Sonne entspricht im Atom der Atomkern, den Planeten die kreisenden Elektronen. Ob auf den Elektronen, als kleinen Planeten, wieder Menschen leben, ganz kleine – eine Milliarde bewohnter Planetensysteme in jeder Zelle meines Körpers? Ob unser eigenes System vielleicht nur ein Atom im Fingernagel eines Riesen ist? Und so fort, unendlich wiederholt, ins Kleine und ins Große?

Ich begriff sehr rasch: So kann es nicht sein. Wie denn? Vielleicht gelten im Kleinen, in den Atomen, andere Naturgesetze als bei uns, im Großen; aber eben solche atomaren Naturgesetze, aus denen die Gesetze unserer sichtbaren Welt als mathematische Konsequenz folgen. Als Vierzehnjähriger hatte ich mir das zurechtgelegt, und einen Monat später, im Februar 1927, lernte ich Werner Heisenberg kennen. Im April 1927 erzählte er mir von der noch unveröffentlichten Unbestimmbarkeitsrelation. Das war eine Hoffnung, das Problem zu verstehen. Also wurde ich Physiker.

Was hat mich heute, sechzig Jahre später, die Physik gelehrt? Die Zeit dieses Vortrags reicht nicht aus, um Ihnen die korrekte Interpretation der Quantentheorie, die sogenannte Kopenhagener Deutung, in ihren Details zu schildern. Ich muß mich darauf beschränken, Ihnen die philosophischen Konsequenzen anzudeuten, die ich selbst meine aus ihr ziehen zu dürfen.

Im Gespräch, April 1927, leitete Heisenberg seine Mitteilung mit dem Satz ein: «Ich glaub, ich hab das Kausalgesetz widerlegt.» Das war, philosophisch gesehen, ein etwas gewagter Satz; sein Sinn hing davon ab, was man mit dem Wort «Kausalgesetz» meinte. Methodisch zentral war der Indeterminismus, die Unausweichlichkeit des Wahrscheinlichkeitsbegriffs. Im Modell gesagt: Unter einem Elektron verstand die klassische Physik ein quasi punktförmiges Teilchen. Ein solches Teilchen durchläuft eine Bahn, das heißt, es hat in jedem Augenblick einen Ort und einen Impuls. Die Quantentheorie ist reicher und empirisch zutreffender als die klassische Physik in ihren Vorhersagen. Zum Beispiel wäre, wie Bohr 1912 erkannte, eine Umlaufbahn des Elektrons um einen Kern klassisch instabil. Die Quantenmechanik sagt aber eine im Prinzip unendliche Menge stabiler Zustände des Elektrons im Atom voraus, beschrieben durch sogenannte Wellenfunktionen. Heisenberg zeigte, daß diese Zustände nur stabil sein können, weil sie keine Bahnen eines punktförmigen Teilchens sind; weil die Bahnen nicht existieren. Das Elektron kann zwar an einem Ort vorgefunden werden, dann aber hat es keinen Impuls; und vice versa. Den Ort bzw. den Impuls, den man bei einer Messung an dem Elektron finden wird, kann man nur mit Wahrscheinlichkeit vorhersagen. Den numerischen Wert dieser Wahrscheinlichkeit bestimmt die Wellenfunktion. Die Wahrscheinlichkeit eines Ereignisses ist die Vorhersage der relativen Häufigkeit, mit der man ein Ereignis dieses Typus bei wiederholten Messungen finden wird. Philosophisch wichtig an dieser Definition ist zweierlei: Wahrscheinlichkeit bezieht sich auf menschliche Beobachtungen. Und Wahrscheinlichkeit ist eine Vorhersage, sie bezieht sich also auf die Zukunft, sie setzt Zeit voraus.

Wahrscheinlichkeit bezieht sich auf menschliche Beobachtungen. Das heißt, die Quantentheorie, die zentrale Theorie der heutigen Physik, ist eine Theorie über menschliches Wissen. Man hat das ausgedrückt in der Behauptung, Subjekt und Objekt seien in der Quantentheorie nicht mehr zu trennen. Auch das ist zunächst eine etwas vage Formulierung. «Subjekt» und «Objekt» – das ist wohl die klassische Unterscheidung von Geist und Natur. Subjekt, das ist hier der bewußt experimentierende Mensch; Objekt, das ist, was er so experimentierend in der Natur vorfindet. Sein Wissen hat hier die Form von festgestellten, abgrenzbaren Fakten der Gegenwart, die alsbald Vergangenheit wird, und von Wahrscheinlichkeitsprognosen für die Zukunft. Subjekt und Objekt sind dann in doppeltem Sinne untrennbar.

Einerseits ist es sinnlos, Eigenschaften der Objekte zu postulieren, von denen wir prinzipiell, das heißt gemäß unserem besten Wissen heutiger Theorie, nichts wissen können. Das Objekt ist, wie Kant gesehen hat, *definiert* als Objekt unseres Wissens. Die Annahme unwißbarer Objekteigenschaften ist keine harmlose, zulässige Hoffnung; ernst, das heißt präzise genommen, pflegt sie zu Widersprüchen gegen die Erfahrung zu führen. Kenner erinnere ich hier an Bells Theorem.

Andererseits aber bewegt sich das Subjekt, nämlich der Mensch, als Körper unter Körpern. Seine Kenntnisnahme von den physischen Objekten geschieht selbst durch physische Objekte: durch Meßapparate, durch seine Sinnesorgane, ja denn doch wohl durch sein Gehirn. Ja denn doch wohl... und wie geht es dann weiter? Weil die Quantentheorie ernst macht damit, daß die Materie als ausgedehnte Substanz durch

Wißbarkeit definiert ist und das Bewußtsein als denkende Substanz durch das Wissen, rennt sie unausweichlich in das Problem, was diese angeblich verschiedenen Substanzen miteinander zu tun haben.

So weit habe ich die Situation der bisherigen Debatte geschildert. Nun ein Lösungsversuch, für den ich zunächst die alleinige Verantwortung übernehmen muß, der sich freilich in der Tradition der abendländischen, zumal platonischen Philosophie weiß. Ich beginne noch einmal mit privaten Erinnerungen. Den cartesischen Dualismus habe ich nie verstehen können, es sei denn als Herrschaftsideologie. Warum soll die ausgedehnte Wirklichkeit nicht auch denken können, warum soll das Denken sich nicht auch ausgedehnt darstellen können? Freilich, in früheren Hochkulturen hielten sich die Herrscher für besser als die Beherrschten. Die Herrscher waren Göttersöhne, die Beherrschten waren Erdenklöße. Die Bibel erzählt, daß um des Frevels dieser Halbgötter willen Gott die Sintflut über die Erde kommen ließ; Noah wurde gerettet, weil er kein Halbgott war und geschwisterlich alle Tiere in seine Arche aufnahm. Die denkende Substanz des Descartes ist ein Halbgott, die ausgedehnte ein durch Mathematik geknechteter Erdenkloß.

Die Quantentheorie bietet jedoch die Denkmittel für einen spiritualistischen Monismus – wenn ich hier vieldeutige Begriffe der philosophischen Tradition stenographisch benutzen darf. Ich habe versucht, die Quantentheorie in abstrakter Allgemeinheit, ohne Bezugnahme auf irgendwelche speziellen Objekte, aus einfachen Postulaten herzuleiten. Sie erscheint dann als eine allgemeine Theorie von Wahrscheinlichkeitsprognosen über empirisch entscheidbare Alternativen. Beispiele empirisch entscheidbarer Alternativen sind das einmalige Würfeln mit einem guten Würfel, die Ortsbestimmung eines Planeten am Himmel oder eines Elektrons im Atom, die Bestimmung einer Spinrichtung im Stern-Gerlach-Versuch. Und warum soll die introspektive Feststellung meines eigenen Seelenzustandes nicht auch eine entscheidbare Alternative sein, die Wahrscheinlichkeitsprognosen zuläßt, zum Beispiel die Alternative, ob ich am Ende dieses Vortrags eitel vergnügt sein oder einen Katzenjammer haben werde? Die Introspektion bedarf keines Umwegs über physische Beobachtungen am Gehirn. Ist vielleicht mein Gehirn einfach meine Psyche, so wie sie sich einem Beobachter darstellt, der nicht vernünftig mit mir redet und affektiv mit mir kommuniziert, sondern vorzieht, mich von außen als physikalisches Objekt zu betrachten? Ist die Natur, so auch das physisch wahrnehmbare Gehirn, vielleicht nur der Geist, der sich noch nicht als Geist kennt? Sind nicht alle Erdenklöße Gottes Kinder?

Dies soll nun aber, trotz der poetischen Ausdrucksweise, nicht eine aufgepfropfte Mythologie, sondern ein Programm weiterer Naturwissenschaft sein.

Da stellt sich als erstes die Frage: Wenn alle Natur wesentlich seelisch, also virtuell bewußtseinsfähig ist, warum stellt sie sich obstinat in dreidimensionaler Ausgedehntheit dar? Nicht der Geist ist von dieser Fragestellung her das erste Rätsel, sondern der Körper. Warum wurde der Geist Fleisch? Hier habe ich einen quantentheoretischen Ansatz versucht. Die Quantentheorie bezieht sich auf entscheidbare Alternativen, das heißt Fragen, die eine angebbare Mehrzahl von Antworten zulassen; der geworfene Würfel zum Beispiel sechs Antworten. Nun läßt sich jede entscheidbare Alternative logisch in eine Folge von Ja-Nein-Entscheidungen zerlegen; eine Folge von binären Alternativen, wie wir gelehrt sagen. Die abstrakte Quantentheorie der binären Alternative aber ist bekannt. Ihre natürliche Darstellung geschieht in einem zweidimensionalen komplexen Vektorraum oder einem dazu äquivalenten drei-plus-eins-dimensionalen reellen Raum. Wenn alle empirischen Alternativen auf hinreichend viele binäre Alternativen reduzierbar sind, so lassen sich alle Objekte der begrifflichen Erkenntnis in einem drei-plus-eins-dimensionalen Raum darstellen. Die Hypothese ist, daß dies eben das drei-plus-eins-dimensionale Raum-Zeit-Kontinuum unserer alltäglichen Anschauung und, verfeinert, der Relativitätstheorie ist. Dann wäre, gemäß der Quantentheorie, die Wirklichkeit dreidimensional ausgedehnt denkbar, soweit sie überhaupt in begrifflichen Alternativen denkbar ist. Wäre das so, dann doch Hut ab vor René Descartes. Dies konnte er 1640 noch nicht wissen, aber er hat in diese Richtung geschaut. Aber auch sein denkendes Ich, an dessen Existenz er nicht zweifeln konnte, brauchte nun nicht mit seinem ausgedehnten Gehirn in der Zirbeldrüse verknüpft zu werden. Der Zusammenhang beider Erscheinungen ist elementarer. Er dürfte letztlich eine Identität sein. Aber die Rätsel warten noch auf uns.

Ein großes, aber wohl wissenschaftlich lösbares Rätsel ist die Evolution. Wie kommt es vom Urnebel über den Planeten Erde, über Pflanzen und Tiere bis zum denkenden, wollenden, liebenden, leidenden Menschen? Konrad Lorenz nennt das Leben und damit die Evolution erkenntnisförmig – gnoseomorph, um ein Fremdwort einzuführen. Erkenntnis läßt sich formal als Akkumulation von Information definieren und Information als eine Maßzahl für die Menge von Gestalt. Man hat gesagt, Information sei neben Materie und Bewußtsein eine dritte Realität. Ich neige mehr dazu, mit der Abstiegsphilosophie Platons Materie für eine spezielle Gestalt zu halten und Gestalt (platonisch: *idea*) für das Wesen der erkennbaren Wirklichkeit. Die Trennung von Bewußtsein und Gestalt ist dann vermutlich auch nur ein Oberflächenphänomen. Jedenfalls ist Informationsvermehrung ein Merkmal der Evolution. Sie folgt, gemeinsam mit dem Satz von der Entropievermehrung (denn Entropie ist virtuelle Information) aus der Struktur der Zeitmodi: Vergangenheit als Faktizität, Zukunft als Möglichkeit. Die Zeit fehlt mir, das Wesen der Zeit in diesem Vortrag noch zum Gegenstand der Analyse zu machen. Wir werden vielleicht wagen dürfen, Denken, Wollen, Lieben und Leiden für sehr subtile, gestaltreiche Ausprägungen der psychischen Grundwirklichkeit zu halten, die in gestaltärmeren Formen solcher Selbstkenntnis noch nicht fähig ist.

Das tiefere Rätsel deutet sich darin an, daß ich jetzt ständig genötigt war, philosophische Termini andeutend zu verwenden. Philosophie aber ist im Grunde für uns Menschen zu schwer. Eine der so zitierten Philosophien muß ich aber doch nochmals nennen, diejenige Platons, die gemäß seinem Höhlengleichnis in Aufstieg und Wiederabstieg gegliedert werden kann. Im Aufstieg erscheint Platon wie ein Dualist: Laß alles Vergängliche hinter dir, steige auf zum Unvergänglichen. Aber als eine der obersten Ideen erweist sich ihm (im *Sophistes*-Dialog) die *Kinesis*, die Bewegung oder Änderung. Im Wiederabstieg enthüllen sich ihm dann die Atome der physischen Elemente als bewegte geometrische Gestalten. Wir Heutigen denken die Zeit anders als Platon: nicht als ewigliches Abbild der ewig in sich zurückkehrenden Bewegung des *nus*, sondern als unbegrenzt fortschreitend. Aber nicht dieser Unterschied ist zuerst anzuschauen, sondern die Verwandtschaft. Was entspricht bei uns, in der Physik selbst, dem Aufstieg zum Einen?

Die Quantentheorie ist, wie man gesagt hat, holistisch ganzheitlich. Sie leugnet die Endgültigkeit aller Teilungen. Jede entscheidbare Alternative hängt in Wahrheit mit jeder anderen zusammen. Für theoretische Physiker gesagt: Jedes Objekt hat den Hilbertraum seiner Zustände; der Hilbertraum des aus zwei Objekten «zusammengesetzten» Objekts enthält aber nur als Menge vom Maße Null die Zustände, in denen die Teilobjekte je für sich in wohldefinierten Zuständen ihres jeweils eigenen Hilbertraumes sind, die «Produktzustände». Das Wasserstoffatom ist ein Ganzes. Es ist nicht eigentlich aus Proton und Elektron zusammengesetzt; es kann nur relativ leicht so zerstört werden, daß ein Proton und ein Elektron zurückbleiben. Ein Eiskristall ist auch nicht in Strenge aus Wassermolekülen zusammengesetzt; er kann nur in sie zerlegt werden. Und die Welt ist nicht aus Objekten zusammengesetzt; nur der endliche Verstand des Menschen zerlegt das Ganze, zu dem er selbst gehört, in Objekte, um sich zurechtzufinden. Dies zu begreifen ist der Anfang des Aufstiegs.

Ich habe mich hinreißen lassen, fast im ganzen Vortrag von dem zu sprechen, was ich liebe: der Erkenntnis in der Physik. Am Schluß muß ich ein Wort zur Verantwortung sagen. Für mich war das Schlüsselerlebnis die Woche im Februar 1939, als ich, wie wohl gleichzeitig etwa zweihundert Kernphysiker auf der Welt, die Möglichkeit der Atombombe erkannte. Ich ging zu meinem Freund, dem Philologen und Philosophen Georg Picht, und wir kamen zu dem Schluß, daß die Menschheit nun nur noch zwei Möglichkeiten haben würde: entweder sich selbst zu vernichten oder die Institution des Kriegs zu überwinden. Wir waren sechsundzwanzig Jahre alt und verfielen dem jugendlichen Fehler, die Zeitskalen historischer Prozesse zu unterschätzen. Heute, fünfzig Jahre später, hat die Menschheit sich noch nicht vernichtet, und sie hat die Institution des Kriegs noch nicht überwunden. Vielmehr hat die nukleare Abschreckung dazu geführt, daß nach 1945 nur noch solche Kriege begonnen wurden, für die gewiß schien, daß sie nicht nuklear werden würden. Eine Galgenfrist.

Ich glaube auch heute, daß wir damals die Struktur des Problems, für welches die Atombombe nur das Wecksignal war, richtig gesehen haben. Wissen ist Macht, auch wenn es nicht um der Macht willen gesucht wird. Otto Hahn wollte die Atome so wenig zerstören wie Otto Heckmann die Sterne; er wollte sie verstehen. Die Kernspaltung, die er entdeckte, war kein unnatürlicher Prozeß; in afrikanischen Uranlagerstätten hat es sie schon vor Jahrmillionen gegeben. Die Wasserstoff-Fusion, die die H-Bombe speist, ist auch die Energiequelle der Sonne. Die Natur ist nicht garantiert harmonisch – das ist nur ein spätbürgerlicher Traum, nach der Ausrottung der Wölfe in unseren Wäldern. Aber die Menschheit hat politische, soziale, moralische Strukturen entwickelt, die unter den begrenzten Zerstörungsmöglichkeiten früherer Jahrtausende zwar schrecklich, aber überlebbar waren. Der Sintflutmythos läßt die kriegerischen Gottkönige im Wasser untergehen und verspricht am Ende: keine solche Flut mehr. James Baldwins Buchtitel *The Fire next Time* ist die moderne Antwort. Das Feuer entzünden wir selbst. Wir müssen die politischen Strukturen ändern, wenn wir überleben wollen.

Über politische Vorschläge habe ich heute nicht zu reden, auch nicht über den Streit um moralische Normen. Zu sehen ist aber, daß die wissenschaftlichen Ja-Nein-Entscheidungen, so mächtig sie auch sind, eine Verengung unseres Wahrnehmungsvermögens bedeuten. Elementare Wahrnehmung ist affektiv – wie könnten sonst die Tiere leben? Kunst ist Wahrnehmung von Gestalt durch Schaffung von Gestalt. Theorie ist selbst ein Kunstwerk. Der Beweis eines Satzes ist die Entdeckung, also die Wahrnehmung eines Zusammenhangs. Wo aber der Beweis zum gängigen Mittel sozialer Durchsetzung in der Zunft wird, entsteht eine Verzerrung der Wahrnehmung. Meditative Wahrnehmung schließlich entläßt freundlich die Begriffe und die Affekte und empfängt das, was sich dann zeigt. Solchen Wahrnehmungen wollen wir uns öffnen.

Hans-Peter Dürr

Wissenschaft und Wirklichkeit
Über die Beziehung zwischen dem Weltbild der Physik und der eigentlichen Wirklichkeit

Unser Fühlen, Denken und Handeln wird durch Einflüsse geprägt, die in unserem Bewußtsein aufsteigen und die auf unser wahrnehmendes und erkennendes Ich einwirken. Wir verstehen diese Einflüsse als Folge einer Wirklichkeit, in die wir eingebettet sind und mit der wir insbesondere «nach außen» durch unsere Sinnesorgane in Verbindung stehen. Die klassische Naturwissenschaft hat diese Vorstellung ausgebaut und präzisiert. Sie postuliert die Existenz einer vom jeweiligen Betrachter – also insbesondere von dem jeweiligen Ich als primär wahrnehmendes Subjekt – unabhängigen, objektivierbaren Welt, die aufgrund dieser postulierten völligen Abtrennbarkeit von allen sie betrachtenden Subjekten auch eindeutig und verbindlich sein soll für alle.

Diese Ab- und Auftrennbarkeit soll nicht nur zwischen dem Betrachter und der Welt, sondern in gewissem Sinne auch für die Welt selbst gelten. So offenbart sich uns diese Welt als ein System von Gegenständen, als ein System von Dingen, eben als das, was wir dann Realität nennen, als ein zerlegbares und aus vielen Teilen zusammengesetztes Ganzes. Unter dem starken Einfluß der klassischen Naturwissenschaft und aufgrund der beachtlichen Erfolge, die sie mit dieser Betrachtung bei der Beschreibung natürlicher Phänomene erzielen konnte, haben wir uns daran gewöhnt, unsere Wahrnehmung von der Wirklichkeit mit der Wirklichkeit schlechthin gleichzusetzen und diese Wirklichkeit sogar im Sinne einer materiell fundierten, in Teile zerlegbaren Realität zu interpretieren. Die moderne Physik hat uns da jedoch eine interessante Lektion erteilt, die zu einer tiefgreifenden Korrektur dieser Vorstellung führte. Sie hat uns bedeutet, daß die Vorstellung einer objektiven Realität, einer materiell ausgeprägten Wirklichkeit wohl in einer gewissen Näherung angemessen, aber als absolutes Naturprinzip unzulässig und falsch ist, ja, daß diese Vorstellung uns sogar einen tieferen Einblick in das Wesen der eigentlichen Wirklichkeit versperrt.

Ich möchte in meinem Vortrag auf die prinzipielle Beziehung zwischen der von der Naturwissenschaft erfaßten Wirklichkeit und der dahinterliegenden oder vermuteten, mit unserem Begriffssystem schwer faßbaren eigentlichen Wirklichkeit eingehen. Ich möchte mich also mit der Frage befassen: Was meint eigentlich ein Naturwissenschaftler, wenn er von Erkenntnis spricht, was ist das für ein Wissen, das einer solchen Erkenntnis entspringt? Wie steht das Wissen der «Wissenschaft», und hier insbesondere das der sogenannten «exakten Naturwissenschaften», in Beziehung zur eigentlichen Wirklichkeit, zur ursprünglichen Welterfahrung, was immer wir darunter verstehen mögen?

Von der Beantwortung dieser Fragen wird es abhängen, welchen Beitrag naturwissenschaftliches Denken prinzipiell zu einem Gesamtverständnis unserer Wirklichkeit leisten kann. Dies sind erkenntnistheoretische Fragen, deren Beantwortung eigentlich den Philosophen überlassen werden sollte. Die modernen Entwicklungen in den Naturwissenschaften, insbesondere die umwälzenden Erkenntnisse in der Physik zu Beginn unseres Jahrhunderts, die zur Formulierung der Quantenmechanik führten, haben den Naturwissenschaftler aber geradezu in diese Fragestellungen hineingedrängt. Er mußte zu seiner Überraschung feststellen, daß sein Wissen über die von ihm abstrakt vorgestellte Wirklichkeit sehr eng mit den Methoden zusammenhängt, mit denen er die Natur erforscht.

Lassen Sie mich diese Beziehung zwischen den Erkenntnissen der Naturwissenschaft über die Wirklichkeit und der «eigentlichen» Wirklichkeit mit einer einprägsamen Parabel beschreiben, die von dem berühmten englischen Astrophysiker Sir Arthur Eddington in seinem 1939 erschienenen Buch *The Philosophy of Physical Sciences* (dt. *Philosophie und Naturwissenschaft*, 1949) angeführt wird.

Eddington vergleicht in dieser Parabel den Naturwissenschaftler mit einem Ichthyologen, einem Fischkundigen, der das Leben im Meer erforschen will. Er wirft dazu sein Netz aus, zieht es gefüllt an Land und prüft seinen Fang nach der gewohnten Art eines Wissenschaftlers. Nach vielen Fischzügen und gewissenhaften Überprüfungen formuliert er zwei Grundgesetze der Ichthyologie:

1. Alle Fische sind größer als fünf Zentimeter.
2. Alle Fische haben Kiemen.

Er nennt diese Aussagen Grundgesetze, da beide Punkte sich ohne Ausnahme bei jedem Fang bestätigt hatten. Hypothetisch nimmt er deshalb an, daß diese Aussagen auch bei jedem künftigen Fang sich bestätigen, also wahr bleiben werden.

Ein kritischer Betrachter – wir wollen ihn einmal den Metaphysiker nennen – ist jedoch mit der Schlußfolgerung des Ichthyologen höchst unzufrieden und wendet energisch ein:

«Dein zweites Grundgesetz, daß alle Fische Kiemen haben, lasse ich als Gesetz gelten, aber dein erstes Grundgesetz, das über die Mindestgröße der Fische, ist gar kein Gesetz. Es gibt im Meer sehr wohl Fische, die kleiner als fünf Zentimeter sind, aber diese kannst du mit deinem Netz einfach nicht fangen, da es eine Maschenweite von fünf Zentimetern hat!» Unser Ichthyologe ist von diesem Einwand jedoch keineswegs beeindruckt und entgegnet: «Was ich mit meinem Netz nicht fangen kann, liegt prinzipiell außerhalb fischkundlichen Wissens, es bezieht sich auf kein Objekt der Art, wie es in der Ichthyologie als Objekt definiert ist. Für mich als Ichthyologen gilt: Was ich nicht fangen kann, ist kein Fisch.»

So weit die Parabel. Sie läßt sich als Gleichnis für die Naturwissenschaft verwenden. Bei Anwendung dieses Gleichnisses auf die Naturwissenschaft entsprechen dem Netz des Ichthyologen das methodische Rüstzeug und die Sinneswerkzeuge des Naturwissenschaftlers, die er benutzt, um seinen Fang zu machen, das heißt naturwissenschaftliches Wissen zu sammeln, dem Auswerfen und Einziehen des Netzes die naturwissenschaftliche Beobachtung.

Wir sehen sofort, daß dem Streit zwischen dem Ichthyologen und dem Metaphysiker kein eigentlicher Widerspruch zugrunde liegt, sondern dieser nur durch die verschiedenen Betrachtungsweisen der Kontrahenten verursacht wird. Der Metaphysiker geht von der Vorstellung aus, daß es im Meer eine objektive Fischwelt gibt, zu der auch sehr kleine Fische gehören können. Vielleicht gibt es für ihn auch gewisse Hinweise darauf, wenn er etwa vom Ufer aus ins Wasser schaut. Aber er hat Schwierigkeiten, deren «Objektivität» im Sinne des Ichthyologen zu beweisen, denn im Sprachgebrauch des Ichthyologen ist ein Objekt etwas, was er mit dem Netz fangen kann. Der Metaphysiker empfindet diese Bedingung der Fangbarkeit als unzulässige subjektive Einschränkung der für ihn objektiven Wirklichkeit und bestreitet deshalb die Relevanz der Aussage des Ichthyologen.

Der Ichthyologe ist hier anderer Meinung. Für ihn ist uninteressant, ob er im Zuge seines Fangs eine Auswahl trifft oder nicht. Er bescheidet sich mit dem, was er fangen kann, und hat deshalb gegenüber dem Metaphysiker den Vorteil, nirgends vage Spekulationen anstellen zu müssen. Die Prägnanz seiner Aussagen beruht wesentlich auf dieser Selbstbescheidung. Die Beschränkung auf das Fangbare erscheint darüber hinaus vom praktischen Standpunkt aus ohne große nachteilige Konsequenzen. Für die Fischesser ist das Wissen, das der Ichthyologe etabliert, völlig ausreichend, da ein nichtfangbarer Fisch für sie uninteressant ist.

Ein zweiter Betrachter, den wir den Erkenntnistheoretiker nennen wollen, versucht, im Streit zwischen dem Ichthyologen und dem Metaphysiker zu vermitteln. Er stimmt dem Metaphysiker zu, daß das erste Grundgesetz des Ichthyologen über die Minimalgröße der Fische subjektiven Charakter besitzt, aber er geht nicht so weit, diesem Grundgesetz deshalb seine Relevanz abzusprechen. Er weist den Ichthyologen jedoch darauf hin, daß er dieses Grundgesetz nicht nur auf dem langwierigen und mühsamen Umweg des wiederholten Fischfangs und Ausmessens der Fische entdecken kann, sondern vielmehr unmittelbarer und überzeugender durch eine Messung der Maschenweite des Netzes. Dieser erkenntnistheoretische Zugang verschafft dem Gesetz absolute Gültigkeit. Dies entspricht der Kantschen Aussage, daß die grundlegenden allgemeinen Einsichten der Physik sich deshalb *in* der Erfahrung bewähren, weil sie notwendige Bedingungen *für* die Erfahrung aussprechen.

Für das zweite Grundgesetz – «Alle Fische haben Kiemen» – kann im Gegensatz dazu eine solch strenge Allgemeingültigkeit nie gefordert werden. Prinzipiell besteht hier immer die Möglichkeit, daß man durch Fischen in anderen Meeresbereichen einmal auch einen Fisch ohne Kiemen zutage fördert. Dieses Gesetz gilt deshalb immer nur im Sinne einer Wahrscheinlichkeitsaussage. Das ist die Art von Erfahrung, wie sie uns von den Empiristen gepredigt wird.

Das Gleichnis mit unserem Ichthyologen ist selbstverständlich zu einfach, um die Stellung des Naturwissenschaftlers und seine Beziehung zur Wirklichkeit angemessen zu beschreiben. Aber das Gleichnis ist doch differenziert genug, um wenigstens die wesentlichen Merkmale dieser Beziehung zu charakterisieren. Die Naturwissenschaft handelt nicht von der eigentlichen Wirklichkeit, der ursprünglichen Welterfahrung, oder, allgemeiner: dem, was dahintersteht, sondern nur von einer bestimmten Projektion dieser Wirklichkeit, nämlich von dem Aspekt, den man, nach Maßgabe detaillierter Anleitungen in Experimentalhandbüchern, durch «gute» Beobachtungen herausfiltern kann. Dieser Aspekt der Wirklichkeit kann dann auch von jedermann, der sich an die gleichen Vorschriften hält, nachgeprüft werden. Entsprechend seinem Projektionscharakter ist das auf diese Weise ermittelte naturwissenschaftliche Wissen im allgemeinen ein eingeschränktes Wissen von der metaphysisch vorgestellten eigentlichen Wirklichkeit oder auch einer allgemeineren Seinsform, deren Kennzeichnung sich unserer Sprache gänzlich entzieht. Durch die Projektion erhält das wissenschaftliche Wissen darüber hinaus auch eine bestimmte Prägung, wodurch sich der Charakter der wissenschaftlich beschriebenen Welt gegenüber der dahinterliegenden eigentlichen Wirklichkeit auch qualitativ verändert. Wirklichkeit und ihr naturwissenschaftliches Abbild stehen einander gegenüber etwa wie ein Gegenstand und seine Zeichnung oder bestenfalls seine Fotografie. Zur Veranschaulichung dieser Beziehung könnten wir anstelle der Eddingtonschen Parabel auch das platonische Höhlengleichnis verwenden.

Die grundlegenden Änderungen im Weltbild der Physik Anfang dieses Jahrhunderts haben die Aufmerksamkeit der Naturwissenschaftler wieder auf diese erkenntnistheoretischen Fragen gelenkt. Die prinzipielle Begrenztheit wissenschaftlicher Aussagen wurde deutlich. Die euphorische Erwartung des 19. Jahrhunderts, daß alles in der Welt prinzipiell wissenschaftlich erfaßbar sei, wurde empfindlich gedämpft. Es wurde wieder Raum geschaffen für die uns allen nachvollziehbare Vorstellung, daß unsere ursprüngliche, unmittelbar erlebte Erfahrung viel reicher ist als die Erfahrung, die sich wissenschaftlich fundieren läßt. Denn unsere Erfahrung beginnt doch schon dort, wo wir uns noch ganz als integrierten Teil einer Gesamtwirklichkeit erleben, wo wir noch nicht angefangen haben, uns als Subjekt vom Objekt zu trennen, wo wir noch nicht angefangen haben, unserem existentiellen Ich eine objektiv erfahrbare Außenwelt gegenüberzustellen. Viele für uns wichtige Erfahrungen, zum Beispiel auf religiösem oder künstlerischem Gebiet, erfüllen nicht die Auswahlkriterien einer wissenschaftlichen Betrachtung. Sie können deshalb weder mit der Naturwissenschaft konfrontiert werden noch zu dieser in Widerspruch geraten – sie beziehen sich, um mit unserer Parabel zu sprechen, auf Fische, die man nicht fangen kann. Sie beziehen sich nicht auf exaktes, objektivierbares Wissen nach den Normen der exakten Naturwissenschaften. Aber es besteht andererseits keine zwingende Notwendigkeit, sie deshalb nicht auch als Wissen zu bezeichnen, denn genau betrachtet machen wir in unserem Alltag fast immer nur von diesem umfassenderen, aber weniger scharf faßbaren Wissen Gebrauch, da die Vorbedingungen, unter denen die exakten Aussagen zutreffen, praktisch nie gegeben sind.

Bei unserer bisherigen Argumentation hat die Vorstellung eines Netzes eine entscheidende Rolle gespielt. Das Netz symbolisierte die Wirklichkeitsverengung und Qualitätsveränderung durch unser Denken. Man mag an dieser Stelle bezweifeln, ob die Vorstellung eines bestimmten

Netzes, als Metapher für das gedankliche Rüstzeug und die wissenschaftlichen Methoden, der tatsächlichen Situation in der Naturwissenschaft gerecht wird. Es erscheint eher angemessen, sich den Naturwissenschaftler als einen weit intelligenteren Ichthyologen vorzustellen, der mit immer besseren und raffinierteren Netzen – insbesondere mit solchen kleinerer Maschenweite – fischt, um Schritt für Schritt zu einer genaueren und vollständigeren Erfahrung der Wirklichkeit zu kommen. Zweifellos ist in dieser Hinsicht unser ursprüngliches Gleichnis zu einfach. Letztlich war es ja gerade die Möglichkeit, verschiedene Netze zu verwenden, die uns in der modernen Physik unmißverständlich auf den Projektionscharakter der «physikalischen Wirklichkeit» hingewiesen hat. Ein Elektron zum Beispiel, das wir hier in der eigentlichen Wirklichkeit ansiedeln, offenbarte sich bei der einen Beobachtung als Teilchen, bei einer anderen als Welle, also in zwei gänzlich verschiedenen Formen und – was nun das eigentlich Überraschende und Neue war – in zwei im Sinne der herkömmlichen Objektvorstellungen sogar unverträglichen Formen. Daß nämlich ein Objekt, etwa ein Haus, von zwei verschiedenen Standpunkten aus betrachtet auch verschieden aussehen kann, ist uns ja aus dem Alltag geläufig. Wir setzen die beiden verschiedenartigen, flächenhaften, zweidimensionalen Eindrücke des Hauses erfolgreich zu einem stimmigen räumlichen, also dreidimensionalen Gebilde zusammen. Eine ähnliche, höherdimensionale Konstruktion gelingt nun bei der Teilchen- und Wellenprojektion des Elektrons nicht mehr. Es gibt kein Netz, mit dem der Naturwissenschaftler das Elektron fischen, das heißt objektivieren kann und das die komplementären Seiten, Teilchen und Welle, vereinigt läßt. Das heißt, wir kommen hier in der objektiven Wirklichkeit nicht mehr zu einem Zusammenfügen, was in unserer normalen Vorstellung der objektivierbaren Welt noch ausdrückbar ist, im Gegensatz zu dem Fisch, den ich hier von der Seite und von vorne gemalt habe, wo wir dann einen räumlichen Fisch haben, oder hier von einem Stab, einem Stück Holz. Dieses Beispiel macht deutlich, daß der Naturwissenschaftler wohl verschiedene Netze zur Wirklichkeitserfassung besitzt, daß jedoch trotz aller Raffinessen bei der Beobachtung prinzipiell jede Beobachtung eine Einschränkung und Auswahl erzwingt.

Die «naturwissenschaftliche Welt» unterscheidet sich, wie schon erwähnt, auch qualitativ von der eigentlichen Wirklichkeit, von der sie ein projektives Abbild ist. Dies ist in unserem Ichthyologengleichnis nicht deutlich geworden. Bei der Untersuchung seines Fangs versucht der Ichthyologe nicht zu beschreiben, *was* ein Fisch (von mehr als fünf

Zentimetern) ist, sondern konzentriert sich nur auf gewisse Eigenschaften des Fisches, in unserem Beispiel seine Länge: Die Länge bezeichnet eine Beziehung zwischen einem Fisch und einem Stück Holz, das er als Meßlatte verwendet. Daß ein Fisch und ein Stück Holz sich überhaupt vernünftig vergleichen lassen, liegt daran, daß man sich auf eine Eigenschaft beschränkt, die beiden gemeinsam ist, nämlich die abstrakte Eigenschaft «Länge». Die quantitative Beschreibung, das heißt die Möglichkeit, Aussagen in Zahlen zu fassen – in unserem Fall die Angabe der Zahl «fünf» in Meßlattenlängen «Zentimeter» –, und ganz allgemein die Möglichkeit, bei der Formulierung von Aussagen und Verknüpfungen, die Mathematik zu verwenden, hängt genau mit der Möglichkeit zusammen, von den Inhalten der Dinge, also dem «Was» ganz abzusehen und sich allein auf die Beziehung von Vergleichbarem, also das «Wie» zu konzentrieren.

Nun, dieses abzusehende Was und die Konzentration auf das Wie mag wie eine enorme Einschränkung aussehen und ist es vielleicht auch. Aber wir sollten andererseits auch nicht übersehen: Der überraschende und faszinierende Erfolg der Naturwissenschaft hängt wesentlich damit zusammen, daß viele Fragen nach dem Was in Fragen nach einem Wie einmünden, daß Fragen nach der Substanz sich also in Fragen nach der Struktur verwandeln, in engem Kontakt mit der eigentlichen Wirklichkeit. Aber neben dieser Wirklichkeit errichtet der Naturwissenschaftler ein neues, andersartiges, nämlich ein mathematisch strukturiertes Gebäude, das er durch einen Prozeß von Versuch und Irrtum immer besser der Struktur und nicht dem Inhalt der Wirklichkeit nachzubilden versucht. Er wählt dazu ein Netz, eine Sprache, ein Paradigma, das der Wirklichkeit in gewisser Weise angepaßt ist und eine Optimierung dieses Übersetzungsprozesses erlaubt.

Im Gleichnis des Ichthyologen heißt dies etwa, daß dieser zunächst kein Meeresforscher, sondern einfach ein Fischesser war, der alle möglichen Fischfangmethoden – Steinewerfen, Stechen, Angeln usw. – durchprobierte, um möglichst viele Fische zu fangen, bis er schließlich das für diesen Zweck äußerst effiziente Netz entdeckte. Das Netz ist also nicht etwas, das ganz unabhängig von der Wirklichkeit, vom Fischreich, vorgegeben ist, sondern es hat sich in Wechselwirkung mit der Wirklichkeit als geeignet angeboten. Die Struktur der eigentlichen Wirklichkeit hat also wesentlichen Einfluß auf die Wahl der Paradigmen und Denkschemata, mit denen wir sie zu erfassen und zu beschreiben versuchen. Wir haben es also mit einer Art Rückkoppelung zu tun. Die «naturwissenschaftliche Wirklichkeit» ist deshalb der eigentlichen Wirklichkeit deutlich eingeprägt. Deutlicher eingeprägt jedenfalls als etwa «David» dem unbehauenen Marmorblock, bevor der Meißel des Michelangelo ihn für uns alle sichtbar «freigelegt» hat.

Aber die naturwissenschaftliche Wirklichkeit bleibt immer eine Projektion der Wirklichkeit. Das durch die Naturwissenschaft vermittelte Wissen ist deshalb nicht voraussetzungslos, es ist nicht wertfrei, da es ja aufgrund von bestimmten Bewertungskriterien, die dem Netz entsprechen, zustande kommt. Die vielzitierte Wertfreiheit der Wissenschaft gilt nicht für den wissenschaftlich nicht faßbaren Abbildungsprozeß der eigentlichen Wirklichkeit in unsere Wissenschaftsstruktur, sondern bezieht sich nur auf das Innere des von uns geschaffenen Wissenschaftsgebäudes, in dem als Wert nur noch die Stimmigkeit, die logische Widerspruchsfreiheit verbleibt.

Viele Naturwissenschaftler, so scheint mir, sind sich der prinzipiellen Beschränkung ihrer Wirklichkeitserfassung nicht bewußt, oder aber sie halten für irrelevant, was prinzipiell nicht wissenschaftlich erfaßt werden kann. Vielfach ist ihr Wirklichkeitsverständnis noch sehr von den Vorstellungen des 19. Jahrhunderts geprägt, nach denen eine genaue Kenntnis des augenblicklichen Zustandes der Welt in Verbindung mit einer exakten Kenntnis der Naturgesetze zu einer scharfen Bestimmung aller zukünftigen Ereignisse führt. Dieses einfache Bild von der Wirklichkeit hat sich durch die Erkenntnisse der modernen Physik entscheidend verändert. Der wesentliche Einschnitt erfolgte durch die Quantenmechanik. War es bisher schon immer notwendig gewesen, bei ungenauer Kenntnis eines Zustandes auf ganz präzise Aussagen und insbesondere Vorhersagen zu verzichten und sich mit der Angabe von Wahrscheinlichkeiten zu begnügen, so stellte sich nun heraus, daß der Wahrscheinlichkeitscharakter von physikalischen Aussagen nicht allein von der subjektiven Unkenntnis herrührt, sondern dem Naturgeschehen selbst eingeprägt ist. Eine noch so genaue Beobachtung aller Fakten in der Gegenwart reicht prinzipiell nicht aus, um das zukünftige Geschehen vorherzusagen, sondern eröffnet nur ein bestimmtes Feld von Möglichkeiten, für deren Realisierung sich bestimmte Wahrscheinlichkeiten angeben lassen. Das zukünftige Geschehen ist also nicht mehr determiniert, nicht mehr festgelegt, sondern es bleibt in gewisser Weise offen. Das Naturgeschehen läuft demnach nicht wie ein mechanisches Uhrwerk ab, sondern besitzt den Charakter *fortwährender Entfaltung*. Die Schöpfung ist nicht abgeschlossen – sie ereignet sich in jedem Augenblick neu.

Lassen Sie mich diesen wichtigen Punkt noch etwas näher ausführen. Ich muß dazu Ihre Vorstellungskraft etwas strapazieren und bitte deshalb um Nachsicht und Geduld. Ich tue es, um Ihnen wenigstens anzudeuten, daß hinter diesen vagen Formulierungen eine streng und scharf faßbare Struktur verborgen ist.

Nach der klassisch-mechanistisch-atomistischen Vorstellung besteht die Welt aus einer großen Anzahl von nicht mehr weiter zerlegbaren, strukturlosen und unzerstörbaren Bausteinen – aus irgendwelchen Atomen. «Atome» sollen hierbei nicht die Atome im engeren Sinne, die Bausteine der chemischen Elemente bedeuten, sondern deren Subpartikel, die sogenannten Elementarteilchen, insbesondere die Elektronen der Atomhülle und die Protonen und Neutronen des Atomkerns, oder eigentlich deren Bausteine, die sogenannten Quarks, oder gar deren vermutete Untereinheiten, die Preonen, usw. Welches nun letztlich die kleinsten Bausteine sind, soll uns hier nicht kümmern, sondern nur, daß es überhaupt solche kleinsten und unzerstörbaren Bausteine der Materie gibt, also «Objekte» in einem bestimmten Sinne, die zeitlich unverändert sind, also über alle Zeiten hinweg mit sich selbst identisch bleiben.

Die Zeit wird bei dieser Vorstellung als wesentliche Ordnungsstruktur von Anfang an vorgegeben. Das zeitlich Unveränderliche, das Beharrende spielt in dieser Vorstellung eine besondere Rolle und wird von uns unmittelbar als Materie begriffen. Die zeitlich unveränderlichen Bausteine der Materie verbürgen gewissermaßen die zeitliche Kontinuität unserer Welt.

Jedes dieser Atome können wir anschaulich mit einem unendlich langen, in seiner ganzen Länge mit sich selbst gleichbleibenden Nylonfaden vergleichen, der aus frühester Vergangenheit kommt und in die fernste Zukunft läuft. Es sind alles Fäden, die nicht abbrechen, weil sie zum Ausdruck bringen, daß die Atome sich zeitlich nicht verändern, also mit sich identisch bleiben. Die Welt entspräche dann einem dicken Nylonseil, das aus unzählig vielen solcher Fasern besteht. Das Weltgeschehen besteht nur in einer komplizierten Durchmischung und Umordnung dieser vielen Atome, in unserem Bild also in den Verflechtungen und Verwicklungen der einzelnen Nylonfäden entlang dem Seil. Diese Verwicklungen sind in einem mechanistischen Weltbild nicht zufällig, sondern gehorchen ganz bestimmten Gesetzen. Für die Erfassung der materiellen Wirklichkeit würde es deshalb unter diesen Umständen prinzipiell ausreichen, das Nylonseil an einer bestimmten Stelle, an einem bestimmten Querschnitt zu kennen, um seine Struktur der ganzen Länge nach abzuleiten. Also die genaue Kenntnis des Zustandes der Welt zu einem bestimmten Zeitpunkt, zum Beispiel im jetzigen Augenblick, sollte prinzipiell ausreichen, das Vergangene voll zu rekonstruieren und das Künftige eindeutig vorherzusagen. Ich sage «prinzipiell», denn praktisch ist es selbstverständlich gänzlich unmöglich, sich eine vollständige Kenntnis der Welt zu einem bestimmten Zeitpunkt zu verschaffen.

Man würde also auch in diesem Fall praktisch mit der Ungewißheit leben müssen, aber eine strenge Determiniertheit des Weltgeschehens würde, wenn man auch die belebte Welt und die Menschen mit in diese Gesetzmäßigkeit einbezieht, keine Freiheit des Handelns mehr zulassen. Das Weltgeschehen würde unbeeinflußbar wie ein Uhrwerk ablaufen. Darüber hinaus bestünde auch kein prinzipielles Verständnis dafür, was eigentlich die Gegenwart als Zeitpunkt auszeichnet, was sie absolut bedeutet.

Nach den Vorstellungen der modernen Physik gibt es das Teilchen im alten Sinne nicht mehr. Das heißt, es gibt kein mit sich zeitlich identisches lokalisiertes Objekt. Das klassische Bild zum Beispiel eines kräftefreien Elektrons, das sich aufgrund einer konstanten Geschwindigkeit $\vec{v}$ von einem bestimmten Punkt A nach einem anderen Punkt B auf einer geraden Bahn A → B bewegt, muß quantenmechanisch ganz anders interpretiert werden. Auch hier kann man in gewissem, abgeschwächtem Sinn von einem Ausgangszustand «Elektron am Punkt A mit Geschwindigkeit $\vec{v}$» sprechen. Die Abschwächung kommt in prinzipiellen Unschärfen dieser Zustandsfestlegung zum Ausdruck (Heisenbergsche Unschärferelationen), was letztlich die Unverträglichkeit signalisiert, ein Elektron als «Objekt» zu betrachten. Die quantenmechanischen Gesetzmäßigkeiten bewirken nun aber nicht, daß das Elektron zu einem späteren Zeitpunkt einen entsprechenden Zustand am Punkt B einnimmt, sie sagen vielmehr nur voraus, daß ein Zustand «Elektron» an irgendeinem anderen Ort mit einer bestimmten Wahrscheinlichkeit auftreten muß. Dies beinhaltet ein enormes Mehrwissen. Es ist dieses Mehrwissen, was die klassische Definition eines Objekts verhindert. Das Möglichkeitsfeld für das Auftreten des Elektrons in der Gegend B wird also durch ein Elektron bei A bewirkt, und dies ohne daß es ein Zwischenstück zwischen diesen beiden Ereignissen gibt, das zu einer Identifizierung der beiden Teilchen benutzt werden könnte und erlauben würde zu sagen, ein bestimmtes Elektron sei von A nach B geflogen.

Das Möglichkeitsfeld für das Auftreten des Teilchens ist «wellenartig». Das heißt, es hat die Eigenschaft, daß bei Überlagerung von zwei Möglichkeiten sich diese nicht nur verstärken, sondern auch abschwächen können. Dies hat zur Folge, daß dieses nur statistisch festgelegte Kausalverhalten Ursache → Wirkung nicht zu einem völlig chaotischen dynamischen Verhalten führt. Die durch den Ausgangszustand bei A ausgelösten Möglichkeitswellen lösen sich nämlich im allgemeinen bei Überlagerungen praktisch überall fast völlig auf, außer an ganz bestimmten Stellen, nämlich gerade dort, wo wir das Teilchen aufgrund der klassischen Bahnvorstellung etwa vermuten würden. Die kontinuierliche Verknüpfung der Punkte A nach B und ihre Bezeichnung als «Bahn eines bestimmten Teilchens» gelingt also nur aufgrund einer vergröberten Betrachtungsweise durch einen statistischen Mittelungsprozeß.

Aus quantenmechanischer Sicht gibt es also keine zeitlich durchgängig existierende objektivierbare Welt, sondern diese Welt ereignet sich gewissermaßen in jedem Augenblick neu. Die Welt erscheint hierbei als eine Einheit, als ein einziger Zustand, der sich nicht als Summe von Teilzuständen deuten läßt. Die Welt «jetzt» ist nicht mit der Welt im vergangenen Augenblick substantiell identisch. Aber die Welt im vergangenen Augenblick präjudiziert die Möglichkeiten zukünftiger Welten auf solche Weise, daß es bei einer gewissen vergröberten Betrachtung so scheint, als bestünde sie aus Teilen und als bewahrten bestimmte Erscheinungsformen, zum Beispiel Elementarteilchen/Atome, ihre Identität in der Zeit.

Die Welt entspricht keinem aus vielen kontinuierlichen Nylonfäden geflochtenen Nylonseil, bei dem Vergangenheit und Zukunft gleichartig sind. Aus der Sicht der Quantenmechanik ist die Zukunft prinzipiell offen, prinzipiell unbestimmt. Die Vergangenheit dagegen ist festgelegt durch Fakten, die durch irreversible makroskopische Prozesse erzeugt werden und in der Gegenwart dokumentiert sind. Die Gegenwart bezeichnet den Zeitpunkt, wo Möglichkeit zur Faktizität, zur Tatsächlichkeit gerinnt. In unserem Bild vom Nylonseil entspricht dies eher einem nurmehr in die Vergangenheit sich erstreckenden Halbseil, dessen Fäden in der Gegenwart gleichsam aus einem unstrukturierten Lösungsbad herausgezogen werden, sich also gewissermaßen im jeweils gegenwärtigen Augenblick aus einer qualifizierten Unbestimmtheit neu bilden. Eine Extrapolation in die Zukunft ist in wesentlichen Teilen prinzipiell nicht möglich.

Ich möchte diesen Gedanken trotz der Komplexität des Sachverhaltes wegen seiner Wichtigkeit noch um eine Stufe genauer ausführen. Wir betrachten dazu die Welt zu einem bestimmten Zeitpunkt: der augenblicklichen Gegenwart. Sie enthält einerseits ein großes unbestimmtes Feld von möglichen Erscheinungsformen, die sich völlig unserer Kenntnis entziehen, was in unserem Bild etwa dem unstrukturierten Lösungsbad entspricht, andererseits eine Vielzahl von Objekten, welche diese von uns wahrgenommene Welt im engeren Sinne ausmachen und die wir etwa durch geronnene Klümpchen veranschaulichen können.

In unserer Beschreibung der Welt betrachten wir nun aber die Gegenwart nicht als isoliert, sondern als eingeklemmt zwischen einer vorgestellten Zukunft, also einer noch nicht vollzogenen Gegenwart, und einer Vergangenheit, der bereits vollzogenen Gegenwart. Das heißt, wir konstruieren nun ein Bild der Welt, das nicht nur die Gegenwart enthält, sondern wir sagen, hier existiert eine zugehörige Vergangenheit und hier existiert noch eine zugehörige Zukunft. Die Vergangenheit erscheint von diesem Standpunkt aus als klassische Extrapolation der in der Gegenwart wahrgenommenen Objekte, die sind ja faktisch. Auf ähnliche Weise wird auch der gegenwärtige Zustand in die Zukunft extrapoliert. Also die Objekte, die wir jetzt wahrnehmen, extrapolieren wir auch in die Zukunft, weil sie als solche auch beschreibbar sind und den klassischen Gesetzen gehorchen. Deshalb ziehen wir diese Linien auch in die Zukunft weiter. Die Gerinnungsklümpchen erscheinen als Nylonfäden. Die antizipierte Zukunft enthält darüber hinaus aber das weite Feld der nichtrealisierten, der nicht zu Fakten geronnenen Möglichkeiten. Ein Fortschreiten der inhärenten Zeit benutzt die Entfaltung einer neuen Gegenwart allein aufgrund von Bedingungen, die in der gerade verstrichenen Gegenwart angelegt sind. Wir schreiten also nun zur nächsten späteren Gegenwart und zur noch späteren Gegenwart, und immer bilden sich wieder neue Fakten, die wir dann sofort als Nylonfäden interpretieren. Aufgrund raffinierter Korrelation von dynamischen Freiheitsgraden und konstruktiver Interferenz von Möglichkeitswellen werden neue Objekte realisiert, entsprechend etwa einem Gerinnungsvorgang im Lösungsbad.

Dieser Realisierungsprozeß von Möglichkeiten in der fortschreitenden Gegenwart findet nun nicht nur durch unsere Messungen statt, wo er dann als Kollaps des Wellenpakets bezeichnet wird, sondern ist auch ein unserer Welt eingeprägter natürlicher Prozeß, den wir als Evolution bezeichnen können und der mit der Ausbildung immer höherer Ordnungsstrukturen verbunden ist. Die Bildung solcher Ordnungsstrukturen verlangt Instabilitäten, damit winzig kleine mikroskopische Fluktuationen zu makroskopischen Strukturen mit ihren im statistischen Mittel auftretenden objekthaften Charakteren auswachsen können. Eine zeitliche Aneinanderreihung der Gegenwartsbilder führt zu einem Weltbild, nach dem der Evolutionsprozeß einem fortschreitenden Gerinnungsprozeß gleicht, einem fortschreitenden Objektivierungs- und Ordnungsprozeß. Also da sind nun die Gegenwarten aneinandergereiht – am Anfang unbestimmt – und immer wieder Gerinnungsvorgänge, wo eine Realisierung im eigentlichen Sinne, im objekthaften Sinne passiert, verbunden mit der Bildung einer Ordnungsstruktur. Es bildet sich gewissermaßen ein immer komplizierteres und weitverzweigtes objekthaftes Skelett heraus, das der Wirklichkeit im Verlauf ihrer Evolution eine festere, aber auch differenziertere Form verleiht.

Wir halten also fest: Die zeitliche Kontinuität beruht nicht auf ihrem objekthaften Charakter, daß also gewisse Objekte, Dinge, Materieklümpchen existieren, sondern darauf, daß der Welt eine gewisse Erwartung innewohnt, welche ihre zeitliche Entwicklung formt.

Es fällt uns schwer, uns die Welt und ihren Inhalt («Dinge»), ihre Zustände, nicht-objekthaft vorzustellen. Unser ganzes Begriffssystem, unsere Sprache ist ja auch auf dieser «zeitlos gedachten» Struktur aufgebaut. Um sie trotzdem in ihrer «Erwartungs-Struktur» denken zu können, führen wir abstrakt den objekthaft klingenden Begriff eines «virtuellen Zustands» ein und stellen diesen Zustand formal durch einen Vektor in einem unendlich-dimensionalen Zustandsraum (Hilbertraum) dar. Seine jeweilige (im allgemeinen zeitlich veränderliche) Richtung beschreibt die (im allgemeinen zeitlich veränderlichen) Wahrscheinlichkeiten für die möglichen Realisierungen. Dieser Zustandsvektor repräsentiert die ständige Erwartung und die zwingende Aufforderung, daß sich die Welt in irgendeiner Form neu ereignet.

Durch diesen Kunstgriff, die Objekte der klassischen Vorstellung in der Quantenbeschreibung durch «Zustandsvektoren» zu ersetzen, wird jedoch die Objektivierbarkeit der Welt nicht wiederhergestellt. Dies ist eher ein Trick, mit dem wir die prinzipiellen Schranken, die uns unser Denken auferlegt, zu überwinden versuchen.

Diese Zustandscharakterisierung ist vergleichbar mit der Vorgehensweise, wenn wir bei einer Münze die Wahrscheinlichkeit charakterisieren wollen, daß beim Wurf auf einen Tisch Kopf oder Wappen sichtbar werden. Wir tun dies, indem wir dieser Münze einen Vektor der Länge 1 in einem zweidimensionalen Raum, also in einer Ebene zuordnen, weil es hier ja nur zwei Möglichkeiten gibt. Liegt dieser Vektor in der Hauptdiagonalen, so bezeichnen die Quadrate seiner Projektionen auf die erste und die zweite Koordinatenachse (sie haben beide den Wert ½, denn aufgrund des Satzes von Pythagoras gilt, daß die Summe der Quadrate dieser beiden Seiten gleich 1 sein muß) hier die Wahrscheinlichkeit, daß bei einem Wurf entweder der Kopf oder das Wappen auftreten wird.

Wir sehen an diesem Beispiel, daß der abstrakte Vektor das zukünftige statistische Verhalten der Münze beschreibt und streng determiniert. Dieser Vektor hat jedoch keine objektive Existenz wie die materielle Münze selbst, sondern ist nur ein Abbild zukünftiger Ergebniserwartung beim Münzwurf.

Der quantenmechanischen Wirklichkeit entspricht nun ein solcher abstrakter Vektor, aber – wegen der unendlich vielen Möglichkeiten – im allgemeinen nicht in einem zweidimensionalen, sondern in einem unendlich-dimensionalen Raum, was einer Münze mit unendlich vielen Seiten entspräche, ohne jedoch mit der materiellen Basis, wie bei der materiellen Münze, verbunden zu sein.

Die einzelnen Würfe unserer Münze sind im Idealfall völlig unabhängig voneinander. Sie sind rein zufällig. Sie werden durch kein Kausalgesetz miteinander verkoppelt. Trotzdem schält sich bei einer langen Wurffolge ein ehernes Gesetz heraus, nämlich daß bei unserer Münze Kopf und Wappen jeweils mit einer Wahrscheinlichkeit von exakt ½ vorkommt. Hier entsteht eigentümlicherweise Ordnung aus Zufall, aus Chaos.

Wie kann so etwas überhaupt geschehen? Das Umgekehrte, daß nämlich Ordnung durch Vielfalt zum Chaos führt, ist uns eher geläufig und begreiflich.

Offensichtlich wird diese Ordnung durch eine «Verengung» der Wirklichkeit, durch den Akt des Münzwerfens, bewirkt. Die unendlich vielen unterschiedlichen, durch einen Winkel charakterisierbaren gleichberechtigten Orientierungen der Münze, welche die bei beliebig vielen Würfen zufälligen Ausgangssituationen repräsentieren, werden beim Aufschlag auf den Tisch auf nur zwei verschiedene Lagen reduziert. Dadurch wird Ordnung erzeugt.

Es ist nicht klar, was dem Gleichnis vom Münzwurf in unserem Bilde – also der plötzlichen Verengung der Wirklichkeit, ihrer Fixierung durch den Akt des Wurfes – in der Physik entspricht. Dies hängt zusammen mit dem Akt einer Messung, die, wie man das ausdrückt, zu einem Kollaps des Wahrscheinlichkeitswellenpakets oder, wie ich das hier bezeichnet habe, zur Gerinnung des Möglichen, zum Faktischen führt. Eine Messung setzt einen großen Apparat voraus, bei dem also die Effekte der Quantenphysik sich hinreichend ausgemittelt haben. Damit der Apparat aber überhaupt für eine Messung geeignet ist, muß er eine entsprechende Empfindlichkeit besitzen. Er stellt im allgemeinen ein hoch instabiles System dar, das durch die zu messenden Effekte zum Kippen gebracht wird: Eine winzig kleine Ursache kann hier also eine Lawine, einen irreversiblen Prozeß in Gang setzen, an dessen Ende ein makroskopisches Dokument, ein Faktum steht, nämlich der durch den Meßapparat angezeigte Meßwert.

Diese Kipp-Prozesse, dieses In-Gang-Setzen von irreversiblen Prozessen mit makroskopischen Endstrukturen, passieren jedoch nicht nur beim Meßvorgang, sondern diese Verwandlung von Möglichem in Faktisches geschieht, wie schon erwähnt, auch ohne unser Zutun. Dieser stetige Gerinnungsprozeß verleiht der Zeit eine absolute Bedeutung. Der zeitliche Ablauf spiegelt einen fortlaufenden Ordnungsprozeß wieder. Die Evolution erfolgt somit eigentlich nicht in der Zeit, sondern Zeit und Evolution sind ihrem eingeprägten Charakter nach dasselbe. Die jeweilige Gegenwart bezeichnet die stetige Ausformung von Möglichem zu Tatsächlichem.

In der formellen Sprache einer Quantenfeldtheorie wird das Faktische durch einen mit klassischen Eigenschaften begabten Grundzustand beschrieben. Ich werde jetzt also noch eine Stufe abstrakter, aber dann springe ich ab. Ich habe einen Weltzustand, der hat verschiedene Niveaus. Auf einem Niveau bildet sich die Zeit-Raum-Struktur, dann gibt es eine Stufe, die würden wir Toricelli-Vakuum nennen, das, was wir als das absolut Leere bezeichnen, dann kommt der asymmetrische Grundzustand, der in der Quantenfeldtheorie unserer physikalischen Beschreibung vorkommt, und schließlich der eigentliche Grundzustand, der den Welthintergrund darstellt, zu dem dann auch die Meßapparate gehören. Die dynamische Entwicklung der Möglichkeiten wird durch gewisse zeit- und ortsabhängige Quantenfeldoperatoren ausgedrückt, die einer bestimmten zeitlichen Differenzialgleichung gehorchen und die auf diesen Grundzustand wirken und auf diese Weise die neuen Zustände erzeugen. Die Entwicklung des Universums vom sogenannten Urknall an entspricht einem Prozeß fortwährender Ausdifferenzierung und Strukturierung, die – in der Sprache der Quantenfeldtheorie – zu immer höheren Ordnungen des Grundzustandes und einer Verminderung seiner Symmetrie führen. Also es beginnt mit dem Big Bang, die Zeit fängt hier an, das ist die Evolutionszeit, sie ist verknüpft mit einer Abnahme der Temperatur im Universum, sie ist verknüpft mit einer Zunahme der Ordnungsstrukturen und einer Abnahme der Symmetrien. Es gibt dabei gewisse Punkte, wo ein Gerinnen passiert. Hier bilden sich neuartige Kräfte. Die in der Natur beobachteten verschiedenartigen Kräfte sind nach unserer heutigen Auffassung eine Folge dieser Asymmetrie, die sich durch diese Ordnungsstrukturen bildet.

Ich habe in meinen Ausführungen mehrfach den Ordnungsbegriff verwendet. Um Mißverständnisse zu vermeiden, sollte ich noch kurz einiges über Ordnungsstrukturen und ihre Hierarchie sagen. Im gewöhnlichen Sprachgebrauch bezeichnen wir vielfach mit Ordnung, was mit hoher Regelmäßigkeit auftritt. So erscheinen uns die Atome in einem einatomigen Einkristall eine höhere Ordnung zu besitzen als etwa die Atome in einer DNA-Doppelhelix. Oder ich will ein anderes Beispiel verwenden: ein Gedicht. Wie etwa «Grenzen der Menschheit» von Goethe. Einem Analphabeten wird die Anordnung der Buchstaben in diesem Gedicht völlig chaotisch, völlig ungeordnet vorkommen, und er würde sie, «um Ordnung zu schaffen», vielleicht dem Alphabet nach zu gruppieren versuchen. Er würde dies für ordentlicher halten als das Gedicht in seiner vorliegenden Form. Aber es ist vollkommen offensichtlich, daß ein DNA-Molekül oder ein Gedicht von Goethe in einem abstrakteren Sinn ein wesentlich höher geordnetes System darstellen, weil in ihnen eine hochkomplexe Information verschlüsselt ist. Hochgeordnete Systeme in dieser Sprechweise sind gleichzeitig hochasymmetrische Gebilde. Ein kubischer Einkristall geht bei einer räumlichen Verschiebung um einen Gitterabstand entlang einer Symmetrieachse oder bei Drehung um 90 Grad um eine dieser Achsen in sich über, er hat eine hohe Translation und Drehsymmetrie, wie wir das nennen. Ein DNA-Molekül ist in dieser Hinsicht ganz asymmetrisch.

Ich habe jetzt aber Ihre Geduld genügend beansprucht und möchte mich wieder etwas weniger abstrakten Gedanken zuwenden. Viele werden sich vielleicht während meiner letzten Ausführung gefragt haben, warum diese Spitzfindigkeiten der modernen Physik, diese Kuriositäten der Welt des Allerkleinsten für uns in unserem Alltagsleben überhaupt von Bedeutung sein sollen. Denn durch die Erkenntnisse der Quantenphysik sind selbstverständlich die uns so geläufigen Vorstellungen einer objektivierbaren Materie und ihres mechanistisch-deterministischen Verhaltens nicht ganz unbrauchbar geworden.

Ich habe ja schon darauf hingewiesen, daß diese deterministischen Strukturen unserer Wirklichkeit gewissermaßen wie ein Skelett eingeprägt sind. Trotz Quantenmechanik fahren wir Auto oder fliegen wir in einem Flugzeug, in der festen und – Gott sei Dank – auch berechtigten Überzeugung, daß diese Transportmittel in ihrem Bewegungsverhalten ausreichend determiniert sind und deshalb auch durch geeignete Manipulation des Fahrers oder Piloten beherrscht werden können. Dieses deterministische Verhalten der Materie ergibt sich nämlich für die meisten Objekte unseres Alltags trotz quantenmechanischer Grundstruktur als gute Näherung. Für diese im Vergleich zu Atomdimensionen riesengroßen Systeme, mit denen wir umgehen, filtert sich nämlich das unbestimmte Verhalten der einzelnen Atome aufgrund ihrer großen Anzahl fast gänzlich heraus. Es ist hier etwa so, als ob wir jeweils gleichzeitig 10^{24} Münzen auf den Tisch werfen würden. Also eine 1 mit 24 Nullen! Nach der Wahrscheinlichkeitstheorie würden in diesem Fall mögliche Abweichungen von einem exakt gleichen Auftreten von Kopf und Wappen nur etwa ein zehnmilliardstel Prozent betragen. Die prinzipiell zeitlich offene Struktur der Naturgesetzlichkeiten ist also für makroskopische Systeme, für Gegenstände unserer gewohnten Umgebung durch die fast vollständige statistische Ausmittelung völlig verdeckt und sollte deshalb für unseren Alltag keinerlei Bedeutung haben.

Man stellt nun allerdings fest, daß selbst im streng deterministischen Fall, also im Rahmen der klassischen Mechanik, wo streng deterministische Gesetze gelten, unter geeigneten Umständen es nicht mehr möglich ist, aus einer gegebenen Anfangssituation die zukünftige Entwicklung vorherzusagen. Das Berechenbare kann unberechenbar werden, auch in deterministischen Systemen. Solche Verhältnisse können auftreten, wenn mechanische Systeme nichtlinear rückgekoppelt werden, das heißt, wenn eine Endkonfiguration eines Systems dem System als neue Anfangskonfiguration eingefüttert wird, was eine neue Endkonfiguration erzeugt, die wieder eingefüttert wird, und so in unendlicher Folge. Solche Systeme können trotz ihrer prinzipiell deterministischen Struktur ein völlig unvorhersehbares chaotisches Verhalten entwickeln. Dynamische Systeme dieser Art werden heute von vielen Wissenschaftlern an großen Computern simuliert und studiert. Ihr mögliches chaotisches Verhalten hängt mit Instabilitäten des dynamischen Systems zusammen, was dazu führt, daß winzig kleine Abweichungen in der Anfangskonfiguration zu völlig anderen Endkonfigurationen führen. In diesem Fall gilt dann nicht mehr die für unsere täglichen Planungen eigentlich unentbehrliche Grunderfahrung, daß ähnliche Ursachen auch zu ähnlichen Folgen führen, denn wir können ja die Ursachen nie exakt genau wiederherstellen. Selbstverständlich sind uns auch solche Situationen im täglichen Leben nicht ganz unbekannt. Zum Beispiel wenn wir mit einem Auto durch eine sehr enge Straße fahren. Dann wissen wir, daß eine seitliche Abweichung von wenigen Zentimetern hier unseren Lebenslauf dramatisch verändern könnte.

Die jüngsten Untersuchungen von Prigogine und anderen an stark gekoppelten chemischen und biologischen Systemen, die aufgrund äußerer Einflüsse weit aus ihrer thermodynamischen Gleichgewichtslage herausgerückt sind, zeigen, daß solche sogenannten dissipativen Systeme die Möglichkeit zu verschiedenartigen Entwicklungen erlangen, die von unmerklich kleinen Schwankungen gesteuert werden. Es ist deshalb vielleicht erlaubt zu sagen, daß die im Mikroskopischen prinzipiell angelegte Entfaltung neuer Möglichkeiten in solchen besonderen Situationen der üblichen statistischen Ausmittelung entkommen und auf diese Weise zur makroskopischen Ebene durchstoßen kann. Entscheidend ist hierbei die nichtlineare Rückkoppelung, daß also Endkonfigurationen wieder zum Anfang zurückkehren. Unter gewissen Bedingungen gelingt solchen Systemen eine Selbstorganisation, aufgrund derer sich im Laufe der Zeit immer höhere Ordnungsstrukturen entwickeln können. Dieses Verhalten könnte deshalb den entscheidenden Schlüssel zum Verständnis des Lebendigen liefern und den Weg zu einer Beschreibung des Lebens im Rahmen einer allgemeinen Theorie der Materie eröffnen.

Ich sollte vielleicht betonen, daß die Offenheit zukünftigen Geschehens, wie die Quantenmechanik sie erlaubt, noch nicht ausreicht, zu verstehen, wie die Fähigkeit entstehen könnte, unter den vielen Entwicklungen bewußt und gewollt ganz bestimmte auszuwählen und zu bevorzugen – also die Wahrscheinlichkeiten für mögliche Optionen, welche die Quantenmechanik noch festlegt, nun ihrerseits aus dem gesetzlichen Zwang zu befreien. Vielleicht entpuppt sich diese von uns so unmittelbar empfundende Freiheit des Handelns, die bewußte Beeinflussung zukünftigen Geschehens als eine statistische Schwankung innerhalb des statistisch fest vorgegebenen Rahmens, oder vielleicht ist auch die Frage, ob dies so sei oder nicht so sei, wegen der ungeheuer großen Zahl von Optionen prinzipiell gar nicht mehr entscheidbar.

Lassen Sie mich zum Schluß noch einige allgemeine Bemerkungen machen. Durch die Wissenschaft und insbesondere durch die moderne Physik ist uns in den letzten Jahrzehnten nicht nur ein überreiches, kaum mehr zu überblickendes Wissen zugewachsen, sondern es haben sich auch die Paradigmen der Wissenschaft – und verknüpft damit unsere Einstellung zur Wissenschaft – grundlegend gewandelt. Trotz anhaltender Euphorie in der Einschätzung unserer Fähigkeiten, durch Wissenschaft und Technik letztlich alle anfallenden Probleme lösen und alle dabei auftretenden Schwierigkeiten in den Griff bekommen zu können, sind wir vom Anspruch her, was Wissenschaft in diesem Sinne prinzipiell leisten kann, heute viel bescheidener geworden. Wir empfinden dies nicht als Einbuße. Im Gegenteil, die Wissenschaft hat uns durch diese Begrenzung ganz neue und großartige Dimensionen aufgezeigt. Die Quantenmechanik hat dafür die ersten bedeutsamen Zeichen gesetzt. Sie hat der Zeit im Mikroskopischen eine neue Qualität verliehen, die unter gewissen Bedingungen auch beim makroskopischen System zum

Durchbruch kommen kann. Die Quantenphysik hat auch aufgezeigt, daß eine Zerlegung eines Zustandes in Teilzustände strenggenommen nicht möglich ist. Eigentlich gibt es nur das Eine, das sich in gewisser Weise als ein Ganzes von Teilen auffassen läßt, was aber dann mehr ist als die Summe seiner Teile.

Die Technik basiert auf einem streng determinierten Verhalten. Wir erzwingen dieses Verhalten durch geschickte Konstruktion, welche die Teilsysteme geeignet voneinander isoliert und die isolierten, abgeschlossenen Untersysteme nur an wenigen Kreuzungspunkten kontrolliert miteinander in Verbindung treten läßt. Wegen dieser faserigen Struktur haben technische Apparate wenig Ähnlichkeit mit biologischen Systemen, die extrem komplex und vielfach vernetzt sind. Gesellschaftliche und wirtschaftliche Systeme ähneln darin viel mehr den biologischen Systemen. Sie sträuben sich deswegen gegen eine Strukturierung nach technischem, deterministischem Vorbild. Dies wird indirekt immer wieder am völligen Versagen unserer Prognosen im gesellschaftlich-wirtschaftlich-politischen Bereich erkennbar. Vieles, was uns heute an Wissenschafts- und Technikfeindlichkeit begegnet, ist letztlich nicht gegen Wissenschaft und Technik selbst gerichtet, sondern betont nur die Tatsache, daß die mechanistische und statistische Betrachtungsweise für eine Großzahl unserer heutigen Probleme völlig ungeeignet ist.

Am erfolgreichsten ist naturwissenschaftliches Denken da, wo die Wirkungsverflechtung verschiedener Komponenten schwach ist, wo das Ganze sich in guter Näherung als Summe seiner isoliert gedachten Teile auffassen läßt. Problematisch ist naturwissenschaftliches Denken aber dort, wo die Vernetzung stark und die Komplexität groß ist. Damit wir in der Vielfalt nicht blind werden, sollten wir auf die uns wohl mögliche, intuitive Betrachtungsweise der Welt nicht verzichten, durch die es leichter fällt, Gestalten zu erkennen und Bewertungen vorzunehmen.

Ilya Prigogine

Die Wiederentdeckung der Zeit
Naturwissenschaft in einer Welt begrenzter Vorhersagbarkeit

Ich erinnere mich, daß ich als junger Mann einen Satz von Eddington las, den ich dann jahrelang im Gedächtnis behalten habe. Er schrieb, die Zeit habe eine Schlüsselposition bei dem Versuch, zwischen zwei Bereichen unserer Erfahrung, nämlich der spirituellen und der physischen Seite unserer Natur, eine Brücke zu schlagen. Das trifft absolut zu. In den Naturwissenschaften ist Zeit ein ganz wesentlicher Begriff, das Grundelement unserer existentiellen Erfahrung. Deshalb befindet sich der Begriff der Zeit am Scheideweg zwischen Naturwissenschaft und Natur auf der einen und Geist auf der anderen Seite. Wie Sie wissen, ist die klassische Naturwissenschaft durch einen seltsamen Dualismus gekennzeichnet. Es ist noch gar nicht so lange her, da schrieb Einstein, die menschliche Erfahrung der Zeit sei eine gewaltige Illusion. Heute würden meines Erachtens immer weniger Menschen diese These akzeptieren. Ich möchte daher kurz den Wandel unserer Anschauungen umreißen.

Das 20. Jahrhundert war für die Physik ein bemerkenswertes Jahrhundert. Es begann mit der Formulierung neuer Theorien und Konzepte, darunter das der Quantenrelativität. Im zweiten Drittel kamen dann noch zahlreiche unerwartete Entdeckungen hinzu, die niemand hätte voraussagen können. Dazu gehörte die Erkenntnis, daß Materie nicht stabil ist und Elementarteilchen sich ineinander umwandeln können. Ferner fand man heraus, daß das Universum eine Geschichte hat. Bis dahin hatte die Vorstellung geherrscht, es könne keine Geschichte des Universums geben, weil das Universum bereits alles und jedes enthalte. Eine weitere Entdeckung war, daß nicht-gleichgewichtige Irreversibilität die Quelle von Organisation in der Natur sein kann. Diese Veränderungen wandeln erheblich unsere Anschauungen von Raum und Zeit. Im Grunde sind wir gegenwärtig mit dem Versuch beschäftigt, diese Entdeckungen in ein stimmigeres Gesamtbild zu integrieren.

Ich möchte nochmals darauf hinweisen, daß die klassische Physik durch eine Dichotomie gekennzeichnet war. Einerseits vertrat sie die Ansicht, das Universum sei ein gigantischer Automat, und wir begnügten uns während einer gewissen Phase mit reversiblen und deterministischen Naturgesetzen. Andererseits läßt uns die Betrachtung unseres eigenen spirituellen Innenlebens immer wieder die Bedeutung der Kreativität erkennen. Wir erleben in der Praxis, daß Zeit irreversibel ist, wir haben zumindest das Gefühl, in gewisser Weise zu erkennen, wie Ordnung aus Unordnung hervorgeht und neue Ideen aus dem Zusammentreffen von Fragmenten entstehen. Daß die klassische Anschauung der Physik kein Zufallsergebnis ist, wurde in der berühmten Diskussion zwischen Leibniz und Clarke deutlich, wobei Clarke im Namen Newtons sprach.

Auch heute noch, zweihundert Jahre später, ist sie eine interessante Lektüre. Sie werden sich erinnern, daß Leibniz Newton mit der Bemerkung attackierte, Sir Isaac Newton müsse eine recht armselige Vorstellung von Gott haben. Dem gestehe er nämlich weniger Qualitäten zu als einem guten Uhrmacher, da das Universum von Zeit zu Zeit repariert werden müsse. In moderner Sprache könnte man sagen, Newton vertrete eigenartigerweise eine evolutionäre Anschauung vom Universum. Der im Namen von Newton argumentierende Clarke behauptete, Leibniz mache mit seiner Idee, Gott habe die Welt in einem einzigen Schöpfungsakt geschaffen, aus Gott einen *rex autiosus*. Denn nach vollzogener Schöpfung hätte Gott ja dann keinen Einfluß mehr auf die Welt.

Was diese Diskussion so bedeutsam macht, ist ihre theologische Komponente. Sie ist wichtig, weil sie aufzeigt, wie die Menschen damals die Rolle des Naturwissenschaftlers auffaßten. Nach den Vorstellungen des 17. Jahrhunderts hielten sie Gott eindeutig für allwissend, so daß für ihn kein Unterschied zwischen Vergangenheit, Gegenwart und Zukunft existiert. Leibniz hat immer wieder erklärt, für ein ausreichend informiertes Wesen könne nichts geschehen, was nicht bereits in der Gegenwart vorhanden sei. Darum müßte für einen Vertreter der Naturwissenschaft, der in diesem Sinne als Repräsentant Gottes auf Erden angesehen werden kann, auch die Zeit eine Illusion sein – so wie Einstein es später behauptete. Die klassische Naturwissenschaft beschäftigte sich daher vor allem mit dem Versuch, jenes Wissen über das Universum zu erlangen, welches Gott der menschlichen Vorstellung nach besitzt. Wie Sie wissen, kann man nicht wirklich von einer Dämonologie sprechen, obwohl es eine Menge «Dämonen» gegeben hat. In der Physik sprachen Laplace und Maxwell von «Dämonen», davon, daß dem Menschen ein Wissen von einer höheren Instanz eingegeben werden könne. Wir haben jedoch in diesem Jahrhundert gelernt, daß dies unmöglich ist. Eigentlich sehen wir die Natur nur durch ein Fenster und müssen aus den wenigen uns verfügbaren Elementen extrapolieren. Denn wir sind ja selbst ein Teil der Natur, die wir beschreiben.

Der Konflikt zwischen dem Zeitbegriff, wie er im Rahmen einer evolutionären Theorie oder unserer existentiellen Erfahrung wahrgenommen wird, und dem Zeitbegriff der fundamentalen klassischen Physik geriet durch Ludwig Boltzmann in den Vordergrund der Diskussionen. Boltzmann versuchte, dem Zweiten Thermodynamischen Hauptsatz über die Zunahme der Entropie eine mechanistische Erklärung zu geben, wobei ihm eine sehr interessante Beschreibung gelang. Diese überzeugte jedoch die Fachwelt nicht. Man sagte ihm: Wie können Sie auch nur hoffen, jemals eine Beschreibung der Irreversibilität zu erhalten, wo doch die grundlegenden Naturgesetze deterministisch und umkehrbar sind. Das ist unmöglich. Schließlich mußte Boltzmann einen Rückzieher machen und akzeptieren, daß es im Grunde keine Zeit gibt.

Ich habe mich stets gewundert, daß niemand oder nur sehr wenige damals protestierten. Warum sagte niemand oder sagten nicht zumindest einige: Dieses Problem müßte immerhin näher untersucht werden? Wie können wir die Dichotomie akzeptieren zwischen einer phänomenologischen Beschreibung, in der Zeit existiert, und einer fundamentalen, in der Zeit überhaupt nicht vorkommt? Meines Erachtens ist es eines der wesentlichen Ergebnisse der wissenschaftlichen Evolution unseres Jahrhunderts, daß wir heute besser verstehen, wie wir diese Dichotomie überwinden und Irreversibilität besser verstehen können.

An dieser Stelle möchte ich einen Satz des bekannten britischen Mathematikers Lighthill zitieren, der vor zwei Jahren folgendes geschrieben hat: «Ich muß mich im Namen der weltumspannenden Bruderschaft der Naturwissenschaftler kollektiv dafür entschuldigen, daß wir die gebildeten Laien durch Verbreitung all dieser Ideen vom Determinismus der Systeme in die Irre geführt haben. Wir taten das, um das zweite Newtonsche Axiom über das Gesetz der Bewegung zu stützen, das sich nach 1960 als Irrtum erwies.» Diese Äußerung ist wirklich verblüffend. Natürlich ist es hilfreich für uns, wenn einzelne Wissenschaftler sich für Fehler entschuldigen, die sie vielleicht gemacht haben. Daß sich jedoch jemand im Namen all derer, die sich mit der klassischen Bewegungslehre beschäftigen, für einen Fehler entschuldigt, der dreihundert Jahre lang begangen wurde, das ist, wie ich meine, in der Geschichte der Naturwissenschaft sehr ungewöhnlich. Man könnte die Äußerung von Lighthill auch so formulieren: Die gesamte Erklärung der klassischen Mechanik, bisher Grundlage aller unserer Vorstellungen von Raum und Zeit, Grundlage der naturwissenschaftlichen Anschauungen von Männern wie Kant, Bergson und anderen – sie war falsch.

Ich möchte nur kurz darlegen, wie diese neuen Aspekte in die wissenschaftliche Diskussion gelangten. Dazu muß ich zunächst etwas zur Thermodynamik sagen, also zu Vorgängen, die ihre Ursache im Nichtgleichgewicht haben. Anschließend werde ich mich der klassischen Mechanik zuwenden, in der meines Wissens die größten Veränderungen erkennbar sind. Schließlich möchte ich erörtern, auf welche Weise diese Ideen jetzt in der modernen Physik, das heißt in der Quantenmechanik, auftreten. Aus Zeitmangel werde ich mich kurz fassen. Vor allem aber möchte ich mich noch darüber äußern, wie die Kosmologie neuerdings in dieses Thema einbezogen wurde und welche Rolle Zeit und Irreversibilität in der Schöpfung, besser gesagt beim Ingangsetzen unseres Universums spielen.

Kommen wir zunächst zur Thermodynamik, die, wie Sie wissen, auf dem Zweiten Thermodynamischen Hauptsatz beruht. Dieser stellt fest, daß Entropie in geschlossenen Systemen zunimmt. In einem offenen System entsteht Entropie durch irreversible Prozesse. Nun haben Wissenschaftler immer wieder versucht, die Bedeutung dieser Feststellung herunterzuspielen, und sie als trivial bezeichnet. Nehmen wir als Beispiel zwei gleichgroße Behälter, in denen sich insgesamt einhundert Elementarteilchen befinden, zwanzig davon im rechten Behälter. Nach einiger Zeit werden die Teilchen sich so verteilt haben, daß sich in jedem Behälter fünfzig befinden. Einige Wissenschaftler halten diese Feststellung für belanglos und empfehlen, man solle sich nicht so sehr um den Zweiten Hauptsatz kümmern, der eine so triviale Behauptung aufstelle. Inzwischen wissen wir jedoch, daß das keineswegs stimmt. Denn irreversible Prozesse – und die gesamte Chemie ist irreversibel, desgleichen die gesamte Biologie – erzeugen immer (genauer gesagt: fast immer) gleichzeitig Ordnung und Unordnung.

Kommen wir zum Beispiel der beiden Behälter zurück, in denen sich jetzt Wasserstoff und Stickstoff befinden sollen. Erhitze ich den einen, während ich den anderen abkühle, dann erhalte ich im einen mehr Wasserstoff und im anderen mehr Stickstoff. Mit anderen Worten: Ich erzeuge Ordnung. Natürlich muß ich dafür einen Preis entrichten, nämlich Energie durch den Wärmefluß dissipieren. Daß dieser Preis Ordnung bewirkt, hier und in vielen anderen Fällen, wird heute wohl verstanden. Tatsächlich ändern wir heute unser Paradigma. Für das klassische Paradigma war ein Kristall ein geordnetes Objekt oder Subjekt. Heute wissen wir jedoch, daß selbst wunderschöne Kristalle weit davon entfernt sind, geordnet zu sein. Ihre Teilchen befinden sich in ständiger Bewegung, die durch inkohärente Wärmewellen bestimmt wird. Andererseits erscheint heute manches, was wir bisher für Unordnung hielten, als in hohem Maße geordnet, beispielsweise Turbulenzen. Beim Entstehen von Turbulenzen müssen Teilchen über große Entfernungen hinweg korreliert werden, die viel größer sind als die Entfernungen zwischen Molekülen. Es handelt sich um makroskopische Distanzen, deren Korrelierung auch im makroskopischen Maßstab erfolgen muß. Heute erkennen wir daher, daß Prozesse auf der Grundlage von Nichtgleichgewichten – zum Beispiel die eben zitierten Turbulenzen – viel mehr Ordnung enthalten als die meisten oder sogar alle Gleichgewichtsprozesse.

Das verändert vollkommen unsere Anschauung über das Verhältnis zwischen Ordnung und Unordnung auf der einen sowie Gleichgewicht und Nichtgleichgewicht auf der anderen Seite. Während der letzten Jahre wurden immer mehr Phänomene dieser Art entdeckt – in der Hydrodynamik, bei Fließvorgängen, in der Chemie. Es vergeht fast kein Monat, ohne daß eine auf Nichtgleichgewicht beruhende Struktur entdeckt wird. Im Grunde erleben wir eine unerwartete Evolution der Chemie, weil die Chemie eine Wissenschaft irreversibler Prozesse ist. Sie ist auch eine Wissenschaft nichtlinearer Prozesse, in denen es zu Kollisionen und Interaktionen zwischen Teilchen kommt. Wir erleben jetzt also, daß Irreversibilität und nichtlineare Prozesse zu Selbstorganisation führen können.

Das läßt sich in vielen Bereichen verfolgen, etwa in der Wissenschaft von den Feststoffen und auf vielen anderen Gebieten. Noch einen weiteren Aspekt möchte ich hervorheben. Aufgrund der neuen Erkenntnisse über nichtlineare Vorgänge wissen wir jetzt, daß das Konzept der Irreversibilität unser Verständnis der Rolle der Fluktuation fördert. Wir verzichten jetzt auf eine deterministische Beschreibung, weil Nichtlinearität durch Gabelung (Bifurkation) zur Möglichkeit verschiedener Lösungen führt. Und wo solche Gabelungen im Spiel sind, lassen Systeme sich nur noch im Sinne von Wahrscheinlichkeiten beschreiben. Man kann nicht mit Bestimmtheit voraussagen, welchen Weg das System nehmen wird. Die Quantenmechanik ist dadurch berühmt geworden, daß sie den Begriff der Wahrscheinlichkeit auf mikroskopischer Ebene eingeführt hat. Hier haben wir es nun mit einem probabilistischen Konzept auf der makroskopischen Ebene zu tun.

Wie schon erwähnt, befindet sich die Nichtgleichgewichts-Physik in einer Periode exponentiellen Wachstums. Es ist daher interessant zu verstehen, wie Irreversibilität und Dynamik in einen Zusammenhang gebracht werden können. Und das wiederum führt uns zu einer Revolution in der Lehre von der Dynamik, auf die Lighthill in dem Text anspielte, den ich vorhin zitierte.

Welcher Art sind die neuen dynamischen Systeme, die in jüngerer Zeit entdeckt wurden? Auf diesem Wissenschaftsgebiet sind die großen Namen Henri Poincaré (um die Jahrhundertwende) und vor allem Kolmogorow, der vielleicht bedeutendste Mathematiker unseres Jahrhunderts. Kolmogorow fand heraus, daß es viele dynamische Systeme gibt, die so instabil sind, daß die beiden Trajektorien (Entwickungslinien) im Laufe der Zeit exponentiell auseinanderlaufen werden, egal wie groß bzw. klein die Entfernung anfänglich zwischen ihnen auch sein mag. Anders ausgedrückt: Selbst wenn die Distanz zwischen ihnen zunächst ganz gering ist, wird sie im Laufe der Zeit außerordentlich groß werden, und zwar aufgrund des sogenannten Liapunow-Exponenten. Er bestimmt das, was man als den zeitlichen Horizont des dynamischen Systems bezeichnen kann. Hinter diesem zeitlichen Horizont können wir nicht mehr von Trajektorien sprechen. Wie auch immer die Anfangsbedingungen gewesen sein mögen, der Begriff Trajektorien macht nach einiger Zeit keinen Sinn mehr, es sei denn, man würde über ein unendliches Wissen verfügen oder die präzisen Ausgangsbedingungen kennen.

In der Physik kennen wir die Ausgangsbedingungen jedoch niemals genau. Wir besitzen vielleicht ein ziemlich präzises Wissen, doch ist es niemals auf den Punkt genau. Wir kennen immer nur einen kleinen Bereich. Wichtig ist, daß es bei instabilen Systemen einen wesentlichen Unterschied gibt zwischen dem Kennen eines kleinen Bereichs und dem Erreichen der Grenze eines Punktes. Der Punkt verhält sich anders als der Bereich. Dieses endliche Wissen erfordert eine andere Verhaltensweise – und in dieser Situation befinden wir uns –, als wenn man an die Grenze unendlichen Wissens stößt. Und das trifft auf instabile dynamische Systeme zu. Bei stabilen dynamischen Systemen haben wir keine Schwierigkeiten. Dort kann man bis zur Grenze unendlichen Wissens gelangen. Aus diesem Grunde sagen uns die Astronomen, sie könnten die genaue Position der Erde bei ihrem Lauf um die Sonne in etwa fünf Millionen Jahren voraussagen – was eine ziemlich lange Zeit ist. Doch kann niemand hoffen, das Wetter in einer oder mehreren Wochen korrekt vorherzusagen. Damit soll nicht behauptet werden, der Mensch sei auf dem Gebiet der Meteorologie oder Klimakunde dümmer als auf dem der Astronomie. Doch sind die Systeme auf den beiden letztgenannten

Gebieten instabil. Das klimatologische und das meteorologische System sind instabile dynamische Systeme, in denen Liapunow-Exponenten wirksam sind, was Voraussagen problematisch macht. Lassen Sie mich nun erklären, was es mit solchen in hohem Maße instabilen Systemen auf sich hat.

Ein einfaches Beispiel. Ich nehme eine Münze und werfe sie in die Luft. Das ist ein Spiel mit dem Zufall. Die Chance, ob Kopf oder Zahl zuoberst liegen werden, beträgt fünfzig zu fünfzig. Dieses Ergebnis kann ich auch als Problem der Wahrscheinlichkeit bezeichnen. Nun ist diese Münze aber auch ein schweres Objekt und unterliegt damit der von Newton aufgestellten Bewegungsgleichung. Wie weit ist hier nun Wahrscheinlichkeit im Spiel? Man könnte sagen, sie spiele hier eine Rolle, weil wir die genauen Ausgangsbedingungen nicht kennen. Daher wollen wir diese immer präziser gestalten. Dafür gibt es zwei Möglichkeiten: Entweder lassen sich die Ausgangsbedingungen so präzise festlegen, daß ich voraussagen kann, was geschehen wird. Dann handelt es sich natürlich um ein deterministisches System. Nur infolge meiner Ignoranz habe ich es für ein probabilistisches gehalten. Doch was immer ich tue, wie präzise die Ausgangsbedingungen auch bestimmt werden – das Ergebnis ist immer fifty-fifty. Wie ist das möglich? Es ist möglich, wenn jede Ausgangssituation, die das eine Ergebnis bewirkt, von einer Ausgangssituation umgeben ist, die zum anderen Ergebnis führt.

Jeder wird sich hier des Gesetzes aus der Zahlentheorie erinnern, wonach eine rationale Zahl von irrationalen Zahlen umgeben ist und umgekehrt. Stellen Sie sich einmal vor, rationale Zahlen bringen ein Ergebnis A, irrationale ein Ergebnis B. Doch ich weiß niemals, ob dies nun eine rationale oder eine irrationale Zahl ist! Selbst wenn ich hundert oder eine Milliarde Stellen hinter dem Komma kenne, weiß ich immer noch nicht, ob es sich jeweils um eine rationale oder eine irrationale Zahl handelt. Das Außergewöhnliche und immer noch Überraschende daran ist für mich, daß diese Art instabiler Dynamik stets überwiegt. Daß wir ihr überall begegnen: bei Flüssigkeiten, bei Gasen, in der Quantenmechanik. Der eigentliche Grund, auf dessen technische Einzelheiten ich hier nicht weiter eingehen will, ist folgender: Man begegnet dieser Art von Instabilität überall dort, wo es starke Resonanzen gibt. Hat man Oszillatoren mit derselben Frequenz oder mit sehr nahe beieinanderliegenden Frequenzen, dann können sie Energie übertragen. Resonanzen verursachen ein ziemlich chaotisches Verhalten, und das ist letztlich der Grund, warum es so viele Systeme gibt, die von Natur aus instabil sind.

Und wie verhalten sich instabile Systeme? Wie verhalten sie sich beispielsweise im Vergleich zur Bewegung der Planeten? Entscheidend ist dabei, daß instabile Systeme nicht kontrollierbar sind. Die klassische Naturanschauung, unsere klassische Sicht der Naturgesetze und unser Verhältnis zur Natur basierten doch auf Herrschaft und Kontrolle. Ändert der Mensch die Ausgangsbedingungen, dann verändern sich auch die Trajektorien. Wir verändern etwa die anfängliche Wellenfunktion und damit auch die endgültige. Aus diesem Grund können wir alles kontrollieren. Das gilt für viele Situationen. Schicken wir einen Satelliten in den Weltraum, dann können wir seine Umlaufbahn genau kontrollieren. Das ist jedoch nicht allgemein so. Ich nehme zum Beispiel ein paar hundert Elementarteilchen und gebe ihnen anfänglich bestimmte Positionen und Geschwindigkeiten. Doch was immer ich auch tue, ich kann nicht verhindern, daß das System nach einiger Zeit ein thermales Gleichgewicht und eine Maxwell-Boltzmann-Verteilung erreicht. Mit anderen Worten: Das System entzieht sich meiner Kontrolle und verhält sich, wie es will, unabhängig von den Anweisungen, die ich ihm zu Anfang erteilt habe.

Nun könnte man natürlich sagen, ein System mit mehreren hundert Elementarteilchen, eine Flüssigkeit oder ein Gas, sei ein sehr komplexes System. Deshalb sei es auch nicht erstaunlich, daß wir es nicht kontrollieren können. Vor kurzem jedoch haben einige meiner Kollegen numerische Analysen, Computer-Experimente und sonstige analytische Berechnungen über das einfachste Problem der Elektrodynamik, die Emission von Strahlung, angestellt. Kommt es zu einer Emission von Strahlung, dann strahlt eine oszillierende elektrische Ladung entsprechend der klassischen Elektrodynamik und sendet elektromagnetische Wellen in Form von Licht in den Raum. In der Quantenmechanik würden wir sagen, sie schickt Photonen in den Raum. Bei unseren Experimenten haben wir nun folgenden Sachverhalt aufgezeigt: Wir können das ursprüngliche Elektron oder die anfängliche Ladung auf vielerlei Art präparieren und das System sogar eine Zeitlang daran hindern, überhaupt zu strahlen. Doch was wir auch tun – nach einiger Zeit verhält sich das System entsprechend den Gesetzen der Elektrodynamik. Man kann auch sagen, es entzieht sich unserer Kontrolle. Es dissipiert seine Schwingungsenergie in Form von Strahlung, wie auch immer wir das System präpariert haben. Ich will damit hervorheben, daß die Natur eine beträchtliche Spontaneität besitzt. In der Natur erleben wir das Auftreten spontaner Prozesse, die wir nicht so streng kontrollieren können, wie wir es entsprechend der klassischen Mechanik für möglich gehalten haben. Damit geben wir natürlich nicht unsere wissenschaftliche Rationalität auf. Schließlich haben wir uns die Welt, in der wir leben, nicht ausgesucht. Als Wissenschaftler haben wir vielmehr die Welt, in der wir leben, nur zu beschreiben. Und diese Welt ist in hohem Maße instabil. In diesem Zusammenhang möchte ich betonen, daß dieses Wissen um die Instabilität unserer Welt natürlich andere Strategien und andere Formen interagierender Systeme hervorbringen kann.

Nun sind natürlich Thermodynamik, nicht-gleichgewichtige Prozesse und klassische Dynamik Teilgebiete der klassischen Physik. Ich finde es sehr bemerkenswert, daß Teile der klassischen Physik, von der wir bisher annahmen, sie befände sich in ihrer endgültigen oder nahezu endgültigen Form, gerade zu den Bereichen gehören, die sich in der gegenwärtigen naturwissenschaftlichen Evolution besonders verändern. Natürlich kann man damit rechnen, daß diese Entwicklung der klassischen Physik starke Auswirkungen auf andere moderne Wissenschaftsbereiche haben wird. Das gilt vor allem für die Quantenmechanik und die Relativitätstheorie, weil alle anderen Bereiche der Physik im wesentlichen im Rahmen der klassischen Physik entstanden sind. Und sie haben sich einiger Konzepte der stabilen dynamischen Systeme bedient, von denen man einige Zeit lang annahm, sie seien die einzige Art dynamischer Systeme. Lassen Sie mich jetzt noch kurz das Problem der Quantenmechanik anschneiden und dann den Rest meines Vortrags der Kosmologie widmen.

Die Quantenmechanik hat eine seltsame dualistische Struktur. Da gibt es einerseits die deterministische Schrödinger-Gleichung: Sobald man die Wellenfunktion kennt, kann man voraussagen, was in der Zukunft geschehen wird, ebenso aber auch berechnen, was in der Vergangenheit geschah. Irreversibilität und Stochastik ergeben sich aus unseren Messungen. Das ist keineswegs eine absurde Idee, sondern eine ungeheuer wichtige Feststellung der Quantenmechanik: Die Irreversibilität ist eine Folge meiner Beobachtung, sie ist eine Folge meiner Messungen! Und in genau dieser Situation befand sich die klassische Physik vor den Entdekkungen von Poincaré und Kolmogorow. Das ist so schwer zu glauben, weil in der Quantenphysik wie in der klassischen Physik spontane Prozesse auftreten: Desintegration, Emission von Photonen, die nichts mit unseren Messungen zu tun hat, sondern eine Folge der Instabilität dieser dynamischen Systeme ist. Die künftige Revolution der Quantenmechanik wird sich daher meines Erachtens mit einer besseren Klassifizierung dynamischer Quantensysteme befassen. Den letzten Teil meines Vortrags möchte ich jedoch der Kosmologie widmen, weil diese beeindrukkendere Beispiele für die wachsende Rolle der Zeit in unserer kosmologischen Weltanschauung bietet.

Bekanntlich ist die moderne Kosmologie, die theoretische Kosmologie, ein Abkömmling von Einsteins allgemeiner Relativitätstheorie. Es war zu erwarten, daß Einsteins erstes Modell des Universums ein statisches, geometrisches Modell sein würde, in dem der Pfeil der Zeit überhaupt keine Rolle spielte. Bald geschah jedoch etwas Unerwartetes: Theo Retisch und Friedmann wiesen nach, daß Einsteins Gleichung instabil war. Dann wurde nachgewiesen, daß die Galaxien sich in langgestreckten Ellipsen bewegen. Ein absolut statisches Universum war also nicht möglich. Viele Beobachter machten sich darüber jedoch keine Gedanken und meinten, da es sich um eine einfache geometrische Bewegung handle, sei daran nichts Aufregendes. Dann jedoch kam es zu einer der größten Entdeckungen seit Jahrhunderten: Man entdeckte die kosmische Hintergrundstrahlung. Das heißt, man fand heraus, daß unser Universum voll von Photonen ist, die in einem sehr frühen Stadium unseres Universums entstanden sein müssen. Man kann auch sagen, unser Universum sei voll von Entropien, die aus einem sehr frühen Stadium stammen müssen. Das Universum besitzt tatsächlich eine recht seltsame Struktur, eine dualistische. In diesem Bad von Photonen schweben sehr wenige Materieteilchen herum. Die Photonen können wir nicht ohne weiteres erkennen, weil sie eine sehr niedrige Temperatur haben. Früher jedoch besaßen sie alle Merkmale von Energie. Daraus läßt sich automatisch schließen, daß wir die Idee der Evolution des Universums sehr ernst nehmen müssen. Mehr noch: Diese Evolution erfolgt ganz sicher nicht so, wie sie vom Zweiten Thermodynamischen Hauptsatz beschrieben wird, denn dem zufolge nimmt die Entropie ständig zu. Nun zeigt sich jedoch, daß der überwiegende Teil der Entropie des Universums schon an dessen Anfang erzeugt wurde. Im Klartext: Der Wärmetod liegt bereits hinter und nicht vor uns. Das Universum begann auf irgendeine Weise mit einer gigantischen Entropie-Explosion, mit einem gigantischen irreversiblen Vorgang, wobei gleichzeitig der Pfeil der Zeit seinen Anfang nahm. Zeit und Universum wurden auf dieselbe Weise geboren. Wie soll man das nun in Begriffen einer modernen Kosmologie erklären?

Die Grundlage einer solchen Erklärung bildet bekanntlich Einsteins Gleichung. Verfolgen wir diese immer weiter zurück, dann landen wir beim vielzitierten Urknall, dem Big Bang, einer Singularität als Ausgangspunkt des Universums. Nun ist die Existenz einer Singularität in Einsteins Theorie keineswegs erstaunlich, beschreibt Einstein doch die Evolution ohne Erschaffung der Materie. Er schildert die Evolution der Entropie, die für ihn eine Konstante ist. Man kann das auch anders formulieren: Verfolgt man Einsteins Gleichung immer weiter zurück in der Zeit, dann gelangt man zwangsläufig zu einer Situation, in der die gesamte Materie und die gesamte Entropie in einem Punkt konzentriert sind. Wie soll man nun dieses frühe Stadium des Universums verstehen? Wie soll man begreifen, wie Materie erschaffen wurde? Wie wurde diese Entropie erzeugt?

In diesem Zusammenhang möchte ich Ihnen ein sehr interessantes Buch empfehlen, das eben erst erschienen ist. Ich meine *Eine kurze Geschichte der Zeit* von Stephen Hawking. Wie Sie wissen, ist Hawking ein Phänomen, ein schwerkranker Mann, der dennoch außerordentliche naturwissenschaftliche Vorstellungen formuliert. Meine weiteren Ausführungen stehen in engem Zusammenhang mit seiner Arbeit. Eine von Hawkings Entdeckungen war die nach ihm benannte Strahlung. Was bedeutet sie? Bekanntlich gehören die Schwarzen Löcher zu den seltsamsten Objekten der modernen Kosmologie. Was ist ein Schwarzes Loch? Wenn Materie infolge ihrer eigenen Schwerkraft in sich zusammenstürzt und sich zusammenzieht, dann bildet sie irgendwann ein Schwarzes Loch. Die Theorie besagt, die Materie habe sich in einer Art Membran gefangen. Da sie sich gewissermaßen durch Eigengravitation stabilisiert hat, kann sie nicht mehr entweichen.

Wir wissen nicht, ob solche Schwarzen Löcher gegenwärtig tatsächlich existieren. Hawking gibt ihnen in seinem Buch eine Wahrscheinlichkeit von 95 Prozent. Ich bin kein Astronom und weiß es nicht. Hawking fand heraus, daß Schwarze Löcher keineswegs so «schwarz» sind und entgegen früheren Annahmen doch Strahlung emittieren können. Ich muß Ihnen daher erklären, was ein Quantenvakuum ist – nämlich vollständige Leere, die jedoch nur scheinbar leer ist. Denn in ihr gibt es ständig Fluktuation: Immer wieder werden neue Teilchenpaare geschaffen, virtuelle Teilchen, wie man in der Quantenmechanik sagt. Und diese Paare von Elementarteilchen können mit einem Schwarzen Loch interagieren. Ein Teilchen mit negativer Energie kann eingefangen werden, weil negative Energie Anziehung durch das Schwarze Loch bewirkt. Das positive Teilchen entkommt jedoch dieser Anziehungskraft. Da positive Masse Verlust von Masse bedeutet, ergibt sich also eine Interaktion mit dem Schwarzen Loch. Die Fluktuation führt also zu einem Verlust an Masse des Schwarzen Lochs und bringt es schließlich zum Verdampfen.

Man kann sich nun einen einfachen Mechanismus vorstellen, bei dem es von Anfang an irreversible Prozesse gibt und in dem Raumzeit sich gleich zu Beginn irreversibel in Materie verwandelt. Und das ist tatsächlich der Anfang unseres Universums. Um dieser Feststellung einen Kontext zu geben, möchte ich noch folgendes erwähnen: Für Newton gab es auf der einen Seite die Raumzeit, auf der anderen die Materie. Beide waren nicht miteinander verbunden. Raumzeit war vielmehr eine Art Behälter, in dem Materie herumschwebte. Einstein stellte dann die berühmte Gleichung über die Geometrie der Welt und die Raumzeit auf. Für ihn sind Raumzeit und Materie verbunden. Man kann also nicht mehr allein von Materie oder allein von Raumzeit sprechen, da beide eine Einheit bilden.

Ich möchte noch einen Schritt weiter gehen, weil unser Universum nicht nur ein geschlossenes System ist mit einer einheitlichen Formel für die verschiedenen in ihm wirksamen Kräfte der Gravitation, der starken Anziehungskraft, der schwachen usw., das Universum ist auch ein sich entwickelndes System. Es entwickelt sich auf allen uns bekannten Ebenen – der geologischen, der menschlich-kulturellen und der des Universums selbst. Aufgrund dieser sehr grundsätzlichen Beschreibung erwarten wir, daß es zwar einen Zusammenhang zwischen Materie auf der einen und Raumzeit auf der anderen Seite gibt, jedoch keinen symmetrischen. Anders ausgedrückt: Raumzeit kann Materie entstehen lassen, Materie jedoch nicht Raumzeit. Als ich einem meiner Freunde diese Theorie erläuterte, sagte er, ihm falle da der Vergleich mit einer Meereswelle ein: Sie kann eine Form hervorbringen, die Form jedoch keine Welle.

Was ist das denn nun für ein Mechanismus, der Raumzeit in Materie umwandeln kann? Wir brauchen uns da nur einen ganz einfachen Mechanismus vorzustellen. Dabei beginnen wir nicht mit dem Nichts, da niemand etwas aus nichts schaffen kann. Wir beginnen vielmehr mit einem Vakuum, welches bereits durch Quantenphänomene gekennzeichnet ist, durch Schwerkraftphänomene. Es ist voller Fluktuationen. Stellen wir uns nun vor, daß die Massen der vorhin erwähnten virtuellen Elementarteilchen durch Zufall in einem sehr kleinen Bereich des Raums konzentriert sind. Die Materie befindet sich also in einem kleinen Bereich, und es gibt so viel davon, daß ein Schwarzes Loch entsteht. Tatsächlich werden beispielsweise 1023 Protonen auf engem Raum benötigt, um so etwas wie ein Schwarzes Loch zu bilden. Sobald dies geschehen ist, verschwinden die Fluktuationen; sie sind stabilisiert. Wie vorhin erwähnt, wirkt das Schwarze Loch wie eine Membran, die die Fluktuationen daran hindert, sich wieder aufzulösen. Die einzige Möglichkeit zur Auflösung entstünde, wenn das Schwarze Loch durch Emission von Strahlung zerfällt, in echte Materie. Die Urgeschichte unseres Universums lief demnach folgendermaßen ab: Zunächst gibt es Raumzeit, dann das Vakuum, das Schwarze Löcher entstehen läßt, die wiederum Materie erzeugen. Hier spielen sich also irreversible Prozesse ab. Auf diese Weise beginnt das Universum mit der Erzeugung von Materie, mit dem Erzeugen Schwarzer Löcher, mit dem Erzeugen von Entropie. Ich kann hier nicht ins Detail gehen und möchte nur erwähnen, daß die entsprechenden Berechnungen mit allen thermodynamischen Daten übereinstimmen, die uns über das gegenwärtige Universum bekannt sind.

Damit ergäbe sich also eine evolutionäre Reihenfolge von Raumzeit zu Vakuum, zu Schwarzen Löchern, dann zu Materie und schließlich zum uns bekannten Universum. Das Universum wäre demnach statt aus einer Singularität aus Instabilität entstanden, aus der Instabilität des Vakuums. Das würde sehr den Phasen-Übergängen in einer unterkühlten Flüssigkeit ähneln. Man hat vor sich eine unterkühlte Flüssigkeit, und man hat Fluktuationen. An einem gewissen Punkt reduziert sich die Fluktuation so sehr, daß aus der Flüssigkeit ein Feststoff wird. In diesem Sinne treten auf allen Ebenen der Natur immer wieder dieselben Phänomene auf. Wir erleben irreversible Prozesse, die Ordnung wie auch Unordnung erzeugen. Sie ermöglichen das Auftreten von Elementarteilchen wie den Barionen, die wiederum das Entstehen der Galaxien und letzten Endes des Lebens ermöglichten. Auf diese irreversible Weise erscheint auch der Pfeil der Zeit am Uranfang unseres Universums. Ich würde sogar sagen, die Zeit geht in gewisser Weise dem Sein voraus. Denn Zeit ist im anfänglichen Vakuum bereits vorhanden, dort jedoch noch nicht manifest. Ebenso gibt es in den Fluktuationen einer unterkühlten Flüssigkeit bereits Zeit, aber sie ist noch nicht manifest. Im Falle einer großen Fluktuation gerät die Flüssigkeit sprunghaft in ein neues Stadium, wonach sich Irreversibilität manifestiert.

Lassen Sie mich mit zwei Bemerkungen schließen. Einerseits sehen wir, daß uns die Grenze zwischen Zeit und Ewigkeit verborgen ist. Irreversibilität und Ewigkeit setzen einander Grenzen. Trifft das zu, dann gibt es in unserem Universum von Anbeginn an einen Pfeil der Zeit mit einer festen Richtung. Wir könnten vom Alter unseres Universums sprechen, von etwa 15 Milliarden Jahren, niemals jedoch von einem absoluten Alter, weil dieselben Phänomene sich wiederholen könnten. Statt von Irreversibilität könnte ich auch von relativer Zeit sprechen, nicht jedoch von absoluter Zeit. Ich kann über den Ursprung des Lebens reden, über das Geburtsdatum einer bestimmten Person, nicht jedoch von absoluter Zeit. Irreversibilität wäre eine Art ewiger Eigenschaft des Universums. Ziehen wir erst einmal so lange Zeitspannen in Betracht, dann wird der Unterschied zwischen Zeit und Ewigkeit viel fragiler.

Es ist sehr bemerkenswert, daß dieser Wandel unserer Auffassung von der Zeit gerade in dem Augenblick erfolgt, in dem die Menschheit ein Übergangszeitalter erlebt, in dem wir bei allen menschlichen Aktivitäten auf Instabilität, Irreversibilität und Amplifikation stoßen. Nach dem 19. Oktober 1987, dem berüchtigten Schwarzen Montag mit dem Börsenkrach in der Wall Street, interessiert sich plötzlich alle Welt für Chaos und Amplifikation. Es gibt da ein bemerkenswertes zeitliches Zusammentreffen. Wie einleitend erwähnt, beziehen in der klassischen Physik das Universum, wie wir es von innen sehen, und das Universum, wie wir es von außen sehen können, gegensätzliche Positionen. Heute jedoch konvergieren beide Vorstellungen. Die Bedeutung dieses Geschehens reicht über die eigentliche Naturwissenschaft hinaus, und ich schätze mich glücklich, daß ich das Privileg hatte, zu Ihnen über diese bemerkenswerte Entwicklung sprechen zu dürfen.

(Aus dem Englischen von Erwin Schuhmacher)

Hans Jonas

Geist, Natur und Schöpfung Kosmologischer Befund und kosmogonische Vermutung

Was ich hier darlege, begann als Erwiderung auf einen mir von Freundesseite zugesandten Entwurf zum Thema Kosmos und Zweiter Hauptsatz. Darin wurde zur Erklärung der Tendenz der Natur, von Gebilden niedriger Ordnung ausgehend solche höherer Ordnung zu schaffen, die Annahme vorgeschlagen, daß im Entstehungsaugenblick der Welt (im «Urknall») außer der gesamten Energie des Kosmos auch schon die *Information* entstanden war, die von der «chaotischen Explosion» über zunächst immaterielle Energieformen (usw.) zu Protonen führte und von da zur Bildung weiterer Ordnungssysteme, wie dem periodischen System der Elemente, den anorganischen Verbindungen, der Schönheitswelt der Kristalle, und auch zur Ordnungsform der geschlossenen *Kreisläufe*, wie den astronomischen, atmosphärischen, biotischen. Es sei also schon im Urknall ein «kosmogonischer *Logos*» enthalten gewesen, der dem von Ludwig Klages geprägten Begriff eines kosmogonischen Eros ergänzend zur Seite tritt.

Dieser Benutzung des Informations- und Logosbegriffes wollte ich kurz widersprechen, aber das wuchs sich zu den Gedankengängen aus, von denen ich jetzt soviel vorlegen möchte, wie eine Vortragslänge erlaubt. Ich beginne also mit der Ablehnung einer Hypothese.

«Information» braucht für sich selbst schon, als ihr physisches Substrat, ein artikuliertes und stabiles System, wie es das molekular buchstabierte Genom von Lebewesen ist (oder die magnetische Programmierung von Computern). Information ist also nicht nur Ursache, sondern selber schon Ergebnis von Organisation, Niederschlag und Ausdruck des vorher Erreichten, das dadurch perpetuiert, aber nicht überhöht wird. Da nun *beides*, Artikulation und Stabilität, im total Undifferenzierten und total Dynamischen der Ursubstanz – überhaupt im «Chaos» – keinen Platz hat, so scheidet die Hypothese eines von Anfang ihr beiwohnenden «Logos», überhaupt jeder Planmäßigkeit, als Erklärungsmodell der Entwicklung aus. Aufs kürzeste gesagt: Information ist ein Gespeichertes, und zu irgendwelchem Speichern hatte der Urknall noch keine Zeit.

Und nicht nur genetisch, auch logisch versagt der Begriff der Information, das heißt eines schon vorhandenen Logos: Wie immer es im Einzelfall zu seiner haltbaren Artikulierung gekommen sein mag, er kann nur sich selbst wiederholen, sein Niveau erhalten und seinen Platz in der Welt ausbreiten, aber keinen Schritt über sich hinaus erklären. Dazu bedarf es eines hinzutretenden Faktors, der ins Neue führt. Was könnte das sein?

Ich neige zu der Antwort, daß es einerseits trivialer, gesetzloser, andererseits geheimnisvoller dabei zuging, als der in sich so einsichtige, letztlich deterministische Logos- oder Informationsbegriff nahelegt. Das eine trifft auf die physikalische, das andere auf die mentale Seite zu.

a) Das Triviale und Gesetzlose (Unordentliche, Planlose). Grundlage aller Ordnung in der Natur sind die Erhaltungsgesetze. Diese aber sind zur Herrschaft gekommen, weil eben nur das Sich-Erhaltende sich erhält. Diese Tautologie erklärt die Gesetzmäßigkeit der uns gegebenen Natur: Sie ist selber schon ein Auslese-Ergebnis, ein universales, das dann die Regeln für weitere, speziellere und lokale Auslesen setzt. Das heißt, schon die Naturgesetze sind entstanden, indem im Regellosen *auch* die stabilen, relativ dauerhaften Entitäten entstanden, die sich immer (oder sehr lange) gleich benahmen und damit «durchsetzten». Es ist der ursprünglichste, stiftende Fall von «*survival of the fittest*». Die Ordnung ist erfolgreicher als die Unordnung. Das Gesetz- und Regellose ist flüchtiger und wird vom Regelhaften überdauert, das schließlich fast allein übrigbleibt. So kam es zu den langlebigen Ordnungsformen, die eingangs erwähnt wurden, einschließlich der vielfältigen «Kreisläufe», überhaupt zur kosmischen Vorherrschaft strikter Kausalität.

Warum ist die Welt nicht mit der Gewinnung der Elemente, der Strahlung und der Kausalgesetze erstarrt, einfach bei dieser generellsten Dauerordnung und den daraus direkt erwachsenen Formationen des Makrokosmos und der Chemie geblieben? Darwin hat darauf die Antwort gegeben: Es blieb immer genug an «Unordnung» übrig, um in blindem Zufall und Einzelfall bestehenden Formationen neue Charakterzüge zuzuschanzen, und die Augenblickswürfe unterlagen dem Ausleseprozeß der Evolution mit ihrem baren numerisch-differentiellen Überlebenskriterium. *Das* ist der benötigte «hinzutretende Faktor», der zu Neuem und dann auch zu Höherem führt – ohne Vorinformation, ohne Logos, ohne Plan, sogar ohne Streben, nur durch die Anfälligkeit gegebener Ordnung für umgebende Unordnung. [1] Damit ließe sich denn der

Anstieg bis zu den komplexesten und subtilsten Lebensformen erklären ... *wenn* diese, wie Descartes behauptete, nichts als mechanische Automaten wären. Sie sind es aber nicht, sie sind um ein generisch Anderes mehr, wie wir von uns selbst aus erster Hand wissen: Es ist die Dimension des Subjektiven da, die Innerlichkeit, die kein physikalisches Modell von sich her vermuten läßt, die es mit seinen Begriffen weder darstellen noch erklären kann, ja deren – doch unleugbarer – Mitsprache beim äußeren Geschehen es nicht einmal Raum zu bieten scheint. Um diese Innendimension in das Bild einzubeziehen, wie es nötig ist, da sie ja schließlich *im* Naturgeschehen hervorgetreten ist und *an* Naturformen erscheint, müssen wir die Rechenschaftsablegung über das Sein, die kosmologische Frage, noch einmal von Anfang an aufnehmen.

b) Das Geheimnisvolle, Transphysikalische (Immaterielle). Die Subjektivität oder Innerlichkeit ist ein ontologisch wesentliches Datum im Sein, nicht nur wegen der irreduziblen Eigenqualität, ohne deren Mitverzeichnung der Seinskatalog einfach unvollständig wäre, sondern mehr noch, weil die darin enthaltene Bekundung von Interesse, Zweck, Streben, Begehren – kurz «Wille» und «Wert» – die ganze Frage der Teleologie, die durch den bloß physikalischen Bericht, schon ausschließlich zugunsten wahlloser Wirkursachen entschieden schien, wieder offen stellt, und damit die Frage der Kausalität überhaupt. Nun läßt sich die Innendimension nicht zu den Außendaten der Materie, ihrer «Geometrie», aus der man wohl das Werden organischer Systeme konstruieren kann, einfach ergänzend hinzuaddieren, wie etwa den elekromagnetischen Aspekt zum Massenaspekt oder die Kernkräfte zur Schwerkraft. Man kann schlechterdings keine Summe aus Raumgrößen einerseits und Fühlen andererseits bilden; kein gemeinsamer Nenner gestattet, trotz aufzeigbarer Zuordnungen, «Ausdehnung» und «Bewußtsein» in einer homogenen Feldtheorie zu vereinigen. Und dennoch existieren sie zusammen, nicht nur nebeneinander, sondern sich gegenseitig beeinflussend miteinander, und zwar durchaus *an* der «Materie» und – mindestens was eine Seite, die innerliche, anlangt – unzertrennlich von der anderen (denn von körperlosem Geist weiß keine Erfahrung). Wie wird das Denken damit fertig? Wie kann eine Seinslehre aussehen, die dem Rätsel gerecht wird?

Hier ist die Spekulation seit je sehr verschiedene Wege gegangen und kann bestenfalls auf Formeln hoffen, die für den Intellekt etwas annehmbarer sind als andere. Der Hauptunterschied ist der zwischen dualistischen und monistischen Antworten. Die dualistischen haben in Religion und Metaphysik lange überwogen, und sie waren die gewaltigen Förderer und Bewahrer der Selbstentdeckung der Seele in ihrer ganzen Sonderart. Ohne ihre radikale Polarisierung des Seins in Körper und Geist, die den Blick nach innen lenkte, wäre die Seele flacher geblieben und unwissender um sich selbst. Doch dem theoretischen Urteil hält der Substanzen-Dualismus nicht stand; er scheitert am Kardinalphänomen des organischen Lebens. So ist zum Beispiel Descartes' substantielle Scheidung von denkendem und ausgedehntem Sein sowohl logisch als auch phänomenologisch unhaltbar. Logisch, denn die *ad hoc*-Postulierung einer eigenständigen Denksubstanz, die sich in eben dieser Eigenschaft nie beweisen kann, ist ein *Deux ex machina*-Argument; phänomenologisch, denn nicht nur die faktische und kausale Leib-Seele-Verhaftung, sondern mehr noch der Gehalt des Seelenlebens selbst – Wahrnehmung, Fühlen, Begehren, Lust und Schmerz und das Hineinreichen der Sinnlichkeit (in Bildern und Tönen) bis in die reinsten Regionen des Denkens – widersetzt sich einer Entflechtung, ja macht ein von alledem «gereinigtes» Bewußtsein und damit jede körperlose Existenz der Seele *unvorstellbar*. Eine nicht vollziehbare Vorstellung aber taugt nicht einmal für eine Hypothese. Aber ebenso unhaltbar – um vom Dualismus zum Monismus überzugehen – ist die einseitig materialistische Option, die das Seelen- und Geistesleben, das «Bewußtsein» als solches, zur machtlosen Begleiterscheinung physiko-chemischer Gehirnvorgänge macht. Dieser monistische «Epiphänomenalismus» leidet an noch tödlicheren Widersprüchen als das dualistische Jenseitsaufgebot und ist streng philosophisch widerlegbar.[2] Dennoch ist nach einer monistischen Lösung des Rätsels zu suchen, da nun einmal die Stimme der Subjektivität in Tier und Mensch aus den stummen Wirbeln des Stoffes emporgetaucht ist und weiter daran haftet. Es ist die Weltmaterie selbst, die innerlich werdend darin Sprache gewinnt. Ihre erstaunliche Leistung darf ihr in einer Aufrechnung ihres Seins nicht vorenthalten werden. Was denn zu einer monistischen Lösung nötig scheint, ist eine ontologische Revidierung, eine Auffüllung des Begriffs der «Materie» über die äußeren Meßbarkeiten der Physik hinaus, die davon abstrahiert wurden – also eine Meta-Physik des Weltstoffes. Machen wir einen Versuch dazu.

Das Mindeste, was wir der sich aus dem Urknall entwickelnden Materie im Hinblick auf das schließlich und spät Hervortretende zusprechen müssen, ist eine ursprüngliche Begabung mit der *Möglichkeit* eventueller Innerlichkeit – noch lange nicht Begabung *mit* Innerlichkeit [3] und nicht einmal eine positiv wirksame Tendenz, die den Prozeß des Werdens dahin lenkt. Der Minimalschluß vom *de facto*-Hervorgetretensein der Innendimension an der Materie ist lediglich der fast triviale, daß dies eben ihrer ursprünglich «geschaffenen» Beschaffenheit nach «möglich» war. Aber schon dafür muß sie mehr gewesen sein, als das, was die Physiker ihr zuschreiben. Zwei Fragen erheben sich hier: Wer (oder was) hat die Materie so «begabt»? und: Welchen Anteil hat die «Begabung» am Gang der Weltereignisse? Es ist die Frage nach einem anfänglichen, schöpferischen Willen und nach dessen weiterem Wirken.

Es könnte zwar sein, daß die ersten Ursachen mit so etwas wie «Willen» überhaupt nichts zu tun hatten, weder mit seinem anfänglichen Dabeisein noch mit seinem später einmal Hervorbrechenkönnen, sondern daß bei der Gründung der Materie letztere Möglichkeit sozusagen unversehens mit unterlief. Aber es ist schon eine besonders harte Zumutung an das Denken, daß das emphatisch Ungleichgültige, wie es die Subjektivität nun einmal ist, aus dem ganz und gar Gleichgültigen, Neutralen entsprungen sein soll, also auch dies Entspringen selber ein gänzlich neutraler Zufall war, für dessen Eintreten keinerlei begünstigende Präferenz bestand. Es liegt vernünftigerweise näher, eine solche Präferenz im Schoße der Materie anzunehmen – das heißt das Zeugnis subjektiven Lebens, das durch und durch Wille ist, dahin zu deuten, daß dem es Hervorbringenden, eben der Materie, so etwas wie Wille nicht gänzlich fremd ist. Also wäre ihr zwar kein Plan, aber doch wohl eine Tendenz, so etwas wie eine Sehnsucht danach, zuzuschreiben, welche die Gelegenheit eines Weltzufalles ergreift und diese dann weiter vorantreibt. Insofern käme «kosmogonischer Eros» der Wahrheit näher als «kosmogonischer Logos», dessen immanente Vorgabe in der Urmaterie wir zurückweisen mußten. Auch dann ist noch das meiste dem Zufall überlassen, zum Beispiel dem wohl enorm seltenen, daß ein Planet mit den besonderen Gunstbedingungen für Leben wie die Erde überhaupt einmal vorkommt [4] – aber wenn er es ausnahmsweise tut, dann ist die Bereitschaft da und das Subjektsein erhält seine Chance, bei deren Ausbeutung dann mehr als neutraler Zufall im Spiele ist. Das hieße: Materie ist Subjektivität von Anfang an in der Latenz, selbst wenn Äonen und dazu noch seltenes Glück für die Aktualisierung dieses Potentials nötig sind. Soviel an «Teleologie» läßt sich dem vitalen Zeugnis allein entnehmen.

Es folgt, daß Endursachen – damit aber auch Werte und Wertdifferenzen – in den Begriff der (eben nicht durchaus neutralen) Weltkausalität mit hineingenommen werden müssen; als mitgegebene Disposition dazu und zugleich als Offenheit der Duldung für ihr Intervenieren im Determinationsgefüge der Wirkursachen.[5] Diese Deutung des Vitalbefundes bleibt noch ganz in der Immanenz: Die Innendimension als solche ist der allgemeinen Weltsubstanz als eigene, wenn auch von besonderen Außenbedingungen abhängige Leistung anzurechnen. Ob diese teleologische Potenz schon beim Zustandekommen jener Außenbedingungen, also bei der organischen und speziell zerebralen Entwicklung mitwirkt oder nur auf ihr heteronomes Eintreten warten kann, ist unwißbar.

Auch bei ersterer Annahme, die der Erosbegriff andeutete, könnten wir *kausal* doch in keiner wissenschaftlichen Einzelerklärung davon Gebrauch machen. Aber das phänomenologische Lebenszeugnis spricht sein ontologisches Wort unabhängig davon, unüberhörbar für die Lehre vom kosmischen Sein, und es ist, wie gesagt, immer noch eine Stimme der Immanenz über sich selbst.

Aber die hier über die Natur der Dinge nachdenken, und zu diesem Schluß kommen, sind wir, und so tritt, durch das Denken selber, zum vitalen noch das anthropische Zeugnis hinzu, und *damit* allerdings tut sich ein Horizont der Transzendenz auf. Sie zeigt sich in drei *Freiheiten* des Denkens, die über alles der bloßen Materie Zurechenbare hinausgehen: 1. Die Freiheit des Denkens zur Selbstbestimmung in der Wahl seiner jeweiligen Thematik: Der Geist kann nachdenken, worüber er gerade will. 2. Die Freiheit zur *Abwandlung* des sinnlich Gegebenen in selbsterschaffenen inneren Bildern: Die Freiheit der Einbildungskraft also – im Dienste kognitiven oder ästhetischen Interesses, der Verehrung oder der Angst, der Liebe oder des Abscheus, des Nutzens oder auch des puren Vergnügens am Fabulieren. Und schließlich 3., von der symbolischen Flugkraft der Sprache getragen, die Freiheit zum *Überschritt* über alles je Gebbare hinaus: vom Dasein zum Wesen, vom Sinnlichen zum Übersinnlichen, vom Endlichen zum Unendlichen, vom Bedingten zum Unbedingten. Nur durch das sinnlich repräsentierende Medium der Sprache bleibt sie noch an die Sinnenwelt gebunden.

Alle drei Freiheiten sind einzigartige Prärogativen des Geistes, die das Transanimalische im Menschen bezeichnen.[6] Da nun die zweite, imaginative Freiheit auch *motorische* Bildkraft in sich schließt, als Umsetzung des innerlich Geschauten in Akte davon geleiteter Leibesbewegung, so schließen alle diese Freiheiten auch die Freiheit selbstgesetzter Ziele für das Verhalten ein – also das Reich der praktischen Vernunft. Im Falle der dritten, transzendierenden Freiheit bedeutet das aber, daß der Mensch die gelockerte Bindung an das Vorhandene und an dessen Forderung durch freiwillige Bindung an ein gedachtes Unbedingtes jenseits davon und *dessen* Forderung ersetzen kann. Er kann seinem *Verhalten* transzendente Ziele setzen und tut es im Glauben, in der Hingabe an ein absolutes Ideal . . . oder auch an ein Wahngebilde seines fehlbaren Wertverstehens, eines irrenden Eros.

Im Wertverstehen, wo das Erkennen übergeht in *Anerkennung* eines *Anspruchs* des Erkannten an mich – im Übertritt also vom Ist zum Soll –, tritt zu aller vorigen noch die *moralische* Freiheit des Menschen hinzu. Sie ist von allen die zweischneidigste, denn als Freiheit des Sich-Gebens ist sie auch die des Sich-Versagens, der gewählten Taubheit, ja der Gegenoption bis zum radikal Bösen hin, das sich auch noch (wie wir gelernt haben) mit dem Schein des höchsten Gutes schmücken kann. Das Wissen *um* Gut und Böse ist auch die Fähigkeit *zum* Guten und Bösen. Es zeigt sich, daß der «Eros», der bei jeder Güterwahl als *Antrieb* mit am Werke sein muß, als *Leiter* noch keine Gewähr bietet, daß er sein wahres Objekt erblickt und verfolgt – selbst noch und gerade dann, wenn er, wie beim Menschen, in hohem Grade *sehend* geworden ist. Und doch ist hier, wo die tiefsten Abgründe der Sicht- und Willensverkehrung gähnen, der Ort, wo auch die höchsten Gipfel von Heiligkeit des Willens und Weihung des Lebens an das gebietend Gute in den Himmel ragen und ihren überirdischen Glanz über das irdische Gewimmel werfen: Verklärungen des Zeitlichen durch Augenblicke der Ewigkeit.

Hier breche ich diese Digression in die Lehre von Menschen ab und frage, was sie zu unserem eigentlichen Thema, dem kosmologischen, beizutragen hat – und damit vielleicht sogar zum kosmogonischen, das heißt zur Frage der Schöpfung. Sagt uns der menschliche Befund – unsere eigene Vorfindlichkeit und das darin Vorgefundene – etwas über die ersten Ursachen von allem? Die Gegenwart des Menschen etwas über das ferne «Im Anfang...»?

Da ist nun zuerst daran zu erinnern, daß die Anwesenheit von Subjektivem selber eine *objektive Tatsache* in der Welt ist und daß somit auch das menschliche Subjektsein in die Kosmologie gehört. Als ein kosmisches Datum muß es kosmologisch ausgewertet werden. Eine philosophische Anthropologie also ist integraler Teil jeder Ontologie, die den Namen verdient, oder sagen wir es geradeheraus: jeder Lehre von der wirklichen, nicht einer für die Zwecke der Naturwissenschaft expurgierten Natur.

Nun ist von früh an in gewissen Vermögen und Erfahrungen des Geistes, nämlich den vorhin mit dem Attribut «transzendent» belegten, ein Göttliches gesehen worden, nach dem bestechenden Grundsatz, daß Gleiches durch Gleiches erkannt wird. Der Geist, so argumentierte etwa Aristoteles, der das Unwandelbare, Ewige, Göttliche zu erschauen vermag, muß ihm schon ursprünglich artverwandt sein. Also ragt zwar nicht die ganze Seele, aber ihr höchster, erkennender Teil, die Vernunft, über alle, ins Werden und Vergehen eingetauchte, Natur hinaus, ist selber «ewig» und «göttlich». Es wird also ein Ähnlichkeitsschluß gezogen vom intentionalen Gegenstand auf das intendierende Denken selber und auf dessen Subjekt – die Seele oder den Geist. Logisch können wir uns den Schluß nicht zu eigen machen. Aber soviel an ihm bleibt zu bedenken: Als dem Pythagoras erschütternd die zeitlose Wahrheit seines Lehrsatzes aufging, als Israels Propheten zuerst die Unbedingtheit sittlicher Forderung als Gottes Wort vernahmen und in ähnlichen Augenblicken anderer Kulturen, tat sich ein Horizont der Transzendenz in der Immanenz auf, der über sein direkt Gesagtes hinaus etwas über die Eigenschaft des Seins zu sagen hat, *in* dem die Öffnung sich ereignet – und dies Sein ist sowohl das des Vernehmens wie das des Vernommenen.

So läßt sich denn besagter Schluß auch umkehren: statt vom Gedachten auf das Denken vielmehr vom Denken auf das Gedachte, und so geschah es auch: zuerst in Anselms ontologischem Gottesbeweis, den ich hier als genugsam widerlegt übergehe, und dann in der *kausalen* Wendung, die Descartes ihm gab: Nach dem Grundsatz, daß die Ursache mindestens soviel «Realität» in sich enthalten müsse wie die Wirkung, kann nicht der endliche und unvollkommenen Menschengeist die Idee eines unendlichen und vollkommenen Wesens aus sich selbst erzeugt haben. Also ist ihre Anwesenheit im Bewußtsein nur durch eine kommensurable Ursache außer dem Bewußtsein zu erklären, eben das unendliche Wesen selbst, dessen Existenz damit bewiesen ist. Logischer Prüfung hält auch dieser Gottesbeweis nicht stand, aber auch von ihm bleibt etwas übrig: die Verbindung des inneren Transzendenzbefundes mit der Frage nach den ersten *Ursachen*. Hier setzen wir an.

Wiederholt kam in unseren Ausführungen ein Argument dieser Form vor: Da Leben mit Innerlichkeit, Interesse und Zweckwollen aus dem Weltstoff hervorgegangen ist, kann diesem in seinem Wesen dergleichen nicht gänzlich fremd sein; und wenn seinem Wesen nicht, dann (hier wird das Argument kosmogonisch) auch seinem Anfang nicht: Schon der im Urknall sich bildenden Materie muß die Möglichkeit zu Subjektivität beigewohnt haben – Innendimension in Latenz, die auf ihre kosmisch-äußere Gelegenheit zum Manifestwerden wartete. Dies, so fanden wir, führt noch nicht über die Grenzen einer immanenten Philosophie der Natur hinaus. Keine «sehende» Intelligenz am Anfang braucht angenommen zu werden, bewußtlose Tendenz genügt dem vitalen Befund.

Gilt dies auch noch für das Zeugnis des Geistes, also den anthropischen Befund, der doch ein Teil des kosmischen Befundes ist? In diese Frage nun schlägt etwas von Descartes' Gedanken einer Ebenbürtigkeit der Ursache mit ihrer Wirkung ein. Kann etwas weniger als Geist die

Ursache des Geistes sein? Und wir meinen: «erste» Ursache – die Ursache im Schoß aller Dinge. Was sekundäre Ursachen betrifft, so ist nicht zu leugnen, daß Geist aus Nichtgeistigem hervorgehen kann und es faktisch tut, wie wir es in der menschlichen Ontogenese sozusagen täglich vor Augen haben (und darüber hinaus für die Phylogenese postulieren): Im Embryo bildet sich das Gehirn, der künftige physische Träger eines Geistes, unter der alleinigen physiko-chemischen Direktion des Genoms, einer puren Stoffanordnung im Keime, die gänzlich unwissend die «Information» für den Werdeprozeß enthält und ebenso unwissend ihr Werk tut: Es geht ganz ohne Geist dabei zu. Wenn man weiterfragt: Wer oder was hat die Anleitung so verschlüsselt dort niedergelegt, so kommt man an die wieder rein physische, ebenfalls total unwissende Weitergabe des materiellen Musters in der Erbbahn und weiter zurück zum allmählichen, blinden (nur durch die Überlebensauslese gesteuerten) Aufbau des phylogenetischen Musters selbst durch Zufallsmutationen aus informationsärmeren, im ontogenetischen Ergebnis geistfernen Mustern und über unzählige Zwischenergebnisse des genetischen Würfelspiels zum ersten Auftreten selbstreplikativer Molekülverbindungen – und von da hinab in die anorganische, universale, sogenannt neutrale Weltnatur, bis zu einem anfänglichen Null an Information. Also führt die zeitliche Ursachenreihe nicht näher und näher zum, sondern weiter und weiter vom Geiste weg.

Und doch ist es Geist, unserer in diesem Augenblick, der den Weg in die Ursachen zurückgegangen ist und, gehorsam seinem Wahrheitswillen, zu eben dieser befremdlichen Einsicht genötigt wurde – *und* der zugleich aus gleichartiger Erkenntnis darum weiß, daß er dieser selben allgemeinen Weltmaterie, dem bißchen davon, das gerade in seinem Gehirn versammelt ist, doch verdankt, daß er da ist und denken kann: Und so muß er jenem Geistfremden zu all den Eigenschaften, die ihn die Physik davon lehrt, noch die Fähigkeit zur *Ermöglichung* des Geistes zuerkennen. Des Geistes, sage ich, und das ist mehr als des Lebens und der Subjektivität. Denn wenn wir jetzt mit wohl erlaubter Metapher sagen, daß die Materie von Anbeginn schlafender Geist sei, so müssen wir hinzufügen, daß die wirklich erste, die schöpferische Ursache von schlafendem Geist nur wacher Geist sein kann, von potentiellem Geist nur aktueller – anders als bei Leben und Subjektivität als solchen, die ihrer graduellen Natur nach wohl schlafend, unbewußt beginnen können und noch kein Bewußtsein in der ersten Ursache, im Akt der Stoffgeburt verlangen. So führt uns denn die Selbsterfahrung des Geistes und zumal seines denkenden Ausgreifens ins Transzendente, als Teil des kosmischen Befundes, zum Postulat eines Geisthaften, Denkenden, Transzendenten am Ursprung der Dinge: als erste Ursache, wenn es nur eine gibt; als Mitursache, wenn es mehr als eine gibt.

Ich weiß, daß dies kein Beweis ist, aber es scheint mir die einleuchtendste der hier der Vernunft erlaubten Vermutungen, und um des Fortgangs willen bitte ich meine Leser, sie probeweise einmal als Hypothese mitzumachen. Denn dann ergeben sich immerhin bestimmte, präzise Fragen, die sich rational erörtern lassen. Die Leitfrage ist, wie das Begabtsein der Urmaterie mit der Möglichkeit des Geistes zu verstehen ist. Der Minimalsinn davon ist der, daß die Materie das Erscheinen und dann auch Wirken des Geistes in ihrer Mitte *zuläßt* – ihm also, wenn es mit ihr soweit ist, stattgibt. In die Schöpfungssprache übersetzt, heißt das, daß die geistige Ursache oder Mitursache am Anfang eine universale Materie mit solchen Eigenschaften schuf, daß sie für ein Mitdasein von Geist Raum ließen. Es wäre die an sich nur negative Eigenschaft des Nicht-Verwehrens, der baren Kompatibilität. In dem Fall mußte der Schöpfergeist dann mindestens noch einmal ursächlich tätig werden: als der von ihm vorsorglich ausgesparte Raum der Möglichkeit sich in der Geschichte der Materie irgendwo einmal – es geschah hier auf Erden – für tatsächliche Besetzung auftat. Ursache der Öffnung konnte der Weltstoff selber sein; Ursache ihrer Besetzung durch endliche Geister aber nur der Geist von außen. Wäre der Mensch plötzlich und fertig – einerlei wann – in der Welt erschienen, so könnte sich ein solches einmalig-übermächtiges Eingreifen des Schöpfers, mit dem er seine ursprüngliche Schöpfung im richtigen Augenblick ergänzt, als Erklärung des heterogen Neuen immerhin hören lassen. Der «richtige Augenblick» wäre das aus mechanischen Ursachen glücklich zustande gekommene Dasein der menschlichen Leibesmaschine gewesen. Aber wir sind nicht plötzlich entstanden. Der Evolutionsbefund lehrt uns, daß der Mensch durch eine lange Vorgeschichte tierseelischer Annäherungen an den Geist zu sich kam; und der präsente Befund des denkenden Geistes selber lehrt uns, daß er vom Sinnlich-Seelischen gar nicht zu trennen ist. Wenn aber die Menschwerdung und damit die Geistwerdung sich durch biologische Zeiten und Stufen erstreckt, dann müßte es auch das göttliche Eingreifen. Dies wäre demnach kein einmaliges, sondern ein stetes gewesen, mit einem Wort: göttliches Weltregiment. Doch diese Vorstellung müssen wir zurückweisen, sowohl weil sie methodisch als Erklärungsprinzip nichts taugt, als auch weil zuviel in unserem Natur- und Geschichtswissen, also theoretisch und moralisch, ihr geradewegs zuwiderläuft. Also muß der erste Grund, statt das Schicksal des Geistes unter seine Dauervormundschaft zu stellen, der in die Zeit entlassenen Urmaterie doch mehr als bare, neutrale Kompatibilität mit dem Geiste, bloße Duldung seiner Koexistenz, mitgegeben haben; ein intimeres Verhältnis von Außen und Innen, als jener Dualismus ansetzt, muß sowieso angenommen werden.

Diesen Weg schlug der große Berichtiger des kartesischen Dualismus, Spinoza, mit seinem psychophysischen Parallelismus ein und ging darin gleich zum anderen Extrem. Alles Sein ist seinem Wesen nach und von je beides zugleich: Ausdehnung und Denken, Materie und Geist, Natur und Idee von sich selbst – beide sind nur die zwei Seiten ein und derselben Münze, der ewigen, absoluten Substanz, die sich in beiden gleicherweise ausdrückt. Von einem Werden des Geistes kann in diesem All keine Rede sein: Er war immer schon – und das heißt von Ewigkeit her – mit dem äußeren Stoff der Welt, dem im Raum Ausgedehnten, als gleichursprüngliches Komplement desselben mit dabei – ewiges Sich-selbst-Denken der unendlichen Substanz. An diesem Punkt allein – dem der Ewigkeit der Welt und des aktuellen Geistes in ihr – scheitert für das seit Spinoza erworbene Wissen die ganze großartige Vision. Sicherer noch als vom Urknall, also einem zeitlichen Anfang der Welt, wissen wir vom späten, prekären, kosmisch ganz vereinzelten Werden des Geistes aus einem allmählichen, gewundenen Werden des Lebens – seinerseits schon eine lokale Ausnahme in einem raumzeitlich riesigen Universum des Stoffes und der Leere ohne Leben und Geist. Beide kosmologischen Erkenntnisse – die vom Weltanfang und die von der Späte und Seltenheit des Geistes im All – müssen wir in die kosmogonische Frage einbringen.

Wir müssen also von der Schaffung einer noch geistlosen, aber positiv mit der Möglichkeit des Geistes begabten Urmaterie ausgehen; und diese «Möglichkeit» muß mehr als bloßes Stattgeben, leere Kompatibilität sein. Halten wir ferner daran fest, daß die erste, schöpferische Ursache von Geist selber Geist sein muß, der sich aber eines späteren Eingreifens in den Weltlauf enthält, so lautet die Frage jetzt, in welcher Weise er die Sache des Geistes dem anfänglich geistlosen Weltstoff anvertraut hat. Wir fanden gleich zu Beginn dieser Untersuchung, daß er es nicht in Gestalt von «Information» oder «Programmierung» tun konnte. Ein dunkler «Eros» dahin war das Äußerste, was wir der Urmaterie hinsichtlich künftigen Lebens und Geistes, außer bloßer Toleranz dafür, zugestehen konnten. Welcher Dynamik blieb von da an das weitere überlassen? Bedenken wir, daß die Sache mit dem ganz Anderen, dem äußersten Gegenpol sozusagen, des Geistes begann.

Da erinnern wir uns Hegels, der ebenfalls das Weltgeschehen mit der äußersten Selbstentfremdung des Geistes beginnen läßt und gerade dieser Antithetik das Bewegungsgesetz des weiteren Geschehens abgewinnt: die universale Dialektik, die über immer wiederholte Antithese und Synthese notwendig und mit unbeirrbarer List der Vernunft zuletzt im Reiche des Geistes und der Freiheit gipfelt. Der erste Schritt in diesem angeblichen Prozeß, der stiftende Urakt, ist genau das, was auch wir postulieren: die Selbstentäußerung des Schöpfergeistes im Anfang der Dinge. Die Fortsetzung jedoch – Hegels majestätische Entwicklung allen Werdens Schritt für dialektischen Schritt auf uns hin und durch uns hindurch zur Vollendung, überhaupt die ganze erbauliche Idee einer intelligiblen Gesetzlichkeit *eines* Gesamtprozesses, der von vornherein seines Erfolges versichert ist, müssen wir ernüchterten Zuschauer des großen und des kleinen Welttheaters verneinen. Zu erdrückend ist die Gegenevidenz.

Schon die äußerlichste, die der schieren Größenordnungen, ist beredt genug. Hegel wußte noch wenig von der Riesigkeit des Alls in Raum und Zeit und folglich von der Winzigkeit des menschlichen Platzes darin. Das schließliche, allerjüngste, örtlich infinitesimale Erscheinen des Geistes – in uns – nach Jahrmilliarden unbelebter und belebter Vergangenheit ist eher einem verlorenen Aufflackern in allgemeinster Nacht zu vergleichen als einem majestätischen Gang der Vernunft durch die Welt. Von dem kann einfach nicht die Rede sein.

Wem aber dieser Einwand zu äußerlich-quantitativ erscheint, der stelle sich gefälligst dem höchst qualitativen Zeugnis unser selbst, der Bilanz menschlicher Geschichte, zur Sache des Siegeszuges des Geistes durch die Welt. In uns – bitte! – sei der Weltgeist unbeirrbar dabei, zur endgültigen Form seiner Wahrheit zu kommen, seine Urbestimmung mit weiser Notwendigkeit zu vollenden? Wir sind, willig oder unwillig, wissend oder unwissend, doch immer unfehlbar, seine erwählten Vollstrekker? Da muß ich doch bitten! Die Schmach von Auschwitz ist keiner allmächtigen Vorsehung und keiner dialektisch-weisen Notwendigkeit anzulasten, etwa als antithetisch-synthetisch erforderter und förderlicher Schritt zum Heil. *Wir* Menschen haben das der Gottheit angetan als versagende Walter ihrer Sache, auf uns bleibt es sitzen, wir müssen die Schmach wieder von unserem entstellten Gesicht, ja vom Antlitz Gottes, hinwegwaschen. Man komme mir hier nicht mit der List der Vernunft.

Der Generaleinwand gegen diese wie eigentlich jede der großen Metaphysiken, die mir aus der Denkgeschichte bekannt sind, ist der, daß sie uns selbstgarantierte *success stories* vom Sein erzählen, die nicht fehlgehen können. All diesen hochherzig-optimistischen Konstruktionen schlägt der kosmologische wie der anthropologische Befund ins Gesicht. Also muß eine Metaphysik, die der Verführung des «Siehe, es ist gut» widersteht und doch das Zeugnis des Lebens und des Geistes für die Natur des Seins nicht mißachtet, Raum lassen für das Blinde, Planlose, Zufällige, Unberechenbare, äußerst Riskante des Weltabenteuers, kurz für das gewaltige Wagnis, das der erste Grund, wenn denn der Geist dabei war, mit der Schöpfung einging. Da setzte vor Jahren mein kosmogonischer Versuch ein, der sich nicht zufällig mit dem Namen «Auschwitz» verband (denn das war für mich auch ein theologisches Ereignis).[7] Darüber nun einige Worte.

Als erstes sagen wir, daß die Selbstentäußerung des Geistes im Anfang ernster war, als der hochgemute Prophet der Vernunft sie wahrhaben wollte. Gänzlich überließ er sich und sein Schicksal dem Treiben des ins Außen Explodierenden und damit den bloßen Chancen der darin beschlossenen *Möglichkeiten* unter den Bedingungen von Raum und Zeit. Warum er das tat, ist unwißbar; eine erlaubte Vermutung ist, daß es geschah, weil nur im endlosen Spiel des Endlichen, in der Unerschöpflichkeit des Zufalls, in den Überraschungen des Ungeplanten *und* in der Bedrängnis durch die Sterblichkeit, der Geist sich selbst im Mannigfaltigen seiner Möglichkeiten erfahren kann; und daß die Gottheit dies wollte. Dafür mußte sie dann auf die eigene Macht verzichten. Wie dem auch sei, von da an ging es nur noch immanent zu, ohne weitere Einmischung der Transzendenz, und das Geschaffene mußte seine lange Bahn durch Raum und Zeit antreten, gebunden an die allmählichen, kumulativen Transformationen, die das sich herausbildende und konsolidierende Naturgesetz, der äußere Zufall unter diesem Gesetz und die eigene innere Mitgift ihm erlaubten.

In dieser Sicht nun kehrt sich, zweitens, das vielberufene Argument gegen die Wichtigkeit des Geistes (also unser selbst) – das Argument aus dem Größenverhältnis zwischen der Riesigkeit eines toten Universums und der Winzigkeit von Leben und Geist in ihm – eher in eine Erklärung um: Nur ein raumzeitlich riesiges Universum bot nach dem Walten bloßer Wahrscheinlichkeiten, ohne Einmischung göttlicher Macht, überhaupt eine Chance für das irgendwann und -wo passierende Hervortreten des Geistes; und wenn dies und die Selbsterprobung des Geistes in der Endlichkeit die Absicht des Schöpfers war, so mußte er eben ein riesiges Universum schaffen und dem Endlichen darin seinen eigenen Lauf lassen.

Da nun der Geist sich nur aus dem organischen Leben erheben und von ihm getragen existieren kann, so ist, drittens, schon das Auftreten der Innerlichkeit als solcher und ihre ganze tierische Entwicklung als Anbahnung des Geistes anzusehen. Also mußte der schöpferische Urgrund, wenn er den Geist wollte, auch das Leben wollen, wie es in dem schönen Gottesprädikat heißt, das wir Juden so oft im Gebet rezitieren: *rozeh bachajim*, «der das Leben will» – sowohl um seiner selbst willen als auch, mittels der Seele, als Wiege des Geistes. So dürfen wir in gewissem Grade von der Heiligkeit des Lebens sprechen, wiewohl es wüst dabei zugehen kann – wie ebenfalls beim Geiste.

Und damit kommen wir, viertens, zu uns, den einzigen uns bekannten Trägern des Geistes, das heißt denkenden Erkennens und folglich willensfreien Handelns in der Welt eines Handelns, das im Lichte des Erkennens immer mächtiger wird. Und da ergibt sich denn aus unserer kosmogonischen Hypothese – aus der Kombination also einerseits vom urgründlichen *Gewolltsein* des Geistes und andererseits der *Machtentsagung* des so wollenden Urgeistes eben um der unvorgreiflichen Selbstheit endlicher Geister willen –, daß in unsere unsteten Hände, jetzt und hier, das Schicksal des göttlichen Abenteuers gelegt ist und auf unseren Schultern die Verantwortung dafür ruht. Da muß der Gottheit wohl um ihre Sache bange werden. Wir haben es in unserer Hand, die Schöpfungsabsicht zu vereiteln, und sind vielleicht kräftig daran. Warum dürfen wir es nicht? Warum dürfen wir nicht, wie die Tiere, *alles,* was wir können, einschließlich der Selbstvernichtung? Weil das Sein es uns sagt? Folgt denn aus irgendeinem Ist ein Soll? Nun, es kommt auf das «Ist» an. Man muß es sehen, und man muß es hören. Was wir sehen, umschließt das Zeugnis des Lebens und des Geistes – Zeugen wider die Lehre von einer wert- und zielfremden Natur. Was wir hören, ist der Anruf des gesehenen Guten, sein innewohnender Anspruch auf Existenz. Unser Sehen- und Hören*können* macht uns zu Angerufenen seines Gebotes der Anerkennung und so zu Subjekten einer *Pflicht* ihm gegenüber.

Die Pflicht, die stets bestand, wird akut mit dem Wachstum menschlicher Macht durch die Technik, die der ganzen Lebenswohnung hier auf Erden gefährlich wird. Sie sagt uns, daß wir jetzt die von uns gefährdete göttliche Sache in der Welt vor uns schützen, der für sich ohnmächtigen Gottheit gegen uns selbst zu Hilfe kommen müssen. Es ist die Pflicht der wissenden Macht – eine kosmische Pflicht, denn es ist ein kosmisches Experiment, das wir mit uns scheitern lassen können.

Zum Schluß noch etwas über die heute viele Gemüter bewegende Frage, ob es außer uns noch anderes intelligentes Leben im Weltall gibt. Wie wichtig ist sie? Für die Neugier ist die Sachfrage natürlich ungemein interessant und eine verifizierte positive Antwort darauf wäre für unser

Weltgefühl nicht ohne Bedeutung: Ein Wissen um unseresgleichen «da draußen» würde zum Beispiel den anthropischen Anteil am kosmologischen Befund für uns vergrößern, uns also auch in der darauf gestützten kosmologischen Vermutung bestärken. Eine negative Antwort kann es nur in der Form ausgebliebener positiver Kunde geben, also als Nichtwissen. Welchen existentiellen, mehr als theoretischen Unterschied würde ein Wissen ausmachen? Meine Antwort ist: gar keinen.

a) Gewiß keinen praktischen. Wo ein einziges Hin und Her von Signalen selbst in unserer innergalaktischen Nachbarschaft günstigstenfalls Jahrzehnte brauchen würde, viel wahrscheinlicher aber in Jahrhunderten und Jahrtausenden gerechnet werden muß, ist eine wirkliche Kommunikation, ein «Gespräch», nicht möglich. Eine abstrakte Neugier wäre befriedigt, aber nicht mehr.

b) Würde es ein kosmisches Einsamkeitsgefühl beseitigen? Wer es zu empfinden behauptet, dem kann ich es nicht bestreiten, aber es fällt mir schwer, es ihm zu glauben. Vier (oder bald fünf) Milliarden Mitlebende von uns auf diesem Globus schützen mich reichlich vor Gefühlen des Alleinseins in der Welt; und die Gattung ist kein Subjekt, das Gefühle haben kann. In jedem Fall ist besagtes «Gefühl» ein sehr abstraktes, wie es auch das Wissen um unseresgleichen in der Ferne wäre, mit denen wir doch in keinen Verkehr treten können. Den haben wir nur unter uns, und wenn man das Einsamkeit nennt, so bleibt die bestehen.

c) Aber vielleicht ändert die Entdeckung anderer und vermutlich auch fühlender Intelligenzen im Universum das von Bertrand Russell so bewegt geschilderte Bewußtsein, mit unserem Streben, Wählen und Werten einem gleichgültigen, wertfremden, ja lebensfeindlichen All gegenüberzustehen? Mitnichten. Wer beim Porträt vom interesselosen Universum ignorieren konnte, daß es immerhin *uns* interesse-bewegte, Werte erfindende Wesen aus sich hat hervorgehen lassen, kann dies ebensogut auch bei anderen Inseln des Fühlens und Wollens in diesem selben All des Nichtfühlens tun. Nur wer schon den hiesigen Befund anders liest und aus ihm einen kosmologischen Schluß zieht, kann sich in diesem durch weitere Beispiele bestärken lassen. Wer ihn aus dem einen Beispiel nicht zieht, der kann auch in anderen nur weitere insulare Fälle derselben nihilistischen Situation erblicken.

d) Aber würde, um zur Hauptsache und zum Schluß zu kommen, die Kunde von anderen intelligenten Wesen anderswo einen *moralischen* Unterschied ausmachen? Würde sie etwas an unserer Verantwortung ändern? Können wir uns dann vielleicht damit trösten, daß, wenn wir die große Sache hier verspielen, sie anderswo in besseren Händen doch fortgeführt wird? Sie also nicht von uns allein abhängt? Wir also doch etwas mehr mit unserem Teil davon wagen dürfen? Aber nein! Für das Geschick des Geistes hier, wo wir walten, dem alleinigen Revier unserer Macht, sind wir allein verantwortlich – wie jene hypothetischen Intelligenzen, wenn es sie gibt, in ihrem. Keiner kann dem anderen etwas davon abnehmen, keiner dem anderen dabei helfen, sie nicht uns und wir nicht ihnen. In diesem Sinne sind wir allein! Wir *wissen* dies eine, daß mit uns und in uns, in diesem Teil des Alls und diesem Augenblick unserer verhängnisvollen Macht, die Sache Gottes auf der Waage zittert. Was geht es uns an, ob sie anderswo gedeiht, gefährdet, gerettet, vertan wurde? Daß *unser* irgendwo einmal im All aufgefangenes Signal keine Todesanzeige sei, damit haben wir alle Hände voll zu tun. Kümmern wir uns um unsere Erde. Was immer es draußen geben mag, hier entscheidet sich unser Schicksal und mit ihm so viel vom Schöpfungswagnis, wie an diesen Ort geknüpft, in unsere Hände geraten ist, von uns betreut oder verraten werden kann. Sorgen wir uns darum, als ob wir in der Tat einzig wären im All.

Anmerkungen

1 Hier ist einzuschalten, daß mit dem Auftreten selbstreplikativer DNS-Sequenzen die *chemische* Vorbereitung des Lebens abgeschlossen ist und nunmehr die «*Informatik*» das Prinzip der Lebensentwicklung selber wird. Von da an ist also der Informationsbegriff eigentlich fehl am Platze. Aber selbst hier findet Zuwachs an Information (Modifizierung und Anreicherung gegebener Informationen – also eben Entwicklung) ohne Zutun einer *hierfür* vorliegenden Information statt: Der Zuwachs entstammt dem Zufall eindringlicher Unordnung, deren Umschrift dem genetischen Text als neues Sinnelement einverleibt wird und sich somatisch entweder bewährt oder nicht.

2 Siehe Hans Jonas, *Macht oder Ohnmacht der Subjektivität?*, Frankfurt a. M. 1981 und 1987.

3 Alfred North Whitehead, in *Process and Reality*, postuliert schon dies für jede «aktuelle Entität», also schon für das Elementarteilchen. Diese Ausdehnung aktueller Innerlichkeit ins Vororganische und Allereinfachste, ihre Kongruenz also mit Stofflichkeit überhaupt, scheint mir überkühn und ungedeckt durch irgendein Datum unserer Erfahrung, die uns Spuren von Subjektivität erst in den hochgradigen Zusammensetzungen von Organismen entdecken bzw. ahnen läßt.

4 Die Chance für Leben, wie wir es kennen, liegt zwischen Gefrier- und Siedepunkt des Wassers, also in dem engen Band zwischen 273 und 373 Grad Kelvin aus den Millionen Graden des Temperaturspektrums, in dem die kosmische Materie existiert, und auch dann nur, wenn diese Begrenzung stetig durch Jahrmilliarden gewahrt bleibt. Bei der Erde mit ihren Ozeanen ist dies dank ihrem genauen

Sonnenabstand der Fall. Eine nur einprozentige Vergrößerung im Mittelwert dieses Abstandes würde zur totalen Vereisung, eine Verringerung um fünf Prozent zur totalen Versiedung des Wassers führen. Die Wahrscheinlichkeit für eine Wiederholung dieses Sonderfalles in anderen der (sicher zahlreichen) Planetensysteme des Weltalls ist gar nicht zu errechnen.

5 Seit der Auflockerung des klassischen Determinismus durch die Quantentheorie ist diese «Offenheit», das heißt das kausale Raumgeben für solche zielspontanen Interventionen, kein theoretisch prohibitives Problem mehr – siehe wieder meine in Anmerkung 2 genannte Abhandlung.

6 Siehe Hans Jonas, «Werkzeug, Bild und Grab. Vom Transanimalischen im Menschen», Scheidewege 15, 1985/86, s. S. 48–55.

7 Siehe «Unsterblichkeit und heutige Existenz», in: Hans Jonas, *Zwischen Nichts und Ewigkeit*, Göttingen 1963 und 1987, s. S. 44–62; und Hans Jonas, *Der Gottesbegriff nach Auschwitz*, Frankfurt a. M. 1987.

II
Geist, Gehirn, ästhetische Wahrnehmung

John C. Eccles

Der Ursprung des Geistes, des Bewußtseins und des Selbst-Bewußtseins im Rahmen der zerebralen Evolution

A. Bewußtsein bei nichtmenschlichen Lebewesen

In den vergangenen Jahren haben sich die Biologen und Psychologen aus der langen, dunklen Nacht des Behaviorismus befreit, in der es als wissenschaftlich unzulässig galt, Fragen nach dem Bewußtsein von Tieren zu stellen. Glücklicherweise vertrieben zum Beispiel die Schriften von Thorpe, Lorenz und Griffin diese geistige Dunkelheit.

Griffin vor allem initiierte auf dem Gebiet der Ethologie einen wichtigen Fortschritt, indem er in diese Wissenschaft den Begriff der geistigen Erfahrung einführte. Die Komplexität tierischen Verhaltens scheint so viel mit menschlichem Verhalten gemeinsam zu haben, daß das Postulat auf der Hand lag, auch ein Tier könne geistige Erfahrungen machen.

Griffin schlägt vor, man solle den Begriff «inclusive behaviourist» auf Psychologen und Biologen anwenden, die das Verhalten von Tieren studieren, ohne Bezug zu nehmen auf irgendwelche geistigen Erfahrungen, die Tiere haben mögen. Damit setzen sie implizit voraus, daß nur, was das Tier *tut*, Einfluß haben kann auf dessen Fortpflanzung und Überleben. Irgendwelche Erfahrungen könnten keine Folgen für die Evolution haben. Griffin hingegen meint: Wenn geistige Erfahrungen eines Tieres auf sein Wohlergehen und seine Fortpflanzung Einfluß haben, so sind sie auch im Zuge der natürlichen Auslese wirksam.

Wir können dann ein Tier als bewußt bezeichnen, wenn es offensichtlich von Gefühlen und Stimmungen bewegt wird und wenn es seine gegenwärtige Lage im Lichte früherer Erfahrungen beurteilen kann. Damit ist es imstande, zu einer sinnvollen Handlungsweise zu gelangen, die mehr darstellt als eine stereotype Instinktantwort. Auf diese Weise kann es ein originelles Verhaltensmuster zeigen, das sich erlernen läßt und das auch ein breites Spektrum emotionaler Reaktionen umfaßt. Ein gutes Beispiel dafür ist ein Affe in einem verschlossenen Zimmer – mit einer Kiste in der einen Ecke und einer sehr hoch angebrachten Bananenstaude in der anderen. Nach langer Überlegung stellt der Affe die Kiste unter die Bananen und steigt hinauf. Eine andere Demonstration bewußter Erfahrungen sehen wir im spontanen Spiel der Säuger, besonders der Jungtiere.

B. Die Evolution des Bewußtseins

Zunächst können wir einige Fragen stellen: Wie entstanden im Laufe der Evolution der Geist oder das tierische Bewußtsein – in einer Welt, die bis dahin noch keinen Geist kannte? In welchem Stadium der Stammesgeschichte machten die Tiere erste geistige Erfahrungen? Wann zeigten sich die ersten Anzeichen solcher Erfahrungen in der bis dahin alles durchdringenden Dunkelheit des Nicht-Bewußtseins? Solche geistigen Ereignisse müssen in Zusammenhang stehen mit entsprechenden neuralen Ereignissen im Gehirn. Doch wie verbessern sie die Leistungen des Gehirns, und wie werden sie wesentlich für das Überleben während der Evolution? Welche ontologische Stellung können wir schließlich geistigen Ereignissen zugestehen, die in einer Welt auftreten, die man bisher monistisch als physische Welt bezeichnen könnte – eine Welt der Materie und der Energie?

Wenn wir als Neuropsychologen das Verhalten einfacher Lebewesen, zum Beispiel von Honigbienen, studieren, so können wir selbst die kompliziertesten Verhaltensweisen mit dem Konzept des angeborenen Instinkts bei gleichzeitigem Lernen plausibel erklären. Das Instinktverhalten eines Tieres beruht auf der ontogenetischen Ausbildung seines Nervensystems und verwandter Strukturen aufgrund genetischer Informationen. Und das Lernen können wir als erhöhte Effizienz von Synapsen nach deren Gebrauch auffassen. Wir können also ganz innerhalb der materialistischen Denkweise bleiben. Das bei weitem am besten untersuchte Verhalten eines «niederen» Tieres ist der Rund- und Schwänzeltanz der Honigbiene. Die Tanzmuster verschlüsseln raum-zeitliche Muster. Es gibt jedoch keinen Hinweis darauf, daß die Bienen wissen, was sie tun. Ihre Gehirne sind sehr klein und haben einen stereotypen Aufbau.

Selbst den sehr effizienten Fliegenfang der Amphibien können wir mit visuellem Erkennen und der entsprechenden Reaktion darauf erklären. Lorenz beschreibt aus seinem Erfahrungsschatz mit Vögeln Verhaltensmuster, die auf geistige Zustände hindeuten. Thorpe berichtet von Experimenten im Hinblick auf das Erkennen von Zahlen bei Vögeln. Sie führten ihn zu folgender Erkenntnis: «Wir haben sehr deutliche Hinweise darauf, daß das Tier eine geistige Abstraktion durchführen und das Wesen von Zahlen erkennen kann; Kinder können dies nur durch bewußtes Denken.»

Anscheinend können wir uns bei der Frage nach der Stammesgeschichte des Bewußtseins auf Vögel und Säuger beschränken. Die einfachste Strategie könnte darin bestehen, daß wir die Äußerungen des Bewußtseins bei den höchstentwickelten nichtmenschlichen Lebewesen untersuchen, den Menschenaffen.

Es kann keinen Zweifel daran geben, daß domestizierte Tiere wie Hunde, Katzen und Pferde geistige Erfahrungen machen. Meiner Ansicht nach ist das Spiel junger Tiere ein überzeugender Beweis für Bewußtsein; das gilt auch für die Neugierde, das Ausdrücken von Emotionen, insbesondere das Zeigen von Anhänglichkeit. Wir müssen aber vorsichtig sein, wenn wir diese geistigen Zustände mit jenen gleichsetzen wollen, die wir Menschen erfahren. Es gibt keine symbolische Kommunikation mit Tieren auf jenem subtilen Niveau, wie es zwischen zwei Menschen möglich ist.

Nun können wir fragen: Welche Vorteile brachte das Auftreten geistiger Erfahrung im Zusammenhang mit der Gehirntätigkeit? William James beispielsweise vertrat die Ansicht, der Geist sei eine Eigenschaft, die sich ein Gehirn zugelegt hat, weil es zu komplex geworden ist, um sich selbst noch kontrollieren zu können. Einige Forscher meinten, das Bewußtsein sei deswegen von Wert, weil es den Tieren eine gewisse holistische Erfahrung vermittle. Diese Vorstellung kann man im Hinblick auf visuelle Erfahrungen weiterentwickeln. In den vergangenen zwei Jahrzehnten hat man die Verarbeitung visueller Informationen in den Gehirnen von Katzen und Affen ausgiebig wissenschaftlich untersucht. Im Zuge dieser Verarbeitung findet eine zunehmende Abstraktion der Merkmale des ursprünglichen Bildes statt, wie es auf der Netzhaut abgebildet wird. Für kein Stadium der Verarbeitung in den Nerven sind

Neuronen zu entdecken, die bei einer abschließenden Rekonstruktion des Bildes mitwirken, dennoch nehmen wir das Bild wahr. Es mag eine gewisse Ausnahme von dieser Feststellung geben: Bei den seltenen Neuronen zum Erkennen von Merkmalen im Abschnitt TE der Sehrinde.

Die immense Vielfalt musterhafter Aktivität von Neuronen überträgt die codierten Informationen, die man für die Rekonstruktion des Bildes verwenden kann. Ein solcher holistischer Vorgang kann offensichtlich von der Maschinerie der Hirnrinde nicht ausgeführt werden. Dennoch geschieht es auf magische Weise in der bewußten Erfahrung, sobald wir unsere Augen aufmachen. Das Bild verändert sich auch von Augenblick zu Augenblick, offensichtlich gleichzeitig mit den visuellen Inputs. Die komplexe Verarbeitung in den Neuronen sorgt für die codierte Information. Sie stellt das raum-zeitliche Muster der Neuronenaktivität in der Großhirnrinde dar. Man kann nun postulieren, daß das Auftreten geistiger Erfahrungen in der Evolution parallel verläuft zur Evolution der visuellen Verarbeitungsmechanismen und daß diese Evolution wesentlich war für das Verhalten des Tieres.

Einfache visuelle Inputs, die auch einfache Verhaltensweisen lenken, brauchen nicht unbedingt eine Integration zu einem Gesamtbild. Das visuelle System des Frosches funktioniert wohl ohne eine solche Integration. Bei einem stark verbesserten Gesichtssinn höherer Tiere wie der Vögel und der Säuger wäre eine Bildintegration jedoch von großem Vorteil bei der natürlichen Auslese. Diese Integration kann auch andere Sinneswahrnehmungen umfassen: Schall, Geruch, Tastreize. Dies könnte zu einer integrierten geistigen Erfahrung führen, wie sie der Mensch kennt.

Wir stellen also die Hypothese auf, daß das Auftreten geistiger Vorgänge in der Stammesgeschichte für die Integration der vielfältigen Inputs in den Gehirnen höherentwickelter Tiere sorgt. Tiere mit einfacheren Nervensystemen und begrenzten Sinneswahrnehmungen und Verhaltensäußerungen kennen keine solchen Integrationsbedürfnisse, die nur ein Zentralnervensystem leisten kann. Diese Hypothese gibt keine Erklärung für das geheimnisvolle stammesgeschichtliche Auftreten geistiger Erfahrungen in einer bis heute rein physisch geprägten Welt. Sie will nur andeuten, daß dieses Auftreten zu einem evolutionären Vorteil führte.

Der moderne Darwinismus ist insofern mangelhaft, als er ein außergewöhnliches Problem nicht einmal erkennt: Es gibt Lebewesen, die geistige Erfahrungen machen, welche einer ganz anderen Welt als der von

Materie und Energie entstammen. Die Lösung von Descartes für dieses Problem kann man nicht allgemein akzeptieren. Ihm zufolge verfügt nur der Mensch über bewußte Erfahrungen, und sie sind der göttlichen Schöpfung seiner Seele zuzuschreiben, während höhere Tiere maschinenähnliche Automaten ohne geistige Erfahrung darstellen. Die panpsychistische Lösung dieses Problems ist allerdings ebensowenig akzeptabel.

Es ist beunruhigend, daß die Evolutionsforscher weitgehend das Rätsel ignoriert haben, das angesichts ihrer materialistischen Theorie durch das Auftreten geistiger Erfahrungen bei Tieren entsteht. Mayr beispielsweise nimmt in seinem Klassiker *Artbegriff und Evolution* keinerlei Bezug auf die geistige Evolution. Ebensowenig finden wir sie in Monods *Zufall und Notwendigkeit* oder in Wilsons *Sociobiology: The New Synthesis.* Wie Griffin in seinem Buch *Wie Tiere denken* dokumentiert, liegt der Grund wahrscheinlich darin, daß die Meinung der Biologen im allgemeinen von den Dogmen der Behavioristen bestimmt wurde. Ein «tierisches Bewußtsein», zumindest bei höheren Tieren, muß heute allerdings akzeptiert werden. Darin liegt nun eine Herausforderung für die Evolutionsforscher. Wir haben nun ein Stadium erreicht, in dem ein Ignorieren des Problems nicht mehr zur Folge hat, daß es sich einfach verflüchtigt.

Popper meint: «Das Auftreten des Bewußteseins im Tierreich ist vielleicht ein ebenso großes Rätsel wie der Ursprung des Lebens selbst. Dennoch müssen wir, allen unüberwindlich scheinenden Schwierigkeiten zum Trotz, annehmen, daß es ein Produkt der Evolution, der natürlichen Auslese darstellt.»

Ich glaube, daß das Auftreten des Bewußtseins eine Leiche im Keller der orthodoxen Evolutionslehre ist. Das holistische Konzept verleiht dem Auftreten des Bewußtseins Bedeutung, erklärt aber nicht dessen Entstehung. Es bleibt genauso rätselhaft, solange wir es als ausschließlich natürlichen Vorgang in einer ausschließlich materialistischen Welt betrachten.

C. Das Heraufdämmern des Selbst-Bewußtseins

Es sei hier vorgeschlagen, den Begriff «Selbst-Bewußtsein» für die höchste geistige Erfahrung zu verwenden. Dazu gehört zu wissen, daß man weiß. Natürlich ist dies zunächst ein subjektives oder introspektives Kriterium. Durch sprachliche Kommunikation können wir jedoch feststellen, daß auch andere Menschen diese Erfahrung des Wissens um sich selbst kennen. Dobzhansky charakterisiert das außergewöhnliche Auftreten des menschlichen Selbst-Bewußtseins folgendermaßen:

«Das Selbst-Bewußtsein ist ein grundlegendes, vielleicht das grundlegendste Merkmal der menschlichen Art. Es handelt sich um eine evolutionäre Innovation. Die biologische Spezies, aus der der Mensch hervorgegangen ist, verfügte nur über ein geringes Selbst-Bewußtsein, oder es fehlte ihr sogar ganz. Das Selbst-Bewußtsein brachte in seiner Gesellschaft allerdings auch dunkle Gesellen mit: Angst, Furcht, Todesbewußtsein . . . Der Mensch trägt schwer an dieser Last. Ein Lebenwesen, das weiß, daß es sterben muß, entwickelte sich aus Vorfahren, die das noch nicht wußten.»

Kehren wir also zur Hominiden-Evolution zurück bei unserem Versuch, die ersten Spuren altruistischen Verhaltens zu erkennen, denn sie könnten ein Beleg sein für Selbst-Bewußtsein. Ich würde vorschlagen, daß das Teilen von Nahrung an gemeinsamen Wohnplätzen den ersten Anfang des Altruismus darstellt. Dann kommt als Beginn einer altruistischen Gesellschaft die Kernfamilie, wie von Lovejoy vorgeschlagen wurde. Für dieses Phänomen ist das Bild vom «Zusammen-Gehen» zweier Erwachsener und eines Kindes, das Frau Leakey entdeckt hat, ein wundervolles graphisches Beispiel, das immerhin 3,6 Millionen Jahre alt ist.

Mit Sicherheit finden wir Nachweise für altruistisches Verhalten in den Bestattungsbräuchen des Neandertalers. Man kann annehmen, daß diese frühen Menschen sich selbst und andere als bewußte Wesen erkannten. Aus diesem Wissen ging die Sorge für die Lebenden und die Toten hervor; letztere fand ihren Ausdruck in einem zeremoniellen Begräbnis. Ein solches praktizierten die Neandertaler vor 80 000 Jahren, wie Hawkes es beschrieben hat. Die Leiche wurde mit Gefäßen, Werkzeugen oder Waffen begraben und vorher oft mit rotem Ocker eingerieben, wahrscheinlich um die Totenblässe zu übertönen.

In der menschlichen Vorgeschichte (vor 60 000 Jahren) finden wir den ersten Beweis für ein mitleidvolles Verhalten. Solecki entdeckte die Belege dafür am Skelett eines Neandertalers, der sowohl von Geburt an wie durch spätere Verletzungen schwer behindert war. Dieses Wesen lebte jedoch ungefähr 40 Jahre lang. Das war nur möglich, wenn andere Individuen des Stammes für es sorgten. Mitgefühl verraten auch die Begräbnisstätten in der Höhle Shanidar, wo dem Toten Blumen mitgegeben wurden, wie wir aus Pollenanalysen wissen. Das früheste Zeichen von Mitleid in der menschlichen Vorgeschichte liegt also 60 000 Jahre zurück. Möglicherweise trat es schon deutlich früher auf, denn die Neandertaler, die ebensogroße Gehirne hatten wie wir, existierten schon vor mindestens 100000 Jahren.

Als sich die frühesten Honiniden zum aufrechten Gang entschlossen, tauschten sie die expansiven Möglichkeiten eines Lebens auf dem Boden gegen die relative Sicherheit des Lebens auf den Bäumen ein. Das war eine risikoreiche Entscheidung, besonders im Hinblick auf die Babys und Kinder. Gleichzeitig bot sie die Gelegenheit, einen Wohnplatz einzurichten, mit Nahrungsteilung und Wachen während der Nacht, vielleicht in einer nahe gelegenen Höhle oder an einer anderen geschützten Stelle. Damit verbunden war die Herausforderung, für die Kommunikation eine Sprache zu entwickeln. Tobias betrachtet den Homo habilis als den Initiator gesprochener Spache; Schädelausgüsse beweisen nämlich, daß er bereits über das vordere und das hintere Sprechzentrum verfügte. Diese Entwicklung muß natürlich auch ihre Vorläufer gehabt haben. Es gibt sogar Hinweise darauf, daß bereits die Australopithecinen über das Broca-Zentrum verfügten. Die bemerkenswerte Eigenschaft der Australopithecinen, beim Gehen die Füße in die Fußabdrücke des Vorgängers zu plazieren, deutet auf eine höhere geistige Fähigkeit hin als jene der Menschenaffen. Ich würde dies als den Beginn einer deskriptiven Sprache betrachten. Dann kam es in der Stammesgeschichte zu einer Aufspaltung mit großer genetischer Veränderung. Es entstand der Homo habilis, der erste Vertreter der neuen Gattung «Homo», zu der auch wir zählen. Die Gehirngröße nahm um etwa 40 Prozent zu; am wichtigsten ist dabei das Auftreten der Sprechzentren, wie Tobias es beschrieben hat.

Tobias vertritt die überzeugende Ansicht, der Homo habilis habe die Sprache gekannt. Australopithecus africanus hingegen konnte wegen seines kleinen Gehirns keinerlei spachliche Leistungen erbringen. Trotz der postulierten Sprachfähigkeit wuchs die Population von Homo habilis nicht stark an und breitete sich kaum aus. Die große Ausbreitungswelle kam erst Hunderttausende von Jahren später mit dem Homo erectus. Diese neue Art war deutlich weiter fortgeschritten, mit vergrößertem Gehirn und umfangreicheren Sprachzentren.

Selbst eine primitive Sprache konnte man schon für beschreibende Zwecke verwenden (dritte Stufe der Sprachskala von Popper), etwa um den Aufenthaltsort zu beschreiben oder die Bewegung von Räubern. Eine solche Sprache trägt auch zur Förderung des sozialen Zusammenhalts bei und ist hilfreich bei der Fürsorge innerhalb der Gruppe und der Kernfamilie. Dieses Stadium des Selbst-Bewußtseins spiegelt sich in den bereits erwähnten Begräbnisstätten des Neandertalers vor 80000 Jahren wider.

Die fortschreitende Entwicklung vom Bewußtsein des Babys zum Selbst-Bewußtsein eines Kindes liefert uns ein gutes Modell für die Evolution des Selbst-Bewußtseins bei den Hominiden. Es gibt sogar Hinweise darauf, daß der Schimpanse (aber kein anderer Primat) über eine primitive Art des Selbst-Bewußtseins verfügt: Er erkennt sich in einem Spiegel, denn er verwendet ihn dazu, um einen Farbfleck von seinem Gesicht zu entfernen. Auch ein Kind im Alter von ungefähr eineinhalb Jahren erkennt sich im Spiegel. Im Laufe der Stammesgeschichte kam es offensichtlich zu einer Art primitiver Erkenntnis des Selbst lange vor der traumatischen Erfahrung des Todesbewußtseins. In ähnlicher Weise erfolgt die Erfahrung des Selbst beim Kind normalerweise Jahre vor der ersten traumatischen Erfahrung des Todesbewußtseins.

Im Hinblick auf das Auftreten von Selbst-Bewußtsein in der Stammesgeschichte sprechen Lack und Lorenz beide von der unüberbrückbaren Kluft zwischen Seele und Körper. Man kann annehmen, daß es in der Hominiden-Evolution alle Übergänge gab, wie wir sie auf der ontogenetischen Ebene vom Baby über das Kind bis zum Erwachsenen erleben – doch wie das geschah, übersteigt unser Erkenntnisvermögen.

D. Die Schöpfung des Selbst oder der Seele

Ich behaupte, daß zwei Dinge grundlegend sind für jeden Versuch, uns selbst und unsere Beziehung zur Welt und zu anderen Menschen zu verstehen. Wir können sie als primär feststehende Tatsachen bezeichnen.

An erster Stelle steht die Gewißheit, daß jeder als ein einzigartiges, seiner selbst bewußtes Wesen existiert. An zweiter Stelle steht die Gewißheit, daß die materielle Welt existiert, darunter auch der eigene Körper und das eigene Gehirn.

Die zeitgenössische Philosophie vernachlässigt die Probleme, die mit der Erfahrung der Einzigartigkeit unserer selbst zusammenhängen. Wahrscheinlich ist das eine Folge des allesdurchdringenden Materialismus. Er ist blind für die grundlegenden Probleme, die aus geistigen, spirituellen Erfahrungen hervorgehen. Es soll hier meine Aufgabe sein, mich auf das außergewöhnliche Ereignis innerhalb unserer Erfahrung zu konzentrieren: Wie es dazu kam, daß wir zu unserer selbst bewußten

Wesen wurden. Es ist ein Wunder, das für alle Zeiten jenseits der Naturwissenschaft liegt.

Ohne Zweifel erkennt jeder Mensch seine eigene Einzigartigkeit. Sie wird auch als Basis des sozialen Lebens und der Gesetze akzeptiert. Wenn wir nach den Gründen für diesen Glauben forschen, so schließt die moderne Neurologie eine rein physische Erklärung aus. Es bleiben zwei mögliche Alternativen: das Gehirn, während Interaktionisten das Selbst als «das Wesen mit der Erfahrung der Einzigartigkeit» betrachten. Es ist dabei wichtig, eine solipsistische Lösung der Einzigartigkeit des Selbst abzulehnen. Unsere direkten Erfahrungen sind natürlich subjektiv, da sie völlig unserem Gehirn und dem Selbst entspringen. Die Existenz anderer Menschen mit einem anderen Selbst stellen wir durch Kommunikation fest.

Wenn unsere Einzigartigkeit direkt der Einzigartigkeit des Gehirns jedes einzelnen entspringt, müssen wir die Untersuchung auf dieser Ebene weiterführen. Der Grund kann aber nicht in der Einzigartigkeit aller Verbindungen der zehn Millionen Zellen der menschlichen Gehirnrinde liegen. Diese Verbindungen ändern sich nämlich dauernd, auch durch Degeneration. Die übliche materialistische Feststellung besagt, daß die Erfahrung der Einzigartigkeit aus der genetischen Einzigartigkeit hervorgeht. Bisher wurde noch kein Versuch unternommen, die Implikationen dieser Feststellung kritisch zu überprüfen. In Übereinstimmung mit Argumenten von Jennings, Eccles und Thorpe stellt das einzigartige Genom, das angeblich die Grundlage bildet für die Einzigartigkeit jedes Selbst, das Ergebnis einer unendlich unwahrscheinlichen genetischen Lotterie dar (bis 10^{15000}), ausgehend von einer vorsichtigen Schätzung von 50 000 menschlichen Genen. Überdies ist die phänotypische Entwicklung des Gehirns, worauf Stent hingewiesen hat, weit entfernt von den genotypischen Instruktionen – aufgrund der Vorgänge, die Waddington «developmental noise» nannte. Natürlich spielt der Genotyp beim Aufbau des Gehirns eine Rolle, doch er wird wirksam in einer Umgebung, die für die phänotypische Ausbildung starken Änderungen unterworfen ist. Selbst bei eineiigen Zwillingen werden die identischen Genome aufgrund des unterschiedlichen «developmental noise» zu einem anderen Gehirn-Aufbau beitragen. Waddington entwickelte das Konzept der «Chreoden», um mit der – wie er sie nannte – epigenetischen Landschaft zurechtzukommen, in der die anfänglichen genotypischen Instruktionen den Phänotyp und damit auch das Gehirn aufbauen. Es ist wichtig zu wissen, daß die grundlegenden Verbindungen des menschlichen Gehirns weitgehend schon vor der Geburt bestehen und bereit sind, die subtilen Veränderungen synaptischer Verbindungen im Laufe des lebenslangen Lernens auszubilden. Es besteht also eine unendliche Kluft zwischen den genetischen Instruktionen der Zygote und dem Gehirn des Neugeborenen. Man muß erkennen, daß der «developmental noise» jeden Versuch, die Einzigartigkeit unseres Selbst von unserer genetischen Einzigartigkeit abzuleiten, chaotisch und inkohärent ausfallen läßt.

Eine häufige und oberflächlich betrachtet plausible Antwort auf dieses Rätsel ist die Behauptung, der bestimmende Faktor sei die Einzigartigkeit der Erfahrungen, die ein Selbst während seines Lebens sammelt. Man räumt gern ein, daß unser Verhalten und unser Gedächtnis und überhaupt der gesamte Inhalt unseres inneren bewußten Lebens von den jeweils gemachten Erfahrungen abhängen. Doch wie extrem, vielleicht sogar erzwungen, eine Veränderung zu einem bestimmten entscheidenden Zeitpunkt auch gewesen sein mag: Man bleibt immer dasselbe Selbst und kann die eigenen Erinnerungen kontinuierlich bis zum Alter von vielleicht einem Jahr zurückverfolgen. Es gibt keine Eliminierung und Neuschaffung eines Selbst!

Da materialistische Lösungen keine Begründung liefern können für unsere Einzigartigkeit, sehe ich mich gezwungen, die Einzigartigkeit der Psyche oder Seele einer übernatürlichen geistigen oder spirituellen Schöpfung zuzuschreiben. Geben wir eine Erklärung auf theoretischer Ebene: Jede Seele ist eine neue göttliche Schöpfung, die dem wachsenden Fetus zu irgendeiner Zeit zwischen Empfängnis und Geburt zugewiesen wird. Es ist die Gewißheit des Kerns unserer einzigartigen Individualität, welche der «göttlichen Schöpfung» bedarf. Ich gebe zu bedenken, daß keine andere Erklärung haltbar ist: weder die genetische Einzigartigkeit mit ihrer phantastisch unwahrscheinlichen Lotterie noch die Differenzierung aufgrund von Umweltfaktoren, welche die Einzigartigkeit nicht determinieren, sondern nur modifizieren.

Dieser Schluß ist von unschätzbarer theologischer Bedeutung. Er stärkt in großem Maße unseren Glauben an eine menschliche Seele und deren wunderbaren Ursprung in einer göttlichen Schöpfung. Wir erkennen damit nicht nur den transzendentalen Gott, den Schöpfer des Weltalls an, den Gott, an den Einstein glaubte, sondern auch den liebenden Gott, dem wir unser Sein verdanken.

Im Jahre 1962 formulierte Lack seinen Glauben ausdrücklich als den eines christlichen Darwinisten; er steht meiner Überzeugung nahe, mit der einzigen Ausnahme, daß ich seine Argumente für alle höheren Religionen gelten lassen möchte.

> Die Seele gilt bei den Christen als der geistige Teil des Menschen … Sie ist ewig verbunden mit der grundlegenden Persönlichkeit jedes Individuums, jede Seele ist einzigartig. Sie ist auch verantwortlich für moralische Entscheidungen und rationale Entschlüsse, und sie ist unsterblich. Da die Seele als etwas Spirituelles gilt, liegt die Frage, ob sie existiert oder nicht, jenseits der Grenzen, vor denen die Wissenschaft haltmachen muß – darum können auch keine Probleme im Hinblick auf den Darwinismus entstehen. Entweder besitzt der Mensch wie andere Tiere keinerlei geistige Komponente – oder es fand beim ersten Auftreten des Menschen, so glauben die Christen, ein übernatürliches Ereignis statt. Vor diesem Ereignis waren unsere Vorfahren Säugetiere, danach erhielten sie durch göttliche Fügung eine Seele und wurden zu wahren Menschen.

In einer eindringlichen Analogie – aber auch nicht mehr als eine Analogie – kann man den Körper und das Gehirn als superben Computer betrachten. Er wird aus codierten genetischen Informationen aufgebaut, die durch den wundervollen Vorgang der biologischen Evolution entstanden. In unserer Analogie ist die Seele oder Psyche die Programmiererin des Computers. Jeder von uns Programmierern kommt mit seinem eigenen Computer in einem embryonalen Anfangsstadium auf die Welt. Wir entwickeln den Computer während des ganzen Lebens. Er ist unser lebenslanger innigster Gefährte bei allem, was wir tun und lassen. Er empfängt von der Welt und gibt ihr, darunter auch anderen menschlichen Wesen. Die großen Geheimnisse liegen in unserer Schöpfung als Programmierer oder Selbst und in unserer lebenslangen Verbindung mit unserem eigenen «Computer», über die Grenze zwischen der einen und der anderen Welt hinweg.

Wir können schließen: Die biologische Evolution transzendiert sich selbst, indem sie die materielle Basis bereitstellt – das menschliche Gehirn – für selbst-bewußte Wesen, deren eigentliche Aufgabe es ist, Hoffnung und einen Sinn zu finden auf der Suche nach Liebe, Wahrheit und Schönheit.

(Aus dem Englischen von Marcus Würmli)

FRANCISCO J. VARELA

Über die Natur und die Natur des Erkennens

Die Wissenschaft und Technik der Kognition (WTK) ist eine Mischung aus mehreren Disziplinen (die wichtigsten im Diagramm unten) mit je eigenen Prioritäten und Zielen, aber auch starken Wechselwirkungen.[1]

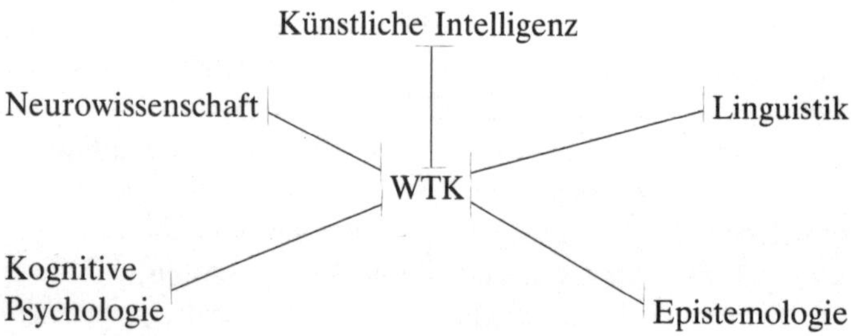

Die WTK ist über vierzig Jahre alt. Allerdings hat sie sich noch *nicht* – wie etwa die Atomphysik oder Molekularbiologie – als eine Naturwissenschaft mit klarem Programm und großer, gutorganisierter Forschergemeinschaft etabliert. Daher kann man über die zukünftige Entwicklung der WTK noch nicht viel sagen; ihre Fortschritte basieren auf dem Wagnis begrifflicher Wetten, was etwa dem Versuch entspricht, einen Menschen auf den Mond zu schießen . . . ohne jedoch zu wissen, wo der Mond ist.

Mit diesem Aufsatz möchte ich den *gegenwärtigen* Zustand der WTK skizzieren. Dabei unterstelle ich, daß sie vier Stufen aufweist, die sich begrifflich klar voneinander abgrenzen lassen und die in den vergangenen vierzig Jahren aufeinander gefolgt sind:

1. Die Entstehungsjahre (1943–53), mit denen wir uns hier nicht befassen werden.[2]
2. Das kognitivistische Paradigma.
3. Die Alternative zur Handhabung von Symbolen.
4. Die Alternative zur Repräsentation.

Im Rahmen dieser vier Stufen werde ich die Grundlage dessen untersuchen, was sich bereits als klar umrissenes Paradigma etabliert hat (Stufen 1 und 2), um dann auf die wichtige Tatsache einzugehen, daß dieses etablierte Paradigma jetzt neuen Perspektiven weicht (Stufen 3 und 4). In dieser herausfordernden Heterodoxie steckt das Potential tiefgreifender Wandlungen.

2 Stufe zwei: Die kognitivistische Hypothese

Auftritt der Kognitivisten

War 1943 das Jahr, in dem die kybernetische Phase begann, so setzte 1956 die zweite Stufe der WTK ein. Damals hörte man auf zwei Kongressen in Cambridge und Dartmouth neue Simmen – Denker wie Herbert Simon, Noam Chomsky, Marvin Minsky und John McCarthy, deren Ideen später richtungweisend für die moderne Kognitionstheorie wurden.[3]

Zentral ist der Ansatz, Intelligenz (auch menschliche) habe in ihren wesentlichen Eigenschaften so viel mit Computern gemein, daß man die Kognition als Berechnung symbolischer Repräsentationen *definieren* könne. Natürlich wäre diese Vorstellung ohne das in Stufe 1 gelegte Fundament undenkbar gewesen. Der Hauptunterschied ist, daß die ursprüngliche Vermutung hier zu einer ausgewachsenen *Hypothese* entfaltet wurde, die man von den breiteren erklärenden, interdisziplinären Wurzeln abgrenzen wollte, wo die Komplexitäten von Sozialwissenschaften und Biologie eine herausragende Rolle spielten. Das Wort *Kognitivismus*[4] paßt gut auf diesen umfassenden, wenngleich hinreichend abgegrenzten Ansatz, der seit 1956 viele wissenschaftliche und technische Entwicklungen angeregt hat, von denen kognitive Psychologie, Linguistik, ein Großteil der Neurowissenschaften und natürlich die künstliche Intelligenz betroffen waren.

Skizzierung der Theorie

Das kognitivistische Forschungsprogramm läßt sich in Form von Antworten auf folgende Fragen zusammenfassen:

Frage 1

Was ist Kognition?

Antwort

Informationsverarbeitung: auf Regeln basierende Handhabung von Symbolen.

Frage 2

Wie funktioniert sie?

Antwort

Durch ein Mittel, mit dem man diskrete physische Elemente stützen und handhaben kann: Symbole. Das System interagiert nur mit der Form der Symbole (ihren physischen Attributen), aber nicht mit ihrer Bedeutung.

Frage 3

Woran erkenne ich, ob ein kognitives System angemessen funktioniert?

Antwort

Daran, daß die Symbole einen Aspekt der realen Welt richtig darstellen und daß die Informationsverarbeitung zu einer erfolgreichen Lösung gestellter Probleme führt.

Dieses kühne Forschungsprogramm hat sich nicht nur umfassend etabliert, es wird heute auch mit Kognitionstheorie selbst *gleichgesetzt*. Allerdings kennen nur wenige der aktiven Forscher, von der breiten Öffentlichkeit ganz zu schweigen, die genauen Wurzeln des Programms oder seine gegenwärtigen Herausforderungen und Alternativen. «Das Gehirn verarbeitet Informationen der Außenwelt» ist ein gängiger Satz, den jeder versteht. Sagt man, diese Aussage sei bestenfalls irreführend, so klingt dies seltsam, und die anschließende Diskussion wird sofort als «philosophisch» etikettiert. Diese *«Blindheit»* des heutigen Common sense gelangte über das kognitivistische Paradigma in unsere Kultur und birgt die große Gefahr, eine umfassendere Sicht und Zukunft der WTK zu verbauen.

Die Kognitionstheorie

Die Auswirkungen des Kognitivismus sind nirgends sichtbarer als bei der künstlichen Intelligenz, die *buchstäblich* ein *Konstrukt* der kognitivistischen Hypothese ist. Komplementär dazu bemüht man sich, natürliche, biologisch entstandene kognitive Systeme – insbesondere den Menschen – zu erforschen. Auch hier dienen Vergleiche mit Computern als wichtigstes Erklärungsmittel. Mentale Repräsentationen gelten als Vorgänge eines formalen Systems, und die Tätigkeit des Geistes gibt diesen Repräsentationen ihre persönliche Note: Überzeugungen, Wünsche, Motive usw. Anders als bei der künstlichen Intelligenz besteht hier also Interesse am Wesen *natürlicher* kognitiver Systeme, von denen man annimmt, daß ihre kognitiven Repräsentationen *etwas für* das System bedeuten (intentional sein sollen).

Zeigt man Menschen zum Beispiel geometrische Figuren und bittet sie, diese im Geiste rotieren zu lassen, berichten sie immer wieder, die Schwierigkeit der Aufgabe hänge von der Zahl möglicher Freiheitsgrade ab, mit denen die Figur rotieren solle. Das heißt, alles läuft so ab, als hätten wir einen mentalen Raum, in dem die Figuren gedreht werden wie auf einem Bildschirm.[5] Nach einiger Zeit ergaben diese Versuche eine explizite Theorie mit Regeln, nach denen der mentale Raum ähnlich arbeitet wie ein Computer-Display mit gespeicherten Daten. Die Forscher vermuteten, es bestehe eine Interaktion zwischen sprachlichen und bildhaften Vorgängen, die gemeinsam unsere innere Sicht erzeugen.[6] Dieser Ansatz löste eine Flut zustimmender und ablehnender Literatur aus[7], und für jede Beobachtungsebene wurden alternative Deutungen angeboten. Die Untersuchung der Vorstellungsbilder ist jedoch ein gutes Beispiel dafür, wie der Kognitivismus bei der Erforschung mentaler Phänomene vorgeht.

Informationsverarbeitung im Gehirn

Eine weitere, ebenso wichtige Auswirkung des Kognitivismus ist sein Einfluß auf die heutige Vorstellung vom Gehirn. Im Laufe der Jahre geriet fast die gesamte Neurobiologie (und ihr gewaltiger Fundus an empirischen Belegen) unter das Diktat der These von der Informationsverarbeitung. Meist werden die Ursprünge und Voraussetzungen dieser Sichtweise nicht einmal in Frage gestellt.[8]

Ein herausragendes Beispiel dafür ist die langjährige Erforschung der Sehrinde, eines Hirnbereichs, in dem man elektrische Neuronenimpulse nachweisen kann, sobald dem Versuchstier ein visueller Eindruck vermittelt wird. Schon bald hörte man, es sei möglich, kortikale Neuronen als Sensoren zu klassifizieren, die auf ganz bestimmte Attribute des gezeigten Objekts reagieren – Lage, Kontrast, Bewegung, Farbe usw. Übereinstimmend mit der kognitivistischen Hypothese faßt man diese Ergebnisse in der Regel so auf, daß sie folgende Vorstellung biologisch erhärten: Das Gehirn erhält über die merkmalspezifischen Neuronen im Kortex visuelle Informationen von der Netzhaut; diese werden dann zur Verarbeitung an höhere Stufen des Gehirns weitergegeben (begriffliche Einordung, Assoziationen des Gedächtnisses und schließlich Handlung).

Einwände

Die kognitivistische WTK hat sich rasch als wohldefiniertes Forschungsprogramm mit angesehenen Institutionen, Periodika, Anwendungstechniken und internationalen Geschäftsinteressen etabliert. Im großen und ganzen bekennen sich die meisten Forscher im Bereich der künstlichen Intelligenz (und der Informationstechnik) – wissentlich oder unwissentlich – zum Kognitivismus. Wie könnte es auch anders sein, wenn man davon lebt, LISP-Codes aufzuschreiben oder Neuronen für engdefinierte Aufgaben zu suchen? In diesem Referat möchte ich auf das große *soziale Engagement* vieler Forscher im Bereich der WTK hinweisen. Ich bemühe mich jedoch, die Grundlagen der kognitivistischen WTK so zu erforschen, daß auch die Basis für die Einwände klar wird. Die Abweichungen von den gängigen Auffassungen der WTK nehmen heute im wesentlichen zwei Formen an:

1. Kritik der symbolischen Berechnungen als angemessene Träger von Repräsentationen;
2. Kritik an der Eignung des Begriffs Repräsentation als Grundstock der WTK.

Beide Einwände werden im folgenden überprüft.

3 Stufe drei: Die Alternative Selbstorganisation

Gründe für die Suche nach einer Alternative

Der Grund für das neue Nachdenken über Selbstorganisation lag in zwei weithin bekannten Mängeln des Kognitivismus. Zum einen basiert die symbolische Informationsverarbeitung auf gleichzeitig angewandten *Kettenregeln*. Dieser «von Neumannsche Engpaß» erweist sich bei der Arbeit mit vielen Sequenzen (z. B. in der Bildanalyse oder der Wettervorhersage) als stark einschränkend. Die andauernde Suche nach *parallelen* Algorithmen der Verarbeitung zeitigte jedoch kaum Erfolge, da ihr die ganze Computer-Philosophie genau zuwiderläuft.

Der zweite große Mangel liegt darin, daß die symbolische Verarbeitung *lokalisiert* ist: Die Einbuße oder Fehlfunktion irgendeines Teils des kognitiven Systems hat den Zusammenbruch des Systems zur Folge. Im Gegensatz hierzu wäre eine *Verteilung* der Vorgänge äußerst wünschenswert, da man auf diese Weise wenigstens relative Gleichwertigkeit und Immunität gegenüber Defekten erreichte.

Diese beiden Schwachstellen des Kognitivismus lassen sich als eine auffassen: Architektur und Mechanismen sind beileibe nicht biologischer Natur. Schon die einfachsten visuellen Aufgaben, die selbst winzige Insekten lösen, werden schneller bewältigt, als dies physikalisch möglich wäre, wenn man sie in Abfolgen simuliert. Auch die Flexibilität des Gehirns gegenüber Schäden, die nicht alle seine Fähigkeiten lähmen, ist den Neurobiologen seit langem bekannt.

Was ist Selbstorganisation?

Aus dem Gesagten folgt, daß man nicht von Symbolen ausgehen sollte, sondern von einfachen Komponenten, die sich eng miteinander verknüpfen. Dabei wirkt zwar jede Komponente nur in ihrem *lokalen* Umfeld, weil das System jedoch ein Netzwerk bildet, kann sich spontan ein *globales* Zusammenwirken ergeben, sobald die Zustände aller beteiligten Neuronen einen wechselseitig befriedigenden Zustand erreichen, ohne daß eine zentrale Verarbeitungseinheit den ganzen Vorgang steuern müßte.[9]

Perspektivwechsel in der Hirnforschung

Überdies sprechen immer mehr Belege dafür, daß die Wirkungsweise des Gehirns im Kern durch Selbstorganisation geprägt ist. Das kann angesichts der Hirnanatomie auch kaum überraschen. Zwar reagieren die Neuronen, wie oben erwähnt, unterschiedlich auf spezifische Merkmale visueller Reize, dies gilt aber auch für betäubte Tiere mit künstlich vereinfachter (interner und externer) Umwelt. Läßt man ein eher normales sensorisches Umfeld zu und wird das Tier im Wachzustand untersucht, kann man zeigen, daß die Besonderheiten der Reaktionen direkt von Neuronen abhängen, die weit von jenen im unmittelbaren Umfeld entfernt sind; so werden die oben beschriebenen stereotypen neuronalen Reaktionen äußerst empfindlich für den jeweiligen Kontext.[10] Daher muß man die Neuronen als Elemente großer Ensembles erforschen, die durch ihre kooperativen Interaktionen immer wieder zerfallen und neu entstehen. Heute erscheint es demnach unangemessen, das Gehirn als Computer mit zielgerichtetem, durch einzelne neuronale Aktivitäten in Gang gesetzten Fluß aufeinanderfolgender Informationen zu beschreiben.

Die Strategie des Konnektivismus

Auch bei diesem alternativen Ansatz dient das Gehirn wieder als Hauptquelle der Metaphern und Vorstellungen für andere Bereiche der WTK. Einfach formuliert, geht man nicht mehr von abstrakten symbolischen Beschreibungen, sondern von einem ganzen Heer schlichter, simpler Komponenten aus, die in der richtigen Vernetzung interessante *globale* Eigenschaften haben können. Genau diese globalen Eigenschaften verkörpern die kognitiven Fähigkeiten. Der neue Ansatz beruht dann allein darauf, die richtigen Verknüpfungen einzuführen; das geschieht normalerweise mit einer Regel für die graduelle *Veränderung* der Vernetzungen, wobei man von einem recht willkürlichen Anfangszustand ausgeht. Heute kennen wir mehrere dieser Regeln, und die mit Abstand am besten erforschte geht auf Hebb zurück. 1949 vermutete D. O. Hebb, daß Änderungen in der Vernetztheit des Gehirns mit dem Maß an *Koordination* zwischen den Neuronen zu tun haben: Neigen zwei Neuronen zu gemeinsamer Aktivität, nimmt ihre Vernetzung zu; ansonsten verringert sie sich. Daher ist die Vernetztheit des Systems untrennbar mit seiner *Transformationsgeschichte* verbunden und auf die für das System definierte Aufgabenart bezogen. Da die tatsächlichen Wirkungen auf der Ebene der Vernetzungen stattfinden, erhielt diese Forschungseinrichtung den Namen (Neo-)Konnektivismus.[11]

Konnektivistische Modelle liefern eine überraschend elegante Arbeitshypothese für zahlreiche interessante *kognitive* Fähigkeiten, zum Beispiel Schnellerkennung, assoziative Erinnerung und kategoriale Verallgemeinerung. Man nehme etwa eine Gesamtzahl von n einfachen

Neuronen des Typs «McCulloch-Pitts», vernetze sie wechselseitig und statte sie mit einer Regel wie der Hebbschen aus. Dann konfrontiere man das System an einigen seiner Knoten mit einer Abfolge von Mustern. Begegnet das System erneut einem dieser Muster, *erkennt* es dies in dem Sinne *wieder*, daß es rasch in einen einzigartigen global kohärenten Zustand gerät (Attraktor). Das Wiedererkennen funktioniert ausgezeichnet, sofern die Zahl der präsentierten Muster nicht größer ist als etwa *0,15 n*. Überdies erkennt das System richtig wieder, selbst wenn man das Muster nur teilweise zeigt oder wenn das System zum Teil verstümmelt wurde.[12]

In den letzten drei Jahren hat sich das Interesse an solchen Modellen aus mehreren Gründen explosionsartig gesteigert.[13] Erstens boten kognitivistische Intelligenzforschung und Neurowissenschaft im Hinblick auf die hier beschriebenen kognitiven Leistungen kaum überzeugende Ergebnisse. Zweitens lassen sich diese Modelle direkt mit biologischen Systemen vergleichen, da zwischen beiden eine wichtige Parallele besteht (jedes Neuron reagiert seinem lokalen Kontext entsprechend, ohne einen Aufseher zu benötigen) und sie äußerst distributiv organisiert sind (der globale Attraktor hängt nicht von *einem* lokalisierten Element ab, sondern von der Verteilung vieler Elemente, und wird daher durch den Verlust weniger Elemente kaum beeinträchtigt).

Daraus folgt insbesondere ein bisher ungeahntes Maß an Übereinstimmung zwischen Intelligenzforschung und Neurowissenschaft. Drittens sind die Modelle, als mathematisch ausformulierte, allgemein genug, um ohne größere Modifikationen auf so verschiedene Probleme wie binokulares Sehen und Spracherkennung angewandt werden zu können.

Skizzierung der Theorie

Dieser neue Ansatz – Vernetzung, Selbstorganisation, Assoziation, Netzwerkdynamik – ist noch diffus. Fast alle, die sich zu ihm bekennen, haben sehr unterschiedliche Auffassungen vom Wesen und von der Zukunft der WTK. Trotz dieser Einschränkung gebe ich nun alternative Antworten auf die oben gestellten Fragen:

Frage 1
Was ist Kognition?
Antwort
Das Auftauchen globaler Zustände: Sie wirken als Attraktoren eines selbstorganisierten Systems.

Frage 2
Wie funktioniert Kognition?
Antwort
Über ein Mittel, das aus vielen nervenähnlichen Elementen besteht; darin gelten lokale Regeln für einzelne Vorgänge und Regeln für Änderungen der Vernetztheit.
Frage 3
Woran erkenne ich, ob ein kognitives System angemessen funktioniert?
Antwort
Daran, daß die globalen Zustände (Attraktoren) auf eine kognitive Fähigkeit abgestimmt werden können, war zur erfolgreichen Lösung gestellter Aufgaben führt.

Abschied von den Symbolen

Einer der interessantesten Aspekte dieses neuen Zugangs zur WTK liegt darin, daß hier Symbole – wenn überhaupt – kaum noch eine Rolle spielen. Das bedeutet eine radikale Abkehr von einer Grundannahme des Kognitivismus: Die physische Struktur der Symbole, ihre Form, wird endgültig getrennt von dem, wofür sie stehen, ihrer Bedeutung. Diese Trennung von Form und Bedeutung war zwar der entscheidende Schritt zum Vergleich mit dem Computer, sie brachte aber auch eine große (vielleicht fatale) Schwäche mit sich, als man kognitive Phänomene auf einer tieferen Ebene untersuchte. Man wußte nämlich nicht, wie Symbole ihre Bedeutung *erlangen* und woher jene zusätzliche Aktivität kommt, die vom Aufbau her nicht im kognitiven System angesiedelt ist.

In Situationen, wo das Universum möglicher repräsentierter Daten begrenzt und klar definiert ist (wie bei der Programmierung eines Computers oder bei einem Experiment mit vorgegebenen visuellen Reizen), bereitet das Zuordnen der Bedeutung keine Probleme. Jedes einzelne physische Datum in dem kognitiven System wird auf ein externes Datum (die ihm entsprechende Bedeutung) bezogen, ein Abbildungsvorgang, der dem Beobachter keine Mühe bereitet. Beseitigt man die Grenzen, bleibt *nur* die Form der Symbole, und die Bedeutung wird zu einer Chimäre, was auch einträte, wenn man über die Bit-Muster eines Computers nachdächte, dessen Bedienungsanleitung man verloren hat.

Beim Zugang über die Vernetzung ist die Bedeutung mit der Gesamtleistung verbunden (z. B. beim Wiedererkennen oder Lernen). Die Bedeutung hat also mit dem globalen Zustand des Systems zu tun und ist nicht in den einzelnen Symbolen lokalisiert. So verschwindet die Unterscheidung zwischen Form und Bedeutung auf der symbolischen Ebene, taucht aber in anderer Gestalt wieder auf; der Beobachter liefert die Entsprechung zwischen dem globalen Zustand des Systems und der Welt, mit der es umgehen soll. Das ist aber ein ganz anderer Weg, Repräsentationen zu erlangen (und zu studieren). Was diese alternative Zugangsweise über «höhere» kognitive Fähigkeiten wie Denken oder Sprechen besagt, liegt jedoch gegenwärtig noch im Dunkel. Für ihre Anhänger ist dies allerdings nur weiteres, noch zu eroberndes Terrain – für ihre Kritiker ein Zeichen ihrer Grenzen.

4 Stufe vier: Die Alternative der Inszenierung

Weitere Ursachen der Unzufriedenheit

Man ist versucht, die heutige WTK in zwei widerstreitende Lager einzuteilen: das Paradigma der herrschenden Lehre, mit akademischen Präferenzen und großen technischen Investitionen, und eine kleinere Gruppe jüngerer Forscher und wagemutiger Unternehmen, die in eine andere Richtung streben.

Das wäre jedoch aus zwei Gründen eine recht oberflächliche Darstellung der WTK. Erstens, weil es die meisten Forscher im Rahmen dieser Alternative nicht für möglich halten, eine Synthese aus Kognitivismus *und* Konnektivismus zu bilden: Die beiden Ansätze könnten sich als komplementär erweisen. Allerdings ist der begriffliche Status einer solchen Synthese unklar, und bisher gibt es dafür keine konkreten Beispiele. Vielleicht wäre jedoch eine Art Kompromiß möglich. Dabei müßte ein weniger orthodoxer Kognitivismus auch parallel verteilte Prozesse der unteren Ebenen einbeziehen, die beim Zugang über die Selbstorganisation eine wichtige Rolle spielen. In der technisch orientierten Intelligenzforschung mit ihrer pragmatischen Haltung ist diese Möglichkeit am wahrscheinlichsten. Diese potentielle wechselseitige Ergänzung wird zweifellos sichtbare Resultate hervorbringen und könnte durchaus für viele Jahre zur herrschenden Tendenz der WTK werden.

Zum zweiten wäre diese Sicht der WTK oberflächlich, weil beiden Richtungen (und damit auch einer zukünftigen Synthese) einige wesentliche Dimensionen der WTK *nach wie vor* fehlen würden.

Wiederentdeckung des Common sense

Der wichtigste Vorwurf dessen, was wir hier als Alternative der *Inszenie-*

rung bezeichnen, besteht einfach darin, daß in der Definition der Kognition bisher überhaupt nicht auf den Common sense eingegangen wurde. Im Kognitivismus wie auch im heutigen Konnektivismus gilt die erfolgreiche Repräsentation einer vorgegebenen Außenwelt nach wie vor als Kriterium der Kognition, wobei gewöhnlich Situationen der Problemlösung untersucht werden. Unsere Erkenntnistätigkeit im Alltag zeigt aber, daß diese Sicht der Kognition sehr unvollständig ist. Die größte Kognitionsfähigkeit von Lebewesen besteht nämlich, grob gesagt, gerade darin, die jeweils relevanten Probleme zu *stellen*. Sie sind nicht vorgegeben, sondern werden vor einem Hintergrund *inszeniert oder hervorgebracht*, und als relevant zählt nur, was unser Common sense – immer auf einen Kontext bezogen – für relevant hält.

Darin steckt eine Kritik an der Verwendung des Begriffs Repräsentation als Kernstück der WTK, da nur eine vorgegebene Welt repräsentiert werden kann. Ist die Welt, in der wir leben, aber eher eine hervorgebrachte denn eine vorgegebene, kann der Begriff Repräsentation keine zentrale Rolle mehr spielen. Man sollte die Bedeutung dieser Annahmen nicht unterschätzen, hat doch unsere westliche Tradition im großen und ganzen (natürlich mit einigen Abweichungen) Erkenntnis stets als Spiegelung der Natur aufgefaßt. Wir haben es hier also mit dem Gesamtphänomen der *Interpretation* zu tun, die als Aktivität des Inszenierens oder Hervorbringens aufgefaßt wird.[14] Da es um die Vorherrschaft der Praxis gegenüber der Repräsentation geht, dürfen wir diese alternative Zugangsweise zur WTK den Weg der *Inszenierung* nennen.[15]

In den letzten Jahren haben jedoch einige Forscher *innerhalb* der WTK konkrete Vorschläge gemacht, wie diese Kritik von der philosophischen Ebene her gelöst und auf ein neues Verständnis der im Labor erforschten künstlichen Intelligenz übertragen werden kann. Das ist ein radikaleres Ausgehen von der WTK als je zuvor, womit der in der Gründungsphase diskutierte Themenkreis überschritten wird. Gleichzeitig bezieht man, wie wir sofort sehen werden, viele im konnektivistischen Kontext entwickelte Hilfsmittel mit ein.

Das Problem der Problemlösung

Grundannahme der WTK war von jeher, daß man die Welt in Regionen diskreter Elemente und Aufgaben unterteilen kann, auf die sich das kognitive System innerhalb eines vorgegebenen «Problemfeldes» bezieht: Sehen, Sprechen, Bewegung. Obwohl es relativ einfach ist, alle möglichen Zustände im «Raum» des Schachspiels zu definieren, erwies es sich als völlig unproduktiv, diesen Ansatz etwa auf den «Raum» mobiler Roboter zu übertragen. Natürlich kann man auch dort diskrete Elemente aussondern (z. B. Stahlrahmen, Räder und Fenster bei der Kfz-Montage). Klar erscheint aber auch, daß die Welt des Schachspiels an irgendeinem Punkt eindeutig endet, während dies für die Welt der Bewegung zwischen Objekten nicht gilt. Um unsere Objektwelt zu konfigurieren, sind wir dauernd auf den Common sense angewiesen.[16]

Wie die Bedeutung eines Wortes in der natürlichen Sprache, hat auch die Kategorisierung unserer *natürlichen* Welt keine scharfen Grenzen. Man könnte durchaus sagen: Nach zwei Jahrzehnten quälend langsamer Fortschritte dämmerte vielen Intelligenzforschern in den siebziger Jahren, daß selbst die einfachsten kognitiven Handlungen ein schier unendliches Wissen voraussetzen, das uns selbstverständlich erscheint (weil es durch seine Offenkundigkeit unsichtbar ist), auch wenn wir den Computer erst damit füttern müssen. Die kognitivistische Hoffnung der sechziger Jahre auf ein allgemeines Modell der Problemlösung reduzierte sich auf lokale Erkenntnisfelder mit eng definierten Problemen, wo der Programmierer viel vom eigenen Hintergrundwissen auf die Maschine projizieren konnte. Ähnlich basiert die konnektivistische Strategie darauf, den Raum möglicher Attraktoren mit Hilfe von Annahmen über bekannte Eigenschaften der Welt, die als Zusatzregeln eingebaut werden, zu begrenzen.[17] Beide Male verbleibt die nicht handhabbare Ambiguität des im Hintergrund liegenden Common sense an der Peripherie der Untersuchung, und man hofft, diesen unerkannten Rest bald aufklären zu können.

Dieses ungelöste Problem hat ein philosophisches Pendant. Phänomenologen der kontinentalen Tradition haben sich detailliert mit der Frage befaßt, welchen Einfluß es auf die Erkenntnis hat, daß wir in einer untrennbar mit unserem Körper, unserer Sprache und unserer gesellschaftlichen Tradition verbundenen Welt leben.[18] Die Diskussion dauert an, so daß wir sie nicht angemessen auf feste Regeln und Thesen reduzieren können; geht es doch um Handeln und Geschichte, um ein Verständnis, das durch Imitation und Hineinwachsen in ein vorgegebenes Verstehen gewonnen wird. Überdies können wir nicht aus unserer Welt heraustreten, um ihre Inhalte mit unseren Repräsentationen zu vergleichen; wir sind immer schon einbezogen. Wer Regeln als mentale Aktivität und Symbole als Repräsentationen darstellt, läßt stets den Angelpunkt außer acht, der über die Lebensqualität der Kognition entscheidet. Möglich ist dies nämlich nur innerhalb eines sehr begrenzten Kontexts, in dem fast alles konstant bleibt (Philosophen sprechen hier von einer *Ceteris paribus*-Bedingung). Kontext und Common sense sind keine Randbedingungen, die sich durch Aufdeckung immer genauerer Regeln beseitigen ließen. Sie bilden vielmehr das Wesen der *kreativen* Kognition.

Trifft diese Kritik zu, wird es Fortschritte im Verständnis des normalen (und nicht auf extrem enge Umwelten beschränkten) Funktionierens der Kognition erst geben, wenn wir die Basis einer zu repräsentierenden Außenwelt verlassen.

Abschied von den Repräsentationen

Die eigentliche Herausforderung der WTK durch diesen Ansatz liegt darin, daß er die am tiefsten verwurzelte Annahme unserer wissenschaftlichen Tradition in Frage stellt: daß die Welt, wie wir sie erfahren, vom Erkennenden unabhängig sei.

Statt dessen sind wir zu dem Schluß gezwungen, daß man die Kognition nur über den Common sense, also unsere körperliche und gesellschaftliche Tradition, angemessen versteht; daraus folgt unausweichlich, daß Erkennender und Erkanntes, Subjekt und Objekt, einander wechselseitig konstituieren – gemeinsam entstehen. Philosophisch gesagt: Erkenntnis ist etwas *Ontologisches*.

Man denke an das Sehen: Was war zuerst, die Welt oder das Bild? Die wissenschaftliche Antwort (von Kognitivisten und Konnektivisten) ergibt sich eindeutig aus den einzelnen Forschungsthemen: «Gestalt basiert auf Schattierungen», «Tiefe auf Bewegung», «Farbe auf wechselnder Beleuchtung». Das können wir als extreme *Huhn*-Position bezeichnen.

Huhn-Position: Die Welt da draußen hat feste Gesetze, sie geht dem auf das kognitive System geworfenen Bilde voraus, dessen Aufgabe darin besteht, das Bild angemessen zu erfassen (sei es in Symbolen oder in globalen Zuständen).

Das klingt eigentlich sehr vernünftig, und wir haben große Schwierigkeiten, uns vorzustellen, daß es auch anders sein könnte. Meist denken wir, die einzig mögliche Alternative liege in der *Ei*-Position.

Ei-Position: Das kognitive System schafft sich seine Welt selbst, und deren scheinbare Festigkeit spiegelt nur die internen Gesetze des Organismus wider.

Mit der These des Inszenierens könnten wir diese beiden extremen Positionen hinter uns lassen, indem wir erkennen (was jeder Bauer weiß), daß Ei und Huhn *einander definieren*. Ähnlich ist der Prozeß des Lebens für die Gestaltung unserer Welt verantwortlich, aber seine Ursprünge sind so weit entrückt, daß sie als fertig und endgültig erscheint.

Daß wir sie als etwas Äußeres auffassen, sollte uns nicht zu dem objektivistischen Gedanken verleiten, das Wesen des Erkennens liege darin, die Welt zu repräsentieren.

Man denke an die Welt der Farben, die wir tagtäglich wahrnehmen. Normalerweise unterstellen wir, Farbe sei ein Attribut der Wellenlänge reflektierten Lichts, das wir aufnehmen und als relevante Information verarbeiten. Inzwischen wurde jedoch genau gezeigt, daß die wahrgenommene Farbe eines Objekts weitgehend unabhängig von der Wellenlänge ist.[19] Statt dessen gibt es einen komplexen (nur zum Teil erforschten) Prozeß des kooperativen Vergleichs zwischen multiplen neuronalen Ensembles im Gehirn; durch ihn wird die Farbe eines Objekts je nach dem globalen Zustand definiert, der angesichts eines gegebenen Bildes auf der Netzhaut eintritt.

So können wir sagen, daß unsere Farbenwelt dem *Leben* dient; sie ist effektiv, weil wir eine biologische Tradition fortsetzen. Andere Spezies haben jedoch andere Farbenwelten entwickelt, indem sie aus ihren Sinnesorganen andere kooperative Neuronenvorgänge erzeugten. Zum Beispiel ist die Taube offenbar vierfarbig orientiert (braucht vier Grundfarben), während wir mit nur drei Grundfarben auskommen.[20] Die sehr unterschiedlichen Traditionen der Strukturkoppelung bei Vögeln und Primaten haben für beide Welten der Relevanz hervorgebracht, die untrennbar mit ihrem Leben zusammenhängen. Wichtig ist aber nur, daß der eingeschlagene Weg lebensfähig ist, das heißt eine ununterbrochene Serie struktureller Veränderungen bildet. Die neuronalen Mechanismen der Farbwahrnehmung sind keine Problemlösung (greifen also nicht die vorgegebenen Farbeigenschaften von Objekten auf), sondern zeigen, daß die Farbwahrnehmung beim Menschen oder beim Vogel *zusammen mit* den Farbattributen entsteht.

Skizzierung der Theorie

Grundvorstellung ist also, daß kognitive Fähigkeiten untrennbar verknüpft sind mit einer gelebten Geschichte, ähnlich wie ein Weg nicht existiert, sondern im Wandern eingeschlagen wird. Entsprechend gilt Kognition nicht als Problemlösung über Repräsentationen, sondern als kreatives Hervorbringen einer Welt unter der einzigen Bedingung, daß dieses effektives Handeln sein muß: Es ermöglicht den Bestand des jeweiligen Systems.[21]

Frage 1
Was ist Kognition?

Antwort

Effektives Handeln; eine Geschichte der Strukturkoppelung, die eine Welt inszeniert (hervorbringt).

Frage 2

Wie funktioniert Kognition?

Antwort

Über ein Netz wechselseitig verbundener plastischer Elemente, die eine ununterbrochene Geschichte durchlaufen.

Frage 3

Woran erkenne ich, ob ein kognitives System angemessen funktioniert?

Antwort

Daran, daß das System zum Bestandteil einer existierenden Bedeutungswelt wird (wie bei den Jungen jeder Spezies) oder eine neue Welt gestaltet (wie in der Evolutionsgeschichte).

Bemerkenswert ist, daß in diesen Antworten zwei neue Vorstellungen auftauchen, die es bisher in der WTK nicht gab. Da Repräsentationen keine zentrale Rolle mehr spielen, gilt *Intelligenz* nicht mehr als Fähigkeit der Problemlösung, sondern als Fähigkeit, in eine gemeinsame Welt einzutreten; an die Stelle des aufgabenorientierten Plans tritt der *Evolutionsprozeß*. Um zuzuspitzen: Genau wie der Konnektivismus aus einem durch Hirnforschung inspirierten Kognitivismus hervorging, macht die Inszenierungshypothese einen weiteren Schritt in die gleiche Richtung und bezieht die Zeitlichkeit des Lebens – als Spezies (Evolution), individuelles (Ontogenese) und gesellschaftliches Muster (Kultur) – mit ein.

Verzicht auf Repräsentationen

Diese Richtung wird von einer relativ kleinen Gruppe aus unterschiedlichen Forschungsgebieten der WTK vertreten und brachte jüngst zahlreiche Ergebnisse. Gerade dort, wo die Vorstellungen am umfangreichsten angewandt wurden, mußte man – erneut – die Hirnfunktionen reformulieren. Zum Beispiel ist es heute möglich, Elektroden ins Geruchszentrum einzuführen, so daß man die Gesamtaktivität dieses Hirnteils messen kann, während sich das Tier frei bewegt. Man stellte fest, daß sich ein klares Muster der Gesamtaktivität dieses Bereichs nur dann ergibt, wenn man das Tier mehrere Male mit einem speziellen Geruch konfrontiert. Das Geruchszentrum scheint also nicht auf die Moleküle als solche zu reagieren, sondern auf das, was der Geruch anzeigt. Überdies scheinen diese auftauchenden Muster aus einem Hintergrund inkohärenter Tätigkeit in einen kohärenten Attraktor hinein erschaffen zu werden. Ähnlich wie Farbe stellt sich Geruch nicht als passive Abbildung äußerer Merkmale dar, sondern als kreatives Entfalten von Bedeutung auf historischer Basis.[22] Unter diesem Aspekt scheint die Tätigkeit des Gehirns vor allem darauf zu zielen, im Laufe der Geschichte möglicher Lebenslinien immer wieder Welten zu inszenieren; das Gehirn konstituiert demnach eher Welten, als etwas widerzuspiegeln.

Klar ist, daß die Intelligenzforschung mit einer Strategie der Inszenierung arbeiten kann, sofern sie bereit ist, die Zwänge einer spezifischen Leistung des Problemlösens zu lockern. Diese Absicht verfolgen zum Beispiel die sogenannten Klassifikationssysteme, deren Grunddesign darin besteht, das System mit einer undefinierten Umwelt zu konfrontieren, der es gestaltend Bedeutung geben soll.[23] Die allgemeinere Simulation verlängerter Koppelungsgeschichten und evolutionärer Strategien, mit denen Grundtendenzen des Entstehens intelligenter Leistungen erforscht werden sollen, liegt allerdings noch in der Zukunft. Da diese Forschungsliste jedoch keine unmittelbar verwertbaren Ergebnisse bringt, übt sie auf das konkurrenzorientierte Umfeld der Intelligenzforschung keinen besonderen Reiz aus, und deshalb wurde bisher kaum in dieser Richtung gearbeitet.

Weitere wichtige Einflußbereiche für die Inszenierungshypothese bilden Computer und Sprache. Aus dieser Sicht ist Kommunikation nämlich keine Informationsübertragung vom Sender auf den Empfänger. Eher stellt sie sich als wechselseitige Gestaltung einer gemeinsamen Welt über gemeinsames Handeln dar: Wir erschaffen unsere Welt im Rahmen sozialen Handelns durch *Sprache*. Dieses gesellschaftliche Hervorbringen bezieht mehrere Dimensionen der Sprache ein. Wir arbeiten ständig mit Sprechhandlungen wie Aussagen, Versprechungen, Forderungen und Erklärungen. Ein solches gewachsenes Netzwerk von Sprechakten stellt eigene Anforderungen und ist kein Kommunikationsmittel, sondern genau jenes Geflecht, über das wir uns als Individuen definieren.

Es erklärt zum Beispiel vieles von dem, was in einem Büro vorgeht und eignet sich daher viel besser für das Verständnis der Betriebsdynamik als die klassischen Strukturdiagramme.[24] Aus dieser Sichtweise entstanden neuartige Hilfsmittel der Intelligenzforschung, die man *Koordinatoren*[25] nennt. Grundidee dabei ist, daß ein Koordinator die übliche elektronisch gesteuerte Überwachung von Gesprächen in einer Organisation ersetzt.

Koordinatoren sind nur ein Beispiel dafür, wie man in der Intelligenzforschung aufhört, Unmögliches – das heißt die Open-end-Aufgabe der Sprachanalyse – vom Computer zu verlangen und ihn statt dessen als strukturiertes Medium für das bewußte Erkennen unserer ständigen sprachlichen Inszenierung zu benutzen.

5 Schlußfolgerung

Wette auf den Einsatz

Dieses Referat begann beim harten Kern der WTK und bewegte sich in Richtung «Peripherie», das heißt der Erörterung nichttrivialer Faktoren wie Kontext und Auswirkungen der biologischen und kulturellen Geschichte auf Kognition und Handeln. Natürlich betrachten Verfechter der Repräsentationen diese Bereiche als nur temporär, außerhalb der engeren Sphäre annehmbarer Problemlösungshypothesen; andere gehen weiter und nehmen die Position ein, solche «nebulösen», «philosophischen» Aspekte hätten in einer Kognitionstheorie eigentlich gar nichts zu suchen.

Meiner Auffassung nach ist hier ein Gestaltwechsel denkbar, durch den Zentrum und Peripherie ihre Plätze tauschen. Eine Kognitionstheorie, die ausklammert, was man heute üblicherweise als Peripherie betrachtet, verheißt für die nahe Zukunft nichts Gutes; sie ähnelt dem Menschen, der seinen verlorenen Schlüssel nur deshalb unter einer Lampe sucht, weil es überall sonst zu dunkel ist. Die Probleme, mit denen es die Alternative der Inszenierung zu tun hat, sind äußerst wichtig und liegen möglicherweise im Zentrum des kognitiven Prozesses. Man kann sie auch weiter erforschen, zum Teil mit von der Selbstorganisation ausgeliehenen Mitteln. Diese Forschungsrichtung hat derzeit die besseren Chancen, zu einem haltbaren Verständnis dessen zu gelangen, was Kognition, Information und Kommunikation im tieferen Sinn bedeuten.

Klar ist auch, daß es heute ein Kerngebiet der Kognition gibt, das man mit seinen eigenen Mitteln verstehen kann, ohne auf jene primären Faktoren zurückzugreifen, die heute den größten Arbeitsbereich der WTK bilden, darunter sowohl das kognitivistische als auch das konnektivistische Modell. Eine genaue Analyse der heutigen WTK sollte diese also nicht primär als Konkurrenz zwischen Kognitivismus und Konnektivismus beschreiben. Wesentlich ist vielmehr die *Spannung* zwischen den beiden Ansätzen, wie sie in den oben skizzierten Orientierungen zum Ausdruck kommt. Die prägenden Kontraste zwischen einigen Schlüsselbegriffen der drei Ansätze sind:

Von:	*Zu*:
aufgabenspezifisch	kreativ
Problemlösung	Problemstellung
abstrakt, symbolisch	historisch, körpergebunden
universell	kontextbezogen
zentralisiert	verteilt
abfolgend, hierarchisch	parallel
vorgegebene Welt	hervorgebrachte Welt
Repräsentation	effektives Handeln
Durchsetzung nach Plan	Durchsetzung über evolutionäre Strategien

Diese Spannung wird in zwei parallelen Bereichen sichtbar: 1. In der Forschung, wo man sich je nach den Komplexitäten eines Paradigmenwechsels für oder gegen die Hypothese der Inszenierung entscheidet; 2. in der Technik, wo die Zwangsjacke unmittelbarer Anwendbarkeit Grenzen für die Erweiterung des Denkens setzt. Die Spannung wird sich also wahrscheinlich durch eine *Ausweitung der Kluft* zwischen technischen und wissenschaftlichen Aspekten der WTK auflösen.[26]

Im Kontext dieser Tagung ist klar, daß die Auffassung der Erkenntnis als Inszenierung einen großen Schritt auf dem Weg bedeutet, uns vom Gespenst des Geist/Körper-Dualismus und vom Gegensatz Geist-Natur zu befreien. Die Vertreibung dieses Gespensts setzt voraus, daß man erkennt, wie sich Geist und Welt in einem bodenlosen Muster *entfalten*, aus dem uns noch das Staunen entgegenscheint.[27]

(Aus dem Englischen von Hans Günter Holl)

Anmerkungen

1 Man kann argumentieren, daß die Kognitionstheorie eine eigene Disziplin darstellt, deren technischen Pol die künstliche Intelligenz bildet; dann sollte man beide nicht vermischen, wie es hier getan wurde. Nach meiner Auffassung geht die Unterscheidung zwischen reiner und angewandter Wissenschaft jedoch tiefer und betrifft alle beteiligten Disziplinen, darunter auch die künstliche Intelligenz selbst.

2 Vgl. zu dieser Stufe den jüngst erschienenen Sammelband zur vernachlässigten Entstehungsgeschichte der Kybernetik und der Selbstorganisation, veröffentlicht als *Cahiers CREA*, Nrn. 7–9, besonders den Artikel von J. P. Dupuy, «L'essor de la première cybernétique», Nr. 7, S. 7–140. Die einzige weitere empfehlenswerte

Quelle ist S. Heims, *John von Neumann and Norbert Wiener*, Cambridge, Mass., 1980. Das Buch von H. Gardner, *The Mind's New Science: A History of the Cognitive Revolution*, New York 1985, behandelt diesen Zeitraum sehr oberflächlich.

3 Vgl. hierzu H. Gardner, a. a. O., Kap. 5.

4 Vgl. zu diesem Thema den sehr guten Beitrag von D. Andler, «Cognitivism – Orthodox and Otherwise. A New Phase?», Unterlagen zum Kongreß *Man in the Age of Technology*, Athen, Juni 1984 (im Druck).

5 R. Shephard/J. Metzler in : *Science*, Jg. 1971, Bd. 171, S. 701–703.

6 S. Kosslyn in: *Psychol. Rev.*, Jg. 1981, Bd. 88, S. 46–66.

7 Vgl. *Beh. Brain Sci.*, Jg. 1979, Bd. 2, S. 535–581.

8 Der erste Satz eines beliebten Lehrbuchs der Neurowissenschaft lautet: «Das Gehirn ist eine unermüdliche Ansammlung von Zellen, die ständig Informationen erhält, diese verarbeitet und wahrnimmt sowie Entscheidungen trifft.» S. Kuffler/J. Nichols, *From Neuron to Brain*, Boston 1976, S. 3.

9 Diesen Aspekt erörtern P. Dumouchel/J. P. Dupuy (Hrsg.) in: *L'Autorganisation: De la physique au politique*, Paris 1983.

10 Vgl. hierzu F. Varela, «Living Ways of Sense Making: A Middle Way Approach to Neuroscience», in: P. Livingstone (Hrsg.), *Order and Disorder*, Unterlagen zum Stanford International Symposium, Anma Libri 1984, S. 208–224.

11 J. Feldmann/D. Ballard, «Connectionist Models and Their Properties», in: *Cognitive Science*, Jg. 1982, Bd. 6, S. 205–254. Eine genaue Darstellung gängiger Modelle dieser Richtungen findet sich bei: J. McClelland/D. Rumelhart (Hrsg.), *Parallel Distributed Processing: Studies in the Microstructure of Cognition*, 2 Bde., Cambridge, Mass., 1986.

12 J. Hopfield in: *Proc. Natl. Acad. Sci.* (USA), Jg. 1982, Bd. 79, S. 2554–2556.

13 Einige Namen für synthetische Systeme mit alternativem Aufbau sind sehr sprechend: Verknüpfungsmaschine, Schmetterlingsmaschine, Boltzmann-Maschine, Kosmischer Kubus, Cedar-Projekt und Sisal-Sprache.

14 Am einflußreichsten in dieser Hinsicht ist das Werk von H. G. Gadamer, *Wahrheit und Methode*, Tübingen³ 1972. Eine gute Einführung in die Hermeneutik findet sich bei Gadamer/Boehm (Hrsg.), *Die Hermeneutik und die Wissenschaften*, Frankfurt a. M. 1978. In diesem Abschnitt beziehe ich mich vor allem auf Ideen von F. Flores; vgl. T. Winnograd/H. Flores, *Understanding Computers and Cognition: A new Foundation or Design*, New Jersey 1986.

15 Dieser Begriff hat sich beileibe noch nicht durchgesetzt. Ich verwende ihn hier vor allem aus didaktischen Gründen, bis ein besserer vorgeschlagen wird.

16 Vgl. P. Biere, «The Professor's Challenge», in: *AI Magazine*, Winter 1985, S. 60–70.

17 T. Poggio/V. Torre/C. Koch in: *Nature*, Jg. 1985, Bd. 317, S. 314–319.

18 Wichtige Schriften zu diesem Thema sind M. Heidegger, *Sein und Zeit*, Tübingen ¹²1972; M. Merleau-Ponty, *Phänomenologie der Wahrnehmung*, Berlin 1976; M. Foucault, *Überwachen und Strafen. Die Geburt des Gefängnisses*, Frankfurt a. M. 1977; H. Dreyfus, *Why Computers Can't Think*, New York 1984.

19 Vgl. etwa E. Land in: *Proc. Natl. Acad. Sci.* (USA), Jg. 1983, Bd. 80, S. 5163–5169.

20 F. Varela u. a. in: *Arch. Biol. Med. Exp.*, Jg. 1983, Bd. 16, S. 291–303.

21 Eine umfassende Einführung zu diesem Aspekt bietet: H. Maturana/F. Varela, *Der Baum der Erkenntnis. Wie wir die Welt durch unsere Wahrnehmung erschaffen*

– *die biologischen Wurzeln des menschlichen Erkennens*, Bern/München/Wien 1987.

22 W. Freeman/C. Skarda in: *Brain Res. Reviews*, 1986 (im Druck).

23 Vgl. J. H. Holland, Technical Report, Univ. of Michigan, 1984. Weitere Aspekte zu einigen dieser Ideen (die nicht unbedingt mit der hier vertretenen Auffassung übereinstimmen) bieten J. D. Farmer/N. Packard (Hrsg.), *Evolution, Games and Learning: Models for Adaptation in Machines and Nature*, Physica D, 1986 (im Druck).

24 Vgl. hierzu L. Smirch/C. Stubbart in: *Acad. Manag. Rev.*, Jg. 1985, Bd. 10, S. 724–736.

25 T. Winnograd/F. Flores, a. a. O.

26 Vgl. etwa R. Schank in: *AI Magazine*, Frühjahr 1985, S. 122–135.

27 Dieses Referat erschien mit geringfügigen Abweichungen in: J. L. Roos (Hrsg.), *Economics and Artificial Intelligence*, 1. Internationales Symposion der IFAC, Oxford/New York, S. 1–9.

Ich danke meinen Freunden von der CREA, Daniel Andler und J. P. Duputy, sowie P. Schwartz von Shell Intl. für ihre konstruktive Kritik und Unterstützung. Bei der Vorbereitung dieses Referats half mir eine Chaire Scientifique de la Fondation de France. Die finanzielle Hilfe des Prince Trust Fund habe ich dankbar in Anspruch genommen.

Ernst Pöppel

Verfügbarkeit und Verführbarkeit des Mentalen
Neuropsychologische Thesen

Psychische Funktionen sind abhängig von der Integrität neuronaler Strukturen oder neuronaler Algorithmen.

Störungen neuronaler Strukturen oder neuronaler Algorithmen führen zum Verlust oder zu Änderungen zugeordneter psychischer Funktionen. Für jede psychische Funktion – zum Beispiel aus dem Bereich des Wahrnehmens, der Gefühle oder des Denkens – läßt sich eine neuronale Struktur oder ein neuronaler Altorithmus bestimmen; solche Funktionen sind psychische Elementar-Funktionen.

Die Konstanz inter-individueller Ausfälle psychischer Elementar-Funktionen bei Störungen neuronaler Strukturen oder neuronaler Algorithmen ist ein *Existenzbeweis* dieser Funktionen.

Psychische Funktionen sind in modulärer Weise im Gehirn repräsentiert, wobei Module strukturell oder algorithmisch definiert sein können.

In der modulären Beschreibung psychischer Funktionen muß zwischen materialen und formalen Gesichtspunkten unterschieden werden.

Die umfassende moduläre Beschreibung psychischer Elementar-Funktionen liefert einen Katalog der Funktionen und damit die Grundlage einer Klassifikation bzw. *Taxonomie* psychischer Funktionen.

Bei den «Materialien des Bewußtseins» lassen sich vier Funktionsbereiche unterscheiden, nämlich die der Reizaufnahme, der Bearbeitung, der Bewertung und des Handelns.

Bei der formalen Beschreibung psychischer Tätigkeit müssen vor allem die energetische Versorgung (Aktivation) des Gehirns und der zeitliche Ablauf psychischer Elementar-Funktionen berücksichtigt werden.

Die *Reizaufnahme*, also die Wahrnehmung in den verschiedenen Sinnessystemen, ist dadurch gekennzeichnet, daß verschiedenen Arealen des Gehirns bzw. selektiven neuronalen Algorithmen spezifische Funktionen bei der Analyse sinnlicher Information zukommen.

Eine bestimmte Struktur des Gehirns (bzw. ein neuronaler Algorithmus) ist zum Beispiel dafür verantwortlich, daß Gesichter erkannt werden können; wenn diese Struktur wegen einer Hirnverletzung nicht mehr verfügbar ist, dann kann der betroffene Patient keine Gesichter mehr erkennen – nicht einmal sein eigenes.

Die *Bearbeitung* der von den Sinnessystemen aufgenommenen Information erfolgt unter anderem dadurch, daß mit Hilfe bestimmter Lernformen Information in das Gedächtnis eingespeichert wird.

Die sachgerechte Bearbeitung von Information in der Weise, daß dem Individuum einmal Erfahrenes auch in Zukunft verfügbar ist, erfolgt mit Hilfe spezifischer neuronaler Programme des Gedächtnisses.

Durch die Gefühle erfolgt eine *Bewertung* der durch die Sinnesorgane aufgenommenen Information; bestimmte Gefühle (wie Wut oder Liebe) sind von der Integrität neuronaler Strukturen oder der Verfügbarkeit neuronaler Algorithmen abhängig.

Die Funktionsfähigkeit neuronaler Strukturen und neuronaler Algorithmen ist entscheidend abhängig von der Verfügbarkeit bestimmter chemischer Substanzen im Gehirn. Ist die Verfügbarkeit bestimmter chemischer Substanzen zu gering, leidet der Patient an einer Depression.

Handeln und Reagieren, die sich in einfachster Weise in Bewegung, Sprache, Mimik oder Gestik manifestieren, unterliegen ebenfalls der modulären Repräsentation im Gehirn.

Selektive Ausfälle von Strukturen der linken Gesichtshälfte können beispielsweise dazu führen, daß ein Patient im sprachlichen Bereich nicht mehr über syntaktische Kompetenz verfügt, so daß er keine Sätze mehr formulieren kann, die den Regeln der Grammatik gehorchen.

Da nach spezifischen Läsionen jeweils ganz bestimmte Funktionen ausfallen, kann angenommen werden, daß die «Materialien des Bewußtseins» in modulärer Weise im Gehirn repräsentiert sind.

Die moduläre Repräsentation bedeutet, daß die Anzahl psychischer Elementar-Funktionen begrenzt ist und daß die Anzahl nicht willkürlich oder beliebig vermehrt werden kann.

Die Begrenztheit der «Materialien des Bewußtseins» drückt sich darin aus, daß Menschen nur jene Sinne haben, die sie haben – Menschen haben beispielsweise im Gegensatz zu anderen Lebewesen keine Möglichkeit der direkten Wahrnehmung von Elektrizität.

Die psychische Begrenztheit des Menschen zeigt sich auch in der Verfügbarkeit von Gefühlen – das Repertoire emotioneller Möglichkeiten entspricht nicht immer den Forderungen der von uns selbst veränderten Umwelt.

Jedes psychische Phänomen benötigt für seine Verfügbarkeit ein Mindestmaß neuronaler Energie bzw. von *Aktivation.*

Veränderungen in der Aktivation äußern sich in Veränderungen der Verfügbarkeit psychischer Elementar-Funktionen wie beispielsweise als Funktion der Tageszeit oder der Ermüdung.

Jeder psychische Akt ist gekennzeichnet durch die *Gleichzeitigkeit* von Aktivität mehrerer Module; die gleichzeitige Aktivität bestimmter neuronaler Strukturen und der Einsatz bestimmter neuronaler Algorithmen kennzeichnet jeweils *einen* spezifischen psychischen Akt.

Auch wenn ein bestimmtes Erlebnis – zum Beispiel das plötzliche Erkennen eines Gesichts – von der gleichzeitigen Aktivität mehrerer bestimmter Module getragen wird, bedeutet dies nicht, daß auf der zullulären Ebene eine ähnliche Selektivität besteht; identische Erlebnisse sind auf der zellulären Ebene durch sehr viele verschiedene Erregungs-Konstellationen verwirklicht.

Aus der Kenntnis der Tätigkeit *einzelner* Zellen des Gehirns läßt sich deren Funktion im Hinblick auf psychische Abläufe oder der Kategorien des Erlebens nicht erschließen.

Für die normale psychische Tätigkeit ist es notwendig, die Aktivität einzelner neuronaler Strukturen und Algorithmen zeitlich aufeinander zu beziehen. Die formale Grundlage der geregelten psychischen Aktivität, in der die Tätigkeit räumlich bzw. algorithmisch getrennter Module berücksichtigt werden muß, wird durch logistische Programme des Gehirns bereitgestellt, die eine zeitliche *Synchronisation* der einzelnen Module erlauben.

Mit Hilfe neuronaler Oszillatoren werden für das ganze Gehirn jeweils Systemzustände definiert, innerhalb derer die Aktivität aller aktivierten Module als gleichzeitig bewertet wird.

Ein Systemzustand des Gehirns ist die zeitliche Minimalbedingung zur Definition eines Ereignisses; aufgrund empirischer Evidenz liegt diese Minimalzeit bei etwa 30 ms, die auch als Taktzeit einer zentralen Uhr des Gehirns bezeichnet werden kann.

Mit Hilfe der *Integration* werden einzelne Ereignisse zu Erlebnis-Gestalten vereint, sofern die einzelnen Ereignisse zeitlich nicht zu weit auseinanderliegen; die zeitliche Grenze der Integration liegt etwa bei drei Sekunden.

Was erlebnismäßig im Zeitbereich bis zu etwa drei Sekunden zusammengefaßt werden kann, hat für den Erlebenden die Qualität des Gegenwärtigen; das *Gegenwarts-Gefühl* des Erlebens kann auch als Zustand «bewußt» bezeichnet werden.

Störungen in der zeitlichen Organisation mentaler Tätigkeit zeigen sich beispielsweise bei Patienten mit Schizophrenie; bei Patienten mit einer formalen Denkstörung kommt es zum Verlust der semantischen Vernetzung aufeinanderfolgender Integrations-Intervalle.

Die *Kontinuität* des Erlebens ist keine Selbstverständlichkeit, sondern sie ist abhängig von der Integrität neuronaler Algorithmen, die für die zeitliche Organisation der psychischen Tätigkeit verantwortlich sind.

Alle psychischen Phänomene oder Leistungen lassen sich letzten Endes auf die Integrität neuronaler Strukturen oder neuronaler Algorithmen zurückführen.

Psychische Funktionen sind im Laufe der Evolution entstanden; psychische Funktion ist jeweils gleichbedeutend mit neuronaler Struktur oder neuronalem Algorithmus.

Die Notwendigkeit zur Entwicklung psychischer Funktionen ergab sich aus ökologischen Randbedingungen, um das Überleben der Art zu optimieren.

Psychische Funktionen sind keine «Luxus-Funktionen» im Dienste der rationalen Begründung der Welt, sondern dienen in erster Linie den Zwecken des Überlebens, denn hierfür wurden sie entwickelt.

Der *Selektionsdruck* zur Entwicklung psychischer Funktionen ergab sich nicht aus der Notwendigkeit einer rationalen Weltbeschreibung, sondern aus der notwendigen Anpassung der prämenschlichen Spezies an die herrschenden Bedingungen der Umwelt.

In der These der Verknüpfung zwischen neuronaler Struktur (bzw. Algorithmus) und psychischer Elementar-Funktion zeigt sich eine monistische Position im Hinblick auf das *Leib-Seele-Problem*.

Die philosophische Grundposition, die sich hier ausdrückt, ist die eines *pragmatischen Monismus*, da sich die eindeutige Verknüpfung zwischen psychischen Elementar-Funktionen und neuronalen Mechanismen aus der Erfahrung herleitet.

Aus der Beobachtung über die Verfügbarkeit psychischer Funktionen läßt sich eine *dualistische* Position, die dem Körperlichen und dem Seelischen unabhängige Seinsbereiche zuordnet, nicht begründen.

Wenn psychische Funktionen, zum Beispiel Denkfunktionen, zur rationalen Weltbegründung oder einer metaphysischen Analyse eingesetzt werden, geschieht dies, obwohl es nicht ihr ursprünglicher und eigentlicher Zweck ist.

Die Evolution psychischer Funktionen hat zu einem Überschuß an *Verfügbarkeit* geführt, was eine *Verführbarkeit* im Einsatz dieser Funktionen mit sich bringt.

Das Verführerische in der Nutzung mentaler Funktionen liegt darin zu glauben, alle Probleme rational lösen zu können; rational beschriebene Probleme sind schon allein deshalb manchmal nicht lösbar, weil sie gelöst von anderen psychischen Funktionen – wie der emotionellen Bewertung – als rationale Teilmenge ausgegrenzt sind.

Die Macht der Rationalität wird durch die Verfügbarkeit sprachlicher Kompetenz vorgegaukelt.

Die Anwendung psychischer Funktionen auf sachfremde Bereiche wie die der philosophischen Durchdringung sprachlich bezeichneter Sachverhalte («Was ist . . . Wahrheit, das Gute, die Zeit . . .?») bringt mit sich, daß das Nachdenken in einer *Aporie* endet.

Literatur

Pöppel, Ernst, «Oscillations as Possible Basis for Time Perception», in: J. T. Fraser (Hrsg.), *The Study of Time*, Berlin/Heidelberg/New York 1972, S. 219–241.

ders., «Time Perception», in: *Handbook of Sensory Physiology*, Bd. VIII: *Perception*, hrsg. von R. Held, H. W. Leibowitz, H.-L. Teubner, Berlin/Heidelberg/New York 1978, S. 713–729.

ders., *Lust und Schmerz. Grundlagen menschlichen Erlebens und Verhaltens*, Berlin 1982.

ders., *Grenzen des Bewußtseins. Zur Wirklichkeit und Welterfahrung*, Stuttgart 1985.

ders., »Materialien des Bewußtseins», in: *Physikalische Blätter* 42, 1986, S. 75–77.

ders., «Die Rekonstruktion des Raumes», in: V. Schubert (Hrsg.), *Der Raum. Raum des Menschen – Raum der Wissenschaft*, St. Ottilien 1987, S. 101–112.

ders., «Die Rekonstruktion der Zeit», in: F. Paflik (Hrsg.), *Das Phänomen Zeit in Kunst und Wissenschaft*, Weinheim 1987, S. 25–37.

ders., «Taxonomie des Subjektiven auf der Grundlage eines pragmatischen Monismus», in: F. Böcker/W. Weig (Hrsg.), *Aktuelle Kernfragen in der Psychiatrie*, Berlin/Heidelberg/New York 1988, S. 24–36.

Ingo Rentschler

Weltbilder der Kunst – Erscheinungsformen der Wirklichkeit

> Kunst komplettiert Erkenntnis
> um das von ihr Ausgeschlossene.
> Theodor W. Adorno[1]

Ästhetische Theorien sind empfindliche Anzeiger für die Vorstellungen des Menschen von der Natur. So unterscheiden sich im 19. Jahrhundert für den Wissenschaftler Hermann von Helmholtz[2] Malerei und Musik grundlegend dadurch, daß der Maler die sichtbare Natur wiederzugeben und zu deuten hatte, während sich Musik auf keine hörbare Welt bezog und ausschließlich dem Geist des Komponisten entsprang. Der Künstler Wassily Kandinsky[3] teilte diese Auffassung von Musik in seinem 1912 erschienenen Buch *Über das Geistige in der Kunst*, machte dazu aber geltend, daß ein Maler, der im Schaffen bloßer Abbilder keine Befriedigung findet, die Methoden der Musik auf seine eigene Kunst anwenden könne.

Nur wenige Jahre nach dem Erscheinen von Kandinskys Buch aber suchte der *Suprematismus* von dessen Landsmann Kasimir Malewitsch[4] die vom deutschen Idealismus errichtete Grenze zwischen Kunst und Wirklichkeit aufzuheben:

> Das Werk eines realistischen Künstlers gibt die Natur als solche wieder und stellt dieselbe als ein harmonisches, organisches «Ganzes» dar. In solch einer Reproduktion der Natur ist kein schöpferisches Element zu erkennen, denn das schöpferische Element ist nicht in der unveränderlichen Synthese der Natur als solcher zu suchen, sondern in der veränderlichen Synthese der Auffassung.
> Ein Künstler, der nicht imitiert, sondern schafft, bringt sich selbst zum Ausdruck; seine Werke sind keine Spiegelbilder der Natur, sondern neue Tatsächlichkeiten, die nicht weniger bedeutend sind als die Tatsächlichkeiten der Natur selbst...

Die Ursache dieser Verschiedenartigkeit der Aktivität liegt meiner Ansicht nach darin, daß die Vorstellung als Resultat einer mechanischen Übertragung der in Erscheinung tretenden Umgebung durch unsere Sinne, unter Beteiligung des einen oder anderen Gehirnzentrums, verschieden ausfallen kann.

Malewitschs Kunstverständnis beruhte also nicht mehr auf der Unterscheidung von Natur und Geist. Für ihn war jede Vorstellung von der Natur das Ergebnis einer biologischen Wirklichkeit im Gehirn. Das schöpferische Element in der Kunst konnte ihm somit auch nicht Sache des schönen Scheins sein, sondern war abhängig von der Erzeugung neuer Wirklichkeiten. Kandinskys Ansicht dagegen entsprach noch ganz der, auf Kant zurückgehenden, Unterscheidung von Sinnlichkeit und Vernunft als den Fähigkeiten des passiven Aufnehmens von Eindrücken und des aktiven Ordnens derselben. Hier soll nun die Rede davon sein, daß neue Erkenntnisse über die Hirnfunktion keinen Zweifel daran lassen, daß Wahrnehmung tatsächlich ein Tun ist. Dieses Tun scheint sogar schon die frühe Erfassung sensorischer Reize einzuschließen[5] und ist nicht, wie von Kant angenommen, auf eine höhere Stufe des Verstehens beschränkt. Malewitschs Ideen werden damit aus dem Bereich der Utopie in den des Möglichen gerückt.

Wahrnehmung als konstruktiver Prozeß

Was die Natur der Wahrnehmung angeht, so ist also vor allem wichtig, daß moderne Theorien den Nachdruck auf deren *aktiven* Charakter legen, das heißt, sie verstehen Wahrnehmung als das Ergebnis einer Suche nach bestmöglicher Interpretation von Nervensignalen aus den Sinnesorganen. Diese Renaissance der kantischen Vorstellung von Wahrnehmung als aktivem Prozeß ist jüngsten Datums. Im 19. Jahrhundert haben die «Empfindungsatomisten» den Begriff der Wahrnehmung auf eine passive Übertragung von Empfindungselementen eingeengt und Wahrnehmungsinhalte als Anhäufung solcher Elemente angesehen.[6]

Für Kant[7] hatten die Sinne dagegen nur den Stoff für die Wahrnehmung abgegeben. Erst die Vernunft sollte diesen nach den Kategorien von Raum und Zeit organisieren und so die Vorstellungen zur Deutung der Erfahrung liefern. Kants Lehre hatte zwar Goethe mit seiner *Farbenlehre* und später die Gestaltpsychologen beeinflußt, konnte aber keine nachhaltige Wirkung auf die quantitative Wahrnehmungsforschung ge-

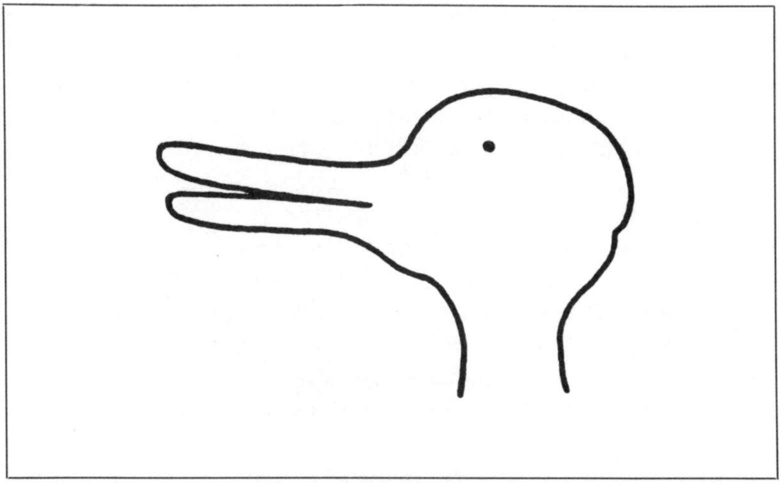

Abb. 1: Jastrows Hasenente.

winnen. Der subjektive Zweig dieser Wissenschaft beschäftigt sich daher bis zum heutigen Tage vorwiegend mit der Messung von Erkennbarkeitsschwellen als den mutmaßlichen Elementen der Wahrnehmung. In gleicher Weise fassen Neurophysiologen funktionale Einheiten im Sehsystem, das heißt sogenannte rezeptive Felder, als vorgegebene und unveränderliche Schablonen für die Erfassung von Objektmerkmalen auf.

In seiner Analyse der maschinellen und menschlichen Mustererkennung weist Watanabe[8] nach, daß es ausgerechnet die Computerwissenschaft ist, welche die Wahrnehmungslehre Kants wieder zu Ansehen kommen läßt. Dies ist gar nicht so verwunderlich, wenn man daran denkt, daß nach Aristoteles die Objekte neben anderen Eigenschaften auch solche haben, die ihre Identität und zugleich ihre Zugehörigkeit zu einer bestimmten Kategorie ausmachen. Das Problem der technischen Mustererkennung besteht nun aber gerade darin, ein Signal einer bestimmten Klasse oder Kategorie zuzuordnen und deshalb kann Wahrnehmung mit Mustererkennung gleichgesetzt werden. Watanabe[9] verdeutlichte dies anhand des Beispiels von Jastrows «Hasenente» (Abb. 1). Sagt einer, «ich sehe dieses Bild», so mag er von einer physikalischen Gegebenheit sprechen. Die Äußerung «ich sehe dieses Bild als Hasen» meint hingegen eine Wahrnehmung.

Ein tieferes Verständnis vom Wahrnehmungsakt als Klassifikationsvorgang gewinnt man durch Betrachtung des Prozesses der automatischen Mustererkennung. Dieser beginnt in der Regel mit der Erfassung einer großen Anzahl von Meßgrößen, wie sie etwa durch die Grauwerte der Bildpunkte in einem gerasterten Bild gegeben sind. Am Ende des Erkennungsvorgangs steht eine einzige binäre Entscheidung im Hinblick auf die Zugehörigkeit des Musters zu einer vorgegebenen Klasse. In krassem Gegensatz zu den Anforderungen an die passive Signalübermittlung (z. B. Fotografie) ist also die *aktive Verminderung* von Information Voraussetzung für die Leistung der Mustererkennung. Man erreicht sie in der Regel dadurch, daß man für die zu klassifizierenden Objekte eine symbolische Beschreibung benutzt, die 1. einfacher als die ursprüngliche und 2. für alle Objekte anwendbar ist. In diesem Zusammenhang sei an den verwandten Begriff der «Projektion» erinnert, der eine wichtige Rolle in dem Beitrag von Hans-Peter Dürr (siehe S. 28ff.) spielt.

Die Aufgabe der Mustererkennung läßt sich an einem Beispiel von Thomas S. Kuhn[10] verdeutlichen, in dem «Klein-Hänschen» im Zoo das Erkennen von Wasservögeln als Enten, Gänse oder Schwäne erlernen soll. Der Vater wird dabei seinem Sohn mit dem Hinweis zu Hilfe kommen, daß er die Tiere gar nicht in allen Einzelheiten zu mustern brauche. Es würde schon ausreichen, nur auf die Länge der Hälse und deren Krümmung zu achten. Mit jedem gezeigten und als Ente, Gans oder Schwan bezeichneten Tier wird es Hänschen besser verstehen, dieses auf einer vorgestellten Landkarte mit den Koordinaten von Länge und Krümmung zu plazieren und damit intern eine symbolische Darstellung aufzubauen. Auf dieser Karte werden sich nach und nach drei getrennte Gruppen von Tieren herausbilden, wobei jeweils der durchschnittliche Vertreter dieser Gruppen als Prototyp oder «Paradigma» zu betrachten ist. Nach Abschluß der Lernphase wird Hänschen die Erkennungsleistung dadurch vollbringen können, daß er einen neu auftauchenden Vogel mit jedem der drei Prototypen vergleicht. Zuordnen wird er ihn dann der Klasse, deren Prototyp er am ähnlichsten ist. Die Fähigkeit, ein Objekt als Ente, Gans oder Schwan wahrnehmen zu können, beruht somit auf der (aktiven) Konstruktion der Prototypen, die in der Sprache der Signalverarbeitung auch als adaptive Filter bezeichnet werden können.

Revolutionäre Änderung wissenschaftlicher Weltbilder

Das auf den Wissenschaftshistoriker Thomas S. Kuhn zurückgehende Beispiel dient hier nicht nur der Anschaulichkeit. Wissenschaft wurde ebenso für eine Ansammlung von Regeln und Theorien gehalten wie Wahrnehmung für eine solche von Empfindungen und Vorstellungen. In seinem berühmten Buch *The Structure of Scientific Revolutions*[11] wandte Kuhn sich gegen diese Ansicht. So übt sich nach seiner Meinung der Student der Physik an der Bewegungsgleichung des mechanischen Pendels nicht um ein Gesetz zu erlernen, sondern um das Prinzip der harmonischen Schwingung als «beispielhafte Lösung» zu erfassen. Nach Maßgabe dieses Paradigmas wird er dann auch komplexe Sachverhalte der Quantenmechanik als das Ergebnis einer Überlagerung harmonischer Schwingungen erkennen können.

Es ist somit verständlich, daß Kuhn den wissenschaftlichen Fortschritt als das Ergebnis von revolutionsartigen Paradigmenwechseln sah. Infolge einer derartigen Umwälzung können Wissenschaftler Dinge als völlig verschieden ansehen, die zuvor als gleichartig galten. Eines von Kuhns Beispielen hierfür war das Verhältnis von Sonne und Mond vor und nach Kopernikus. In diesem Sinne sind also wissenschaftliche Weltbilder in gleicher Weise Konstrukte der Vernunft, wie wir das zuvor von Wahrnehmungsinhalten gehört haben. Kuhn merkt dazu an: «Gerade als elementare Prototypen für diese Verwandlungen der Welt der Wissenschaft sind die bekannten Beispiele mehrdeutiger Bilder so eindrucksvoll. Was vor der Revolution Enten in der Welt der Wissenschaft waren, sind Hasen danach.»[12]

Visuelle Repräsentationen im Gehirn

Die Ansicht, daß das Zentralnervensystem Information in Form symbolischer Darstellungen verarbeitet, ist seit langem verbreitet. Alle Versuche, einen «Gehirnkode» im informationstheoretischen Sinne zu bestimmen, sind jedoch fehlgeschlagen. Wir müssen uns aber klarmachen, daß symbolische Darstellungen durchaus nicht die Form eines Kodes haben müssen, wenn sie nur einfacher als die ursprüngliche Darstellung der Objekte und mit den letzteren assoziierbar sind. Für unser Thema ergibt sich daraus die Frage, welcher Art die visuelle Repräsentation der Welt im Gehirn ist.

Die wichtigste Antwort, welche die Forschung hierauf bereithält, ist der Befund, daß die Lokalisation neuronaler Antworten im Gehirn mit einer hochgradigen funktionellen Spezifizität verbunden ist. Es gibt hier zunächst die Spezialisierung von Hirnarealen, auf welche die wichtigsten Sinnesmodalitäten (Sehen, Hören, Körpergefühl) projizieren, und weiter eine solche für verschiedene Formen des Handelns (z. B. Sprache und motorische Funktionen). Innerhalb der Sinnessysteme konnten wiederum eine ganze Reihe von Unterbereichen der Hirnrinde identifiziert werden, die Repräsentationen für unterschiedliche Zwecke enthalten. Derzeit sind nicht weniger als 7 somatosensorische, 4 auditorische und mindestens 12 visuelle Areale bekannt, und dazu kommen weitere Repräsentationen in tieferen Hirnstrukturen. Was die visuelle Informationsverarbeitung angeht, so gibt es Repräsentationen für Konturen, Bewegung und Farbe und solche, die weitergehende Abstraktionen und Synthesen enthalten.

Die funktionellen Unterschiede zwischen diesen sogenannten Hirnkarten sind das Ergebnis von aufeinanderfolgenden Divergenzen und Konvergenzen innerhalb von und zwischen Nervenbahnen im Gehirn. Der tiefere Grund für die Ausbildung dieser Karten war bis vor kurzem rätselhaft. In jüngster Zeit mehren sich jedoch die Hinweise darauf, daß Prozesse der Selbstorganisation im Gehirn ebenso wie in einfachen physikalischen Systemen zur Ausbildung räumlich geordneter Karten für besondere Objektmerkmale führen. Es gibt nun keinerlei Grund für die Annahme, daß diese verteilten Elemente der internen visuellen Repräsentation irgendwohin konvergierten, damit ein lokalisiertes Korrelat der Wahrnehmung hervorgebracht werde. Wir müssen vielmehr annehmen, daß unsere einheitlichen *Weltanschauungen* in den dynamischen Aktivitätsmustern verkörpert sind, die sich in dem kompletten Netzwerk der gekoppelten Hirnareale herausbilden.

Das meiste, was wir über diesen Sachverhalt wissen, verdanken wir der neuroanatomischen Forschung. Es gibt aber auch klinische Beobachtungen, die uns lehren, daß die Integration und Synchronisation der Information aus verschiedenen visuellen Arealen nicht immer gelingt. Fieber, Drogen, Migräne oder Hirnverletzungen können bizarre Symptome wie das Aufbrechen, das teilweise Verblassen oder auch die Verdopplung von Konturen verursachen. Weiter kann es zu sprunghaften Bewegungen einzelner Sehobjekte kommen sowie zur kurzzeitigen Inversion von Teilen der Sehwelt, und sogar zur Dissoziation von Farbe und Form. Einen auch literarisch bemerkenswerten Bericht über drogenbedingte Veränderungen der Wahrnehmung haben wir schließlich in Aldous Huxleys Buch *Die Pforten der Wahrnehmung*.[13]

Wenn also Malewitsch das schöpferische Element in der Kunst durch Veränderungen in der Wechselwirkung verschiedener Gehirnzentren bedingt sah, so könnte das durchaus mit den Forschungsergebnissen zu den mannigfaltigen visuellen Repräsentationen im Gehirn in Verbindung gebracht werden. Mit anderen Worten, ich vermute, daß die Weltbilder der Kunst im Hinblick auf die Dimensionen der zerebralen Darstellung von Bildinformation gesehen werden können, wobei verschiedene Stilrichtungen durch selektive Betonung innerhalb einzelner Repräsentationen und durch die Ausbildung bevorzugter Kombinationen zwischen solchen Repräsentationen ausgezeichnet sind. Die Tragfähigkeit dieser Hypothese soll nun anhand einiger Erfahrungen zur visuellen Verarbeitung in der primären Sehrinde des Gehirns überprüft werden.

Frühe visuelle Repräsentationen

Die erste sensorische Transformation optischer Information geschieht durch das zweidimensionale Rezeptormosaik der Netzhaut, wobei aber noch innerhalb dieses Nervennetzwerkes die neuronalen Signale weiteren Umformungen unterworfen werden. Als Resultat der hemmenden Verknüpfungen zwischen Nervenzellen kommt es zu einem Antagonismus zwischen dem Signal von einer gegebenen Rezeptorzelle und den Signalen von benachbarten Zellen und damit zur Ausbildung sogenannter rezeptiver Felder. Die Struktur der letzteren bestimmt die Art von Information, für die eine gegebene Nervenzelle selektiv empfindlich ist. Dabei kann es sich um lokale Aufhellungen oder Verdunklungen, spezielle Texturarten oder Kontursegmente handeln. Die rezeptiven Felder bekommen damit die Funktion von Filtermechanismen für visuelle Information.

Durch das Zusammenfassen der Signale von rezeptiven Feldern einer bestimmten Größenordnung erhält man die Art von Bilddarstellung, welche in Abb. 2 zu sehen ist. Das Originalbild befindet sich oben links. Die übrigen Bilder sind mit Hilfe eines Digitalrechners gefiltert worden, wobei die Wirkung von unterschiedlich großen rezeptiven Feldern durch sogenannte Faltungsoperationen simuliert wurde. Je größer diese rezeptiven Felder sind, desto geringer ist die örtliche Auflösung und entsprechend gröber sind die wiedergegebenen Bilddetails. Das Bild in Abb. 2 oben rechts weist somit nur bereichsartige Information auf, während das Bild unten rechts Konturen wiedergibt.

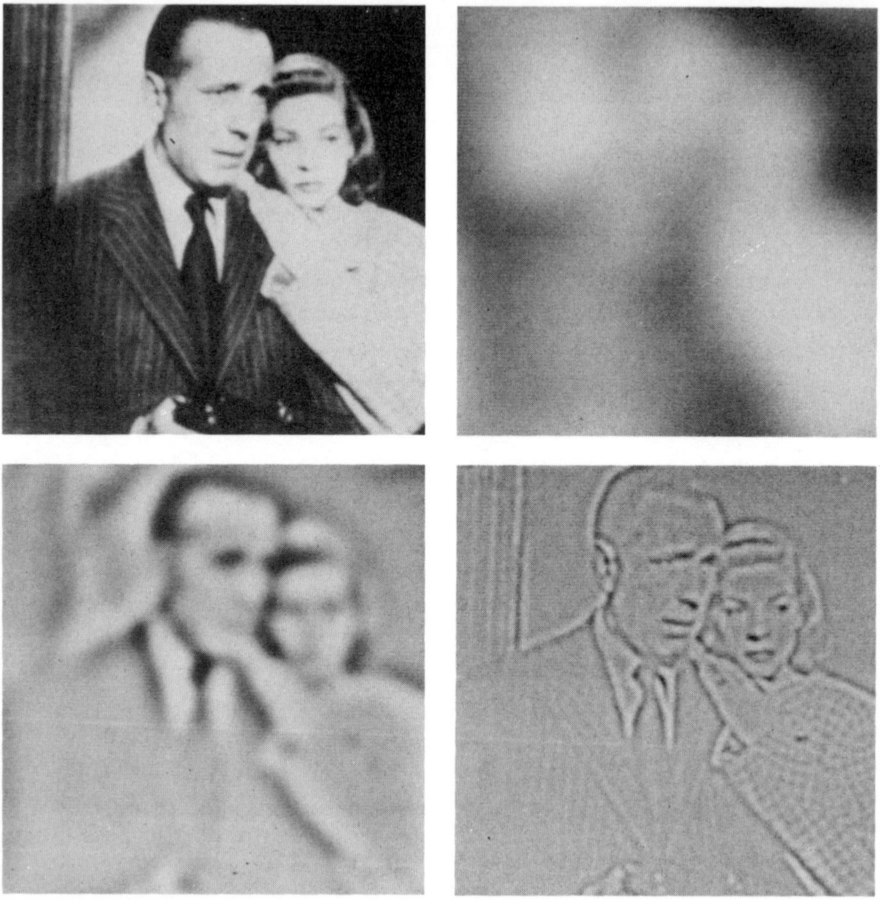

Abb. 2: Originalszene und drei Bandpass-Filterauszüge dieses Bildes.[28]

Unser Eingriff in das Originalbild hat sich wohlgemerkt zunächst im Objektbereich abgespielt. Wir wissen jedoch, daß auch visuelle Nervennetze solche Filteroperationen vollbringen können. Der englische Physiologe Fergus Campbell[14] hat denn auch die Vermutung geäußert, wir könnten die Filterprodukte direkt wahrnehmen, wenn wir nur die Aufmerksamkeit entsprechend ausrichteten. Das erschien zunächst plausibel, denn man kann etwa auf einer Party wahlweise die Stoffqualität eines Kleides oder mehr die Gestalt seiner Trägerin bewundern. Für Campbells Vorstellungen sprach auch noch die Entdeckung von Substrukturen in der Sehrinde, die nur auf einen beschränkten Bereich visueller Detailgrößen ansprechen.

Was die bildliche Darstellung in der Kunst angeht, so befände sich das Filterkonzept nach Campbell zunächst in Einklang mit der Tatsache, daß die Maler der Sieneser Schule weit mehr feine Bilddetails wiedergegeben haben, als dies bei dem *sfumato* eines Leonardo da Vinci oder Raphael der Fall ist. Dies ist sicher nicht einer Fehlsichtigkeit der Renaissancekünstler zuzuschreiben, wie Trevor-Roper[15] meinte, sondern die Veränderung dürfte ihre Ursache in einer Verlagerung des Interesses von ornamentalen Einzelheiten hin zur Ganzheit der körperlichen Erscheinung haben.

Unsere Kollegen Terry Caelli und William Kelly[16] konnten mit Hilfe des einfachen Filterkonzepts weiter zeigen, daß die Stilrichtungen der Renaissance, des Impressionismus, des Kubismus und des Surrealismus am Texturgehalt, am Pinselstrich, an den Qualitäten von Hell und Dunkel sowie auch an der Struktur von Formen und Konturen unabhängig vom dargestellten Gegenstand erkannt werden können. Dieses Ergebnis erhielten sie aufgrund von Experimenten, in denen kunstgeschichtlich unbelastete Schüler und angehende Studenten der Universität Newcastle in Australien einen Stapel durcheinandergemischter Schwarzweißreproduktionen von Gemälden der genannten Schulen hinsichtlich der Ähnlichkeit der Darstellung in Gruppen ordnen mußten. Das jeweilige Ergebnis der Gruppierungsexperimente konnte mit hoher Zuverlässigkeit aus den Leistungsspektren der Abbildungen – das heißt mittels eines mathematischen Maßes für die Größen- und Orientierungsverteilung der Bilddetails – vorausgesagt werden.

Der inzwischen verstorbene David Marr hat dann aber gegen die Campbellschen Vorstellungen eingewandt, daß sie die Erkennbarkeit von Objekten nicht zu erklären vermögen, welche teilweise durch andere Strukturen verdeckt sind. Ein Beispiel dafür wäre eine menschliche Gestalt hinter einem Drahtzaun. Dieses Problem läßt sich nach Marr dadurch lösen, daß nicht einzelne Filterprodukte für die primäre visuelle Repräsentation herangezogen werden, sondern paarweise Kombinationen solcher Filterprodukte.[17] Er bezog sich dabei implizit auf die Erkenntnis des Physikers Ernst Mach[18], nach der die Lage einer Kontur in einer Verteilung von Lichtintensitäten durch die Nullstellen von deren zweiter Ableitung (Laplace-Operator) bestimmt wird. Für Marr war nun entscheidend, daß die Lage dieser Nullstellen in jedem Filterauszug der ursprünglichen Leuchtdichteverteilung dieselbe sein muß. Er konnte deshalb die Koinzidenz entsprechender Nullstellen (engl. *zero-cros-*

sings) zum Kriterium dafür machen, daß diese von ein- und demselben physikalischen Objekt herrühren.

Wir betrachten deshalb im folgenden das Resultat der paarweisen Kombination von Filterauszügen aus einer ursprünglichen Bildverteilung, legen dem Verfahren jedoch eine allgemeinere Klasse von Filteroperationen zugrunde. Mit anderen Worten, wir beschränken uns nicht, wie Marr das getan hat, auf lineare Filterfunktionen, sondern wir führen zusätzlich auch nichtlineare Eingriffe durch. Diese bestehen im wesentlichen aus Schwellenoperationen im Grauwerthistogramm der Bilder, deren Wirkung mit der Bildwiedergabe durch Fotopapier mit harter Gradation verglichen werden kann. Auch diese Operationen sind biologisch plausibel.

Zunächst sind die Bilder in Abb. 3 aus den Filterprodukten in der unteren Reihe der Abb. 2 dadurch erzeugt worden, daß die Orte ermittelt wurden, an denen die Grauwertverteilungen von dunkel nach hell wechseln oder, mit anderen Worten, die Nullstellen im Leuchtdichteprofil. Durch Ausfüllen der so entstandenen Konturen mit entweder dem niedrigsten («schwarz») oder dem höchsten Grauwert («weiß») entstanden dann die Bilder in der oberen Reihe von Abb. 4. Das Ergebnis von deren Kombination ist das Bild unten links in Abb. 4. Durch Verwendung einer etwas anderen Filtereinstellung für die Bildkomponente mit feinen Details ergab sich schließlich das Bild unten rechts in Abb. 4, das im Vergleich zu den holz- oder linolschnittartigen anderen Bildern eher eine Skizze der Vorlage darstellt.

Dasselbe Verfahren wandten wir dann auf den Ausschnitt einer Fotografie der Kathedrale von Rouen an (Abb. 5). Davon erzeugten wir zwei Filterprodukte (Abb. 6, oben), von denen wir im einen nur die dunklen und im anderen nur die hellen Bildanteile erhalten haben (Abb. 6, unten). Auch diese zusätzlichen Filteroperationen können von neuronalen Netzwerken auf einfache Weise vollbracht werden. Durch Kombination der resultierenden Bilder entstand schließlich Bild 7 links, dessen Vergleich mit Claude Monets Version *Temps Gris* des Portals der Kathedrale von Rouen (Abb. 7 rechts) aufschlußreich ist.

Mit der in Abb. 7 rechts gezeigten Bilddarstellung hat es jedoch nichts besonderes auf sich, denn wir können eine beliebig große Kollektion von Kombinationsbildern erzeugen, die mit weiteren Darstellungen Monets in der Serie von insgesamt 14 Versionen der Kathedrale von Rouen zu vergleichen sind. Vier Beispiele dafür sind in der Abb. 8 zu sehen, und Abb. 9 enthält schließlich noch eine synthetische Skizze, die ebenfalls aus der Fotografie der Kathedrale von Rouen entstanden ist.

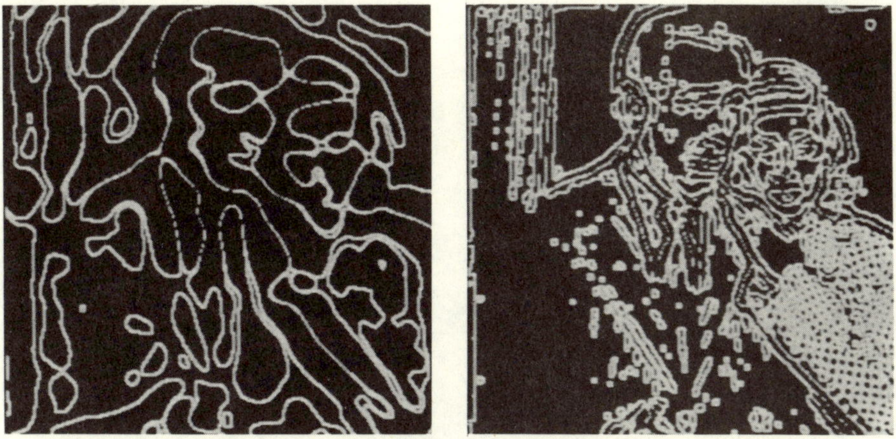

Abb. 3: Nullstellen im Leuchtdichteprofil der beiden bandpass-gefilterten Bilder in der unteren Reihe von Abb. 2.

Auflösung der Bildstruktur

Typisch für die Stilrichtung des Kubismus ist die Lockerung oder gar das Zerbrechen der Objektstruktur. Eine Möglichkeit, ähnliche Effekte zu erzeugen, besteht für die digitale Bildverarbeitung in der Verwendung von Filtern, die ausschließlich Bildkomponenten einer bestimmten Orientierung im Gesichtsfeld – also etwa vertikale, horizontale oder schräge – erfassen. Entsprechende Filterprozesse sind typisch für die erste visuelle Verarbeitungsstufe in der Hirnrinde, wie wir durch die Untersuchungen der Physiologen David Hubel und Torsten Wiesel[19] wissen.

Näher an das Vorbild der Kubisten kommen aber die Produkte von Filteroperationen heran, deren Eigenschaften sich mit der Lage im Bild verändern. Solche Operationen dürften für das Gehirn mit seiner modular geordneten funktionalen Feinstruktur geradezu naturgegeben sein, mit seriell arbeitenden Rechnern sind sie jedoch nicht leicht zu simulieren. Wir beschränken uns deshalb hier auf einen Hinweis auf die «kubistischen Grazien», die der Kunsthistoriker Sir Ernst Gombrich[20] mit Hilfe eines einfachen «optischen Parallelrechners», das heißt mittels Abbildung durch ein Stück Kathedralglas, aus einem zuvor eher kitschigen Gemälde der französischen Art Nouveau hergestellt hat.

Wir kommen nun aber auf die Vermutung zurück, daß die Weltbilder der Kunst durch Verschiebung der Aufmerksamkeit innerhalb der Di-

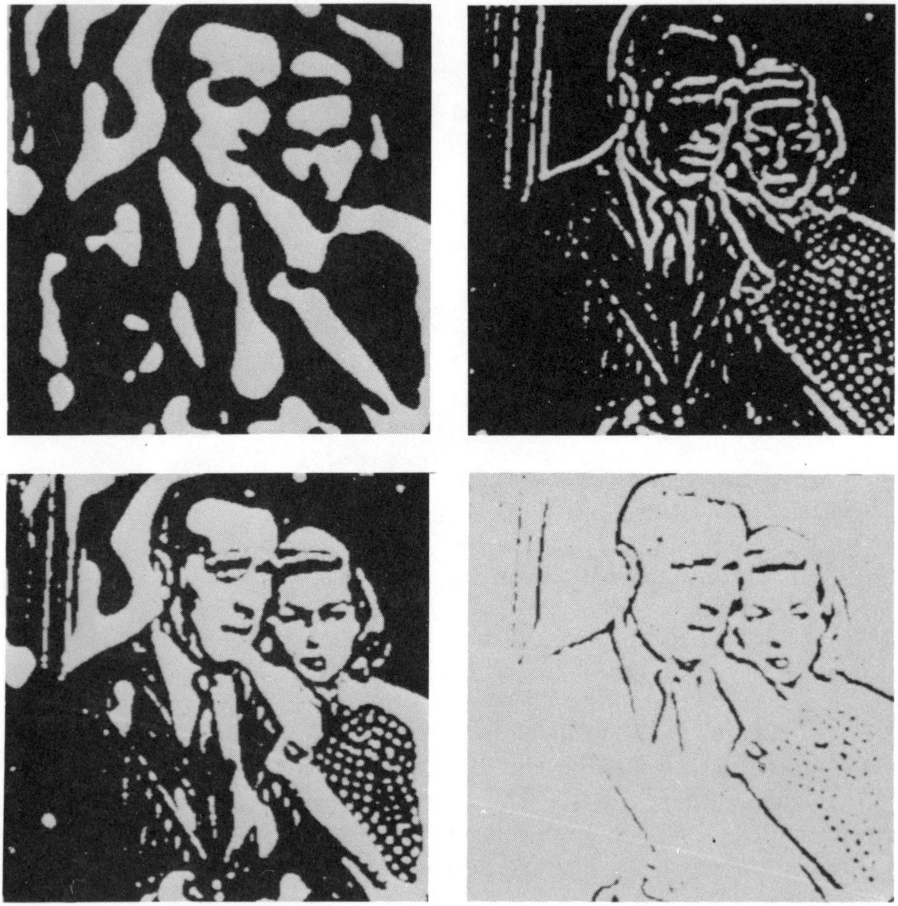

Abb. 4: Kombination der Bildinformation, die in verschiedenen Ortsfrequenzbändern enthalten ist. Oben: Schwarzweißkolorierung der beiden Bilder aus Abb. 3. Unten links: Kombination der beiden Bilder in der oberen Reihe. Unten rechts: Ebenfalls Kombination der beiden Bilder, wobei in diesem Fall etwas verschiedene Parameter für das Bild mit den feineren Details gewählt wurden.

mensionen der internen visuellen Repräsentation gekennzeichnet werden können. Damit soll nicht gesagt sein, daß der Künstler, wenn er seine technischen Fähigkeiten entsprechend ausgebildet hat, stets eine bestimmte Art der Darstellung benutzen muß. Dem dynamischen Charakter der zentralnervösen Informationsverarbeitung angemessener erscheint die Annahme, daß der Maler sein «Zoom-Objekt» schöpferisch

Abb. 5: Ansicht der Kathedrale von Rouen (Aufnahme Dr. Giulio Sandini).

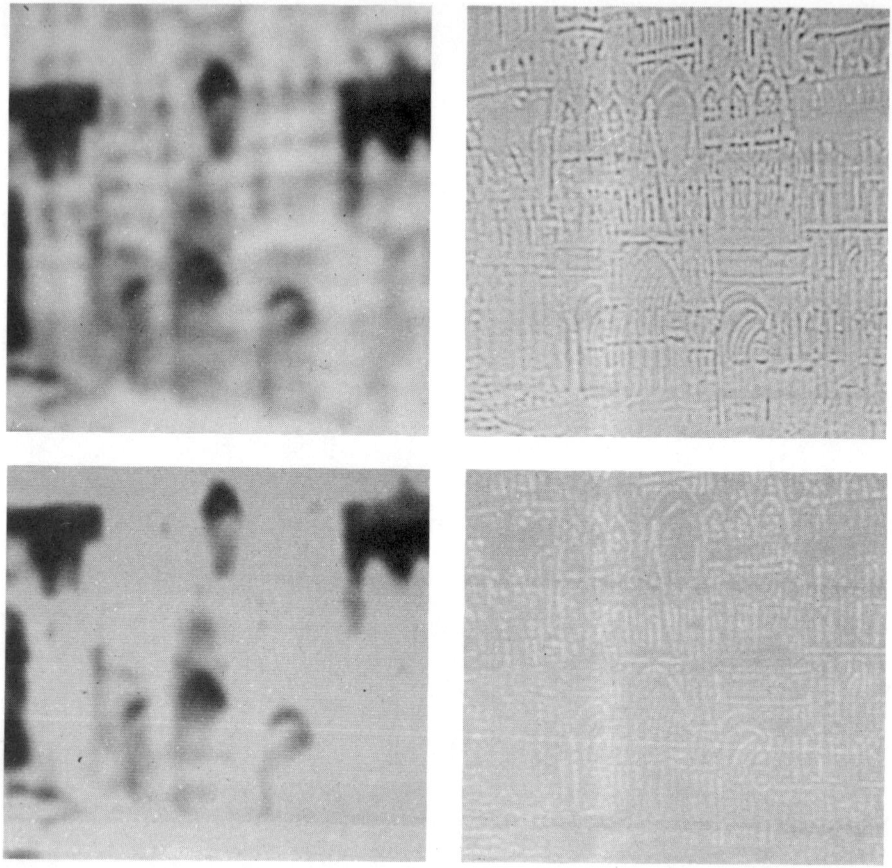

Abb. 6: Simulation eines impressionistischen Gemäldes. Oben: Tief- und hochfrequente Bandpass-Auszüge eines Details der Fotografie der Kathedrale von Rouen (Abb. 5). Unten: Dieselben Bilder, aber nach Entfernung der hellen (links) und dunklen (rechts) Bildkomponenten.

auf verschiedene Formen der Bilddarstellung einstellen kann – gerade so wie ein Biologe verschiedene Gewebeschichten nacheinander durch Veränderung der Fokuslage seines Mikroskops inspizieren kann.

Abb. 7: Simulation eines impressionistischen Gemäldes. Links: Synthetisches Bild, entstanden durch Kombination der beiden Bilder in der unteren Reihe von Abb. 6. Rechts: Schwarzweißreproduktion von Claude Monets Gemälde «La Cathédrale de Rouen. Le portail, temps gris (Harmonie grise)» (Paris, Musée d'Orsay, Aufnahme Dr. Hans Brettel).

Gegenstandslose Kunst

Was die Frage nach der gegenstandslosen Malerei angeht, so sei zunächst daran erinnert, daß bereits der französische Mathematiker und Physiologe Charles Henry eine Korrelation zwischen Bewegungsrichtungen (hinauf, hinunter, nach rechts, nach links) und deren emotionaler Wirkung postuliert hatte. Er hat darüber hinaus eine Untersuchung zu den jeweiligen Rollen von Linie, Tonalität (d. h. Grauwert) und Farbe als Grundelementen der Malerei geliefert. Das wichtigste seiner Ergebnisse war die Erkenntnis, daß diese Elemente unabhängig von ihrer Rolle für die Bilddarstellung eine emotionale Wirkung haben. Der Einfluß Henrys auf die Ästhetik des Neoimpressionisten George Seurat und damit auf dessen Rolle bei der Begründung der Moderne, ist durch Felix Feneon kunstgeschichtlich dokumentiert.[21]

Linie, Tonalität und Farbe spielten wiederum zentrale Rollen in Kandinskys bereits zuvor erwähnter Schrift *Über das Geistige in der Kunst* und in dem *Allgemeinen System der malerischen Gestaltungsmittel*, das Paul Klee[22] in seinen Bauhausvorlesungen 1923/24 begründet hat. Beide

Abb. 8: Vier weitere synthetische Darstellungen der Kathedrale von Rouen, die wie Abb. 7 links durch nichtlineare Eingriffe in Bandpass-Versionen eines Ausschnitts aus Abb. 5 und deren anschließende Kombination entstanden sind.

Künstler teilten jedoch die Ansicht, die auch der Physiologe Charles Sherrington in seinem geradezu poetischen Werk *Man on His Nature* vertreten hat, nämlich: «it is the *mind* whose thinking largely accepts ‹lines› and manufactures them».[23]

Nahezu ein Jahrhundert nach Henrys Untersuchungen änderte sich jedoch die Sachlage in dramatischer Weise. Die bereits erwähnten Neurophysiologen Hubel und Wiesel[19] entdeckten in der Sehrinde von Katzen und Affen Nervenzellen, welche ausschließlich auf linienförmige

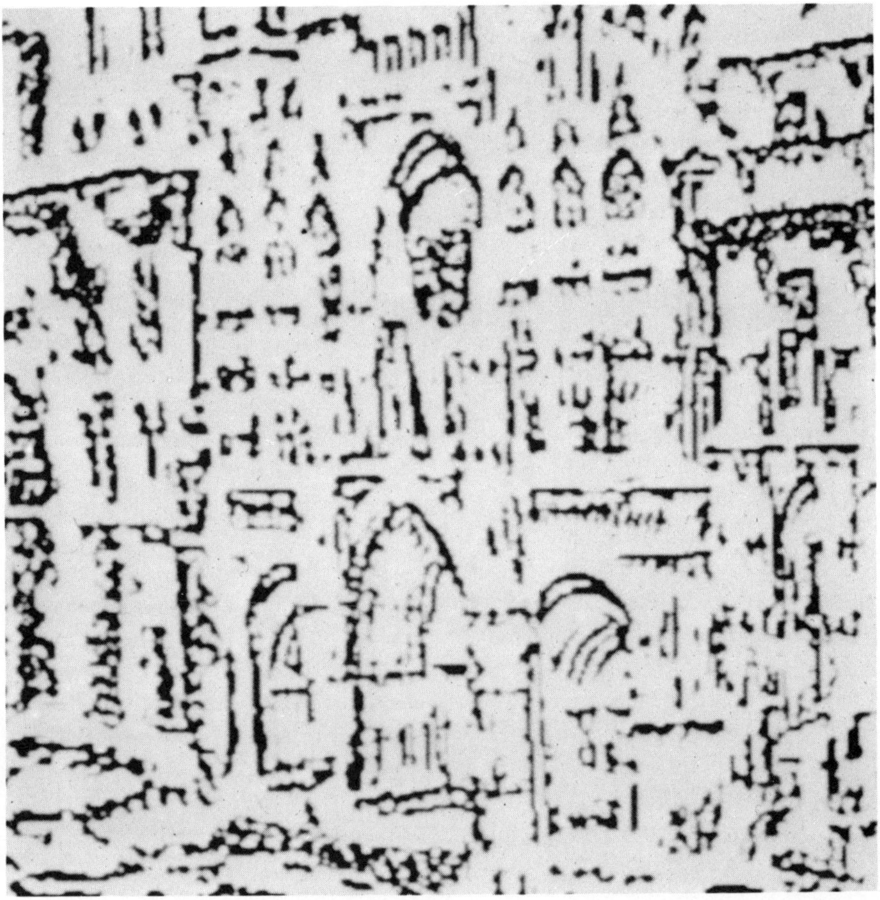

Abb. 9: Skizze der Kathedrale von Rouen. Synthese wie im Fall der Bilder in Abb. 8.

Lichtreize einer bestimmten Orientierung antworten. Die Entdeckungen anderer Forscher erwiesen, daß das Gehirn ebenso mit neuronalen Einheiten für die Konstruktion von Grauton und Farbe ausgestattet ist. Das bedeutet, daß Linie, Ton und Farbe nicht nur die Grundelemente für die Bilddarstellung in der Malerei, sondern auch im Gehirn sind. Dies ist somit ein zusätzlicher Aspekt des vermuteten Zusammenhangs zwischen visueller Informationsverarbeitung und malerischer Darstellungsform.

Zum Schluß kommend, darf ich noch einmal die Hauptthese dieser Betrachtung wiederholen, nach der die Entwicklung des Weltbildes der Kunst mit einer Verschiebung der Aufmerksamkeit innerhalb der visuellen Repräsentation der Sehdinge im Gehirn verbunden ist. Diese These ergibt sich zunächst aus der Erkenntnis, daß die Wahrnehmung nicht durch die physikalische Natur der Sehobjekte determiniert, sondern ein Tun zur Gewinnung vernünftiger, das heißt im Hinblick auf das Handeln optimaler Modelle der Welt ist. Sie wird durch den Befund gestützt, daß die adaptive Natur der Hirnfunktion die Grundlage für dieses Tun ist. Für die genannte These sprechen schließlich auch verschiedene Parallelen zwischen kunsthistorischen Entwicklungen und den Ergebnissen von Rechnersimulationen zur visuellen Informationsverarbeitung.

Auch wenn unsere Vermutung zutreffend sein sollte, so bleibt zu fragen, welche Umstände die ästhetische Präferenz im Hinblick auf verschiedene Darstellungsformen der Kunst bestimmen. Die Theorie des Symbolismus von Ernest Jones[24] legt nahe, daß es hier keine eindeutige Antwort gibt. Auf der einen Seite verlangt die Entwicklung des menschlichen Geistes, daß komplexere Ideen oder Symbole an die Stelle einfacherer treten. Auf der anderen Seite sucht der menschliche Geist fortwährend gegebene Symbol- oder Darstellungsformen als bloße Aspekte der Wahrheit zu entlarven, und daher rührt möglicherweise der Rang, der dem Einfachen im Bereich des Gedanklichen und der Ästhetik zukommt. Vielleicht erklärt dieser Widerspruch, warum sowohl die Entwicklung der Kunst von prähistorischen Zeiten bis zur klassischen Periode, als auch die Entwicklung künstlerischer Fähigkeiten von der frühen Kindheit bis hin zur Meisterschaft mit Strichzeichnungen beginnen und zur «realistischen» Darstellung führen. Ist diese aber erreicht, so wird sie auch schon als «Reproduktion» denunziert und die Suche nach der Abstraktion, dem Einfacheren hebt an.

Schon aus diesen Andeutungen wird deutlich, daß es ein Irrtum wäre, den Zusammenhang von biologischer Wirklichkeit und ästhetischem Urteil für determiniert zu halten. Ich meine vielmehr, daß die Frage nach der Hirnfunktion uns die außerordentlich große Zahl von Freiheitsgraden zu Bewußtsein zu bringen vermag, auf die vor allem unser Sehorgan angelegt ist. Wir sehen uns damit auf Kants Genietheorie zurückverwiesen, nach der das Kunstschöne die menschlichen Vermögen des Verstandes und der Einbildungskraft zu aktivieren und in ein für die Erkenntnis notwendiges Zusammenspiel zu bringen vermag.[25] Ästhetik erweist sich aber auch gerade aus der Perspektive der Neurobiologie als eine Sache der *Erziehung*, denn es sind Lernprozesse, welche die Gewichte bestimmen, mit der die Dimensionen der Wirklichkeit zum Weltbild des Menschen beitragen. Erziehung zur Kunst kann so durchaus wieder im Sinne Schillers als «Einübung in Freiheit» aufgefaßt werden – wenn auch nicht zu «wirklichkeitsüberfliegender Freiheit»[26] von der Natur, wie es Wolfgang Iser in seiner Kritik des Kunstbegriffs des deutschen Idealismus ausgedrückt hat, sondern zum eigenverantwortlichen Wirken in der Natur.

Für den Betrachter des Kunstwerks bedeutet dies die Mitverantwortung am schöpferischen Akt – ein Sachverhalt, der an die Verbindung des Beobachters und der beobachteten Welt in der Quantenphysik erinnert. Wenn dort der Physiker Fritz Rohrlich den Schluß zieht, «daß sich die Natur durch den Menschen selbst beobachten kann»[27], so darf ich mit dem abgewandelten Gedanken schließen, daß der Mensch durch die Kunst die Erscheinungsformen der Wirklichkeit in seinem Gehirn erschauen kann.

Anmerkungen

1 Adorno, Theodor W., *Ästhetische Theorie*, hrsg. von Gretel Adorno und Rolf Tiedemann, Frankfurt a. M. 1973

2 Helmholtz, Hermann von, «Über die physiologischen Ursachen der musikalischen Harmonie» (Vorlesung, gehalten in Bonn 1857), in: *Vorträge und Reden*, Braunschweig ^{5}1903, S. 119–155.

3 Kandinsky, Wassily, *Über das Geistige in der Kunst*, Bern ^{10}o. J.

4 Malewitsch, Kasimir, *Die gegenstandslose Welt*, Mainz 1970, S. 28f.

5 Caelli, Terry/Rentschler, Ingo/Scheidler W., «Visual Pattern Recognition in Humans. I. Evidence for Adaptive Filtering», in: *Biol. Cybern. 57*, 1988, S. 233–240.

6 Wertheimer, Max, «The Problem of Perceptual Structure», in: Carterette, E. C./ Friedman, M. P. (Hrsg.), *Handbook of Perception. Historical and Philosophical Roots of Perception*, Bd. 1, New York 1974, S. 75–91.

7 Kant, Immanuel, *Die Kritik der reinen Vernunft*. I. *Transzendentale Elementarlehre*, Hamburg 1956.

8 Watanabe, Shigeo, *Pattern Recognition. Human and Mechanical*, New York 1985.

9 A. a. O., S. 3.

10 Kuhn, Thomas S., «Second Thoughts on Paradigms», in: Suppe, F. (Hrsg.), *The Structure of Scientifique Theories*, Urbana 1974, S. 459–482.

11 Kuhn, Thomas S., *The Structure of Scientific Revolutions*, Chicago ^{2}1970 (dt. *Die Struktur wissenschaftlicher Revolutionen*, Frankfurt a. M. 1973).

12 A. a. O., S. 111.

13 Huxley, Aldous, *Die Pforten der Wahrnehmung*, München 1970.

14 Campbell, Fergus W., «The Physics of Visual Perception», in: *Phil. Trans. R. Soc. Lond.* B 290, 1980, S. 5–9.
15 Trevor-Roper, P., *The world through blunted sight*, London 1970.
16 Caelli, Terry/Kelly, William, *That Determines an Artist's Uniqueness – and to Whom? A Conjecture*. Unveröffentl. Ms. aus dem Jahre 1983.
17 Marr, David, *Vision*, San Francisco 1982.
18 Mach, Ernst, *Die Analyse der Empfindungen und das Verhältnis des Physischen zum Psychischen*, Jena [6]1922.
19 Hubel, David H./Wiesel, Thorsten N., «Receptive Fields, Binocular Interaction and Functional Architecture in the Cat's Visual Cortex», in: *J. Physiol.* 160, London 1962, S. 106–154.
20 Gombrich, Ernst H., «Psychoanalysis and the History of Art», in: *Meditations on a Hobbyhorse*, London [3]1978, S. 30–44 und Abb. 18–20.
21 Herbert, R. L., «Die Theorien Seurats und des Neo-Impressionismus», in: Sutter, J. (Hrsg.), *Die Neoimpressionisten*, Berlin 1970, S. 34
22 Klee, Paul, *Unendliche Naturgeschichte*, Basel 1970.
23 Sherrington, Charles S., *Man on His Nature. The Gifford Lectures, Edinburgh 1937–38*, Cambridge 1975, S. 254–255 (Hervorhebung durch I. R.).
24 Jones, Ernest, «The Theory of Symbolism», in: E. J., *Papers on psycho-analysis*, London [5]1948, S. 87–144.
25 Kant, Immanuel, *Kritik der Urteilskraft*. Hamburg 1974, S. 171.
26 Iser, Wolfgang, *Das Literaturverständnis zwischen Geschichte und Zukunft*, Aulavorträge 10, Hochschule St. Gallen 1981.
27 Rohrlich, Fritz, «Facing quantum mechanical reality», in: *Science* 221, 1983, S. 1251–1255.
28 Rentschler, Ingo/Caelli, Terry/Maffei, L., «Focusing in on art», in: Rentschler, I./Herzberger, B./Epstein, D. (Hrsg.), *Beauty and the brain. Biological aspects of aesthetics*, Basel 1988, S. 181–216.
Ebenso wie alle anderen Abbildungen in diesem Beitrag reproduziert mit freundlicher Genehmigung der Birkhäuser-Verlag AG, Basel, aus Rentschler u. a.; Copyright des Bogart-Bacall-Bildes AGI SYDNEY.

III
Natur, Ökologie, Ökonomie

Carolyn Merchant

Entwurf einer ökologischen Ethik

In meinem heutigen Vortrag beschäftige ich mich mit dem Entwurf einer ökologischen Ethik, der ich jedoch zunächst zwei andere Formen von Umweltethik gegenüberstellen möchte, die für die Welt von heute ebenso wichtig sind: die egozentrische und die homozentrische Ethik.

Eine egozentrische Ethik basiert auf dem Ich. Sie entstand im 17. Jahrhundert und war verbunden mit der mechanistischen Weltanschauung der naturwissenschaftlichen Revolution, dem Aufstieg der kapitalistischen Kultur und dem Liberalismus. Die egozentrische Ethik hat ihr Fundament im Individuum und vertritt das Eigeninteresse jedes vernünftig Handelnden. Was für jede einzelne Person oder jedes Individuum gut ist, das wird letzten Endes auch der Gesellschaft insgesamt zugute kommen. Diese Ethik entspricht der Idee einer liberalen, demokratischen Gesellschaft und dem Laissez-faire-Kapitalismus.

Die egozentrische Ethik läßt sich auch auf eine religiöse Formel bringen, die der protestantischen Ethik entspricht. Jedes Individuum kann sein eigenes Heil durch gute Werke innerhalb der Gesellschaft fördern. In bezug auf die Umwelt war das auch mit der jüdisch-christlichen Ethik vereinbar, wie der Philosoph und Historiker Lynn White jr. in seinem Buch *Historical Roots of the Biological Crisis* (1967) hervorgehoben hat. Die Bibel, vor allem die Anweisung Gottes in der Schöpfungsgeschichte: «Seid fruchtbar und mehret euch und füllet die Erde und machet sie euch untertan», bietet eine Rechtfertigung für die Beherrschung der Natur, die der Mensch sich nutzbar macht, und für die Besiedlung des amerikanischen Kontinents. Als sie das Gebiet von Neuengland besiedelten, haben die Puritaner die Schöpfungsgeschichte und ähnliche Bibelstellen als göttliches Mandat betrachtet.

Im 17. Jahrhundert findet sich die Idee einer egozentrischen Ethik in der Philosophie von Thomas Hobbes. In seinem 1651 erschienenen Werk *Leviathan* stellt er die These auf, die Menschen seien von Natur aus Konkurrenten, von Grund auf unfreundlich und gewalttätig. Im Naturzustand habe jedermann das gleiche Recht auf alles, denn die Natur habe allen alles gegeben. Jeder konkurriere mit jedem anderen um dieselben natürlichen Ressourcen, statt sie mit den anderen zu teilen, wie es in früheren Gesellschaftsmodellen der Fall war. Obwohl jede Person von jedem Ding in der Natur sagen könne, das gehört mir, könne sie ihren Besitzanspruch nicht wirklich nutzen, weil der Nachbar dasselbe Recht und dieselbe Macht habe zu behaupten, dieses Ding gehöre ihm. In diesem hypothetischen Naturzustand konkurriere jede Person entsprechend ihrem Eigeninteresse mit allen anderen. Deshalb könnten auch nicht alle am gemeinsamen Gut teilhaben; sie müßten vielmehr darum kämpfen.

Ein geläufiges Beispiel für die egozentrische Ethik hat der Philosoph und Ökologe Garrett Hardin in seiner *Tragedy of the Commons* geschildert: Wer nicht mit anderen um natürliche Ressourcen konkurriert, indem er mehr Schafe auf der Gemeindewiese grasen läßt als die Mitbürger, der wird von diesen insgeheim ausgelacht, da die Kosten der Gemeinschaftswiese ja von allen getragen werden. Ganz ähnlich meinte auch Hobbes: Jeder, der «bescheiden und umgänglich ist» und sich mit allem zufrieden gibt, was versprochen wurde, mache sich «zur Beute anderer» und werde ganz gewiß «seinen eigenen Ruin herbeiführen». Das gemeinschaftliche Eigentum sei eher als eine Art Marktplatz oder Schlachtfeld anzusehen, das Gesetz und Ordnung brauche, denn als Garten Eden oder Utopia, wo jedermann die vorhandenen Ressourcen mit jedem anderen teile. Als Mittel gegen das Konkurrenzdenken empfahl Hobbes den Mitgliedern der Gemeinschaft, freiwillig auf das Recht zu verzichten, sich gegenseitig umzubringen, und zwar durch Vereinbarung von Gesetzen und Regeln, mit deren Hilfe die Gesellschaft regiert werden könne. Diese Theorie der allgemeinen Zustimmung, auch «Gesellschaftsvertrag» genannt, war nach Ansicht von Hobbes ein Leviathan oder eine künstliche Anordnung individueller Teile. Diesem Zustand verdanken wir unseren Frieden und unsere Sicherheit.

Die Ideen von Thomas Hobbes bildeten die Grundlage für Hardins Lösung der modernen Tragödie des gemeinsamen Erbes der Menschheit. Ein Hauptproblem der heutigen Welt ist für Hardin die Verschmutzung des globalen Gemeineigentums aller Menschen. Die Luft und die Ozeane sind solche Formen gemeinsamen Gutes. Sie werden von vielen Staaten und Nationen ebenso als natürliche Ressourcen wie als Müllabladeplätze für Abfälle aller Art genutzt. Für Hardin besteht die Lösung dieses Problems im «gegenseitigen Zwang auf der Grundlage gegenseitiger Vereinbarungen». Wie der Souverän bei Hobbes verzichten die Menschen freiwillig auf bestimmte Rechte und Freiheiten, um Sicherheit zu erlangen. Eine Art Verwaltungsrat sollte für die Welt oder ein einzelnes Land alle Entscheidungen über den Schutz der Umwelt treffen.

Die Ideen von Hobbes entsprachen der vorherrschenden Anschauung im 17. Jahrhundert, die Natur sei eine Maschine, bestehend aus einzelnen Atomen, die sich miteinander verbinden, um die Objekte in der Welt um uns herum zu formen. Die mechanistische Weltanschauung als Quelle von Wertvorstellungen trug zur Legitimierung einer Grundidee des Liberalismus bei: Was für jedes Individuum gut ist, wird auch der Gesellschaft insgesamt nützen. Diese mechanistische Weltsicht wurde im 18. und 19. Jahrhundert weiter ausgebaut und ist auch in der heutigen Naturwissenschaft immer noch das Hauptparadigma.

Der Mechanismus des 17. Jahrhunderts beruhte auf fünf verschiedenen Annahmen. Erstens: Materie setzt sich aus einzelnen Atomen zusammen. Zweitens: Das Ganze entspricht der Summe seiner Teile – das Gesetz der Identität in der Mathematik. Eine mathematische Beschreibung erlaubt uns, die Natur vorherzusagen, zu kontrollieren und somit zu beherrschen. Die dritte Annahme: Äußere Ursachen wirken auf tote, unbelebte Teile ein. Für den Philosophen Descartes stammt Bewegung von außerhalb der Weltmaschine. Gott flößt sie ihr im Augenblick der Schöpfung ein, wonach die einzelnen Teile der Materie/Maschine sie aufeinander übertragen. Für den Physiker Isaac Newton verharren Körper im Ruhezustand, oder sie bewegen sich geradlinig, wenn keine äußere Kraft auf sie einwirkt. Die vierte Annahme besagte, Veränderungen seien die Folge der Neuordnung von Teilen. Die fünfte schließlich ist das Konzept des Dualismus: Geist und Körper, Materie und Geist, Natur und menschliche Natur (= Kultur) sind grundsätzlich getrennt.

Die zweite Form von Umweltethik ist die homozentrische oder anthropozentrische Ethik. Sie hat ihr Fundament in der Gesellschaft, mehr im gemeinschaftlichen Guten als im Individuum. Sie beruht auf dem Konzept, das gemeinsame Gute sollte maximiert, gemeinsames Übel reduziert werden. Die homozentrische Ethik wurde von den utilitaristischen Philosophen Jeremy Bentham (1789) und John Stuart Mill (1861) formuliert, deren Ethik auf den menschlichen Gefühlen basierte. Lust ist ein

Gut, Schmerz ein Übel. Daher sollte Lust maximiert, Schmerz minimiert werden. Jeder soll so handeln, daß daraus soziale Gerechtigkeit für alle Menschen entsteht. Man hat also eine Pflicht zu erfüllen, nicht nur zum eigenen Heil, sondern als Verpflichtung gegenüber anderen Menschen, die über die Pflicht gegenüber dem Ich hinausreicht. Diese Ethik kommt auch in einer religiösen Fassung zum Ausdruck. Laut zweitem Teil der Schöpfungsgeschichte und gewissen Aussagen im Neuen Testament sind die Menschen von Gott bestellte Treuhänder für die Natur. Sie sind die Verwalter – der anderen Tiere, alles Lebendigen und Nichtlebendigen. Es ist ein biblischer Auftrag, daß der Mensch sich zum Wohle der Gemeinschaft um die Natur kümmert. Andernfalls würde ihm nicht länger gestattet sein, Verwalter zu sein im Namen Gottes.

Diese utilitaristische Ethik manifestierte sich in den Naturschutzbewegungen Amerikas und Europas im 19. Jahrhundert, vor allem in der progressiven Bewegung unter dem amerikanischen Präsidenten Theodore Roosevelt um die Jahrhundertwende. Sie wurde getragen von Umweltschützern wie Gifford Pinchot, Bernhard Fernow und Karl Schurz, die die deutschen Vorstellungen von Naturschutz, vor allem in der Forstwirtschaft, mit in die Vereinigten Staaten brachten und dort begannen, eine Naturschutzpolitik und -ethik auf der Grundlage des Utilitarismus zu entwickeln: das größte Gut für die größtmögliche Zahl von Menschen über einen möglichst langen Zeitraum hinweg. Politische Maßnahmen zur Erhaltung der Wälder und der Weidegründe in den westlichen Gebieten Amerikas, zur Nutzung der Bodenschätze und der Zuteilung von Wasser sowie zum Bau von Staudämmen wurden von Regierungsbehörden zentral gesteuert, um das gemeinsame Gute zu maximieren und die Ressourcen so lange wie möglich zu konservieren. Was gut ist für die menschliche Gesellschaft, bildet daher die Grundlage für ethische und politische Entscheidungen.

Ein Beispiel für die homozentrische Ethik liefert die Debatte im frühen 20. Jahrhundert über den Staudamm im Hetch Valley im kalifornischen Yosemite National Park. Gifford Pinchot, der San Francisco unterstützte, hatte eine andere Meinung als John Muir und der Sierra Club, wie diese Großstadt mit Wasser versorgt werden konnte. Die ganze Nation nahm an dieser Kontroverse lebhaften Anteil. Schließlich siegte die utilitaristische Ethik von Pinchot über Muirs Naturschutzethik. Pinchot meinte, die Wasserversorgung der Großstadt sei ein größeres Gut für eine größere Zahl von Menschen als die Erhaltung des Tals im Naturzustand, den nur einige wenige Naturliebhaber und Wanderer genießen könnten.

Seither wurde die utilitaristische Ethik um die Tierschutzbewegung erweitert. Das bedeutete die Ausdehnung des von Mill und Bentham aufgestellten Lust-Schmerz-Prinzips auf die Tierwelt. Da Tiere genauso wie der Mensch Lust und Schmerz empfinden, sollten sie nicht in artfremden Behausungen gehalten werden, nicht falsch gefüttert oder grausamen Experimenten unterworfen werden.

Die dritte Form von Ethik ist die ökozentrische. Sie bezieht ihre Wertvorstellungen aus dem Kosmos und wird über das Individuum und die menschliche Gesellschaft hinaus auf die gesamte Umwelt ausgedehnt. Die ökozentrische Ethik basiert auf der ökologischen Naturwissenschaft, einem rationalen Glauben an die Naturwissenschaft und die Gesetze der Ökologie. Die Einheit, Stabilität, Vielfalt und Harmonie des Ökosystems ist die Quelle der wirklichen Werte, wenn Entscheidungen zu treffen sind. Dabei kommt es darauf an, das Gleichgewicht zwischen der Natur und dem Überleben aller lebenden und leblosen Dinge als Komponenten des Ökosystems zu bewahren. Die Menschen sind nur einer von vielen Teilen des Ganzen. Das Überleben der Menschheit ist eine Konsequenz des Überlebens der ganzen globalen Umwelt.

In der ökozentrischen Ethik kommen auch religiöse Anschauungen zum Ausdruck, beruhend auf dem Glauben, daß alle lebenden und leblosen Dinge einen Wert besitzen, weshalb wir eine Verpflichtung gegenüber der Umwelt als Ganzer haben. In den Vereinigten Staaten wurde die ökozentrische Ethik von dem Ökologen Aldo Leopold entwikkelt, und zwar im Schlußkapitel seiner 1949 erschienenen Essaysammlung *A Sand County Almanac*. Seine «Bodenethik» erweiterte die Grenzen der menschlichen Gemeinschaft und bezog «Boden, Wasser, Pflanzen und Tiere oder, kollektiv gesehen, das Land» mit ein. Er argumentierte folgendermaßen: Eine Bodenethik «verändert die Rolle des Menschen und macht ihn vom Eroberer der Ackerbaugemeinschaft zum einfachen Mitglied oder Bürger dieser Gemeinschaft». Seiner Ansicht nach «impliziert die Bodenethik Achtung vor dem Mitmenschen und Achtung vor der Gemeinschaft selbst». Im Zuge ihrer praktischen Ausübung sollten wir bei jeder Handlung genau prüfen und entscheiden, was daran ethisch und ästhetisch richtig ist. Etwas ist in Ordnung, schrieb Leopold, wenn es dazu neigt, «die Integrität, Stabilität und Schönheit der biotischen Gemeinschaft zu bewahren; es ist schlecht, wenn es zu etwas anderem tendiert».

Leopolds Ethik beruhte auf einer Erweiterung von Darwins Abhandlung über die Ursprünge der Moral. Darwin glaubte, schon die frühesten Menschen hätten ein Moralgefühl besessen, das sich aus den sozialen

Instinkten der Menschen in den Stammesgemeinschaften ableitete. Leopolds Bodenethik wurde auch von der Entwicklung der Ökologie zu Beginn des 20. Jahrhunderts beeinflußt. Frederic Clements, der das Konzept der Aufeinanderfolge der Pflanzen formulierte, betrachtete die Gemeinschaft der Pflanzen als lebenden Organismus. Pflanzen und Tiere entwickeln sich gemeinsam in Richtung eines kollektiven, reifen Organismus, etwa so wie ein Kind sich zum Erwachsenen entwickelt. In seinen frühen Schriften betrachtete Leopold den Ackerboden als kollektiven Organismus. Er meinte, die einzelnen Bestandteile unseres Planeten, also der Boden, die Berge, die Atmosphäre usw. ähnelten den Organen eines koordinierten Ganzen mit den Attributen eines lebenden Dinges. Aber weil es so groß ist und weil seine Lebensvorgänge sich über einen evolutionären Zeitraum hinweg so langsam vollziehen, begreifen wir es nicht sofort als Organismus. Nach Ansicht von Leopold sagt uns die Philosophie, daß wir die Erde nicht moralisch ungestraft zerstören können. Die Erde habe als Organismus eine Form und einen Grad von Leben, die wir intuitiv respektieren müssen. Leopolds Bodenethik wurzelt also in der Idee einer Gemeinschaftsökologie, wie sie im 20. Jahrhundert entwickelt wurde.

Diese Bodenethik gründet sich auf eine andere als die mechanistische Weltsicht des 17. Jahrhunderts, nämlich auf eine ganzheitliche (holistische). Die holistische Weltsicht beruht auf fünf Annahmen, die mit der Bodenethik übereinstimmen. Die erste besagt, daß alles mit allem anderen in einer dynamischen Einheit zusammenhängt. Verändert man etwas an einem der Teile, dann ist das Ganze davon betroffen. Dieser Gedanke wurde bereits 1972 von dem Ökologen Barry Commoner in seinem Buch *The Closing Circle* (1972) ausführlicher beschrieben. Weil alles mit allem anderen verknüpft ist, ändern sich die dynamischen Eigenschaften, wenn ein Organismus oder ein lebenswichtiger Teil eines Ökosystems entfernt wird. Das Ökosystem selbst hat dann vielleicht nicht mehr genug Widerstandskraft, diesen Einwirkungen standzuhalten.

Zweitens ist nach Ansicht des Holismus das Ganze mehr als die Summe seiner Teile. Das widerspricht dem Konzept der Identität, wonach das Ganze eines Mechanismus der Summe seiner Teile entspricht. Das Konzept der Synergie, wonach die kombinierte Aktion aller Teile eine größere Wirkung erzielt als die summierten Einzelwirkungen, bestätigt diese zweite Annahme. Wasser hat beispielsweise Eigenschaften, die in seinen Einzelbestandteilen Wasserstoff und Sauerstoff nicht vorhanden sind. Es ist irgendwie mehr als die Summe der Bestandteile, aus denen es sich zusammensetzt.

Die dritte Annahme des Holismus ist das Konzept der Abhängigkeit vom Kontext. Sie steht im Widerspruch zur mechanistischen Vorstellung, bei der die Einzelteile vom Kontext der Umwelt getrennt sind. Abhängigkeit vom jeweiligen Kontext bedeutet, daß jeder einzelne Teil in jedem beliebigen Augenblick seine Bedeutung aus dem Ganzen bezieht. Das Ganze wird als erstes wahrgenommen, bei gleichzeitigem Gewahrwerden einzelner, verborgener Aspekte – als Erkennen des Musters. Das ist das Konzept der *Gestalt* oder der Wahrnehmung des Ganzen als primäre Wahrnehmung. Auf ähnliche Weise gibt es in einem Hologramm keine einzelne Punkt-zu-Punkt-Beziehung zwischen dem Objekt und dem aufgezeichneten Bild. Vielmehr enthält jeder Teil Informationen über das Ganze.

Viertens postuliert der Holismus den Primat des Prozesses gegenüber den Teilen. Prozeß und Veränderung gehen der Aufteilung von Materie in einzelne Teile voraus – das genaue Gegenteil der atomistischen Weltanschauung also. Biologisch-ökologische und gesellschaftliche Systeme sind eher offene statt der geschlossenen Systeme im Mechanismus. Es besteht ein ständiger Austausch von Materie und Energie mit der Umwelt. So beschreibt beispielsweise die klassische Thermodynamik sehr deutlich Situationen von Gleichgewicht und Nahezu-Gleichgewicht, wie etwa in der Dampfmaschine. Es bedarf einer anderen Art von Naturwissenschaft, um vom Gleichgewicht weit entfernte Situationen zu beschreiben, in denen spontan eine neue Ordnung und eine neue Organisation entsteht und nichtlineare mathematische Beziehungen zustande kommen. Diese gleichgewichtsferne Form der Thermodynamik wurde von Ilya Prigogine formuliert und in seinem Buch *Dialog mit der Natur* allgemeinverständlich dargestellt. Jedes lebende Wesen ist eine dissipative Struktur, Ergebnis des ständigen Fließens von Energie durch das System – wie ein Strudel in fließendem Wasser. So wie Wasser durch den Fluß fließt, existiert der Strudel für einen Augenblick aufgrund der Fließkraft des Wassers. Auf ähnliche Weise existieren biologische Organismen nur vorübergehend. Sie sind instabile Entitäten aus sich laufend verändernden Molekülen und einem konstanten Fließen von Nahrungsenergie, die ihnen Form und Struktur bewahrt. Individuen existieren als lokale Störungen im universalen Energiefluß.

Die fünfte Grundannahme der holistischen Weltsicht besagt, daß alle Teile des Kosmos zu einer Einheit verbunden sind. Körper und Geist bilden ein einheitliches Ganzes. Mensch und Natur sind Teile desselben organischen kosmischen Systems, dem ein eigener Wert innewohnt. Materie und Energie sind austauschbar. Das steht im Widerspruch zum

Dualismus der mechanistischen Weltanschauung, die Geist und Körper, Natur und Kultur, Männliches und Weibliches trennt. Diese Idee einer monistischen Einheit wird von David Bohm in seinem Buch *Die implizite Ordnung* ausführlich dargestellt. Im Laufe der Zeit entfaltet sich die universale Energie oder die Holobewegung, um die Welt zu gestalten, die wir wahrnehmen. Die implizite Ordnung in der Holobewegung manifestiert sich als explizite Ordnung oder als die stabilen Elemente unserer Alltagswelt. Der kontinuierliche Energiefluß in der Holobewegung ist implizites Leben. Er ist die Grundlage sowohl der unbelebten Materie wie der Lebenskraft. Jede Region im Raum ist ein Muster, das die Vergangenheit einbezieht und Implikationen für die Zukunft hat. Jedes dieser Muster entfaltet das Ganze auf unterschiedliche Weise, so daß jedes alles andere widerspiegelt.

Bohms Wissenschaft von der Holobewegung erinnert an die Ideen, die Leibniz im 17. Jahrhundert hier in Hannover formulierte. Jede Monade in seiner Kosmologie handelt von innen heraus. Ihr inneres Leben entfaltet sich so, wie ihre Wahrnehmungen sich entfalten. Substanz war Leben, nicht tote Materie, und jede Monade spiegelt auf ihre Weise das ganze Universum wider. Ihr Leben entfaltete sich gleichzeitig mit dem Leben anderer Monaden in prästabilierter Harmonie. Laut Leibniz gibt es im Universum weder Brachliegendes noch Steriles oder Totes; Chaos und Durcheinander existierten nur dem Anschein nach. Selbst das kleinste Materieteilchen beherberge noch eine Welt von Geschöpfen, von Lebewesen, Tieren und Seelen. Und jeder Teil der Materie an sich könne als Garten voller Pflanzen oder als Teich voller Fische gedacht werden.

In jüngster Zeit wurde die ökozentrische Ethik zur Grundlage des Handelns, zur praktischen Ethik. Dafür möchte ich drei Beispiele anführen. Da wäre zuerst die ökofeministische Bewegung. Frauen sehen sich als Bewahrerinnen der Natur und Initiatorinnen der ökologischen Revolution der Zukunft. Die französische Feministin Françoise d'Eaubonne bediente sich 1980 in ihrem Artikel über den neuen französischen Feminismus des Ausdrucks Ökofeminismus, um damit die Aktionen von Frauen zugunsten der Umwelt zu kennzeichnen. Frauen sollten die ökologische Revolution anführen, forderte sie. Der Ökofeminismus manifestiert sich im Wirken von Frauen wie Rachel Carson, die in ihrem 1962 erschienen Buch *Der stumme Frühling* unter anderem gegen die lebensbedrohenden Pestizide zu Felde zog, und der aktiven Feministin Lois Gibbs, die den Versuch unternahm, Kinder vor den toxischen Chemikalien im Gebiet des Love Canal nahe den Niagarafällen zu schützen. Sie mobilisierte eine ganze Gemeinschaft von Frauen, die die verheerende

Wirkung gefährlicher Chemikalien im Baugrund ihrer Häuser auf ihre Kinder und die eigenen Fortpflanzungsorgane erlebt hatten. Ökofeminismus dokumentiert sich auch in der Tätigkeit der Ärztin Helen Caldicott, deren Buch *Nuclear Madness* gegen die von Atombomben ausgelöste Strahlung Stellung bezieht. Dieselbe ökofeministische Haltung bezeugten die Frauen, die in jüngster Vergangenheit jahrelang vor den amerikanischen Raketenbasen von Greenham Common in England kampierten, ferner die Tätigkeit von Petra Kelly und anderen Frauen der deutschen Grünen, die gegen Kernwaffen und nukleare Rüstung als Quelle todbringender Strahlen protestieren. In den Vereinigten Staaten demonstrierten Indianerfrauen gegen die Gefahren radioaktiver Strahlen, die vom Uranbergbau in ihren Reservaten ausgehen. Sie protestierten gegen den Abbau radioaktiven Materials, der Fehlgeburten, Leukämie und andere Krebserkrankungen bei ihren Kindern und Ehemännern verursacht. Ökofeminismus erleben wir auch in Indien, wo Frauen sich auf Bäumen festbinden und damit und mit anderen Methoden verhindern wollen, daß ihre Ehemänner um des Profits willen Bäume fällen, die in den eigenen Gemeinden als Brennholz benötigt werden. Zu dieser Bewegung gehören auch die Frauen in Kenia, die im Rahmen der *Greenbelt*-Initiative in den vergangenen zehn Jahren Tausende von Bäumen gepflanzt haben, um dem ausgedörrten Boden im dürren Ostafrika Feuchtigkeit und damit neues Leben zurückzugeben. Alle diese Bemühungen verfolgten den Zweck, künftigen Generationen eine gesunde, lebendige Erde zu hinterlassen.

Ein zweites Beispiel für eine ökologische oder ökozentrische Ethik liefert uns die Ökologie der Wiederherstellung oder Sanierung, die zurückgeht auf Aldo Leopolds Bemühungen, auf einer verlassenen Farm in Wisconsin, wo eine von Menschen betriebene Landwirtschaft den Boden völlig ausgelaugt hatte, neues Weideland zu schaffen. Leopold bearbeitete mit Gleichgesinnten die Weidegebiete und versetzte sie in ihren ursprünglichen Prärie-Zustand. Sanierung ist auch bei Flüssen, Wäldern und Marschen möglich. Die Wiederherstellung ehemaliger Ökosysteme beruht mehr auf der Idee der Synthese als der Analyse. Statt die Natur in Teile zu zerlegen, wie das im Rahmen der mechanistischen Tradition geschieht, bemühen ökobewußte Menschen sich, sie wieder zusammenzusetzen. Auf diese Weise übernehmen sie die ethische Verantwortung für die Erhaltung der nichtmenschlichen Natur in Verbindung mit menschlichem Leben.

Ein drittes Beispiel ökologischer Ethik ist eine Landwirtschaft, bei der alle kultivierten Produkte sich gegenseitig unterstützen. Pflanzen und

Tiere werden in enger Verbindung miteinander entsprechend den Grundsätzen der Agro-Forstwirtschaft und der Agro-Ökologie genutzt. Dadurch vermeidet man Monokulturen und riesige Anbauflächen mit jeweils nur einem Ernteertrag, der für Krankheiten und Schädlinge aller Art anfällig ist und leicht vernichtet werden kann. Statt dessen pflanzt man Polykulturen, die gemeinsam wachsen und gedeihen und sich selbst gegenseitig biologisch kontrollieren, wodurch der Einsatz von Schädlingsbekämpfungsmitteln deutlich verringert werden kann. Die Idee für diese Form einer sich selbst gesund erhaltenden Agrarproduktion stammt von Völkern, die Polykulturen, etwa Mais, Bohnen und Kürbisse auf demselben Feld anbauten. Auch von südamerikanischen Kleinbauern werden alle Arten von Pflanzen zusammen in denselben Gärten gezogen. Das bringt oft höhere Erträge als die Monokulturen auf riesigen Feldern, die unter Zuhilfenahme von Pflanzenschutz- und Schädlingsbekämpfungsmitteln kultiviert werden.

Zusammenfassend wäre also zu sagen, daß drei Formen von Umweltethik zur Lösung der Probleme in der Welt von heute beitragen. Sie können als Grundlage zur Rettung nicht nur der Menschen, sondern des künftigen Lebens auf unserer Erde dienen, wobei die ökologische Ethik an erster Stelle steht.

(Aus dem Englischen von Erwin Schuhmacher)

Francesco Forte

Vom Wettbewerb zur Kooperation – ein neuer Ansatz für die Weltwirtschaft

I

In der Welt des Wettbewerbs versuchen rational denkende Gewinnmaximierer ihre Produktionskosten angeblich dadurch niedrigzuhalten, daß sie mit Blick auf die absetzbare Menge ihrer Produktion die billigsten Herstellungsverfahren so effizient wie möglich nutzen. Dabei sollten sie Waren herstellen, die mit Hilfe vielfältiger Werbe- und Verkaufsanstrengungen maximalen Gewinn sichern. Wenn nicht gerade angespannte Wettbewerbsbedingungen herrschen, ist dasselbe strategische Maximierungsverhalten auch auf die Preisgestaltung anwendbar. Unter den verschiedenen möglichen Kombinationen von Preis, Quantität und Qualität sollten rational denkende Gewinnmaximierer jene auswählen, die dem Hersteller den größten Gewinn bringen, ohne Rücksicht darauf, ob der Kunde optimal zufriedengestellt wird, ganz zu schweigen vom Nutzen für die Allgemeinheit.

Die Annahme, der Mensch denke nur dann rational, wenn – und *nur* wenn – er sich auf die eben beschriebene Weise verhält, wurde von Amartya Sen ironisch als Denkweise «rationaler Narren» kritisiert. Er meint nämlich zu Recht, der Mensch lasse sich nicht nur von Nützlichkeitserwägungen leiten, sondern auch von Sympathie für andere Wesen (Menschen und, gar nicht so selten, Tiere) sowie durch das Gefühl einer gerechtfertigten oder ungerechtfertigten moralischen Verpflichtung.[1]

Zu Recht hat man auch festgestellt, es könnten weder effektive geschäftliche noch gesellschaftliche Beziehungen entstehen, wenn der Mensch sich streng an ein selbstsüchtiges Gewinnmaximierungsprinzip hielte.[2] So hat H. Simon beim Studium der Theorie des wirtschaftlichen Verhaltens auf der Ebene des Firmenmanagements das Paradigma vom gewinnmaximierenden als dem rationalen Menschen durch das Paradigma der «Befriedigung»[3] ersetzt, während bedeutende Nationalökonomen wie W. Baumol, R. Marris und O. Williamson komplexe Modelle verfügbarer Entscheidungsmöglichkeiten für Unternehmen entwickelt haben. Sie bewerten das Gewinnmotiv im allgemeinen nicht als Maxime, sondern als Einschränkung der Maximierung einer Vielfalt sonstiger Zielsetzungen, etwa Input und Umsatz als Zeichen der Bedeutung des Unternehmens auf dem Markt, die pekuniären und nichtpekuniären Vergünstigungen seiner leitenden Manager und der Beschäftigten insgesamt sowie die günstigsten Möglichkeiten finanzieller Operationen zwischen den jeweiligen Unternehmen und dem Bankensystem.

Schließlich wurde in der Fachliteratur über die sogenannte positive Volkswirtschaft die Gestalt des habgierigen Monopolisten oder Oligopolisten, der aus Konsumenten oder Zulieferern den größtmöglichen Profit herauszupressen versucht, durch das Paradigma des verantwortungsbewußten Unternehmers ersetzt. Er hat sich langfristige Perspektiven gesetzt und berücksichtigt deshalb die möglichen Reaktionen der öffentlichen Meinung und der Behörden sowie die Verlockung, die hohe Gewinne auf potentielle Neulinge auf dem Markt ausüben. Vor einigen Jahrzehnten stellte P. Wiles sogar die Behauptung auf, eine echte Oligopolie erstrebe bei der Festsetzung der Preise eher den «gerechten Preis» als den, der maximalen Gewinn bringt.

Sollte alles das zutreffen, dann läßt sich nicht behaupten, in der Wirtschaft müßten ethische Vorstellungen als Eindringen nichtrationaler Faktoren in eine Welt reiner Rationalität betrachtet werden, eine Welt, die beherrscht wird von König «Höchstgewinn», seiner Königin «uneingeschränkter Wettbewerb» und beider legitimen Thronerben: Oligopolisten, die eine lupenreine Strategie der Gewinnmaximierung befolgen. Diese Gestalten existieren zwar, spielen jedoch ebenso wie die Könige demokratischer europäischer Länder zumeist nur eine zeremonielle Rolle als Garanten von Kontinuität und Einheit im großen Reich der Ökonomie. Dieses hat bekanntlich sein traditionelles Herrschaftsgebiet nicht nur fest im Griff, sondern ist auch ständig bestrebt, in benachbarte Bereiche des gesellschaftlichen Lebens zu expandieren.

Volkswirte könnten und sollten meines Erachtens folgendes tun: Sie sollten ihre Fähigkeiten und ihr Kapital an rationaler Analyse der individuellen Entscheidungsmöglichkeiten und Verhaltensweisen, gesellschaftlicher Interaktionen sowie der Koordinierung nutzen, um ihre Anschauungen zu erweitern und auf den neuesten Stand zu bringen. J. Buchanan, Amartya Sen und Peter Koslowski haben gezeigt, daß reine Nationalökonomie und Ethik nicht nur koexistieren, sondern auch kooperieren können[4], was zu jenem erweiterten und positiven normativen

Wissen führt, dessen wir in der heutigen Zeit so dringend bedürfen, um die Probleme technologischer Entwicklung und der Beziehung zwischen Mensch und Natur zu bewältigen.

Die Nationalökonomen haben die Natur traditionell als etwas «Gegebenes» betrachtet. Sie meinten, bei der Entwicklung ihrer wirtschaftlichen Tätigkeiten sollten die Menschen ihre Aktivitäten und Organisationen den äußeren objektiven Bedingungen der Naturgesetze anpassen, um die störende Knappheit der Ressourcen zu verringern und das eigene Einkommen und den eigenen Wohlstand zu mehren.

Der wirtschaftlich denkende und handelnde Mensch galt zweifellos als Mittelpunkt des Universums, während den aus den Impulsen und Reaktionen auf seine individuellen Aktionen abgeleiteten Gesetzen des wirtschaftlichen Gleichgewichts und wirtschaftlicher Entwicklung die Aufgabe der Koordination zukam. Die Natur erschien als eine Ansammlung objektiver Fakten und Daten. Daß sie durch Wissen und akkumuliertes technisches Kapital besser ausgebeutet werden konnte, war von Anfang an klar gewesen. Die Erkenntnis, daß beide Faktoren die Gegebenheiten der Natur so weit verändern können, daß nicht mehr der Mensch sich der Natur anpaßt, sondern er mehr und mehr die Natur seinen eigenen Bedürfnissen anpaßt, ist jedoch erst jüngeren Datums.

Die Wirtschaftswissenschaft hat die außergewöhnliche Bedeutung dieser neuen Perspektive noch nicht voll begriffen. Angesichts dieser Perspektive ist der Gedanke einer Wirtschaftswissenschaft mit neutralen Zielsetzungen absurd. Da die Natur, also unsere Umwelt, unsere physische Konstitution oder unsere biologische und psychische Essenz, nicht mehr einfach «gegeben» ist, können auch die Ziele der Nationalökonomie nicht mehr als gegeben gelten. Unsere technischen und ökonomischen Mittel können unser Sein und unsere Umwelt dramatisch verändern, können das Universum durch absichtliche und mehr noch unabsichtliche nichtkooperative Verhaltensweisen so sehr schädigen, daß eine fatale, unbekannte «Mutation» unserer selbst und der Natur die Folge sein könnte.

Ziele müssen gesetzt werden – schon allein deswegen, weil die sogenannten «vorgegebenen Ziele» der Menschen aus Politik und Wirtschaft sehr häufig unbekannte und nichtbeherrschbare Ergebnisse zeitigen. Auch die Mittel müssen aus der Perspektive der gesetzten Ziele gewählt werden. Die Neutralität von Mitteln und Zielen impliziert oft das «Versagen» rationaler Entscheidungen.

Da weder die Nationalökonomen noch die von ihnen beratenen Gemeinschaften die Ziele als «gegeben» ansehen können, sollte die Natur in uns und um uns herum aus einer normativen Sicht als «gegeben» gelten. Mittel und Zwecke, die dieses normative Postulat verletzen, sollten verboten werden, wenn nicht gesetzlich, dann zumindest *durch ethische Gebote auf der Grundlage gesellschaftlicher Wertvorstellungen*. Mittel und Zweck sollten tatsächlich normalerweise *secundum natura* sein, nur in Ausnahmefällen *praeter naturam* und niemals – wie etwa die von der Computertechnik geschaffene «künstliche Intelligenz» – *contra naturam*.

Die grundlegenden Naturgesetze, nach denen wir uns entwickelt haben, sollten weiterhin geachtet werden, um unsere menschliche Würde und Integrität sowie die Würde und fundamentale Integrität unserer Umwelt zu respektieren, von der wir ein Teil sind und auf die wir keinerlei absoluten Besitzanspruch haben. Der Gesellschaftsvertrag und die sich daraus ergebenden wirtschaftlichen Entscheidungsmöglichkeiten des Staates und des einzelnen sind verankert in der Würde der Menschen als gleichberechtigte Bewohner des ganzen Universums. Diese gemeinsame Zugehörigkeit, die umfassender ist als die gesellschaftliche oder politische, bestimmt auch die ethischen Grenzen gegenüber der Natur und den Mitmenschen, die an dieser Gemeinsamkeit teilhaben.[5]

Das Naturrecht des Menschen und die Rechte der Natur bilden ein zusammenhängendes Ganzes, in dem öffentliche Koordination (nicht unbedingt durch den Staat) und gesellschaftliche Kooperation notwendig sind, um jede Maximierung mit anderen Maximierungen in Einklang zu bringen. Diese Rechte konstituieren die ethischen Grenzen, innerhalb derer sich die Entscheidungsmöglichkeiten der Individuen und des Staates bewegen.

Das Problem der ethischen Gebote im Hinblick auf die Natur, also die Grenzen unseres unmöglichen prometheischen Traums, uns die Natur zu unterwerfen und mittels Technologie künstliche Menschen und Zwischenstufen zu ihnen zu entwickeln, ist, ebenso wie der Traum von einer diesen künstlichen Geschöpfen sklavisch unterworfenen künstlichen Natur nicht nur von Bedeutung für die öffentliche Koordinierung und gesellschaftliche Kooperation in unseren demokratischen Marktwirtschaften. Es ist auch, und zwar ganz besonders, wichtig für die Zielsetzungen und ethischen Grenzen zentral gelenkter, kollektivistischer Volkswirtschaften.

Zusammen mit der Frage ethischer Verhaltenskodizes der wissenschaftlichen Forschung ist die Festlegung der Grenzen individuellen Gewinnstrebens des *homo oeconomicus* die größte Herausforderung. In den kollektivistischen Planwirtschaften bildet die Konzentration der Macht das Hauptproblem, wobei die Entscheidung derer, die den politischen und ökonomischen Prozeß koordinieren, mangels klarer Perspektiven die Grenzen ethischer Zulässigkeit und menschlicher Kontrollierbarkeit überschreiten können – wie der «Zauberlehrling».

Die Tragödie von Tschernobyl ereignete sich nicht in einer westlichen Marktwirtschaft, sondern gerade in dem Staat, der am stärksten zentralisiert und durch eine machtvolle kollektivistische Planung gelenkt wird. Paradoxerweise scheint der Westen eher als der Osten positive ethische Lehren daraus gezogen zu haben.

Die Tatsache, daß in unseren demokratischen Marktwirtschaften auf staatlicher oder wirtschaftlicher Ebene erst dann ein Ergebnis erzielt wird, wenn zahlreiche Entscheidungsmöglichkeiten entweder bewußt oder quasi-automatisch miteinander kombiniert werden (d. h. spontan im Sinne von Hayek), bietet eine Garantie dafür, daß ethische Gesetze, die ja Bestandteil unseres kollektiven ethischen Kapitals sind, nicht allzuoft ohne Protest verletzt werden können. Dagegen spielt in totalitären Staaten das ethische Kapital der Bevölkerung keine Rolle. Dort gibt es – wenn überhaupt – nur den ethischen Kodex der die Entscheidungen treffenden Männer an der Spitze und der hinter ihnen stehenden Machtgruppen.

II

Wenden wir uns nun der Frage zu, welche ethischen Grenzen unsere eigene Natur und die «Natur» der Marktwirtschaft setzen, mit Schwerpunkt auf dem Thema Kooperation versus Wettbewerb.

Kooperation kann unter zwei verschiedenen Aspekten oder im Rahmen zweier verschiedener Paradigmen betrachtet werden. Der erste Aspekt betrifft Einzelpersonen, die freiwillig oder gezwungenermaßen mittels Koordination ihrer Tätigkeiten eine gemeinsame Aktion durchführen. Das heißt, sie betreiben ein rein kooperatives oder ein nicht streng kooperatives Spiel. Beim zweiten Aspekt berücksichtigen die Individuen auf kooperative Weise das Verhalten anderer. Sie versuchen also, ihre unkoordinierten Entscheidungen in eine synergische Richtung mit anderen zu lenken.

Wir konzentrieren uns hier auf dieses zweite Paradigma von Kooperation, da es für die Rolle ethischer Regeln für individuelles Marktverhalten zweifellos am relevantesten ist. Diese werden als solche nur auf «spontane» Weise im Sinne von Hayek koordiniert. Die höhere Koordination durch ethische Maximen kann eine Koordination durch staatliche *Zwangsbestimmungen* unnötig oder zweitrangig machen.[6]

Für Kooperation kann man sich aus Nützlichkeitserwägungen heraus absichtlich oder unabsichtlich entscheiden. Das von David Hume aufgestellte Paradigma des Handelns aufgrund von Übereinkunft ist im Grunde ein auf Nützlichkeitserwägungen beruhendes Paradigma der Koordination.[7] Man richtet sich nach vorgegebenen Regeln, das heißt Konventionen, weil ihre Befolgung allen Beteiligten nützlich erscheint, während ihre Verletzung erhebliche Unannehmlichkeiten verursachen würde. Verhält sich die Mehrheit der Menschen wiederholt entsprechend diesen Regeln, dann entsteht dadurch die allgemeine Überzeugung, es handle sich bei ihnen um moralisch verbindliche Maximen.

Das Gesetz trägt dazu bei, die Menschen zu ihrer Beachtung anzuhalten. Das verstärkt noch die moralische Überzeugung, die ja sowieso der Hauptgrund dafür ist, daß die meisten Menschen bei der Befolgung dieser Vorschriften spontan kooperieren.

Die jüngste Formulierung der Theorie der Nützlichkeit von Kooperation lautet: «Jeder sollte mit jedem kooperieren, der mitwirkt, die bestmöglichen Ergebnisse zu erzielen, und zwar unter Berücksichtigung des Verhaltens von Nichtkooperierenden ... Wer kooperativ handeln will, muß versuchen, ein gemeinsam anerkanntes Ziel koordinierten Verhaltens zu erreichen ... Zur Kooperation gehört eine potentiell unendliche Hierarchie gegenseitigen Vertrauens. Wollen zwei beliebige Leute kooperieren, muß jeder von beiden versuchen, ein auch für den anderen akzeptables Ergebnis durch koordiniertes Verhalten zu erzielen. Beide müssen ständig über die verschiedenen Probleme ihres gemeinschaftlichen Verhaltens informiert sein. Jeder von ihnen muß wissen, daß der andere wirklich motiviert und gut informiert ist; und so weiter und so fort.»[8]

Um nicht vom gemeinsamen Nutzen der Kooperation ausgeschlossen zu werden und dadurch Nachteile zu erleiden, pflegen wahrscheinlich viele Menschen *aus Nützlichkeitserwägungen* heraus kooperationsbereit zu sein. Doch wurde noch keine allgemeingültige Lösung des Problems gefunden, wie die eigentlich Kooperationsunwilligen entdeckt und vom Nutzen der Kooperation ausgeschlossen werden könnten. Daraus folgt: Nur wenige der aus bloßen Nützlichkeitserwägungen kooperationswilligen Personen kooperieren tatsächlich, solange sie nicht entdeckt werden können.

Man kann also folgendermaßen argumentieren: Ohne das von Hume aufgestellte Konzept der moralischen Verpflichtung ist das Paradigma der Kooperation als solches nur ein schwaches Paradigma, und zwar um so mehr, als es nicht der Einschaltung fester Maximen bedarf, wie etwa der Konventionentheorie von Lewis[9], die Regans Theorie nahesteht. Und tatsächlich hat Gauthier eine Theorie der Kooperation als rationaler Grundlage der Moral entwickelt.[10]

Diese Theorie faßt Kooperation als gemeinsames utilitaristisches Verhalten kooperationsbereiter Individuen auf. Sie kann jedoch zwei grundlegende Probleme nicht lösen: das der ethischen Beziehungen zwischen armen und reichen Nationen und zwischen gegenwärtigen und künftigen Generationen. Es wäre auf paradoxe Weise eine allen Fakten widersprechende Feststellung, wollte man behaupten, die Entscheidung der Reichen, mit den Armen zu kooperieren, um deren Grundbedürfnisse zu befriedigen, schaffe ein gemeinsames Gut im utilitaristischen Sinne.

Natürlich gibt es ein utilitaristisches Konzept von Altruismus aus Mitgefühl, das sich vom ethischen Pflichtbegriff unterscheidet. Harsany, der führende Theoretiker des Mitgefühls, hat jedoch richtig erkannt, daß Mitgefühl eine ethische und keine subjektive Nützlichkeitshaltung ist. Kooperativer Utilitarismus impliziert eine verengte Sicht der Dinge, ein *do ut des*, ist also nicht einseitige Hilfe eines «Kooperierenden» für einen anderen. Auch Buchanans Interpretation von John Rawls Umverteilungsgerechtigkeit im Sinne der Thesen von Hobbes läßt sich nicht als echtes Kooperationsparadigma darstellen. Denn was tut X als Gegenleistung für die Hilfe von Y? Er hört auf, dessen friedliches und angenehmes Leben zu bedrohen, das heißt, ihm absichtlich oder unabsichtlich Böses zuzufügen.

Das enggefaßte utilitaristische Kooperationsparadigma «versagt» auch auf andere Weise, nämlich im Hinblick auf künftige Generationen. Die Entscheidung von X – der in unserem Beispiel die gegenwärtige Generation repräsentieren soll –, die Integrität der Natur zu erhalten, das angesammelte ethische Kapital der menschlichen Beziehungen zu verteidigen, die Menschheit vor einer widernatürlichen künstlichen Entwicklung ihrer Existenz durch Klonen, künstliche Geschlechtsbestimmung oder Lebensverlängerung durch Hibernisation zu bewahren, läßt sich durchaus als einseitige kooperative Entscheidung zugunsten von Y ansehen, der daraus ein gemeinsames «Gut» ableiten könnte. Andererseits könnte Y wegen dieser von X ausgehenden einseitigen Kooperation sich ganz besonders verpflichtet fühlen, seinerseits der nächsten Generation eine einseitige Kooperation zu gewähren – und so weiter.

Tatsächlich ist ein Paradigma altruistischer Kooperation vorstellbar oder eine «Kette utilitaristischer Kooperation», die beide weit über das enggefaßte Konzept des *do ut des* hinausgehen, als wechselseitiges Geben und Nehmen unter Kooperierenden. Jede Generation empfängt etwas von den vorangegangenen Generationen und hat deshalb die ethische Verpflichtung, den kommenden Generationen im Sinne einer «Kette *justitia commutativa*» zumindest ebensoviel zu geben, wie sie selbst von vergangenen Generationen erhalten hat. Dieses Paradigma läßt sich auch innerhalb einer bestimmten Generation anwenden. «Jeder sollte mit jedem kooperieren, der mit ihm selbst oder zugunsten Dritter kooperiert, und zwar mit dem Ziel bestmöglicher Ergebnisse unter Berücksichtigung des Verhaltens jener, die nicht auf dieselbe Weise handeln.»

Warum sollten X und Y dieses Verhalten als moralisch betrachten? Nicht im Sinne der von Regan oder Gauthier erwähnten utilitaristischen Belohnung, etwa weil X etwas Y gibt oder weil er selbst etwas von einem Dritten erhalten hat. Schließlich könnte er sich aus engherziger Nützlichkeitserwägung heraus entscheiden, Y nichts zu geben. Andererseits könnte man sagen, er gibt Y etwas, in der Hoffnung, dieser werde entsprechend gegenüber einer vierten (zukünftigen) Person handeln. Doch besteht keine greifbare Sicherheit, daß er sich so verhalten wird, sobald er etwas von X bekommen hat. Die einzige Sicherheit ist ethischer Art – im Sinne der «Kette *justitia commutativa*».[11]

III

Damit sind wir bei den ethischen *Grundlagen* der Kooperation.

Für ethisches Verhalten lassen sich ganz allgemein vier Optionen unterscheiden.

Option 1: *Jemand handelt ethisch im Sinne kantischer Pflichterfüllung, unabhängig davon, ob die anderen sich ebenso verhalten.* Dieses Paradigma geht eindeutig über die beiden Paradigmen utilitaristischer Kooperation hinaus, über das eng gefaßte wie über das erweiterte der «Kette *justitia commutativa*».

Option 2: *Jemand handelt ethisch, wenn die meisten anderen es ebenfalls tun.* Auch dieses Paradigma geht über die enge wie die erweiterte utilitaristische Kooperation hinaus. Der Handelnde verhält sich auch denen gegenüber ethisch, die die Kooperationsregeln verletzen – vorausgesetzt, daß nur wenige es tun.

Dieses Paradigma basiert auf den Unkosten, die ein Festhalten an bestehenden Regeln mit sich bringt. Es mag für den Unternehmer noch tragbar sein, einen Grundsatz zu befolgen, etwa bei einem bestimmten Herstellungsverfahren umweltfreundliche Produktionsmethoden einzusetzen, wenn die meisten Konkurrenten daheim und im Ausland das ebenfalls tun, selbst wenn die Herstellungskosten dadurch steigen. Die kleine Zahl derer, die sich nicht an die Regeln halten, wird zwar einen finanziellen Vorteil haben, doch könnten die «Ethiker» auch dann noch einen Gewinn erzielen, der dem möglichen Maximum nahekommt.

Ist dies aus ethischer Sicht der *prima facie* erkennbare Beweggrund für diese Option, dann folgt daraus, daß dieses Paradigma nur im Hinblick auf einen Produktionsprozeß innerhalb bereits vorhandener wirtschaftlicher Aktivitäten angewandt werden kann, nicht aber dort, wo ein neues Produkt oder ein ganz neuer Wirtschaftszweig zur Diskussion steht. Man muß in der Tat unterscheiden zwischen *actiones de damno vitando* und *actiones de lucre certando*. Produzenten, die sich ethisch verhalten, während die meisten Konkurrenten sich nicht an bestehende Regeln gebunden fühlen, werden sich vielleicht nicht auf dem Markt behaupten können, während die Neuen nur dann ins Geschäft einsteigen und prosperieren können, wenn sie sich nicht an kostenaufwendige Grundsätze halten. Nach dem Gesetz der natürlichen Auslese kann das zur Folge haben, daß sich nur der auf dem Markt behauptet, der unethisch handelt.[12] Vis major kann also auch jene, die gern ethisch handeln würden, zwingen, dies nur in geringerem Maße zu tun.

Anders bei neuen Produkten oder geschäftlichen Aktivitäten, die die Maximen der Ethik verletzen. Zwar werden auch auf diesen Märkten nur die unethisch Handelnden operieren. Doch können sich schon länger tätige Produzenten nicht auf Vis major berufen, wenn sie etwa ihre Ressourcen plötzlich für unethische Aktivitäten einsetzen, um der Gewinne willen, die sich vielleicht erzielen lassen, weil nur eine begrenzte Zahl von Konkurrenten es wagt, *den bestehenden Ehrenkodex* zu verletzen. Kommerzieller Handel mit Körperteilen lebender Menschen oder Organhandel widerspricht den elementarsten Grundsätzen der Menschenwürde. Es ist ein Handel *contra naturam*, selbst wenn man von den anstößigen Implikationen der Verteilung absieht. Es gibt keinen Grund, ihn zu genehmigen. Geschieht das doch, dann *sollte er nicht von wirklich ethisch motivierten Personen ausgeübt werden*.

Option 3: *Jemand handelt ethisch, selbst wenn viele andere es nicht tun – vorausgesetzt, die mit ihm auf ethischer Grundlage kooperierenden Personen sind stark genug, die Kooperationsunwilligen von jeder Kooperation im weitesten Sinne auszuschließen*. Diese Option entspricht dem

Paradigma der enggefaßten kooperativen Nützlichkeit. Seine ethische Rechtfertigung liefert vor allem und wieder einmal das Argument der «Vis major».

Es hat jedoch weiterreichende Implikationen, wenn nämlich der von den Kooperierenden beherrschte Markt zugleich der wichtigste ist, wie im Fall der Binnenmärkte unserer Industriestaaten. Hält man alle von unseren Märkten fern, die sich bei ihren Herstellungsverfahren nicht an bestimmte ethische Normen halten, dann fördert man die weltweit anzutreffende «Außenseitermoral».

Betrachtet man andererseits diese Option vom puren Nützlichkeitsstandpunkt aus, ohne Berücksichtigung marktstrategischer Effekte, dann kann das gefährlich kurzsichtig sein. Typisch hierfür sind ökologische Schäden wie etwa die Auswirkungen des sauren Regens, des Abholzens riesiger Waldgebiete, der Zerstörung der Ozonschicht durch Kohlenfluorstoffe, aber auch die Risiken radioaktiver Verseuchung durch Kernreaktoren.

Aus dieser Perspektive ergeben sich zwei unterschiedliche kritische Reaktionen. Die erste bezieht sich auf den falschen Standpunkt, wir besäßen «unseren eigenen Anteil an der Natur»: Solange wir ihn durch Kooperation bewahren, braucht es uns nicht zu kümmern, was anderswo geschieht. Das ist ethisch falsch. Die Rechte der Natur müssen global gesehen werden. Eine positive Evolution und ein positives Geschick der Menschheit sind ebenfalls ein globales Gut. Es geht uns sehr wohl an, was anderswo geschieht.

Wir brauchen ein *strategisches* Paradigma aktiver zweckdienlicher Kooperation und müssen jene motivieren, die sich nicht an die Regeln der Zusammenarbeit halten, indem wir sie von den Vorteilen unserer Kooperation ausschließen.

Der zweite kritische Einwand gilt dem Paradigma von den «rationalen Narren». Begrenzen wir unsere Luftverschmutzung, ohne gleichzeitig dafür zu kämpfen, daß auch die anderen das tun, reinigen wir unsere Flüsse von Chemieabfällen, ohne zu versuchen, unsere Nachbarn zum gleichen Verhalten zu bewegen, dann könnte all unser Tun vergeblich sein, weil nur eine unteilbare, gemeinschaftliche Aktion zum Erfolg führen kann.

W. Jellinek hat die Notwendigkeit des «Kampfes für Recht» betont. Ebenso notwendig scheint es, daß die mit dem Ziel eines gemeinsamen Guten oder der Vermeidung gemeinsamen Schadens Kooperierenden, einen *Kampf für die Ethik*, einen *ethischen Aktivismus* betreiben, der über die Grenzen des von Regan und Gauthier aufgestellten Paradigmas der Kooperation hinausgeht. «*Jeder sollte mit jedem anderen Kooperationswilligen auf bestmögliche Weise auf der Basis einer Strategie kooperieren, die unkooperatives Verhalten anderer zunehmend reduziert.*»

Option 4: *Jemand handelt ethisch, vorausgesetzt, zumindest einige andere tun es ebenfalls.*

Ist der Wagen einer behinderten Person im Schnee stecken geblieben, mag X allein nicht imstande sein, ihn herauszuziehen, selbst wenn er wollte. Auch Y mag helfen wollen; doch allein schafft auch er es nicht.

Durch gemeinsame Anstrengung aufgrund einer spontanen Entscheidung können beide den Wagen aus dem Schnee schieben, womit sie eine ethische Handlung ausführen, die nur durch Kooperation möglich ist, weil es eine Schwelle gibt (in diesem Fall eine rein quantitative, in einem anderen vielleicht eine kompliziertere), unterhalb derer jedes Bemühen vergeblich ist. Individuelle Barmherzigkeit auf der Grundlage von Altruismus ist stets möglich und ethisch wünschenswert.[13] Wirksame «fremde Hilfe» erfordert jedoch eine Aktion öffentlicher oder privater Institutionen, die bedeutende Summen von Beiträgen vieler Steuerzahler sammeln, oder spontane Spenden von Leuten, die zur Mitwirkung an dieser Aktion bereit sind.

Andererseits läßt sich kaum eine Maxime ethischer Verantwortung für einen bestimmten Wirtschaftszweig aufstellen, wenn sie nur von wenigen akzeptiert wird. Es bedarf eines Minimums an Mitwirkenden, um die erwähnte Hemmschwelle zu überwinden. Akzeptieren wir die oben gegebene Definition von Konventionen als «Kooperationsregeln», dann stellen Entstehen und anfängliche Ausbreitung der Konvention ein kritisches Stadium dar. Denn beides beruht auf dem wechselseitigen Glauben an interdependente Verhaltensweisen bei Beachtung der Maximen.

Witt schreibt, man könne hinsichtlich der Akzeptanz einer neuen Institution zwei Grundregeln aufstellen: über den Nutzen, den das Individuum aus ihr zieht, und die Häufigkeit, mit der andere Individuen innerhalb der Bevölkerung sie bereits übernommen haben, was die Position von XY bei Beachtung jener Regeln festigt.[14] Hier stoßen wir erneut auf das große Thema vom «Kampf für Ethik».

Auf institutioneller Ebene impliziert das die entscheidende Rolle der Information. X mag gewillt sein, in seinem Beruf einem bestimmten ethischen Verhaltenskodex zu folgen, auch wenn er dabei Nettokosten auf sich nehmen muß. Und er mag wissen, daß auch der an einem anderen Ort tätige Y sowie Kollegen anderswo dazu bereit sind – was die Unkosten der Befolgung dieser Regeln für alle verringert. Doch mögen beide nicht wissen, welches denn nun die geeigneten ethischen Verhaltensmaximen sind. Sie wären bereit, diese anzuerkennen, wenn sie von einer moralischen Autorität verkündet würden, der sie vertrauen, etwa von einer Berufsorganisation oder wissenschaftlichen Vereinigung. Doch hat bisher keine solche Organisation sie über die Existenz solcher Regeln informiert, und tatsächlich wurde auch noch kein entsprechender formaler Kodex verabschiedet. Es ist also verständlich, wenn X und Y ihre Verhaltensweisen nicht ohne weiteres spontan koordinieren können, um die «neue Institution» oder «ethische Konvention» zu entwickeln, da sie ja nicht wissen, ob auch andere diese Regeln kennen, was aber notwendig wäre, um sie im betreffenden Wirtschaftszweig zur Geltung zu bringen.

Ein gedruckter Text oder Kodex kann der entscheidende Faktor für das Entstehen und die baldige Entwicklung ethischer Verhaltensregeln bei wirtschaftlichen Aktivitäten sein. Kooperation durch *informatorische Koordination* kann äußerst wichtig sein, nicht als bloße ethische Koordination im Sinne von Kant, sondern zur Überschreitung der «Witt-Schwelle» und zur Ausarbeitung einer Konvention, das heißt einer Gewohnheitsregel, die in normalen Wirtschaftsbeziehungen als eine auch von denen beachtete objektive Regel funktioniert, die keine starke ethische Motivation besitzen.

IV

Ein langsames Zusammenwachsen von Verhaltensweisen zu einem Ganzen anstelle eines einzigen «weltwirtschaftlichen» Standpunks könnte aus naiver atomistischer Sicht als simple Addition erscheinen. Sollte diese naive Anschauung jedoch akzeptiert werden, dann würde der von mir vertretene methodologische Individualismus in «irrationaler Narretei» enden. Doch ist das langsame Zusammenwachsen zu einem Phänomen «großer Zahlen» zwei Arten von globalen Ergebnissen unterworfen, die auf der Ebene «kleiner Zahlen» nicht in Erscheinung treten müssen:

– vage subjektive Wahrscheinlichkeit wird zu harter Realität;

– bestimmte Schwellen werden überschritten, und zwar mit katastrophalen (irreversiblen) Ergebnissen.[15]

Subjektive Wahrscheinlichkeit oder Ungewißheit im Sinne von F. Knight[16] im Hinblick auf schwere Schäden für Natur und Mensch mögen schwer abzuschätzen sein und sowohl über- als auch unterschätzt werden. Während ihre Überschätzung jedoch keine negativen Folgen zeitigt, ist das bei Unterschätzung sehr wohl der Fall. Leider erleben wir da häufig beklagenswerte Folgen auf breiter gesamtwirtschaftlicher oder gesellschaftlicher Ebene. Diese, objektiv gesehen, *Ex post*-Kosten können daher viel größer sein als die individuelle Entscheidung auf der *Ex ante*-Ebene sie zunächst erscheinen ließ.[17]

Eine vorrangige Aufgabe für verantwortungsbewußte Politiker und Produzenten wäre daher, genaue Informationen über diese Daten zu sammeln und weiterzugeben, um die weltwirtschaftlichen Ergebnisse ihrer atomistischen Aktionen, die faktisch zu «großen Zahlen» anwachsen und dann erst deutlich sichtbar werden, so ausführlich und korrekt wie möglich zu beschreiben.

Auf diese Weise lassen sich unbeabsichtigte Handlungen *infolge unterschätzter Gefährdung* von Mensch und Natur vermeiden oder stoppen. Es gibt zahllose Beispiele für die Wahrscheinlichkeit des Auftretens schwerer Erkrankungen infolge Mißbrauchs von Alkohol und Nikotin, Abhängigkeit von Drogen, Autounfällen, Berufsschäden, medizinischen Eingriffen bis hin zu gefährlichen Laborexperimenten.

Negative Nebenwirkungen[18] bei Herstellungsverfahren und beim Konsum bestimmter Produkte mögen auf der Ebene des individuellen Unternehmers oder Verbrauchers geringfügig erscheinen. In ihrer Häufung jedoch auf weltweiter Ebene können sie verheerende Konsequenzen haben.

Das Unterschätzen von Risiken und das Versäumnis, die sich akkumulierenden Effekte von Nebenwirkungen richtig einzuschätzen, kann zu so schwerwiegenden Eingriffen führen wie dem Abholzen der Wälder, chemischer Vergiftung des Trinkwassers und landwirtschaftlicher Erzeugnisse, Ausrottung noch existierender Arten und damit der Vielfalt in unserer Welt. Die wachsende Zerstörung der Ozonschicht um unseren Planeten erhöht durch den auf diese Weise hervorgerufenen Treibhauseffekt die Welttemperatur.[19] Klonen, extensive Transplantationen, Genmutationen, Auslese der «am meisten geeigneten» Individuen mittels Embryonentests und dergleichen mehr machen aus Menschen künstliche Wesen.

Meiner festen Überzeugung nach brauchen wir eine Weltverfassung für die Weltwirtschaft, um die Proliferation solcher Folgen zu verhindern. So wie im 18. Jahrhundert die Charta der Menschenrechte als höchstes Ergebnis des Fortschritts der Menschheit betrachtet wurde, ist am Ende unseres Jahrhunderts aus wissenschaftlich-philosophischer Sicht die Zeit gekommen für eine umfassendere Weltanschauung, die Mensch und Natur in einer globalen Weltsicht vereint.

Diese Weltwirtschaftsverfassung sollte mehr sein als nur eine Sammlung juristischer Dokumente, nämlich ein Kodex von Konventionen, entstanden aus individuellem Verantwortungsbewußtsein und Kooperation der einzelnen. Hierin liegt unsere Hoffnung, die Herausforderung durch die globale Weltwirtschaft wirklich bestehen zu können – in einer Welt unterschiedlicher Nationen mit unterschiedlichen Interessen und Traditionen, in der internationale Institutionen zu langsam reifen und daher oft schon inmitten dringlicher kooperativer Aktionen Verfallszeichen aufweisen.

Die Ethik kann als höheres Koordinationsprinzip betrachtet werden, aber auch als der ewige Frühling konstitutioneller Konventionen. Die Wirtschaftswissenschaft sollte sich dieser Quelle in zunehmendem Maße bedienen.

(Aus dem Englischen von Erwin Schuhmacher)

Anmerkungen

1 Amartya Sen, «Rational Fools: A critique of the Behavioural Foundation of Economic Theory» (1977), abgedruckt in: *Choice, Welfare and Measurement*, Oxford 1982, Kap. 4.

2 Es sollte nicht unerwähnt bleiben, daß er für diese Forschung mit dem Nobelpreis ausgezeichnet wurde.

3 Das scheint vor allem für die Beziehungen zwischen den Sozialpartnern zu gelten. Siehe H. G. Nutzinger, *The Firm as a Social Institution: the Failure of a Contractarian view point*, hrsg. als Arbeitspapier Nr. 52 vom Alfred-Weber-Institut in Heidelberg, 1976, zit. von Sen, a. a. O, sowie ausführlicher in Peter Koslowski, *Prinzipien der Ethischen Ökonomie. Grundlagen der Wirtschaftsethik und der auf die Ökonomie bezogenen Ethik*, Tübingen 1988. Siehe dort das Kapitel «Ethik als Korrektiv von Ökonomieversagen».

4 Siehe J. M. Buchanan: *Ethical Rules, Expected Values and Large Numbers in Ethics* (1965), abgedruckt in: *Freedom in Constitutional Contract*; ferner A. Sen in seinem neuesten Buch *Ethics and Economics* und P. Koslowski, a. a. O.

5 In diesem Sinne sollte meines Erachtens die Maxime des hl. Ambrosius verstanden werden, der sagte, wir hätten alle Anteil am gemeinsamen Gut des Universums, während Privateigentum eine *usurpatio* sei. Aus ethischen Gründen dürfen wir nicht nach Gutdünken über die Natur verfügen.

6 Siehe P. Koslowski, a. a. O., 2. Kapitel, «Ethik als Form gesellschaftlicher Koordination».

7 Siehe David Hume, *A Treatise on Human Nature*, 3. Buch, 2. Teil, I–XI, sowie F. Forte, «Constitutions, Evolution, Conventions», European Public Choice Society Congress, Bergen, 18.–21. Mai 1988.

8 Siehe Donald Regan, *Utilitarianism and Cooperation*, Oxford University Press 1980, Kap. 8, «Cooperative Utilitarianism Introduced», S. 24.

9 David Lewis, *Convention – a Philosophical Study*, Harvard University Press 1969.

10 David Gauthier, *Morals by Agreement*, Oxford Clarendon Press 1986; kritische Bemerkungen dazu siehe: I. Magri, «Fuga dalle strategia. A proposito del neo Hobbeismo di P. Gauthier», in: *Teoria Politica*, 1987.

11 Siehe dazu ausführlicher P. Koslowski, a. a. O., mit Ausführungen über A. Sen: «Isolation. Assurance and the Social Rate of Discount», in: *Quarterly Journal of Economics*, 1967, S. 112–24.

12 Brennan/Buchanan, *The reason of Rules. Constitutional Political Economy*, Cambridge University Press 1985, S. 60. Dort erwähnen die Autoren das «politische Gesetz von Gresham» im Zusammenhang mit dem Verhalten von Politikern bei öffentlichen Entscheidungen.
Siehe auch W. Schöllgen, «Grenzmoral», im *Staatslexikon*, Freiburg i. Br. 1959, zit. bei P. Koslowski, a. a. O., S. 220–4, wo von einer Außenseitermoral gesprochen wird, um die stetig sinkenden ethischen Normen derjenigen zu charakterisieren, die im wirtschaftlichen Wettbewerb «überleben». Mir scheint das eine zu pessimistische Schlußfolgerung angesichts des im ersten Teil des Vortrags beschriebenen Problems der Gewinnmaximierung.

13 Zur Diskussion der Formulierungen von Altruismus aus der Sicht des «theologischen Egoismus» siehe P. Koslowski, a. a. O.

14 Ulrich Witt, «The Evolution of Institutions as a Propagation Process», European Public Choice Society Congress, Bergen, 18.–21. Mai 1988.

15 Siehe hierzu: *Our Common Future*, Bericht der Weltkommission für Umwelt und Entwicklung, Genf 1987.

16 Frank H. Knight, *Risk, Uncertainty and Profit*, New York 1921, Nachdruck 1984.

17 Zur Unterscheidung zwischen *Ex ante-* und *Ex post-*Kosten siehe J. M. Buchanan, *Cost and Choice. An Inquiry in the Economic Theory*, Chicago 1969.

18 Zur Analyse der Nebenwirkungen aus ethischer und theologischer Sicht siehe P. Koslowski, a. a. O.

19 Siehe L. R. Brown u. a., *State of the World 1988*, Worldwatch Institute, Washington 1988.

Hazel Henderson

Die Entstehung postökonomischer Paradigmen und ihr Einfluß auf eine postindustrielle Welt

Nach meiner Überzeugung ist die Volkswirtschaftslehre inzwischen ein überholtes Paradigma, um Verfahrensweisen für die Führung postindustrieller Nationen und die von Entwicklungsländern auszuarbeiten.[1] Belege für den Zweifel an der Volkswirtschaftslehre als «objektivem» wissenschaftlichem Ansatz, komplexe soziotechnische Systeme zu handhaben, zeigen sich in der Politisierung des Internationalen Währungsfonds, der Weltbank und der weltweiten Schuldenkrise, aber auch in Präsident Reagans Forderung, den Stab seiner Wirtschaftsberater aufzulösen.

Diese umfassende Politisierung nationaler wie internationaler Wirtschaftsstrategien ist ein grundlegendes Thema, das viele verschiedene Erscheinungen erklärt: die Debatten über Sparpolitik und Haushaltsdefizite zwischen «supply-siders» und Monetaristen im amerikanischen Kongreß sowie das weitverbreitete Lippenbekenntnis zum «Freihandel», das allerorts von verdecktem Protektionismus begleitet wird. Aus diesem Zweifel an der Volkswirtschaftslehre ist in der Bevölkerung der USA eine neue Witzkategorie, nämlich Witze über Wirtschaftswissenschaftler, entstanden. Diese Phänomene zeugen weniger von Zynismus als vielmehr von einem Riesensatz in sozialem Lernen, das heißt von steigender Bewußtheit und generellem Verständnis komplexen Systemverhaltens beim Durchschnittsbürger.

Die Verbreitung dieser neuen Kenntnisse zeigt sich am deutlichsten in den zahlreichen Bürgerinitiativen für Umweltschutz, Menschenrechte und Frieden. Dabei wird neu erworbenes Wissen von einem zum andern weitergereicht, ein typischer nichtlinearer, von positiver Rückkoppelung bestimmter Prozeß, der oft zu Veränderungen größeren Ausmaßes führt.[2] Ich werde zunächst auf diese Trends und Wechselwirkungen näher eingehen, im Anschluß daran ihre möglichen Auswirkungen umreißen und danach einige Alternativen aufzeigen, welche die positiven Auswirkungen dieser Trends auf die Vereinigten Staaten und die gesamte Welt verstärken könnten. Diese Trends sollten nicht entsprechend dem alten Ursache-Wirkung-Modell gesehen werden, bei dem nach «treibenden Kräften» gesucht wird, da das lineare Modell von Ursache und Wirkung überholt ist und wechselseitig kausale Prozesse, die in nichtlinearen, dynamischen, morphogenetischen Systemen besonders evident sind, nicht darstellen kann[3] (siehe Abb. 1).

Trends und Wechselwirkungen

1. *Die Unfähigkeit der Regierungen aller bedeutenden industriellen und postindustriellen Länder, mit ihren wirtschaftlichen Angelegenheiten fertig zu werden.*

In den sechziger Jahren hatten die führenden Politiker die Wirtschaft recht gut im Griff, indem sie die beiden hauptsächlichen Faktoren für eine Krise, nämlich Inflation und Arbeitslosigkeit, in politisch akzeptierbaren Grenzen hielten. Dies war aus vielen verschiedenen Gründen möglich, vor allem jedoch durch den niedrigen Ölpreis und die Verfügbarkeit von Rohstoffen, durch maßvolle Rüstungsausgaben, hohe Produktivität, ausgeprägtes Konsumverhalten, billige Kredite, Steuersenkungen und die Auswirkungen massiver Investitionen auf dem Weltmarkt, wie zum Beispiel des Marshallplans.

Während der siebziger Jahre begannen Inflation und Arbeitslosigkeit gleichzeitig anzusteigen (was nach der vorherrschenden Wirtschaftstheorie, der Phillips-Kurve, nicht möglich ist, da angeblich das Ansteigen eines der beiden Faktoren das Absinken des anderen bewirkt).[4] Die Zweifel in der Öffentlichkeit wuchsen, als die Regierungschefs aus der Unfähigkeit heraus, die gesteckten Ziele zu erreichen, für jedermann ersichtlich Indikatoren für Inflation und Arbeitslosigkeit neu formulierten und Ziele neu definierten. Auch wenn man Politikern zugesteht, daß sie sich in manchen Situationen dieser Mittel bedienen,[5] war es doch etwas viel, als ein Wirtschaftsgipfel nach dem anderen zu einer Plattform für bloße Schlagworte und fromme, aber inkonsequente Ziele wurde: So wurde versprochen, das Wirtschaftswachstum zu steigern, Arbeitsplätze zu schaffen, die Sozialausgaben zu erhöhen und gleichzeitig das Haushaltsdefizit und die Zinssätze zu senken. Der Ursprung für die «Stagflation» in den siebziger Jahren wurde – zu Recht, wie ich glaube – der Kostenexplosion und den vielfachen Auswirkungen der vierfachen Ölpreiserhöhung von 1973 zugeschrieben. Weitere Faktoren für diese Entwicklung waren der defizitär finanzierte Vietnamkrieg, die steigenden

Stabiles, ausgleichendes System (morphostatisch), (strukturstabil), z. B. thermostatgesteuerte mechanische Systeme; frühe Agrarwirtschaften oder Volkswirtschaften mit geringer Produktion (gemäß den Theorien über ein Gleichgewicht des Marktes aufgrund von Angebot und Nachfrage); umkehrbare Komponenten und Entscheidungen.

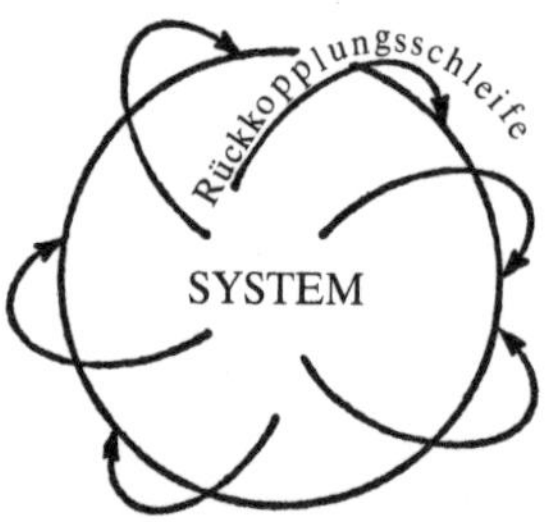

Das System ist im Innern dynamisch, hat aber eine stabile Struktur, die durch *negative* Rückkopplungsschleifen aufrechterhalten und gesteuert wird.

Instabiles, nichtausgleichendes System (morphogenetisch), (eine neue Struktur erzeugend), z. B. lebende biologische Systeme, menschliche Gesellschaften; große soziotechnische Wirtschaftssysteme; rasche Innovation und Strukturentfaltung; viele unwiderrufliche Komponenten und Entscheidungen.

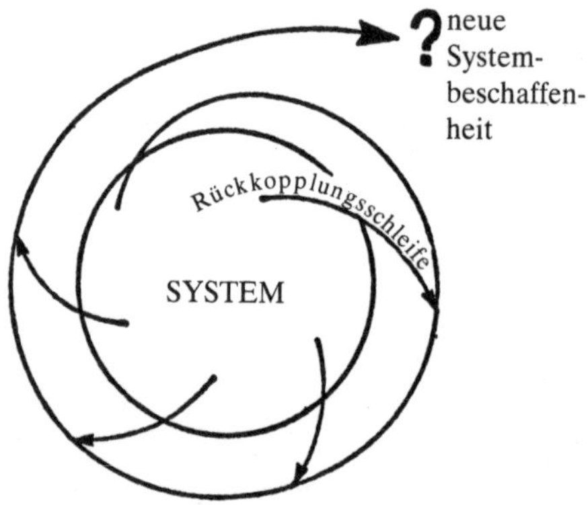

Das System ist im Innern *und* strukturell dynamisch, von *positiven* Rückkopplungsschleifen gesteuert, die ursprünglich kleine Abweichungen auf unvorhersehbare Größe anwachsen lassen und das System unter Umständen in eine neue Struktur zwingen.

Abb. 1: Einfache Diagramme zweier Hauptarten kybernetischer Systeme.

Sozialausgaben, ein Abflachen der Produktivität in den USA aufgrund veralteter Industrieanlagen, zu geringe Investitionen zur Aufrechterhaltung unserer allgemeinen technischen Kompetenz und unserer Führungsposition auf dem Weltmarkt, und außerdem die Tatsache, daß man unsere lebenswichtige nationale Infrastruktur verkommen ließ und dabei unsere Arbeiterschaft übervorteilte.

In den achtziger Jahren gerieten die wirtschaftlichen Probleme weiter außer Kontrolle.[6] In den Jahren 1982/83 wurde zunächst die Inflationsrate durch heroische Maßnahmen (d. h. deflationäre Regierungspolitik, hohe Realzinssätze, Rezession, Arbeitslosigkeit und einen überbewerteten Dollar) wie auch durch den fallenden Ölpreis gesenkt. Die Auswirkungen dieser Innenpolitik werden in drei neuen «Ersatzindikatoren» deutlich, die als Folgeprobleme einer immer noch von Schulden gebeutelten Wirtschaft jetzt wieder aufgetaucht sind: 1. Hohe Staatsverschuldung (in den letzten vier Jahren haben sich mehr Schulden aufgetürmt als in unserer ganzen vorangegangenen Geschichte), 2. historisch gesehen hohe Realzinssätze und 3. das höchste Handelsdefizit in unserer Geschichte. Zu den Auswirkungen auf gesonderte wirtschaftliche Bereiche gehören unter anderem ein unsicherer Wohnungsmarkt (mit einer Höchstrate an Hypotheken, die nicht bezahlt werden können, seit der Depression), die Schuldenkrise in der Landwirtschaft und ein allgemeiner «sozialer Abstieg», da viele Familien aus dem Mittelstand in die Gruppe der Armen und Obdachlosen abrutschen. Demgemäß haben die Vereinigten Staaten Brasilien als Schuldnernation Nummer Eins abgelöst. Die Probleme einer engstirnigen Wirtschaftspolitik werden auch in anderen Industriegesellschaften deutlich, ob planwirtschaftlich oder marktorientiert, angefangen mit den 13 Prozent Arbeitslosigkeit in Großbritannien und Mitterrands «gemischtem» Sozialismus in Frankreich, der darniederliegenden Wirtschaft in Polen und wachsenden wirtschaftlichen Schwierigkeiten der Sowjetunion bis hin zu Kanadas sinkendem Dollar und der Arbeitslosigkeit in Japan.

Wirtschaftsmanagement ist auf der ganzen Welt komplexer und fehleranfälliger geworden. Der Ausblick für die von Schulden geschüttelte amerikanische Wirtschaft ist – trotz offizieller Wachstumsprognosen – alles andere als rosig, und gleiches gilt für die gesamte Weltwirtschaft. Das beruht unter anderem darauf, daß die früheren Bemühungen europäischer Finanziers, den Dollar zu schwächen, der Angst gewichen sind, er könnte zu tief fallen. In der Zwischenzeit geraten die gegenwärtigen hohen amerikanischen Rüstungsausgaben in immer stärkere Abhängigkeit von dem heißen, ruhelosen Kapital ausländischer Anleger, das um die Welt gejagt wird mit einer Geschwindigkeit, die durch elektronische Überweisung, multinationales Bankwesen, Kapitalverwaltung rund um die Uhr und aggressive Anlageberater ermöglicht wird. Solch flüchtiges Kapital wird nach China fließen, sobald die Anlagebedingungen reif sind und sich die Verbrauchermärkte öffnen. Inzwischen fließt es, da der Dollar schwankt, an andere Stellen.

2. *Das Versagen des Dollars als zuverlässiges Überwachungssystem für tatsächliche Transaktionen und die reale Produktion.*

Wie ich in dem *Financial Analysts Journal* vom Mai/Juni 1973 aufgezeigt habe, könnte Geld, als ein stark abstrahiertes Symbolsystem, Entscheidungen über Kapitalanlagen auf dem Energiesektor dahingehend beeinflussen, daß diese keine *Netto*energie – in tatsächlichen thermodynamischen Einheiten gemessen, wie Kilokalorien oder British Thermal Units (BTUs) – hervorbringen, obwohl solch ein Auf-der-Stelle-Treten sehr wohl Gewinne für Anleger abwerfen und Arbeitsplätze, «Wirtschaftswachstum» und «Kaufkraft» schaffen könnte. Jede Geldeinheit kann außerdem von jeder bedeutenden Institution verzerrt werden. Das kann in Großfirmen durch «kreative Buchführung» geschehen, bei der Kosten auf andere Systeme verlagert werden, oder indem die Regierung mehr Geld in Umlauf bringt, die Bedingungen für Bankreserven manipuliert oder den Banken erlaubt, Geld zu «schaffen», indem sie ausgegebene Kredite wie tatsächliches Kapital behandeln.

Ich habe an anderer Stelle die Beschleunigungseffekte beschrieben,[7] die durch elektronisch getätigte weltweite Bankgeschäfte und Vermögensverwaltung entstehen. Immer mehr Anleger versuchen, aus sich fast stündlich ändernden Zinssätzen Kapital zu schlagen. Doch indem die Systeme für elektronische Geldüberweisung immer effizienter werden, eliminieren sie die Zeiten zwischen Auftrag und Buchung, auf die die Teilnehmer an diesem Spiel immer gebaut haben, wenn sie sich die Veränderungen von Wechselkursen und Zinssätzen zunutze machen wollten. Während alle Akteure in diesem weltweiten Geld-als-Information-System versuchen, soviel wie möglich zu profitieren, steigen Papiervermögen und Zinseszinsen in unrealistische Höhen. Die *New York Times* vermerkt in ihrer Ausgabe vom 29. Juli 1983, daß «Gelder im Welthandel verschwinden» und bis zu 112 Milliarden Dollar unauffindbar waren!

3. *Das Wiederauftauchen informeller Produktionsbereiche, bei denen kein Geld im Spiel ist, Tauschhandel, alternative «Währungen» und viele andere, regional unterschiedliche Aktivitäten in Kanada und den USA.*

Leider haben die meisten Studien über den Aufstieg von «Untergrundwirtschaften» in vielen Industrieländern die Verwirrung nur noch vergrößert.[8] Sie unterscheiden nämlich nicht zwischen dem illegalen, mittels Bargeld abgewickelten Handel mit Drogen (für deren Import in die USA nach einigen Schätzungen ebensoviel Geld aufgewendet wird wie für die Einfuhr von Öl), Verbrechen, Schwarzarbeit, Hinterziehung von Steuern für Zinserträge etc. und altruistischen *unentgeltlichen* Transaktionen wie Familien- und Nachbarschaftshilfe, Alten- und Krankenpflege, freiwillige Hilfsdienste, Eigenproduktion, ohne die die dem Bruttosozialprodukt BSP zugerechneten Sektoren zusammenbrechen würden (siehe Abb. 2). Der weitverbreitete Zweifel an der Art und Weise, wie die Volkswirtschaft gehandhabt wird, wird offenbar in dem Ruf nach einer Steuerreform, «Fairneß» und der wachsenden Diskussion über Prioritäten im Staatshaushalt. Diese neuen Debatten reflektieren wachsenden Zynismus, steigendes Selbstbewußtsein und einen beträchtlichen Wandel der Wertvorstellungen bei den Bürgern. Friedensgruppen zum Beispiel konzentrieren sich inzwischen an der Basis auf Pläne für neue Wirtschaftskonzepte, da sie erkannt haben, daß Abrüstung eine andere Mischung aus Produktion von Gebrauchsgütern, Investition und neuen Berufen erforderlich macht.[9]

4. *Die Forderung der Dritten Welt nach einer neuen internationalen Wirtschaftsordnung.*

Diese Forderung, die seit Mitte der siebziger Jahre von den blockfreien Staaten (die sogenannte «Gruppe der 77», inzwischen über 100 Mitglieder stark) gestellt wird, reflektiert die Bewußtheit der Führer dieser Länder, daß die Maschinerie der Weltwirtschaft zum überwiegenden Teil in Bretton Woods von einer Handvoll Industriestaaten der nördlichen Hemisphäre konstruiert wurde. Daher der Ruf nach einer Repräsentation der Dritten Welt in allen internationalen Finanzgremien, vom Internationalen Währungsfonds und der Weltbank bis zur Bank für internationalen Zahlungsausgleich, oder nach einem «Dritte Welt Bretton Woods», um zu versuchen, regionale Handelsgruppen und andere Strategien zu entwickeln.

Diese Politiker der Dritten Welt erkennen außerdem die gegenseitige Abhängigkeit von verschuldeten und Kredit gebenden Nationen in dem weltweiten Schuldendilemma. Sie wissen, daß sie die «Insolvenz-Karte»

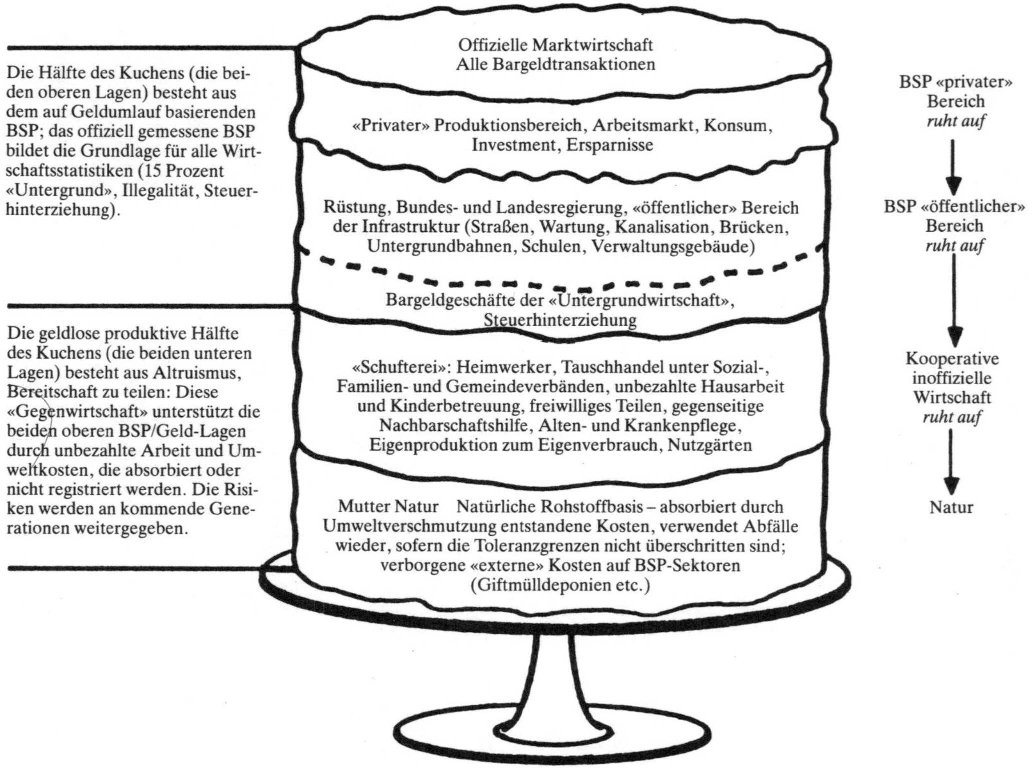

Abb. 2: Das gesamte Produktionssystem einer Industriegesellschaft (Dreistöckiger Kuchen mit Zuckerguß).

im Grunde gar nicht auszuspielen brauchen – bisher hat es genügt, sie einfach zu *zeigen*. Bankiers und Finanzminister der Kredit gebenden Staaten sind an den Rand des Abgrunds getreten und haben hinuntergeblickt. Jetzt schreiben sie die Gewinne auf und schieben die Verluste im System umher – zu den Aktionären, den Rückversicherungen und den Bankkunden. Gleichzeitig führen sie neue Verhandlungen über Zinszahlungen, verlängern Kredite und tun einfach alles, um den Anschein zu wahren, daß die Spielregeln weiterhin intakt sind. Es herrscht jedoch kaum Zweifel darüber, daß die Welt bereits eine «*de facto*-Zahlungseinstellung» geschluckt hat, die allerdings niemand beim Namen zu nennen wagt, da niemand Interesse hat, in dieser Hinsicht offen zu sein. Diese Ereignisse haben zu dem Zweifel an der Volkswirtschaft und am Geld selbst als Hauptnenner und als zuverlässigem Indikator für die Realproduktion und die Wechselwirkungen auf dem Weltmarkt geführt.

5. Ein weiterer Prozeß, der zu einer Unterminierung der Wirtschaft beigetragen hat, besteht in der *steten Zunahme der bereits erwähnten Bürgerinitiativen und -bewegungen in allen Industriestaaten während der vergangenen 15 Jahre.*

Gründe für das Entstehen dieser Bewegungen waren in vielen Fällen Fehler des Wirtschaftsmanagements,[10] unvorhergesehene Folgen der raschen industriellen und technologischen Veränderungen und ihre unerwünschten Auswirkungen auf Umwelt und Gesellschaft: Umweltverschmutzung, Ausbeutung der Rohstoffquellen, Einschränkung naturbelassener Gebiete, ausufernde Ballungsgebiete, weitverbreitete Arbeitslosigkeit, steigende Kriminalität, Drogenabhängigkeit und der Zusammenbruch traditioneller Gemeinschaften und Familien und ihrer Wertvorstellungen. Die Palette dieser Bewegungen reicht vom Umweltschutz[11] und bewußtem Konsumverhalten im Mittelstand über Frauenbewegungen, der Forderung nach Gleichberechtigung für Homosexuelle, Bewegungen für ganzheitliche Medizin, Wiederverwertung, biologischen Gartenbau, Tauschhandel, Wohngemeinschaften, neue religiöse Sekten bis hin zu den Initiativen für mehr Verantwortlichkeit in Firmenleitungen und Regierung und für gesellschaftlich verantwortungsbewußte Investitionen. In einigen Fällen haben sich von der Industrie angebotene Produkte und Dienstleistungen, zum Beispiel im Gesundheits- und Rechtswesen, infolge überhöhter Preise selbst vom Markt gedrängt. Dies wiederum führte zu kreativen Lösungen in den Gemeinden wie Vermittlungs- und Schlichtungsausschüssen und Vorsorgebehandlungen. Diese Bürger vermitteln sich gegenseitig und ihren Kommunalpolitikern neue Kenntnisse über Ökosysteme, soziotechnische Wechselwirkungen, neue Theorien in Psychologie, Physik und auf anderen Gebieten, was zu Diskussionen über weitgehende Veränderungen in Glaubenssystemen, wissenschaftlichen Theorien, im Lebensstil und in Wertvorstellungen führt.

Dieser Wandel der Wertvorstellungen in einer einflußreichen, gebildeten und richtungweisenden Bevölkerungsschicht in den USA und Europa (wie auch in Japan, Australien und Neuseeland) wird von Trendbeobachtern und Zukunftsforschern aufmerksam im Auge behalten. Unter den Berichten über diese Veränderungen befinden sich zum Beispiel John Naisbitts *Trends Reports*, das VALS-Programm des Forschungsinstituts der Stanford University und die Studien über Veränderungen im Verbrauchergeschmack der Meinungsforscher Yankelovich, Harris, Roper und vieler Madison Avenue Werbeagenturen. Solche trendweisenden Verbrauchergruppen neigen zu äußerst kritischem Kaufverhalten. So kann es zum Beispiel dem Lebensstil dieser Leute entsprechen, überdurchschnittlich oft mit dem Flugzeug zu reisen, häufig in Hotels zu übernachten, Personalcomputer, Audio- und Videocassetten, Bücher und Fachzeitschriften zu kaufen und gleichzeitig uralte Autos zu fahren, gebraucht gekaufte oder selbstgefertigte Kleidungsstücke zu tragen und ihr eigenes Gemüse anzubauen. Die meisten dieser Trendsetter teilen die Zweifel am herkömmlichen Wirtschaftsmodell mit seiner Forderung nach individuellem Wettbewerb, Gewinnmaximierung, Unersättlichkeit und den Gleichgewichtsfunktionen des neoklassischen freien Marktes. Die meisten reflektieren die «Äußerlichkeiten» dieses traditionellen Modells mit seinen «Mißwirtschaften», «Bärendiensten» und «Unannehmlichkeiten» und eine Neuformulierung von Kosten und Nutzen über den volkswirtschaftlichen Gesichtspunkt hinaus.

6. *Wachstum der Informationsgesellschaft.*[12]

Die heutigen weltumspannenden Technologien, wie Düsenflugzeuge, Kommunikationssysteme, Computernetze, Nachrichtensatelliten und dergleichen, bilden die Hardware für eine unwiderrufliche Abhängigkeit der Nationen untereinander. Die Software für die Handhabung dieser gegenseitigen Abhängigkeit entsteht in Form von neuen Querverbindungen und Konzepten für Konfliktbewältigung, die gemeinsame Nutzung des «Planeteneigentums», wie Ozeane, Weltraum und elektromagnetisches Spektrum, und einem Überdenken des Nationensystems selbst. Die Gefahren des Wettrüstens, militärischer Fehleinschätzungen, hochtechnisierter atomarer Bewaffnung und die enormen Kosten für die

Entwicklung des SDI-Programms haben dazu beigetragen, die Bewußtheit über die Abhängigkeit der Nationen untereinander zu erhöhen. Diese Bewußtheit hat eine Fülle neuer Bewegungen für Weltbürgertum und weltweite Solidarität, die über nationalistische Interessen hinausgeht, hervorgebracht: Greenpeace, Amnesty International, Friends of the Earth, die miteinander verbundenen Friedensbewegungen in den USA und Europa, die amerikanischen und japanischen Kernkraftgegner und die politische Partei der Grünen, die sich von Deutschland aus auf alle Industriestaaten ausbreitet.[13]

Auch hier liegen die treibenden Kräfte für diese Entwicklung in der Tatsache, daß nationaler Wirtschaftswettbewerb, Gewinnmaximierung und die Abhängigkeit von Rohstoffen unannehmbare «Nebeneffekte» erzeugen: ein chronisch instabiles, konfliktanfälliges internationales System, das unbeabsichtigten Kriegen, Terrorismus, dem Zusammenbruch der Umwelt und einer generellen Bedrohung der gesamten menschlichen Zivilisation ausgesetzt ist. Unter den neuen Anstrengungen, konventionelle Denkweisen und «Realismus» zu durchbrechen, befinden sich die Vorschläge des «Alternativen Wirtschaftsgipfels» (The Other Economic Summit»),[14] dessen Teilnehmer den Führern der traditionellen Wirtschaftsgipfel den Kampf angesagt haben und deren Treffen in London, Tokio und Venedig als kaum mehr als abgestandene Propaganda und «Fototermine» abtun. Alternative Strategien für die Hinwendung der Wirtschaft zu einer Produktion, die auf Friedenszeiten ausgerichtet ist und sich mit dem gefährlichen Ungleichgewicht zwischen «Habenden» und «Habenichtsen» und den daraus resultierenden Bedrohungen durch Terrorismus und Revolten beschäftigt, werden vorgestellt. Weitere Vorschläge fordern eine Reform wirtschaftlicher und industrieller Strategien, um die Zerstörung der Umwelt, weltweiten Hunger, Krankheit und Überbevölkerung zu bekämpfen. Solche und ähnliche selbstorganisierte Gruppen stellen im Verein mit einer wachsenden Zahl hochkarätiger internationaler Privatorganisationen, Bürgerinitiativen und über Satelliten ausgestrahlten «Weltbürgerversammlungen» herkömmliche Wirtschaftsmodelle auf den Prüfstand, seien sie marxistisch, sozialistisch, marktorientiert, auf Keynes beruhend oder auf die Theorien der «supply-side» ausgerichtet. Diese Gruppen erkennen und unterstreichen die zahlreichen Konsequenzen veralteter und unbrauchbarer Denksysteme, wie zum Beispiel die Vorstellung, in einem atomaren, von gegenseitiger Abhängigkeit der Nationen geprägten Zeitalter Kriege «gewinnen» zu können, oder die Überlegung, sich aus den mit der Hungersnot in der Dritten Welt verbundenen Problemen «herauszuhalten», es sei denn, die betroffenen Länder erfüllen die in sie gesetzten Erwartungen. Diese Bewegungen basieren inzwischen nicht mehr allein auf der Angst vor Terrorismus, Krieg und Umweltzerstörung. Sie sind vielmehr aktiv geworden und bieten umfassende positive Pläne an,[15] mit rigorosen Analysen und unter Verwendung von Kommunikationsmitteln, wobei sie für einschneidende Änderungen in der Gestalt postindustrieller Gesellschaften eintreten.[16]

7. *Die Entstehung von Wirtschaftstheorien und -indikatoren im letzten Jahrzehnt ist eine der Reaktionen auf die neuen Unruhen.*

Man geht langsam von traditionellen Indikatoren wie den Maßeinheiten des BSP zu neuen Meßmethoden über, deren Grundlage Sozialleistungen (Net National Welfare, Japan; Measure of Economic Welfare, USA), Lebensqualität (Quality of Life, USA; the Physical Quality of Life Index) und Grundbedürfnisse des Menschen (Basic Human Needs) sind. Wie ich an anderer Stelle beschrieben habe, beinhalten alle diese Meßmethoden neue zusätzliche Variable und *nichtwirtschaftliche* Größen. Im betriebswirtschaftlichen Bereich haben wir die Entstehung eines rein wirtschaftlichen Standpunkts gesehen, durch Ökonometrie, zielorientiertes Management oder strategische Planung. Während sich leitende Angestellte von Wirtschaftsmodellen abkehren, geben sogar Universitätsdekane, wie Abraham Gitlow, Dekan der New York University, zu, daß «die Volkswirtschaft Probleme hat». Kenneth Mayland, leitender Wirtschaftswissenschaftler der First Pennsylvania Bank, bemerkte, daß «der Bedarf an Wirtschaftswissenschaftlern kaum steigen wird»[17], und Alan Blinder von der Princeton University beschreibt das Problem ganz offen mit der Aussage, daß «es ohnehin nicht die eigentliche Aufgabe von Wirtschaftswissenschaftlern sei, zukünftige Ereignisse akkurat vorauszusagen»[18]. (Eine Übersicht über die Weltwirtschaft bietet Abb. 3).

8. *Die Entstehung postökonomischer Vorgehensweisen im letzten Jahrzehnt zeugt also vom Unvermögen der Volkswirtschaftslehre, mit auftauchenden konkreten Problemen fertig zu werden.*

Wirtschaftswissenschaftler mußten es weitgehend anderen überlassen, Prognosen zu stellen, da sie gezwungen waren, ihre «Voraussagen» beinahe jede Woche zu revidieren. Zu den postökonomischen Managementverfahren gehören technologische Standortbestimmung (technology assessment, TA), Aufstellungen über Einwirkungen auf die Umwelt (environmental impact statements, EIS), Analysen von Auswirkungen

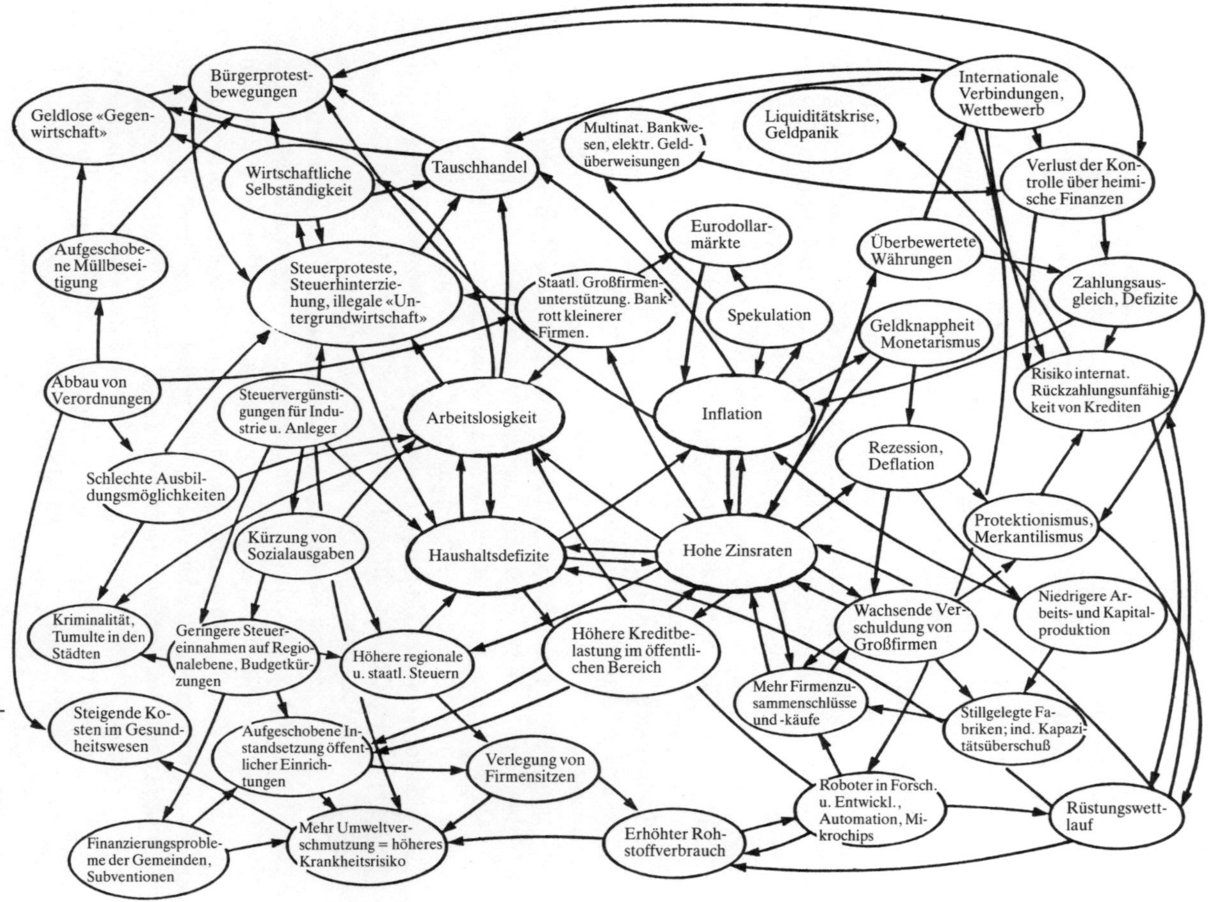

Abb. 3:
Die Teufelskreis-Wirtschaft schneller Rückkopplungsschleifen.

auf die Gesellschaft, Feststellung der Auswirkungen auf den Arbeitsmarkt, Zukunftsforschung[19], Studien über Querverbindungen und die Entwicklung von Szenarien. Zu dieser Liste gehören außerdem die neueren Berichte über den Status der Welt (*State-of-the-World* reports), wie die vom Worldwatch Institute in Washington D. C. veröffentlichten, und *Gaia: An Atlas of Planet Management* (1985), zusammengestellt von Norman Myers und einem Stab von 200 Wissenschaftlern verschiedenster Disziplinen.

Das bringt uns zu dem Punkt, an dem wir die sich immer schneller entwickelnden Globalisierungsprozesse und die Umstrukturierung nationaler Wirtschaftssysteme, Konzerne und des Welthandels genauer betrachten sollten.

Diese internen Umstrukturierungen werden natürlich von Umgruppierungen unter den Nationen begleitet, da alle versuchen, die geänderten Regeln im neuen «Weltenspiel» zu lernen und auf die Achterbahn des Welthandels aufzuspringen. Die neuen Strategien gehen weit über die alten Diskussionen zwischen Liberalen und Konservativen hinaus, wie man – militärisch oder wirtschaftlich – im «Weltenspiel» «wettbewerbsfähig» bleiben könne. Sie erfordern neue Regeln und ein notwendiges Maß an Verantwortlichkeit, um das neue Spielfeld zu erhalten: die Weltwirtschaft (jetzt unteilbar), die Verbreitung neuer Technologien, Rüstungskontrolle und Abrüstung und die Erhaltung unseres «Planeteneigentums», das heißt unserer Flüsse, Ozeane, Ökosysteme, der Atmosphäre, der Ozonschicht und des Weltraums.[20]

Diese neuen Strategien eines «Planetenmanagements» sind uns aufgedrängt worden – ob wir dafür bereit sind oder nicht – und können für die Menschheit zu einem bedeutenden Lernprozeß werden und ihr Gelegenheit geben, mit vereinten Kräften den nächsten Schritt auf ihrer Reise auf diesem Planeten zu gehen. Für diese Aufgabe werden die gesamten industriellen Kapazitäten aller Länder und Regionen benötigt: um Wüstengebiete wieder fruchtbar zu machen, Erosionsgebiete wieder aufzuforsten, ergiebigere und unterschiedliche Nahrungspflanzen zu entwikkeln und vernünftiger zu verteilen, das genetische Potential der Erde zu schützen, das Ziel der Weltgesundheitsorganisation – Gesundheit für alle im Jahr 2000 – zu erreichen, die in vielen Ländern (besonders in der südlichen Hemisphäre) benötigte Infrastruktur zu erstellen und dadurch lebensfähige Märkte für Produkte eines erweiterten und neu konzipierten Handelssystems zu schaffen. Sicher sind diese Herausforderungen allein schon attraktiv genug für diejenigen Nationen und militärisch-industriellen Allianzen, die immer noch mit den alten Spielen von Wettbewerb und gegenseitig gewährleisteter Vernichtung beschäftigt sind. Aber es gibt noch eine weitere Herausforderung: das aufregende Spiel gemeinsamen Vordringens in den Weltraum und weiterer Erforschung des Sonnensystems, das jetzt zweifellos die Möglichkeiten jeder einzelnen Nation übersteigt. Diese Grenzen von Wissenschaft und Technik mit vereinten Kräften zu überwinden wäre mit Sicherheit fruchtbarer als ein Krieg der Sterne (ein weiteres Exempel für das alte Spiel von Wettbewerb und Angst).

Ich möchte hier und jetzt die Voraussage machen, daß in den nächsten zwei oder drei Jahren das Kalter-Krieg-Spiel zwischen den beiden Supermächten abgelaufen sein wird und die gegenseitig gewährleistete Vernichtung abgelöst wird von einem sich bereits abzeichnenden gegenseitig gewährleisteten Fortschritt. Die Grundlagen meiner Argumentation liegen in dem immer rascher fortschreitenden Zusammenschluß der Welt.

Doch was hält die Entwicklung eigentlich auf, wenn diese neuen Strategien ein so vernünftiger Ansatz für die Zukunft der Welt sind und zahllose Gelehrte, Wissenschaftler und Millionen Bürger für diese Ideen eintreten? Warum hat die Welt noch nicht mit diesem *neuen* Spiel des gegenseitig gewährleisteten Fortschritts begonnen? Die Antwort darauf ist, daß dieses neue Spiel in Wirklichkeit bereits begonnen hat! Doch veraltete Ansichten und unbrauchbar gewordene Denksysteme hindern die meisten Leute, sogar sogenannte Führungskräfte in Regierung, Wirtschaft und den Medien, daran, zu *sehen*, wie sich dieses neue Spiel unmittelbar vor ihren Augen entfaltet.

Das neue Spiel ist ungewohnt (sonst wäre es nicht wirklich neu) und ganz anders als die alten, auf Wettbewerb ausgerichteten *Ich gewinne/du verlierst*-Spiele, die den meisten von uns beigebracht worden sind (deutlich zum Beispiel als die grundlegende Prämisse unseres umstrittenen Rechtssystems). Das neue Spiel ist kooperativ, das heißt, niemand gewinnt, es sei denn, jeder gewinnt, und der einzelne erzielt *bessere* Ergebnisse, wenn er die Bedürfnisse anderer berücksichtigt, und *schlechtere*, wenn er selbstsüchtig handelt. Wenn zum Beispiel in einem vollbesetzten Fußballstadion einige der Besucher glauben, aufstehen zu müssen, um mehr sehen zu können, sind am Ende alle gezwungen aufzustehen. Die Folge ist, daß *niemand* besser sieht, es aber für *alle* unbequemer ist.

Spiele, bei denen alle gewinnen, sind immer dann die Regel, wenn eine Rohstoffquelle «Allgemeingut» ist und nur als Ganzes von allen benutzt werden kann, wie zum Beispiel die Luft, die wir atmen. Diejenigen Rohstoffquellen, die individuell benutzt werden können, ohne daß dabei anderen ein Leid zugefügt wird, sind uns vertrauter unter der Bezeichnung «Märkte». Dabei scheinen die Regeln des Wettbewerbs, wie die von Adam Smiths berühmter «Invisible Hand» am besten zu funktionieren. Als Teil des neuen Szenarios und ein Beweis dafür, daß das neue Spiel auf dem Vormarsch ist, kann die Tatsache gesehen werden, daß auch Sowjets und Chinesen die Art, wie sie mit ihren Rohstoffen umgehen, neu überdenken und «Markt-Spiele» wieder einführen. Zur gleichen Zeit macht der Globalisierungsprozeß aus von allen Ländern gewohnheitsmäßig als «frei» betrachteten Gütern, wie Wasser, Luft, elektromagnetisches Spektrum und Weltraum, ein neues «Allgemeingut».

Während Umstrukturierungen und Umgruppierungen weitergehen, sehen wir ähnliche Neubestimmungen von Werten und Regeländerungen in vielen Ländern; in England ist verstärkte «Privatisierung» zu beobachten und in den USA ein Abbau von Verordnungen, zum Beispiel in der zivilen Luftfahrt, der allerdings möglicherweise zu weit ging und nun unsichere Lufträume und lange Verzögerungen als Preis für blindes Vertrauen auf Wettbewerb und Markt mit sich bringt.

Ein «dritter Weg» ergibt sich aus neuen Entwicklungsstrategien, die brauchbare Ideen sowohl des sozialistischen Systems als auch der freien Marktwirtschaft vor dem Hintergrund einer neuen ökologischen Bewußtheit kombinieren *und* berücksichtigen, daß sich die Menschheit in einem kontinuierlichen Entwicklungsprozeß zu einem umfassenderen Bewußtsein der gesamten Schöpfung befindet. Der Schlüssel für beide Spiele, Wettbewerb und Kooperation, ist *Feedback*, die Information über die Auswirkungen dieser Strategien aufeinander und auf das Ganze, so daß ständige Kurskorrekturen möglich sind. Bei der alten Grundsatzdiskussion über die beiden Strategien werden nämlich immer nur die Vorteile der einen *oder* der anderen gesehen. Inzwischen haben wir durch *Feedback* gelernt, daß alle Gesellschaftssysteme (wie alle anderen lebenden Systeme) ein Gleichgewicht zwischen Kooperation und Wettbewerb brauchen. Beide sind wichtige Strategien für Überleben und Erfolg, und, was noch wichtiger ist, beide müssen durch *Feedback* lernen und Kurskorrekturen vornehmen, um gesund zu bleiben. Wie der menschliche Körper durch konstantes *Feedback* (Information über Lufttemperatur, Streß, Geräusche, optische Eindrücke und die anderen Sinneswahrnehmungen) gesund bleibt, so ist auch eine Gesellschaft erfolgreich, indem sie von *Feedback* Gebrauch macht: Feedback von ihren Bürgern (Demokratie), von der Umwelt, von anderen Ländern und von entscheidenen Veränderungen, wie zum Beispiel dem Anstieg der Weltbevölkerung auf die Rekordhöhe von fünf Milliarden. Folglich stellt sich nicht länger die Frage nach Rechts oder Links, Wettbewerbsfähigkeit oder Kooperation, sondern in welchem Ausmaß sich eine Gesellschaft dahingehend orientiert, *Feedback zu nutzen* – wo es angebracht ist –, neue Spielregeln festzulegen und, was am wichtigsten ist, ständig dazuzulernen.

Heutzutage ist der immer rascher forschreitende Zusammenschluß der Welt nichts anderes als ein Prozeß, ganze Systeme, die in vergangenen, weniger überbevölkerten Zeiten «freie» Märkte für alle zu sein *schienen*, neu zu überdenken, das heißt, die Luft, die Ozeane als «Allgemeingüter» zu betrachten, deren Nutzung neue Spielregeln erforderlich macht, bei denen alle gewinnen. Das Wort «commons» (Allgemeingut) stammt aus dem England des 14. Jahrhunderts, als jedes Dorf einen «common» (gemeinsamen) Weideplatz hatte, auf dem die Schafe aller Bewohner grasen konnten. Die inzwischen berühmte «Tragedy of the Commons» (Tragödie der Gemeindewiesen) bezieht sich auf das Fehlverhalten einiger Dorfbewohner, die möglichst großen Nutzen für sich selbst herausschlagen wollten, indem sie mehr Schafe als andere auf der Gemeinschaftswiese weideten, bis durch die Überbelastung die Wiese für alle unbrauchbar wurde.[21]

Durch das Zusammenrücken der Nationen ist unser jüngstes «Allgemeingut» entstanden: die neue, unteilbare Weltwirtschaft. Jede Nation und jeder multinationale Konzern versucht, die Führungsposition in einem kompromißlosen Wettbewerbsspiel zu erringen, das die gemeinsame Weltwirtschaft nur zerstören und einen weltweiten Zusammenbruch oder eine Depression mit sich bringen kann. Anders als 1929 verfügen heute jedoch alle Mitspieler über weit mehr Information und *Feedback* und sind dadurch in der Lage, die Ergebnisse einer geplanten Einzelaktion schon vorher zu *simulieren*. Folglich kann auch jeder der Mitspieler sehen, daß er einen Teil seiner hochgeschätzten «Souveränität» aufgeben muß, selbst wenn dieser Autonomieverlust riskant erscheint – er ist mittlerweile weniger riskant als der Versuch, eigene Wege zu gehen.

Die Hauptakteure in der Weltwirtschaft sind also im Begriff, trotz ihrer Tradition und früherer Ideologien zu einer Art neuen Rahmenvereinbarung zu kommen: in bezug auf Währungen, Handel, Schuldenabwicklung, entsprechend einem neuen «Bretton Woods», an dem inzwischen alle Mitspieler beteiligt werden müssen. Diese Hinwendung zum Aufbau einer Welt, in der alle gewinnen, ist nicht wahrnehmbar (besonders wenn man noch die alten Scheuklappen trägt), aber die Zeichen dafür sind sichtbar: von Reykjavik und Genf bis Moskau, Manila, Seoul und Durban in Südafrika. Diese Verschiebung zu kooperativen Strategien in Produktion und Marketing zeigt sich auch in den immer häufigeren internationalen Zusammenschlüssen in der Autoindustrie und der Gebrauchselektronik. Seit die Finanzmärkte zu einer weltumspannenden Geschäftsabwicklung rund um die Uhr übergegangen sind, verlieren die nationalen Stützpunkte eines multinationalen Konzerns an Bedeutung, ebenso wie bilaterale Handelsstatistik und nationale Wirtschaftsindikatoren und -strategien. Außerdem ist Feedback schneller verfügbar seit Nachrichten und Kommentare im Fernsehen Regierungsverlautbarungen und diplomatischen Kanälen den Rang ablaufen. Dadurch werden drastische Kurskorrekturen bewirkt, wie zum Beispiel die von Präsident Chun in Korea oder die der japanischen Firma Toshiba.

Entscheidend ist, daß die alten Gewinner-Verlierer-Spiele den Mitspielern allmählich zu schaden beginnen. Das wird besonders deutlich am Wettrüsten zwischen den USA und der Sowjetunion. Die gegenseitig gewährleistete Zerstörung der Wirtschaft beider Nationen ist das sichtbare Resultat. Gorbatschow hat bereits ein neues Team von Reformern aufgestellt, um die darniederliegende sowjetische Wirtschaft wiederzubeleben, während man sich in den Vereinigten Staaten noch verzweifelt bemüht, den Absturz zur höchstverschuldeten Nation der Welt zu begreifen. Inzwischen haben die Japaner die Führungsrolle übernommen, indem sie durch Produktion von Konsumgütern die erfolgreichste Wirtschaft der Welt aufgebaut haben und mit 25 Prozent der Geldreserven der Welt zu den führenden Bankiers geworden sind. Anhänger des kalten Krieges beschweren sich immer noch, daß die Japaner auf amerikanisches Geheiß und unter dem «Schutzschirm amerikanischer Nuklearpolitik» zu ihrem Wirtschaftsboom gekommen seien. Das stimmt zwar – aber das war eben unser altes Gewinner-Verlierer-Spiel, und wir können den Japanern kaum Vorwürfe dafür machen, daß sie ein neues Spiel nach den alten amerikanischen Regeln schufen.

Inzwischen kommen viele weitsichtige Vorschläge von vorausschauenden, von der Notwendigkeit eines Zusammenschlusses der Nationen überzeugten Denkern Japans: der Versuch, ihre Yen-Überschüsse auf kreativere Weise in den Geldkreislauf zurückzuführen, als das im letzten Jahrzehnt mit den Petrodollars gehandhabt wurde. Außerdem sind neue «Marshallpläne» im Gespräch, wobei Japan auf die Unterstützung der Nationen hofft, die sich bereits an dem Marshallplan zum Wiederaufbau Europas und des Welthandels vor 40 Jahren beteiligt hatten. Japans Außenminister, Shintaro Abe, hat vorgeschlagen, südamerikanischen Ländern einen Kredit von 30 Milliarden Dollar zur Verfügung zu stellen.[22] Der ehemalige Außenminister, Dr. Saburo Okita, drängt seit mehr als einem Jahr auf einen neuen Marshallplan[23] und Dr. Masaki Nakajima, ehemaliger Direktor des Mitsubishi-Forschungsinstituts, versucht seit zehn Jahren, Befürworter seiner Vorstellung von einem weltweiten Infrastrukturfonds zu finden.[24] Alle diese Vorschläge gewinnen mittlerweile internationale Unterstützung durch führende Persönlichkeiten aus Gesellschaft und Politik. Unter diesen Persönlichkeiten befinden sich James Robinson III., Präsident der American Express Company[25], Felix Rohatyn von Lazard Freres, New York, Morris Miller, ehemaliger leitender Direktor der Weltbank, und der Wirtschaftswissenschaftler Paul Streeten. Und Japans Finanzminister, Kuchi Mizayawa, schlug vor, eine weltweite «Risikoversicherung» für Auslandskredite und ein Hilfssystem für Schuldnernationen einzurichten.[26]

In letzter Zeit haben sich mehrere Konferenzen mit diesen «Marshallplan»-Vorschlägen beschäftigt, die zur Unterstützung der Entwicklungsländer im Süden dienen sollen und vom Dammbau und anderen infrastrukturellen Großprojekten von fragwürdigem ökologischem Wert bis hin zur Bewässerung der Wüsten und zur Aufforstung reichen. Die Tarrytown-Konferenz, die ich zusammen mit dem Unternehmer Robert L. Schwartz im Mai 1987 in New York einberufen habe, beschäftigte sich in erster Linie mit der Gutheißung eines neuen Entwicklungsmodells, das über rein wirtschaftliche Probleme hinausgeht, mit der Erhaltung der Ökologie und mit einer Entwicklung, die «tröpfchenweise» nach oben anstatt nach unten verläuft.[27]

Das neue Spiel, bei dem alle gewinnen, ist also im Kommen, und die neuen Akteure sind Japan, China und die Länder der Dritten Welt. Alle diese Nationen interpretieren «Entwicklung» vor dem Hintergrund ihrer jeweiligen Kulturen neu und fügen dadurch den vielen unterschiedlichen Möglichkeiten für ein stark verbessertes Welthandelssystem weitere hinzu. Wir können uns also vorstellen, welche Richtung die Menschheit künftig einschlagen wird, während wir lernen, unsere Zukunft zusammen mit unserer Erde aufzubauen. Wie Walter Truett Anderson in seinem Buch *To Govern Evolution* (1987) anmerkt, müssen wir uns der Verantwortung für unsere zahlreichen wiederholten Eingriffe in Ökosysteme stellen anstatt zu versuchen, diese historische Rolle der Menschheit zu leugnen. Für die kommenden Aufgaben muß die Menschheit viel lernen, besonders wie der Schaden, den sie angerichtet hat, wenigstens zum Teil wiedergutzumachen ist und wie die Erde wieder aufgeforstet und wieder begrünt werden kann. Das muß die neue grundlegende Aufgabe jeder neuen «Entwicklung» sein und wird unsere Fähigkeiten, unsere Erfindungskraft und unsere Intelligenz wie nie zuvor auf die

Probe stellen. Denn inzwischen sind so viele unserer Ökosysteme gleichzeitig belastet und laufen Gefahr, die kritische Schwelle zu überschreiten, wie zum Beispiel das sich ständig weiter ausdehnende Loch in der Ozonschicht. Es ist beinahe schon zu spät, und es steht mehr auf dem Spiel als jemals zuvor, aber uns bleibt keine andere Wahl, als zu lernen, verantwortungsbewußter vorzugehen, um unsere Erde zu heilen. Indem wir «Entwicklung» neu definieren und vom kalten Krieg zu einem Szenario «gegenseitig gewährleisteter Entwicklung» übergehen, läßt sich vorstellen, wie ein kommendes Welthandelssystem aussehen könnte, nachdem ein neues faires Weltwährungssystem eingeführt und Handels-, Tausch- und Währungsvereinbarungen getroffen worden sind.

Man kann sich denken, daß dieses Welthandelssystem der Zukunft mehr auf «Software» als auf «Hardware» (d. h. Güter und Materialien) basiert. Jede Region wird über die notwendigen Voraussetzungen verfügen, die «Grundstoffe» des täglichen Lebens herzustellen. Dazu gehören Nahrungsmittel, Unterkunft, Transportmittel, Betriebsstätten und die Fähigkeit, neue Produkte und Innovationen aus Industrieländern nachzubauen. So wird zum Beispiel das unmittelbare «Klonen» neuer Computer und elektronischer Geräte zur Norm werden. Es wird Konzernen und Nationen immer weniger möglich sein, Forschungs- und Entwicklungskosten für technologische Neuerungen wieder hereinzuholen, da diese Neuerungen auf Wissen basieren und zu unserem neuesten «Allgemeingut» werden – trotz der Anstrengungen, sie patentieren zu lassen und sie zum «Privateigentum» zu erklären. Das wird natürlich von Großfirmen und Nationen als «Dilemma» betrachtet, da sie noch immer um technologischen Vorsprung wetteifern.

Vom übergeordneten Standpunkt aus können wir diese Nationen und Konzerne jedoch als «reife Samenkapseln» betrachten, deren Potential erschöpft ist und die nun ihr Wissen über die Welt verstreuen müssen. Versuche, Neuerungen für sich alleine zu beanspruchen, müssen immer kostspieliger werden und zum Scheitern verurteilt sein. Während alle Nationen lernen, selbst für ihre Grundbedürfnisse zu sorgen, wird der Welthandel zu «Software»[28] und dem Austausch außergewöhnlicher Errungenschaften verschiedener Kulturen kombiniert mit der Einzigartigkeit ihrer heimischen Ökosysteme übergehen. Diese echte «Marktlückenstrategie» zielt nicht auf Wettbewerb ab, sondern ist kooperativ, da diese durch Erfahrung gewonnenen Erkenntnisse jeder Kultur, ob es sich dabei um Computersoftware, Literatur, staatspolitische Neuerungen (wie die Einführung von Parlamenten und Rechtssystemen) oder um neue Strategien zur Problemlösung handelt, nur noch einzigartiger werden. In gewisser Weise ist dieses veränderte Welthandelssystem bereits sichtbar: Die Holländer, zum Beispiel, können ihre in langen Jahren der Erfahrung entwickelten Deichbautechniken fast konkurrenzlos exportieren, da sich auf diesem Gebiet kein anderes Land mit ihnen messen kann. Ähnlich verhält es sich mit den Engländern. Ihr erfolgreichster Export nach dem Zweiten Weltkrieg war Exzentrizität: die Beatles, die Punks, Boy George – ideale Exporte für einen Inselstaat mit geringen Rohstoffvorkommen. Man kann sich direkt eine Volkswirtschaft vorstellen, die ganz auf Musik aufgebaut ist – wie seinerzeit Österreich während der Glanztage Mozarts und seiner großartigen Musikära.

Wenn wir unsere Aufmerksamkeit auf die Ursprünge dieser «kulturellen DNS» richten, werden wir die großen geistigen Traditionen, Kunst und Poesie, die unter allen Ländern ausgetauscht worden sind, genauso hoch bewerten wie Gebrauchselektronik und Automobile, die den heutigen Welthandel bestimmen. Und während die Industriestaaten des Nordens altern, wird ihre Bevölkerung die jungen Leute in ihren eigenen Reihen und den Ländern der Dritten Welt nötiger brauchen und höher schätzen.[29] Schon jetzt wächst das Bewußtsein, daß in unserer heutigen Zeit in erster Linie in Menschen investiert werden muß, um den Horizont der Jugend zu erweitern und sie anzuhalten, ein Leben lang zu lernen.[30] Entwicklung wird neu definiert werden als Investition in Menschen und die Wiederherstellung und Bewahrung von Ökosystemen. Schon jetzt erzwingen neue demographische Erkenntnisse in alternden Industriestaaten eine neue Denkweise. Die Titelgeschichte in der Zeitschrift *Business Week* vom 10. August 1987 verkündet einen neuen «Arbeitermangel, der bis ins Jahr 2000 anhalten kann». Heutzutage bleiben in den meisten Industrieländern Arbeitsstellen oft deshalb unbesetzt, weil sie entweder zu schlecht bezahlt werden, um davon leben zu können, oder weil die Jugendlichen in Armut, ohne Ausbildung und als Analphabeten heranwachsen. Das gilt sogar für die USA, wo zwischen einem Drittel und einem Fünftel der Erwachsenen praktisch Analphabeten sind. Ein ähnlicher Bericht, der im September 1987 vom Committee for Economic Development in New York herausgegeben wurde, fordert höhere öffentliche Ausgaben für die Gesundheitsversorgung und Erziehung von Kleinkindern und zitiert Studien, die zeigen, daß jeder Dollar, der in gute Vorschulerziehung gesteckt wird, das Fünffache an Kosten für staatliche Wohlfahrt und Verbrechensbekämpfung einsparen würde.[31] So erkennen sogar Wirtschaftwissenschaftler langsam die Bedeutung von Sozial- und Umweltschutzausgaben und sehen ein, daß Vorbeugen in jedem Falle besser und billiger ist als Heilen. Die Amerikaner werden feststellen, daß ihr bei weitem zugkräftigster «Exportartikel» ihre Verfassung und ihre Bill of Rights sind, die vielleicht weiterhin intelligente, risikofreudige Menschen aus der ganzen Welt anziehen, die ihr Bestes für ihre neue Heimat geben wollen.

Technologie, Innovation und Kreativität sind inzwischen unsere jüngsten «Allgemeingüter». Deshalb ist es nicht mehr angebracht, von «Technologietransfer» zu sprechen, denn das ist ein eurozentrischer, industrieller Ausdruck, der nahelegt, daß die Industriestaaten des Nordens ihre «Hardware» an die übrigen Länder verteilen und ihr Wissen und ihre Dienstleistungen über die restliche Welt «verbreiten». In der kommenden Weltkultur werden es die einzigartigen und unterschiedlichen Errungenschaften einer jeden Kultur und eines jeden Landes sein, die neue «Märkte» im Welthandel schaffen. Die Ausübung von Meditation, die aus religiösen Traditionen Asiens übernommen wurde, hat zum Beispiel die Medizin in den Vereinigten Staaten enorm beeinflußt und das Leistungsvermögen des oberen Managements gesteigert. Und Aymara, die Sprache eines Andenvolkes, wird inzwischen als Computersprache zur Unterstützung bei maschinellen Übersetzungen benützt. Die meisten Länder der Dritten Welt erhoffen sich eine «Entwicklungsdividende», sobald sich die beiden Supermächte auf Abrüstungsvereinbarungen geeinigt haben. Wenn Vertreter der japanischen Regierung beschließen, die neuen Entwicklungsvorschläge einiger ihrer vorausblikkenden Bürger zu unterstützen, und die Chancen dafür stehen gut, dann wird eine «kritische Masse» dafür sorgen, daß das wesentlich attraktivere Spiel von «gegenseitig gewährleisteter Entwicklung» nicht aufzuhalten ist. Schon jetzt hat Japan ebenso viele idealistische junge «Peace corps»-Freiwillige in afrikanischen Ländern wie die USA, und China hat eine lange Tradition in dieser Art von Unterstützung. Wir müssen endlich unsere nationalistischen Scheuklappen abnehmen und die «Weltbürger» aller Nationen, die ihre alte patriotische Identität abgelegt haben und sich jetzt völlig als Teil der großen menschlichen Familie sehen, unterstützen.

Über das Informationszeitalter hinaus zum Zeitalter des Lichts

Lassen Sie uns im folgenden untersuchen, welche Rolle die Erde seit jeher als Modell und Vorbild für die Konstruktion unserer Werkzeuge und Technologien spielte. Wenn wir in vollem Umfang anerkennen, wie sehr alle unsere menschlichen Technologien auf Vorbilder aus der Natur zurückgehen, können wir die Erde vielleicht bewußter dazu benutzen, uns den Weg zu einem neuen, mit der Ökologie kompatiblen, menschlich vernünftigen «Entwicklungsmodell» zu zeigen. Es ist wohl besser, das Adjektiv «wirtschaftlich» um der Klarheit willen ganz wegzulassen, denn die Annahmen der Wirtschaftswissenschaftler aller Schulen sind inzwischen veraltet (siehe Tafel 1).

Tafel 1
Unterschiede in Auffassungen, Annahmen und Prognosestellungen zwischen Wirtschaftswissenschaftlern und Zukunftsforschern

Wirtschaftswissenschaftler	*Zukunftsforscher*
Voraussagen aufgrund empirischer Daten	Konstruktion von «Was passiert, wenn?»-Szenarios
Extrapolation von Trends	Trends bedeuten nicht Schicksal
Treffen inzwischen auch optimistische und pessimistische Voraussagen	Ermitteln «bevorzugte Zukunft», entwerfen Trends für Auswirkungen in verschiedene Richtungen
Veränderung wird als *gestörtes* Gleichgewicht betrachtet (d. h. Annahme, daß Gleichgewicht herrscht: alle anderen Dinge sind gleich)	Gehen von grundsätzlicher Veränderung aus (eine Umbildung wird erwartet)
«Normale» Bedingungen werden sich wieder einstellen	Es gibt keine «normalen» Bedingungen in komplexen Systemen
Reaktiv (Annahme, daß eine unsichtbare Hand steuert)	Aktiv (menschliche Entscheidungen und Verantwortlichkeit stehen im Mittelpunkt)
Lineare Argumentation, umkehrbare Modelle	Nichtlineare Agumentation, nichtumkehrbare Modelle
Unorganische Systemmodelle	Evolutionäre, lebende Systeme, organische Modelle
Stellen Naturwissenschaften und «harte» Daten in den Mittelpunkt	Konzentration auf Geistes- und Sozialwissenschaften, «weiche», verschwommene Daten, Indeterminismus
Deterministisch, logische Reduktion, analytisch	Holismus, Synthese, sucht Synergismus

Konzentration auf kurze Zeiträume (z. B. Verlustraten in Kosten/Nutzen-Analyse)	Konzentration auf lange Zeiträume, Kosten, Nutzen und Chancen über mehrere Generationen
Daten über nichtwirtschaftliche Bereiche unbezahlter Arbeit werden als «Äußerlichkeiten» angesehen (z. B. freiwillige Arbeit zum Nutzen der Gemeinschaft, unentgeltliche Produktion, Umweltressourcen)	Mitberücksichtigung von Daten über soziale, freiwillige, unentgeltliche Produktivität, Veränderungen geistiger Wertvorstellungen, Lebensstil und Umweltbedingungen. (Anwendung postökonomischer Modelle: technologische Standortbestimmung, Auswirkung auf die Umwelt, Studien über die Auswirkungen auf die Gesellschaft)
Methoden führen zu einer Verstärkung vorhandener Trends (z. B. Wall-Street-Psychologie, Herdeninstinkt bei Investitionen, Technologien, Wirtschaftsentwicklung)	«Konträre» *Methoden* (z. B. Suche nach Abweichungen, Überprüfung von Vorurteilen und kulturellen Normen), Identifikation latenten Potentials
Unternehmerisch, wenn der Markt identifiziert ist	Sozial unternehmerisch (Schwartz) (z. B. sich künftige Bedürfnisse vorstellen, neue Märkte schaffen)
Präzise, quantitative Voraussagen (z. B. das BSP für das nächste Quartal, Konzentration auf Zeiträume von einem Jahr)	Qualitative Voraussagen (z. B. Studien über das Jahr 2000, zu erwartende Demokratie), Daten aus verschiedenen Quellen, Entwurf sich langfristig und weltweit wechselseitig beeinflussender Variablen und Trends

Ich dränge schon seit einiger Zeit darauf, daß wir statt dessen möglichst viele der bereits verfügbaren umfassenderen Verfahren anwenden, wie sie zum Beispiel in *The Politics of the Solar Age* und von mir in «Post-Economic Policies for Post-Industrial Societies» (1984) beschrieben sind. Je mehr Menschen sich uneingeschränkt als Weltbürger betrachten und damit beginnen, sich wieder in die natürlichen Rhythmen und Prozesse der Erde einzufühlen, desto mehr nationalistische, akademische und ideologische Eingrenzungen beginnen zu fallen. Alle Kulturen vor dem Industriezeitalter wußten, daß unsere Erde von dem täglichen Fluß lebensspendender Photonen der Sonne gespeist wird. Deshalb bietet uns auch das Solarzeitalter der Bewußtheit die Gelegenheit, sowohl das Industriezeitalter als auch das Informationszeitalter hinter uns zu lassen und einzutreten in das anbrechende Zeitalter des Lichts, das die Lichtwellentechnologie mit sich bringt. Doch der Beginn des Solarzeitalters bedeutet noch viel mehr: einen Übergang zu erneuerbaren Rohstoffquellen und haltbaren Produktionsformen, wie sie von Ökologen längst gefordert und von meinen Kollegen vom Worldwatch Institute, der Cousteau Society, dem Office of Technology Assessment in den USA, dem Calvert Social Investment Fund und jetzt auch von der Weltbank unterstützt werden.[32] Ich habe außerdem wiederholt für einen veränderten Standpunkt der Wissenschaft plädiert, bei dem der Respekt für die Erde und die Zusammenarbeit mit der Natur im Vordergrund stehen und nicht die alten Ausbeutungspraktiken des Industriezeitalters. Meiner Meinung nach wird das Solarzeitalter über das Informationszeitalter hinausgehen, das zu einem allgegenwärtigen Fetisch geworden war, der die alten Auffassungen von «wirtschaftlichem Fortschritt» zungenfertig bestätigte und, wie von Daniel Bell vorausgesagt, mit dem Aufstieg des «Dienstleistungssektors» (den ich «Bürokratiesektor» getauft habe) und dem erstaunlichen Wachstum von Informationstechnologien, Computern und Automation zusammentraf.

Das Informationszeitalter ist jedoch schon jetzt kein angemessenes Leitbild mehr und erst recht kein Wegweiser in die Zukunft. Es konzentriert sich immer noch auf Hardware-Technologien, Massenproduktion und die engstirnigen Wirtschaftsmodelle von Effizienz und Wettbewerb und ist daher eher eine Erweiterung industrieller Ideen und Methoden als ein neues Stadium menschlicher Entwicklung. Information ist ein unerschöpflicher Rohstoff, der schwer zu erhalten und zu verkaufen ist. Sie fügt sich nicht in Wirtschaften, in denen Produktknappheit herrscht, sollte am besten mit anderen geteilt werden und frei fließend sein und nicht als materielle Handelsware betrachtet werden. Doch das macht neue Regeln erforderlich: weg von dem alten Nullsummenwettbewerb, den «Ich gewinne/du verlierst»-Regeln, und hin zu den neuen kooperativen Regeln, bei denen alle Mitarbeiter gewinnen – weg vom Nationalistischen und hin zum Weltumfassenden, wobei Hierarchien an die Wand gedrückt werden und Bürger mehr Macht in unserem Weltdorf übernehmen werden. Doch wenn wir uns bei diesen Veränderungen nur auf die Informationsaspekte konzentrieren, kann uns das blind machen für all die *Des*information und Propaganda in dieser medienbeherrschten Welt. Bloße Information hat lediglich zu einer Überschwemmung mit Milliarden Bits zusammenhangloser Rohdaten, die immer weniger Sinn ergeben, aber nicht zur Suche nach vernünftigen neuen Erkenntnismustern geführt (Abb. 4 zeigt eine Skala der Informationsqualität).

Meine Vorstellung von dem anbrechenden Solarzeitalter schließt diese Art von Neuordnung der veralteten Informationsära mit ein, das heißt,

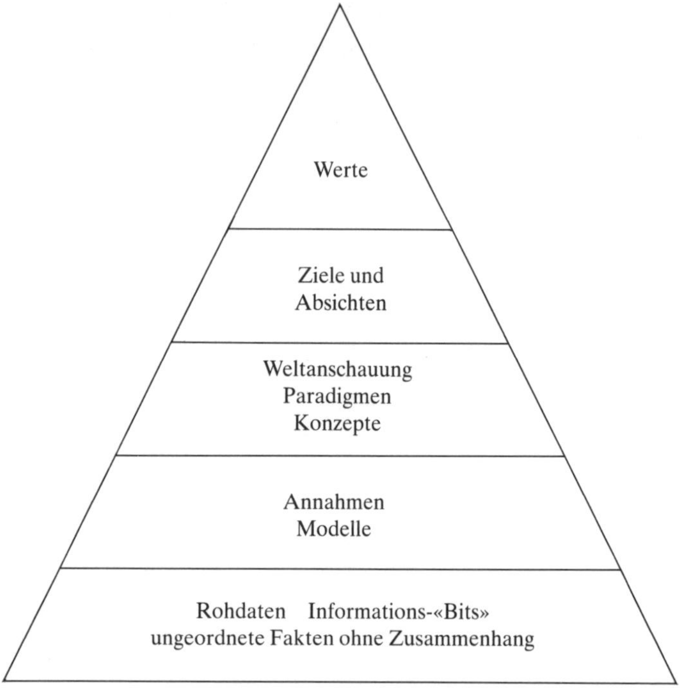

Abb. 4: Skala der Qualität von Informationen
(d. h. der *Relevanz* von Informationen für menschliche Ziele).

daß ein Strukturwandel vollzogen werden muß, in dessen Verlauf wir die enge Vorstellung von getrennten Wissenschaftsbereichen loswerden müssen. Volkswirtschaft, Physik, Technik, Psychologie und all die anderen Disziplinen müssen verarbeitet werden zu einer ganzheitlichen Sicht der gesamten menschlichen Familie, die inzwischen durch unentwirrbare, weltumspannende Technologien zu einer einzigen, im Entstehen begriffenen Weltkultur verbunden ist. Diese Ansicht findet breite Zustimmung und wird von vielen Freunden und Kollegen, mit denen zusammenzuarbeiten ich die Ehre hatte, unterstützt: Fritz Schuhmacher, William Irwin Thompson in *Die pazifische Herausforderung*, Fritjof Capra in *Wendezeit*, Barbara Marx-Hubbard in *The Evolutionary Journey*, Peter Russell in *Die erwachende Erde* und Jean Houston in *Der mögliche Mensch* (siehe Tafel 2).

Tafel 2
Ein post-kartesianisches wissenschaftliches Modell
(beruhend auf einer globalen Betrachtungsweise und auf Wissenschaften biologischen und systemischen Lebens, anstatt auf unorganischen, statischen Gleichgewichts- oder mechanistischen Modellen)

Prinzipien

Verbundenheit	auf jeder Stufe des Systems
Neuverteilung	Wiederverwertung aller Elemente und Strukturen
Heterarchie	Verbindungsnetze, Interkommunikation statt Hierarchien; viele in Wechselwirkung stehende Systemvariable; Selbstorganisation, Autopoesis, wechselseitige Kausalität
Komplementarität	ersetzt entweder/oder, dichotome Logik durch die Metalogik der «Ying-Yang»- und «Jeder gewinnt»-Spiele, keine Nullsummenspiele
Ungewißheit	von statischen Gleichgewichts- und mechanistischen Modellen zu probabilistischen, morphogenetischen, oszillierenden und konjunkturrhythmischen Modellen
	Biologische Auffassung von eigenständigen, flexiblen und richtungweisenden lebenden Systemen
Veränderung	Sowohl nichtumkehrbare Erscheinungen als auch traditionelle Modelle im Mittelpunkt, evolutionärer Standpunkt, makroskopisch Zeit/Raum
	Veränderung als grundsätzlich, Gewißheit als eingeschränkt betrachtet

Das Zeitalter des Lichts geht über die anorganische Sicht industrieller Wissenschaft und Technologie hinaus, die Erde sei eine leblose Masse, die ausgebeutet und manipuliert werden könne. Da die Erde wieder als Gaia (nach der griechischen Göttin der Erde), als ein lebender Planet begriffen wird, ist eher ein organischer Standpunkt angemessen: die Wissenschaften lebender Systeme, die dynamisch und selbstorganisierend sind. Es wird immer nützlicher, die Welt durch die Brille biologischer Wissenschaften zu sehen, als lebenden Planeten mit einem unerschöpflichen Reichtum an Ökosystemen, und es ist kein Zufall, daß besonders Biotechnologien sich als geradezu faustische neue Instrumente erweisen. Das Solarzeitalter ist ein Vorstellungsbild, das uns daran erinnert, daß es das Licht der Sonne ist, das unseren strahlend blauen Planeten antreibt, und daß es der Strom von Photonen ist, der sämtliche Prozesse auf der Erde ablaufen läßt: den Kreislauf von Kohlenstoff, Stickstoff, Wasserstoff, den Kreislauf des Wassers und die «Klimamaschine». Es sind diese lichtgesteuerten und durch die Photosynthese der Pflanzen umgewandelten Prozesse, die die Bedingungen aufrechterhalten, die wir Menschen brauchen, um unsere Evolution über das Informationszeitalter hinaus fortsetzen zu können. Tafel 3 zeigt, wie sehr auch unsere neuesten Technologien noch immer die Natur kopieren.

Tafel 3
Führende Technologien, die der Natur nachempfunden sind
Einige Beispiele erfolgreicher Technologien, die auf Vorbildern aus der Natur beruhen: Kamera (Auge), Flugzeuge (Vögel), Radar und Antennen (Insekten)

Informationstechnologien:	*Vorbilder aus der Natur*
Multiprozessoren, parallel verarbeitende Computer	Menschliches Auge: Netzhaut, Sehnerv, Hirnrinde
Neurales Netzwerk (z. B. Denkmaschinen, vernetzte Maschinen aus 65 536 Prozessoren in einem Fünf-Fuß-Würfel)	Neuronen im menschlichen Gehirn: «intuitives» Denken, simultane, analoge und digitale Verarbeitung, korrelierend
Optische Computer Faseroptik, Laserstrahlen können einander überkreuzen. SEEDs (Self Electro Optical Devices). Ein optischer Chip mit 10µ SEEDs könnte alle Telefongespräche aller fünf Milliarden Menschen gleichzeitig abwickeln	Nervensynapsen des menschlichen Gehirns: simultane Verarbeitung überwindet von Neumanns «Engpaß» Menschliche Sprache und Handschrift: kann von diesen Maschinen gelernt werden
Robotertechnik, CAD, CAM Systeme	Menschlicher Körper, Arme, Finger, Beine
Optische Abtastsysteme (Scanners)	Auge
Telekommunikationsnetze: Informationsdienste sind das «Öl» des 21. Jahrhunderts	Globales «Gehirn»-Modell
Netzwerke mit zusätzlicher Dienstleistung (Datenbankanschluß)	Lernen
Künstliche Intelligenz: Expertensysteme	Menschliche Intelligenz, Wissen
«Hypertext», assoziatives Lernprogramm	Menschliches Gedächtnis

Biotechnologien:	
Gentechnologie, Klonen	DNS, RNS-Kodierung, Viren
Monoklonale Antikörper, Interferon,	Bakterien
Insulin, Genspleißen, Hybridisierung,	Menschliches Immunsystem
Gewebekultur	Pflanzen, wilde Arten
Luziferase	Leuchtkäfer
Pheromone, Lockstoffe, biologische Ungezieferbekämpfung	Insekten, Mikroben, Pilze
Biokatalysatoren, Bioassembler	Aminosäuren
Mikroben, die verschüttetes Öl, Schwefel etc. «fressen»	Mikroben
Humanmedizin, die nicht nur die Abwehrkräfte steigert und Heilungsprozesse beschleunigt, sondern Zellen repariert und das Leben verlängert	Menschliches Immunsystem, DNS, Gene
Energietechnologien:	
Thermal-, Gezeiten- und Wellengeneratoren	Ozeane
Energieumwandlung aus Biomasse	Natürliche Verwesungsprozesse, Gärung
Staudämme, Wasserkraft	Gravitation
«Nanotechnologie», Molekularassembler	Viren
Künstliche Photosynthese (Zinkporphyrinrutheniumoxyde), photovoltaische Zellen	Grünpflanzen, Chloroplasten
Osmose, Membrantechnologien	Lebende Zellmembrane
Solarzellenfelder und Sonnensegel	Insektenflügel
Fusionsreaktoren	Sonne

Das Zeitalter des Lichts wird anbrechen, sobald wir uns dieser Tatsachen erinnern. Die Technologien des Informationszeitalters gehen inzwischen bereits von ihrer elektronischen Basis ab und zur Phototronik über. Diese neuen Lichtwellentechnologien umfassen unter anderem Faseroptik, Lasertechnik, optische Abtastung (scanning), optische Computer und Photovoltaik. Wie schon bei früheren Errungenschaften, zum Beispiel der Fliegerei, die dem Flug der Vögel nachempfunden worden ist, erkennen wir auch jetzt beim Fortschritt auf den oben genannten Gebieten die technologische Genialität der Natur und lernen sie immer mehr schätzen. Die Lichtumwandlungstechnologien der Natur, etwa die Photosynthese, dienen immer noch als Konstruktionskriterien und als Musterbeispiel für die Herstellung technischer Ausrüstung im Kleinformat. Die Vorlage dafür liefern uns die Chloroplastzellen, die allen Grünpflanzen dazu dienen, Photonen in brauchbares Glykogen, Kohlenwasserstoff und Zellulose umzuwandeln. Das ist nach wie vor der grundlegende Produktionsprozeß, von dem alle Menschen abhängen, und wenn unsere Photoelemente sich einmal mit der Leistung der Chloroplasten messen können, dann sind wir auf dem richtigen Weg.

Aber das Zeitalter des Lichts bedeutet mehr als die neuen Lichtwellentechnologien, die aus den Rechenzentren und Laboratorien für Robotertechnik und künstliche Intelligenz auftauchen. Das Zeitalter des Lichts wird gekennzeichnet sein von unserer wachsenden Fähigkeit, mit der Natur zu kooperieren und von ihr zu lernen. Das Zeitalter des Lichts wird aufbauen auf der heutigen Biotechnologie, die sich zur Zeit noch in einem oft ausbeuterischen Versuchsstadium befindet. Das Zeitalter des Lichts wird uns ein neues Bewußtsein und neue Ehrerbietung für lebende Systeme und die vorzügliche Informationstechnologie der DNS, für die Weisheit und Kodierung der Summe allen bestehenden Wissens auf diesem Planet bringen. Das Zeitalter des Lichts wird industrielle, manipulative Methoden weit hinter sich lassen und zu tieferen, schöpferischen, naturverbundenen Methoden übergehen, und die Menschheit wird sich bewußt im Verein mit allen Lebensformen auf diesem einzigartigen Wasserplaneten weiterentwickeln. Das Zeitalter des Lichts wird außerdem eine Ära der Zeitkompression, wenn wir unsere holistische, intuitive rechte Gehirnhälfte mit unserer mehr analytischen linken verbinden und wenn die Fähigkeiten unserer Computer auf dem Gebiet paralleler Verarbeitung die Möglichkeiten der Synapsen unserer Gehirne erreichen. Die unvergleichliche Konstruktion des menschlichen Gehirns stellt immer noch die größte Herausforderung für Computerexperten dar, trotz des vielgepriesenen Fortschritts bei Systemen mit sogenannter «künstlicher Intelligenz». Ein leitender Konstrukteur der Firma Cray Computer, der versucht hat, in einem Supercomputer die Fähigkeit des menschlichen Gehirns, Informationen parallel zu verarbeiten, so gut wie möglich nachzubilden, verließ vor kurzem die Firma, um sich kreativeren Ansätzen zuzuwenden.[33]

Wie wir auf Tafel 4 sehen können, gehen die meisten führenden Lichttechnologien, ob Solarenergie oder Biotechnologien und Genspleißen, auf Vorbilder aus der Natur zurück. Zu diesen Vorbildern gehören monoklonale Abwehrkörper, Interferon und andere auf der Kenntnis des menschlichen Immunsystems aufbauende Methoden und sogar die «Nanotechnologien» oder Bioassembler, die von Eric Drexler in *Engines of Creation* (1986) beschrieben und entsprechend den Funktionen von Aminosäuren konstruiert wurden. Gleichzeitig lernen wir vieles darüber, wie unser eigener Körper auf Licht reagiert und daß Menschen, die sich überwiegend in geschlossenen Räumen aufhalten und deshalb nicht genügend natürliches Licht abbekommen, oft an einer Schwächung des endokrinen und Immunsystems zu leiden beginnen.

Tafel 4
Das Zeitalter des Lichts
Lichtwellentechnologien (Phototronik)

Faseroptik	Kabel in Nachrichtentechnik, Stimme, Daten etc.
Optische Abtastung	Supermärkte, Banken, On-line-Computersysteme
Lasertechnik	Laserchirurgie, Laserdrucker, Laser-Schallplattenteller, «Laser bottles» zur Sichtbarmachung von Atomen, Laserantrieb, Laser-Waffensysteme, Laserkunst
Holographie	CAD, CAM, CIM, Kunst
Solartechnologien	Passive Solarheizung und -kühlung, solarthermische Energieumsetzung, Thermal-, Gezeiten- und Wellenenergie, bioenergetische Umsetzung, Hydroponik, Wasserkultur, «Energietürme» mit Sonnenreflektoren, photochemische Umsetzung (künstliche und natürliche Photosynthese), Photovoltaik, Solarzellenfelder, um Satelliten anzutreiben, Solarkollektoren im Weltraum, Sonnensegel für die Raumfahrt
Optische Computer	Werden von Lichtimpulsen anstatt von elektrischen Impulsen angetrieben – sind dabei, Lichtgeschwindigkeit zu erreichen
Multiprozessor, parallel verarbeitende Computer, neurales Netzwerk	Sehr schnell, Bauweise ermöglicht simultane, nicht nur sequentielle Verarbeitung, Sprach- und Stimmerkennung, Anwendung bei Sprache und künstlicher Intelligenz
Bildverarbeitungstechniken	Fernsehbilder, Flüssigkristallbildschirme, Bilddiagnostik durch magnetische Resonanz
Biotechnologien:	Genspleißen, Entwicklung, Molekulartechnik, medizinische Diagnostik, Immunologie, Gewebekultur, Klonen, Hybridbildung und «Neuentwicklung» von Pflanzen

Genmaschinen	Automatisieren den künstlichen Genaufbau
DNS-Sequenzanalysatoren	Lesen die DNS-Kodierung in den Zellen im «Schnellverfahren»
Chemikalien und Gene zur Sichtbarmachung und Lokalisierung	Luziferase etc.
Bio-Chips	Molekularschalter, Molekularspeicher, Proteinsynthetisatoren von NEC, Toshiba, Sharp, Matsuhita etc.
Nanotechnologien	Molekulare «Maschinen», um Moleküle aufzubauen und zu reparieren, und zwar auf viele verschiedene Arten, d. h. *Engines of Creation* (Eric Drexler, 1986)

Sonnenlicht (Photonen), das auf die Erde fällt, liefert in zehn Minuten genügend Energie, um die gesamte Weltbevölkerung von fünf Milliarden in eine Umlaufbahn zu befördern.

Die Weisen unter uns erkennen, daß wir noch viel von unserer Erde lernen können – wenn wir nur bescheiden genug werden und unser Ego lang genug in den Hintergrund drängen können, um wirklich zuzuhören und all ihre Wunder zu sehen, zu riechen und zu fühlen. Wenn wir diesen Einklang mit der gesamten Schöpfung fühlen können, werden wir von natürlicher Freude erfüllt: der Art von Freude, von «High-Sein», die der Psychologe Abraham Maslow «Grenzerfahrung»[34] nennt. Wenn wir unser Bewußtsein in diese Richtung ändern, werden wir nicht mehr nach unerschöpflichem Konsum von Gütern schmachten, die über die Bedürfnisse für ein gesundes Leben hinausgehen, sondern wir werden in unseren Gesellschaften nach neuen Herausforderungen für Ordnung, Frieden und Gerechtigkeit suchen und dafür, unsere Spiritualität zu entwikkeln. Nur auf diese Weise, durch ständiges Streben nach Lernen und Weisheit, kann die Menschheit das Zweite Gesetz der Thermodynamik überwinden.

Alle natürlichen Systeme der Erde bedienen sich beider Strategien, der des Wettbewerbs und der der Kooperation, in ausgewogenem Maße: der Wettbewerb zwischen Arten, Gruppen, Organisationen, Individuen und auch Ideen bewahrt vor ungesundem, exzessivem Wachstum. Die kooperativen Strategien sind gleichermaßen wichtig, denn sie bilden den «Klebstoff», der diese Gruppen und Individuen in geordneter Weise zusammenhält, und sie schaffen die Regeln für ihre Interaktion untereinander. Wie ich 1976 vor dem U.S. Congress Joint Economic Committee erläutert habe, müssen Wirtschaftswissenschaftler jetzt ihre Modelle und

Annahmen ändern, um der neuen Realität gerecht zu werden: Der «Input» in die Produktion besteht aus Energie, Rohstoffen und Wissen, der «Output» muß eine menschlichere Gesellschaft sein. Das Zeitalter der Aufklärung hat in Europa diesen Hoffnungen und visionären Plänen Ausdruck verliehen. Das alte Wirtschaftsmodell von der «Maximierung des Eigennutzes» ist inzwischen dem Standpunkt gewichen, daß individueller Eigennutz mit den Interessen der Art, das heißt mit den Interessen der ganzen menschlichen Familie auf einem wechselseitig abhängigen Planeten zusammentrifft.

(Aus dem Englischen von Hans Waldmann)

Anmerkungen

1 H. Henderson, «Post-Economic Policies for Post-Industrial Societies», in: *Revision*, Jg. 7, Nr. 2, Winter 1984.
2 H. Henderson, «Information and the New Movements for Citizen Participation», in: *The Annals of the American Academy of Political and Social Science*, Bd. 412, März 1974.
3 H. Henderson, «Risk, Uncertainty and Economic Futures», in: *Best's Review*, Mai 1978.
4 A. W. Phillips, «The Relations Between Unemployment and the Rate of Change of Money Wages in the United Kingdom, 1861 to 1957», in: *Economica* XXV, 100, November 1958.
5 Wilbert E. Moore/Melvin M. Tumin, «Some Social Functions of Ignorance», in: *American Sociological Review*, 14. Febr. 1949.
6 Siehe zum Beispiel H. Henderson, *The Politics of the Solar Age*, New York 1981; bes. Kap. 2, «The End of Flat Earth Economics».
7 A. a. O.
8 Siehe zum Beispiel die Titelgeschichte «The Underground Economy» von *Business Week*, 5. April 1983.
9 Siehe zum Beispiel die entsprechenden Studien des Council on Economic Priorities, New York, N.Y., und des Center for Economic Conversion, Mountain View, Kalifornien.
10 H. Henderson, «Citizen Movements for Greater Global Equity», in: *International Social Science Journal*, XXVII, 4, Paris 1976.
11 Lester Milbrath, *Environmentalists: Vanguard for a New Society,* New York 1984.
12 Siehe auch die Diskussion über die Mängel der Volkswirtschaftslehre im Hinblick auf adäquate Information in: *Revision*, a. a. O, S. 26/7.
13 Siehe zum Beispiel Fritjof Capra/Charlene Spretnak, *Green Politics: The Global Promise*, New York 1984.
14 James Robertson/Alison Pritchard (Hrsg.), *Turning Point Newsletters*, Oxford 1984, und die Vorschläge von The Other Economics Summit, 42 Warriner Gdns, London SW11 4DU.

15 Siehe zum Beispiel Lucien Rhodes, «Being Dead ist Bad for Business», in: *INC*, Juli 1984.

16 Siehe zum Beispiel die Creative Initiative Foundation, Palo Alto, CA, und ihre Medienkampagne «World Beyond War» sowie *The CID Report* des Center for Innovative Diplomacy, Aug./Sept. 1984, Palo Alto, CA.

17 «Econimics as a Field to Enter», in: *New York Times*, 6. März 1985, S. 49.

18 Alan S. Blinder, «Let's Hear it for Economists (No Kidding)», in: *Business Week*, 18. März 1985, S. 18.

19 H. Henderson, *The Politics of the Solar Age*, a. a. O., Kap. 12: «The Revolution of Hardware to Software», S. 343–355, und H. Henderson, *Creating Alternative Futures*, New York 1978, Kap. 19: «Technology Assessment». (Auszüge aus beiden Büchern als Sammelband auf Deutsch: *Das Ende der Ökonomie. Die ersten Tage des nachindustriellen Zeitalters*, München 1987.

20 «These Three Zones oft Transition: Riding the Tiger of Change», in: *Futures Research Quarterly*, Jg.2, Nr. 1, Frühjahr 1986.

21 Garrett Hardin, The Tragedy of the Commons», in: *Science*, 13. Dez. 1968, S. 1243.

22 *Washington Post*, 18. April 1987.

23 Saburo Oktia, «Using Its Surpluses to Advantage. A Proposal for Enhancing Japanese and World Security», in: *Nihon Keizai Shinbun*, 2. Juli 1986.

24 Masaki Nakajima, «The Global Infrastructure (GIF) Concept». Programmatische Rede auf der International Conference on Global Infrastructure Projects, Anchorage, Alaska, 7.–11. Juli 1986.

25 James D. Robinson III., «For a Japanese Equivalent of the Marshall Plan», in: *New York Times*, 3. Mai 1986, S. 27.

26 «Japanese Plan for Debtors», in: *New York Times*, 1. Sept. 1987.

27 Siehe zum Beispiel die «Criteria for Development» der von mir initiierten Konferenz über «New Marshall Plans for the Third World and Yen Recycling: Optimizing the Opportunities for Human Development», Tarrytown, New York, Mai 1987, sowie den Report von Ziauddin Sardar, einem der Teilnehmer, «Saving the World – Japanese Style», in: *INQUIRY*, Jg. 4, Nr. 7, 7. Juli 1987 (London).

28 H. Henderson, *The Politics of Solar Age*, Kap. 12, a. a. O., und Orio Giarini, «Coming of Age of the Service Economy», in: *Science and Public Policy*, Aug. 1986.

29 Siehe zum Beispiel die Studie «The Problem of Retirement in Industrial Countries and the Fourth Pillar» (über die Folgen der veränderten Alterspyramide in den Industriegesellschaften, Trend zur Teilzeitarbeit etc.), The Geneva Association, 18 Chemin Rieu, 1208, Genf.

30 Siehe zum Beispiel den *Florida Sunrise Report* der Speaker's Advisory Comm. on the Future (der die Autorin angehört), der zu dem Schluß kam, daß *Erziehung, Ausbildung* der entscheidende Faktor bei der wirtschaftlichen Entwicklung geworden ist, und Florida drängte, «in seine *Menschen* zu investieren» (März 1987).

31 «Executives Urge Rise in Aid for Poor», in: *New York Times*, 7. Sept. 1987.

32 «Eco-rethink at the World Bank», in: *Development Forum*, Juni 1987, United Nations, N.Y.

33 «Cray Halts Ambitious Projekt», in: *New York Times*, 3. Sept. 1987.

34 Abraham H. Maslow, *Psychologie des Seins. Ein Entwurf*, Frankfurt a.M. 1978.

IV
Ganzheitliche Rationalität, Mystik, Mythos

Agehananda Bharati

Holistische Ansätze im indischen Denken über Geist und Natur

Einleitend möchte ich einige anthropologische Fachausdrücke erklären. Ich werde hier die emisch-etische Terminologie benutzen, die vor drei Jahrzehnten von Anthropologen der Yale University entwickelt wurde. Wer nicht mit ihr vertraut ist, sollte wissen, daß sie sich auf zwei Strategien bezieht, die wie ein Tandem benutzt werden sollten, ohne jedoch zu irgendeinem Zeitpunkt zu verschmelzen. Als emisch – bedeutungsunterscheidend, distinktiv – bezeichnet man Strategien und Redeweisen, die den handelnden Personen innerhalb einer kulturellen Gemeinschaft sinnvoll erscheinen, jedoch nicht ohne weiteres außenstehenden Beobachtern. Etische – nichtbedeutungsunterscheidende, nichtdistinktive – Strategien dagegen erscheinen außenstehenden Beobachtern sinnvoll, jedoch nicht ohne weiteres den von ihnen beobachteten handelnden Personen. Treffe ich also eine Feststellung wie etwa «Natur und Geist sind Manifestationen einer beiden Phänomenen zugrundeliegenden essentiellen Wahrheit», oder so ähnlich, dann ist das eine indische emische Aussage. Ihr etischer Gehalt, so es denn überhaupt einen gibt, muß an Behauptungen gemessen werden, die sich sehr von denen unterscheiden, zu denen indische Weise in der Vergangenheit gelangten und die in der traditionellen indischen Ausdrucksweise beibehalten wurden. Hört man einer größeren Gruppe moderner Inder zu, die eher Englisch denken und sprechen als Sanskrit oder ihre an Sanskrit angelehnte Mundart, oder aber sich ihrer heimischen Mundart bedienen, nachdem sie sich zuvor Englisch verständigen mußten, dann hat man den Eindruck, sie wollten ihre Äußerungen ontologisch gültig, also objektiv wahr und universal anwendbar, oder, wie sie selbst sagen, wissenschaftlich formulieren. Diese Äußerungen wurden zwar mit gewisser Begeisterung aufgenommen, finden jedoch wenig Zustimmung bei Anthropologen, weil sie zwar als emisch, also als relevant für die Analyse der Gedanken der Menschen über die Welt, erkannt und vermerkt werden, jedoch nicht als unmittelbar verwertbare Gedanken über die Welt. Wer emische Aussagen macht, hält diese für etisch wahr. Stellt ein islamischer oder ein christlicher Theologe Behauptungen auf wie etwa «Gott ist Wahrheit» oder «Gott ist allmächtig und reine Güte» oder gibt er andere homilektische, das heißt predigtähnliche Erklärungen ab, dann beansprucht er für sie eine ihnen implizite Gültigkeit. In Amerika besteht neuerdings ein Unterschied zwischen akademischen Seminartheologen und Religionsgelehrten. Ihre rechtliche Stellung ist nicht die gleiche; sie stehen auf unterschiedlichen Gehaltslisten und wenden sich an verschiedene, wenn auch teilweise sich überlappende Auditorien. Der Seminartheologe glaubt wirklich an die etische Wahrheit emischer Behauptungen. Der Religionsforscher tut das nicht oder hält mit seinem Urteil darüber zurück. Niemand ist wohl der Meinung, auf diesem Kongreß sei eine gründliche theologische Darlegung gefragt. Doch sollte man mit einer solchen Feststellung vorsichtig sein. Denn in der modernen indischen wissenschaftlichen Diskussion neigt man dazu, beinahe jedes ernsthafte Thema in eine Art Ewige Philosophie (*philosophia perennis*) umzuwandeln – östliches Weisheitsgeschwätz, von dem sich einiges in der Vergangenheit Einlaß in durchaus ernsthafte akademisch-philosophische Abhandlungen erzwungen hat.

Mein bevorzugter *Ansatz* zum vorliegenden Problem folgt zur Zeit einer linguistischen Argumentationslinie, wie sie von der britischen analytischen Philosophie um die Mitte unseres Jahrhunderts eingeführt wurde. In ihrer anthropologischen Ausprägung sprechen wir von beschreibend-analytischen, überzeugenden und performativen Feststellungen, die die jeweilige Analyse erschöpfend wiedergeben. Für meine Zwecke hier kommt der dritte Typ in Frage, also der performative, der heuristische Hinweise auf die indische Situation gibt. Performative Aussagen sind solche, bei denen die Feststellung zugleich die Handlung ist, etwa «Mit diesem Ring nehme ich Dich zu meiner Ehefrau» oder «Ich schwöre» oder «Mit dieser Flasche taufe ich dieses Schiff ‹Leif Erikson›». Nichts sonst kann oder muß noch getan werden. Die Aussage ist zugleich die Tat und verwirklicht den angestrebten Zustand. Der quasi-ontologische Status der Dinge wird vollständig durch Worte hergestellt. Meines

Wissens würde kein abendländischer Philosoph so weit gehen, sich auf der Grundlage einer performativen Feststellung zu einer Ontologie «irgendwo da draußen» zu bekennen. Die indische Situation ist jedoch ziemlich anders. Man könnte sagen, in der ausschlaggebenden indischen Überlieferung habe man die Natur in performative Begriffe gefaßt, allerdings mit einem Unterschied: Das Performative ist zugleich das Konstitutive und Richtungweisende. Natürlich ist es durchaus möglich, daß jüdisch-christlich-islamische Theologen dasselbe von kanonischen Reproduktionen eines göttlichen Befehls wie «Es werde Licht!» behaupten. Der Unterschied liegt meines Erachtens in der Schubkraft monotheistischen Denkens, das eine *creatio ex nihilo* postuliert, eine Vorstellung, die dem autochthonen indischen Denken vollkommen fremd und absurd erscheint. Indische Gottheiten oder ihre abstrakteren doxologischen Entsprechungen tun nämlich folgendes: Sie verändern seiende Materie oder wirken auf sie ein, wobei «seiend» «wahrhaft ewig» impliziert, *anādi ananta*, ohne Anfang und Ende. Das ist etwas anderes als die mediterrane monotheistische immerwährende Ewigkeit des Universums, die einen primären und historisch einzigartigen Akt totaler Schöpfung postuliert. Unter den kanonischen Dikta der Veden bevorzuge ich persönlich das *bahusvām prajayeya* – «Laß mich viele sein, laß mich zeugen». In diesem Zusammenhang ist ein Ihnen allen bekannter und für das indische Denken absolut fundamentaler und allgegenwärtiger Schlüsselbegriff der des *mantra*. Alle vedischen Äußerungen sind *mantra*, desgleichen auch viele nichtvedische Silben. Wegen ihres Status als *mantra* sind vedische Zitate in der von mir vorgeschlagenen Terminologie vom Typ *performativ plus*. Das heißt, sie sind performativ im strikten Sinne der anthropologisch-linguistischen Analyse, *und* sie sind konstitutiv im außersprachlichen, ontologischen Sinne.

Damit will ich sagen, daß emische «Wahrheit» therapeutisch wirkt, ohne deswegen zwangsläufig etisch wahr zu sein. Geht man von der indischen Grundeinstellung aus, dann könnte das bedeuten, daß die dem allgemeinen Wissenschaftskonsens folgenden Psychiater nicht viel über den Geist wissen, eben weil sie erfolgreiche Therapeuten sind. Vielleicht gibt es so etwas wie «Geist» überhaupt nicht, es sei denn als Sammelbegriff für jenen Teil der menschlichen Erkenntnis, auf den man therapeutisch einwirken kann. Das indische Denken hat keiner «Wahrheit da draußen» im streng aristotelischen oder abendländischen Sinne eine Vorrangstellung eingeräumt. Es hat auch nicht die Falsifizierbarkeitsthesen von Popper *vorweggenommen*, es sei denn, es war hilfreich für den heil(ung)bringenden therapeutischen Denkansatz, dem echte Priorität zugestanden wurde. Was auch immer Geist sein mag – er ist das, was ausgeschaltet werden muß. Aufgehalten, überlistet und geleugnet werden müssen seine systemischen Gebrechen, die in der archetypischen Krankheit kulminieren, die sich zyklisch im Trifolium Zuneigung, Leiden und Geburt-Tod-Wiedergeburt metastasenhaft ausbreitet. Sie läßt sich nur durch einen totalen Kurswechsel aufhalten, durch Anwendung einer kontemplativen Technik und unter Umgehung der kognitiv-orektischen Funktionen, die «Geist» genannt werden, sowie Ausbildung eines Lebensstils, der sich von dem der sorglos dahinlebenden Mehrheit radikal unterscheidet. Ich behaupte, daß die höchste therapeutische, erlösende Vollendung – anders als in den mediterranen Religionen – einer Elite vorbehalten und den Armen im Geiste nicht zugänglich ist.

Das Emblem der Republik Indien enthält ein vedisches Motto – *satyam eva javata* –, das in der offiziellen Fassung falsch mit «Ich sage euch, die Wahrheit siegt, nicht die Unwahrheit» übersetzt wird. Die korrekte Übersetzung wäre «Der weise Mann (impliziert durch die syntaktische Struktur dieser Stelle) erobert die Wahrheit, nicht die Unwahrheit», was besagen soll, er befaßt sich nicht mit Trivialem. Es heißt dann weiter: «In der Wahrheit liegt der Weg zur Vollkommenheit.» In späteren Jahrhunderten wurde dieses *satyam* (Wahrheit) entsprechend der damaligen Situation revisionistisch so gedeutet, daß es auch das Ethische, Ästhetische und Heilbringende einbezog. Daraus entstand dann *satyam sive sundaram* «Wahrheit, Glück (einschließlich des moralisch Guten) und Schönheit». Man glaubte, dieser Satz definiere in der volkstümlichen indischen Theologie das Höchste, das Absolute.

In der gegenwärtigen indischen wissenschaftlichen Diskussion sollte das Heilbringende als axiomatisch verstanden ausgeklammert werden – ebenso wie ein Physiker, der an physikalischem Geschehen zugrundeliegende Begriffen wie «Sein» etc. interessiert ist, dieses Wissen ausklammern muß, weil es logizistisch unmöglich wäre und verfahrensmäßig eher das Gegenteil bewirken würde, im Rahmen seiner physikalischen Aktivitäten eine solche begriffliche Grundlage zu beachten. Das ist hart für diejenigen unter uns, die bestrebt sind, mit Bindegliedern zwischen metaphysischen Ausdrücken wie «das Sein», «das Absolute» einerseits und einem naturwissenschaftlichen Begriffsinstrumentarium andererseits zu arbeiten.

Einige der auf diesem Kongreß anwesenden Vortragenden waren auch Teilnehmer eines Symposions, das vor einigen Jahren unter der Schirmherrschaft internationaler Institutionen wie der Alliance Française, dem Goethe-Institut und der Indian Tata Foundation in Bombay abgehalten wurde. Diese Konferenz hatte man treffend als «Encounter« (Begegnung) bezeichnet. Ihre Themen waren den hier behandelten verwandt. Das Hauptparadigma jenes Symposions war der Holismus, dargestellt anhand mehrerer Modelle, wie sie etwa von Ken Wilber, David Bohm, Alex Comfort vorgeschlagen wurden. Dazu kamen entsprechende hinduistische und buddhistische Beispiele. Ich lenkte die Aufmerksamkeit der Zuhörer auf das holographische Modell von Karl Pribram. Kurz zusammengefaßt besagt es, daß das holographische Bild eines beliebigen Gegenstandes die Umrisse des ganzen Objekts zeigt, wenn ein Laserstrahl auf einen Teil des Hologramms gelenkt wird. Da dies nur bei genauerem Hinsehen erkennbar und somit ein etwas impressionistisches Bild ist, hat der objektive Status dieses Phänomens für uns weniger Bedeutung, als seine Interpretationsmöglichkeiten. Das paßt nun ausgezeichnet zu indischen Vorstellungen, die schon seit ihrer Entstehung in sehr früher Zeit überwiegend holistisch waren, und zwar auf allen Ebenen des philosophischen und allgemein spekulativen wissenschaftlichen Diskurses. Das heißt: Der arme Dorfpriester oder Wanderheilige wie auch der gelehrte Vorsteher eines Klosters glauben, daß jeder Teil des Universums alle Informationen über das Ganze enthält. Ein gelehrter indischer Priester würde daher zweifellos den Laserstrahl mit der Kraft des kontemplativen Geistes vergleichen. Es gibt in der Tat eine überlieferte Sanskrit-Terminologie für eine solche kulturüberschreitende Anwendung: Der Yogi «versammelt seinen Geist in einem Punkt», *ekāgra*, und lenkt ihn auf sein meditatives Ziel, vergleichbar dem Lichtpunkt in der Optik.

Das steht in scharfem Gegensatz zum monotheistischen und theistischen Denken ganz allgemein, das in Indien zwar vorhanden, jedoch hinsichtlich Bedeutung und Prestige stets zweitrangig gewesen ist. Hierin scheint der Hauptgrund für die gelegentlich etwas gönnerhafte Haltung vieler indischer Denker gegenüber den monotheistischen Systemen der mediterranen Religionen zu liegen. Sobald indische Schriftsteller unseres Jahrhunderts von westlichen Arbeiten hörten oder lasen, die teils holistisch, teils monistisch klangen, reagierten sie mündlich oder schriftlich zustimmend, selbst wenn diese Werke im Abendland nur marginale Bedeutung hatten. So haben beispielsweise die Werke von Spinoza, sein Diktum «*deus sive natura*», aber auch Berkeley, Bradley sowie im Westen praktisch unbekannte Philosophen in Indien Bedeutung und Anerkennung erworben.

Viele meiner Zuhörer sind mit dem wunderbaren Buch *Gödel, Escher, Bach* vertraut, das sich spielerisch mit Möglichkeiten befaßt, ein kartesianisches Axiom zu transzendieren, und zwar in Richtung einer brauchbaren modernen, intellektuellen, jedoch nichtkartesianischen Denkweise. Dabei müssen natürlich alle axiomatischen Unterscheidungen zwischen Ost und West in sich zusammenfallen – was Hofstadter vielleicht nicht weiß.

Das bisher Gesagte sollte als Hintergrund für meine weiteren Ausführungen genügen, weshalb ich nun die Vorstellungen der indischen Überlieferungen über Geist und Natur skizzieren werde. Indische Religionen sind nicht prophetisch, sondern evolutionär in einem ganz bestimmten, nicht-darwinistischen Sinne. Daher schreiben sie keine unveränderliche oder unüberwindbare Geist/Körper- oder Geist/Natur-Doktrin vor, sondern es gibt, je nach Zeitpunkt und regionaler Herkunft des Inputs ihrer Urheber, mehrere parallele Doktrinen. Ein stets vorhandenes Element fällt jedoch auf: Alles, dem ein Name gegeben werden kann, ist irgendwie *Materie*. Das umschließt alles und jedes, vom leblosen Stein über lebende Körper bis hin zu Geist in jeder Form und zu menschlichem und göttlichem Geist in den verschiedensten Zuständen und Phasen. Es gibt eine Art materieller Abstufungen zwischen verschiedenen Manifestationen von Geist im durchaus wörtlichen Sinne einer Geistsubstanz. Damit ist *nicht*, nota bene, das Gehirn oder eine andere graue Materie gemeint, vorgestellt in graduellen Unterschieden größerer oder geringerer Feinheit bzw. Grobheit. Trotzdem ist Geist natürlich subtile Materie, während fleischige, knochige und andere Dinge grobe Materie sind. Aus diesem Grunde nennen alle indischen Denkschulen *manas* (gleichbedeutend mit lateinisch *mens*) als koordinierende Funktion des Geistes zusammen mit den zehn kognitiven und triebhaften Sinnesorganen, mit Sehen, Hören, Geruchssinn, Tastsinn und anderen «Sinnen». Philosophisch gesprochen ist der Großteil des indischen Denkens in einem buchstäblichen, höchst differenzierten Sinne materialistisch. Ein indischer Priestergelehrter würde also sagen, Geist kann durch Einwirkungen und Störungen jeder Art beeinflußt werden, die alle auch materiell sind, da Materie nur auf Materie wirken kann. Etwas völlig Immaterielles kann auf diese Weise nicht affiziert werden.

Der Dschainismus, eines der archaischsten indischen Systeme, behauptet sogar, Unreinheiten, Makel, Zuneigungen und Vergehen aller Art seien in Wirklichkeit Flecken, die den Geist oder die seelische Substanz des Individuums verfärben und niederdrücken. Dadurch werde sein Aufstieg zum Scheitelpunkt der permanenten Erlösung, den man sich auf dem höchsten Punkt des Universums vorstellt, verhindert oder zumindest verzögert.

Interessant, wenn auch in diesem Zusammenhang vielleicht weniger wichtig, ist, daß es innerhalb des mentalen Komplexes oder des Systems von Erkenntnis, Triebhaftigkeit und Zuneigung eine Stufenfolge gibt. Im Sanskrit liefert *manas* das Rohmaterial der wahrnehmenden Erkenntnis als eine Art kognitive Abtastvorrichtung. Weiter oben in der kognitiven Hierarchie gibt es *buddhi*, viel subtiler, jedoch immer noch materiell, oft mit «Verstand» übersetzt, was mangels eines besseren Begriffs akzeptiert werden kann. Er kontrolliert die Prozesse der libidinösen Energie, der Koordination und des Fällens von Entscheidungen. Hierarchisch unterhalb dieser beiden steht *ahaṃkāra*, wörtlich übersetzt «der Ich-Macher», oder das «Ich-Bewußtsein», vielleicht ein materialisiertes Prinzip der Individuation. Ich sehe *ahaṃkāra* gern als Schaltstelle, die das ganze Relais der geistigen Tätigkeit aktiviert. Ganz oben in dieser Hierarchie gibt es schließlich *jīva*, gleichbedeutend mit dem lateinischen *viv-*, verwandt mit der slawischen Sprachwurzel *zhiv-, zhivod*. Es wird oft, wiederum mangels eines besseren Ausdrucks, mit «Seele» übersetzt, als Träger der karmischen Eindrücke, als Aggregat, das alle Überreste der Seelenwanderung speichert. Es wandert in neue, von ihm gewählte Körper und Geistsubstanzen, um diese Eindrücke in einer Sequenz ohne Anfang zu verarbeiten. Dieser Prozeß endet erst mit dem Erreichen des Zustandes absoluter Freiheit, nennen Sie ihn meinetwegen Erlösung, wenn man den Zyklus von Geburt und Tod verläßt. Diese Freiheit, der die Überlieferungen der einzelnen Denkschulen unterschiedliche Namen geben, impliziert einen Zustand völliger Immaterialität. Ganz gleich, welche indische Überlieferung man zitiert, sei es eine theistische, nichttheistische oder monistische: Alle lehren, daß dieses Residuum *òn* tatsächlich frei von jeder Materie ist, auch von der subtilsten.

Ich möchte jedoch nicht auf Begriffe wie «unbewußt», «unterbewußt» oder irgendeine andere bekannte psychologische Nomenklatur zurückgreifen. Würde es so etwas wie eine indische Psychologie geben, dann müßte sie die Anschauung vertreten, daß alle nichtkognitiven Bestandteile von *jīva* unbewußt sind. Dann würde sie sich jedoch in eine Reihe stellen mit Vorstellungen solch hartgesottener Psychologen wie Rohracher, einer meiner Lehrer in Wien gegen Ende des Zweiten Weltkriegs. Für ihn war jeder Teil des Menschen, der nicht bewußt ist, physisch. Da *jīva* der Speicher für die Eindrücke [früherer Leben] ist, aufgrund deren der Mensch seine Seelenwanderung erlebt, muß *jīva* selbst materiell sein. Durch Aufgabe seiner Identität und Verschmelzung mit seiner absoluten Basis wirft das Individuum die angesammelte

Schlacke ab und erkennt oder erinnert sich seine(r) immaterielle(n) absolute(n) Matrix, wodurch es sich – laut der pan-indischen Version – mit dieser Matrix identifiziert.

In einigen Denkschulen ist der allgemeinste Ausdruck zur Benennung aller kognitiven Elemente des «Dividuums» (ein vom Anthropologen McKim Mariott treffend anstelle von «Individuum» vorgeschlagener Begriff, wenn von einer indischen Person die Rede ist) *antaḥ-karaṇa*, daß heißt «die innere Ursache». Ein Handelnder, so haben wir vorhin festgestellt, braucht materielle Objekte, auf die er einwirken kann, und er muß selbst aus Materie bestehen – womit ich jetzt ein emisches indisches Argument verwende. Es gibt keine nichtnatürliche, das heißt immaterielle Interaktion auf irgendeiner kognitiven oder triebhaften Ebene, wenn man bedenkt, daß auch Wahrnehmungen und Erkenntnisse Materie sind, wenn auch sehr subtile.

Hier ergibt sich für uns ein wirkliches Problem mit modernen indischen Apologeten. Die meisten Englisch schreibenden indischen Philosophen beharren auf der Ansicht, es gebe eine Art körperlose geistige Kraft entsprechend dem mediterranen *theos*, nicht einen körperlosen Geist, wie man ihn in spiritistischen Sitzungen herbeizitiert. Ein Englisch sprechender und in der Sache auch Englisch denkender indischer Gelehrter, der nicht in der volkstümlichen Sanskrittradition der Pandits steht, wird wahrscheinlich der Meinung sein, auch das seelenwandernde *jīva* sei solch ein Geist. Doch werden diese Vorstellungen von den Urtexten nicht bestätigt. Ich halte sie für eine Annäherung an einige eklektische abendländische Denkgebäude, einschließlich der Theosophie, und an eine etwas bequeme vergleichende Philosophie und Religion, genauer gesagt jene *philosophia perennis* jüngerer abendländischer Provenienz.

Die Sāmkhya-Überlieferung des klassischen indischen Denkens läßt sich hinsichtlich Verbreitung und Bedeutung mit Schopenhauers Schriften im vorigen und denen des Existentialismus in diesem Jahrhundert vergleichen, deren Gedanken Allgemeingut wurden, von starrköpfigen professionellen Philosophen aber nicht allzu ernst genommen wurden. In diesem Sāmkhya heißt alles, auf das in irgendeiner Weise eingewirkt werden kann, *prakṛti*, was dem abendländischen Begriff «*natura*» am nächsten kommt, obwohl *prakṛti* sowohl die *natura naturans* wie die *natura naturata* umfassen würde. Entscheidend dabei ist, zu bedenken, daß die handelnde Person ein Teil von *prakṛti* ist und nicht etwas, was ihm in einer Art kartesianischer Dichotomie gegenübersteht. Das rein immaterielle Prinzip *puruṣa* gilt als bloßer Katalysator – es tut absolut gar nichts, weder im Rahmen einer Interaktion noch als Wirkung auf irgend etwas, noch ist es irgendwelcher Einwirkung ausgesetzt – es ist ganz einfach da. Dieses Sāmkhya-Denken ist in Indien seit uralten Zeiten weit verbreitet, wurde jedoch von den philosophischen und theologischen Repräsentanten der Überlieferung nicht sehr ernst genommen.

In heutiger Zeit vertreten einige Gesellschaftswissenschaftler eine Linie der Argumentation, die beachtet werden muß, damit das Thema Holismus nicht auf ein Nebengleis geschoben wird. Vor Jahrzehnten schrieb Lévy-Bruhl, der Verstand des primitiven Menschen habe auf eine prälogische Weise funktioniert und nicht zwischen Subjekt und Objekt unterschieden. Diese angenommene primitive Eigenschaft nannte er *participation mystique*. Damals wußte er natürlich nicht, daß diese Form des Denkens und der empfohlene Prozeß der Verschmelzung des Individuums mit einer umfassenderen, nichtindividuellen Entität keineswegs nur primitiven Gesellschaften vorbehalten war. Im Gegenteil: Sie stand im Mittelpunkt vieler komplexer Zivilisationen der Antike, wie auch bei uns in Indien. Das war vor langer Zeit. Die Hauptrichtung der heutigen abendländischen Psychiatrie – und der hier anwesende Dr. Laing wird das bestätigen – hält jedoch jede Verschmelzungssehnsucht für pathologisch. In der Tat hat Georges Devereux, ein Gelehrter, der rittlings auf dem anthropologisch-psychiatrischen Zaun saß, ganzen Volksstämmen das Etikett pathologisch verpaßt (etwa den Dobu und den Potlatch-Indianern in Kanada). Auf etwas beunruhigende Weise sprach Professor Louis Dumont, ein vor allem über Südasien arbeitender hervorragender Soziologe, in einem Essay neuesten Datums von Hitlers «primitivem Holismus»! Er zitiert in diesem Zusammenhang ausführlich aus dem Werk von Karl Pribram. «Im Jahre 1922 hat Pribram nicht nur klar den Platz bezeichnet, den der Nationalsozialismus in der deutschen Ideologie einnehmen würde, und dabei meine eigene Analyse dieser Ideologie mit den Begriffen Individualismus und Holismus vorweggenommen. Er rechtfertigte auch vorweg, zumindest implizit, die folgende Studie, deren Inhalt genau darin besteht, daß sie den Nazismus als *Pseudo*-Holismus entlarvt.»[1]

Diesen Komplex kann man hier jedoch außer acht lassen. Keine dieser soziologischen Anwendungen des Begriffs «Holismus» beeinträchtigt seine Gültigkeit in unserem Kontext, da wir hier von einem philosophischen Holismus sprechen, der in seinem Dialog mit nichtganzheitlichem Denken nicht nur überlebt hat, sondern gestärkt daraus hervorgegangen ist. In der Tat ist dies das Gütesiegel der von den hier anwesenden Herren David Steindl-Rast und Raimundo Pannikar so beharrlich angeführten ökumenischen Bemühungen. Der Islam und das Christentum haben in Südasien bedeutsame Einbrüche erzielt, wurden jedoch während dieses Prozesses «verganzheitlicht» und in ihrer indischen Version monistisch verformt, sehr zum Ärger der arabischen «*ulema*» und der wenig ökumenisch gestimmten christlichen Kirchenoberen.

Wie viele Sozialwissenschaftler humanistischer Prägung würde Dumont wahrscheinlich Individualismus und Holismus als Gegensätze sehen, sobald der Begriff Holismus Einlaß in soziologische Abhandlungen findet. In dem Falle würde natürlich gefolgert werden, Individualismus sei wünschenswerter als Holismus. Siehe wieder Hitlers «primitiven Holismus», wie er in jener bemerkenswerten Abhandlung beschrieben wird. Doch ist die dieser Darstellung zugrundeliegende indozentrische Form des Holismus solcher Dialektik unzugänglich, da Dumonts und ähnliche Polarisierungen ihrerseits sozusagen genetisch abgeleitet sind, nämlich aus einer kartesianischen und jüdisch-christlichen Haltung – selbst wenn diese Herkunft im soziologischen Humanismus nicht beachtet oder ausgeklammert wird.

Als Teil der Hindu-Meditationsroutine ist eine kontemplative Stufenfolge schon im ersten Drittel des vorchristlichen Jahrtausends erkennbar, genau in Jaspers' «Achsen-Zeitalter». Der Praktiker verschmilzt mental die verschiedenen somatischen und kognitiven Elemente seiner Person zu etwas, was homologisch als der Behälter für diese individuellen Elemente gedacht oder erfahren wird. Der Körper vermengt sich mit Erde, seine Flüssigkeit mischt sich mit Wasser, sein Atem mit dem Wind, sein Sehapparat mit der Sonne, die Hörorgane mit den Haupthimmelsrichtungen, der Verstand (das erwähnte *buddhi*) mit *ākāśa*, was sowohl «Raum» als auch «Äther» bedeutet, und schließlich das individuelle Ganze mit dem allgegenwärtigen Absoluten. Der recht einleuchtende Ausdruck für diesen mentalen Prozeß ist «Reinigung der Elemente» (*bhūtaśuddhi*). Wichtig ist festzustellen, daß es sich hier um Homologie und nicht um Metonymie handelt. Anders ausgedrückt: Der Körper *ist* die Erde und nicht «wie die Erde»; der Atem *ist* der Wind und nicht «wie der Wind».

Abschließend möchte ich nochmals hervorheben, daß das grundlegende indische Anliegen eher therapeutisch ist als diskursiv. Das hat Lawrence Babb in einer neueren Arbeit elegant so formuliert: «In einer für indische Gegebenheiten wohl einzigartigen Verschmelzung bedeutet Identitätswandel einen Wandel der persönlichen Fähigkeit, der eigenen Identität gewahr zu sein.»[2] Dieses Gewahrsein ist therapeutisch und praktisch heilbringend. Der fast vergessene deutsche Denker Hans Vaihinger schrieb ein Buch mit dem Titel *Die Philosophie des Als-Ob*.[3] Der Titel ist hier wichtiger als das Buch selbst. In den indischen Kontext extrapoliert würde er besagen, daß viele, wenn nicht alle absolutistischen Doktrinen, die eine numerische Identität zwischen dem individuellen und dem kosmischen Selbst postulieren, als Doktrinen heilbringender Empfehlungen und nicht ontologischer Wahrheiten betrachtet werden müssen. Die Mahāyāna-Buddhisten – das werden meine hier anwesenden hochgeschätzten japanischen Kollegen bestätigen – haben jede ontologische Bindung von vornherein abgelehnt, weshalb das heuristische «Als-Ob» redundant ist. In der brahmanischen Überlieferung ist es das jedoch nicht. Meiner Deutung nach impliziert es folgendes: Möge das Brahman, das Absolute, die totale Natur etc. da draußen existieren oder nicht – meditiere ruhig darüber und sei frei. Das ist ein Rat, der auf Erfahrung beruht.

Inder sind seit jeher fasziniert von Sprache. Tatsächlich wird Pāṇini, ein Schriftsteller des 3. Jahrhunderts, von vielen sonst nicht an Indien interessierten Linguisten als Vater der Linguistik bezeichnet. Diese Faszination durchdrang alle theologischen und philosophischen Spekulationen. Eine primär linguistische Argumentationsweise schuf einen panindischen *Ansatz*, der vielen gelehrten Überlieferungen zugrundeliegt: die Sinne, der Verstand und die Natur können nichts anderes sein als Objekte. Das zugrundeliegende Subjekt gehört nicht zu ihnen, weil wir sagen «Ich gehe» und «Ich hebe ein Gewicht», ebenso wie wir sagen «Ich denke», «Ich fühle», «Ich erlebe» usw. Deshalb weicht das reale Selbst, der letzte Bezugspunkt, mit jeder Behauptung einen Schritt weiter zurück. Die hauptsächliche ideologische Wasserscheide liegt hier zwischen den Brahmanen, die lehren, das höchste Subjekt sei das Selbst und dieses wiederum sei mit dem Absoluten identisch, und den Buddhisten, die das verneinen. Sie sagen, es gebe keinen endgültigen Bezugspunkt, der erfahrende Handelnde sei ein bloßes Aggregat mentaler, physischer und anderer natürlicher Dinge, wellenartig vorangetrieben durch Millionen aufeinanderfolgender Existenzen – und diese Aggregate nenne man irrtümlich Egos, Subjekte, dauerhafte Entitäten.

Nach dem heutigen Wissensstand kann man ruhig behaupten, daß diese indische Argumentation eindeutig auf einer linguistischen Konfusion beruht, einer Konfusion von der Art, die analytische Philosophen als «Pseudoprobleme» bezeichnen. Hätten sie die indische Denkweise gekannt (einige kennen sie inzwischen, aber Ryle, Wittgenstein und die anderen kannten sie wahrscheinlich nicht), dann hätten sie wahrscheinlich den Großteil der indischen Philosophie auf jene Liste der Pseudoprobleme gesetzt, wie sie die gesamte prälinguistische systematische Philosophie seit Plato hervorgebracht hat.

Linguistische Anthropologen waren, ganz abgesehen von ihrem analytischen Standpunkt, auch für die Whorf-Sapir-Theorie aufgeschlossen, obwohl sie nicht immer mit ihr übereinstimmten. Diese Theorie stellt einfach fest, im Gegensatz zur allgemein verbreiteten Ansicht sei es nicht der Mensch, der seine Sprache schafft und formt, sondern die Sprache erschaffe einen großen Teil des menschlichen Denkens. Man muß daher offenbleiben für die Möglichkeit, daß alle diese Tiefgründigkeiten auf einer Konfusion beruhen zwischen dem, was man in den einzelnen Sprachen ausdrücken kann – vor allem in den indoeuropäischen –, und dem, was jenseits von Sprache möglich oder nicht möglich sein kann.

Alle indischen philosophischen Texte strotzen nur so von Homologien. Die indischen Mythologien leben von Homologie, Metonymie, Metaphern und Synekdochen. Alle diese Ausdrucksformen waren in der indischen Poesie bekannt und analysiert. Doch bin ich nicht sicher, ob indische Gelehrte sich ernsthaft mit der radikalen, wenn nicht zynischen Möglichkeit beschäftigt haben, religiöse Philosophien und Mythologien als bloße Redewendungen zu erklären. Natürlich hat Indien auch seine Bultmanns, und zwar nicht nur unter den Buddhisten. Es gab auch indische Wittgensteins. Doch arbeiteten sie alle abseits des Hauptstroms heilverkündender Überlieferungen. Um es auf eine knappe Formel zu bringen: Ich hoffe immer noch, auf einen indischen Urtext zu stoßen, in dem es heißt, es sei ja gut und schön, individuelle und kosmische Substanzen gleichzusetzen und persönliche mit universalen Substraten zu identifizieren, weil man das alles in Sanskrit ausdrücken kann – und in allen indoeuropäischen Sprachen, die aus konkreten und ikonischen Begriffen durch Anhängen von Suffixen wie Sanskrit *ta* oder lateinisch *tio* abstrakte Termini machen können. Bedeutet dies aber, daß das Universum da draußen in Sanskrit oder ganz allgemein indoeuropäisch denkt? Ich weiß, daß viele das denken, fühlen und hoffen. Ich tue es nicht.

(Aus dem Englischen von Erwin Schuhmacher)

Anmerkungen

1 Louis Dumont, «Germany and Hitler's Anti-Semitism», in: P. Hockings (Hrsg.), *Dimensions of Social Life*, Berlin/New York/Amsterdam 1988, S. 655.
Karl Pribram, «Deutscher Nationalismus und deutscher Sozialismus», in: *Archiv für Sozialwissenschaft und Sozialpolitik*, 1922, Bd. 49, S. 298 ff.

2 Lawrence Babb in: *Redemptive Encounters*, 1988, S. 212.

3 Hans Vaihinger, *Die Philosophie des Als-Ob. System der theoretischen, praktischen und religiösen Fiktionen der Menschheit auf Grund eines idealistischen Positivismus*, Berlin 1913.

Raimundo Panikkar

Mythos und Logos
Mythologische und rationale Weltsichten

Mein Vortrag wird drei Teile haben und drei Vorbemerkungen.[1] Wie der Mahābhārata sagt: «Alles Dreifache ist vollkommen.»

Die Vorbemerkungen sind folgende: *Erstens* eine Bitte, eine Bitte um Hilfe, um Sympathie, damit wir von dem überwältigenden Thema nicht erdrückt werden. Max Planck hat einmal gesagt: «Gewissenhaftigkeit und Treue, das sind die Führer.» Ich möchte Gewissenhaftigkeit und Treue in diesem Referat widerspiegeln, wenn Sie mir helfen.

Diese Bitte um Hilfe – *zweite* Vorbemerkung – ist auch mit dem Problem der Sprache verknüpft. Für mich, wie Sie sofort merken, ist es nicht leicht, Deutsch zu sprechen. Ich würde es aber als beleidigend für Sie und gegen die Gastfreundschaft empfinden, wenn ich, der ein wenig Deutsch sprechen kann, nicht auf Deutsch stammle. Das ist aber symbolisch. Nicht also, weil ich grammatikalische Fehler mache, sondern weil diese Fehler im Thema selbst liegen. Klarer gesagt: Was ich vortragen möchte, läßt sich mit keiner guten Grammatik darstellen. Die Sprache fehlt uns. Und das ist ein Symptom. Nicht nur die Syntaxis mag schlecht sein, meine Grammatik wird unzureichend sein, nicht nur aus persönlichen Mängeln, sondern auch, weil wir keine Sprache, keine Grammatik haben, um die heutige Situation zu schildern – und infolgedessen über sie gebührend nachzudenken. Und das aus zwei Gründen.

Der *erste Grund* ist, daß das, was gesagt werden muß, einer neuen Situation entspricht. Die heutige Weltlage ist zwar eine Fortsetzung vergangener Zeiten, aber sie stellt gleichzeitig auch eine *Mutation* dar: ökologisch, wirtschaftlich, politisch, technokratisch und spirituell. Bloße Wiederholungen, Reformationen oder Teilmaßnahmen sind heute prinzipiell unzureichend. Das macht unsere Sprache dürftig und unzulänglich. Wir brauchen eine neue Sprache. Das ist aber eine gemeinsame Aufgabe.

Der *zweite Grund* besteht darin, daß fast alle traditionellen Wörter der

Menschheit, Wörter, die einen sakralen Charakter hatten, weil unerschöpflichen Sinngehaltes, von der heutigen Naturwissenschaft beschlagnahmt worden sind. Wenn ich zum Beispiel Zeit sage, meine ich nicht Einstein. Ich denke auch nicht an Prigogine. Ich denke an keine vierte Dimension und an keine naturwissenschaftlich hochinteressante Irreversiblität physikalischer Prozesse. Ich denke an eine menschliche Urerfahrung der Dauer, Bewegung, Dynamik des Seins. Ich denke an eine bestimmte und doch uferlose Epiphanie – darf ich Offenbarung sagen? – der Natur, des Menschen, und überhaupt der Wirklichkeit. Kulturgeschichtlich ausgedrückt: Die Zeit war eine Göttin, öfters ein Gott, bevor sie als ein quantitativer Parameter aufgefaßt wurde. Ähnliches gilt von Symbolen wie Masse, Raum, Stärke, Licht, Materie. Diese Wörter sind ursprünglich keine bestimmten, meßbaren naturwissenschaftlichen Größen. Sie sind kein *System von Zeichen*. Sie sind eine *Welt von Symbolen*, die die kollektiven Erfahrungen der Menschheit ausdrücken und aussprechen. Deshalb fehlt die Grammatik, weil Worte und Wörter heute wackelig geworden sind. Die Zeit mag kein Gott mehr sein, aber sie mag sich auch mit keiner meßbaren Größe identifizieren. Das Elend der Sprache widerspiegelt unsere heutige Weltlage.

Dritte Vorbemerkung: Wir sind so weit in der Fragmentation der Erkenntnis fortgeschritten, in den Spezialitäten sämtlicher Gebiete, und zwar nicht nur der Naturwissenschaften, auch des Lebens, daß man Erkenntnis mit Information verwechselt, daß man sogar Wissen, also Weisheit, *scientia, gnōsis, jñāna* mit Festlegung sogenannter naturwissenschaftlicher Gesetze oder besser Gesetzmäßigkeiten identifiziert. Die Fragmentation der Erkenntnis hat zur Fragmentation des Erkennens geführt, zu einer kulturellen, wenn nicht personellen Schizophrenie.

Meinen wir wirklich, daß es notwendig ist, um wahre Kommunikation mit der Wirklichkeit zu erreichen, sämtliche Informationen auf einer Tafel zu haben? Meinen wir, daß der *dharmakāya*, der mystische Leib Christi, das *Karma*-Bewußtsein, die *echte* Kontemplation, keine Kommunion mit der Realität darstellen? Meinen wir, daß wir erst imstande sind, die Welt zu erkennen, wenn wir das Verhalten aller Einzelheiten elementarer physikalischer Prozesse kennen?

Damit wird überhaupt nichts gegen die Naturwissenschaft gesagt. Ich kritisiere nur den meist impliziten Totalitarismus des naturwissenschaftlichen Weltbilds – auch des neuesten, aufgeschlossen wie dieses ist. Meinen wir, daß wir jetzt die einzigen sind, weil wir eine Unmenge Informationen besitzen, die zu einem Sättigungspunkt gelangt sind und nur Paralyse hervorbringen, daß wir erst jetzt imstande sind, eine Lösung für die Probleme der Welt zu finden?

Mein Vortrag will denn auch nicht modern-wissenschaftlich sein. Wir haben gestern von Prigogine gehört (und ich bin seiner Meinung): «Unique events do not come into science.» Mein Vortrag ist ein «unique event». Alles, was sich wiederholt, ist für 80 Prozent der Menschheit uninteressant, langweilig und letzten Endes nicht ganz echt – nicht endgültig (gerade weil es sich wiederholen läßt). Es ist die Unwiederholbarkeit, also die Einmaligkeit des Geschehens, der Begegnungen, der Entdeckungen, aller Freuden, die die Wirklichkeit ausmacht. Alles andere sind nur Gedanken oder Erinnerungen. Wenn das Gedächtnis eines vergangenen Aktes in meine Freude oder in meine Erfahrung hineindringt, verdirbt es meine Freude und verändert meine Erfahrung. Wenn ich ein Wort nicht wie das erste Mal ausspreche und auch einverstanden bin, daß es das letzte Mal ist, daß ich es sage, dann spreche ich kein echtes Wort, kein lebendiges Symbol. Es ist nur ein Zeichen, ein Terminus, es bewegt keinen, bewegt nicht einmal den Sprecher. Er hat es schon mal gelernt, und jetzt wiederholt er es. Spontaneität und Freiheit sind nicht mehr da. Die wahre Welt ist eine lebendige Welt. Sie ist jetzt und hier.

Das sind die drei Vorbemerkungen. Nun die drei Teile; einer nach dem anderen.

Geist und Natur ist das Thema des Kongresses. Ich nehme an, daß der Titel das *und* zu betonen beansprucht. Kein Gegensatz, sondern eine Komplementarität. Ich möchte dieses *und* noch näher qualifizieren und eventuell als Trennung überwinden. Wir haben schon gehört (von Bharati und Nakamura, daß die klassische indische Kultur sämtliche Dualitäten zu überwinden trachtet. Alle *dvandas*, alle Spaltungen sind *māyā*, Illusion, Schein. Es ist nicht so, daß die Welt nicht wirklich wäre. Es ist vielmehr so, daß unsere Auffassung der Welt als eine von uns und von ihrem Grund abgetrennte Vorstellung eine falsche ist. Das ist *māyā*. Das ist Unwissenheit, *avidyā*, die vermeinte abgetrennte Wirklichkeit der Natur oder des Geistes. Deshalb kann der Titel *Geist und Natur* als eine Unterscheidung ohne Trennung ausgelegt werden, denn der *Geist ist natürlich* und die *Natur geistig*. Die Christen haben dieser Tage (von Pfingsten) gehört – und ich nehme an, meditiert darüber –, daß der Geist alles durchdringt.

Ich sagte am Anfang, daß unser Thema überwältigend schwierig ist. Die Parameter, die für eine fruchtbare Behandlung des Themas notwendig sind, sind (meines Erachtens) weder die gegenwärtig-politischen noch die vergangen-archäologischen – geschweige denn die astronomischen –, sondern die menschlich-historischen Zeiten. Sie sind weder das, was die Franzosen «politique à la petite semaine» nennen würden, noch was Teilhards kosmische Evolution oder die anthropologische Archäologie darstellen würden. Um die Situation der Menschheit heute zu verstehen, genügt es nicht, Mr. Reagan zu kritisieren oder Galilei und seine Gefährten allein verantwortlich zu machen. Zu beurteilen ist vielmehr die menschlich-historische Erfahrung, das menschliche Abenteuer der letzten 8000 (oder 10 000) Jahre, also das geschichtliche Bewußtsein, die geschichtliche Existenz. Es handelt sich nicht darum, die Geschichte zu verurteilen oder zu verteidigen, sondern darum, sie zu verstehen. Also kurz: Weder Shankara noch Hegel kann unser Modell sein.

I. Mein *erster Teil* wird ein kulturgeschichtlicher Versuch sein, von diesem Standpunkt aus die Situation zu betrachten. Unter diesem allgemeinen Gesichtswinkel der menschlichen Erfahrung der letzten 8000 Jahre einerseits und der konkreten Perspektive der westlichen Zivilisation heute und der indischen und klassischen Zeiten andererseits werde ich meine These in neun Hauptpunkten aufstellen und diese leider noch nicht einmal kommentieren. Es besteht ein inneres Verhältnis zwischen den neun Thesen, aber ich erläutere es nicht. Ich fasse zusammen, was ich woanders entfaltet habe.

Die Thesen sind folgende:

1. Es kommt nicht von ungefähr, daß die moderne wissenschaftlich-technische Zivilisation in der westlichen Kultur entstanden und verwurzelt ist. Der Zusammenhang ist wesentlich. Modernisation ist Westernisation. Die moderne Naturwissenschaft ist weder neutral noch universal; sie ist kulturgebunden.
2. Das Grundschema der abendländischen Existenz besteht in der Annahme der endgültigen Polarität zwischen Sein und Denken. Die Versuche, diese Polarität zu bewältigen, ist die ganze Geschichte der abendländischen Philosophie.
3. Das Denken ist der Entdecker des Seins im Seienden. Die Fähigkeit des Denkens erscheint als *ratio*. Die Vernunft ist dasjenige, was uns das Sein erschließt. Rationalität heißt Intelligibilität.
4. Das Hauptanliegen der westlichen Kultur besteht darin, zu erfahren, wie das Denken das Sein erschließt. Das heißt, wie die *ratio* die Realität entdecken bzw. sie meistern oder mindestens lenken kann. (Onto-)Logik ist die Hauptkategorie.

5. Die klassische indische Grundhaltung dagegen zielt auf das Heil hin und beruht auf der Annahme, daß dieses Heil mit der vollkommenen Realisierung des Erkennenden zusammenhängt. Diese Grundhaltung färbt sämtliche Annäherung zur Realität. Die Realität ist weder subjektiv noch objektiv. Wir sind weder Zuschauer noch Schauspieler. Wir sind – aber nicht allein – das Spiel selbst.
6. Die Befreiung (*moksha*) ist die Selbstbefreiung des Seins. Dies ist etwas, das uns alle, auch «den lieben Gott», was die ganze Realität angeht. Intelligibilität ist selbst leuchtend (*svayam-prakāśah*). Und Wahrheit (*satyam*) ist die Seiendheit des Seins selbst. Wahrheit ist weder eine moralische noch eine onto-logische Kategorie: Sie ist ontisch, sie ist die Hauptverfassung des Seins, wenn sich dieses Sein konkretisiert: Die Seiendheit des Seins.
7. Die indische Grundhaltung denkt das Sein nicht, sondern läßt das Sein zu. Aber Vorsicht: Diese Zulässigkeit ist keine Zulassung, keine Genehmigung. Sie stellt eine gewisse Urharmonie (*rita*) dar. Eigentlich, die indische Grundhaltung läßt das Sein frei! Es ist das Sein selbst, das sich so offenbart, wie es *ist* (wie es will? wie es *wird*?). Ohne diese Grundhaltung, dieses Grundvertrauen wäre das Leben unerträglich. Freiheit (im Gegensatz zur Intelligibilität) ist die Hauptkategorie.
(Die achte These versucht nun, die zwei Welten einander anzunähern, falls das möglich ist.)
8. Die Rationalität (ich betone: naturwissenschaftlicher und nichtnaturwissenschaftlicher Art) bietet keinen universalen, gemeinsamen und daher allgemeingültigen Standpunkt in der Begegnung von Weltanschauungen und Philosophien an. Das *principium rationis* ist kein universales Prinzip – solange man Prinzip nicht als den rationalen Grund tautologisch postuliert –, weil die Voraussetzung, daß das Denken ein ebenbürtiger Partner des Seins ist, nicht allgemeingültig ist. Es ist methodologisch falsch, eine Kultur mit den Mitteln einer fremden Kultur verstehen zu wollen: Man versteht dann etwas, aber was man versteht, ist weder *was* noch *wie* die andere Kultur sich selbst versteht. Es ist eine Projektion der eigenen Kategorien auf die fremde Kultur. Dies ist zwar sehr wichtig, aber als ein zweites Moment, als eine Kritik von außen. Ich betone hier, daß das Studium einer fremden Kultur mit von ihr nicht (an)erkannten Kategorien kein Verstehen der fremden Kultur ergibt. Nach der materiellen Ausbeutung anderer Länder muß man sich vor geistigem Ausplündern hüten. Exportwaren mögen billiger sein. Kulturelle Waren lassen sich kaum exportieren. Sie müssen eigenes Fleisch werden.

9. Eine Besinnung auf das Wort, das nicht nur *Mythos* und *Logos*, sondern auch Laut und Sinn ist und den Sprechenden und den Hörenden umfaßt, weist einen Weg zur tieferen *communio* mit der Realität.

Das ist allerdings nur ein Entwurf eines ganzen Programms.

Das wäre der erste, nichtentfaltete Teil meines Vortrags. Die Gefahr wäre – und das führt mich sofort zum *zweiten Teil* –, den vertretenen Pluralismus in Solipsismus entarten zu lassen. Ich verteidige nicht, daß wir isoliert bleiben müssen, daß es keine Brücke gibt. Wenn ich mich gegen die globalen Annäherungen äußere, so nicht, weil ich die guten Intentionen mißachte, nicht, weil ich unempfindlich für Gemeinsames bin oder rein provinzialistisch mit fast chauvinistischer Haltung andere Kulturen verteidigen möchte. Ich behaupte nur, daß der *Logos*, die *Ratio*, die Anschaulichkeit, sogar die Erkenntnis allein und isoliert keine Brücke schlagen können. Eine jede Brücke braucht mindestens zwei Ufer. Der *Logos* und seine Homologien bilden nur eine Seite. Es ist gerade diese Einseitigkeit, gegen die ich mich wehre. Früher hieß es, ein Gott, eine Kirche, eine Zivilisation, ein Imperium. Das ist *passé*. Jetzt sagen wir: eine Weltdemokratie, eine Weltregierung, eine Weltbank, eine Wissenschaft, eine Technologie, wobei natürlich wir an der Spitze stehen. Wir haben die alten Gewohnheiten nicht überwunden. Auch die Denkgewohnheiten haben ihre eigene geistige Trägheit. Seit Jahren versuche ich, das Gesetz der Denk-Trägheit zu formulieren. Ich bin aber noch nicht soweit. Ich habe noch ein paar verdeckte Variablen zu entdekken...

II. Hier knüpfe ich den *zweiten Teil* an. Auch dieser Teil muß gepreßt werden. Meinem Titel gemäß muß ich, nachdem ich vom *Logos* gesprochen habe, das polysemische Symbol *Mythos* einführen.

Die Hauptthese dieses zweiten Teils lautet folgendermaßen:

Eine echte und fruchtbare Begegnung mit anderen Kulturen kann mit dem Mittel des Logos allein nicht stattfinden. Sie muß auch den *Mythos* miteinbeziehen.

Das bedeutet keinen Verzicht auf Intelligibilität oder Rationalität, erfordert aber eine Anerkennung ihrer Grenzen einerseits und die Zulassung eines grundsätzlichen Raumes für das, was sich durch den *Logos* nicht abdecken läßt. Ich vermeide hier, diesen Raum als das Alogische zu bezeichnen, aus einsichtigen Gründen. Das Unaussprechbare und das Undenkbare sind mitdessen schon ausgesprochen gedacht. Das Mythische ist weder das Irrationale noch das Unaussprechbare. Es ist gerade das, was aussprechen läßt, der Rahmen oder besser der Hintergrund des Sprechens, das, was den *Logos* ermöglicht.

Der Kürze halber, und auch weil ich mir eine Möglichkeit der Auseinandersetzung vorgestellt hatte, werde ich mich in neun knappen Sätzen ausdrücken. Hier sind also meine neun *Sūtras* über *Mythos und Logos*.

1. *Es kann keine Phänomenologie von Mythos geben.*
Das ist für die Sachverständigen klar genug. Der *Mythos* erscheint nicht im *Logos*, er ist kein Gegenstand des Bewußtseins. Der *Mythos* ist dem *Logos* weder sichtbar noch untertan. Der Zugang zum *Mythos* ist nicht das reflexive Bewußtsein, das Selbstbewußtsein. Ich meine das in sich selbst zurückkehrende Bewußtsein. Der *Mythos* kann nicht nachgedacht, ohne gestört und sogar zerstört zu werden. Der *Mythos* ist entweder gegeben oder nicht gegeben, kann aber reflektierend nicht nachgeholt werden. Ist einmal die Unschuld verloren, kann sie nicht – als Unschuld – wiederhergestellt werden. Ich werde noch darauf zurückkommen. Es wird keine Wiederholung sein, sondern ein Symbol, daß alles zusammenhängt und deshalb ein streng analytisches Verfahren nicht angebracht ist.

Wir können es noch pointierter sagen: Der *Mythos* erlaubt keine *Hermeneutik*. Irgendeine Interpretation würde den *Mythos* zerstören. Wir wissen von der Finsternis, aber wenn wir mit einer Lampe vorangehen, werden wir die Finsternis nicht mehr entdecken. Die Finsternis ist da. Und trotzdem können wir sie nicht sehen. Mit dem Licht der Vernunft, des Intellekts sogar, kann man die Finsternis nicht sehen. Sie ist für die Vernunft nur da als eine unsichtbar, undurchdringliche Grenze. Der *Mythos* läßt sich nicht auf *Logos* zurückführen. Der Mensch läßt sich nicht auf Vernunft allein reduzieren, wie ich am Anfang andeutete, und vielleicht habe ich den Gedanken nicht zu Ende gebracht: Der Gang der Vernunft fordert die analytische Methode. Die Analyse verlangt Spezialität. Die Spezialität der Erkenntnis bringt die Fragmentation der Erkenntnis, und diese hat die Fragmentation des Erkennenden gebracht. Und deshalb sehnt sich der moderne Mensch nach einer ganzheitlichen Weisheit oder Haltung. «Holismus» aber ist keine globale Perspektive, die ein Widerspruch in sich selbst wäre. Das Ganze läßt sich durch die Summe seiner Teile weder erreichen noch erkennen. Eigentlich läßt sich das Ganze, als Ganzes, nicht teilen. Die angeblichen Teile sind keine Teile. Noch mehr, eine hypothetische globale Vision würde nur alles Sehbare sehen, ohne aber behaupten zu können, daß es überhaupt nichts mehr – Nichts mehr – gibt, es sei denn, wir postulieren von vornherein, daß Denken und Sein sich überdecken, das heißt, daß das Sein in sich sehbar, intelligibel ist.

Wenn keine Interpretation möglich ist, wenn der *Mythos* keine Phänomenologie zuläßt, was ist *Mythos* dann?

2. *Es gibt aber die Mythophanie.*

Mythophanie heißt Offenbarung, das heißt das Leuchten und Erleuchten, das Auftreten und Erscheinen, die Anwesenheit und Wirksamkeit, Glänzen und Läuten des *Mythos*. Die Mythophanie ist nicht der intellektuelle Gehalt des *Mythos*. Die Mythophanie ist nicht, was der *Mythos* bedeutet. Das ist seine Bedeutung, das ist das *Thema* des *Mythos*, nicht der eigentliche *Mythos*. Der *Mythos* bleibt im Hintergrund, im Geschwiegenen und Ungesagten, er ermöglicht aber das Sprechen und Sagen.

Wo findet diese Mythophanie statt? Die traditionelle Antwort lautet . . ., aber da wir das Wort auch in unserem Kongreßthema haben, wage ich es kaum auszusprechen. Die Mythophanie findet im *Geiste* statt, nicht im *nous*, nicht im *logos*, nicht in der *Vernunft*, nicht in der *ratio*. Das Bewußtsein folgt erst dem Sein nach, und es ist nicht das Selbstbewußtsein des Seins, sondern das Bewußtsein seiner-selbst (Selbst), das sich mit dem Sein nicht identifizieren läßt, es sei denn durch ein unbegründetes Postulat des Bewußtseins selbst (Sein als nur Bewußt-Sein).

Die Mythophanie ist ein *mythophanein*. Der *Mythos* ist das Erscheinen selbst, nicht das Erscheinende. Vielleicht braucht man die Fantasie, diese weibliche Kraft, aber nicht *nous*, nicht Phänomenologie, nicht Reflexion. Die Reflexion hat eine große Macht, aber zahlt gleichzeitig ihren Preis mit dem Verlust der Innocenz. Wir verlieren unsere Unschuld, wenn wir selbstbewußt sind. Wir sind nicht *ganz* da. Wir sind wohl da, wo unser Bewußtsein uns hinversetzt, aber kehren auch gleichzeitig ein wenig zurück, um darüber nach-zu-denken oder dessen bewußt zu sein. Das Bewußtsein tarnt das Sein, dessen es bewußt wird, wie vor Heisenberg schon die Philosophie wußte.

Das hat schwerwiegende und weitreichende Folgen: Die Realität läßt sich nicht auf Intelligibilität reduzieren, der Monotheismus ist in Frage gestellt; die absolute Reflexion Hegels die *noēsis noēseōs* des Aristoteles, die absolute Korrelation zwischen Denken und Sein usf. bedürfen der Qualifikation. Die absolute Neuheit des Seins, das Primat der Freiheit, die trinitarische Auffassung der Wirklichkeit erhalten einen ursprünglicheren Sinn.

3. *Wir glauben so sehr an den jeweiligen Mythos, daß wir nicht einmal glauben, daß wir an ihn glauben.*
Der *Mythos* ist buchstäblich das, was «goes without saying», «cela va sans dire» . . . Es geht aber ungesagt, weil es ohne zurückbezogene Reflexivität geht. Deshalb erkennen wir nur die Mythen der anderen. Als ich zu sprechen anfing, haben Sie es sofort gemerkt. Der ist kein Hannoveraner, der ist sogar kein Deutscher, er spricht mit einem Akzent. Und Sie? Sie sprechen auch mit Akzent. Gewiß, Ihr Akzent ist viel schöner, viel geläufiger, viel verständlicher. Aber Sie haben auch einen Akzent. Doch Sie entdecken meinen Akzent, nicht Ihren Akzent; entschuldigen Sie.

Wir entdecken den *Mythos* der anderen. Wir leben auf dem Rücken unserer Mythen. Aber irgendwo muß man haltmachen, denn sonst müßten wir immer zurückgehen. Wir gehen nicht mehr zurück, wenn wir nicht weiterfragen. Und wir fragen nicht weiter, wenn wir nicht einmal denken, daß wir weiterfragen wollen. Denn solange man fragen will oder besser, solange man das Bedürfnis zum Fragen hat, muß man fragen. Wir erdulden nicht mehr die äußere Gewalt eines Frageverbots. Nur der Unschuldige fragt nicht weiter. Aber wir erreichen auch diesen Punkt. Das Fragen kommt irgendwann zum Halt, wenn es nichts mehr zu fragen gibt, wenn ich nichts mehr zu fragen weiß. Wenn nichts mehr abfragwürdig erscheint, braucht man nicht mehr zu fragen – *nichts* mehr zu fragen. Das ist der Ort des *Mythos*.

Jetzt versteht sich besser, was vorher von der Unschuld gesagt worden ist. Der *Mythos* ist der Ort der Unschuld. Angeben und Anmaßung sind nicht am Platz, weil sie ungedacht bleiben.

4. *Der Mythos gehört nicht zum Feld der Reflexion.*
Der *Logos* kann auf sich selbst reflektieren. Aber der *Mythos* ist etwas anderes. Im *Mythos* wird alles geliefert. Er selbst wird geliefert. Der Mythos ist nicht da vorn, er läßt sich nicht vor uns hinstellen, so daß wir ihn studieren, beobachten, denken, nachholen können. Im *Mythos* bin ich angreifbar, ausgeliefert. Ich habe keine Kontrolle und keine Kriterien. Ich muß mich irgendwie anvertrauen. Ich kann mich nicht verteidigen. Ich habe keine Gründe, keine Argumente, die ich anfechten kann. Der Umkreis des *Mythos* ist das Feld der Spontaneität, der Ungezwungenheit. Wenn ich schwerwiegende Gründe angeben kann, weshalb ich eine verbotene Handlung getan habe, können Sie wohl vermuten, daß ich nicht unschuldig war. *Sunder warumbe* ist der letzte Grund, sagte Meister Eckhart.

5. *Der Zugang zum Mythos ist der Glaube.*
Der Glaube ist das Vehikel des *Mythos*. An den *Mythos* kann man nur glauben. Hört man auf, an ihn zu glauben, so verschwindet der Mythos *qua Nythos*, und es bleibt nur eine mehr oder weniger schöne Legende, wahrscheinlich ein «*Mythos*» für die, von denen wir vermuten, daß sie an ihn noch glauben. Ein ungeglaubter *Mythos* hebt sich von selbst auf. Deshalb läßt der Mythos sich nicht manipulieren. Glauben wir nicht an einen *Mythos*, so ist das kein *Mythos* mehr für uns. Ist es nur ein *Mythos* für die anderen, dann können wir Mythologie betreiben und sagen, wie schön oder wie primitiv die anderen sind.

Die Ambivalenz ist hier ersichtlich. Der gedachte oder reflektiv verteidigte *Mythos* hört auf, glaubhaft zu sein, ist kein *Mythos* mehr und wird nur als *Mythos* für die anderen ausgelegt. Indem wir aber einen *Mythos* verlassen, taucht ein anderer auf. Jede Entmythologisierung bringt eine *Ummythologisierung* mit sich.

Man muß hier grundsätzlich zwischen Glauben (*foi, faith*) und Glaubenssatz (*croyance, belief*) unterscheiden. Glaubenssätze sind Artikulationen, Formulierungen des Glaubens; sie drücken sich in Lehren aus. Der Glaube ist eher eine verfassungsmäßige Offenheit des Daseins, eine konstitutive Dimension des Menschen, die ihn offen macht für Wachstum, Mehr, Neues, Anderes. Deshalb hat der echte Glaube kein Objekt, noch kann er ein Objekt haben. Es wäre Idolatrie, Götzendienerei. Das Denken denkt Objekte (des Denkens). Der Glaube glaubt an Mythen (des Glaubens). Das Sein deckt sich nicht restlos mit dem Denken.

6. *Der Mythos ist kein Gegenstand des (logischen) Denkens.*
Der *Mythos* hat Intentionalität, aber keinen Inhalt. Deshalb sind Begriffe nicht am Platz. Der *Mythos* intendiert, weist auf einen Sinn hin, könnte man sagen, weist eine gewisse Richtung, einen *nixus*, eine Kraft. Er zeigt einen Dynamismus. Wir nehmen am *Mythos* teil, indem wir in dieser Aspiration, in diesem Drang des *Mythos* an- und eingeschlossen sind.

7. *Der Mythos gedeiht in seiner eigenen Zeitlichkeit.*
Die Zeit des *Mythos* ist nicht die Zeit des *Logos*. Der *Mythos* geschah *in illo tempore*, aber *ist* wirklich *heute*. Er ist anwesend kraft seiner Abwesenheit. Deshalb kann kein Mensch willentlich einen (neuen) *Mythos* schaffen. Der *Mythos* weist ferner auf die Zukunft hin, und legt sie doch nicht fest. Was einmal geschah, ist, was geschehen wird, und doch ist der Zusammenhang nicht kausal. Die mythische Zeit hat eine andere Struk-

tur. Sie stellt eine sich immer erneuende Kehre dar, die nur vom *Logos* her als eine Wiederkehr erscheint.

Es wäre nicht ganz zutreffend zu sagen, daß die Zeit des *Mythos* zyklisch ist. Sie ist aber sicher nicht geradlinig. Eigentlich ist die mythische Zeitlichkeit gleichzeitig (vom *Logos* her gesprochen), dreidimensional. Die Vergangenheit ist vergangen, aber nicht abwesend. Die Zukunft ist noch nicht angekommen und doch schon da. Die Gegenwart ist frei und hängt doch mit Vergangenheit und Zukunft zusammen – und auch gewissermaßen von beiden ab. Die Welt ist gerettet und doch in Trümmern, sagt der Ostermythos. Wie im Himmel, so auf Erden, sagt das alte China . . .

8. *Der Mythos hat eine besondere Durchsichtigkeit.*
Die eigene Transparenz des *Mythos* besteht darin, daß wir durch den *Mythos* sehen, aber ihn nicht sehen. Ohne meine Teilhabe am *Mythos* gibt es für mich keinen *Mythos*, aber diese Teilhabe ist nichts, was vor mir steht. Ich kann in den *Mythos* nicht ein- und aussteigen nach meinem Gutdünken und Wollen. Es bestimmt eine grundsätzlich andere Grundhaltung der menschlichen Existenz. Der *Mythos* ist gegeben, er ist eine Gabe. Ich möchte das Wort Erfahrung hier nicht gebrauchen, um Komplikationen zu vermeiden. Das heißt natürlich auch, daß der *Mythos* als solcher unsichtbar ist, gerade weil er durchsichtig ist, wie wir schon gesagt haben. Er ist wie das Licht, das unsichtbar ist und doch sehen läßt. Der Barde muß reinen Herzens sein. Erzählen geht tiefer als Philosophie dozieren oder Naturwissenschaft treiben. Erzählen ist geschehen lassen. Es ist echte Geschichte.

9. *Der reine Mythos bleibt immer ungesagt und ungedacht.*
Wir haben schon angedeutet, daß es die anderen sind, die unsere Mythen entdecken. Der Grund ist aber nicht, weil wir allein nicht können, sondern weil wir allein nicht *sind*. Der *Mythos* ist wesentlich ein Netz von Beziehungen. Er ist keine Substanz. Er ist Beziehung. Der *Mythos* bleibt von mir für meinen eigenen *Mythos* ungesagt und ungedacht, aber nicht für die Mythen der anderen. Ohne Relationen würden wir in unserem *Mythos* ersticken. Ich spreche von Ungesagtem und Ungedachtem, nicht von Unsagbarem und Undenkbarem. Das Undenkbare und das Unsagbare, indem ich von unsagbar und undenkbar rede, ist irgendwie mit einbezogen im Sagen und Denken. Es gibt einen fundamentalen Unterschied zwischen dem Undenkbaren und dem, was einfach nicht gedacht wird, zwischen dem Unsagbaren und dem, was nicht gesagt wird. Die

Realität ist nicht nur, was gesagt oder gedacht wird bzw. werden kann. Sie hat eine undurchsichtige Seite. Der Begriff ist sicher nicht die Sache, aber er hat nicht einmal dieselbe Ausdehnung wie die Realität. Das würde eine Grundlage für eine fruchtbare Begegnung der Kulturen. Wir müssen langsam auch einsehen, daß heutzutage keine einzige Kultur, keine einzige Religion, keine einzige Ideologie die Rettung der Welt vollziehen kann. Wir brauchen uns gegenseitig in einer solchen Polarität, in der jede Stimme notwendig ist. Keine einzige Kultur hat alles gesagt oder gedacht, was gesagt oder gedacht werden kann.

Als *Folgesatz* möchte ich nur einen erwähnen.

Die menschliche Verfassung ist ein ständiges Hin und Her zwischen *Logos* und *Mythos* einerseits und *Mythos* und *Logos* andererseits, denn *es gibt keinen Mythos ohne Logos und keinen Logos ohne Mythos*. Das könnte uns auch weiterhelfen zur Überwindung eines jeglichen Monismus und jeder Art von Totalitarismus und Solipsismus – auch anthropologischer Natur. *Mythos* und *Logos* gehören zusammen und bedingen sich gegenseitig.

Zum Abschluß dieses zweiten Teils möchte ich noch einmal betonen, daß das Überleben der Welt heute eine Mitwirkung sämtlicher Kulturen erfordert und daß diese Mitarbeit die eigenen Spielregeln bestimmen muß. Keine einzige Kultur kann ihre Prinzipien als maßgebend betrachten. Wie ich oft wiederhole: Es gibt menschliche Invarianten, aber keine kulturellen Universalia. Die Hauptsätze, die ich vorgetragen habe, könnten dazu helfen, eine friedvollere Zusammenarbeit der Menschen zu ermöglichen.

III. Den *dritten Teil*, da ich mich kurz fassen muß, werde ich auf eine andere Weise darstellen. Ich wechsle hier bewußt meinen Stil. Ich habe nur noch wenige Minuten. Zuerst werde ich meine Parabel erzählen. Dann werde ich mit einem Kommentar das Eddington-Dürr-Gleichnis ergänzen.

Meine Parabel: Die Situation der Welt heutzutage, unsere Situation, wie sie so viele verehrte Freunde hier uns woanders auch geschildert haben, scheint mir durch die folgende Erzählung widergespiegelt zu sein:

Da ist ein junger Mann, der mit einem Brief in seinen Händen und Tränen in seinen Augen sich beklagt: «Seit drei Jahren schreibe ich täglich einen Brief an meine *fiancé*, an meine *girlfriend*, an meine Geliebte; seit drei Jahren einen lieben Brief täglich, und jetzt antwortet sie mir, daß sie den Briefträger heiraten wird.»

Sei drei Jahrhunderten schicken wir Vermittler, «Go-betweens» mit Instrumenten, mit Fernrohren, Mikroskopen und allen möglichen Geräten hin und her, mit der Hilfe der *ratio instrumentalis*, und jetzt ist es kein Wunder, daß wir uns in den Briefträger, in die Mittel und Vermittler verliebt haben. Seit drei Jahrhunderten hantieren wir bloß mit Messungen, Zwischengliedern, *Mitteln*, um glücklich, ganz und voll Menschen zu sein, so daß wir eine ganze Welt der Instrumente und der Mittel hervorgebracht haben. Alles ist künstlich und alles nur Mittel zum Zweck. Das Ziel ist aber aus den Augen und aus dem Sinn entflogen. Der tägliche Kontakt besteht mit dem Briefträger. Wir haben uns in den Briefträger verliebt. Und wie jeder verliebte Mensch bedarf er unserer Hochachtung. Es wäre falsch, jetzt etwas gegen die Naturwissenschaft zu sagen. Aber wer hat den Blumen in diesem Saal ein Kompliment gemacht? Ich bin selber scheu gewesen. Wir brauchen Instrumente jeder Art, und ohne sie sind wir so paralysiert, daß nun unser Leib selbst uns als ein kompliziertes Instrument erscheint – zum Leben sagt man . . ., in der Praxis heißt das aber: zum Arbeiten.

Soweit die Parabel, die ich nicht des näheren auslege. Wer hat die Briefe geschrieben? Können wir nur durch Briefwechsel den Sinn des Lebens und des Universums erfahren?

Nun zu Sir Arthur Eddingtons und Professor Hans-Peter Dürrs Gleichnis. Wir haben von Meer, Fisch und Holz gehört. Die Fische dürfen auch nicht einmal fünf Zentimeter haben. Und es gibt Momente, wo wir gar keinen Unterschied zwischen Holz und Fisch machen können. Eddingtons Ironie ist klar: «Anything uncatchable by net is *ipso facto* outside the scope of ichthyological knowledge, and is not part of the kingdom of fishes which has been defined as the thema of ichthyological knowledge.»

Die Lösung hieß, das Netz feiner und feiner zu machen. Was geschieht aber dann? Fangen wir alle Fische? Nein, sämtliche Fische sind weg – so klein und fein ist das Netz geworden. Ich kann nicht einmal Fisch von Holz unterscheiden. Wir haben endlich nur elementare Teilchen, die nicht einmal Teilchen sind. Aber wir waren am Fisch interessiert . . . – und sind dem Briefträger begegnet!

Das ist aber nicht alles. Wir setzen natürlich voraus, daß das Meer da ist und daß das Meer der natürliche Ort für die Fische ist. Ich habe viele Jahre als junger Mann am Mittelmeer gelebt, und alles finde ich sehr sinnvoll: Fisch, Netz, Meer. Der Sitz im Leben von Eddington und Dürr.

Aber ich habe auch viele Jahre in Kalifornien gelebt, und dort ist das Meer zum Surfen, vielleicht für Unterwassersport da. So ist das Meer das

Problem. Das Meer war einfach vorausgesetzt, denn ein Fisch ohne Meer ist kein Fisch. Das Meer war der *Mythos*, aber jetzt geht es nicht mehr um den Fischfang, den Fisch und das Holz, sondern um das Meer, denn das Meer ist nicht nur der Ort für Fische, sondern auch der Ort für Surfen, Unterwassertauchen – und Benzin. Wir haben jetzt eine andere Realität.

Dazu kommt noch ein Drittes. Ich habe auch viele Jahre in Nordindien gelebt, und dort gibt es kein Meer. Was brauche ich denn? Die Berge, die Luft. Und so ist meine Auffassung von der Realität ganz anders. Ich kann nicht sagen, daß die Fische oder das Meer falsch oder wahr sind. Ich kann auch nicht sagen, die eine Realität ist genau wie die andere. Die Realität, gerade weil sie Realität ist, läßt sich auf keinen gemeinsamen Nenner zurückführen. Wenn wir Wirklichkeit sagen, sprechen wir von etwas, das uns auch völlig einbezieht und über das wir keine endgültige Macht haben. Es gibt kein Gegenüber für die Wirklichkeit – und infolgedessen auch keinen Gegenstand. Netze und Experimente helfen nicht. Vielleicht Erfahrungen. Wir müssen uns anpassen und mit den Kräften rechnen, die wir zur Verfügung haben.

Die Rede über das Ganze, die Besinnung auf die Realität erfordert eine prinzipiell verschiedene Methodik als nur irgendeine andere Annäherung an einen angeblichen Teil der Wirklichkeit. Zuerst einmal, weil wir das Subjekt weder ausklammern noch auf die Funktion eines Beobachters reduzieren dürfen. Vielleicht fehlt uns eine komplementäre feminine Haltung des Sich-Erkennens, auch Liebens und sogar Befruchten-Lassens. Das Leben läßt sich weder auf das Denken noch auf das Fühlen reduzieren, weder auf das Individuum noch auf das Menschliche oder auf das Kosmische. Wenn wir diese Trennungen vornehmen, dann verfallen wir in eine kulturelle Schizophrenie. Auch von einem Gott getrennt zu sprechen hilft wenig. Gott als bildender Uhrmeister oder als unbeteiligter Richter überzeugt nicht. Und doch – ohne das Göttliche kann die Realität nicht wirklich sein. Aber das Göttliche läßt sich durch kein Instrument manipulieren, nicht einmal mit der *ratio instrumentalis*. *Deus sive Natura* ist aber genauso unzutreffend wie *Deus sive Spiritus*. Darf ich mich auf das *Und* meines Anfangs zurückbeziehen? Ein *Und*, das keine Quantität ist. Geist *und* Natur sind weder zwei noch eins – wie die Wahrheit, die weder eins (weh allen Totalitarismen!) noch vieles ist (weh allen Irrationalismen!).

Alles dies erfordert eine neue Unschuld, die uns die Hände, die schöpferischen und intelligenten Hände, freimachen wird, um die polyphonische Welt umzugestalten.

Ich komme zum Ende, indem ich es als einen Anfang sehe. Dieser

Kongreß hat gewagt, die verschiedensten Stimmen zusammenzubringen. Es mag vielleicht keine Symphonie entstehen. Der Versuch selbst hat einen Wert, unabhängig von seinen Folgen.

Anmerkungen

1 Ein Vortrag ist kein geeigneter Platz für Selbstzitate. Als Hintergrund dieses Referats mögen meine folgenden Veröffentlichungen jedoch hilfreich sein:
Kerygma und Indien, Hamburg 1967.
Rückkehr zum Mythos, Frankfurt a.M. 1985.
Der unbekannte Christus im Hinduismus, Mainz 1986.
«Temps et Histoire dans la tradition de l'Inde», in: *Les Cultures et les Temps*, UNESCO, Paris 1975, S. 73–101.
«The Myth of Pluralism: The Tower of Babel – A Meditation on Non-Violence», in: *Cross Currents*, XXXIX 2 (Sommer 1979), S. 197–230.
«Aporias in the Comparative Philosophy of Religion», in: *Man and World*, Boston/London 1980, Bd. 13, 3–4, S. 357–383.
«Per una cultura transculturale del simbolo», in: *Quaderni di Psicoterapia infantile*, Rom 1981, S. 53–91.
«The Contemplative Mood: A Challenge of Modernity», in: *Cross Currents*, XXXI, 3 (Herbst 1981), S. 261–272.
«Alternatives to Modern Culture», in: *Interculture 77* (Okt.–Dez. 1982), S. 2–4.
«Alternative à la culture moderne», in: *Interculture 77* (Okt.–Dez. 1982), S. 5–25.
«Let us Stop Speaking about ‹the Global Village›», in: *Interculture 91* (Okt.–Dez. 1983), S. 34–36.
«L'émancipation de la technologie», in: *Interculture 85* (Okt.–Dez. 1984), S. 22–37.
«Cultural Disarmament», in: *Interculture 89*, Bd. XVIII, 4 (Herbst 1985), S. 14.
«Some Thesis on Technology», in: *Logos*, Bd. 7 (1986), S. 115–124.
«La dialéctica de la razón armada», in: *Concordia*, Nr. 9, Paris/Frankfurt a.M. 1986, S. 68–69.

Seyyed Hossein Nasr

Mystik und Rationalität im Islam

Ursprünglich sollte und wollte ich hier nur über das Verhältnis von Mystik und Rationalität im Islam sprechen. In den letzten Tagen haben jedoch einige wichtige Gespräche stattgefunden, die mich dazu veranlassen, zunächst ein paar Worte vorauszuschicken, bevor ich auf mein eigentliches Thema komme.

Stellen wir uns einmal vor, ich wäre einfach ein Besucher aus einem anderen Land, der jetzt nach Deutschland und Hannover, einem der großen Zentren dieses Landes, gekommen wäre. Ich würde dann zahlreiche Morgenveranstaltungen auf diesem Kongreß erleben, auch Meditationssitzungen, bei denen nicht nur christliche, sondern auch buddhistische Formen der Meditation geübt werden. Ich würde auch eine Buchausstellung sehen, auf der es Bücher über alles und jedes gibt, nur nicht über die Welt des Islam. Ich sähe das große Interesse der Gebildeten eines der größten europäischen Länder an fast allen Dingen – außer an der einen Kultur, die fast während der ganzen Geschichte des Westens eng mit diesem verbunden war. Ich will mich hier gar nicht beklagen, sondern sage das alles nur, weil es ein wichtiger Punkt ist bei all den heutigen Versuchen des Westens, ein neues Paradigma für sein Verständnis der Welt zu finden.

Es ist kein Zufall, daß in einem Land wie Deutschland, das wahrscheinlich mehr Orientalisten hervorgebracht hat als jedes andere europäische Land und von dem manche scherzhaft gesagt haben, daß seine Sprache, das Deutsche, nach dem Arabischen die wichtigste islamische Sprache sei, in einem Land, in dem etwa von Leuten wie Hammer-Purgstall im 19. Jahrhundert die ersten größeren modernen Übersetzungen der persischen und arabischen Meisterwerke angefertigt wurden, plötzlich zum gegenwärtigen Zeitpunkt in der Geschichte des Westens ein so geringes Interesse an jener Welt besteht, die von den Menschen vor 700 oder 800 Jahren noch ganz anders wahrgenommen worden wäre.

Was ist mit Albertus Magnus geschehen? Auch er gehörte der deutschen Geisteswelt an. Warum hat er vor 700 Jahren, als er selbst seine Schriften verfaßte, sich so brennend für die Werke Ibn Sinas (Avicenna) und anderer islamischer Denker interessiert? Was hier inzwischen geschehen ist, ist zu wichtig, als daß wir einfach darüber hinwegsehen dürften. Meiner Ansicht nach – und ich sage das eher in Form einer Frage, auf die wir noch eingehen müssen – ist folgendes passiert: Der Taoismus, der Hinduismus und die anderen großen Traditionen Asiens sind zu weit weg, um eine wirkliche Herausforderung für die immer noch zentrale europäische Kultur zu bilden, die versucht, zur Weltkultur zu werden, ohne in einem tieferen Sinne geistig oder spirituell wirklich den europäischen Boden zu verlassen.

Der Islam liegt Europa zu nahe, als daß man sich einfach mit ihm abfinden könnte. Auch der Islam kennt Christus, Moses und Abraham. Auch er ist vertraut mit Pythagoras, Platon und Aristoteles und teilt die Quellen seiner Kultur mit dem Westen. Der Islam kennt ebenfalls die Technik Alexandrias und das griechische Denken und hat natürlich außerdem sehr viel von Indien und China gelernt. Es scheint also nichts Grundlegendes in der islamischen Kultur gegeben zu haben, das so verschieden von der Kultur des Westens war, daß man eine Entwicklung in eine so andere Richtung hätte erwarten können. Die bloße Tatsache also, daß eine Kultur wie die des Islam, die faktisch mehrere Jahrhunderte lang für den Westen die einzige «andere» Kultur, der einzige Spiegel war, in dem sich der Westen selber sehen und während der entscheidendsten Jahrhunderte seiner Entwicklung betrachten konnte, eine andere Entwicklungsrichtung einschlug, stellt schon allein für sich genommen ein gewaltiges geistesgeschichtliches Problem dar. Was heute im Westen von ferne nachklingt, ist nicht nur die Erinnerung an Bernhard von Clairvaux oder die Kreuzzüge, und es sind auch nicht nur die recht üblen politischen Winkelzüge, die beide Seiten in aktuellen politischen und wirtschaftlichen Fragen gegeneinander anwenden, auf die es hier ankommt. Ein viel tieferes Problem für den Westen ist der Islam selbst und seine Bedeutung, ein Problem, das heute wieder neu auftaucht, nachdem das Paradigma, das Denkmodell, das in der Renaissance geschaffen wurde, endlich zerfällt.

Kann der abendländische Mensch wirklich ein neues Paradigma schaffen, ohne an jene Beziehung zu denken, die vor dem Schicksalsjahr 1492 zwischen dem europäischen Menschen und dem Muslim – dem *homo islamicus* – bestand, vor jenem Jahr, als sich der Westen der Neuen Welt zuwandte, während im gleichen Jahr das Königreich Granada erobert und damit das letzte muslimische Königreich in Europa zerstört wurde? Ist ein neues Paradigma wirklich ohne diese Rückbesinnung möglich? Das ist die erste Frage, die ich hier stellen möchte. Gleichzeitig damit möchte ich ein paar der Fragen begegnen, die auf diesem Kongreß gestellt worden sind, denn wenn wir hier zusammentreffen, hier einen Teil unserer Lebenszeit verbringen, dann hat das ja sicher einen bestimmten Sinn. Wir sind nicht hierhergekommen, um unsere Zeit zu verschwenden. Die Weltgeschichte ist zu weit vorangeschritten, als daß wir hier unsere Zeit vertun dürften, indem wir zentralen Fragen ausweichen, die sich uns stellen. Dann sollten wir besser ein Bachkonzert anhören, als bloße Worte über uns ergehen zu lassen. Offensichtlich haben wir doch etwas im Sinn. Ich möchte daher ein paar schmerzhafte und unangenehme, aber wichtige Fragen aufwerfen.

Noch vor 20 Jahren hielt man es im Westen bei solchen Treffen wie dem unsrigen nicht einmal für nötig, mit Vertretern aus dem Osten auch nur zu sprechen, aber in den letzten zwei Jahrzehnten nahmen an solchen Dialogen immer mehr Vertreter auch nichtwestlicher Kulturen teil. Doch auch jetzt ist es so, daß die eingeladenen Vertreter des Ostens – ich denke dabei nur an meine eigene, die islamische Kultur und möchte hier gar nichts über die fernöstliche und die indische Kultur sagen – oft nur das wiederholen, was der Westen gern hören möchte.

Oft behaupten Leute, für nichtwestliche Kulturen zu sprechen, obwohl sie selber verwestlicht sind und eher westliche Ideen nachreden, als ein echter Spiegel ihrer eigenen Tradition zu sein. In vielen Fällen führt der Westen eher einen Dialog mit seinem eigenen Abklatsch als mit anderen Kulturen und Weltanschauungen, die es ja auf dieser Erde immer noch gibt. Nur allzuoft hat dann ein solcher Dialog nur wenig mit dem Weltverständnis der Millionen von Menschen in anderen Erdteilen zu tun, die dabei angeblich vertreten werden.

Auf diesem Kongreß und bei anderer Gelegenheit ist ständig davon die Rede, daß die Welt ein einziges großes Dorf, ein «global village», geworden sei. Was aber nun, wenn Teile dieser Erde gar nicht zu diesem Dorf gehören wollen? Warum mußten andere Kulturen bis heute darauf warten, daß der Westen sich entschloß, sein Denkmodell eines Weltimperiums zugunsten dieses Dorfkonzepts aufzugeben, um jetzt plötzlich Teile dieses globalen Dorfs werden zu dürfen, das wiederum auf einer westlichen Vorstellung beruht?

So einfach ist die Welt jedoch nicht. Vergessen wir nicht, daß es viele Menschen gibt, die in bestimmten Fragen völlig andere Anschauungen als der moderne westliche Mensch besitzen, Menschen, die vielleicht in den Westen kommen und dort die Quantenmechanik lernen, die aber eine ganz andere Auffassung vom Glauben, vom Verhältnis des Menschen zur Natur, von der Frage nach dem Sinn des Lebens haben und denen sich diese Fragen in völlig anderer Art stellen. Man kann nicht durch eine Technik, die vielleicht allumfassend scheint, und durch kulturelle Einstellungen, die im Westen für globale Denkweisen gehalten werden, die in Wirklichkeit aber gar nicht allumfassend und allgemeinmenschlich sind, der ganzen Welt diesen Gedanken des globalen, planetarischen Dorfes aufzwingen.

Ich glaube, daß dies einer der Gründe dafür ist, daß der Westen so viele Probleme mit der islamischen Welt hat. Man kann die islamische Welt dadurch umgehen, daß man direkt von Rom nach Benares fliegt, aber ob es einem paßt oder nicht, alles, was dazwischen liegt, besteht deswegen immer noch fort. Diese dazwischenliegende Welt ist irgendwie nicht bereit, die «Allerwelts»-Weltanschauung, die der Westen jetzt als planetarisches Weltverständnis propagiert, einfach zu schlucken, sondern möchte statt dessen ihr eigenes Weltverständnis neu bekräftigen. Und vielleicht hat dieser Teil der Welt in der Tat eine gewisse Rolle zu spielen und einen positiven Beitrag zu leisten, allein schon, wenn man daran denkt, daß selbst dann, wenn es ein solches «globales Dorf» wirklich gäbe, wir doch zumindest anerkennen müssen, daß es *einen* Himmel über unseren Köpfen und *eine* Erde unter unseren Füßen gibt und daß dieser große Bereich des sogenannten Dorfes, seine geschichtlichen Erfahrungen und seine heutigen Denkweisen nicht einfach ignoriert werden können, als ob sie gar nicht existierten.

Als Beispiel für die Vorherrschaft des Eurozentrismus, der jetzt weltweite Geltung beansprucht, sei nur an die oft gestellte Frage erinnert, warum die islamische Wissenschaft zu einem Ende gekommen sei. Sollten wir nicht besser fragen, warum sie nicht zu einem Ende kommen darf? Wenn man die Frage in der üblichen Weise stellt, beruht sie vollständig auf dem westlichen Verständnis von Sinn und Aufgabe der Wissenschaft. Ich habe gar nichts dagegen, wenn der Westen die Welt von seinem lokal begrenzten Gesichtspunkt aus betrachtet, ich bin aber sehr wohl dagegen, wenn eine solche Perspektive für weltweit und universal gültig gehalten wird. Wie würde sich ein Abendländer fühlen, wenn man ihn einseitig mit dem Maßstab anderer Kulturen messen würde?

Es gibt keinen Grund zu der Annahme, daß eine sich ständig wandelnde Wissenschaft für alle Zeiten ein Kennzeichen der westlichen Kultur sein muß. Mein einstiger Lehrer in Harvard, der mittlerweile verstorbene George Sarton, sah die Wissenschaftsgeschichte in einer Weise als kontinuierliches Geschehen, mit der ich nie einverstanden war. Er pflegte aber zu sagen, er mache sich Sorgen um die Zukunft der westlichen Kultur, da in den meisten Gesellschaften, mit denen er sich befaßt habe, so bei den Griechen, den Ägyptern und den Babyloniern, die größten wissenschaftlichen Entdeckungen zu einer Zeit gemacht wurden, als die betreffende Kultur ihrem Ende entgegenging.

In der Tat haben viele Historiker in den letzten Jahrzehnten die Frage gestellt, ob man wirklich so sicher sein könne, daß die Wissenschaft in der abendländischen Kultur für alle Zeiten dieselbe Rolle spielen werde wie jetzt. Wer weiß, was der Westen in einem Jahrhundert von der Wissenschaft denken wird? Wie kam es, daß die besten Köpfe Europas sich im 13. Jahrhundert der Theologie und im 19. Jahrhundert der Naturwissenschaft zuwandten? Gott allein weiß, welches Gebiet sie im 21. Jahrhundert bevorzugen werden. Jedenfalls kann man die Rolle der Wissenschaft in den 14 Jahrhunderten der islamischen Geschichte nicht vom Standpunkt der westlichen Vorstellungen über Sinn und Aufgabe der Wissenschaft beurteilen.

Jede Gesellschaft hat ihre eigene Dynamik. Wenn man jedoch die Frage stellt, warum der Islam mehrere hundert Jahre in dem Bereich, den der Westen Wissenschaft nennt, führend war, und es dann als einen Mangel ansieht, wenn er anschließend seine Energien nicht mehr auf diesen Bereich konzentrierte, dann heißt das, die Dynamik anderer Kulturen wirklich nur durch die Brille seiner eigenen Kultur betrachten. Auf diese Weise werden wir nie zu einem Dialog und schon gar nicht zu einer weltweiten Gemeinsamkeit kommen, ohne daß wir uns von vornherein mißverstehen und dem einen Teil der Menschheit die Sehweise des anderen aufzwingen.

In der islamischen Welt gibt es heutzutage eine große Auseinandersetzung über die Frage, was eigentlich die islamische Wissenschaft sei. Es gibt einen Versuch, eine Wissenschaft zu schaffen, die auf dem basiert, was der Westen in den letzten 400 Jahren erreicht hat, nicht abzulehnen und nicht zu vergessen, was von Newton bis heute geschehen ist, sondern dieses Erbe in ein anderes Weltverständnis, eben das des Islam, zu integrieren. Dies ist zu einer großen, bis heute virulenten Bewegung geworden, der ich mich bereits während meiner Studententage in Harvard angeschlossen habe. Damals diskutierten wir dort den Sinn von wissenschaftlichen Paradigmen, wie dies dann später von Thomas Kuhn weiterentwickelt wurde. Nur daß ich schon damals immer wieder darauf bestand, daß die islamische oder auch die chinesische oder indische

Wissenschaft ihre eigenen Paradigmen gehabt haben und daß man diesen Gedanken des Wandels der Paradigmen nicht allein auf die westliche Wissenschaftsgeschichte beschränken darf. Die Frage nach den Paradigmen nichtwestlicher Wissenschaften ist von größter Bedeutung für das Thema dieses Kongresses, die Frage nach dem Verhältnis von Geist und Natur.

Im Zusammenhang mit diesem Problem ist auch die Frage zu stellen, warum denn eigentlich der Westen im Vergleich zu den nichtwestlichen Kulturen so viele Paradigmenwechsel nötig hatte. Was geht hier in der westlichen Neuzeit vor sich, was so anders ist als in anderen Kulturen und sogar anders als die eigenen, älteren Traditionen des Westens selbst?

Auf einer etwas äußerlicheren Ebene kann man fragen, woher es kommt, daß indische Frauen schon seit Jahrhunderten Saris tragen, während die Moden von Yves Saint-Laurent jede Saison wechseln. Das mag wie ein oberflächlicher Scherz klingen, kann aber vielleicht als Analogie dienen und ist wohl auch so etwas wie ein äußeres Symptom eines tieferen Geschehens, das man verstehen muß, wenn man sich auf eine einzige Weltgemeinschaft hin bewegen will. Solange der Westen ein separates kulturelles Gebilde war, spielten derartige Unterschiede keine so große Rolle, selbst als der Westen die übrige Welt wirtschaftlich, politisch und militärisch erobert hatte. Wenn es jedoch jetzt zu einer Welt als Dorf kommen soll, wie seltsam wäre es dann, wenn die Hälfte aller Frauen den Stil ihrer Kleider alle halbe Jahre ändern und die andere Hälfte Kleider tragen würde, deren Stil sich überhaupt nicht ändert. So etwas würde zu einer schlechten Nachbarschaft und zu tiefen sozialen Spannungen führen, die das Zusammenwachsen zu einem «global village» nicht gerade erleichtern dürften. Wie viel wichtiger als dies ist nun aber das unterschiedliche Bedürfnis, seinen «Denkstil», also sein Paradigma zu ändern!

Woher kommt der Drang nach solchen Paradigmenwechseln im Westen? Ich glaube, das sind Fragen, die bei der Art dieses wichtigen Kongresses und angesichts des Versuchs, die Grundprobleme zu diskutieren, nicht so leicht beiseite geschoben werden können. Ich würde mir sogar wünschen, hier jetzt nicht zu dem mir gestellten Thema «Mystik und Rationalität im Islam» sprechen zu müssen und meine ganze Zeit dem Gespräch mit Ihnen über diese anderen Fragen widmen zu können.

Als ich vorhin in dieser Halle das große Transparent mit dem Titel unseres Kongresses – «Geist und Natur» – sah, dachte ich an das, was Professor von Weizsäcker in seiner Eröffnungsrede erwähnt hatte: Was kommt heraus, wenn wir diesen deutschen Titel ins Englische übersetzen? Aus «Geist» wird dann plötzlich «mind». Wie vergleichsweise kraftlos wirkt dieses Wort, wenn wir an die reiche Vielfalt von Bedeutungen denken, die sich mit dem deutschen Wort «Geist» verbinden. Das Deutsche bringt hier von allen heutigen europäischen Sprachen die größte Synthese zustande: Wenn man von Geist spricht, dann denkt man an den Heiligen Geist, an den Geist, von dem die deutschen Dichter sprachen, und an den Geist, den die mittelalterlichen Mystiker meinten, während das englische Wort «mind», auch wenn es vom lateinischen *mens* abstammt, genaugenommen erst eine moderne Erfindung ist, das heißt seinen jetzigen Sinn erst in der Neuzeit erhalten hat. Und wie anders wäre dieser Begriff wieder, wenn wir ihn in meine eigene Muttersprache, das Persische, oder ins Arabische übersetzen würden! Schon allein diese Beobachtung weist darauf hin, daß wenn man das Thema «Geist und Natur» – und dies dann auch noch auf globaler Ebene – behandeln will, zumindest verstehen muß, daß «Geist» und «Natur» keineswegs nur eine einzige Bedeutung haben. Mit Natur kann jeweils etwas ganz anderes gemeint sein, und es gibt viele verschiedene Bewußtseinsebenen und viele verschiedene Weisen von «Geist». Wenn in der Quantenmechanik, wie wir hören, jetzt nicht mehr nur die Natur, sondern auch das Bewußtsein eine Rolle spielt – wessen Bewußtsein ist das dann eigentlich? Das Bewußtsein meines Hochschulassistenten oder das Bewußtsein Christi? Ist das wirklich dasselbe? Gibt es nur eine einzige Bewußtseinsebene?

Was würde geschehen, wenn der japanische Zen-Meister Dōgen, den mein Vorredner Michael von Brück gerade in seinem Vortrag über Zeitlichkeit und mystische Einheitserfahrung erwähnte, heute Quantenmechanik studieren würde? Wäre sein Bewußtsein wirklich genau das gleiche wie das jedes anderen Beobachters im Laboratorium? Offensichtlich haben wir es hier mit grundlegenden erkenntnistheoretischen und metaphysischen Fragen zu tun, über die wir nicht einfach leichtfertig hinweggleiten dürfen.

Es war der große deutsche Denker und Mystiker Jakob Böhme, der gesagt hat, daß die Paradies-Natur, so wie Gott sie geschaffen hat, nicht von unserem Hier und Jetzt entfernt ist. Wer sich entfernt hat, sind wir: von dieser Natur. Schon dieser Gedanke zeigt, daß es nicht einfach eine einzige Natur und «Außenwelt» gibt. Letzten Endes sehen wir in der Natur das, was wir im tiefsten Inneren sind. Zwischen Mensch und Natur gibt es einen engen Zusammenhang.

Bevor ich mich meinem eigentlichen Thema zuwende, möchte ich schließlich noch eine letzte kritische Bemerkung machen. Ich möchte hier nicht nur in der Rolle des Bilderstürmers auftreten. Man kann jedoch wirklich nichts aufbauen, wenn man nicht vorher irgendein solides Fundament hat, das von allem früheren Schutt befreit worden ist. Ich bin gegen jeden billigen Reduktionismus, der trotz aller anderslautenden Lippenbekenntnisse immer noch von morgens bis abends auf verschiedenste Weise praktiziert wird.

Eine solche Form des Reduktionismus ist bis heute, orientalische Lehren über das Wesen der Natur auf irgendeine Art von abgeschmacktem Weltbild zu reduzieren, so wenn man etwa tanzende Elektronen mit dem Tanz Shivas vergleicht, was in Wirklichkeit eine Beleidigung für jeden Hindu ist. Es gibt leider viele derartige Behauptungen, die ohne jegliches wahre Verständnis dessen gemacht werden, worum es in den östlichen Naturphilosophien geht.

Wenn es wirklich zu einer Begegnung der Geister kommen soll, wenn wir uns wirklich alle mit den erstaunlichen Entdeckungen der modernen Physik befassen wollen, die in eine Art Sackgasse geraten ist und sich ein neues umfassendes Paradigma schaffen muß, ohne die bisherigen Entdeckungen vor der Atomphysik für nichtig zu erklären, dann müssen wir es fertigbringen, die andere Seite wirklich ebenso ernst zu nehmen wie das Weltbild der Physik.

In den letzten Jahren gab es unzählige populäre Bücher in allen europäischen Sprachen, die ein paar östliche Begriffe und Bilder verwenden, die heute in Mode sind, und die dann die Physik auf der einen und irgendeine indische oder chinesische Idee auf der anderen Seite zusammenbringen und deren jeweiliger Autor dann glaubt, er hätte hier eine Synthese zuwegegebracht. Leider ist so etwas jedoch keineswegs eine Synthese.

Man kann das Naturverständnis, wie es Lao-tzu oder irgendein anderer Weiser, Mystiker und Dichter anbietet, nicht einfach aus dem Zusammenhang reißen und dann mit einer anderen Weltsicht vergleichen, so interessant diese Weltsicht auch sein mag. Was ich glaube, ist, daß hier das wichtigste Element fehlt, das meines Wissens auf diesem ganzen Kongreß bisher nur ein einziges Mal erwähnt wurde und das mit dem Wort «heilig» zu bezeichnen ist.

Für den alten Orient ist die Natur heilig. Und das Verhältnis des Menschen zur Natur ist beherrscht von der Dimension des Heiligen. Herkömmlicher- oder normalerweise hat der Mensch einen angeborenen Sinn für das Heilige, und man kann die nichtneuzeitlichen und nichtabendländischen Naturauffassungen nicht verstehen, solange man von dieser entscheidenden Dimension absieht.

Und jetzt möchte ich mich der Frage nach Mystik und Rationalität im

Islam zuwenden, die sich vielleicht besser unter dem Titel «Intellekt und Intuition» behandeln ließe, da es für das, was man im Westen unter Mystik versteht, in den islamischen Sprachen kein genaues Gegenstück gibt, obwohl Wirklichkeit und Erfahrung der Mystik eine sehr große Rolle im Herzen der islamischen Überlieferung spielen.

Der Islam beruht auf einer heiligen Schrift, dem Koran, von dem es glücklicherweise auch eine gute deutsche Übersetzung von Rudi Paret gibt, die viele von Ihnen kennen werden. Dieses Buch gilt nun nicht nur als Quelle des islamischen Rechts und der islamischen Ethik, sondern auch als Quelle der Erkenntnis, das heißt, es nimmt für sich in Anspruch, die Grundsätze oder Grundlagen, nicht etwa die Einzelheiten der Erkenntnis bzw. des Wissens zu enthalten. Viele mohammedanische Apologeten haben sich leider von protestantischen Autoren des 19. Jahrhunderts beeinflussen lassen, die meinten, die Mikroben Louis Pasteurs schon in diesem und Lavoisiers Entdeckungen schon in jenem Kapitel der Bibel finden zu können, und so haben diese mohammedanischen Apologeten dann auch im einen oder anderen Vers des Korans einzelne wissenschaftliche Entdeckungen zu finden geglaubt. Diese Versuche waren ziemlich sinnlos, und im Laufe der Zeit hat sich dann auch gezeigt, wie steril sie waren. Heute wirken solche Bücher, wenn wir sie noch lesen, sowie die in ihnen vermeintlich entdeckte Wissenschaft ziemlich tot, während der Koran immer noch höchst lebendig ist. Das meinte ich also nicht, wenn ich von der im Koran enthaltenen Erkenntnis sprach, sondern wie gesagt die Grundlagen des menschlichen Erkennens. Dazu gehört auch die Naturerkenntnis, das heißt die Grundlage unserer Naturauffassung, was die Natur für den Menschen bedeutet, ohne daß der Koran etwa irgendwelche Formeln oder Einzelheiten darüber enthält, wie diese Natur nun wirkt und funktioniert.

Der Koran geht auch sehr weitgehend von einem wichtigen Begriff aus, der auf arabisch *aql* heißt und in europäischen Sprachen gewöhnlich mit «Verstand», «reason», «raison» übersetzt wird. Das ist jedoch eine Fehlübersetzung, und sehr viele Schwierigkeiten, den Islam zu verstehen, hängen hiermit zusammen. Wenn wir das Begriffspaar «Mystik und Rationalität», zu dem ich heute sprechen soll, ins Arabische übersetzen, würden wir sehr bald auf dieses Wort *aql* stoßen. Aber zunächst ist zu sagen, daß es im Arabischen kein Wort für «Mystik» gibt. Man sollte kaum glauben, daß auch in einer Sprache wie der meinen, dem Persischen, in der mehr Mystiker geschrieben und gedacht haben als in irgendeiner anderen Sprache der Welt, es tatsächlich kein Wort für

Mystik gibt! Das soll nicht heißen, daß die Sache selbst nicht da wäre, aber sie wird hier in einem anderen Licht gesehen und ist damit auch etwas ganz anderes. Für «rational» würden wir wahrscheinlich eine Ableitung von *aql* verwenden, aber diese hätte eine ganz andere Bedeutung, denn das Wort *aql* im Arabischen kommt von der Wurzel «binden» oder «verknüpfen», was sofort an die lateinische Wurzel von Religion, *religare*, erinnert, die im Lateinischen ebenfalls «binden», «verknüpfen» meint, nämlich die Bindung an die Wahrheit, das, was uns mit der Wahrheit verknüpft. Und das islamische Denken hat auch von Anfang an sehr deutlich zwischen *aql als ratio* und *aql als intellectus,* als Intellekt, unterschieden, das heißt *intellectus* im Sinne von Thomas von Aquin, nicht im modernen Sinn von Intellekt.

Jetzt ist dieser alte Sinn von *intellectus* in den modernen europäischen Sprachen Englisch und Französisch verlorengegangen – während die Dinge im Deutschen etwas anders liegen. Im Englischen ist ein «intellectual», ein «Intellektueller» oder besser ein Gebildeter, jemand, der Mozart hört. Das ist natürlich sehr schön, aber das ist nicht die einzige Begleiterscheinung, wenn man einen *intellectus* hat, denn Mozart ist so schön, daß auch «non-intellectuals», also «Ungebildete», sich an ihm, an der Schönheit seiner Musik erfreuen können.

Im Arabischen meint das Wort *aql* gleichzeitig *ratio* und *intellectus.* Und das ist sehr wichtig, denn wenn wir hier ständig über Spekulation, über Reflektion sprechen – Raimundo Panikkar hat heute morgen sehr schön vom Gegensatz zwischen Mythos und Logos gesprochen und deutlich gesagt, daß Spekulation, daß Reflektion nicht genügen –, dann müssen wir uns doch fragen, was hier re-flektiert wird, was sich hier widerspiegelt. Spekulation kommt vom lateinischen Wort für Spiegel, *specula,* und ein Spiegel ist etwas, in dem man nicht den Spiegel, sondern etwas anderes sieht. Wenn man also etwas anderes sieht, was ist es, das man da sieht? Beide Begriffe – Reflektion wie Spekulation – bedeuten indirekt auch, daß es hier einen Lichtstrahl gibt, ein Licht, das scheint und leuchtet und unseren Geist erleuchtet.

Das Wort *aql* im Arabischen verbindet nun diese beiden Aspekte, und deswegen ist die islamische Mystik auch stets eine *Mystik des Lichts,* eine *Mystik der Helle und Klarheit.* Islamische Mystik – das ist die Alhambra. Wenn man die Alhambra oder auch das Tadj Mahal in Indien oder eine Moschee in Isfahan besucht, dann sieht man ein großes Meisterwerk islamischer Kunst, das durch eine erstaunliche Luminosität, eine große Reinheit der Form gekennzeichnet ist und fast so etwas wie eine Verkörperung der *Welt der Mathematik* darstellt. Es gibt in der ganzen Welt keine heilige Kunst, die so mathematisch ist wie die islamische Kunst. Alle große sakrale Kunst enthält ein bestimmtes Maß von Mathematik, wie die keltische Kunst oder die christliche Kunst oder die große indische Tempelkunst, aber wenn man einen Hindu-Tempel, eine mohammedanische Moschee oder eine christliche Ikone, sagen wir mit einem arabesken Muster vergleicht, fällt einem sofort die beachtliche geometrische Qualität der islamischen Kunst auf. Im Gefühl eines Mohammedaners gibt es irgend etwas Mystisches, es geht ihm offenbar nicht um die gleiche Art von geistigen Kräften, die ein in einer anderen Überlieferung aufgewachsener Mathematiker in einer mathematischen Gestalt, einem mathematischen Muster sehen würde. Ich erinnere mich, wie der große Mathematiker von Neumann vor dem Portal der Schah-Moschee in Isfahan stand (die jetzt natürlich einen anderen Namen trägt), die Moschee anblickte und sagte: «Endlich habe ich die Welt der Mathematik, die mathematische Welt gesehen.» Es war so, als ob er jetzt das mit seinen eigenen Augen sehen konnte, womit er innerlich immer schon gelebt hatte. Aufgrund dieses Unterschieds hat die islamische Mystik daher von Anfang an eine andere Richtung eingeschlagen als die christliche Mystik. Obwohl die Universalität der mystischen Erfahrung – was nicht heißen soll, daß diese immer gleich ist, sondern es gibt sehr viele verschiedene Arten dieser Erfahrung –, obwohl also die Universalität der mystischen Erfahrung dazu führt, daß fast alles, was Nikolaus von Kues, der große deutsche Kardinal, oder der große Zen-Meister Dōgen gesagt hat, genauso auch in Sufi-Texten gefunden werden kann. Daran besteht kein Zweifel. Das vorherrschende Verständnis der christlichen Mystik, das zum großen Nachteil für den modernen Menschen leider Mystik als so etwas wie Unklarheit und Verwirrung betrachtet – man muß nur an Bertrand Russells Buch *Logical mysticism* denken –, wäre jedoch dem islamischen Verständnis von Mystik völlig fremd und der abwertende Ton, mit dem Bertrand Russell das Wort gebraucht, ließe sich in der islamischen Mystik gar nicht wiedergeben, denn im Islam ist Mystik letzten Endes soviel wie Erleuchtung. Mystik ist dort «Aufklärung», um das deutsche Wort zu gebrauchen, eine Weise, die Dinge hell und klar zu machen, natürlich nicht im Sinne der Aufklärung des 18. Jahrhunderts, sondern im Sinn einer Erleuchtung des menschlichen Geistes durch den göttlichen *intellectus,* durch *buddhi,* um das Sanskrit-Wort zu verwenden, also nicht einfach nur eine rationale Klarheit und Deutlichkeit des Denkens. Eben aus diesem Grund, wegen des ganz anderen Verständnisses dieser mystischen Erfahrung, gibt es im Arabischen auch kein Wort für das, was die europäischen Sprachen mit Mystik meinen. Das Wort

Mystik hängt natürlich mit Mysterium zusammen, das von der griechischen Wurzel *myo* kommt, was «schweigen» bedeutet. Und natürlich sagen auch alle wahren Mystiker nichts. Daß wir jetzt hier über dieses Thema sprechen, liegt entweder daran, daß wir keine wahren Mystiker sind oder daß in unserer Zeit irgend etwas Besonderes passiert ist, was uns nötigt, den Mund wieder aufzumachen. Es gibt Dinge, über die man nicht sprechen kann, und im Sufismus – der Hauptströmung der islamischen Mystik, obwohl es auch im Schiismus eine mystische Bewegung gibt – heißen die Sufis die «Leute der Andeutung», also jene, die durch Andeutungen, nicht in direkten Aussagen sprechen. Direkte Aussagen meinen oder zeigen auf einen Gegenstand der Außenwelt oder des Bewußtseins, während die Andeutung nur einen Wink, nur einen Hinweis gibt. Und ein solcher Hinweis oder Wink ist nur sinnvoll für jemanden, der das, worauf hingewiesen wird, in gewisser Weise schon kennt. Mystik kann daher nicht in der gleichen Weise gelehrt werden wie etwa Mathematik, denn sie muß sich auf eine Neigung berufen, die im Menschen schon da ist. Deswegen wird nicht jeder, der in seiner Buddha-Natur potentiell ein Buddha ist, auch gleich sofort ein Buddha, um an den Vortrag meines Vorredners Michael von Brück zu erinnern.

In diesem geschilderten Sinne ist nun also eine sehr starke mystische Tradition in eben der Religion herangewachsen, die im Westen sehr oft lediglich mit dem Schwert, mit der Wüste und mit der Einfachheit des Nomadenlebens und dergleichen assoziiert wird, und in den verschiedensten europäischen Sprachen sind daher Tausende von Büchern geschrieben worden, die nicht den Sufismus erklären, sondern die ihn hinwegerklären wollen. Wie soll man verstehen, daß etwas so Tiefes wie die Sufi-Mystik in einer so simplen Religion entstanden ist? Also muß es wohl von irgendwo anders hergekommen sein. Und derartige Theorien gibt es auch heute noch. Es ist jedoch bemerkenswert, daß die tiefsten europäischen Geister, die dem Sufismus begegnet sind, Leute wie William Blake oder Goethe, nie einem derartigen Irrtum erlegen sind. In der üblichen orientalistischen Sehweise wird jedoch oft versucht, den Sufismus von der islamischen Tradition zu trennen.

Aber wie dem auch sei: Der Sufismus stammt aus dem Herzen der islamischen Tradition. Und trotz all der Umwälzungen, die in unserer Zeit in der islamischen Welt zu beobachten sind, ist der Sufismus heute, während ich hier stehe, höchst lebendig. In der Geschichte gab es dabei verschiedene Strömungen, über die Sie sich ausführlicher durch Lektüre unterrichten müßten, die ich jedoch hier kurz zusammenfassend erwähnen will.

Einmal gab es jene Sufis, die in der Tat das rationale Denken abgelehnt haben, ein wenig wie die Quietisten im christlichen Westen, und die sich allein an das göttliche Gesetz hielten, denn wie das Judentum in der Halachah hat auch der Islam sein göttliches Gesetz – anders als das Christentum, das aus dem Evangelium kein Gesetz abgeleitet hat, sondern sich an das römische oder germanische oder angelsächsische Recht hielt, das dann in die Kirche integriert wurde. Der Islam dagegen hatte wie das Judentum in der Halachah für die, die daran glauben, sein eigenes, unmittelbar geoffenbartes Gesetz, die Scharia. Es gibt also Leute, die gegen den rationalen Diskurs waren und für ihren Glauben eintraten, die aber, obwohl sie streng legalistisch dachten, eine mystische Tendenz haben – eine Kombination, die man im Westen gewöhnlich nicht mit Mystik in Zusammenhang bringt, wo man eher daran denkt, wie Christus im Namen des Geistes, der rettet und erlöst, das Gesetz gebrochen hat, wo man also die einengende Form des Gesetzes gern dem erlösenden Geist gegenüberstellt.

Zweitens hatten wir die, die zwar durchaus ihren Verstand benutzten und rational dachten, die aber dennoch zugleich Mystiker waren. Dazu gehören sowohl die ascharitischen Theologen, die keine Rationalisten waren, aber in einem gewissen Ausmaß doch den Verstand gebrauchten, als auch eine der wichtigsten Schulen des Sufismus, deren Gründer interessanterweise nicht in Isfahan oder in Kairo, sondern in Spanien, in Südspanien, in Murcia in der Provinz Almería geboren wurde. Ich meine *Ibn al'Arabi* (1165-1240), den großen islamischen Philosophen, Theologen und Mystiker, der erst nach und nach im Westen bekannt wird, obwohl Dante ihn sehr wohl kannte. Er war sehr lange Zeit vergessen, findet jetzt aber großes Interesse bei denen, die sich entweder mit vergleichender Mystik oder ganz allgemein mit Mystik befassen. Er ist in der Tat einer der größten nicht nur mohammedanischen, sondern auch spanischen Mystiker, denn in gewissem Sinne war er auch spanisch, obwohl er nach Damaskus zog, wo er auch starb.

Bei dieser Art von Mystik geht es mehr als irgendwo anders um die Verbindung, die Integration des rationalen Vermögens mit den mystischen Fähigkeiten. Die mohammedanischen Mystiker verstehen den Menschen als ein Wesen nicht nur mit den fünf äußeren Sinnen und auch nicht nur mit den üblichen fünf inneren Sinnen, die alle Psychologen seit Aristoteles gezählt haben, sondern in der mohammedanischen Mystik werden dem Menschen auch andere Fähigkeiten zugesprochen, die bei den meisten Menschen nur latent vorhanden sind. Eine der Aufgaben des mystischen Lehrers ist es, eben diese mystischen Fähigkeiten in seinen Schülern und Anhängern zu wecken. Es gibt Weisen des Sehens, des Hörens, des Riechens, die nicht einfach nur subjektive Zustände sind, sondern die es faktisch objektiv gibt, die jedoch nicht jeder teilt. Das ist natürlich immer eines der großen Probleme bei der Mystik. Einer der großen persischen Mystiker, al'Halardi, der sehr jung in Aleppo starb bzw. umkam, als er in die Auseinandersetzungen zwischen Mohammedanern und Christen während der Kreuzzüge geriet, sagte einmal etwas sehr Bedenkenswertes: «Ich verstehe nicht, warum die Menschen der Beobachtung von ein paar Astronomen glauben, obwohl sie nie den Himmel selber beobachtet haben, aber nicht den Beobachtungen derer trauen, die den spirituellen Himmel wahrnehmen.» Eine Bemerkung, die in den letzten acht Jahrhunderten kaum etwas von ihrer Wahrheit verloren hat. Aber trotz allem gibt es diesen Sinn für innere Wahrnehmungsfähigkeiten, für eng miteinander zusammenhängende Weisen des Seins und des Sehens, welche die Schule Ibn al' Arabis wiederzubeleben versuchte, während dieselbe Schule zugleich eine vollständige philosophische Darstellung und Erklärung der Natur und des Universums zu geben versuchte. Der frühe Sufismus hatte sich damit begnügt, einfach vom spirituellen Weg und von der Einheit, dem Einssein Gottes zu sprechen, und hatte sehr wenig von der Natur des Universums und von der Natur des Menschen, vom Gebrauch des Verstandes bzw. von Verstand und *intellectus* und von all den anderen Aspekten der einzelnen Wissenschaften wie der Psychologie oder der Anthropologie gesprochen. In der von Ibn al'Arabi eingeleiteten Phase des Sufismus gibt es jedoch so etwas wie eine Ehe zwischen diesen beiden Dingen, die als eine der bedeutenden Denkrichtungen des Islam bis zum heutigen Tag fortdauert.

Und einer der wichtigsten Beiträge dieser Schule, der auch bis heute meiner Ansicht nach von großer Bedeutung für die Geschichte des westlichen Denkens ist, besteht darin, daß diese Schule die Bedeutung dessen betont, was ich die «imaginale Fähigkeit» des Menschen, die Phantasie nenne. Ich verwende im Englischen diesen ungewöhnlichen Terminus «imaginal» statt des gebräuchlicheren Ausdrucks «imaginary», weil im Englischen das Wort «imagination» – ähnlich wie im Deutschen das Wort Phantasie – infolge einer jahrhundertelangen Entleerung zur bloßen Fähigkeit des Vorstellens von unwahren, unwirklichen Dingen, zur bloßen Einbildung («phantasy») geworden ist. Aber die wahre Imagination, die Phantasie, ist keineswegs nur diese Fähigkeit zur Einbildung von Unwirklichem. Alle große Kunst und auch alle große Wissenschaft hat ihre Quelle in der Phantasie. Woher kam denn das Atommodell Niels Bohrs? Doch nicht aus irgendeinem Handbuch mit Anweisungen zum Experimentieren, das er dann auf Seite 37 aufschlug, um den fünften Schritt der dort vorgeschriebenen Methode zu befolgen, worauf er dann auf sein Atommodell stieß. Alle großen wissenschaftlichen Entdeckungen kommen vielmehr aus jenem Vermögen, das ich hier «imaginal» genannt habe, aus dem Vermögen der Phantasie. Und da diese Fähigkeit in der vorherrschenden Entwicklung der europäischen Philosophie, praktisch seit Leibniz, verkümmerte, vergessen und sozusagen wie bei einer Sonnenfinsternis verdunkelt wurde, gibt es heute von neuem, vor allem in Frankreich, in der zeitgenössischen französischen Philosophie, ein großes Interesse an der philosophischen Bedeutung dieser «imaginalen», dieser bildhaften Welt.

Eine der äußerst wichtigen Züge dieser Denkrichtung besteht darin, daß sie dem Menschen erlaubt, ein Verhältnis zur Natur zu haben, das nicht nur auf rational definierten Begriffen beruht, die von unseren Sinneswahrnehmungen der Natur abstrahiert sind, sondern, daß sie auch einen Austausch von Gestalten («forms») möglich macht, die unser Vorstellungsvermögen, unsere Phantasie als Ganzes, um das deutsche Wort zu gebrauchen: als *«Gestalt»* wahrnehmen kann. Und ich meine natürlich, daß Deutschland, das einzige Land in Europa, wo das mechanistische Denken nicht zur totalen Vorherrschaft gelangt ist, seinem Wesen nach der natürliche Ort dafür wäre, jenes Stadium des Denkens von neuem zum Leben zu erwecken. Ich meine, daß dies früher oder später in Deutschland auch geschehen wird.

Im Kontrast zu dieser Sehweise, die Mystik und Rationalität verbindet, haben wir als Zeitgenossen al'Arabis einen anderen, einen der größten Meister des Sufismus, Jalal ud Din Rumi. Rumi hat glücklicherweise inzwischen seinen großen Interpreten des 20. Jahrhunderts in Deutschland gefunden: Annemarie Schimmel, die schon einige von Rumis Werken ins Deutsche übersetzt hat und die Autorin eines der schönsten englischen Bücher über ihn ist *(The Triumphal Sun)*. Rumi ist glücklicherweise im Westen sehr gut bekannt, durch die Faszination, die der berühmte Tanz der Derwische auf den Westen ausübte, ein Tanz, der selber ein kosmologischer Tanz ist, der den Menschen in der Vertikale, die durch uns alle geht, mit den Bewegungen des Himmels und der Erde verbindet. Der Mensch ist dabei eine Art Viadukt, ein Kanal, ein *pontifex,* also ein Brückenbauer (was der lateinische Begriff dem Wortlaut nach bedeutet), eine Brücke zwischen Himmel und Erde – eben durch diesen kosmischen Tanz. Für den Sufismus sind wir faktisch alle solche *pontifeces*, solche Brückenbauer, insofern der Mensch eben dazu geschaffen wurde, eine Brücke zwischen Himmel und Erde zu sein. Und sobald diese Brücke abgebrochen wird, fällt auf der Erde alles auseinander – genau das, was wir heute erleben.

Ich wollte, ich könnte noch länger über Rumi, meinen persischen Lieblingsdichter, sprechen, mit dessen Gedichten ich seit meinem fünften Lebensjahr vertraut bin, ich kann hier aber nur einen einzigen Punkt hervorheben, nämlich die Unterscheidung zwischen *aql* als *ratio* und dem Aspekt von *aql*, der integriert, die Synthese, das Ganze wiederherstellt. Es war der Verstand für sich allein, der den *intellectus* zum bloßen Intellekt degradiert hat, weswegen wir immer wieder zum integrierenden Aspekt des menschlichen *intellectus* zurückkommen müssen.

Nun gibt es eine große Synthese zwischen dem jeweils unterschiedlichen Verhältnis zwischen der mystischen Weltsicht und dem Gebrauch des Verstandes (dessen Vernachlässigung man dem Islam sicher nicht vorwerfen kann und der sich dort auf allen Gebieten von der Kunst bis zur Mathematik findet), eine Synthese, die es nach der westlichen Auffassung der Philosophiegeschichte eigentlich gar nicht geben dürfte. Diese vollzog sich im 16. und 17. christlichen Jahrhundert im Iran, in Persien, wo alle diese verschiedenen Strömungen und Denkrichtungen in einem einzigen Mann, in Sadr al Din Shirazi, einem Zeitgenossen von Leibniz, zusammenflossen. Erst jetzt werden seine Schriften langsam auch im Westen bekannt, und daß er so lange unbekannt blieb, ist auch etwas sehr Wichtiges und Tiefgreifendes, denn wenn es tatsächlich zu jener Zeit einen so bedeutenden Geist, einen Geist solchen Formats gab, dann müßte Hegel seine Philosophie der Geschichte umschreiben, es müßte sich darin etwas ganz Wesentliches ändern, denn dann müßte man die Möglichkeit einräumen, daß sich, hegelianisch gesprochen, der Geist in der Geschichte nicht nur auf einem, sondern auf mehreren verschiedenen Wegen entfaltete. Wir müßten dann sagen, daß wir mehr als nur einer einzigen «Fußspur» des Geistes auf seinem Weg in der Geschichte nachgehen könnten, und deswegen ist es von so großer Bedeutung, daß diese spätere islamische Philosophie so lange im Dunkeln blieb, von Bedeutung nicht nur für den Iran selbst, sondern auch für Indien, und zwar nicht nur für das mohammedanische Indien, sondern auch für das hinduistische Indien. Es ist höchst interessant zu sehen, wie dieses spätislamische Denken viele Jahrhunderte lang einen tiefreichenden Dialog mit der hinduistischen Welt führte, und eine der großen Epochen in der Geschichte, die leider nur selten beachtet wird, ist jene Zeit, als diese beiden Traditionen aufeinandertrafen.

Aber ich will wieder auf die allgemeinere Frage zurückkommen und zum Schluß auf einige Punkte hinweisen, über die wir vielleicht nachdenken können. Zuallererst ist zu sagen, daß diese mystische Tradition *lebendig* ist. Es ist in der heutigen Welt sehr schwer, eine lebendige Tradition der Mystik zu finden. Es gibt eine ganze Reihe von Quacksalbern, aber wahre Mystik ist nur sehr schwer zu finden. Dabei ist besonders wichtig, daß diese Tradition aus der Familie von Religionen stammt, die sich von Abraham ableiten, also auch eine Schwestertradition der Kabbala ist, aber es ist sehr schwer, heute einen kabbalistischen Meister zu finden. Die Tradition der islamischen Mystik lehrt auch sehr ähnliche Dinge wie die größten deutschen Mystiker, wie Meister Eckhart, Nikolaus von Kues und Angelus Silesius. Ich möchte sagen, daß von allen europäischen Mystikern diese drei zusammen mit Dante und Johannes vom Kreuz der Sufi-Sicht am nächsten kommen. Daß diese Tradition im Islam jedoch noch heute lebendig ist, daß sie nicht ausgestorben ist, wäre also als allererster Punkt zu nennen.

Das zweite wäre, daß diese Mystik *erkenntnisoffen* ist, daß sie nicht wissensfeindlich und auch nicht gegen Naturerkenntnis gerichtet ist. Ich habe einmal als etwas kecker junger Student mit vierundzwanzig Jahren eine Behauptung aufgestellt, für die man mir damals fast den Kopf abriß, die sich aber nach dreißig Jahren durch die Historiographie bestätigt hat, nämlich, daß die große Mehrzahl der muslimischen Wissenschaftler, also die Leute, die die Algebra und die sphärische Trigonometrie geschaffen, die die hippokratische Medizin und die Medizin des griechisch-römischen Arztes Galenus aus dem 2. Jahrhundert und die indische Medizin miteinander verbunden haben, daß also die Mehrheit dieser islamischen Wissenschaftler entweder selber Sufis oder an der Sufi-Tradition interessiert waren. Ob einem das gefällt oder nicht, es ist nun einmal ein Faktum der islamischen Kultur. Die meisten in der islamischen Welt haben mich wegen dieser Behauptung heftig angegriffen, denn inzwischen hat sich dort als eine Art Auswirkung der Kolonialzeit ein gewisser Szientismus und Positivismus breitgemacht, der sich oft sehr heftig manifestiert und der nicht wahrhaben will, worin das eigentliche Wesen des islamischen Geistes liegt.

Der dritte wichtige Zug dieser Mystik besteht darin, daß sie eine sehr große *Integrationskraft* besitzt. Vor allem versucht sie, Leib, Seele und Geist zusammen zu sehen. Sie beruht also nicht nur auf keinem Dualismus, sondern nicht einmal mehr auf einer solchen Dreiteilung, durch die manche Leute die Dualität ersetzen wollen, obwohl eine solche Dreiteilung der Einheit ja viel näher steht, obwohl eine solche «Trinität» stets eine Rückkehr von der Dualität zur Einheit darstellt. Die islamische

Mystik hat also nicht einmal mehr diese Dreiheit, sondern ist eine völlige Integration, ein ganzheitliches Verständnis des Menschen in seinen leiblichen, seinen seelischen und seinen geistigen Funktionen, womit alle uns gegebenen Fähigkeiten und Gaben so etwas wie eine Wiederbelebung erfahren.

Und viertens und letztens schließlich gibt es in der islamischen Mystik etwas sehr Wichtiges, das ich eine *sinnliche Spiritualität* nennen möchte, eine Spiritualität, die keine Trennung zwischen der Sinnenhaftigkeit der Welt und der Erleuchtung des Geistes kennt. Eben dies gehört nun aber zum Wesen des Sufismus, insbesondere in der Form, wie sich dieser in meiner Heimat Iran entwickelt hat. Die persische Sufi-Dichtung ist in der Tat mehr als durch irgend etwas anderes durch eine beachtliche Sinnlichkeit in Verbindung mit einer beachtlichen Spiritualität gekennzeichnet. Beides geht in dieser Tradition Hand in Hand, und darin steht diese Tradition auch einigen sehr wichtigen Strömungen der Hindu-Tradition nahe. Mit dem Unterschied, daß diese hinduistischen Strömungen aus der großartigen Welt Indiens erwachsen sind, während es sich hier um eine abrahamitische Religion handelt, die mit dem Christentum und dem Judentum die gleichen Propheten und mehr oder weniger die gleiche Weltsicht teilt. Was dieser Einheit von Leib und Geist im Westen am nächsten kommt, sind gewisse Formen der jüdischen Mystik, die jedoch, euphemistisch ausgedrückt, bis zum heutigen Tag äußerst schwer zugänglich sind. Wenn wir also nun aus dem Fortbestehen dieser Tradition Konsequenzen für unsere eigenen Überlegungen ziehen wollen, zu welchen Schlüssen müßten wir dann kommen?

Zunächst einmal müssen wir akzeptieren, daß es mehr als eine Art und Weise gibt, in der man die Welt sehen kann. Der größte Dienst, den die heutigen Physiker neben ihren persönlichen Bemühungen um den Weltfrieden für das Zustandekommen eines weltweiten Dialogs leisten können, besteht darin, den *Szientismus* aufzugeben, zu dem es oft gegen ihren Willen gekommen ist, und in aller Demut zu zeigen, daß die Wissenschaft, so großartig sie auch sein mag, dennoch nicht die einzige Weise ist, die Welt zu betrachten, und daß jede neue Synthese, die wir zuwege bringen, wieder gewisse Löcher in den Maschen ihres Begriffsnetzes hat, die uns dann zwingen, weitere Annahmen über das Wesen der Wirklichkeit zu machen. Ich bin keineswegs gegen die Wissenschaft – ich bin selber ursprünglich Physiker gewesen –, aber wir müssen akzeptieren, daß es verschiedene «Wissenschaften», *verschiedene Weisen des Wissens von der Natur* gibt. Die westliche Naturwissenschaft ist etwas Großartiges, aber sie ist nur *eine* Wissenschaft von der Natur, nicht *die*

Wissenschaft von der Natur. Solange sie *die* Wissenschaft von der Natur, *die* Naturwissenschaft bleiben will, wird sie trotz ihrer großartigen Leistungen nicht nur unser ökologisches System kaputtmachen, sondern auch alle anderen Weltverständnisse zerstören, die ebenfalls ein Lebensrecht besitzen. Nicht nur die Urwälder des Amazonas haben ein Lebensrecht, sondern auch die anderen Weltkulturen. Das Leben ist nicht nur Sache des Leibes, sondern auch des Geistes. Das heißt, daß wir auch andere Naturauffassungen und damit auch andere Weisen akzeptieren müssen, den Menschen zu verstehen. *Naturverständnis und Menschenverständnis hängen eng miteinander zusammen.* Wenn wir die Welt als Apparat und Mechanismus sehen, verstehen wir uns auch selber als Mechanismus, unsere Weltsicht spiegelt unser Selbstverständnis und umgekehrt. Und die anderen Weltkulturen neben der westlichen haben es keineswegs aufgegeben, sich auch weiter so zu verstehen, wie sie sich seit Jahrtausenden verstanden haben. Keine Kultur hat das Recht zu sagen, deswegen, weil sie sich selber nicht mehr so sieht wie früher, müßten nun auch die anderen Kulturen ihre bisherige Sehweise aufgeben und sich dann mit ihr zusammentun und schauen, was sich unter diesen neuen Voraussetzungen machen läßt. Wer meint, so seien die Dinge nun mal und so müsse man heute vorgehen, der irrt sich.

Zweitens müssen wir akzeptieren, daß es vielleicht noch andere Auffassungen davon gibt, was das Ziel, was der *Sinn des Lebens* ist. Zu meiner Freude haben Dr. Bharati und Raimundo Panikkar hier davon gesprochen, daß für den Hinduismus – und übrigens nicht nur für den Hinduismus, sondern für alle Religionen – das Ziel des Lebens die *Erlösung* ist. «Was hülfe es dem Menschen, wenn er die ganze Welt gewönne und nähme doch Schaden an seiner Seele», hat Christus gesagt – ein leider oft vergessener Satz aus dem Evangelium, aber es gibt andere Teile der Welt, darunter auch die Welt des Islam, für die der eigentliche Sinn des Lebens nun tatsächlich die Erlösung ist, Erlösung im höchsten Sinn dieses Wortes, das letzten Endes Freiheit, *moksha* bedeutet, um das Sanskrit-Wort zu nennen. Denn wir müssen von uns selber erlöst werden. Wir sind alle im Gefängnis unseres eigenen Ichs befangen, und noch so viele solche Kongresse werden das nicht ändern können.

Um diese Macht zu brechen, die unser Ich, unser Ego, über uns ausübt, braucht es sehr viel Disziplin und sehr viel Anstrengungen. Zunächst einmal müssen wir also akzeptieren, daß es auch andere Kulturen mit anderen Zielen für das menschliche Leben gibt. Und nachdem diese Kulturen sehr viel vom Westen gelernt haben, kann der Westen vielleicht auch etwas von ihnen lernen, zumindest daß es auch noch andere Ziele im menschlichen Leben gibt. Was wir leider offenbar ständig versuchen, ist –, daß wir *ohne Gott, aber dennoch in Frieden leben* wollen. «Gott, laß uns doch endlich in Ruhe», sagen die Leute etwa, «wir haben Dich in Ruhe gelassen, laß uns also auch in Ruhe. Und», so heißt es dann bei dieser Einstellung weiter, «setzen wir uns doch einfach zusammen, erwerben wir uns das nötige Wissen und Know-how, dann werden wir die Erde schon managen und alles gut hinkriegen. Nur keine Bange vor den vielen Problemen, packen wir sie doch einfach an und lösen sie!» So reden oder denken die Leute, aber so wird es nicht funktionieren. So, wie die Dinge sind, ist das nicht das ontologische Verhältnis zwischen Mensch und Gott. Ich will hier nicht allzu theologisch sprechen, aber fest steht, daß wir auch andere als die üblichen Ziele für den Sinn des Lebens akzeptieren müssen. Andernfalls können alle Versuche der Weltbank und alle sonstigen Projekte nicht verhindern, daß die Urwälder des Amazonas abgeholzt werden. Wenn es das Ziel der brasilianischen Regierung ist, ihre Entwicklungshilfeschulden zurückzuzahlen und ebenfalls so zu werden wie die anderen Länder, dann wird die brasilianische Regierung die Urwälder des Amazonas abholzen. Dann wird es denen gleich sein, ob die Leute in Hannover und anderswo in ein paar Jahrzehnten keinen Sauerstoff mehr zum Atmen haben. Ob es uns paßt oder nicht, *so* werden die Leute denken, und die Dritte Welt wird nicht damit aufhören, ihre natürlichen Ressourcen zu vernichten, nur damit Europa, das jahrhundertelang saubere Luft geatmet und gleichzeitig die übrige Welt verschmutzt hat, ungestört und ungestraft so weitermachen kann. So werden die Dinge nicht laufen. Das Problem liegt sehr viel tiefer, als man meint.

Und das bringt mich zum nächsten Punkt, nämlich daß wir nicht einfach das *spirituelle Erbe* anderer Kulturen so benutzen können, wie wenn wir Zinn aus Malaysia oder Öl aus dem Persischen Golf importieren würden. Wenn wir alle zu einer Synthese kommen wollen, ist zunächst einmal mehr Demut nötig, die Demut des Gebens und Nehmens. Und nicht nur Nehmen nach den Bedingungen, die wir selbst den anderen vorschreiben. Wenn wir also in den achtziger Jahren den Zen-Buddhismus nötig haben, verwenden wir ihn, dann, in den neunziger Jahren, haben wir plötzlich etwas anderes nötig, wir lassen Zen sausen, sind seiner plötzlich überdrüssig und wenden uns etwas anderem zu. So kann das nicht gehen, das ist eine viel schlimmere Ausbeutung der Welt als der Mißbrauch der Umwelt, den wir mit Recht beklagen.

Vielleicht kann ich mit einem traditionellen Bild oder Symbol schließen, das meiner Ansicht nach auch auf unsere Zeit sehr gut paßt. In allen

Kulturen findet sich das *Symbol der Blüte.* Denken Sie an die Lotosblüte, auf der der Buddha saß (und der in Europa die Rose entspricht). Wir sind alle wie eine Blüte. Die ganze Welt ist wie eine Blüte, deren Samenkern sozusagen alchimistisch in ein Goldkorn verwandelt wird, während die Blütenblätter welken und absterben. Hoffen wir, daß wir alle zusammen versuchen, zu diesem Kern zu gehören. Die Schale, die Blütenblätter werden wir so oder so nicht erhalten können. Sie sind dem Tod geweiht, das Leben, das sie leben, geht nicht ewig weiter. Ich denke dabei an den größten persischen Dichter, Hafis, den viele Deutsche kennen, da Goethe ihm eines seiner größten Werke, den *West-östlichen Divan,* gewidmet hat. Lassen Sie mich mit einem Wort von Hafis schließen:

«Der, dessen Herz durch Liebe wieder zum Leben erweckt wurde, wird niemals sterben. Sein Name steht im Buch des Lebens.»

Die Liebe, die hier gemeint ist, kann nichts anderes sein als das, was Dante die Liebe nannte, «die Himmel und Erde bewegt».

(Aus dem Englischen von Ruprecht Paqué)

V
Zeitlichkeit, Kontemplation, Religion

Rocque Lobo

Der Umgang mit der Verunsicherungssynthese der Zeiterfahrung
Zu einer lebensnahen Theorie der Samādhi-Erfahrung in Yoga und Zen

1 Einleitung

Im Jahre 1974 veröffentlichte der japanische Physiologe Tomai Hirai die Ergebnisse seiner Untersuchungen an Zen-Mönchen der Soto-Tradition. Er konnte anhand von EEG-Ableitungen, Messungen des elektrischen Hautwiderstandes, der Atemtiefe und einer Reihe anderer Parameter zeigen, daß das innere Schweigen im Zen ein besonderer, paradoxer Bewußtseinszustand ist, für welchen man treffend die Formulierung verwenden könnte: «Der Kopf schläft, während der Körper wacht.» In diesem Zustand, so meinte Hirai, würde das Mensch-Sein sich selbst offenbaren, der übende Mensch den Weg zu seiner wahren Natur finden. Wie jedoch so oft in der Geschichte wissenschaftlicher Errungenschaften blieben diese Entdeckungen eine Zeitlang unbeachtet. Hirai scheint geahnt zu haben, daß das Phänomen, das er beschrieb, Allgemeingültigkeit für sich in Anspruch nehmen könnte. Doch die pragmatische, an der Nutzbarkeit von Entdeckungen sich orientierende industrielle Welt beachtete diese Ergebnisse bestenfalls im Zusammenhang mit Schmerzbewältigungsstrategien. In Büchern über Schmerz und Vigilanz werden sie hier und dort in Fußnoten erwähnt. Das liegt vielleicht auch an den konträren Ergebnissen ähnlicher Experimente anderer Japaner wie Takagi, Arishige u. a. an anderen Zen-Mönchen oder Das, Gastaut, Anand, Chinna, Baggchi, Wenger u. a. an indischen Yogis, die Hirai auch kommentiert. Dies hinterläßt im Leser ein unbehagliches Gefühl. Es wirkt so, als ob Hirai meinte, daß die wahre Natur des Menschen nur durch die stringent und streng praktizierte Zen-Meditation der Soto-Sekte in Erscheinung zu bringen wäre, und der Leser, dem er eine ungemein wichtige Mitteilung für dessen eigenes Leben machen könnte, geht enttäuscht davon.[1]

Diese Ergebnisse des japanischen Physiologen möchte ich daher zuerst ins rechte Licht rücken, bevor ich ihre Brauchbarkeit für die Lösung moderner Probleme der Bewältigung chronischer Schmerzen unterstreiche. Ich werde versuchen, sie aus der Sicht modernerer Erkenntnisse aus dem Bereich der Chronobiologie ein wenig zu akzentuieren, um damit das wissenschaftliche Prinzip, wonach sie sich einordnen und reproduzieren lassen, herauszustellen. Dies möchte ich mit der Theorie der Verunsicherungssynthese versuchen.[2] Ich möchte Ihnen diesen Begriff allerdings zuerst mit einer Analogie erklären und dann die Ergebnisse meiner eigenen Yoga-Forschung präsentieren.

Stellen wir uns vor, wir befinden uns an einem Sommertag auf der Autobahn. Wir fahren alle so dahin, manche mit dem schrecklichen Tempo 200 km/h, andere mit 100 und die meisten mit einem Tempo irgendwo dazwischen. Plötzlich verengt sich die Fahrbahn. Alle müssen sich aufeinander abstimmen, um durch das Nadelöhr im Schrittempo zu kommen.

Diesem alltäglichen Geschehen gebührt weiter keine besondere Aufmerksamkeit außer dieser: Jeder verläßt sich darauf, daß die Bremsen der anderen Autos in Ordnung sind, daß die Fahrer nicht betrunken am Steuer hängen und daß der Verkehr, wenn auch zäh, so doch weiterfließen wird.

Nennen wir die Verengung der Straße eine VERUNSICHERUNG, den nonverbalen, nichtabgesprochenen Zusammenschluß der Autofahrer zu einer wohldisziplinierten Reihe eine SYNTHESE ihrer verschiedenen Lebensgefühle und -abläufe, ihrer Reflexe und ihrer momentanen Verhaltensweisen. Im Wort «VERUNSICHERUNGSSYNTHESE» sind diese beiden Anteile vorhanden. Die verunsichernde Situation und der in ihr sich vollziehende Zusammenschluß, in welchem jeder lebende Organismus die Wahrheit oder die Realität der Synthese in ihrem Vollzug erfährt, den Weg aus der Verengung gerade dadurch sieht und sein eigenes Leben an der Grenze zum Nicht-Sein gewahr wird. Beim immer

Schnellerwerden der Kommunikation zwischen Menschen über weite Strecken hinweg vertrauen wir uns immer mehr den Sicherungen gegen das Versagen von Maschinen an, die wir einbauen, um der Synthese im Notfall gewiß zu sein. In seiner Kritik aller solcher im Zusammenhang mit Atomwaffen oder auch mit Kernkraftwerken vorgetragenen Argumente für bzw. gegen solche Sicherungen und Versicherungen weist Jacques Derrida darauf hin, daß all dies Literatur im wahrsten Sinne des Wortes bleiben muß. Denn niemand würde so tollkühn sein wollen, den Beweis für oder gegen seine These durch einen tatsächlich herbeigeführten Atomkrieg zu liefern.[3]

Worauf sich aber die Hoffnung gründet, daß «dies alles» auch Literatur bleiben wird, kann allein aus der linguistischen Analyse der Struktur moderner diplomatischer Sprachspiele nicht beantwortet werden.

Die Tatsache jedoch, daß die Synthese einer menschlichen Gemeinschaft etwas Existentielles, nicht nur Rationales ist, gerät damit in den Hintergrund. Dieses Existentielle ist ein biologisches Faktum, das durch die Entwicklungsgeschichte der Lebewesen dokumentiert wird. Der Körper des Menschen ist gewohnt, sich in einen gewissen Gang der Geschehnisse seiner Umwelt einzubringen. Er wird dann verunsichert, wenn Turbulenzen in dieser Beziehung entstehen: Krisensituationen des Lebens, wie wir sie nennen.[4]

Die einzelnen zeitlichen Abläufe der verschiedenen Teile des Nervensystems und der Organe sind vergleichbar mit den einzelnen fahrenden Autos auf der Autobahn. Schaffen sie die Synthese, so kommt man durch das Nadelöhr der Lebenskrise durch, verhalten sie sich starr oder falsch, so führen sie den Menschen in den Tod.

Die Verunsicherung ist mit anderen Worten jener Moment im Bewußtsein der einzelnen körperlichen Prozesse, in welchem jeder Prozeß auf seinen Ursprung in einer Zelle oder einer Gruppe von Zellen zurückgeworfen wird und diese Zellen, auf sich selbst gestellt, eine neue Selbstorganisation des ganzen Körpers und damit des erlebenden Menschen vornehmen.

Bei seiner Erörterung der Idee der Performanz in der Systemtheorie kritisiert J. F. Lyotard den Aspekt des Kalkulierbaren, auf welchem die ganze Theorie seiner Meinung nach zu beruhen scheint.[5]

Doch in der Betrachtung von offenen Systemen – und solche sind Lebewesen – ist eben gerade dieser Aspekt neu zu durchdenken. Das Wort Performanz selber – als «Diktat des Lebens» im biologischen Kontext übersetzt – beinhaltet einen sehr flexiblen Umgang mit Zeit. Lyotard hat dies seinerzeit nicht berücksichtigt, wie mir scheint.

2 Der «soziale Zeitgeber» und die Verunsicherungssynthese

Bei der Erforschung der Chronobiologie von Menschen war man zuerst den Weg gegangen, einzelne Individuen aus der sozialen Gemeinschaft herauszulösen und in unterirdischen Bunkern zu isolieren, um auf diese Weise zu ermitteln, ob es endogene oder körpereigene Rhythmen gibt.[6] Man war sich bewußt, daß Uhren und Kalender als zeitliche Synthesen oder soziale Übereinkünfte zu betrachten sind, durch die individuelle innerkörperliche Abläufe mit den Naturabläufen wie Licht-Dunkel-Wechsel zusammengebracht werden. Dies zunächst im Interesse der gemeinsamen Arbeit.[7] Durch Isolation wollte man diese sozialen Übereinkünfte abbauen, um festzustellen, ob der menschliche Körper von sich aus in der Lage wäre, seine eigenen unabhängigen oder endogenen Uhren zu entwickeln. Man hat auf diese Weise eine Reihe von körpereigenen Uhren für die verschiedenen rhythmischen Abläufe des menschlichen Körpers gefunden, welche von sich aus die Zeiten des Tages oder der Nacht anzugeben vermögen. Bei der Synchronisierung aller dieser Uhren könnte man von einer körpereigenen Synthese sprechen, bei ihrer Desynchronisierung dagegen von einem dem Chaos ähnlichen Zustand.

Wie wir aus den Arbeiten von G. Hildebrandt, Pöllmann u. a. wissen, verhält sich auch die Schmerzempfindlichkeit des menschlichen Körpers wie eine Uhr, welche die Tages- und Nachtzeiten des Körpers angibt. Schmerz allerdings ist bekanntlich jene physiologische Größe, welche die Grenzen unseres individuellen Handelns markiert.

Stellen Sie sich jetzt vor, was es heißt, im Kopf zu schlafen, während der Körper wacht. Das heißt, eine besondere Verstellung der Uhr der Schmerzempfindlichkeit unseres Körpers sowohl an der Peripherie wie auch zentral vorzunehmen. Diese Tatsache wird uns bei der genaueren Betrachtung der Verunsicherungssynthese weiter interessieren. Unter Verunsicherung verstehen wir nicht allein Desynchronisierung oder das Auseinanderfallen der Synthese der einzelnen Körperrhythmen. Verunsicherung ist vergleichbar mit dem Anhalten aller Uhren, kurz bevor sie eine neue Synthese eingehen oder auch nicht.

3 Die Fühler im Situationskreis – Waagen des Leibes

Die These, die ich hier zugrunde lege, ist folgende:

- Die einzelnen Uhren sind wie Zünglein an den Waagen des Stoffwechsels unserer Körperzellen.
- Verunsicherung ist der raum-zeitliche Punkt, in dem diese Zünglein das Meßverfahren an sich neu ordnen, die Gewichte neu bestimmen und damit unter Umständen unbekannte und ungeahnte Möglichkeiten für das Weiterleben des individuellen Organismus wie für den sozialen Zusammenhalt erschließen.

Betrachten wie diesbezüglich die Hauptwaage dieser Art in unserem Körper näher. Ich möchte hier wiederum von Zen und Yoga ausgehend auf die Bedeutung der in den alten Upaniṣaden als Sitz des Selbst bezeichneten Stelle im Kopf näher eingehen. In der Aitareya Upaniṣad zum Beispiel heißt es als Antwort auf die Frage nach der Synchronisierung aller Sinneserfahrungen des Körpers: «Da spaltete das Selbst den Kopf des Menschen und fuhr da hinein.»[8] Wie dürfen wir dies nach unserem heutigen Wissensstand verstehen?

Die zentrale Zellgruppe im menschlichen Organismus, von deren Umorganisation eine Reihe von Prozessen anderer Zellen im Leib abhängt, befindet sich in der Verbindung des Pinealorgans (oder Epiphyse) mit dem Hypothalamus und der Hypophyse einerseits und dem Auge andererseits. Das Auge wird im normalen Gang des Alltags von einem circadianen Rhythmus gesteuert (ungefähr die Länge eines Tages). Dies geschieht höchstwahrscheinlich nach allem, was wir heute wissen, durch den regelmäßigen Auf- und Abbau zweier Proteinkomplexe im Auge, die als Stimulatoren bzw. Inhibitoren für die Wirkung des Lichts arbeiten. Das Interessante an diesen in den Zellmembranen der Zapfen und Stäbchen der Netzhaut des Auges befindlichen sogenannten Guanin-Rezeptoren ist die Tatsache, daß sie sich zueinander wie die Gewichte auf beiden Seiten des Zingleins einer Waage verhalten. Die eine Seite – die Inhibitoren – ist eingebettet im System der Schmerzregulation und damit besonders empfänglich für schmerzstillende Substanzen, auch körpereigene *Opiate* genannt; sie scheint für die Dämpfung der Aktivität des Auges und damit auch für die Beruhigung des ganzen Leibes verantwortlich zu sein. Die andere Seite – die Stimulatoren – ist eingebettet im System der Aktivierung und der Kampfbereitschaft des Körpers und scheint der Mobilisierung von gespeicherten Energien Rechnung zu tragen. Tatsache ist die Entdeckung der gegensätzlichen Wirkung der sogenannten Gs oder Guanin-Stimulatoren und der Gi oder Guanin-Inhibitoren auf den Ab- bzw. Aufbau des zentralen Speichers von Energie in den Zellen der Körper – Adenosin Triphosphat.

Bekannt ist, daß die Guanin-Stimulatoren diesen Energiespeicher mobilisieren durch die Bereitstellung von cyclischem Adenosin Monophosphat (cAMP), die Wirkung der körpereigenen Opiate dagegen verhindert diese Mobilisierung, die im Augenblick des Stresses für die Aktivierung des Körpers und die Erweckung seiner Kampfbereitschaft wichtig ist.[9] Verunsicherung bedeutet jedoch die empfundene Unsicherheit darüber, ob man kämpfen oder nicht kämpfen soll, und damit, ob man körperlich stimuliert oder gebremst werden soll. Die Waage selber wird hier gefragt, ob sie noch in der Lage sein wird, aus sich selber heraus dort zu messen, wo das Meßverfahren selbst durch das Wegfallen aller An- und Abstoßkräfte der Sozietät ad absurdum geführt wird, was typisch ist für jede emotionale Verunsicherung in Double-bind-Situationen.[10] Philosophisch gesehen ist dies der Augenblick, in dem die Frage nach dem Wozu einer Handlung gestellt wird, wenn überhaupt.

Es ist der Augenblick der Krise und der Konfrontation mit dem Nichts und der eigenen Vernichtung im Tode. Es ist die Frage nach dem Selbst, die an das Selbst gerichtet wird.

4 Verunsicherung, der Kriegsschauplatz und Meditation

Eigenartigerweise beschäftigten sich in Asien die Krieger schon 600 v. Chr. mit diesem Ort der sozialen Verunsicherung. Sie haben uns in einer sehr konsistenten Tradition ihre Erfahrung im Umgang mit solchen Situationen überliefert. Wichtig scheint für sie auch gewesen zu sein, daß sie in solchen Augenblicken der drohenden Selbstvernichtung und des Todes – in Anbetracht totaler Verunsicherung durch das Wegfallen aller sozialen Zeitgeber – ein Lebensprinzip in sich entdeckten. Es war das, was sich aus sich selbst heraus in ihnen offenbarte. Sie nannten dieses Prinzip Ātman. Das heißt schlichtweg «das Selbst». Es ist das Prinzip der Wiedererstellung der Organisation des Leibes und damit auch des sozialen Zeitgebers.

Wenn in asiatischen Texten wie zum Beispiel in der Bhagavad-Gītā der Ort der totalen sozialen Verunsicherung durch lange Berichterstattung von Hofintrigen vorbereitet wird, wenn zum Schluß Verwandte, die miteinander als Kinder alle Regeln des Verhaltens gemeinsam gelernt hatten, nun doch am Kriegsschauplatz einander feindlich gesinnt gegenüberstehen – mit nur einem Auftrag der Sozietät im Kopf: «Töte oder geh selbst in den Tod» –, dann wollen diese Texte erläutern, was es heißt, von Krise und von «Nichts» als Erfahrung des Menschen zu sprechen. Dieses «Nichts» ist gekennzeichnet durch ein soziales, sprachliches und zeitliches Vakuum. Die Postmoderne übersieht dieses Prinzip bei der Entstehung jeden Krieges. Laut der Philosophie der Bhagavad-Gītā ist nicht erst der Atomkrieg der erste und einzige Krieg im «Namen des Namens». *Jeder* Krieg ist das letztlich. Er ist das Ende des Gesprächs, des Spiels miteinander, der diplomatischen Strategie und damit der sozialen Bindung. Dies ist der Horizont für die Fragestellung nach dem Sein des Selbst. Das Selbst kann in der sogenannten Autopoiese oder Selbstsetzung dieses Nichts für die Erfahrung und das Bewußtsein des Erlebenden mit Sinn füllen. Das scheint es zu sein, wovon die asiatische Tradition uns mit den vielzitierten und oft mißverstandenen Worten der Erleuchteten vom «Erfüllten Nichts» Kunde gibt.

5 Körperlicher Schmerz und körperliche Zeit in den Marmas des menschlichen Leibes

Daß man sich in Asien jedoch nicht nur mit einer «philosophischen», empirisch nicht faßbaren Realität sozialer Selbstorganisation abgeben wollte, sondern sich auch fragte, was dies biologisch, das heißt im Sinne der konkreten körperlichen Erfahrung bedeutet, macht die Auseinandersetzung mit Asien besonders wertvoll für moderne, immer wichtiger werdende Sparten der Biologie, nämlich die Chronobiologie und die Sozialmedizin.

Verunsicherung kann man biologisch auch als den Ort verstehen, an dem einzelne Organe des Körpers oder auch einzelne Zellen ihr eigenes Leben und ihre eigene Rhythmik wiederaufleben lassen. Ob in der Hoffnung, dabei eine neue, bessere Ebene der Organisation zu erreichen, sei dahingestellt. Auf jeden Fall hat dieser Prozeß im Laufe unserer Entwicklungsgeschichte sehr viele sehr interessante Formen des Versuchs der Umorganisation gezeitigt. Das Verharren etwa in der Larvenform – Pädomorphose genannt – ging plötzlich mit dem Vorgang der Reproduktion – Neotenie – einher. Das Ergebnis war eine Mutation: Das neue Individuum behielt das ganze Leben über die Larvenform bei, die mehr an die Turbulenzen der Umwelt angepaßte Form, welche die Mutter eigentlich nur für die Zeit ihrer Kindheit ursprünglich geerbt hatte. Das neue Individuum bildete damit den Anfang einer neuen Spezies. Die Zellen jedoch, in denen diese Strukturveränderungen zeitlicher Abläufe stattfanden, zeichneten sich als Nahtstellen der Entwicklungsgeschichte dieses Tieres aus. In einer verunsichernden Situation verfügen sie über die Möglichkeit, die Zeitstruktur der ursprünglichen Mutter neu aufleben zu lassen bzw. die Verlängerung ihrer eigenen Kindheit auszuprobieren.

Durch die Betrachtung der Entwicklungsgeschichte der Zellen des Pinealorgans ahnt man, was diese Fähigkeit bedeutet, besonders dann, wenn sie uns die größere Flexibilität im Umgang mit den Licht- und Dunkelheitserfahrungen im modernen Alltag ermöglichen soll.[11]

Bei der Verunsicherungssynthese geht es mit anderen Worten um zwei wichtige Begebenheiten, die gleichzeitig beachtet werden müssen. Es ist einerseits wichtig, jeweils eine verunsichernde Situation für die spezifische Zellgruppe des menschlichen Körpers zu schaffen, die wir als entwicklungsgeschichtliche Nahtstelle ansehen können, und andererseits den Selbstorganisationsvorgang als Homöostase oder Gleichgewicht organischer Abläufe zu definieren. Allein schon bei der Aufstellung der Indizien für die beiden Begebenheiten kann uns ein Blick in die ostasiatische Meditationspraxis behilflich sein.

Eine Frage, die Psychiater und Psychosomatiker beschäftigen sollte, taucht im Zusammenhang mit der Betrachtung der sogenannten Körperertüchtigung und Disziplin auf, welche der Übende sich selbst im Yoga zwecks eigener Selbstorganisation und damit der Erfahrung des Selbst auferlegt. Eine genaue Interpretation jener Texte des Mittelalters über den Sinn dieser Übungen liefert uns eine Reihe von Indizien für die Aufstellung einer Arbeitshypothese in bezug auf die entwicklungsgeschichtlich bedeutsamen Nahtstellen und zweitens über die physiologischen Erscheinungsformen selbstregulierender und damit in Unabhängigkeit von sozialen Zeitgebern auftretender physiologischer Parameter. Es gibt viele Merkmale der Veränderungen des Ablaufs innerhalb eines Parameters, die als Indizien für die Verunsicherung gelten können. Besonders interessant ist eine Beschreibung der Kṣurikā-Upaniṣad aus der Zeit um Chrisi Geburt herum. Hier erfährt man, wie der Yogi seine eigene Verunsicherung schafft: Er trennt durch eine bestimmte körperliche Haltung die einzelnen Gliedmaßen wie mit einem Messer von seinem Leib ab und verharrt regungslos in vollster Konzentration auf das Selbst.[12]

Aus der heutigen Schmerzforschung wissen wir, daß die Unterbindung der Schmerzleitung zu einem Teil des Körpers beim Tier wie beim

Menschen das Phänomen der Autotomie bedingt, welches durch die Neuronen in den spinalen und thalamischen Projektionsgebieten der durchschnittenen Hinterwurzeln erzeugt wird. Man sieht am Verhalten des Versuchstieres wie an den Unfallpatienten eine Hyperaktivität zwecks Abstoßens des Körperteils, der offensichtlich als Fremdkörper empfunden wird. Die abnorme Hyperaktivität in diesen Neuronen ist durch das fehlende rezeptive Feld erklärlich, im Einklang mit der unterbrochenen afferenten Verbindung.[13]

Der Text der Upaniṣad deutet, mit anderen Worten, diese Unterbindung der Schmerzafferenzen an, bei gleichzeitiger innerer Beruhigung der Hyperaktivität der dadurch gereizten und verunsicherten Regionen des Spinalmarks und des Thalamus. Das heißt, sie müssen in der Stellung sozusagen einerseits die Unterbindung vornehmen, andererseits sich beruhigen in den zentralen Einrichtungen des Nervensystems. Auf diesem Hintergrund erst ist es verständlich, daß man den Begriff Āsanam im Zusammenhang mit sehr anstrengenden Körperhaltungen als die Beschreibung eines physiologischen Gleichgewichtszustandes und eines glücklich machenden Zustandes verstehen kann. Das Wort Āsanam wird in den Yoga-Sūtras des Patañjali mit den Worten definiert: *sthī ram sukham āsanam.* Das bedeutet soviel wie «stabil und glücklich machend» oder «eine glückliche Stimmung erzeugend» ist die als Āsanam zu definierende Körperhaltung.

Sieht man diese Körperhaltungen genauer an, zum Beispiel den Lotossitz oder den Kopfstand, so machen sie keineswegs einen sehr gemütlichen Eindruck. Doch nach der Beschreibung der 107 Marmas als wichtiger phylogenetischer Nahtstellen des menschlichen Körpers können wir die Technik der Yoga-Übungen im Lichte der modernen Chronobiologie und der Schmerzforschung rekonstruieren.[14] Mit einer solchen Rekonstruktion der Technik erst erhält die Beschreibung Patañjalis einen Sinn: Āsanam ist der Ausdruck tiefer, körperlich empfundener Zufriedenheit unter extremer Forderung des Schmerzsystems.

Es läßt sich heute mit zunehmender Genauigkeit die in den ersten Jahren unserer Forschungstätigkeit als Theorie erahnte Verunsicherungssynthese formulieren, da die experimentellen Befunde für die Selbstorganisation des menschlichen Organismus in besonderen, verunsichernden Situationen dadurch einleuchtend zu interpretieren sind.

Tomai Hirai hatte Anfang der siebziger Jahre in Untersuchungen an Zen-Mönchen zum ersten Mal das Phänomen der Dissoziation kortikaler Erlebnismuster von körperlichen und mehr peripheren Erlebnismustern beschrieben. Er konnte zum Beispiel zeigen, daß die Zen-Mönche der

Soto-Sekte einerseits mit offenen Augen einen Zustand der Nervenzellen ihrer Hirnrinde herbeiführen können, der durch langsame Alpha- und Theta-Wellen – ähnlich wie im Schlaf- oder Traumzustand – gekennzeichnet ist. Andererseits konnten dieselben Zen-Mönche demonstrieren, daß diese Alpha- und Theta-Wellen jeweils durch Weckreize, kurze Signale oder das Rufen von Namen blockiert werden, ohne jedoch durch Wiederholung das Phänomen der Habituation herbeizuführen. Hirai beobachtete dabei eine Steigerung der Herzfrequenz und erhöhte Sympathikusaktivität in der Haut während der Weckreizperioden. Doch behielten die Zen-Mönche ihre Synchronisierung der Zellen der Hirnrinde bei. Dafür war die Alpha-Theta-Wellen-Frequenz dominanter Ausdruck.[15]

Im Lichte heutiger Erkenntnisse kann man diese Fähigkeit zu meditieren als Funktion der tiefer liegenden Synchronisierung der Nervenzellen im Hypothalamus ansehen, wo sich auch die wichtigsten Uhren unseres Körpers für den Schlaf-/Wach- und den Temperaturrhythmus befinden. Andererseits wissen wir, daß eine Steigerung des Blutdrucks in den Halsschlagadern die Hirnrinde in jenen Zustand der Alpha-/Theta-Wellen bringt. Dies wiederum führt zu einem Absinken des Blutdrucks im Rückkopplungsverfahren aufgrund der Meldungen der Barorezeptoren im Carotissinus. Nur in der negativen Verstärkung der Schmerzhemmung als Ergebnis jenes synchronen Zustandes der Hirnrinde erlebt man eine Dauererhöhung des Blutdrucks.

Eine Dissoziation des Blutdrucks und der Herzfrequenz vom Zustand des Gehirns würde demnach bedeuten, daß der Übende eine Verunsicherung zweier Zellgruppen des Nervensystems und ihrer Leitungsbahnen vornimmt, jener in der Halsschlagader und jener des Cortex.[16] Der Kopf schläft mit offenen Augen und im Wachzustand. Dies bedeutet im Lichte der Verunsicherungssynthese, daß die Hirnrinde die Führung des Körpers sogar mitten in einem schmerzhaften Geschehen tiefer liegenden Hirngebieten, wie zum Beispiel der Formatio reticularis, überläßt. Entwicklungsgeschichtlich ältere Teile des Gehirns schalten sich in dem Augenblick ein, in dem der innere Dialog mit der Welt abgestellt wird. Das Ergebnis müßte im Verhalten der Herzmuskelzellen zu beobachten sein. Setzt man nämlich die Halsschlagadern unter Druck, so feuern die Druckrezeptoren in ihnen, und die Übertragung dieser Impulse auf die Herzmuskeln verursacht eine Verlangsamung der Herzfrequenz.

Es empfiehlt sich hier, einige Kern-Āsanas des Yoga unter diesem Aspekt zu betrachten. Beim Kopfstand entsteht durch die Blutsäule, die im Innern der Blutgefäße des Halses diesen Druck ausübt, ein erhöhter

Druck von innen auf die Druckrezeptoren. Beim Schulterstand dagegen wird ein Druck von außen ausgeübt, das heißt von der umgebenden Muskulatur des Halses. Dies ist der Wirkung der von N. Birbaumer beschriebenen Ansaug- und Abdruckbewegungen einer Halsmanschette ähnlich.[17] Beim Kopfstand bestünde unter normalen Umständen eine Tendenz zur Verlangsamung der Kontraktion der Kammermuskeln, beim Schulterstand dagegen die Tendenz zum Schnellerwerden.

Genau das Gegenteil konnte ich jedoch bei Probanden beobachten. Dies spricht wiederum für die von W. Larbig und Birbaumer postulierte Dissoziationshypothese, die einen Teil der Verunsicherungssynthese darstellt. Ist doch gleichzeitig durch die Anstrengung der Stellung und die Ausübung von Druck auf spezifische Muskeln des Körpers die Schmerzempfindung des Körpers auf die Probe gestellt, so ist zu erwarten, daß im Kopfstand als Ergebnis einer solchen doppelseitigen Bearbeitung (vom Blutdruck her und von der Schmerzzufügung her) eine Kampfabstimmung zwischen den Schmerzvermeidungsstrategien und den schmerzzulassenden Strategien erfolgt. Das Ergebnis des Ausgleichs zwischen beiden müßte im Erfolgsorgan, im Kreislauf also, zu beobachten sein. Das heißt:

- im Kopfstand als erhöhter Blutdruck und erhöhte Herzfrequenz bei gleichzeitiger Tendenz zur Verstärkung der Aktivität der Herzmuskeln;
- im Schulterstand dagegen als verhältnismäßig erniedrigter Blutdruck und erniedrigte Herzfrequenz bei gleichzeitiger Tendenz zur Dämpfung der Aktivität der Herzmuskeln.

Wir haben in den letzten Jahren versucht, die Richtigkeit dieser Hypothesen zu überprüfen. Im folgenden geben wir als Ausschnitt aus einer Fülle von anderen Daten lediglich zur Illustration das Ergebnis eines Versuchs mit 5 Männern im Alter von 33 bis 42 Jahren wieder. Es wird hier die Schwankung der QT-Strecke in Relation zur Herzfrequenz ausgerechnet und dargestellt anhand zweier kontrastierender Situationen: der ersten, in welcher der Übende den Kopfstand und den Schulterstand allein für sich ausführt; der zweiten, in welcher er die Übungen unter Anleitung macht.

Tabelle 1
Durchschnittliche Herzrate der 5 männlichen Versuchspersonen im Kopfstand und Schulterstand

Proband	OHNE HILFE				MIT HILFE			
	L1	KS	SS	L2	L1	KS	SS	L2
SB	60	60.08	61.2	60.4	60.4	61.6	60.4	59.6
HG	67.8	80	87.2	67.6	67.6	82.8	71.3	64.4
UT	67.2	69.2	70.8	66.5	66.5	77.6	68.5	72
DK	67.6	86	76.2	64.6	64.6	87.6	76.3	64.6
KL	76	82.8	84.8	74	74	92.8	76	74
TR	73	90.2	81.8	68				

In den Jahren 1976 bis 1978 beobachteten wir in Zusammenhang mit der Ausführung des Kopfstandes und des Schulterstandes nach der in den Texten beschriebenen traditionellen Methode einen wesentlichen Unterschied in den «Effekten» des Kopfstands und des Schulterstands auf den Blutdruck und die Herzfrequenz der Übenden zu den bis dahin beschriebenen Effekten, die von anderen Autoren entdeckt wurden. Diese Unterschiede bestanden darin, daß Blutdruck und Herzfrequenz sich beim spezifischen Yoga-Kopfstand im Vergleich zum Yoga-Schulterstand erhöhten. Dieser Effekt war nicht bei ähnlich ausgeführten Stellungen im Kipptisch-Versuch oder auch durch frei stehende Sportler zu erzeugen. Dies ist demnach ein Hinweis darauf, daß die gleichzeitige Belastung der Nahtstellen (Marmas) während der Körperhaltungen einen besonderen physiologischen Effekt hat und daß es nicht gleichgültig ist, wie diese Haltungen ausgeführt werden.[18]

Die Arbeiten von W. Larbig und N. Birbaumer aus Tübingen vom Anfang der achtziger Jahre brachten einen Hinweis zur Deutung dieses Phänomens: Larbig hatte durch Versuche an Fakiren festgestellt, daß der Blutdruck vor dem Degenstich durch die Zunge anstieg. Dies zeitigte seiner Meinung nach durch die Aktivität der Druckrezeptoren im Carotissinus der Halsschlagadern eine Erhöhung der Schmerztoleranz des Körpers durch eine besondere Blockierung der Schmerzverarbeitungsareale der Hirnrinde. N. Birbaumer legte diese Ergebnisse zugrunde bei seinen Experimenten mit Hypertonikern und entdeckte, daß eine Vorstellung der Erhöhung des Blutdrucks in den Halsschlagadern ohne die tatsächliche Erhöhung genügte, um den entsprechenden Effekt in der Hirnrinde auszulösen und damit auch die größere Schmerztoleranz.

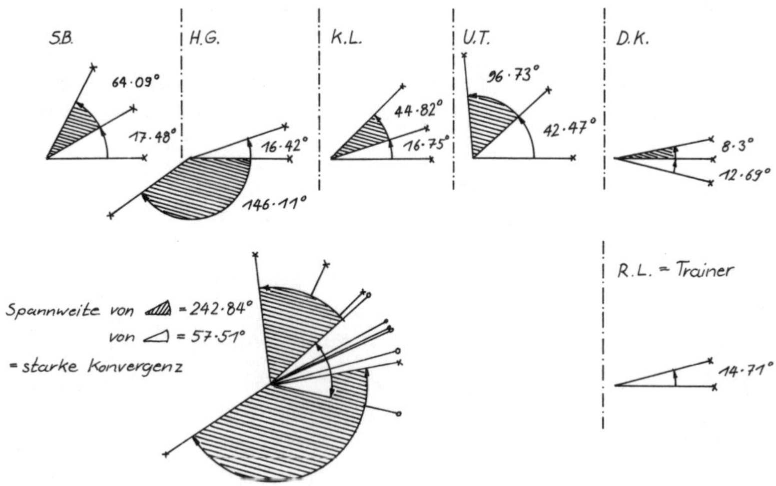

Soziale Konvergenz und individuelle Divergenz in der doppelten Yoga-Übung Kopfstand/Schulterstand – Ergebnisse eines Versuchs mit 5 männlichen Versuchspersonen, ausgewählt aus einer Gesamtgruppe von 218 Personen (157 Frauen, 61 Männer). Die 218 Personen absolvierten einen dreijährigen Kurs des integrierten psychosomatischen Gesundheitstrainings-Programms.

Verlangsamung der QT-Strecke:

Schnellerwerden = Verkürzung der Herzperiode und
proportionale Dehnung der QT-Strecke:

Individuelle Schwankung = fehlender Ausgleich am Ende der beiden Übungen:

Soziale Schwankung = Schwankung unter Einfluß des Trainers:

Die Winkel stellen den Grad der Schwankung der QT-Strecke und damit des Einflusses der Barorezeptoren der Halsschlagadern auf das Herz dar. Es sind jeweils 10 Werte im Abstand von einer halben Minute zugrunde gelegt worden (vgl. wegen dieses Verfahrens E. Schubert, «Welche Kenntnisse können aus Untersuchungen des Herzrhythmus gewonnen werden?», in: *Das Deutsche Gesundheitswesen. Zeitschrift für Klinische Medizin* 1984 (22), S. 845 ff.)
Randomisierte 10 Werte im Liegen vor den Übungen, 10 während des Kopfstandes, 10 während des Schulterstandes und wiederum 10 nach den Übungen im Liegen wurden für die Auswertung zugrunde gelegt.

In Einklang damit formulierten wir folgende Arbeitshypothese: Der Effekt der doppelten Übung Kopfstand/Schulterstand auf die Herzfrequenz und den Blutdruck des Übenden ist in der Dissoziation der Schmerzbewältigungsstrategie des Gehirns von der tatsächlichen Aktivität des Kreislaufs zu sehen. Der Kopf schläft, während der Körper wacht. Wenn durch ausgeübten mechanischen Druck auf die Halsschlagadern die Schmerzhemmung einen negativen Verstärker im Gehirn für die vorausgegangenen Blutdruckanstiege einschaltet, so kann und soll eine Blutdrucksenkung bei gleichzeitig erhöhtem mechanischem Druck auf die Halsschlagadern eine starke Verunsicherung dieser Schmerzhemmung hervorrufen. Der Grad dieser Verunsicherung müßte meßbar sein an der Abweichung der Herzfrequenz und damit der QT-Strecke vom Trend des individuellen Mittelwerts im Vergleich zum Trend des Gruppenmittelwerts. In diesen individuellen Abweichungen kommen auch sehr unterschiedliche Schmerzbewältigungsstrategien zum Vorschein, die in Korrelation zu den individuellen Schlaf-Wach-Gewohnheiten und Kerntemperaturrhythmen der Übenden gesetzt den jeweiligen Grad des sozialen Sogs vom sozialen Zeitgeber darstellen.

Man spricht heute von interner Desynchronisierung dann, wenn der Schlaf-Wach-Rhythmus sich von der Kerntemperatur abkoppelt. Normalerweise ist der Höhepunkt der Temperatur im Wachzustand, der Tiefpunkt während des Schlafes. In der internen Desynchronisierung werden diese Verhältnisse umgekehrt.[19]

Im Rahmen eines Feldversuchs maßen in zehn nach der von mir präzisierten Yoga-Methode übenden Gruppen die Teilnehmer ihre Temperatur (oral und rektal) kurz nach dem Aufwachen und kurz vor dem Einschlafen. Dies taten sie über einen Zeitraum von 30 Tagen. Ich wollte damit Methoden zur Ermittlung von Synchronisierung und Desynchronisierung im Alltag erproben. Die Daten von 218 Teilnehmern sind mittlerweile eingegangen (157 Frauen und 61 Männer).[20]

Ohne zu weit ausholen zu müssen, läßt sich an dieser Stelle soviel sagen, daß ich eine Bestätigung für meine Hypothese erwarte: Dort, wo keine psychophysischen Rhythmusstörungen vorliegen, ist die morgendliche Temperatur bei Frauen höher als die Abendtemperatur, bei Männern dagegen umgekehrt. Die Standardabweichung der individuellen Temperaturen beträgt bei Frauen etwa 0,25 bis 0,28 Grad, bei Männern dagegen 0,18 bis 0,2. Die Korrelation ihrer Temperaturkurve mit den Bewegungen ihrer Herzmuskeln im Kopf- und Schulterstand ergab bei den Männern ein interessantes Bild. Ich habe hier fünf typische Fälle zur Illustration herausgesucht. Danach sieht es so aus:

– Ein Schnellerwerden der Herzfrequenz und damit eine Tendenz zur Verstärkung der Kontraktionskraft der Herzmuskeln (sympathikotonisch) ist bei den Männern mit ausgesprochen männlichem Kurvenverlauf festzustellen,
– ein Langsamerwerden der Herzfrequenz und damit eine Tendenz zur Dämpfung der Kontraktionskraft der Herzmuskeln (vagotonisch) bei den Männern mit einem mehr weiblichen Kurvenverlauf.
– Wo Mischformen aus der Betrachtung der Standardabweichungen in Zusammenhang mit dem Kurvenverlauf ersichtlich waren, war auch eine Eindeutigkeit im Kopf- und Schulterstand nicht festzustellen.

Tabelle 2

Körpertemperatur derselben 5 männlichen Probanden gemessen kurz nach dem Aufwachen und kurz vor dem Einschlafen über 30 Tage. Alter der Probanden 33 bis 45 Jahre. R. L. ist der Trainer. Keiner der Probanden raucht. Alle sind mäßig im Eß- und Trink-Verhalten. Ihr zum Zeitpunkt des Versuchs empfundener beruflicher Streß war durch den Kampf um eine neue Lebensgrundlage (d. h. Aufstieg oder Veränderung im Beruf) jeweils gekennzeichnet. R. L. selber war in dieser Zeit stark durch schichtähnliche Arbeit zusätzlich gefordert.

Name des Probanden	durchschnittliche Temperatur morgens		durchschnittliche Temperatur abends	
	oral	rektal	oral	rektal
S. B.				
(in Streßperiode)	36.16	36.34	35.80	35.88
	σ = 1.13	0.14	0.24	0.19
(unter normalen Bedingungen)	36.14	36.22	35.92	36.02
	σ = 0.13	0.14	0.15	0.14
U. T.				
(starker berufl. Streß)	36.34	36.65	36.04	36.38
	σ = 0.12	0.14	0.2	0.27
D. K.	36.3	36.65	36.6	36.95
(D. K. hat uns die Rohdaten zum Zeitpunkt der Veröffentlichung nicht geliefert. Die hier angegebenen Zahlen konnten von mir nicht überprüft werden.)				
H. G.				
(starker berufl. Streß)	36.22	36.34	36.09	36.60
	σ = 0.23	0.31	0.17	0.29
K. L.				
(starker berufl. Streß)	36.44	36.63	36.30	36.61
	σ = 0.09	0.09	0.13	0.19
R. L.	36.31	36.62	36.28	37.1
	σ = 0.2	0.24	0.29	0.41

Der soziale Sog ist der internalisierte Versuch des Erlebenden, den Verlust an Orientierung in einer solchen Situation durch den Rückgriff auf erlernte Verhaltensweisen zu ersetzen. Doch an dieser Stelle setzt die besondere Synthese mitten in der Verunsicherung ein. Die Schwankungsbreite der Tätigkeit der Herzmuskeln verringert sich durch die Hilfestellung eines geübten Trainers. Der Trainer beachtet aber dabei:

- der Blutdruck liegt beim Kopfstand im Vergleich zum Schulterstand höher,
- die Herzfrequenz liegt beim Kopfstand im Vergleich zum Schulterstand höher,
- die Verringerung der Schwankungen vom Mittelwert weg in allen diesen Parametern, dargestellt am deutlichsten in der QT-Strecke der EKG-Kurve, deutet hin auf die Synchronisierung der einzelnen Rhythmen des Kreislaufs trotz der verunsichernden Belastung.

Die Fähigkeit zur Bildung dieser Synthese scheint eine Funktion des «synchronen menschlichen Nervensystems» zu sein. Die Unfähigkeit zur Synthese wird durch viele der bekannten Risikofaktoren (Rauchen, Alkohol, Schichtarbeit, Streß u. a.) und sogenannte Zivilisationskrankheiten wie Herzinfarkt, Krebs u. a. womöglich hervorgerufen. Dies heißt, daß es wesentlich für unsere Gesellschaft ist, einen neuen Lebensstil zu entwickeln, will sie der anfangs beschriebenen Apokalypse ohne Enthüllung des Sinns entgehen. Statt jedoch solche Hinweise ernst zu nehmen, scheint es verlockender und bequemer zu sein, den Weg der Verstellung der sensiblen Fühler des menschlichen Körpers durch technologische Eingriffe einzuschlagen.

Zusammenfassung

Das, was im klassischen Zen und im klassischen Yoga als Ziel angestrebt wird, ist die Erfahrung des Selbst als Prinzip der Zeiterfahrung schlechthin. Dieses Selbst ist nur erfahrbar in einer wahren Verunsicherung, in welcher das Selbst als syntheseschaffende Instanz erfahren wird.

Die Ermittlung eines neuen individuellen und eines sozialen Zeitgebers in der Verunsicherungssynthese erfolgt durch zweierlei methodische Eingriffe:

- durch die Dissoziation höherliegender Organisationsstufen des Nervensystems von den tieferliegenden und ihren Erfolgsorganen;

– durch die Nähe oder Abweichung von einer dem Körper des Erlebenden gewährten Homöostase in dieser Situation.

Diese Situation wird bewerkstelligt in den Trainingsprogrammen des Zen und des Yoga durch die Belastung von 107 entwicklungsgeschichtlich bedeutsamen Nahtstellen, die Marmas genannt werden.

Der Grad der Homöostase des Individuums ist darstellbar an der Synchronisierung seiner Kernrhythmen, seiner Schlaf-/Wach-Rhythmen mit dem Rhythmus seiner Kerntemperatur über längere Zeit. Er ist auch darstellbar in der spezifischen Trennung einzelner Abläufe der betroffenen Organe in der verunsichernden Situation und in ihrer Synchronisierung sofort danach.

Durch diesen Beitrag wollte ich zeigen, daß meditative Praktiken eine wachsende Bedeutung für die moderne Welt deswegen haben, weil sie auf den biologischen Zeitkonflikt des Menschen, in den er in zunehmendem Maße gerät, eine durch jahrhundertelange Erfahrung erprobte Antwort zu geben vermögen. Daß diese Antwort allerdings in die Sprache der modernen Wissenschaft übersetzt werden muß, will sie rechtzeitig gehört und verstanden werden, liegt auf der Hand. Dieser Kongreß sollte zeigen, daß die Zeit der Berührungsängste auf beiden Seiten langsam zu Ende geht, daß Meditation kein obsoletes Verhalten mittelalterlicher Mönche zu sein braucht, sondern der Ort der Selbstbesinnung und der Selbstorganisation mitten im biologischen Zeitkonflikt des modernen Menschen. Der Ort, an dem sich ihm der Weg, die Wahrheit und vor allem das Leben naturwissenschaftlich zeigen werden. Die Vision der Postmoderne von der Pluralität der Wahrheit basiert letztendlich auf einer Pluralität der Empfindungen, der Vielfalt der Geschmacksrichtungen und der Lebensperspektiven. Dies alles droht der starke Selektionsdruck der modernen Industriegesellschaft zu nivellieren. Damit könnte Hand in Hand der Verlust der menschlichen Fähigkeit zur Verunsicherungssynthese einhergehen. Ob die Fähigkeit des Lebens an sich zur Synthese im Augenblick der Katastrophe eines globalen atomaren Konflikts erhalten bleibt, ist für uns dabei von sekundärer Bedeutung.

Anmerkungen

1 T. Hirai, *The Psychophysiology of Zen,* Tokio 1974.

2 Dieser Begriff steht für ein neues Paradigma der Wissensssoziologie des Atomzeitalters. Er ist gedacht als asiatische Alternative zur Postmoderne, wie J. Derrida sie in seinem Aufsatz «No Apocalypse, not now» darstellt (hrsg. v. P. Engelmann, Edition Passagen 3, Graz/Wien 1985, S. 91-133). Die abendländisch heraufbeschworene Apokalypse würde laut Derrida im Atomkrieg buchstäblich in eine sinnlose Vernichtung münden, die dem Wort Apokalypse den ursprünglichen Sinn von Enthüllung nähme. Vor diesem Hintergrund der reellen Möglichkeit der letztendlichen Katastrophe ohne Enthüllung des Sinns wirft Derrida erneut die Frage nach der Wahrheit auf und überschreitet damit die Grenze von Rationalität zu Irrationalität im Postulat vieler Wahrheiten als Sprachspiele und Kodes der Kommunikation. Die Rettung aus der «bevorstehenden Apokalyse ohne Apokalypse» wäre demnach der Imperativ, immer im Gespräch zu bleiben, den Diskurs nicht abreißen zu lassen. Die asiatische Philosophie dagegen – es ist hier nicht meine Aufgabe, dies für die gesamte asiatische Tradition des Denkens darzustellen – geht von der Beantwortung der Frage nach der Wahrheit im Szenario des Krieges aus. In der Verunsicherungssynthese schlägt Asien eine andere Brücke von der Rationalität zur Irrationalität. Dies darzustellen ist die Aufgabe dieses Vortrags. Die unkonventionelle Art der Beweisführung leitet sich aus der Auseinandersetzung mit der philosophischen Frage nach der Wahrheit des Subjekts, seines Standorts in der Sozietät und seiner dadurch bedingten Handlungen ab.

3 J. Derrida, a. a. O.

4 H. Maturana/F. Varela, *Der Baum der Erkenntnis,* Bern/München/Wien 1987.

5 F. Lyotard, *Das postmoderne Wissen,* hrsg. v. P. Engelmann, Graz/Wien 1986, bes. Kapitel 13, «Die postmoderne Wissenschaft als Erforschung der Instabilitäten», S. 157ff.

6 Vgl. vor allem die Arbeiten von I. Hallberg, I. Aschoff, R. Wever u. a. in den Jahren 1969 bis 1979.

7 Vgl. dazu N. Elias, *Über die Zeit,* Frankfurt a. M. 1986.

8 Aitareya-Upaniṣad I. 1. 1: «Zu Anfang war diese Welt allein, Ātman . . .» I. 3. 11: «Er erwog: ‹Wie könnte dieses (Menschengefüge) ohne mich bestehen?› . . .» I. 3. 12: «Da spaltete er hier den Scheitel und ging durch diese Pforte hinein. Diese Pforte heißt Vidriti (Kopfnaht, wörtlich ‹Spalt›), und selbige ist der Seligkeit Stätte. Drei Wohnstätten hat er und drei Traumstände (Wachen, Traum, Tiefschlaf); er wohnt hier (im Auge, beim Wachen), und wohnt hier (im Manas beim Träumen), und wohnt hier (im Äther des Herzens beim Tiefschlaf).» Zit. n. P. Deussen, *Sechzig Upaniṣads des Veda,* Darmstadt ^{2}1963, S. 15.

9 A. M. Spiegel u. a., «Clinical implications of Guanine Nucleotide-binding protein as receptro-effector couplers», in: *The New England Journal of Medicine,* Bd. 312,1, 1985, S. 26-33, und T. S. King u. a., «Regulation of Rat Pineal Melatonin, Synthesis: Effect of Monoamine oxidase Inhibition», in: *Molecular and Cellular Endocrinology* 25, 1982, S. 327-338.

10 In der Auseinandersetzung über «den vornehmen Ton» in der Philosophie greift J. Derrida in die Debatte zwischen den Kantianern und den Neuplatonikern ein. Er geht auf die für die Moderne typische Double-bind-Situation ein. Auf diesem

Kongreß ist sie auch greifbar vorhanden; einerseits die Legitimation des Wissens durch die auf die Aufklärung sich berufende Rationalität, andererseits die Berufung der Religionswissenschaftler auf die «Wahrheit der Mystik». Beide Seiten machen dem «nichtgenannten Dritten», um mit Derrida zu sprechen, den gemeinsamen Prozeß, obwohl sie sich gegenseitig inhaltlich wohl kaum viel zu sagen haben (vgl. J. Derrida, a.a.O., S. 38ff.). In Zen und Yoga dagegen gehört die Double-bind-Situation an sich zu jeder echten Initiation. Sie beweist dem Kandidaten die «Wahrheit» der Verunsicherungssynthese. Vgl. dazu R. Lobo: *Samkhya-Yoga und spätantiker Geist. Eine Untersuchung der Allegorese des Origenes im Lichte der indischen Philosophie,* München 1972.

11 I. Boya u. a., «Morphologie evolution of the human pineal gland. II. Calcium concretions, pigment and nuclear polarization», in: *Arch. Neurobiol.*, Madrid Juli/Aug. 1984, 47 (4), S. 183-192 (Zusammenfassung auf Englisch).

12 Vgl. P. Deussen, a.a.O., S. 633-636. *Kṣura* heißt «Messer.» Der Vorgang der Meditation wird hier verglichen mit der Befreiung des Selbst von den Gliedmaßen des Körpers, an welche es gefesselt wurde.

13 M. Zimmermann/H. O. Handwerker (Hrsg.), *Schmerz. Konzepte und ärztliches Handeln,* Berlin/Heidelberg/New York/Tokio 1984, S. 29ff.

14 Vgl. dazu R. Lobo, *Ayurveda. Besser leben im Rhythmus der Zeit,* Zürich/St. Gallen 1987, und *Yoga-Elementarkurs,* Bde. 1-6, München 1986/87.

15 T. Hirai, a.a.O.

16 Vgl. dazu W. Larbig, *Schmerz,* Stuttgart 1982, S. 225ff.

17 N. Birbaumer, «Schmerz als psychophysiologisches Problem», in: *Das Schmerzsyndrom – eine interdisziplinäre Aufgabe,*hrsg. v. M. Bergener und C. E. Herzmann, Weinheim 1987, S. 25-36.

18 Vgl. dazu R. Lobo, *Yoga-Sensibilitätstraining für Erwachsene,* München 1987, und «Die Logik des Affektlebens», in: *Prana* 1980, Bern/München 1979, S. 34-65.

19 In diesem Zusammenhang verweise ich auf den interessanten Band der Zeitschrift *Human Neurobiology* (Berlin, Heidelberg, New York) aus dem Jahre 1982/1, in welchem grundlegende Beiträge von Borbely, Akerstedt, Gillberg u. a. zum Thema «Schichtarbeit und Desynchronisierung» veröffentlich worden sind.

20 Diese Daten sind derzeit in Zulassungsarbeiten des Weiterbildungslehrgangs «Integriertes psychosomatisches Gesundheitstraining» des Fortbildungsinstituts der Kath. Stiftungsfachhochschule für Sozialwesen in München einsehbar.

Michael von Brück

Zeitlichkeit und mystische Einheitserfahrung

> Aberglaube ist es, das Absolute als Objekt zu sehen oder ein Objekt zum Absoluten zu machen. Wir sprechen daher auch von Wissenschaftsaberglauben, wenn aufgrund wissenschaftlicher Ergebnisse etwas als das Sein selbst aufgefaßt oder wenn von der Wissenschaft erwartet wird, daß sie alle Fragen des Menschen beantworten wird (Karl Jaspers).[1]

I. Zum Problem der Zeiterfahrung

Wenn wir nach Zeiterfahrung fragen, muß die Tatsache in Erinnerung gerufen werden, daß Beobachtung und Erfahrung zu unterscheiden sind. Beobachtung setzt die Unterscheidung in beobachtendes Subjekt und beobachtetes Objekt voraus. Es handelt sich um eine bewußte Trennung, bei der Wirklichkeit objektiviert wird. Erfahrung hingegen ist die Einheit von Innerem und Äußerem bzw. die «Einswerdung» mit dem «Objekt», das Anlaß zur Erfahrung gibt. Wenn wir von Zeit*erfahrung* in der Mystik sprechen, ist der Begriff mit Bedacht gewählt; wir sprechen nicht von Beobachtung.[2]

Zeiterfahrung, soviel ist sicher, ist abhängig von der Umwelt des Erfahrenden sowie vom Zustand des wahrnehmenden Bewußtseins, wie nicht nur Piagets Untersuchungen an Kindern gezeigt haben, sondern die allgemeine Erfahrung, das Traumerleben und der interkulturelle Vergleich belegen.

II. Zeiterfahrung im hinduistischen Bereich

Es ist oft behauptet worden, Indien habe keinen Sinn für Geschichte, was mit dem Desinteresse am Phänomen der Zeit zusammenhänge. Dies ist falsch. Gewiß, sowohl für Hinduismus als auch für Buddhismus gilt, daß der Weltprozeß keinen Anfang in der Zeit hat. Durch Expansion und Kontraktion wird in zyklischer Oszillation über lange Zeiträume hinweg ein Universum nach dem anderen hervorgebracht und wieder zerstört. Innerhalb eines Universums wird der Charakter des Historischen bzw. Zeitlichen sehr deutlich erkannt, aber anders bewertet als etwa in Griechenland oder auch China. Die Purāṇas und epischen Werke sind voll von historischen Situationen und Geschichten, bei denen spezifische Zeitmuster eine entscheidende Rolle spielen. Allerdings ist das zeitliche Geschehen nur insofern interessant, als es Möglichkeiten bietet, sich selbst zu transzendieren, das heißt, den Kreislauf der Geburten *(samsāra)* zu überwinden, Befreiung *(mokṣa)* zu erlangen und in die zeitlose Fülle *(pūrṇa)* einzugehen.

Wir wollen zunächst den Zeitbegriff im Yoga kurz erörtern, um dann den Entwicklungen im Buddhismus größere Aufmerksamkeit zu widmen.

Yoga

Im Yoga spricht man von dem Moment *(kṣaṇa)* als der kleinsten Einheit der Zeit. Die Zeit ist hier der Ablauf der ununterbrochenen Kette von Momenten, das heißt, der unablässige Fluß solch diskreter Momente erscheint dem Bewußtsein als Zeit. Die Substanz *(dharmin)* bleibt ewig dieselbe, sie manifestiert sich nur in verschiedenen Momenten in unterschiedlicher Weise. Die Wirklichkeit unterliegt also keinem wirklichen zeitlichen Wandel, sondern «Schwingungen der Weltstoffenergien», wie J. W. Hauer treffend den Begriff *pariṇāma* übersetzt.[3] Der *puruṣa* als geistiges Prinzip ist von dieser Bewegung nicht betroffen, und der Yoga-Pfad besteht gerade darin, diese Unabhängigkeit des *puruṣa* von den *prakṛti*-Bewegungen zu erfahren, was Gewißheit und Überwindung jeder Angst vor der (scheinbaren) Vergänglichkeit zur Folge hat.

Patañjalis Yoga-Sūtra 4,12[4] macht deutlich, daß Vergangenheit und Zukunft im Wesen gegenwärtig sind und die Differenzen nur darin bestehen, daß bestimmte Charakteristika sukzessive erscheinen. «Wenn latente Eindrücke in ihrer Kraft bewußt werden, entwickeln sie sich zu einem Objekt der Erinnerung, und diesen Entwicklungsprozeß nennen wir Wandel. Die Wandlungen in der Welt der Erscheinungen sind grundsätzlich gleicher Natur.»[5] Wenn nun die Grenzen der Wahrnehmungskraft durch Meditation erweitert oder aufgehoben werden, können alle möglichen Kombinationen der Manifestationsmomente gleichzeitig in den Bereich der Wahrnehmung treten, die Zeitdifferenzen sind aufgehoben, und «alles erscheint gegenwärtig».[6]

Vergangenheit, Gegenwart und Zukunft sind nur Modifikationen des zugrunde liegenden Substrats, und das wahre Wesen des Menschen besteht in einer transtemporalen, unzerstörbaren Wirklichkeit, die in Meditation nach Loslösung vom Fluß der zeitlichen Modifikationen erfahren wird, so daß die durchaus real existierenden Dinge von einem meditativen Bewußtsein in ihrer Ganzheit und Vollkommenheit erfahren werden.

Genau dies besagt die berühmte Definition des Yoga bei Patañjali (Sūtra 1,2), daß Yoga das Zur-Ruhe-Bringen der Bewußtseinsbewegungen (oder -modifikationen) ist *(yogaḥ cittavṛtti nirodhaḥ).* Alle Funktionen und Inhalte des Geistigen werden mit dem zusammenfassenden Ausdruck *citta* bezeichnet. Er ist der Träger der *dharmas* oder modifizierten Bewegungen, die, angeregt durch die Außenwelt, innere Bewußtseinsimpulse und karmische Formationen *(saṃskāras)*, das heißt in der Vergangenheit angesammelte Prägemuster für das Manifestationsgeschehen, eine falsche Welt des Werdens und Vergehens vorgaukeln und damit Leid verursachen. Das wahre Selbst oder den *puruṣa* aus der Verstrickung in die zeitliche Zersplitterung zu befreien, ist die Aufgabe des Yogi, ja jedes Menschen.

Die Yoga-Philosophie ist zweifellos vom Buddhismus beeinflußt, wenn Yoga-Sūtra 3,14 und Vyāsas Kommentar dazu nahelegt, daß letztlich alles aus jedem entstehen kann, weil alles miteinander zusammenhängt und von gleicher Substanz ist.[7] Es entsteht nichts Neues in der Zeit, sondern das Unmanifeste wird manifest. «Was gegenwärtig ist, wird direkt erkannt, und über das Vergangene und Zukünftige stellt man Mutmaßungen an, weil es noch nicht manifest ist. Die vergangenen und zukünftigen Eigenschaften eines Objekts sind vielleicht unendlich. Da eine innere Einheit aller Objekte besteht, können sich alle Dinge in jedes verwandeln.»[8] Es wird also deutlich, daß im Yoga nicht gesagt ist, daß die Zeit nur eine Bewußtseinsbewegung ohne Substrat ist. Die Substanz selbst ist insofern bewegt, als sie ihre inneren Eigenschaften aufgrund von Ursachen manifestiert, sie bleibt dabei aber wesensmäßig die gleiche.

Zum Vergleich:

Im *Advaita Vedānta* wird ein eher statischer Zeitbegriff vorausgesetzt, *brahman* ist unbeweglich, die Welt der *māyā* daher nicht wirklich. Dies ist hier im einzelnen nicht darzustellen, und ich verweise für eine ausführliche Analyse auf meine Arbeit *Einheit der Wirklichkeit.*

Im *Kashmir Śaivismus* hingegen wird Wirklichkeit als *spanda* – Oszillation auch der zeitlichen Momente zwischen den Polen *śiva* und *śakti* – begriffen. Diese Oszillation konstituiert Wirklichkeit in der Bewegung, in der Zeit. In der mystischen Erfahrung wird diese subtile rhythmische Bewegung direkt wahrgenommen, das heißt die implizite Zeitstruktur, die als solche nicht verändert und ewig ist, wird unmittelbar wahrgenommen. Wir können im Blick auf dieses philosophische System von Einswerdung im zeitlichen Prozeß der Selbsterzeugung sprechen.

III. Zeiterfahrung im Buddhismus

Vergänglichkeit *(anicca)* und Wandel im Fluß der sich ständig neu formierenden Daseinselemente *(skandha)* sind eine buddhistische Grunderfahrung. Leid *(duḥkha)* entsteht, wenn der Mensch seinem Bedürfnis nach Permanenz bzw. Anhaften an Beständigem nachgibt und sich dem Strom von Werden und Vergehen entgegenstemmt.

Wirklichkeit ist ein Netz von Erscheinungen. Die einzelnen Phänomene können nicht abstrahiert werden. Das Ganze des Prozesses aber transzendiert die einzelnen Bestimmungen, was auch auf die einzelnen Aspekte der Zeit zutrifft. Nāgārjuna bringt dies deutlich zum Ausdruck.[9] In den Worten von T. R. V. Murti: Das Universum als Ganzes betrachtet ist das Absolute, als Prozeß betrachtet ist es die Erscheinungswelt.[10] Hinsichtlich der Verursachung und Bedingtheit (die alle Erscheinungen konstituieren, die wir Welt nennen) handelt es sich um die Erscheinungswelt. Dieselbe Welt, wenn man Verursachung und Bedingung nicht im Blick hat, die Welt als Ganzes bzw. *sub specie aeternitatis,* ist das Absolute.

Jede mögliche Ontologie der Zeit ist für Nāgārjuna, Chandrakīrti und alle Mādhyamika-Philosophen keine Beschreibung der Wirklichkeit, sondern Ich-Projektion, die das Ich anwendet, um sich in Selbstdistanz zu verobjektivieren und zu erkennen. Während im späteren Hīnayāna die Kategorien eine gewisse Verdinglichung erfuhren, ist in der Mādhyamika-Analyse die Zeit eine Bewegungsform des Bewußtseins, das nichts Statisches finden kann.[11]

Auf der Ebene von Ursache und Wirkung *(pratītyasamutpāda)* müssen tatsächliche Zeitstrukturen angenommen werden. Es handelt sich aber nicht um eine einlinige Zeitrichtung, sondern um Entstehen in *gegenseitiger* Abhängigkeit, wo jede Wirkung wieder zur Ursache wird und alle Aspekte, also auch zeitliche Phänomene, wechselseitig voneinander abhängen. Zeit ist ein Faktor, der die Erscheinungen modifiziert. Zeit muß ewig sowie alldurchdringend sein, weil sie keinen Anfang haben kann, da ja jeder Anfang Zeit voraussetzt.

Diese Denkform wird besonders deutlich im Avataṃsaka-Sūtra, das die gegenseitige Durchdringung aller Phänomene lehrt. Nicht nur die Mikro- und Makro-Räume durchdringen einander, sondern auch die Zeiten; Vergangenheit, Gegenwart und Zukunft bedingen einander gegenseitig. Denn die Erfahrung des gegenwärtigen Moments ist nichts anderes als die bewußte Verarbeitung des eben vergangenen Eindrucks, das heißt, der vergangene Augenblick wird dem Bewußtsein gegenwärtig in einem Prozeß, der diesem Augenblick zukünftig ist. Wahrnehmung des Vergangenen hängt ab von den Wahrnehmungsbedingungen in der Gegenwart.

Was die Vergangenheit *war,* ist dem Bewußtsein nicht zugänglich, was sie hingegen *ist,* hängt von Bedingungen ab, die ihre Zukunft sind. Alle drei Zeitaspekte sind aber, so lehrt das Avataṃsaka-Sūtra, in sich unbegrenzt und daher nicht determiniert. Begrenzt sind die menschlichen Wahrnehmungsweisen deshalb, weil sie von Bedingungen, das heißt dem Zustand des Bewußtseins, abhängen.[12]

Mit anderen Worten: In anderen Bewußtseinszuständen (wie in der Meditation oder im Traum) wird Zeit anders, nämlich in ihrer gegenseitigen Durchdringung oder Einheit erfahren.[13] Zeit ist hier kein abstrakter Zahlenstrahl, der mit aufeinanderfolgenden Ereignissen gefüllt würde, sondern der gegenwärtige Augenblick vollkommener Wachheit, in der Vergangenheit, Gegenwart und Zukunft zusammenfallen. Aber dieser «Augenblick» ist nicht statisch, er bleibt nicht stehen, sondern bewegt sich fort und entfaltet ewig seine innere Dynamik. Es geht um eine *zeitewige Gegenwart.* Alle einzelnen Dinge und Ereignisse sind, was sie sind, aber sie erscheinen in ihrer gegenseitigen Abhängigkeit und Durchdringung.

Wenn dies so ist, können Welt und Gott, wie theistische Systeme sagen würden, oder *lokadhātu* (der Bereich der Unterschiede und des Leidens) und *dharmadhātu* (der unaussprechliche Bereich der Wahrheit), wie es im Buddhismus heißt, nicht zwei Welten sein, die einander ausschließen würden, sondern es sind Zustände des Bewußtseins, die in tiefer Kontemplation als einander durchdringend erfahren werden.

Das ganze Avataṃsaka-Sūtra ist nichts anderes als eine Illustration dieser meditativen Erfahrung, indem alle Dinge – Länder, Berge, Flüsse, Blumen, Menschen, Wolken – als leuchtende Strahlengestalten erscheinen, die keinerlei Schatten werfen und wie das Licht alles durchdringen und erleuchten.[14] Die individuellen, gewöhnlichen Wesen oder Zeitmomente verschwinden in dieser letzten Wahrheit *(nirvāṇa)* nicht, sondern werden vom Buddha-Licht durchdrungen. Dies ist aber kein fremdes Licht, sondern ihre eigene wahre Natur.

D. T. Suzuki erläutert das Zeit-Paradox anhand einer Frage, die Subhūti im Aṣṭasāhasrikā-Prajñāpāramitā-Sūtra so stellt: Wird Erleuchtung erlangt durch das Erwecken eines vorangehenden oder nachfolgenden Gedankens? Wenn durch einen vorangehenden, so geht das nicht mit einem nachfolgenden zusammen oder umgekehrt. Wenn es aber keine Übereinstimmung beider gibt, wie kann die Gesamtheit positiver Bewußtseinsformungen *(puṇya)* vermehrt werden? Ist Bewußtsein eine Abfolge von Gedanken, die zeitliches Nacheinander erscheinen läßt? Was aber verbindet die Gedanken, und wie kann ein einziger Erleuchtungsgedanke die ganze Kette durchdringen, wenn jeder Gedanke doch nur ein Moment ist?[15]

Das Erleuchtungsbewußtsein kann nicht plötzlich neu auftreten, denn dann wäre es bedingt. Wäre es bedingt, könnten seine Grenzen immer weiter ausgedehnt werden, das heißt, es käme nie zur Ruhe, und vollkommene Erleuchtung wäre nicht erreichbar. So kann es weder Grade noch Stufen in der Erleuchtung geben. Sie kann nicht die Wirkung von etwas sein, weil dies jene zeitliche Bedingtheit implizieren würde.

Für Nāgārjuna ist darum *nirvāṇa* weder verloren, noch wird es erlangt, es ist weder Auflösung noch Ewigkeit, weder zerstört noch geschaffen.[16] Die Raum- und Zeitunterscheidungen ereignen sich im Bewußtsein auf einer bestimmten Ebene, aber sie sind absolut. In der Weisheit selbst gibt es weder Raum noch Zeit. Was also ist wirklich, und was ist Täuschung?

Der Mahāyāna-Buddhismus, und hier besonders die Prajñāpāramitā-Literatur,[17] gebraucht gern das Beispiel vom Mond, der sich im Wasser spiegelt.

Wer nur auf die Spiegelung schaut, hält diese für wirklich, möchte sie mit den Armen umfassen und kann sie natürlich nicht be-greifen. Die Spiegelung ist die Welt der Unterscheidungen, die als solche wirklich ist, vergleichbar den magischen Gebilden eines Zauberers *(māyā)*.[18] Relativ gesehen *(saṃvṛti)* ist diese raum-zeitliche Existenzform real, und es ist nützlich, mit ihr entsprechend umzugehen. Man darf sich aber nicht daranhängen, weil die absolute Wirklichkeit anders ist, eben leer *(śūnya)* hinsichtlich der Substantialität der eben beschriebenen *saṃvṛti*-Ebene der Erfahrung, und dies ist der absolute Standpunkt *(pāramārtha)*.

Nun darf man allerdings nicht in den Fehler verfallen, die Leere als Standpunkt zu begreifen, gleichsam die raum- und zeitlose Dimension zu substantialisieren und als «Bereich» der Welt der Differenzierung *gegenüber*zustellen. Nein, auch dieser «Standpunkt» muß beständig als solcher überwunden werden, die Leere ist im zeitewigen Transzendieren selbst zu entleeren *(śūnyatāśūnyatā)*, so daß die unbegreifliche Buddha-Natur *(buddhatvā)*, die natürlich Nicht-Natur ist, manifest werden kann.

Nāgārjunas Dialektik ist der Versuch, diesen Prozeß analytisch zu vollziehen: Es gibt keine Ontologie, sondern nur die Dekonstruktion aller vom Ich aufgebauten begrifflichen Konstrukte. Ich möchte folgenden Vergleich vorschlagen: Der Zusammenhang der beiden «Ebenen» oder «Betrachtungsweisen», der Differenzierung in der Zeit und der zeitlosen Transzendenz also, kann mit einem Zweiwegspiegel verglichen werden. Schaut man von der Bewußtseinsebene der Raum-Zeit-Differenzierung her, ist die Spiegelwand undurchdringlich, und man sieht nur eine begrenzte, in sich selbst gespiegelte, raumzeitlich differenzierte sowie in Subjekt und Objekt gespaltene Wirklichkeit. Von der anderen Seite jedoch, also von der Bewußtseinsebene zeitewiger Gleichzeitigkeit und gegenseitiger Interpenetration des Räumlichen und Zeitlichen her, ist der Spiegel durchsichtig. Man sieht zwar noch diskrete Raum- und Zeitmuster, aber gleichsam im Medium des einheitlichen Licht-Stromes.

Für den Mahāyāna-Buddhismus bedeutet *śūnyatā* also nicht die Negation des Zeitlichen zugunsten der Zeitlosigkeit, sondern die Transzendierung der Dualität von Zeit und Zeitlosigkeit!

Śūnyatā kann somit im Blick auf das Verständnis von Zeit in zweifacher Weise aufgefaßt werden: 1. als die Interrelationalität aller Zeitmomente, wie sie im Entstehen in gegenseitiger Abhängigkeit *(pratītyasamutpāda)* angeschaut wird, sowie 2. als Jenseitigkeit gegenüber jeder möglichen Zeit-Bestimmung.

Diese Anschauung wurde radikalisiert im chinesisch-japanischen Buddhismus und fand eine einzigartige Interpretation bei Dōgen Zenji (1200-1252), vor allem in seiner Idee von der «Einheit von Praxis und Erleuchtung», also von zeitlich distinktem Weg und überzeitlicher Wahrheit. Er kritisiert die klassische (indische) evolutionistische Auffassung, die Buddha-Natur sei eine Potenz, die im Menschen allmählich entwikkelt und irgendwann in der Zukunft voll manifest würde. Für ihn *ist* vielmehr die Buddha-Natur zu jedem Zeitpunkt voll manifest, es geht um ein Gewahrwerden, nicht um ein Wachsen.[19]

Der Erleuchtungsgeist *(bodhicitta)* ist für ihn weder einer noch viele, weder hat er einen Anfang noch ein Ende. Er befindet sich weder im Menschen, noch ist er jenseitig, weder spontan noch permanent. Er wird weder durch Bewußtseinsanstrengung noch durch einen Akt der Gnade Buddhas erweckt, sondern wird bewußt in dem Moment, wo eine Resonanzschwingung des menschlichen Bewußtseins mit dem absoluten Bewußtseinsgrund bzw. spirituelle kosmische Kommunion stattfindet. Der Begriff *kannō-dōkō* kann als kosmische Resonanz aufgefaßt werden, wobei alle Wesen durch diese Schwingung miteinander kommunizieren.[20]

Für Dōgen ist demzufolge die Zeit das absolute Jetzt *(nikon)*, in dem Vergangenheit, Gegenwart und Zukunft in dem einzigen Ereignis der absoluten Bewußtheit erfaßt werden. Gegenseitige Identität des Existierenden und gegenseitige Durchdringung *(sōsoku-sōnyū)*[21] ist die Formel, mit der Gleichzeitigkeit als der wesentliche Ausdruck der Buddha-Natur dargestellt wird, sofern diese vollkommene Aktualität im Gegenwärtigen bedeutet. «Gegenwart» ist dann nicht akkumulierte Vergangenheit, sondern die Bewußtheit aller Zeit.[22]

Dōgens Position, daß alle Wesen die Buddha-Natur *(buddhatvā*, jap. *busshō) sind* (und sie nicht einfach *haben)*, wirft ein bezeichnendes Licht auf sein Verständnis der Zeit: Alle Zeiten *sind* die Buddha-Natur.[23] Die Wesen sind nicht getrennt von der Buddha-Natur. So ist auch das zeitliche Ereignis nicht getrennt vom transtemporalen Grund. Dieser ist aber nicht «ewig», sondern selbst impermanent, das heißt, er erzeugt sich ständig selbst. Diese Impermanenz macht erst die gegenseitige Durchdringung aller Phänomene, auch des ja zeitlichen Augenblicks, möglich.

Zeit wird also für Dōgen in der Zen-Erfahrung nicht aufgelöst, im Gegenteil: Sie kommt zu ihrer wahren Erfüllung im vollkommenen Gegenwärtigsein, das auf der Grundlage der gegenseitigen Durchdringung alle Zeitmomente umfaßt.

IV. Zeiterfahrung in der christlichen Mystik

Es ist offenkundig, daß wir hier nicht «die» christliche Mystik behandeln können, weil die Unterschiede groß sind. Dennoch gibt es auch hier relativ konstante Grundmuster, wie wir bereits im Blick auf hinduistische und buddhistische Beispiele gesehen hatten. An einem Beispiel also soll ein christlicher Beitrag vorgestellt werden, am Buch *De visione Dei* von Nikolaus von Kues, der, in neuplatonischer Tradition stehend, die ihm über Augustinus und Dionysos Areopagita vermittelt ist, einen glänzenden Beitrag zu unserem Thema aus abendländischer Sicht leistet.

Nikolaus' von Kues wichtige mystische Schrift *De visione Dei* stammt aus dem Jahr 1453 – dem Jahr der Eroberung Konstantinopels durch die Türken, was den Kusaner an den Rand der Verzweiflung bringt. Er will Einheit und Frieden, und deshalb entwirft er «die Utopie des Gesprächs der Weisen aller Völker»[24]. Ein Gesprächsbeitrag ist *De visione Dei,* gewiß. Die Doppeldeutigkeit des Titels *De visione Dei* ist bewußt gewählt, er kann als objektiver und subjektiver Genitiv verstanden werden, das heißt als die Schau, die der Mensch von Gott hat, bzw. als die Schau, die Gott selbst hat. Beides fällt letztlich in Gott zusammen, was auch heißt, daß Vielheit und Einheit, Zeitlichkeit und Ewigkeit in Gott zusammenfallen, was Nikolaus bekanntlich mit dem berühmten Wort von der *coincidentia oppositorum* ausgedrückt hat.

Gott selbst ist in seiner Einheit aber auch jenseits der Koinzidenz.[25] Gottes Auge spiegelt alle Wesen wider. Da sein Auge unendlich und nicht, wie das menschliche, durch räumliche Koordinaten begrenzt ist, sind in Gottes Schau alle Wesen zu allen Zeiten in Gleichzeitigkeit vereint. Da Gottes Sehen sein Sein ist, insofern Sein und Haben in Gott zusammenfallen *(habere tuum est esse),*[26] handelt es sich nicht um eine sekundäre oder gewordene Gleichzeitigkeit, sondern um das Wesen der Wirklichkeit überhaupt, denn außerhalb Gottes ist nichts *(extra igitur te, domine, nihil esse potest).*[27] Nikolaus schreibt:

> Da aber dein Blick Auge ist, das heißt lebendiger Spiegel, sieht er in sich alles. Ja, weil er der Grund alles Sichtbaren ist, umfaßt und sieht er alles im Grunde und im Sinne von allem, das heißt in sich selbst. Dein Auge, Herr, nimmt ohne sich nach verschiedenen Richtungen zu wenden den Weg zu allem. Unser Auge wendet sich jeweils einem Gegenstande zu, und zwar deshalb, weil unser Blickvermögen nur in einem Winkel von begrenzter Größe sieht. Der Sehwinkel deines Auges aber, Gott, ist nicht so oder so groß, sondern unendlich; ist er doch auch ein Kreis, ja unendliche Kugel, weil dein Blick das gleichsam sphärische und das unendlich vollkommene Auge ist. Es blickt also alles sowohl im Umkreis wie aufwärts und abwärts zugleich.[28]

Gott ist in seiner Wahrnehmung, und das heißt, wie wir oben sahen, in seinem Sein, allem Geschehen gleich nahe. Gleichzeitig macht Nikolaus deutlich, daß Wahrnehmung von der Bewegung des Beobachters abhängt, wodurch das Zeitproblem explizit eingeführt wird.

Nikolaus wählt das Beispiel einer Ikone, die den Betrachter anschaut, auch wenn er sich an ihr vorbeibewegt.[29] Ein anderer Betrachter, der bewegungslos steht oder sich in eine andere Richtung bewegt, spürt die Augen der Ikone ebenfalls auf sich gerichtet. Der in Bewegung befindliche Beobachter meint, die Augen bewegten sich mit ihm, der ruhende Beobachter meint, die Augen auf sich ruhend zu wissen. So ist Wahrnehmung abhängig von der Bewegung. Der Blick der Ikone gleicht dem Sehen Gottes. Da Gott an allen Orten gleichzeitig ist und ihm unendliches Sehen zukommt, was nicht eine quantitative Vermehrung relativen Sehens, sondern Ausdruck der Unendlichkeit ist, teilt sich diese Unendlichkeit in jedem Augenblick an jedem möglichen Ort mit, ohne ihn zu verändern: Gott ist allen Dingen zu ein und derselben Zeit gegenwärtig, und zwar als Ganzer.[30] Gott bewegt sich mit den Bewegten, ruht mit den Ruhenden, zeitigt sich im Zeitlichen und ist somit bewegt und in Ruhe zugleich *(tu, domine, stas simul et moveris, progrederis simul et quiescis)*[31]; ebenso gilt aber, daß Gott weder Ruhe noch Bewegung ist *(neque stas neque progrederis)*[32] – man hört mit Vergnügen Nāgārjuna sprechen –, das heißt Gott ist zeitewig derselbe. Er sieht alle Dinge gleichzeitig in ein und demselben Augenblick *(omnia igitur et singula simul tu, domine, vides)*.[33]

Nikolaus gebraucht noch einen anderen Vergleich, der sein mystisches Zeitverständnis veranschaulicht[34]: Schlägt man ein Buch auf, so erscheint der Gesamtinhalt einer Seite verschwommen und unklar. Um ihn wahrzunehmen, muß man jedes einzelne Zeichen, Silbe und Wort nacheinander lesen und erfassen. Gott nimmt hingegen die Ganzheit der Seite in ihrer Differenzierung gleichzeitig wahr – man denke an das Hologramm –, ohne daß dabei Zeit vergehen würde. Wenn nun aber zwei Menschen gleichzeitig eben diese Seite in unterschiedlicher Geschwindigkeit lesen, so liest Gott doch mit ihnen mit in eben dieser je eigenen Geschwindigkeit, das heißt, Gott scheint in der Zeit zu lesen *(videris in tempore legere)*. Überzeitlich aber *(supra tempus)* ist alles gleichzeitig für Gott. Er hat schon immer gleichzeitig und in Ewigkeit alle Bücher gelesen und liest sie doch auch sukzessive in der geschöpflichen Temporalität, ohne dadurch veränderlich zu werden, denn Gott ist unveränderlich und feststehende Ewigkeit *(non mutabilis, fixa aeternitas)*.

Ewigkeit schließt aber Zeit nicht aus, sie scheint sich mit der Zeit mitzubewegen, obwohl Bewegung unter dem Blickwinkel der Ewigkeit Ruhe ist. Gott also ist zeitlich bedingte Immanenz und transtemporale Transzendenz zugleich und bleibt dabei der eine zeitewige Gott. Es handelt sich um zwei Betrachtungsweisen, wobei wir den Fokus so oder so richten können und doch dabei das Objekt nicht verändern. Gott und Welt, mystische Einheitserfahrung der Gleichzeitigkeit und diskursive Temporalität, Transzendenz und Immanenz befinden sich in dieser Polarität oder Nicht-Zweiheit.

Gott ist die Essenz der Wesen, die den bedingten Wesenheiten gewährt, was sie sind.[35] Er ist das Zentrum, aus dem sich die Welt expliziert *(explicatio),* wobei die Gegenbewegung der Implikation *(implicatio* oder *complicatio)* die Welt zur *unio* mit Gott bringt. Die *explicatio* besagt, daß Gott in allen Wesen und Zeitmomenten existiert.[36] Explikation und Implikation sind aber nicht äquivalent, denn alles, was von Gott expliziert ist, ist in ihm implizit, aber nicht alles, was in Gott implizit ist, wird als Welt explizit.[37] Obwohl das Transzendente in der Immanenz ist, bleibt es das Transzendente gegenüber jeder möglichen Immanenz. Obwohl die Ewigkeit in der Zeit, das heißt mit jedem Zeitmoment mitgeht und gegenwärtig ist, kann die Summe der Zeitmomente niemals die Ewigkeit sein. Bewegung, Ruhe, Gegensatz, alles was sprachlich formulier- und wahrnehmbar ist, folgt auf diese Unendlichkeit[38], ist gleichsam abgeleitet aufgrund der menschlich begrenzten Erkenntniskraft.

Die Einheitsmetaphysik des Nikolaus bedeutet nicht, daß die Vielheit der Welt in ihrer Zeitlichkeit eine untergeordnete Emanation aus dem Einen wäre wie bei Plotin, für den es eine Bewegung von den Seienden zum Einen hin, nicht aber eine Bewegung des Einen zu den Seienden hin gibt. Bei Nikolaus hingegen liegt das Hauptgewicht auf der absoluten Priorität des Handelns Gottes am Menschen, das heißt, es ist das Eine, das sich selbst in die Vielheit hineinbewegt und zeitigt.

Ich möchte noch den Text zitieren, der das eben Gesagte im Blick auf die Frage nach Zeit und Zeiterfahrung in der Mystik des Nikolaus von Kues meines Erachtens am deutlichsten zum Ausdruck bringt:

> Von allen Kreaturen kannst du gesehen werden, und alle siehst du: dadurch, daß du alle siehst, wirst du von allen gesehen. Anders können die Kreaturen nicht sein, durch dein Sehen sind sie ... das Sein der Kreatur ist dein Sehen und Gesehenwerden zugleich ... O unendliche Kraft! Dein Denken ist dein Reden; du denkst den Himmel, und er ist, wie du ihn denkst; du denkst die Erde, und sie ist, wie du sie denkst. – Doch zum Verwundern bist du, mein Gott! Du redest und denkst *einmal;* wie kommt es dann, daß nicht alles gleichzeitig, sondern vieles in zeitlichem Nacheinander existiert? Wie kommt so Verschiedenes aus einem Gedanken? ... dein Gedanke ist die einfachste Ewigkeit selbst ... Was uns daher als Nacheinander erscheint, ist keineswegs

> *nach* deinem Gedanken, der die Ewigkeit selbst ist. Dein einiger Gedanke umfaßt alles und jedes in sich, dein einiges Wort kann nicht vielfach, entgegengesetzt, veränderlich sein... Denn in der Ewigkeit, in der du denkst, koinzidiert alles zeitliche Nacheinander in dem Jetzt der Ewigkeit. Es gibt daher keine Vergangenheit oder Zukunft, wo Zukunft und Vergangenheit mit der Gegenwart koinzidieren.[39]

Zeit ist in der Ewigkeit und Ewigkeit in der Zeit.[40] Beide Betrachtungsweisen durchdringen einander, wie das Beispiel der Ikonenbetrachtung darlegt und wie es heute oft am Hologramm dargestellt wird, bei dem das Ganze jeweils im Teilraum gegenwärtig ist. Weder das Ewige ist absolut noch die Bewegung, noch sind beide identisch. *Sub specie Dei,* wir können sagen *pāramārthika,* erscheint die gleichzeitige Einheit, das Jetzt, das alles umfaßt. Aber dieses Jetzt ist nicht abstrakt, sondern *ist,* indem es *sub specie hominis,* wir können sagen *saṃvṛti* oder *vyāvahārika,* die Evolution und Differenzierung ermöglicht, aktualisiert und erhält. Die mystische Zeiterfahrung gipfelt in dieser Komplementarität. Nikolaus von Kues macht sie zum Prinzip seiner dialektisch-mystischen Theologie.

Abschließende Überlegungen

1 Zeit und karman

Eines der Grundprobleme der überzeitlichen mystischen Einheitsschau ist das Verständnis von Kreativität. Wenn alles in Gott implizit ist, wenn es nicht nur Kausalität gibt, sondern die Gleichzeitigkeit aller möglichen Ereignisse, wenn Aktualisierung die Explikation dessen ist, was auf anderer Ebene bereits *ist,* ergibt sich die Frage, ob es Kreativität geben kann, die zu irgendeiner Art von Entwicklung führt.

Karman bedeutet die vollkommene Interrelationalität aller Ereignisse und Dinge. Obwohl *karman* keinen Anfang hat, hat es ein Ende. Wenn die wahre Natur des Wesens der Wirklichkeit, die Buddhaschaft *(buddhatvā)*, verwirklicht ist als die wahre Natur des eigenen Bewußtseins, hat sich der karmische zeitliche Kreislauf erschöpft.

Was wir als karmische Notwendigkeit und damit auch als zeitlich bedingte und bedingende Struktur erfahren, ist in Wirklichkeit der gewordene Charakter einer spezifischen Situation oder eine Gewohnheit, die durch Wiederholung geformt ist, also Zeiterfahrung beschreibt.

Kreativität ist der Durchbruch durch die Muster der Wiederholung und Notwendigkeit (oder Gewohnheit), also das, was *karman* überwindet.

Nach David Bohm gibt es eine Tendenz, daß das Universum neue Formen ausprobiert[41], das heißt, es ist seine Natur, kreativ zu sein. Damit haben wir eine Polarität von Stabilität und Kreativität, die für die Bewegung im Ganzen des Universums verantwortlich ist. Bohm nennt diese Ganzbewegung, die dem Universum zugrundeliegt und sich in jeder seiner Formen zugleich ausdrückt, *holomovement.* Die Wirklichkeit ist Prozeß. Ein Prozeß kann beschrieben werden als strukturierte Veränderung, die Stabilität wie Wandelbarkeit erfordert. Bohm spricht von einer impliziten und einer expliziten Ordnung [42] (eine Terminologie, die an Nikolaus von Kues erinnert), wobei *holomovement* die fortwährende Implikation wie Explikation seiner eigenen Formen ist. Die Beziehung von expliziter und impliziter Ordnung wird durch das Kontinuum von Projektion und Injektion in beiden Richtungen gekennzeichnet. Es handelt sich also um Einheit und Verschiedenheit oder Ganzheit und Individuation in der Dynamik einer polaren Einheit. Das ist ein Konzept, das dem der beschriebenen mystischen Traditionen nahekommt.

2 Mystische Einheitserfahrung und Bewegung

Raum und Zeit sind Aspekte der zugrundeliegenden Bewegung. Zeit als Beziehung zwischen bewegten Gegenständen im Raum ist von Geschwindigkeit abhängig. Die Beziehung von Zeit und Geschwindigkeit hängt aber von den logischen koordinierenden Operationen ab, die Bewegungen verschiedener Objekte vergleichen, was nicht nur individuell und situationsgemäß verschieden, sondern beim Menschen auch entwicklungsgeschichtlich bedingt ist, wie Piaget gezeigt hat.

Nach unserer Analyse verschiedener mystischer Traditionen können wir hinzufügen, daß auch der Faktor des Bewußtseinszustandes eine entsprechend bedingende Funktion für die Zeiterfahrung hat. Der Bewegungszustand des Beobachters ist verantwortlich für die Änderung des Zeitbegriffs, und Nikolaus' von Kues Ikonenmetapher macht deutlich, daß unterschiedliche Bewußtseinszustände verschiedene Bewegungszustände bedeuten können, wobei der mystische Bewußtseinszustand vielleicht einer Ganzbewegung zu vergleichen wäre, die in sich ruht, indem sie sich rhythmisch selbst erzeugt, wie die Metaphern von *spanda* in Indien und *perichoresis* in der christlichen Trinitätslehre zu erläutern versuchen. Aber auch geistige und kulturelle Bewegungen, Bewegungen der Sprachstruktur etwa, die Folgen für den Bewußtseinszustand haben, sind Determinanten für die je spezifische Zeiterfahrung des Individuums bzw. einer ganzen Kultur.

Die in verschiedenen mystischen Traditionen vorkommende Erfahrung der Zeitewigkeit wäre die Erfahrung der vollkommenen Harmonie mit allem und in allem, ein überzeitliches «Zeiterlebnis», in dem es keine Spannung mehr gibt, weil kein Gegenrhythmus den Rhythmus des Ganzen, in den sich der Mystiker vollkommen eingeschwungen hat, relativiert, zerschneidet und dann an einem anderen Zeiterleben meßbar macht. Aus diesem Grunde gibt es für die Erleuchteten keine Zeit. Sie sind in vollkommener Gleichzeitigkeit mit dem Ganzen.

Dieses gleichzeitige Sehen bzw. das Sehen des Ganzen ist das Ziel des Mystikers. Dennoch werden in vielen mystischen Traditionen die Zeit und Zeiterfahrung nicht als überflüssig oder als trügerischer Schein verworfen. Zeit ist Entfaltung von Struktur, Potenz (Watanabe) oder rhythmischer Selbstbewegung bzw. eine Kontraktion des Zeitewigen, wie wir im Anschluß an Nikolaus sagen können.

Dōgen, so hatten wir gesehen, hat eine Intuition von der universalen Resonanz oder der Resonanz des Universalen. Für ihn ist dies aber nirgends anders als in der ganz konkreten Erscheinung gegeben. Die Zeit ist demnach das absolute Jetzt, das «Nun» eines Meister Eckhart, in dem das Faktische der Vergangenheit und das Mögliche der Zukunft in einem einzigen Moment der Gegenwärtigkeit von geeinter Bewußtheit verschmelzen. Seine Formel ist «gegenseitige Durchdringung und gegenseitige Identität alles Existierenden» *(sōsoku-sōnyū)*[43], und das ist die Buddha-Natur, die reine Aktualität des Gegenwärtig-Seins. Gegenwart ist nicht das Produkt der Vergangenheit, sondern das Gewahrwerden aller Zeit im zeitewigen Jetzt.

3 Ganzheit und Differenzierung

Wir leben im Jetzt. Aber das bloße Jetzt ist dimensionslos. Wäre die Vergangenheit gänzlich bekannt, was für die vollkommen Erleuchteten im Buddhismus geltend gemacht wird, so wäre auch die Zukunft bekannt. Warum? Das gleichzeitige Bewußtsein aller vergangenen Ereignisse ist das Gewahrwerden der expliziten Möglichkeiten des Universums, also seiner Aktualität. Zukunft ist die Wahrscheinlichkeit, in der Explikationen der Wirklichkeit Ereignis werden können. Wird die Vergangenheit vollkommen erkannt, sind diese Explikationen enthalten, denn sie sind keine Potentialitäten mehr, insofern sich Potenz zu Akt wie Impuls zu Resultat verhalten. Karmische Samen *(bīja)* sind nur dann Bildungen karmischer Notwendigkeit, wenn sie nicht explizit geworden sind, wenn sie also mit Notwendigkeit ihre eigene Energie noch in Bewegung oder Handlung umsetzen müssen. Ist dies geschehen, kann man von einer Aufhebung der karmischen Potentialität sprechen, das heißt, die Zukunft hat sich als Explikation der Vergangenheit in karmischen Mustern zum Gegenwärtigsein entfaltet.

Deshalb kennt der Buddha nicht nur die Vergangenheit, sondern auch die Zukunft, das heißt, er kennt nicht eigentlich diskrete Zeiten, sondern ist sich der vollkommenen Ganzheit der Einheit des zeitlichen Geschehens im Punkt der Gegenwart bewußt.

Die Gegenwart ist aber dann kein Punkt, der gleichsam von zwei Seiten, nämlich der Vergangenheit und der Zukunft, begrenzt wäre, sondern das vollkommene Gegenwärtigsein in jedem möglichen Punkt der als zeitliches Kontinuum erfahrenen Wirklichkeit. Das Erwachen zu diesem Gegenwärtigsein ist die Erleuchtung *(buddhatvā).*

Die Erfahrung des zeitlichen Kontinuums in der relativen Ordnung und die Erfahrung der zeitewigen Gleichzeitigkeit sind zwei einander bedingende Betrachtungsweisen – in buddhistischer Terminologie die absolute *(pāramārtha)* und die relative *(saṃvṛti).* Beide sind notwendig zur Beschreibung der menschlichen Erfahrung. Sie sind nicht ineinander auflösbar. Beide als Einseitigkeiten genommen, spalten das Bewußtsein in verhängnisvoller Weise

Das Formlose ist in Form, das Absolute ist im Relativen, das Wunderbare im Gewöhnlichen, der Vater im Sohn (Trinität), der Duft des Veilchens ist in meinem Herzen, mein Herz ist im Gesang dieses Rotkehlchens – und umgekehrt. Diese Sätze weisen auf das mystische «in» hin, das man in vielen Traditionen finden kann. Vielleicht ist dieses «in» eine der entscheidenden Koinzidenzen der mystischen Traditionen, die wir hier dargestellt haben. Es ist *die* Erfahrung des Menschen *in* Gott bzw. im Absoluten und zugleich im sinnlich ganz Konkreten. Sie transzendiert den zeitlich-evolutionären Aspekt der Bewußtseinserfahrung in eine zeitewige Resonanz, die «in allen Welten aller Buddhas zu allen Zeiten» widerhallt.

Wirklichkeit ist aufgrund der Interpretation der hier vorgestellten mystischen Einheitserfahrungen eine Selbstdifferenzierung, die in sich ganz bleibt und darum undifferenziert ist. Das bezeichnet man im Buddhismus mit Leere *(śūnyatā).* Ein funktionales Äquivalent dafür im Christentum scheint mir das Symbol der Trinität zu sein.

Der zeitlich erfahrende Mensch partizipiert vollkommen an dieser Dynamik, die Gott *ist,* indem es für den Mystiker ein ewiges Verschmelzen in Gott hinein gibt, wie auch umgekehrt Gott ewig in den Menschen hinein verschmilzt. Der Mensch wird aber dabei nicht in eine undifferenzierte Identität aufgesogen (obwohl es auch diese Deutung gibt, wie zum Beispiel bei einigen Richtungen im Advaita Vedanta).

«Klares Licht» (skt. *ābhāsvarā*, tibet. *'od gsal)*, so sagt der tantrische Buddhismus, ist der Grund am Anfang, in der Mitte und am Ende – die zeitewige Gleichzeitigkeit.

Der Weg des Mystikers besteht darin, zu dieser Erfahrung zu erwachen.

Anmerkungen

1 Karl Jaspers, *Nikolaus Cusanus,* München 1964, S. 69.

2 Zu meinem Erfahrungsbegriff vgl. M. v. Brück, *Einheit der Wirklichkeit. Gott, Gotteserfahrung und Meditation im hinduistisch-christlichen Dialog,* München [2]1987, S. 247 ff.

3 J. W. Hauer, *Der Yoga – ein indischer Weg zum Selbst. Eine kritisch-positive Darstellung nach den indischen Quellen,* Südergellersen [2]1983, S. 278.

4 «Vergangenheit und Zukunft sind in Wirklichkeit in ihren grundlegenden Formen gegenwärtig, der Unterschied besteht nur in den spezifischen Formen, die zu unterschiedlichen Zeiten eingenommen werden.»

5 Swami Hariharananda, *Yoga Philosophy of Patañjali,* Albany 1983, S. 368.

6 A.a.O., S. 369.

7 Vyasa: *sarvaṃ sarvātmakam iti* – alles ist im wesentlichen alles.

8 Swami Hariharananda, a.a.O., S. 277.

9 Nāgārjuna, *Mādhyamika-Kārikā* 25,9.

10 T. R. V. Murti, *The Central Philosophy of Buddhism,* London 1980, S. 233.

11 Āryadeva, *Catuḥśataka* 9,5.

12 M. v. Brück, *Die Weisheit der Leere. Sūtren-Texte des indischen Mahāyāna-Buddhismus,* Einsiedeln 1989.

13 Vgl. Th. Cleary, *The Flower Ornament Scripture,* Bd.III, Berkeley 1987, 7.

14 D. T. Suzuki, *Essays in Zen Buddhism* (3rd series), London/New York 1953, S. 77.

15 Suzuki, a.a.O., S. 270 f.

16 Nāgārjuna, *Mādhyamika-Kārikā* 25, 5-6.

17 Vgl. M. v. Brück, *Die Weisheit der Leere.*

18 Suzuki, a.a.O., S. 245 f.

19 Dōgen, *Shōbō-genzō, Uji.*

20 Dōgen, *Shōbō-genzō, Hotsu Bodai-shin.* Die erste Übersetzungsmöglichkeit (kosmische Resonanz) wird von Hee-jin Kim, *Dōgen Kigen – Mystical Realist,* Tucson 1980, S. 156, vorgeschlagen, die zweite von Yuko Yokoi, *Zen Master Dōgen,* New York/Tokio 1976, S. 107.

21 Für eine detaillierte Darstellung dieses Konzepts bei Dōgen vgl. Kim, a.a.O., S. 187.

22 Dōgen, *Shōbō-genzō, Uji.*

23 Dōgen, *Shōbō-genzō, Uji.* Vgl. M. Abe, «Dōgen on Buddha Nature», in: *Zen and Western Thought,* Honolulu 1985, S. 61 ff.

24 Karl Jaspers, a.a.O., S. 66.
25 E. A. Wyller, «Identität und Kontradiktion. Ein Weg zu Cusanus' Unendlichkeitsidee», in: *MFCG* 15, Mainz 1982, S. 117ff.
26 Nikolaus von Kues, *De visione Dei,* 8, 32, 1-2.
27 A.a.O., 9, 36, 12.
28 *De visione Dei,* 8,32. Übersetzung von E. Bohnenstaedt, Leipzig 1944.
29 *De visione Dei,* 9,34,2; 9,37,10ff.
30 *De visione Dei,* 9,37,9-11: *omnibus illis simul et semel et cuilibet totus ades, domine.*
31 A.a.O., 9,37,7.
32 A.a.O., 9,37,13.
33 A.a.O., 9,37,4.
34 A.a.O., 8,31.
35 A.a.O., 9,36,10: *es igitur essentia essentiarum, dans contractis essentiis ut id sint quod sunt.*
36 Vgl. Flasch, a.a.O., S. 256ff., der nachweist, daß der Pantheismusvorwurf gegen Nikolaus völlig unhaltbar ist.
37 *De docta ignorantia* I,22.
38 *De visione Dei,* 9,37,19.
39 A.a.O., 10,41,8 – 10,43,18.
40 Karl Jaspers, a.a.O., S. 122, faßt die Realität der Zeitlichkeit der Welt in ihrer Relation zur zeitewigen Einheit Gottes so: «Die Welt selber ist als Veränderung keine zeitliche Entwicklung mit Ursprung und Ziel. Sie hat ihr wesentlich gleichbleibendes Dasein zwischen Schöpfung und Weltende. Die Chiffren von Schöpfung und Weltende lassen die zeitfreie Wirklichkeit der unendlichen Ewigkeit spüren, in der alle Zeitlichkeit, die zeitlich weder Anfang noch Ende hat, aufgehoben ist.»
41 David Bohm, «Nature as Creativity», in: *ReVision,* Herbst 1982, S. 37.
42 David Bohm, *Die implizite Ordnung,* München 1987.
43 Dōgen, *Shōbō-genzō,* zit. nach Hee-Jin Kim, a.a.O., S. 187.

Hugo M. Enomiya-Lassalle SJ

Zen – Erleuchtungsweg und christliche Mystik

Bevor wir den Erleuchtungsweg des Zen-Buddhismus betrachten, müssen wir uns einigermaßen darüber klarwerden, worum es dabei geht. Das ist aber eine Frage der buddhistischen Weltanschauung; denn es geht dem Zen-Buddhismus in seinem Streben nach der Erleuchtung nicht um eine Art Übermenschentum oder um die Erlangung außergewöhnlicher Kräfte, sondern um das Kernproblem seiner religiösen Existenz. Wir wollen daher, wenn auch nur kurz, auf einige Punkte hinweisen, in denen die buddhistische Lehre von der christlichen und überhaupt von jeder ausgesprochen monotheistischen Religion abweicht.

Als erstes fällt auf, daß im Buddhismus nirgendwo von einem persönlichen Gott im christlichen Sinne die Rede ist. Man hat deswegen gelegentlich die Frage gestellt, ob der Buddhismus denn überhaupt eine Religion sei. Daß diese Frage trotzdem zu bejahen ist, wird niemand bezweifeln, der den Buddhismus kennt, so wie er lebt und gelebt wird. Es erübrigt sich wohl, das im einzelnen darzulegen, und es wird auch aus den folgenden Darlegungen von selbst klarwerden. Wir werden sehen, daß die vom Christentum her geläufige Definition von Religion einer Erweiterung, einer umfassenderen Interpretation bedarf.

Da kein persönlicher Gott angenommen wird, kann im Buddhismus auch von Schöpfung und Offenbarung im eigentlichen Sinne nicht gesprochen werden. Auch der christliche Begriff der Sünde als Übertretung des göttlichen Gesetzes kommt hier nicht zur Anwendung. Ähnlich ist es mit theologischen Bezeichnungen wie Übernatur und Gnade. Für unser Thema ist der mit allen diesen Begriffen aufs engste verbundene Begriff der Erlösung von größter Bedeutung. Denn der Erleuchtungsweg ist im Zen-Buddhismus der Weg zur Erlösung. Während man Erlösung im christlichen Sinne als Verzeihung der Sünde und Erhebung in das personal-göttliche Leben bezeichnen kann, trifft das für den Zen-Buddhismus nicht zu, der einen personalen Gott nicht kennt.

Dagegen ist Erlösung im buddhistischen Sinne Befreiung vom Leiden und Auslöschen der Begierden, die die Ursache der Leiden sind, bzw. Befreiung aus der Kette der Wiedergeburten, denen der Mensch durch das Gesetz der Kausalität unterworfen ist. Erst wenn er diese Kausalität überwindet, ist er für immer von allen Leiden befreit und vollkommen glücklich. Das ZEN vertritt einen meditativen Intuitionismus. Das soll heißen, es genügt nicht, die erlösende absolute Wahrheit durch dialektisches Denken zu ermitteln oder aufgrund von Übertragung durch Worte an dieselbe zu glauben.

Sie muß vielmehr durch Intuition oder eigene innere Erfahrung erfaßt werden. Zu dieser Intuition gelangt man durch das Zazen oder die Zen-Meditation. Diese Intuition ist die Erleuchtung, im japanischen *satori,* oder die Wesensschau, im japanischen *kensho* genannt. Es ist die erfahrungsgemäße Erkenntnis der absoluten Einheit allen Seins, in der es weder ein für sich bestehendes Ich noch irgendein Einzelding und daher auch keinerlei Gegensätze gibt. Man bezeichnet daher die Welt, die sich in der Erleuchtung offenbart, als Welt der Gleichheit im Gegensatz zur Welt der Unterschiede. Die letztere ist die Welt, wie wir sie durch die Sinne wahrnehmen, durch differenziertes Denken erkennen oder in Begriffen darstellen.

Hier liegt die Frage nahe: Welche Beziehung besteht zwischen der einen absoluten und letzten Wirklichkeit und der gegenwärtigen Welt? Darauf ist zu antworten: In der sichtbaren Welt oder durch die sichtbare Welt wird die letzte und absolute Wirklichkeit transparent. Damit erhält die «Welt der Unterschiede» auf einmal eine überwältigend starke positive Note. Denn das Absolute wird in ihr greifbare Wirklichkeit. Das aber gilt in gleicher Weise von jedem Teil der sichtbaren Welt, und wenn es nur ein Tautropfen wäre.

Typisch für diese Auffassung sind die in der Darstellungsweise so kargen Zen-*Bilder,* etwa ein Grashalm mit nur einem Pinselstrich dargestellt auf weißem Grund: In diesem Grashalm wird die nicht darstellbare absolute Leere sichtbar.

Wie gesagt, ist das Satori ein Erlebnis vollkommener Einheit, in der es kein Ich-Bewußtsein mehr gibt. Daher sieht der Buddhist darin die Bestätigung seiner Lehre von der All-Einheit des Seins.

Da mit der vollkommenen Einheit alle Gegensätze aufgehoben sind, verschwinden jeder Zweifel und jede Furcht, und an deren Stelle tritt das Gefühl vollkommener Sicherheit. Man erfaßt nun erlebnismäßig das im ZEN oft genannte Einssein von Leben und Tod, japanisch *shoji-ichinyo.* Solange nicht wenigstens in dieser Form die Auflösung aller Gegensätze erfaßt ist, kann von Satori keine Rede sein. Ist dieser Grad erreicht, so werden durch weiteres Üben und erneute Satori-Erlebnisse alle Gegensätze aufgelöst, alle Unruhe und Furcht schwinden bis hinein in die Dinge des täglichen Lebens.

Aber das allein genügt noch nicht.

Das Satori muß sich auch auf die ethische Umwandlung des Menschen auswirken. Der Mensch muß trotz der Erleuchtung weiterüben, bis er innerlich ganz *frei* und ein *geistiger* Mensch geworden ist, der über den Trieben steht und wie von selbst das Rechte und Gute tut. Auch diese Umwandlung beginnt schon, bevor das Satori erlangt ist. Bemerkenswert ist, daß hier die ethische Umwandlung in anderer Weise geschieht als in der christlichen Askese. Bei dieser bemüht man sich, seine Fehler und Schwächen zu erkennen und zu bessern. Gleichzeitig bemüht man sich um die Erlangung jener Tugenden, derer man besonders bedarf. In der Zen-Meditation denkt man weder an seine Fehler noch an eine bestimmte Tugend, um die man sich bemühen möchte. Dennoch verschwinden die Fehler nach und nach, und die Tugenden wachsen mehr und mehr. Der Mensch wird umgewandelt, ohne daß er bewußt im einzelnen danach strebt. Vielleicht fragt er sich eines Tages verwundert: Bin ich denn ein anderer Mensch geworden?

Kommt die Erleuchtung hinzu, dann geht die Entwicklung noch besser voran, bis der Mensch schließlich – buddhistisch gesprochen – eins wird mit der Natur oder dem Kosmos und in voller Harmonie mit diesem denkt, plant und handelt. Er braucht dann kein Gesetz und keinen Zwang mehr, um das Rechte zu tun.In diesem Sinn steht er jenseits von Gut und Böse. Denn das «Jenseits von Gut und Böse» heißt nicht, daß ihm erlaubt ist, das Böse zu tun, sondern daß er, ohne zu denken und zu zielen, das Rechte und Gute trifft.

Es versteht sich von selbst, daß es nicht leicht ist, bis dahin zu kommen.

Nur wer alles verliert, kann alles gewinnen.

Es ist in Wahrheit ein Sterben und Auferstehen zu einem ganz neuen Leben. Erst wenn der Mensch *das* vollbracht hat, ist er ein wahrhaft Erleuchteter. Er lebt dann zwar weiterhin in der Welt der Gegensätze und paßt sich ihr auch an. Er bleibt wie jeder andere allem von außen kommenden Leiden ausgesetzt. Aber geistig ist er schon frei und erlöst, er befindet sich bereits im Zustand des Nirvāna.

Für das vollkommene Nirvāna freilich ist das Erlöschen des Körpers notwendig, so wie das Verschwinden aller Wellen die Vorbedingung für die vollkommene Stille des Wassers ist. Im Zen-Buddhismus hat man die ganze Entwicklung vom Zustand vor der Erleuchtung bis zur Erleuchtung und ihrer vollen Auswirkung durch die sogenannten «Zehn Bilder des Ochsen», japanisch *jūgyū-zu*, symbolisch dargestellt.

Der Verlauf ist kurz folgender: Die Bilder stellen einen Bauern dar, der seinen Ochsen sucht, der ihm davongelaufen ist. Nach langem Suchen entdeckt er die Fußspuren und schließlich auch den Ochsen selbst. Mit vieler Mühe legt er ihm den Zügel an, aber das Tier sträubt sich noch, ihm zu folgen. Endlich gelingt es ihm, den Ochsen zu zähmen, und er sitzt nun, vergnügt die Flöte spielend, auf dessen Rücken. Das Tier geht, wohin er will. Das sind die ersten sechs Bilder.

Der Ochse ist das wahre Selbst, das der Mensch verloren hat. Er sucht lange und findet es. Das ist der Augenblick des Satori. Aber die Leidenschaften sind noch widerspenstig, bis der Mensch schließlich seiner selbst Herr wird und zur wahren Freiheit gelangt. Auf dem siebten Bild ist er allein. Das heißt, das Ich und sein Herz sind eins geworden. Das achte Bild stellt nur einen leeren Kreis dar: Alle Gegensätze sind aufgehoben, selbst der von Erleuchtung und Nicht-Erleuchtung. Auf dieser Stufe hat der Mensch, der bis hierher vorgedrungen ist, wirklich seine große Erfahrung. «Leib und Seele sind ihm weggefallen», wie Zen-Meister Dōgen sagt. Leben und Tod sind ein und dasselbe. Hier ist das Reich des Absoluten. Die Avatamsaka-Schule sagt: «Das Eine umschließt Alles, und Alles taucht in das Eine. Das Eine ist Alles, und Alles ist das Eine. Das Eine durchdringt Alles, und Alles ist in Einem. Und dies ist so mit jedem Gegenstand und jedem Dasein.»

Das neunte Bild stellt eine Landschaft dar. In der Außenwelt hat sich nichts verändert. «Grün sind die Gewässer, blau die Berge.» Aber der Erleuchtete, der auf seiner langen Reise hierhergekommen ist, sieht diese Welt mit anderen Augen. Er sieht sie von innen, von einer anderen Ebene, einer anderen Dimension aus.

Auf dem zehnten und letzten Bild sehen wir, wie sich der Bauer bemüht, auch seinen Mitmenschen den Weg zu zeigen, auf dem er selbst das wahre Glück gefunden hat. Nun hat der Mensch sein Ringen beendet. Er ist frei, auch von der Vorstellung seiner Erleuchtung. Jetzt kann er sich den anderen zuwenden und ihnen helfen, auf diesem geistigen Weg weiterzukommen, und kann mit einem sehr häufig in Zen-Hallen rezitierten Gebet sprechen: «Der Geschöpfe sind zahllose – ich gelobe, sie alle zu retten.»

Erst wer sein innerstes Wesen erkannt hat und öffnen kann für die Auseinandersetzungen und Begegnungen mit dieser Welt und mit den Menschen, wird etwas von jener anderen Dimension ausstrahlen und weitergeben können.

Oft stößt das innere Ringen um die Selbstfindung Menschen ab, die mehr nach außen leben und ihre Werke vorzeigen möchten. Doch schon Lao-tzu sagte: «Der wahrhaft Tugendhafte ist sich seiner Tugend nicht bewußt. Der Mensch geringerer Tugend aber ist stets um seine Tugend besorgt und ist darum ohne wahre Tugend. Wahre Tugend ist spontan und erhebt keine Ansprüche auf Verdienst.»

Wenden wir uns nun der christlichen Mystik zu, und vergleichen wir den Weg der mystischen Vereinigung mit dem Erleuchtungsweg des Zen-Buddhismus. Ich möchte vorausschicken, daß wir hier Mystik als experimentelle Gotteserkenntnis meinen, wie wir sie von den christlichen Mystikern her kennen, die aber auch zum Leben eines jeden Christen gehören kann. Im Zen ist das Wort Mystik in Verbindung mit dem Zazen nicht beliebt, und man sträubt sich oft dagegen, die Erleuchtung als mystische Erfahrung zu bezeichnen. Aber wir dürfen nicht vergessen, daß die Kenntnis der christlichen Askese und Mystik selbst bei den meisten Zen-Mönchen noch recht unvollständig ist. Man stützt sich immer wieder auf einige Vorurteile, die man gegen die christliche Mystik hegt.

Daher möchte ich versuchen, eine gemeinsame Linie der beiden Wege aufzuzeigen.

Was die Vorbereitung für den mystischen Weg betrifft, so ist hinlänglich bekannt, daß hier ebenso wie im Zen die Entsagung oder das *Lassen*, wie es die deutschen Mystiker nennen, unbedingt notwendig ist und bis zur letzten Konsequenz durchgeführt werden muß. Wer würde nicht an das Wort des Johannes vom Kreuz vom «Nichts hoffen, nichts fürchten, über nichts sich freuen, über nichts traurig sein» erinnert, wenn er beim Zen-Meister Dōgen liest: «Nichts im Herzen verabscheuen, nichts im Herzen erbitten, nichts im Herzen bedenken, nichts im Herzen bedauern!»

Was zunächst die Wichtigkeit oder gar Notwendigkeit der mystischen Erfahrung betrifft, so liegt die Sache hier anders als im Zen-Buddhismus. Im Christentum hat immer die Auffassung bestanden, daß der Glaube allein – wir sprechen hier nicht von der Frage nach der Notwendigkeit der Werke – genügt und eine darüber hinausgehende intuitive, mystische Bestätigung nicht zum Heil erforderlich ist. Man ist oft sogar noch weiter gegangen und hat gesagt, daß die mystische Erfahrung nicht für alle, sondern nur für wenige dazu Berufene sei.

Trotzdem finden wir in den frühen christlichen Jahrhunderten in dieser Beziehung eine gewisse Parallele zum Zen. Clemens von Alexandrien, der im 2. Jahrhundert n. Chr. gelebt und gewirkt hat, ging zwar nicht so weit, daß er eine geistige Erkenntnis oder Erfahrung Gottes als unbedingt nötig zur Erlangung des Heils erachtete; aber er hielt sie für notwendig zur Erlangung der christlichen Vollkommenheit. Er sagt: «Nach meiner Meinung ist die erste Umwandlung im Heilsprozeß die Hinüberführung vom Heidentum zum Glauben, die zweite aber die vom Glauben zur christlichen Einsicht.»

Und an anderer Stelle sagt er: «Unser Ziel ist, zu zeigen, daß nur der erleuchtete Mensch heilig und fromm ist und allein den wahrhaftigen Gott so verehrt, wie es Gottes würdig ist.» Man kann darüber streiten, was hier mit Einsicht gemeint ist. Aber wenn es auch nicht die mystische Erfahrung im engeren Sinn ist, so doch gewiß eine intuitive Erkenntnis im Sinne christlicher Gnosis, die allerdings als eine Wirkung des Heiligen Geistes bzw. der Taufgnade aufzufassen ist. In Verbindung mit dem, was wir über die Wirkungen des Zazen gesagt haben, liegt der Gedanke nahe, daß auch unsere Zeit eben dieser geistig-christlichen Erfahrung bedarf.

So wie das Zazen der normale Weg zur Erleuchtung ist, so ist die christliche Meditation der Weg zur christlichen Mystik, das heißt zur erfahrungsgemäßen Gotteserkenntnis.

Andere mystische Erfahrungen wie Visionen, Offenbarungen etc. sind als akzidentiell zu betrachten; wir brauchen sie hier nicht zu berücksichtigen. Wir vergleichen zunächst die christliche Meditation mit der Zen-Meditation. Was Körperhaltung und Atmung betrifft, so bestehen dafür in der christlichen Meditation keine festen Regeln.

Der heilige Ignatius von Loyola, der Gründer meines Ordens, erwähnt in seinen *Geistlichen Übungen* zwar die Körperhaltung, gibt aber keine bestimmte Form an, sondern nur ein Prinzip, nämlich daß man diejenige Haltung einnehmen oder beibehalten soll, in der man jeweils am besten meditieren kann, sei es nun Knien, Stehen, Sitzen oder auch Liegen. Das Gehen erwähnt er bezeichnenderweise nicht. Was die innere Haltung der christlichen Meditation betrifft, so hat sie gewöhnlich ein Objekt, einen Betrachtungsgegenstand, den es, wie wir gesehen haben, im Zen nicht gibt. Daher kennt man im Zen auch keine Vorbereitung auf die Meditation am Vorabend, die darin besteht, daß man den Betrachtungsstoff auswählt und kurz durchgeht. Man beginnt also in der christlichen Meditation damit, einen Gegenstand, zum Beispiel eine Begebenheit aus dem Leben Jesu, zu betrachten, indem man sich daran erinnert, sie sich allenfalls auch in der Phantasie vorstellt, darüber nachdenkt, eine Lehre daraus zu ziehen sucht und, je nach dem Ergebnis dieser Erwägungen, Vorsätze faßt und Gott um seine Gnade dafür bittet. Natürlich kann das auch auf andere Weise geschehen, aber es ist ein Betrachtungsgegenstand vorhanden, mit dem man sich bewußt beschäftigt. Im Laufe der Zeit tritt – so sollte es wenigstens sein – die Tätigkeit des Gedächtnisses und des Verstandes immer mehr zurück. Die Betrachtung wird mehr affektiv und nimmt die Gestalt des Zwiegesprächs mit Gott an. Der nächste Schritt, die Vereinfachung der Willenstätigkeit selbst, ist schon bedeutend schwieriger und besteht darin, daß man in einem einzigen anhaltenden Akt auf den Betrachtungsgegenstand gerichtet ist. Es ist, wie wenn man ein Gemälde in allen Einzelheiten studiert hat und nun das Ganze längere Zeit hindurch auf sich wirken läßt. Die Meditation ist also sehr einfach geworden, aber sie ist immer noch «gegenständlich» und in *der* Form noch nicht bei der Zen-Meditation angelangt.

Das Zen kennt diese Art der Betrachtung nicht, sondern hat von Anfang an keinen Gegenstand. Es beginnt mit dem Nichts, was nach seiner Weltanschauung und dem ausgesprochenen Zweck seiner Meditation nicht zu verwundern ist. Die Frage ist: Gibt es auch eine christliche Meditation, die wie das Zazen keinen Gegenstand hat, sondern direkt auf die Erfahrung des Absoluten abzielt? Im Christentum würde das gleichbedeutend sein mit: auf die Erfahrung Gottes. Gewiß, auch die christliche Meditation, und zwar jede, geht schließlich auf das Absolute, also auf Gott hin. Durch die Meditation soll Gott immer besser erkannt werden, wobei die Liebe zum Mitmenschen wesenhaft eingeschlossen ist.

Nach der Auffassung der meisten Theologen ist es dem Menschen nicht möglich, in diesem Leben zu einer vollkommenen intuitiven Erkenntnis Gottes zu kommen. Die *visio beatifica* kann erst nach dem Tod stattfinden. Schon im Alten Testament lesen wir im Buch Exodus, Kap. 33, Vers 20: «Kein Mensch sieht mich[d. h. Gott] und bleibt am Leben.» Und bei Johannes lesen wir: «Gott hat nie jemand geschaut; der Eingeborene, der Gott ist, der im Schoße des Vaters ist, er brachte uns die Offenbarung.» Dennoch sprechen sowohl die Kirchenväter als auch die Mystiker oft von einem Schauen Gottes, das im Gegensatz zu einer nur auf dem Glauben beruhenden Gotteserkenntnis auch erfahrungshafte Gotteserkenntnis genannt wird, ähnlich wie man im Zen das Satori oder die Wesensschau im Gegensatz zur theoretischen Erkenntnis als Erfahrung bezeichnet.

Viele Anweisungen der christlichen Mystiker, über die ich in meinen Büchern *ZEN und christliche Mystik* sowie *ZEN und christliche Spiritualität* berichte, stimmen mit denen der Zen-Meister in auffallender Weise überein. Mein japanischer Zen-Meister Yamada Koün, der viele Priester und Ordensleute zu seinen Schülern zählt, sagte einmal: «Mit den Religionen ist es wie mit zwei Autobahnen, die von weither kommen, sich aber im

Autobahnkreuz treffen. Betrachtet man die Religionen jede für sich, so erscheinen sie ganz verschieden voneinander. Doch sie treffen sich in einem Punkt, der religiösen Erfahrung.» Auch in den Jahren, bevor es zu den positiven Gesprächen zwischen Vertretern der Religionen kam, konnte man im persönlichen Gespräch mit einem Zen-Meister bereits feststellen, daß er, wenn man von christlichen Mystikern sprach, aufhorchte und sagte: «Hier können wir miteinander reden.»

Was die Erleuchtungswege des Zen und der christlichen Mystik angeht, können wir trotz großer Unterschiede in der beiderseitig zugrunde liegenden Weltanschauung große Ähnlichkeiten feststellen. Das ist wohl in erster Linie dadurch zu erklären, daß die menschliche Natur mit ihren Neigungen und Schwächen einerseits und ihren trotzdem fast unbegrenzten Möglichkeiten andererseits überall dieselbe ist.

Eine andere Frage ist, ob auch das Ziel beider Wege, nämlich die Erleuchtung und die Erfahrung der christlichen Mystiker, ein und dasselbe ist. Eine weitere Frage, die hier gestellt werden kann und die mit der vorhergehenden in etwa zusammenfällt, bezieht sich sodann auf den «Durchbruch» selbst, sei es nun im Sinne des Satori im Zen oder im Sinne eines großen mystischen Erlebnisses wie etwa jenes, das der heilige Ignatius von Loyola hatte, nachdem er sich unmenschlichen Kasteiungen unterzogen hatte und durch innere Not bis an den Rand der Verzweiflung geraten war. Hier wäre die Frage zu stellen: In welcher Beziehung steht das Erlebnis des christlichen Mystikers zu den vorangegangenen Anstrengungen und Leiden?

Im Zen, also im Falle des Satori, erklärt man diesen Zusammenhang im allgemeinen durch die Beziehung zwischen Ursache und Wirkung. Jedenfalls ist in beiden Fällen ein wirkliches Sterben des Alten notwendig, damit ein Neues entstehen kann. Was nun das Erlebnis selbst, das heißt die Erleuchtung und die christlich-mystische Erfahrung angeht, so können wir wohl mit Recht sagen, daß sowohl im einen wie im anderen Falle ein Transzendenz-Erlebnis vorliegt. Das heißt: Die gewöhnlich sinnlich-geistige Tätigkeit wird des Sinnlichen entkleidet oder geht darüber hinaus, und es findet eine rein geistige Tätigkeit statt, deren Möglichkeit in der Natur des Menschen angelegt ist und daher zwar immer vorhanden, aber meistens gebunden ist. Sollte die Auffassung richtig sein, daß in jedem Satori das Gesamte der Persönlichkeit, und zwar in seiner geschlossenen Einheit, im Bewußtsein realisiert wird, so müßte jedes Element des echten Christseins im Satori eines Christen eingeschlossen sein, soweit es echt personal angeeignet ist.

Daraus würde sich ergeben, daß ein Satori, ein «reines Zen-Satori», für einen Christen als solches möglich ist. Es wird sich also wahrscheinlich im Laufe der Zeit herausstellen, daß Christen, die ihren Gottes- und Christusglauben bewahrt haben, ein Satori haben, das gleichzeitig ein im christlichen Sinne mystisches Erlebnis ist. Der Klarheit halber möchte ich nochmals darauf hinweisen: Der Gottesglaube ist an sich kein Hindernis für das Satori und auch nicht für das Zen-Satori; denn in jedem Satori, auch in dem eines Buddhisten, wird das Absolute mit erfahren.

In der Meditation und in gewissem Sinne überhaupt in der mystischen Erfahrung wird ja zunächst die Ruhe hergestellt. Wir kommen zum eigentlich Menschlichen in einer Erfahrung, die zugleich die Erfahrung des Absoluten einschließt. Ob es dabei um *das Absolute* als um etwas Unpersönliches oder um *den Absoluten*, also etwas Persönliches geht, ist eine andere Frage, die nicht durch die Erleuchtungserfahrung allein geklärt werden kann. Beim Dialog, der mit den Vertretern beider Ansichten zu führen ist, müssen wir bedenken, daß der Begriff *Person* vom Menschen genommen ist und deswegen nie vollständig für das Absolute passen kann. Die Erfahrung ist überrational oder, psychologisch gesehen, eine rein geistige Tätigkeit und daher von allen Begriffen losgelöst. Sie kann aber ein anderes Gewand, eine andere Färbung oder Interpretation haben, je nach der Weltanschauung des Erfahrenden. Es ist dabei zu betonen, daß der Mystiker bei diesem Erlebnis eine vollkommene Einheit zwischen Gott und sich empfindet, richtiger gesagt, daß er in dieser Erfahrung keinen Unterschied mehr zwischen Gott und sich empfinden kann. Darin trifft er sich mit der Erfahrung des Zen. Doch kann man deshalb noch nicht von einer Identität beider Lehrsysteme, nämlich von Buddhismus und Christentum sprechen. Auf keinen Fall darf man einfach eine Vermischung vornehmen. Dieses wird nicht nur von christlicher Seite, sondern ebenfalls von seiten der Buddhisten, auch der Zen-Buddhisten, ganz entschieden abgelehnt.

Das Christentum gründet sich auf Offenbarung, und das ist der große Unterschied zu den anderen Religionen. Genauer gesprochen, handelt es sich nicht um den Unterschied, daß unser Christentum auf der Offenbarung durch Christus beruht, der Buddhismus hingegen auf der Offenbarung Buddhas. Keineswegs! Beim Buddhismus und beim Hinduismus kommt alles allein auf die persönliche Erfahrung an; Glaube reicht dafür nicht aus. Das ist eine ganz andere Einschätzung des Glaubens als im Christentum, das alles auf den Glauben an die Offenbarung gründet.

Ich bin aber der Meinung, daß die östliche Seinserfahrung und die christliche Erfahrung der Präsenz Gottes *nicht* zwei einander gegenüberstehende Positionen sind. Die eine Erfahrung ist in der anderen enthalten. Dasselbe Erlebnis wird aufgrund jeweils anderer Voraussetzungen verschieden empfunden. Weil es sich also um verschiedene Entfaltungen desselben Grunderlebnisses handelt, kann man sogar sagen, daß die christliche *praesentia Dei* in der Erfahrung des Buddhisten verborgen enthalten ist. Der Christ aber entfaltet die Seinserfahrung als solche bis zur Erfahrung der letzten Ursache des Seins hin. Letztlich müssen sich die Denkweisen von Ost und West gegenseitig ergänzen. Im Westen herrscht mehr das Bewußte, im Osten mehr das Unbewußte vor. Beide Bereiche sind zu integrieren, damit eine volle Persönlichkeit entsteht.

Für die Gemeinsamkeit zwischen Zen und Christentum erinnere ich immer gern an die Stelle in der Heiligen Schrift, wo bei Matthäus 10,39 zu lesen ist: «Wer das Leben gewinnen will, wird es verlieren; wer aber das Leben um meinetwillen verliert, wird es gewinnen.» Diese Erfahrung wird auch im Zen gemacht. Denken Sie nur an die zehn Bilder des Ochsen. Sowohl für den Weg im Zen wie in der christlichen Mystik geht es stets um das ungeteilte Dasein, um die Erfahrung im Hier und Jetzt. Wir müssen immer wieder mit großer Anstrengung üben, alles ganz zu tun. Und so möchte ich mit einem berühmten Dialog zwischen einem Zen-Meister und seinem Schüler schließen, worin diese so wichtige ungeteilte Aufmerksamkeit und gegenwartsbezogene Achtsamkeit sehr anschaulich geschildert wird:

> Der Schüler fragt den Zen-Meister: «Machst du ununterbrochen Anstrengungen, dich in der Wahrheit zu üben?»
> Antwort des Meisters: «Ja, das tue ich.»
> Der Schüler fragt: «Wie übst du dich selber?»
> Der Meister antwortet: «Wenn ich hungrig bin, esse ich, wenn ich müde bin, schlafe ich.»
> Antwort des Schülers: «Das tut jeder. Kann man dann von jedem sagen, daß er sich übt wie du?»
> Der Meister: «Nein!»
> Der Schüler fragt: «Warum nicht?»
> Antwort des Meisters: «Weil die anderen, wenn sie essen, nicht essen, sondern über die verschiedensten Dinge nachdenken und sich dadurch stören lassen. Wenn sie schlafen, so schlafen sie nicht, sondern sie träumen von tausend Dingen. Darum sind sie nicht so wie ich.»

David Steindl-Rast

Arbeit und Schweigen – Handeln und Kontemplation

Als mir das Thema Arbeit und Schweigen – Handeln und Kontemplation gestellt wurde, war ich zunächst etwas erstaunt, aber je mehr ich es mir überlegt habe, um so klarer wurde mir, daß wir bei der Behandlung dieses Themas viele wichtige Fragen in Angriff nehmen müssen. Unsere Aufgabe wird es sein, zunächst zu fragen, was wir in diesem Zusammenhang unter Geist und Natur, unter Arbeit und Schweigen verstehen sollen. In einem zweiten Schritt müssen wir uns fragen, wie die beiden zusammenhängen, und im dritten Schritt, worum es dabei in unserem persönlichen Leben geht. Worauf läuft das Ganze hinaus? Wenn wir diese drei Fragen stellen, dann haben wir mit dem ersten Schritt – «Was sollen wir hier unter Arbeit und Schweigen verstehen?» – schon die Frage angeschnitten: Wie hängen Mystik und Religion zusammen? Im zweiten Schritt müssen wir von Kontemplation sprechen. Was bedeutet Kontemplation für uns? Im dritten Schritt geht es um zwei ganz wichtige Begriffe: Autorität und Verantwortlichkeit.

Nun besteht aber die große Gefahr, daß wir hier über etwas, was nur aus der Erfahrung kommen kann und nur zur Erfahrung sprechen kann, von außen her reden. Es geht mir sehr darum, daß wir uns von Anfang an darüber klar sind, daß ich aus meiner Erfahrung spreche und an Ihre persönliche Erfahrung appelliere. Darauf kommt alles an, und so bitte ich Sie, alles an Ihrer eigenen Erfahrung zu messen.

Nehmen wir also das Wort «Schweigen». Was meinen wir damit? Schweigen hängt mit dem Mysterium zusammen. Schweigen steht dem Wort gegenüber. Schweigen hängt – in der Sprache Panikkars – mit dem Mythos zusammen, steht daher dem Logos gegenüber. Schweigen ruft in uns die Vorstellung von Versenkung hervor, im Gegensatz vielleicht zur Erhebung. Die Gegensätze schließen sich alle nicht gegenseitig aus, das Wort und das Schweigen, der Mythos und der Logos, die Versenkung, die Erhebung, die Tiefe und die Höhe, das Dunkel, das unbedingt zum

Schweigen gehört, und das Licht. Die Gefahr ist nun, daß wir über diese Dinge von außen reden, daß wir von außen etwas beobachten und zerlegen und analysieren wollen, was nur von innen her erlebt werden kann. So wie der kleine Bub, der immer Zahnweh hat, wenn Zucker an den Zahn kommt. Dann endlich wird der Zahn gezogen. Er bekommt ihn vom Zahnarzt, nimmt ihn mit nach Hause, legt ihn auf den Tisch, legt ein Stück Zucker darauf und sagt: «Jetzt will ich aber sehen, wie das weh tut!»

Wenn wir auch lachen, so besteht doch immer die Gefahr, daß wir so von außen an etwas herankommen wollen, was nur von innen erfahrbar ist. Wie können wir das vermeiden? Wie können wir über innere Erfahrung von innen her sprechen? Die Antwort lautet: durch Dichtung. Wie die Sufis – Professor Nasr nannte sie «Leute, die durch Andeutung reden» –, so müssen wir uns in den Bereich vorwagen, von dem Rilke sagt: «Worte gehen sanft am Unsäglichen aus.» Das ist der Bereich der Dichtung.

Die Dichtung verdichtet unser Erlebnis und zerredet es nicht. Darum möchte ich mit Ihnen ein paar Gedichte lesen. Die meisten sind von Rilke. Oft sind es nur Stellen aus Gedichten, aus Gedichten, die Ihnen wahrscheinlich gut bekannt sind, die Sie vielleicht sogar auswendig können. Anhand dieser Gedichte können wir vielleicht etwas aussprechen, was die Sache nicht zerredet, sondern verdichtet. Gedichte lassen unser Erleben zu Wort kommen. Sie brechen das Schweigen nicht, sondern das Schweigen kommt zu Wort im Gedicht. So möchte ich beginnen mit ein paar Zeilen aus Rilkes *Stundenbuch*. Rilke ist Mystiker, obwohl er meistens nicht so verstanden wird, und er sagt:

Du Dunkelheit, aus der ich stamme,
ich liebe dich mehr als die Flamme,
welche die Welt begrenzt,
indem sie glänzt
für irgend einen Kreis,
aus dem heraus kein Wesen von ihr weiß.

Aber die Dunkelheit hält alles an sich:
Gestalten und Flammen, Tiere und mich,
wie sie's errafft,
Menschen und Mächte –

Und es kann sein: eine große Kraft
rührt sich in meiner Nachbarschaft.

Ich glaube an Nächte.

So spricht der Mystiker. Nicht, daß wir Schweigen und Wort, Versenkung und Erhebung, Dunkel und Licht trennen könnten. Aber wir müssen in der Dunkelheit verwurzelt sein. Wir müssen in der Tiefe verwurzelt sein. So sagt Rilke auch:

Ich liebe meines Wesens Dunkelstunden,
in welchen meine Sinne sich vertiefen ...

Aus ihnen kommt mir Wissen, daß ich Raum
zu einem zweiten zeitlos breiten Leben habe.

Die Weite, der Raum, die Leere – diese Wirklichkeit erleben wir in unseren Dunkelstunden, die keineswegs verdunkelt sind, sondern die ein Leuchten hervorrufen, das unser ganzes Leben erhellt. In unseren Dunkelstunden erfahren wir, daß wir ein zweites, zeitlos breites Leben haben. Aus diesen Stunden erwächst unsere Gotterfahrung. Ich verwende das Wort Gott hier zögernd. Allzuoft ruft man damit Mißverständnisse hervor. Ich möchte es aber erwähnen, damit alle jene, die sich mit dem Wort Gott wohlfühlen, wissen, worum es hier geht. Wir sprechen aber über ein Erlebnis, das auch all denen zugänglich ist, die sich mit dem Wort Gott nicht wohlfühlen. In unseren Dunkelstunden erleben wir das, was jene, die das Wort Gott richtig verwenden, Gott nennen. Unsere Dunkelstunden sind Stunden unserer eigenen mystischen Erfahrung.

Ich wende mich hier jetzt an Ihre Erfahrung, an Ihre mystische Erfahrung, und niemand darf sagen, ich bin ja kein Mystiker. Mystik heißt Erfahrung unserer letztlichen Zugehörigkeit. Wer aber hat letzte Zugehörigkeit noch nie erfahren? In Dunkelstunden, in wahren Herzstunden erleben wir diese tiefste Zugehörigkeit. Und Gott, wenn das Wort richtig verwendet wird, ist der Bezugspunkt, der äußerste Bezugspunkt für unsere Zugehörigkeit. Selbstverständlich ist das nur der kleinste gemeinsame Nenner. Von hier aus können wir den Gottraum erforschen, so wie man den Weltenraum erforscht. Ja, wir können in vielen verschiedenen Richtungen, von vielen verschiedenen Seiten her alle denselben Raum erforschen. Wir können auch Karten anfertigen aufgrund dieser Gottraum-Erforschungen. Karten sind nicht notwendigerweise ein Hindernis, im Gegenteil, sie sollen uns Hilfe sein auf unserer Gottraumfahrt. Wir dürfen nur die Karte nicht mit dem Abenteuer selbst verwechseln, und diese Gefahr besteht immer. Darum sagt Rilke:

Mein Gott ist dunkel und wie ein Gewebe
von hundert Wurzeln, welche schweigsam trinken.
Nur, daß ich mich aus *seiner* Wärme hebe,
mehr weiß ich nicht, weil alle meine Zweige
tief unten ruhn und nur im Winde winken.

Das ist der Gott, den wir alle gemeinsam haben, von dem wir nicht mehr wissen, als daß tausend Wurzeln aus ihm trinken, aus ihr trinken und daß wir uns aus dieser Wärme heben.

So hängen die mystischen Religionen zusammen. Aber wie hängen Mystik und Religion zusammen? Das ist die große Frage. Wie kommt man von dieser Religiosität, die allen Religionen gemeinsam ist, zu *den* Religionen, die sich oft gegenseitig in den Haaren liegen? Die Antwort lautet: notwendigerweise. Ich verwende dieses Wort hier gern. «Notwendig» heißt ja nicht nur zwangsläufig, es bedeutet auch, daß durch eine Not gewendet wird. Und wir haben eine Not, die gewendet werden muß, nämlich wann immer wir in unseren Dunkelstunden mystische Tiefe erleben, Gott erleben, dann fühlen wir die Notwendigkeit, unser Erlebnis zu interpretieren. Unser Verstand findet es notwendig, zu interpretieren. Das führt zur Lehre, die ein Bestandteil jeder Religion ist. Selbst wenn es sich um Ihre private Religiosität handelt und Sie sagen: «Bei mir ist das ganz anders, ich weiß, daß man das nicht interpretieren darf und nicht interpretieren kann», dann ist das ja auch eine Lehre, dann hat Ihr Verstand genau dasselbe gemacht, nur haben Sie die apophatische Theologie entdeckt. Die gibt es ja auch in allen Religionen. Es kommt nicht darauf an, *was* wir über unsere religiöse Erfahrung sagen, aber wir müssen *etwas* darüber sagen, und damit haben wir den ersten Bestandteil jeder Religion, die Lehre.

Die Lehre entspringt notwendigerweise aus der Religiosität. Sie entspringt notwendigerweise aus der Mystik. Nur läuft sie jetzt Gefahr, sich zu verhärten. Im Augenblick, wo etwas ausgesprochen oder gar niedergeschrieben ist, beginnt es, sich zu verhärten. So läuft die Lehre immer Gefahr, doktrinär zu werden. Diese Gefahr müssen wir sehen. Sie ist da. Wenn wir sie nicht sehen, kann sie wirklich gefährlich werden. Wenn wir sie sehen, können wir ihr möglicherweise entgehen.

Aber unser Wille tut auch notwendigerweise etwas mit unserem mystischen Erleben. Unser Wille sagt: «Ja! Diese Zugehörigkeit, das ist es. So möchte ich leben.» Und das ist der Ursprungspunkt aller Moral. Denn alle Systeme der Moral, wo immer wir sie finden und wie sie sich auch in ihrem Ausdruck voneinander unterscheiden, haben alle eines gemeinsam: «So verhält man sich denen gegenüber, zu denen man gehört.» Die Gefahr ist, daß wir den Kreis derer, zu denen wir gehören, viel zu eng stecken. In unserem mystischen Erlebnis wissen wir, daß wir alle zusammengehören, daß der Kreis ins Endlose geht. So entspringt dem mystischen Erlebnis notwendigerweise auch die Moral. Nur ist auch die Moral, im Augenblick, wo sie ausgesprochen wird, in Gefahr, sich zu verhärten, zum Moralismus zu werden nämlich. Auch diese Gefahr müssen wir sehen, sonst sind wir ihr schon verfallen. Wenn wir sie aber sehen, können wir ihr entgehen.

Und unsere Gefühle, die kommen ja auch da herein. Der ganze Mensch nimmt teil am mystischen Erlebnis. Verständnis, Wille, Gefühle; Leib und Seele; der ganze Mensch, das ganze Herz. Was aber machen die Gefühle? Die Gefühle feiern notwendigerweise unsere Zugehörigkeit zum All. Daraus entspringt das Ritual. Sie können kein Ritual in der Religionsgeschichte aufzeigen, das nicht Feier von Zugehörigkeit ist; das ist allen gemeinsam. Aber im Augenblick, wo wir ein Ritual haben, kann es sich auch wieder verhärten. Die erste Generation feiert wirklich das Zugehörigkeitsgefühl. Die zweite Generation kann sich nicht mehr genau daran erinnern, was eigentlich gefeiert wurde, ist aber sehr darauf bedacht, es genau so zu machen wie die erste Generation. Und so geht es weiter. Ritual kann sich verhärten in Ritualismus.

Stellen Sie sich vor, wie es ist, wenn Generation um Generation die Lehre interpretiert und dann die Interpretation der Interpretation interpretiert. Bevor wir es begreifen – nach einigen tausend Jahren ... Sie verstehen. Was verlangt das von uns? Es verlangt, daß wir unsere Religion, welche auch immer das ist, religiös machen. Es ist ein großes Mißverständnis, wenn Leute sich einer Religion anvertrauen und glauben, die Religion würde sie religiös machen. Jede Religion der Welt – meine eigene eingeschlossen – hat eine eingebaute Tendenz, irreligiös zu werden, wenn nicht immer wieder jeder einzelne Mensch aus dem mystischen Leben heraus sie erneut religiös macht; das ist unsere große Aufgabe.

Nur müssen wir uns jetzt fragen, ist dann die Religion nur ein Ballast für die Mystik, nur eine Hinderung? Nein! Wir haben schon gesagt: Religion verhält sich zur Mystik wie eine Landkarte zur Entdeckungsfahrt. Die Karte kann sehr hilfreich sein, wenn wir sie nicht verwechseln mit dem Abenteuer selbst. Auch der Entdeckungsreisende verläßt sich nicht blindlings auf die Karte. Er muß sie hin und wieder in dem einen oder anderen Punkt korrigieren. Aber dieses Erneuern, Lebendigmachen, Umgestalten der Religion ist ja nur ein Teil von etwas viel Umfassenderem, das uns im Leben aufgegeben ist: nämlich ganz allgemein unser Leben aus der Mystik heraus zu erneuern. Unser Leben in allen Bereichen. Aus dem Erleben unserer Zugehörigkeit, aus dem Erleben unserer Zusammengehörigkeit zu erneuern und schöpferisch zu gestalten. Und damit sind wir schon bei der Arbeit, bei der Verbindung von Arbeit und Schweigen. Denn die Tiefe, das Schweigen, das Mysterium, der Mythos, das Dunkel muß sich aussprechen in Wort, Logos, Erhebung, Licht, Auge. Die beiden Bereiche gehören zusammen. Sie zusammenzubringen, das ist unsere eigentliche Arbeit. Jede andere Arbeit ist unbedeutend, oberflächlich, aber hier ist unsere wahre Arbeit. In der biblischen Sprache heißt sie Schöpfung. Rilke spricht davon, wenn er zu Gott betet:

Du hast dich so unendlich groß begonnen
an jenem Tage, da du uns begannst, –
und wir sind so gereift in deinen Sonnen,
so breit geworden und so tief gepflanzt,
daß du in Menschen, Engeln und Madonnen
dich ruhend jetzt vollenden kannst.

Gott vollendet sich nicht ohne unser Zutun. Gott vollendet sich aber auch trotz unseres Versagens, und so spricht der Dichter weiter:

WERKLEUTE sind wir: Knappen, Jünger, Meister,
und bauen dich, du hohes Mittelschiff.
Und manchmal kommt ein ernster Hergereister,
geht wie ein Glanz durch unsre hundert Geister
und zeigt uns zitternd eine neuen Griff.

Wir steigen in die wiegenden Gerüste,
in unsern Händen hängt der Hammer schwer,
bis eine Stunde uns die Stirnen küßte,
die strahlend und als ob sie Alles wüßte
von dir kommt, wie der Wind vom Meer.

Dann ist ein Hallen von dem vielen Hämmern
und durch die Berge geht es Stoß um Stoß.
Erst wenn es dunkelt, lassen wir Dich los
und Deine kommenden Konturen dämmern. Gott, du bist groß.

Und Gott ist immer noch größer. Wir bauen an Gott, wir bauen am Bild Gottes, und dieses Bauen ist Kontemplation. Kontemplation kann auch in einem anderen Sinn verwendet werden, in einem viel engeren Sinn. Auch richtig, nicht falsch, aber Wörter haben verschiedene Bedeutungen, und die weiteste, tiefste, ursprünglichste Bedeutung von Kontemplation heißt – wie es ja schon die Silbe *kon* (lateinisch: *cum*) andeutet –, daß zweierlei zusammengebracht, vereint wird. Welche sind die beiden Bereiche, die da zusammengebracht werden? Und wie werden sie aufeinander abgestimmt? Die Silbe *temp* zeigt an, daß es sich hier um ein Messen handelt. Die beiden Bereiche, die hier aneinander gemessen werden, sind zwei Tempel, der Tempel, den wir schauen, und der Tempel, den wir nach dem geschauten Vorbild bauen. Kon-temp-lation verbindet die Schau und das Handeln. Das sind die beiden Tempel, der Tempel oben und die Verwirklichung des Tempels unten.

Diese Spannung wird in vielen uralten Religionen der Erde durchgehalten und ist auch in der biblischen Tradition zu finden. Moses steigt hinauf in den Bereich der göttlichen Gegenwart, hinauf auf den Berg, und bringt nicht nur die Zehn Gebote herunter – das ist das einzige, woran wir uns meistens erinnern –, sondern auch den Bauplan für den Tempel. Übrigens sind sogar die Zehn Gebote Bauplan des Tempels, denn «ihr seid der Tempel des lebendigen Gottes», heißt es, und die Zehn Gebote sind der Bauplan für diesen Tempel.

Das also ist Kontemplation im tiefen Sinne, diese Verbindung von schauen und bauen. Wenn wir das in jedem Bereich unseres Lebens durchführen, dann kann der Dichter sagen:

Es gibt im Grunde nur Gebete,
so sind die Hände uns geweiht,
daß sie nichts schufen, was nicht flehte;
ob einer malte oder mähte,
schon aus dem Ringen der Geräte
entfaltete sich Frömmigkeit.

Schön gesagt, aber jetzt wundern wir uns: Wo kommt denn dann das Treiben unserer Welt her, das alles andere ist als Gebet? Wir sollten aus dem Gesagten schon die Antwort wissen: Das leere Treiben kommt aus dem Entwurzeltsein. Solange wir im Mysterium verwurzelt bleiben, solange unser Bauen im Schauen verwurzelt bleibt, im Mysterium, solange unser Handeln im Grunde der Kontemplation verwurzelt bleibt und unsere Arbeit in der Dunkelheit des Schweigens, aus der wir stammen, im Mystischen, so lange ist alles Gebet. Wenn wir diese Verbindung abreißen lassen, dann sind wir nur Treibende.

Und da sind wir schon beim dritten Schritt: Worum geht es beim Thema Arbeit und Schweigen für unser tägliches Leben? Es geht zuerst um das Stillwerden. Wenn wir nicht still werden, können wir nicht hören, können wir auch nicht schauen. Die Wasserfläche eines Sees muß still werden, bevor man das Spiegelbild sieht. Das Stillwerden, dazu möchte ich Ihnen auch noch ein Gedicht vorlesen, das die meisten von Ihnen wahrscheinlich kennen. Es ist wieder von Rilke.

WIR sind die Treibenden.
Aber den Schritt der Zeit,
nehmt ihn als Kleinigkeit
im immer Bleibenden.

Alles das Eilende
wird schon vorüber sein;
denn das Verweilende
erst weiht uns ein.

Knaben, o werft den Mut
nicht in die Schnelligkeit,
nicht in den Flugversuch.

Dieses Ausgeruhtsein, in dem Dunkel und Helligkeit, Wort und Schweigen gepaart sind, das ist Gelassenheit.

Wunderschönes Wort: Gelassenheit! Wenn wir nur unseren Kindern die Gelassenheit lassen möchten, das wäre ein großes erzieherisches Programm. Nicht Lässigkeit, sondern Gelassenheit. Aber wie können Kinder Gelassenheit bewahren, wenn man sie nie in Ruhe läßt? Und unsere Kinder werden nie in Ruhe gelassen. Daß es sich hier nicht um Lässigkeit handelt, geht wieder besser, als ich es mit vielen Worten sagen könnte, aus diesem kurzen Sonett hervor:

O ERST *dann*, wenn der Flug
nicht mehr um seinetwillen
wird in die Himmelstillen
steigen, sich selber genug,

um in lichten Profilen, als das Gerät, das gelang,
Liebling der Winde zu spielen,
sicher, schwenkend und schlank, –

erst, wenn ein reines Wohin
wachsender Apparate
Knabenstolz überwiegt,

wird, überstürzt von Gewinn,
jener den Fernen Genahte
sein, was er einsam erfliegt.

Wo hören wir dieses reine Wohin? Wo finden wir diese reine Weite? Wir finden sie, wenn wir mit reinem Herzen horchen. Wir finden sie in Stille und Gelassenheit, in Gehorsam.

Das Wort Gehorsam hat für viele von uns einen schlechten Klang. Es erinnert uns zu sehr an die Schule. Aber das kommt daher, daß wir zwei völlig verschiedene Bedeutungen des Wortes Gehorsam verwechseln. Gehorsam ist Tugend, und Gehorsam ist Methode. Das sind zwei völlig verschiedene Dinge.

Die Tugend des Gehorsams ist zu horchen, mit dem Herzen zu horchen, mit dem Herzen hinzuhören und zu antworten durch die Tat. Alles spricht uns an. Jeder Augenblick ist Wort, das von uns Antwort verlangt. Darum auch der biblische Satz: «Gott spricht.» Der biblische Mensch weiß sich in jedem Augenblick von Gott angesprochen. Jeder Mensch weiß eigentlich, daß wir im Herzen angesprochen sind und Antwort geben müssen. Wie gut wir aber im Herzen hinhören, das kann niemand mit Sicherheit beurteilen. Daher haben schon seit undenklichen Zeiten die Menschen eine Methode gefunden, die Tugend des inneren Horchens zu erlernen, dadurch nämlich, daß sie außen gut horchen lernen. Da kann man Ihnen dann sagen: «Ich weiß nicht, wie gut du nach innen horchst. Nach außen horchst du noch nicht so gut.» Besonders jene, die so sicher zu wissen meinen, daß Gott ihnen etwas aufgetragen hat, die gehen oft wie in Trance durch alles durch und horchen überhaupt nicht auf irgend jemanden. Man kann mit ihnen meistens gar nicht reden, aber wenn man es könnte, müßte man ihnen sagen: «Wie du nach innen horchst, weiß ich nicht, aber horch doch endlich einmal nach außen.»

Das führt zur Methode des Gehorsams. Da nehmen wir es willig auf uns, richtig hinzuhorchen auf das, was uns jemand sagt, und versuchen, es in die Tat umzusetzen. So lernen wir nach und nach die Tugend inneren Gehorsams durch die Methode des äußeren. Das Ideal ist aber, daß wir die Tugend des Gehorsams so schnell wie möglich und so gründlich wie möglich lernen und dann niemanden mehr brauchen, der uns sagt, was wir tun sollen, weil wir es selber aus jedem Augenblick heraushören. Das ist das Ideal. Das Ideal des Gehorsams ist nicht die Marionette, die sich bewegt, wenn jemand die richtigen Schnüre zieht. Das Ideal des Gehorsams ist der prophetische Gehorsam, das heißt, ein Gehorsam, der so tief horcht, daß er etwas hört, was die vorherrschende Meinung nicht hören will, und nicht umhin kann, es klar herauszusagen. So wie der Prophet Jeremias, der es ja gar nicht sagen will. Er schreit: «Ich will meinen Mund verschließen, weil es mich in solche Unannehmlichkeiten bringt, aber es verbrennt mich von innen. Ich kann nicht anders, es stößt mir von innen den Mund auf.» Wenn wir sagen, denen geb ich es jetzt einmal, ich weiß schon, was Gott von denen will, dann sind wir höchstwahrscheinlich nicht gerade prophetisch. Wenn wir uns winden und wenden, aber nicht umhin können, es doch zu sagen, dann besteht eine gewisse Möglichkeit, Prophetisches zu äußern.

Aber es gehört noch etwas dazu. Das freie und tapfere Aussprechen genügt nicht, obwohl das schon schwer genug ist. Wenn wir es jetzt sagen und dann schnell hinausgehen, schnell verschwinden, dann sind wir nur noch Kritiker von außen, aber der Prophet ist kein Kritiker von außen. Der Prophet steht drinnen, mitten in der Gemeinschaft. «Kein Prophet kann außerhalb Jerusalems sterben», sagt Jesus, das heißt, er muß dort sein, wo es ums Wesentliche geht. So müssen auch wir mitten drinstehen. Dieses Drinstehen in einer Gemeinschaft ist so schwierig, daß man glauben sollte, es genüge schon. Drinnen zu bleiben, ohne sich bemerkbar zu machen, ist schwer genug. Darin, daß beides von uns verlangt wird, in der Gemeinschaft zu stehen *und* sie zugleich herausfordern, da liegt das Kreuz des Propheten. Das Drinnenstehen ist der senkrechte Balken und das Herausfordern ist der horizontale Balken. So endet jeder Prophet früher oder später am Kreuz. Versuchen Sie nur einmal bei irgendeiner Gelegenheit, wirklich aus dem tiefsten inneren Horchen, aus dem Herzen zu sprechen, besonders dann, wenn sich das, was Sie sagen wollen, mit der vorherrschenden Meinung nicht ganz verträgt. Sie werden auf die eine oder die andere Weise gekreuzigt werden.

Hier geht es um Verantwortung. Hier erhebt sich die Frage: Vor welcher Instanz müssen wir uns letztlich verantworten? Vor einer äußeren oder vor einer inneren? Die Frage ist falsch gestellt. Wenn sie aber so gestellt wird (und das ist nur der erste Schritt zur Beantwortung), dann müssen wir sagen, letztlich sind wir einer inneren Instanz gegenüber verantwortlich, nämlich unserem Herzen. Das beweist sich ja selbst. Wenn Sie sagen, ich habe mich vor dieser äußeren Instanz letztlich zu verantworten oder vor jener, dann müssen Sie sich fragen: Woher weiß ich das? Die äußeren Instanzen widersprechen einander ja. Warum habe ich gerade diese gewählt? Das bringt uns wieder auf das Herz zurück. Ich muß meinem Herzen folgen, muß tun, was das Herz mir sagt. Aber das Herz ist ja der Bereich unseres Wesens, wo wir engstens mit *allem* zusammenhängen, daher auch mit denen draußen. Daher müssen wir uns vor der äußeren *und* der inneren Instanz verantworten. Die innere Instanz verweist auf die äußere Instanz. Wir müssen uns vor beiden verantworten.

Erlauben Sie mir, in diesem Zusammenhang auf eine aktuelle Frage hinzuweisen. Was ist der Unterschied (ein vieldiskutierter Unterschied heute) zwischen einer Religion und einer Sekte? Religion *gibt* Verantwortung, führt Sie immer wieder auf Ihre Verantwortung hin. Eine Sekte *übernimmt* Ihre Verantwortung. Alle Religionen laufen Gefahr, Sekten zu werden. Alle Sekten haben die Möglichkeit, Religionen zu werden.

Aber wir sprechen nicht nur von Religion, wir sprechen auch von Politik, wir sprechen auch von Wissenschaft. In allen diesen Bereichen gibt es die führenden Kreise, die vorherrschende Meinung. Uns gegen diese prophetisch auszusprechen, das ist unsere große Aufgabe. Aber davor haben wir Angst. Der Gegenpol zu dieser Angst ist der Glaube. Glaube ist ja nicht zu verwechseln mit Glaubensüberzeugung. Der Glaube ist die vertrauende Verwurzelung in treuem Urgrund. Ob wir diesen Urgrund jetzt Gott nennen oder letzte Wirklichkeit oder Leben, wir sind in ihm verwurzelt. Darauf können wir vertrauen. Glaubensüberzeugungen können uns Hilfen sein. Sie können aber auch dem Glauben im Weg stehen.

Dieser Tage bekam ich ein Flugblatt in die Hand. Ich bewundere die jungen Menschen, die es verteilt haben. Sie haben sich wirklich getraut, für ihre Überzeugung einzutreten. Aber der Inhalt dieses Blattes zeigt mir, daß sie in ihrem Glauben nicht weit genug gegangen sind, zumindest nach christlichem Maß. Denn das Blatt besteht aus Bibelzitaten, und das sollte uns schon zu denken geben. Ist die Bibel für Christen ein Handbuch, aus dem man Sätze herauszieht, mit denen man seine Gesprächspartner bestenfalls überzeugt und schlimmstenfalls mundtot macht? Oder ist die Bibel Wort, das mich persönlich jetzt und hier herausfordert? Heraus-fordert, aus was heraus? Aus der Angst in den Glauben! Aus der Angst in das Vertrauen. Ich lese gleich am Anfang: Jesus Christus spricht: «Ich bin der Weg, die Wahrheit und das Leben.» Ich würde es als gläubiger Christ sehr unter der Würde dessen, was wir als Christen von Jesus Christus glauben, halten, daß wir ihn nur als einen von vielen Wegen darstellen. Was heißt es denn, auf dem Weg zu sein? Auf dem Weg sein, heißt, sich bewegen. Jeder, der sich vorwärtsbewegt nach jenem Kompaß des Herzens, der immer auf Gott weist, der ist auf dem Weg. Der ist also auf dem Weg, den wir als Christen – Gott sei Dank – als Jesus Christus kennen. Aber es ist viel weniger wichtig, daß man den Namen kennt, als daß man auf dem Weg ist. Christus, der Weg, kennt alle, die sich auf den Weg gemacht haben.

Und die Wahrheit, so steht darüber, die Wahrheit wird Euch frei machen. Was uns nicht frei macht, kann nicht die Wahrheit sein. Was uns frei macht, etwa von Angst, das ist Wahrheit. Frei in Verantwortung. Unverantwortlichkeit ist nicht frei. Einer der frühen Kirchenväter hat schon ganz deutlich gesagt: «Wenn es wahr ist, frag nicht, wer es gesagt hat. Die Wahrheit kommt immer vom Heiligen Geist.» Wenn wir das nur auch heute noch wüßten!

Hier ist nun der Punkt, wo im Hören des Wortes und in der Antwort durch die Tat Schweigen und Arbeit sich verbinden. Hier beginnt ein Prozeß, den Rilke so wunderbar das Reifen Gottes nennt. Wir haben oft ein viel zu statisches Gottesbild. Daß Gott eine Wirklichkeit ist, die in und um uns reift, ist zutiefst christlich. Wir Christen warten ja auf die Wiederkunft Jesu Christi. Aber nicht Wiederkunft, so wie er schon einmal gekommen ist, sondern das endliche Kommen, die endliche Verklärung der Welt. Daher schon sollten wir uns in Gemeinschaft verbunden wissen mit all denen, die auf dem Weg sind. Rilke vergleicht das Bauen und die Arbeit, wenn sie wirklich verwurzelt sind im Schauen und Schweigen, mit einem unterirdischen Fluß, der in die Tiefen greift. Jetzt sind wir wieder bei den dunklen Tiefen, mit denen wir angefangen haben. Nur aus den Tiefen des Schweigens schwemmt eine Arbeit, die Gebet ist, Gold zutage. Darum betet der Dichter (und mit diesen Worten möchte ich schließen):

DARAUS, daß Einer dich einmal gewollt hat,
weiß ich, daß wir dich wollen dürfen.
Wenn wir auch alle Tiefen verwürfen:
wenn ein Gebirge Gold hat
und keiner mehr es ergraben mag,
trägt es einmal der Fluß zutag,
der in die Stille der Steine greift,
der vollen.

Auch wenn wir nicht wollen:
Gott reift.

Kardinal Franz König

Die Verantwortung des Christen für eine Welt von morgen

Die Welt von morgen, zu der wir alle – Glaubende und Nichtglaubende – unterwegs sind, möchte ich nicht ganz so sehen, wie es der geniale Mathematiker Blaise Pascal in seinen *Pensées* getan hat. Er meinte, es sei eine Torheit, sich mit Zeiten zu beschäftigen, die nicht die unsrigen sind. Wir nehmen die Zukunft vorweg – meint er –, als wollten wir ihren Gang beschleunigen. Wir beschäftigen uns mit der Vergangenheit und der Zukunft und denken kaum an die Gegenwart, in der wir leben. Eine romantische Flucht aus einer verletzenden und quälenden Gegenwart in eine utopische Zukunft ist nicht das Anliegen der heute wissenschaftlich betriebenen Zukunftsforschung, der Futurologie. Diese neue Wissenschaft ist – nach Ossip K. Flechtheim – angetreten zum Kampf um die Zukunft. Ein solcher Kampf um rechtes Planen ist mit Verantwortung für die Welt von morgen verbunden. Je mehr Wissenschaft und Technik sich ausbreiten und an Einfluß gewinnen, desto mehr wollen und müssen sie auch vorausschauen und planen – nicht nur weltweit, sondern darüber hinaus ins Universum. Dieses Vorausschauen und Planen geht uns alle an, Christen und Nichtchristen. Journalisten und Medien lehren uns dabei oft mehr das Fürchten, als daß sie uns mit Zuversicht und Hoffnung erfüllen.

Die Welt von morgen wurzelt zunächst in der gegenwärtigen, in der Gegenwart angelegten Grundrichtung. Wie ist es aber dann um diese gegenwärtige Welt und ihre Grundrichtung bestellt? Die Ansichten und Meinungen gehen da auseinander. Die einen behaupten, es sei eine technische Welt, in der alles machbar sei. Andere meinen, es sei eine durch Wissenschaft und Technik gefährdete Welt. Wieder andere sehen im Vordergrund die friedlose Welt mit ihrem Rüstungswettlauf, ihrem Haß und Streit. Solche divergierenden Ansichten und Antworten machen die Unsicherheit verständlich, mit der man der Frage nach der Verantwortung für die Welt von morgen zu begegnen sucht.

Also, wohin geht der Weg? Was tut der Christ? Auf diese Frage will ich ganz kurz mit drei Feststellungen antworten.

Erstens: Der Christ stellt den Menschen wieder in den Mittelpunkt in bezug auf den wissenschaftlichen Fortschritt. Zweitens: Die persönliche Freiheit und damit die Verantwortung des Menschen verweist auf die ethische Dimension im Heute und Morgen, das heißt Verbindung von Wissen und Gewissen. Und schließlich drittens: Die Welt ist nicht nur ein technisches Experimentierfeld für den Menschen, sondern Gottes Schöpfung. Daraus ergeben sich praktische Folgerungen.

Zum ersten: Der Mensch und der wissenschaftliche Fortschritt als Frage an die Welt von morgen. Es waren die Katastrophen und Zusammenbrüche der beiden Weltkriege, die zu der Erkenntnis führten, daß der wissenschaftliche Fortschritt, das heißt eine ausschließlich auf sich selbst gestellte Wissenschaft, die menschlichen Probleme allein nicht lösen kann. In den Weltkriegen erfuhr man weltweit, wieviel Leid Menschen einander zufügen können und wie man dazu die neuesten technischen Mittel einsetzte, um die Schöpfungsordnung zu zerstören und Menschen in tiefstes Unglück zu stürzen. Die Zerstörung der menschlichen Umwelt erzeugt dazu heute Angst und Mißtrauen gegenüber Wissenschaft und Technik. Der wissenschaftlich-technische Fortschritt, der Einsatz eines großen Teils wissenschaftlicher Forschung, um immer bessere Waffen zu erzeugen, erwecken im besonderen Maße Angst. Das ist um so verständlicher, wenn man bedenkt – ich beziehe mich nicht auf Geheimberichte, sondern auf Mitteilungen in Fachzeitschriften der Nuklearphysiker –, daß es heute weit über 50 000 Atombomben gibt, die in den Arsenalen von Ost und West gelagert sind. Einige wenige Prozent würden genügen, um die Welt und die Menschheit fast oder ganz zu zerstören. Die noch größere Gefahr ist, daß für die Erzeugung dieser Bomben Plutonium notwendig ist. Davon gibt es weltweit mehrere Millionen Kilogramm. Die tödliche Dosis für den Menschen liegt aber bereits im Mikrogrammbereich. Wer garantiert uns, daß nicht eines Tages durch ein technisches oder menschliches Versagen oder infolge eines terroristischen Racheaktes die Welt von heute und morgen fast oder ganz vernichtet wird? Es ist daher ein Zeichen der Hoffnung, daß die Verhandlungen etwa um den Abbau der Mittelstreckenraketen doch in ein gutes Stadium gekommen sind. Die weiteren Fortschritte sind unsere größte Hoffnung.

Es ist kein Wunder, wenn sich heute die Angst vor der Zukunft in verschiedener Form auch klarsichtiger Vertreter der Menschheit bemächtigt und sie zu der Meinung veranlaßt, die Welt könne nicht mehr lange auf diesem Weg weitergehen. Wissenschaftsfeindliche Strömungen tauchen auf und sehen daher die Verantwortung für die Welt von morgen anders. Man weist auf Grenzen der Wissenschaft hin. So hat etwa der Tübinger Biologe und Leiter der Abteilung für Molekularbiologie am Max-Planck-Institut, Professor Gierer, in seinem letzten Buch, *Die Physik, das Leben und die Seele*, auf die heute erkennbaren Grenzen der Wissenschaft hingewiesen.[1] Er meint: So leistungsfähig die moderne Wissenschaft im Hinblick auf die Erklärung der Natur ist, ihre eigenen Voraussetzungen kann sie nicht vollständig erfassen. Sie könne die Rätselhaftigkeit, die Mehrdeutigkeit der Welt nicht aufheben. Solche Feststellungen eines bekannten Physikers und Biologen eröffnen die Frage nach dem, was jenseits der Grenzen physikalischer und biologischer Wissenschaft liegt. Und das interessiert heute nicht nur die Vertreter einer christlichen Theologie, es interessiert jeden Menschen, der nach seinem Weg in die Zukunft fragt. Was also kann eine Wissenschaft, auf sich allein gestellt, für die Welt von morgen leisten?

Das wissenschaftliche Forschungsprogramm von heute ist ja nicht eine Sache, die nur einzelne Fachleute etwas angeht, sondern ebenso den Staat, die Parteien, die Weltöffentlichkeit. Kann man die Verantwortung aber teilen? Wer ist heute imstande, die Möglichkeiten von Naturwissenschaft und Technik in allen ihren Konsequenzen zu überschauen, die Reichweite ihrer positiven und auch negativen Folgen abzuschätzen? Und vor allem: Wer trägt die ethische Verantwortung? Und wer vertritt sie mit Autorität und Nachdruck?

Es ist für mich daher kein Wunder, wenn bedeutende Vertreter der Wissenschaft, wie etwa der französische Molekularbiologe und Nobelpreisträger Jacques Monod in seinem Buch *Zufall und Notwendigkeit* mit einem areligiösen bzw. agnostischen Weltbild zur Verantwortung der Wissenschaft einfach nicht Stellung beziehen, sondern den wissenschaftlichen Fortschritt und seine Ergebnisse strikt ablehnen. Das harte Urteil dieses Nobelpreisträgers lautet – ich zitiere: «Darum wendet der moderne Mensch sich von der Wissenschaft ab oder vielmehr gegen sie. Er kann jetzt ihre schreckliche Zerstörungskraft ermessen, die sich nicht nur gegen den Leib, sondern gerade auch gegen den Geist richtet.»[2]

Entsprechend bedrückend ist auch das Menschenbild dieses Forschers: Das Leben sei durch einen einzigen und unwahrscheinlichen Zufall entstanden. Auch der Mensch sei in dieser Gesamtschau einer Entwicklung nur ein Zufallsprodukt. Der Mensch müsse endlich aus seinem tausendjährigen Traum erwachen, meint er, und «seine totale

Verlassenheit, seine totale Fremdheit anerkennen. Er weiß nun, daß er seinen Platz wie ein Zigeuner am Rande des Universums hat.»[3] Das ist – so füge ich hinzu – eine entmutigende Skepsis in Verbindung mit Wissenschaft und Planen für die Zukunft, für den Fortschritt.

So ergibt sich schließlich in diesem Zusammenhang das Fazit: Die einseitige Wissenschaftsgläubigkeit des 19. und 20. Jahrhunderts wird heute abgelöst durch eine kritische Selbstreflexion über die Zukunft der Wissenschaft, des Menschen und seiner Welt. Die Fortsetzung des bisherigen Weges unserer Wissenschaft und Wirtschaft begegnet einer steigenden Skepsis. Was folgt daraus hinsichtlich der Verantwortung für die Welt von morgen?

Die Antwort des Christen lautet: Die Ursache der gegenwärtigen Krise in diesen Bereichen hängt nicht mit Technik und Wissenschaft als solchen, nicht mit dem technisch-wissenschaftlichen Fortschritt allein zusammen, sondern mit dem Menschen selbst. Es geht heute nicht so sehr um die Freiheit der Forschung, sondern ebenso um den Schutz der Würde, um die Rechte der menschlichen Person, die durch den Wissenschaftsfortschritt ohne Rücksicht und um jeden Preis in eine Gefahrenzone geraten sind. Denn eine Veränderung menschlicher Grundwerte greift nicht nur unmittelbar in den Zusammenhang zwischen Gesetzgebung und Politik ein, sondern reicht darüber hinaus. Und wenn die innere geistige Kultur des Menschen vernachlässigt wird, dann bleibt die Selbstsucht als dominierende Macht – auch leider in der wissenschaftlichen Planung – übrig. So ergibt sich aus der Sicht des Christen das Fazit, daß die einseitige Wissenschaftsgläubigkeit des 19. und frühen 20. Jahrhunderts heute abgelöst wird durch eine kritische Selbstreflexion über die Möglichkeiten des Menschen in seiner Welt in der Zukunft. Der Wissenschaftsfortschritt, das soll nicht unterschlagen werden, hat das Leben auf dieser Erde in vieler Hinsicht und in vielen Bereichen menschenwürdiger und menschlicher gemacht. Aber der Christ fügt weiteres noch hinzu: Im Mittelpunkt des wissenschaftlich-technischen Fortschritts und Planens *steht der Mensch*. Alle Wissenschaft vollendet sich also als Wissenschaft vom Menschen. Das gilt in gewisser Hinsicht auch von der Theologie, die gerade so vom Menschen handelt, daß sie ihn überschreitet und von seinem Schöpfer her sieht.

Darum ist es an der Zeit, daß der Mensch als Gottes Ebenbild wieder Herz und Ziel von Wissenschaft und Technik wird, damit das Werk seines Geistes und seiner Hände nicht ihn und seine Umwelt verschlingt. Die Kirche bekennt sogar den kühnen Glauben, daß der Mensch ein Bild Gottes ist und daß er bei Gott seine ewige Zukunft hat. Das – so scheint es – hat man lange Zeit zu wenig beachtet. Der Mißbrauch und die Gefahren liegen nicht bei der Wissenschaft und Technik als solchen, sondern in der Gesinnung derer, die sich des Fortschritts nicht im Sinne des Vernünftigen, des Guten bedienen. Es ergibt sich die Zusatzfrage, ob der Mensch im Sinne des Fortschritts besser, geistig reifer und vor allem verantwortungsvoller geworden ist? Oder es folgt die Feststellung: Der wissenschaftlich-technische Fortschritt unserer Zeit sollte Hand in Hand mit einer moralischen und geistigen Entwicklung des Menschen und seines Verantwortungsbewußtseins gehen.

Damit wenden wir uns zweitens der persönlichen Verantwortung des Menschen mit der ethischen Dimension von heute und morgen zu. Das heißt, der Christ kann sich in keiner Weise den Gegnern des wissenschaftlichen Fortschritts anschließen, sondern er verweist für sich und unsere Zeit auf die persönliche Verantwortung eines jeden einzelnen, auch in der Wissenschaft, auch im Team oder der Gemeinschaft. Und so stehen wir vor der ethischen Wertordnung im Bereich sowohl der Wissenschaft wie der Wirtschaft, der Kommunikation und der öffentlichen Meinung. Die heute gestellte Frage: «Wer entscheidet über letzte Verantwortung und letzte Grenzen etwa des Forschens?» wird von uns beantwortet mit dem Hinweis, daß diese letzte Verantwortung heute beim einzelnen Menschen selber, bei seiner Gesinnung, seiner Wertordnung liegt. Mit anderen Worten: Wissenschaft und Religion, Mensch und Macht, Ethik und Religion, humanistisches und christliches Weltbild erscheinen damit ebenfalls in neuen Zusammenhängen. Die Verantwortung des Menschen für Maß und Ziel wissenschaftlichen Fortschritts, die Frage nach der vom Menschen zu setzenden, durchzusetzenden Wertordnung – das alles hat das seinerzeit gespannte Verhältnis von Wissenschaft und Religion wieder einmal neu aufgerollt im Sinne einer Komplementarität von Wissen und Glauben, die von verschiedenen Ausgangspunkten ins Gespräch kommen. Und dazu hat – ich zitiere nochmals einen Nobelpreisträger – der Münchener Professor Werner Heisenberg in seinem Buch *Der Teil und das Ganze* eindrucksvoll Stellung bezogen: «Wenn man in dieser westlichen Welt fragt, was gut und was böse, was erstrebenswert und was zu verdammen ist, so findet man doch immer wieder den Wertmaßstab des Christentums ... wenn einmal die magnetische Kraft ganz erloschen ist, die diesen Kompaß gelenkt hat ... so fürchte ich, daß sehr schreckliche Dinge passieren können, die über die Konzentrationslager und Atombomben noch hinausgehen.»[4] Aus diesem Hinweis folgt, daß Wissenschaft und Technik mit der ethischen Dimension des Forschers zu verbinden sind, zu prüfen sind, weil sonst die Möglichkeit besteht, daß sie den Menschen und seine Zukunft zerstören.

Es gehört aber heute zu den erfreulichen Dingen, daß sich über alle Grenzen hinweg eine Art Weltgemeinschaft – *a global united* – der Vertreter der Wissenschaft bildet, die – wissend um die ethische Verantwortung des Menschen – hinweisen auf die heutige Gefährdung des Menschen durch genetische Manipulation, durch biologische Manipulation, durch chemische, bakteriologische und nukleare Waffenrüstung.

Das Beispiel und die Botschaft Christi stellen den Menschen in seiner persönlichen Verantwortung für sich, für alle anderen und für die Welt überhaupt immer neu in den Vordergrund. Denn das Gebot der Gottesliebe ist zu messen am Gebot der Nächstenliebe. Das ist keine Theorie, sondern bedarf der konkreten Anwendung im täglichen Leben. Dazu gehört es, die persönliche Verantwortung als Wissenschaftler ganz ernst zu nehmen, nicht nur davon zu reden. Auch das ist eine Erfüllung des Gebots der Nächstenliebe. Eine ethische Dimension gibt es nur dort, wo der Mensch in seiner persönlichen Verantwortung die Unterscheidung nicht nur zwischen richtig und falsch, sondern ebenso zwischen gut und böse ernst nimmt, für sich und die anderen. Dazu braucht es eine klare Orientierung, eine Wertordnung, wie sie in den zehn Geboten Gottes niedergelegt ist. Damit ergibt sich eine Festigung der ethischen Wertordnung – über humanistische Überlegungen hinaus – im religiösen und christlichen Weltbild. Daran wird der Christ stets erinnert, wenn er im Neuen Testament bei Lukas den Satz liest: «Was nützt es dem Menschen, wenn er die ganze Welt gewinnt, dabei sich selbst verliert und Schaden leidet?» – Und ich füge hinzu: Schaden leidet für sich und mit seinem wissenschaftlichen Instrumentarium andere in diesen Schaden mit hineinzieht.

Persönliche Verantwortung und ethische Grundlegung führen zu der Feststellung: Wir brauchen heute den Vorrang der Ethik gegenüber der Technik, den Primat der Person gegenüber der Sache, die Überlegenheit des Geistes gegenüber der Materie. Damit geht es um ein Mehr-Sein und nicht um das Mehr-Haben.

Solche Überlegungen werden unterstrichen durch den seinerzeitigen Gründer des Club of Rome, der vor einem größeren Publikum erklärte: «Die schockierende Entdeckung, die wir noch dazu machen müssen, besteht darin, daß der Mensch mit all seiner Wissenschaft, all seiner Macht, seinen Plänen, Strukturen, Systemen und Werkzeugen sein Geschick nicht ändern kann, wenn er sich nicht selbst ändert.»

Damit stehen wir erneut vor der Frage nach der Religion und ihrer

Bedeutung, nicht nur für das persönliche, sondern auch für das gesellschaftliche Leben. Dazu noch die Feststellung eines anderen Autors, der selber nicht Christ ist. In seinen Überlegungen über die Zukunft der gesellschaftlichen Entwicklung und über den Menschen meint Erich Fromm: «Zum ersten Mal in der Geschichte hängt das physische Überleben der Menschheit von einer radikalen Veränderung des menschlichen Herzens ab. Dies» – so fügt er hinzu – «ist jedoch nur in dem Maß möglich, als in den drastischen ökonomischen und sozialen Veränderungen dem einzelnen die Chance gegeben wird, sich selber zu wandeln.»[5]

Es gibt heute eine Flut von Büchern, die ein neues Bewußtsein ankündigen, von einer neuen Einstellung zur Natur und Umwelt, zu Ich und Du, zur Gesellschaft und Gesundheit berichten. Es wird dabei auf Geheimlehren und Mythen verwiesen, die unserem Dasein einen ganz neuen Sinn geben sollen. Christus, heißt es, sei nur gekommen, um uns zu zeigen, wie der Mensch sich selber retten könne. Das heißt, das bisher als selbstverständlich geltende wissenschaftliche oder christliche Weltbild sei geschichtlich überholt oder wenigstens ergänzungsbedürftig. Die einen flüchten auf diese Weise in mythenartige Religionsgebilde, andere wiederum suchen den Ausweg in Heilslehren verschiedener Art oder in politischen Doktrinen bzw. Ideologien. Die zahlreichen, in ähnlichen Zusammenhängen sich bildenden Sekten zwischen Wissenschaft und Fortschritt, zwischen Wissenschaft und Glaube, die dann untereinander wieder im Streit liegen, sind kein ermunternder Ausweg.

Die persönliche Verantwortung des Menschen wurzelt in der Spannung von Wissen und Gewissen. Die Botschaft im Evangelium Christi, ICH BIN DER HERR, ist daher nicht nur an den Menschen, an den einzelnen gerichtet; sie enthält gleichzeitig eine Botschaft *über* den Menschen. Mit anderen Worten: Die Offenbarung, an den Menschen gerichtet, will auch eine Information über den Menschen geben, über Sinn und Ziel seines Lebens.

In diesem Sinne läßt Dostojewskij Iwan Karamasow sagen: «Das Geheimnis des menschlichen Daseins liegt nicht im bloßen Dasein, sondern im Zweck des Daseins. Ohne eine feste Vorstellung davon, wozu er leben soll, wird der Mensch gar nicht leben wollen. Er wird sich eher vernichten, als daß er auf Erden leben bliebe, selbst dann nicht, wenn es um ihn herum Brot in Fülle gäbe.»[6]

Die Verbindung von Wissen und Gewissen gehört wesentlich zu unseren Überlegungen, wenn wir von der persönlichen Verantwortung, Mitverantwortung des Menschen, des Christen für die Welt von morgen sprechen. Denn Christen betrachten sich nicht von dieser Welt isoliert, sondern sind solidarisch um die Zukunft des Menschen und der Welt bemüht.

Damit zur dritten Überlegung. Die Welt ist nicht nur ein technisches Experimentierfeld, sondern eine Schöpfung Gottes. Die moderne Technik hat tief in die uns umgebende Natur, in die natürliche Ordnung der Dinge eingegriffen. Sie führte, wie wir heute sagen, zu einer weitreichenden Veränderung aller Lebensbereiche, ja der gesamten Einstellung zum Leben. Mit anderen Worten: Unsere moderne Welt ist von ihrem Grund her heute eine technische Welt, weil technisches Können alle Dimensionen des gesellschaftlichen Lebens durchdringt – bis tief in den familiären und privaten Bereich hinein. Die Welt der Technik bewirkt oder bewirkte ein neues Lebensgefühl. Prinzipielle Machbarkeit, Manipulierbarkeit, Verfügbarkeit von allem und jedem erwecken den Eindruck, daß die aus der europäisch-abendländischen Überlieferung stammenden Fundamente einer religiösen Lebensordnung ihre Gültigkeit verlieren oder verloren haben.

So unterlag unsere technisierte Welt mit all ihrer Faszination zum Teil der Versuchung, den Menschen selber zum Objekt, zum Gegenstand der Planung zu machen. Der Mensch wird dadurch sich selbst entfremdet. Die Machbarkeit von allem plant Zukunft in die technische Möglichkeit der Gegenwart. Sie erzeugt gewissermaßen die Meinung, alles ist Gegenwart ohne Zukunft und Vergangenheit. Das aber ist eine Verarmung des Menschen, zu der sich in unserer Generation der Schock gesellte, daß unsere Umwelt ausgeplündert und zerstört wird, Luft und Wasser, Pflanzen und Tiere, die Umwelt selber durch den Menschen und sein ausschließlich technisches Planen in Gefahr geraten sind. Damit steht die Gefährdung des Menschen im Mittelpunkt. Zahlreiche Aufsätze und Bücher haben in dieser Richtung auf die öffentliche Meinung elektrisierend gewirkt. Ein Buch wie etwa Martin Rocks *Die Umwelt ist uns anvertraut*[7] zeigt umfassend und eindrucksvoll die notwendige Korrektur einer einseitig technisch verstandenen Fortschrittsidee. Aus dem Bewußtsein unserer gemeinsamen Verantwortung für die Zukunft ist – ich darf sagen – der Christ aufgerufen, mitzudenken und mit zu überlegen.

Er schlägt das Buch der Genesis auf, um die notwendige Umkehr eines einseitigen Denkprozesses mitzusteuern. Für ihn steht nicht nur und ausschließlich die Angst, der Schock im Vordergrund – die Angst vor einer Sackgasse menschlicher Entwicklung. Er schlägt die Bibel mit dem Buch der Genesis auf. Das christliche Weltbild wurzelt im Auftrag Gottes an den Menschen. Und hier heißt es nicht nur: «Gott schuf den

Menschen als sein Abbild; als Abbild Gottes schuf er ihn.» Dann, so heißt es, übergibt Gott die Schöpfung in die Obhut des Menschen mit dem Wort: «Macht euch die Erde untertan!», das heißt, Welt, Schöpfung und Mensch gehören im Plan Gottes zusammen. Gott übergab die Erde den Menschen nicht zur Ausbeutung, sondern zur Betreuung – diese interessante Sicht vertritt Carl Amery in seinem Buch *Das Ende der Vorsehung*.[8] Die Erde, das heißt unsere Umwelt, ist im Horizont des Glaubens kein schrankenlos auszubeutendes Reservoir, sondern ein Teil des Mysteriums der Schöpfung, der man nicht einfach plündernd begegnen kann, sondern der man Staunen und Ehrfurcht zollen sollte.

Das christliche Menschenbild sieht also die gesamte sichtbare Schöpfung als Werk Gottes. Diesen Gott kann ich bereits durch die unerforschliche Größe und Weisheit der natürlichen Ordnung erahnen oder erkennen. Dem Menschen hat er dieses Wunderwerk anvertraut, darum heißt es in Psalm 8: «Was ist der Mensch, daß du an ihn denkst? Du hast ihn als Herrscher eingesetzt über das Werk deiner Hände ... Herr, unser Herrscher, wie gewaltig ist dein Name auf der ganzen Erde.» Durch einen solchen Blick, durch eine solche Einstellung wird ein Weltbild korrigiert, daß unsere Erde, unsere Umwelt, in Gefahr gebracht hat. In früheren Zeiten hat sich der Mensch vor den Schrecken der Natur, den Naturkatastrophen, gefürchtet. Heute fürchtet sich sozusagen die Natur, die Schöpfung Gottes, vor dem areligiös oder egoistisch gewordenen Menschen. Im Sinne des Schöpfungsauftrags bilden Natur und Mensch eine solidarische Schicksalsgemeinschaft. Die Sorge um unsere Umwelt ist mit eingeschlossen im Wort der Bibel: «Macht euch die Erde untertan!» Dieser Auftrag umfaßt auch die Möglichkeit, die Natur in eine Kulturwelt umzuwandeln, um sie so zu bewahren, zu erhalten für kommende Generationen. Wer vor der Schöpfungsordnung keine Ehrfurcht hat, ist in Versuchung, die Welt, das Universum, bloß als Steinbruch für seine wissenschaftlich-technische Forschung oder Planung zu verwenden.

Damit sind wir auf einem anderen Weg zur gleichen Feststellung gekommen wie im ersten und zweiten Teil meiner Ausführungen: Der Mensch steht im Mittelpunkt, gerade auch auf dem Weg ins Morgen. Seine Vorstellung von Welt und Mensch ist maßgebend für seine persönlichen Entscheidungen, im Wissen um seine damit verbundene persönliche Verantwortung. Es geht um den Menschen im Besitz von Wissen und Gewissen. Der Mißbrauch liegt nicht bei Wissenschaft und Technik, sondern beim Menschen, der sich des Fortschritts nicht immer, ich betone *nicht immer* im Sinne des Guten, sondern auch des Schlechten oder Bösen bedient. Es geht daher, noch einmal sei es gesagt, um einen Vorrang der Ethik vor der Technik, einen Primat der Person gegenüber der Sache, es geht um eine Überlegenheit des Geistes gegenüber der Materie.

Im Glauben an die Botschaft Christi sind Welt und Mensch auf dem Weg zu ihrer Vollendung. Über das «Wie» enthalten die Hinweise Christi nichts Genaues. «Denn als Glaubende gehen wir unseren Weg, nicht als Schauende», meinte Paulus (2 Kor. 5,2). «Die ganze Schöpfung, die Gott um des Menschen willen schuf, wird von der Knechtschaft der Vergänglichkeit befreit sein.»[9] Der irdische Fortschritt ist gewiß verschieden von dieser religiösen Idee des Reiches Gottes. Dieser Fortschritt hat aber doch eine große Bedeutung für das Reich Gottes[10], soweit er zu einer besseren Orientierung der menschlichen Gesellschaft beitragen kann. Umgekehrt ist die christliche Vorstellung vom Menschen und seiner Welt eine Orientierungshilfe für das Ziel und die rechte Entscheidung des Menschen in dieser Welt, in der wir immer aus der Gegenwart unterwegs sind in eine Zukunft. Eine Zukunft, in der auch ein Ahnen steckt von einem neuen Himmel und einer neuen Erde, denn, so formuliert es der zweite Petrusbrief: «Wir erwarten einen neuen Himmel und eine neue Erde, in denen die Gerechtigkeit wohnt» (2 Petr. 3,13). Dies liegt aber jenseits menschlichen wissenschaftlichen Fortschreitens und seiner Evolution. Für den Christen steht daher das Streben nach Gerechtigkeit und Frieden in unserer einswerdenden Welt mit der globalen Zukunft im Vordergrund. Menschenrecht und Menschenwürde des einzelnen wie der Völker sind durch immer grausamere Waffen in wachsender Gefahr. Bereits 1963 meinte Johannes XXIII., es sei heute sinnlos, die Wiederherstellung einer verletzten Ordnung durch Krieg für möglich zu halten. Die Staatsführungen stecken noch immer in überholten Denkschemata, das heißt, sie glauben, durch immer bessere Rüstungen und Waffen nationales oder ideologisches Prestige zu schützen und meinen aufgrund von Mißtrauen und Angst danach trachten zu müssen, durch bessere Waffen stärker zu sein als der andere.

Christen verpflichten sich zur Alternative der Nachfolge Christi und laden deshalb immer nachdrücklicher zur Zusammenarbeit ein. Laden ein zur Zusammenarbeit von Wissenschaft und Wirtschaft, Medien und Weltreligionen. Denn die Alternative Gottes zur Gewalt der Menschen ist der Weg, den die Nachfolge Christi aufzeigt. Er, Christus, hat «den Haß an seinem eigenen Leib getötet».

Wenn wir das erste und größte Gebot von der Gottes- und Nächstenliebe in der Formulierung von Jesus auf die Welt von heute anwenden –

nicht theoretisch, sondern ganz konkret –, dann können wir unsere Anerkennung denen nicht versagen, die bei der Wahrung ihrer Rechte darauf verzichten, Gewalt anzuwenden; denen, die sich vielmehr auf Verteidigungsmittel beschränken, wie sie auch den Schwachen zur Verfügung stehen. Es gibt eine Kraft der Gewaltlosigkeit ohne Haß und Töten, die dem Unrecht wirkungsvoll Widerstand leisten kann.

Europäische Bischofskonferenzen und Sondersynoden im Bereich der Christen bemühen sich, diesem neuen Denken einen Weg zu zeigen. In solidarischer Verbundenheit, in gemeinsamer Verantwortung für die Welt von morgen, will ich an die Worte Jesu aus der Bergpredigt erinnern: «An ihren Früchten werdet ihr sie erkennen ... jeder gute Baum bringt gute Früchte hervor, ein schlechter Baum aber schlechte» (Mt. 7,16). Und dazu: «Wer diese meine Worte hört und danach handelt, ist wie ein kluger Mann, der sein Haus auf Fels baute. Als nun ein Wolkenbruch kam und die Wassermassen heranfluteten ... an dem Haus rüttelten, da stürzte es nicht ein, denn es war auf Fels gebaut. Wer aber meine Worte hört und nicht danach handelt, ist wie ein unvernünftiger Mann, der sein Haus auf Sand baute. Als nun ein Wolkenbruch kam und die Wassermassen heranfluteten ... und an dem Haus rüttelten, da stürzte es ein und wurde zur Ruine» (Mt. 7,24).

Anmerkungen

1 Alfred Gierer, *Die Physik, das Leben und die Seele*, München ^{3}1986.
2 Jacques Monod, *Zufall und Notwendigkeit*, München ^{7}1985, S. 151.
3 A.a.O., S. 169.
4 Werner Heisenberg, *Der Teil und das Ganze*, München 1985, S. 222.
5 Erich Fromm, *Haben oder Sein. Die seelischen Grundlagen einer neuen Gesellschaft*, Stuttgart 1976.
6 Fjodor M. Dostojewskij, *Die Brüder Karamasow*, Frankfurt a. M. 1986.
7 Martin Rock, *Die Umwelt ist uns anvertraut*, Mainz-Weisenau 1987.
8 Carl Amery, *Das Ende der Vorsehung. Die gnadenlosen Folgen des Christentums*, Reinbek 1974.
9 So Vatikanum II, in: *Kirche und Welt*, Nr. 39.
10 A.a.O.

VI
Wiederverzauberte Natur, Versöhnung, neue Spiritualität

Hans Sebald

New-Age-Spiritualität
Religiöse Synthese in der westlichen Welt von heute

New Age als Antriebskraft gesellschaftlichen Wandels

Die in die Arena der Zivilisation einmarschierenden Streiter für gesellschaftlichen Wandel bekämpfen einander mit besonderer Wildheit, wenn die Massen über Sinnlosigkeit klagen und nach einer Sinngebung für das Ganze verlangen. Die abendländische Zivilisation leidet heute anscheinend unter jener Form von Anomie – einer verschwommenen Vorstellung vom Sinn des Lebens –, die symptomatisch ist für das, was Pitirim Sorokin als das durch die Sinne wahrgenommene Zeitalter der Gegenwart bezeichnet. Jean Houston hat es prägnant formuliert:

> Das Zeitalter, in dem wir leben, liegt in den Zuckungen des ontologischen Zusammenbruchs. Alles wandelt sich – die strukturellen Gegebenheiten, die genormten Regierungen, die Religionen, die Volkswirtschaftslehren, die auf stillschweigenden Übereinkünften beruhende Wirklichkeit, alles bricht zusammen ... Die Welt, in der wir einander und uns selbst verstanden ..., sie funktioniert nicht mehr. Es ist eine Welt, deren Frist abgelaufen ist und deren Paradigmen langsam zerfallen.

Die Symptome unserer Gegenwart scheinen diese Theorie zu bestätigen. Unsere Zivilisation sucht dringend nach einem neuen Sinn, während zahlreiche gesellschaftliche Bewegungen konkurrieren, ihr diesen zu liefern und damit die Anomie, das lähmende Fehlen von Wertvorstellungen, zu beenden.

Diese Anomie muß man heute um so ernster nehmen, als die Welt sich in beispielloser Gefahr befindet und die Menschheit alternative Lösungen für internationale Konflikte finden muß, Mittel, die Zerstörung unseres Ökosystems aufzuhalten und bereits geschlagene Wunden zu heilen. Die Anomie ist jedoch schweigsam und teilnahmslos wie ein Grabstein. Um die Leere auszufüllen, ringen eifrige Opponenten miteinander um den Vorrang bei der Umsetzung ihrer Ideen und der Bestimmung der Richtung, die unsere Geschichte einschlagen soll. Die drei um Macht und Einfluß kämpfenden Hauptkontrahenten möchte ich so identifizieren: christlicher Fundamentalismus, säkularer Humanismus, New Age.

Das fundamentalistische Christentum[1] propagiert das wörtliche Befolgen der Bibel und die Rückkehr zu dem, was es für die grundlegenden christlichen Prinzipien hält, von denen die westlichen Gesellschaften sich angeblich abgewandt haben, wodurch sie das Überleben der Zivilisation gefährden. Dieser Ideologie verbundene gesellschaftliche und politische Kräfte sind besonders einflußreich im amerikanischen öffentlichen Leben, wo die «Moralische Mehrheit» der staatlichen Gesetzgebung christliches Gedankengut aufzwingen möchte und wo sich im Jahre 1988 zwei prominente christliche Prediger um das Amt des Präsidenten der Vereinigten Staaten bewarben. Pat Robertson, der von Millionen Amerikanern unterstützte Fundamentalist, hatte sich zum Ziel gesetzt, seine religiöse Kosmologie in die nationale und internationale Politik einzubringen. Vorkämpfer des Fundamentalismus findet man in Organisationen wie Citizens for Excellence in Education, zu deren sittenstrengen Zielen auch die Kontrolle über die Schulaufsichtsbehörden und die Zensur von Schulbüchern gehören.

Der säkulare Humanismus[2] leistet dem angreifenden Fundamentalismus Widerstand und geht von der Prämisse aus, das Heil der Menschheit liege nicht in einer anderen oder jenseitigen Welt, sondern in ihren eigenen Händen. Transzendentalismus – «Bewußtsein, das von einem außerhalb des Körpers existierenden Geist durchdrungen oder freigesetzt wird, ‹um mit dem Universum zu verschmelzen›» (Beyerstein) – ist für ihn eher ein Hindernis beim Aufbau einer gesunden und lebensfähigen Welt. In den 1970er und 1980er Jahren nahmen die säkularen Humanisten den Kampf auf gegen die Überlagerung des öffentlichen und politischen Lebens durch übernatürliche Prinzipien. Sie wandten sich in

Publikationen mit höchst aufschlußreichen Titeln gegen den Transzendentalismus im allgemeinen und den Fundamentalismus im besonderen: Erfolgreiche humanistische Autoren waren Lowell D. Streiker, *The Gospel Time Bomb*, R. J. Hoffman und Gerald A. Larue, *Biblical vs. Secular Ethics*, sowie Paul Kurtz, *The Transcendental Temptation – A Critique of Religion and the Paranormal, Humanist Manifesto I and II* und *The Humanist Alternative*. Der Humanismus ist anti-transzendental eingestellt, weil er übermenschliche Gebote als Verletzung der Menschenwürde und der Freiheit des Menschen betrachtet sowie als Gefahr, den Menschen als Mittel für «spirituelle» Zwecke zu mißbrauchen. Glück und Freiheit des Menschen sind für einen Humanisten unveräußerliche Ziele, niemals jedoch Mittel, zu welchem Zweck auch immer. Das Motto des Humanistischen Weltkongresses 1988 – «Die Notwendigkeit einer neuen globalen Ethik» – wurde wie folgt erläutert:

> An der Schwelle zum 21. Jahrhundert sieht sich die Menschheit der radikalen Unordnung ihrer gesellschaftlichen Institutionen und der Ökologie des Planeten gegenüber. Unsere moralischen und ethischen Wertvorstellungen wurden vor Tausenden von Jahren von nomadischen und ackerbautreibenden Kulturen entwickelt, Wertvorstellungen, die aus heutiger Sicht auf überholten Anschauungen vom Universum und der menschlichen Natur beruhten. Dennoch beherrschen altüberlieferte Stammesloyalitäten sowie nationalistischer und ethnischer Chauvinismus auch heute noch riesige Gebiete der Welt, ist unser Globus nach wie vor in Nationalstaaten aufgespalten, in sich bekämpfende religiöse Bekenntnisse und ideologische Blöcke. ... Wie können wir eine neue, globale Ethik entwickeln, einen Humanismus, der in seinem Kern wahrhaft planetar ist?

Das Schauspiel der Schlacht zwischen Fundamentalisten und Humanisten verdeckte die Sicht auf das Entstehen einer dritten gesellschaftlichen Kraft, die das Schicksal der Zivilisation zu beeinflussen sucht: der New-Age-Bewegung. Ihre Philosophie und ihr angestrebter Lebensstil sind der Vorstellungswelt der beiden anderen Kombattanten völlig fremd. Sie läßt sich weder ins christliche Erbe einordnen, ganz zu schweigen von den materialistischen, hurrapatriotischen Bestrebungen der amerikanischen Mittelklasse, noch in die rationalistische und diesseitige Philosophie des Humanismus. Die christliche Mehrheit verwirft die neue Spiritualität als einen Wirrwarr ketzerischer Gedanken und den neuen Lebensstil als subversiv oder bestenfalls unhygienisch.

Auch der säkulare Humanismus empfindet wenig Sympathie für das New Age, strebt er doch nach wissenschaftlichem Fortschritt und rationaler Bewertung allen Geschehens und einem Handeln, das vom Hier und Jetzt bestimmt wird. Für New-Age-Romantiker, die sich bemühen, Leben und Universum zu remystifizieren, wäre das eine kalte Umwelt. Tatsächlich ist der Humanismus zur Offensive gegen die New-Age-Bewegung angetreten, unter anderem mit seiner sehr aktiven, wissenschaftlich orientierten Kampforganisation The Committee for the Investigation of Claims of the Paranormal. Diese hat für ihre Jahreskonferenz 1988 folgendes Motto gewählt: «New Age – eine wissenschaftliche Bewertung». CSICOP, eine andere Organisation von Vorkämpfern des Humanismus, gibt die Zeitschrift *The Sceptical Inquirer* heraus, verfügt über zahlreiche lokale Zweigstellen, ist jederzeit bereit, paranormale Phänomene wissenschaftlich zu untersuchen, und stürzt sich geradezu auf okkulte Behauptungen, die angeblich typisch sind für eine New-Age-Betrachtung der Welt.

New Age ist eine gesellschaftliche Bewegung im umfassenden Sinne. Wie die ihr vorangegangene Gegenkultur der sechziger und siebziger Jahre ist die New-Age-Bewegung ein loses Konglomerat von Individuen und Gruppen, die eine bestimmte Weltanschauung teilen und einen bestimmten Lebensstil erstreben. Auch ohne straffe Organisation, strenges Dogma oder zentrale Führung besitzt sie doch die Charakteristika einer gesellschaftlichen Bewegung: 1. das *Zusammengehörigkeitsgefühl* vieler, wenn auch über die ganze Welt verstreut lebender junger Menschen; 2. *gemeinsame Wertvorstellungen*, beispielsweise «erweitertes Bewußtsein», Achtung vor dem Leben (was eine vegetarische Lebensweise verlangt), eine neuartige Religiosität und eine angemessene Technologie zur Heilung des Ökosystems des Planeten; 3. das *gemeinsame Ziel*, die umweltfeindliche technokratische Zivilisation in Richtung auf eine heile, friedliche und mit dem Leben sorgsam umgehende Gemeinschaft hin zu reformieren; 4. einen *bestimmten Lebensstil*, der in Form von Anti-Materialismus, Vegetariertum, umweltfreundlicher Technologie sowie einfacher, wenn auch farbenfroher Kleidung zum Ausdruck kommt; 5. einen stark mit Begriffen der fernöstlichen Philosophie durchsetzten *Jargon*; 6. *Massenkommunikationsmittel*, vitaler Bestandteil jeder gesellschaftlichen Bewegung. Zahlreiche Rundbriefe und Publikationen erleichtern die Kommunikation zwischen Individuen und verschiedenen New-Age-Einrichtungen wie etwa Kommunen, Geschäftswelt und metaphysischen Gemeinschaften. 7. Von besonderer Bedeutung ist die *Institutionalisierung vitaler Funktionen*, da sie den inneren Zusammenhang, die Stärke und Lebensfähigkeit einer Subkultur manifestiert. Spezialisierte Funktionen stellen sich in Institutionen und Netzwerken der Subkultur dar, etwa religiösen Ashrams, Buchläden für spirituelle Werke, Organisationen zur Erforschung der Parapsychologie, Ausstellungen, Tagungen über psychische Probleme, Kommunen, Einrichtungen für alternative Gesundheitsfürsorge, Medien-Netzwerke und Klausuren oder Workshops über transformierende Techniken, angefangen von der Meditation bis hin zu einer Vielfalt von Therapien und Empfehlungen für eine gesunde Lebensweise.

Die Frage nach der Zahl der Anhänger kann nicht genau beantwortet werden. Es fehlen Statistiken, weil es keine formale Mitgliedschaft gibt. Darüber hinaus identifizieren Menschen sich in ganz verschiedenem Maße mit einer so breitangelegten Bewegung – genauso wie das beim christlichen Fundamentalismus und dem Humanismus der Fall ist. «Orthodox» ist die New-Age-Identität in Kommunen, «verbindlich» in wirtschaftlichen Einrichtungen wie Läden für biologisch einwandfreie Ernährung oder New-Age-Kunsthandwerk. Eine eher säkulare Färbung hat sie unter College- und Universitätsstudenten, obwohl einige von ihnen sowohl mit «Orthodoxen» wie «Gemäßigten» verbunden sind. Während vielleicht nur fünf Prozent der jungen Amerikaner sich bewußt zur New-Age-Bewegung bekennen, wird eine Mehrheit von ihnen doch unbewußt so tief von New-Age-Ideen beeinflußt, daß sie für eine entsprechende Veränderung der Gesellschaft eintreten. Interessant ist, daß viele davon sich der Herkunft ihrer Ideen überhaupt nicht bewußt sind. Sie wissen nur wenig, wenn überhaupt etwas über die Bewegung und exemplifizieren so das überraschende Ausmaß des Erfolgs von New Age in der breiten Bevölkerung. Schließlich läßt sich der Erfolg einer Bewegung nicht zwangsläufig aus dem Grad der Bekanntheit ihres Namens ablesen, sondern zeigt sich durch das Ausmaß, in dem die durch sie vertretenen Ideen die Menschen überzeugen können.

Letztlich kann eine überall gegenwärtige Bewegung den Zeitgeist nachhaltig beeinflussen oder sogar selbst zum Zeitgeist werden. Das kann im Falle von New Age durchaus schon geschehen sein. Einen neuen Zeitgeist erkennt man selten bereits bei seinem Entstehen. Es erfordert Zeit und Distanz, den Beginn einer neuen Epoche und den Wechsel bedeutsamer Paradigmen zu erkennen.

Fritjof Capra, einer der prominentesten Sprecher des New Age, bekannt geworden durch sein Buch *Wendezeit*, hat das New Age vor kurzem als ein Phänomen der Vergangenheit bezeichnet. Jetzt spricht er von der Ära des Neuen Denkens, dem lebendigen Erbe des New Age.

Solche Äußerungen sind triviale Semantik, eine Differenzierung ohne viel Bedeutung. Worauf es ankommt, ist, daß unser Zeitgeist die Vorstellungen des New Age bereits als integrierten Bestandteil unseres Denkens versteht. An späterer Stelle dieses Essays wird noch eine allgemeine Bewertung des New-Age-Erbes vorgenommen werden.

New-Age-Romantik

Die Gesamtheit der Philosophie und des Lebensstils des New Age kann man als Romantik bezeichnen. Romantik bedeutet eine besondere Art der Betrachtung der Welt, ein Beharren, sie auf unkonventionelle Weise zu sehen, den Drang, Phantasie und Einbildungskraft an die Stelle von Realismus und Rationalismus zu setzen. Der Romantiker geht die Probleme des Lebens mit der Unschuld eines Rousseau und mit kindlichem Hedonismus an. Er liebt das Pittoreske, Bizarre, Unbekannte und Mystische. Alte Dinge, die weit weg oder unbekannt sind, interessieren ihn mehr als Dinge von Hier und Heute. «Zur Romantik gehört Nostalgie in bezug auf vergangene Epochen. Melancholie über das Unerreichbare, Vernarrtsein ins Unwirkliche sowie unaufhörliche Suche nach dem Mystischen», wie ich bereits 1984 schrieb. Jugendlicher Sturm und Drang sowie Vertrauen in den faustischen Traum geben dem Wunsch Auftrieb, konventionelle Ideen neu zu formulieren und überlieferte Lebensformen in allen Bereichen zu reformieren – in der Medizin, den Naturwissenschaften, der Kunst, der Wirtschaftswissenschaft, Politik, Religion und im menschlichen Zusammenleben ganz allgemein.

Die Visionen der Neuen Romantik sind so revolutionär, daß ihre Verwirklichung den Charakter der Zivilisation weitgehend verändern würde. Einige Autoren – wie zum Beispiel Jonathan Adolph – glauben, die Ablehnung unserer Traditionen durch die abendländische Jugend im späten 20. Jahrhundert und der Versuch, neue Wege zu gehen, signalisiere eine Wendezeit von ebenso machtvoller Bedeutung wie die protestantische Reformation oder sogar der Beginn der christlichen Ära. Denn der gegenwärtige synkretistische Prozeß, anders als der reformatorische des 16. Jahrhunderts, sprengt den Rahmen innerchristlicher Auseinandersetzungen und bewirkt eine quer durch alle Zivilisationen reichende Assimilierung. Theodore Roszak, der vielleicht beredteste Chronist der Gegenkultur, vergleicht unser Zeitalter sogar mit der großen Fruchtbarkeit des Hellenismus. Eines ist jedenfalls gewiß: Die New-Age-Romantik ist zum Schmelztiegel östlicher und abendländischer Religionen geworden, zu einem Gemisch von Substanzen, das unsere Aufmerksamkeit verdient.

Die Neue Romantik lehnt die westliche technokratische Zivilisation ab und macht sie für die Übel der Moderne verantwortlich. Mit unschuldigem Elan versucht sie, ein Zeitalter des Friedens, der Kreativität und der Mystik einzuleiten.

Die herausragenden Kennzeichen der Neuen Romantik lassen sich wie folgt zusammenfassen: erstens ihre jugendliche Gefolgschaft; zweitens die große Zustimmung in weiten Teilen der Bevölkerung; und drittens, wie Roszak es formulierte, «der beispiellose Hang zum Okkulten, Magischen und zum exotischen Ritual», der durch das Einbeziehen hinduistischer und buddhistischer Elemente ins abendländische Denken zum Ausdruck kommt. Die Essenz dieser Entwicklung ist eine neue spirituelle Synthese, die ich nun erörtern möchte.

New Age als spirituelle Synthese

Khalil Gibran warnt uns vor «jenem listigen Wesen, das unser Haus als Gast betritt, dann zum Hausherrn und schließlich zu unserem Gebieter wird». Diese Metapher läßt sich auf die Religionsgeschichte in der ganzen Welt anwenden. Die meisten Weltreligionen begannen als unscheinbarer Kult, oft als ungeladene Gäste oder störende Eindringlinge, die Mißtrauen und manchmal Verfolgung erleiden mußten.

Daraus läßt sich folgende Moral ableiten: Behandle alle Gäste, ob geladene oder ungeladene, höflich, weil der Gast dein Gastgeber und schließlich dein Herr und Meister werden könnte. Die Geschichte des Christentums bestätigt diese Metapher. Einst ein Kult, dem man mißtraute und den man verachtete, wurde es zu jener mächtigen Weltreligion, die – ganz buchstäblich – die ehemaligen Gastgeber schwer bestrafte.

Was wir ebenfalls aus der Geschichte lernen können, ist der synkretistische Ursprung der meisten Religionen. Die Einzigartigkeit einer bestimmten Religion liegt nicht in der Neuartigkeit ihrer Inhalte, sondern in der neuartigen Zusammensetzung bekannter und bereits vorhandener Ideen. Auch hier liefert das Christentum ein anschauliches Beispiel. Sein synkretistischer Ursprung ist von Archäologen, Sprachforschern und Historikern dokumentiert worden. Diese Ergebnisse werden von Strenggläubigen gewöhnlich ignoriert oder verworfen, da sie offensichtlich meinen, die Glaubwürdigkeit ihres Bekenntnisses hänge von der absoluten Neuartigkeit aller Einzelheiten ab. Dementsprechend verschließen viele Christen, vor allem die Fundamentalisten unter ihnen, die Augen vor Tatsachen, die aufzeigen, daß der ursprüngliche christliche Synkretismus Glaubensartikel anderer Kulturen kombinierte, etwa der sumerisch-babylonischen (die Erzählung von der Sintflut), der persisch-zoroastrischen (eine Kosmologie, die den Dualismus betont und Banden rasender Dämonen Gruppen sanfter Engel gegenüberstellt (siehe Kramer, Pagels und Franck). Verbunden werden damit ferner die alte hebräische Kultur mit ihrer Betonung des Monotheismus, des Opferns und der Lehre vom Messias sowie schließlich sogar buddhistisches Gedankengut – erkennbar am Ton der gnostischen Evangelien –, das möglicherweise schon zu Lebzeiten Christi von buddhistischen Missionaren verbreitet wurde, die das Niltal durchwanderten (Näheres dazu siehe bei Pagels).

Diese und andere historische Elemente wurden zu neuen sozialen, wirtschaftlichen und kulturellen Gegebenheiten assimiliert und schließlich zum Amalgam einer neuen Weltreligion verfestigt. Doch gab es auch dann noch Veränderungen. So wies beispielsweise Erich Fromm bedeutsame Veränderungen in der christlichen Eschatologie nach, als das Christentum sich vom Kult zur Staatsreligion gewandelt hatte.[3]

Wie jede andere kulturelle Institution befindet Religion sich in stetem Fluß – trotz der Tatsache, daß dieser Vorgang für den durchschnittlichen Gläubigen entweder nicht wahrnehmbar oder unannehmbar ist. Einige Epochen erlebten größere Veränderungen als andere. Im späten 20. Jahrhundert scheint der Fließzustand der abendländischen Zivilisation den normalen erheblich zu übersteigen. Roszak dramatisiert die Situation mit seiner Feststellung: «Wir befinden uns in einer nach-christlichen Ära», und die abtrünnige junge Generation erfülle diese mit eklektischer Religiosität.

Der Beginn des eklektischen Prozesses als ernst zu nehmende gesellschaftliche Bewegung scheint zeitlich mit dem Aufstieg der Bohemien/Beatnik-Bewegung der 1950er Jahre zusammenzufallen. Damals wurden Propheten und Poeten wie Alan Watts und Allen Ginsberg zu Vätern einer die breiten Massen ansprechenden «Lehre». Sie popularisierten erfolgreich die buddhistischen und die hinduistischen Philosophien.[4] Roszak dramatisiert erneut und vergleicht deren historische Bedeutung mit der von Propheten wie Amos und Jesaja, die ihre Stimme erhoben, «um als Werkzeuge von Mächten über ihre bewußten Anweisungen hinaus zu handeln». (Humanisten würden warnend rufen: Transzendentalismus!) Auf jeden Fall hat die Gegenkultur der 1960er und 1970er

Jahre die neuen Ideen aufgegriffen. Als die Militanz abflaute und die spezifischen Belange der Gegenkultur mit dem Ende des Vietnamkrieges an Bedeutung verloren, übernahm das weniger kämpferische, friedlichere und stärker philosophisch ausgerichtete New Age die spirituellen Elemente, verstärkte sie und entwickelte eher den Charakter einer Sub- als einer Gegenkultur. Das bedeutet nicht, daß die New-Age-Bewegung ihre grundsätzlich gegen das Establishment gerichtete Haltung aufgab, sondern nur, daß der offen angekündigte revolutionäre und möglicherweise sogar gewaltsame Sturz des Establishments nicht mehr Motiv und Zweck der Bewegung war. Man schlug vielmehr den subkulturellen Weg ein, versuchte, im Rahmen des Establishments Einfluß durch freundschaftliche Überzeugungsarbeit und lebendiges Vorbild zu gewinnen.[5]

Zugleich entwickelte sich eine wahre Unersättlichkeit nach Spiritualität. Zu Beginn der 1970er Jahre öffneten die ersten als Schmelztiegel fungierenden *ashrams* «Westlern» ihre Pforten. Publikationen begannen, die verschiedenen Tendenzen des New Age darzustellen, und die ganze Bewegung entwickelte Selbstgewahrsein. Im Jahre 1971 erschien die erste New-Age-Zeitschrift: *The East-West Journal.* Im selben Jahr erschien das erste für breitere Leserkreise geschriebene Buch über New Age: *Be Here Now* von Baba Ram Dass (früher Richard Alpert). 1972 wurden die ersten nationalen Jahrbücher publiziert: Ira Friedlanders *One Year Catalog* und *The Spiritual Community Guide.*

Und dann traten die ersten Gurus auf den Plan. Die vielen Menschen aus dem Westen, die in den Fernen Osten pilgerten, um *sadhana* (Erleuchtung) zu erlangen, hätten ruhig zu Hause bleiben können, weil viele Hindu-Weise ins Abendland kamen, um dort Erleuchtung zu verbreiten und Vorlesungen über das *maya* der Neonlicht-Existenz zu halten.[6] Nun zeigte sich, daß die abendländische Jugend massenhaft alles Neue und Unbekannte vergötterte – solange es nur mystisch erschien. Gita Mehta schrieb dazu ironisch: «Die Leute nahmen sich ihre Gurus, wo sie sie finden konnten.» Die unbekümmerte Übernahme neuer Ideen kritisierte sie als «eilfertigen Antrieb, jeden herumstreunenden Gedanken für Weisheit zu halten».

Angesichts des Mangels an Helden und charismatischen Führern nach dem Zweiten Weltkrieg war die westliche Jugend offen für jede inspirierende und richtungweisende Weltanschauung. Ein zusätzliches Motiv für den Blick nach Osten lieferte vielleicht das Schuldgefühl der sich selbst schmähenden Repräsentanten der jüdisch-christlichen Religion, die meinten, jenseits des Zaunes unserer Spiritualität könnte das Gras grüner sein. Orientalische Religionen schienen eine größere Selbstakzeptanz zu versprechen. Ein damit zusammenhängendes und ähnlich weitgehend unbewußtes Motiv für den Griff nach fernöstlicher Philosophie mag in dem Wunsch nach mehr hedonistischer und narzißtischer Erfüllung liegen, die anscheinend von den jüdisch-christlichen Prinzipien behindert wird und von der man fälschlich glaubt, sie sei aus der Hindu-Philosophie ableitbar (Mehta). Anders ausgedrückt: Die Motivation für eine neue Spiritualität entsprang vielleicht einer ehrlichen Suche nach religiösen Alternativen oder gar einem verkappten Hedonismus.

Orientalische Vorstellungen wurden begeistert in Amerika aufgenommen, einem Land, in dem man stets einen Fetisch aus Rebellionen gemacht hat – solange es nicht die Rebellion anderer war. Und so schoben junge amerikanische Rebellen im Eifer der die verschiedensten Kulturen erfassenden religiösen Egalisierungsbestrebungen ihre eigenen Traditionen beiseite und ersetzten sie durch etwas, das sie für östliche Mystik hielten. In ihrem spirituellen Enthusiasmus errichteten sie im Tempel des Wassermann-Zeitalters Anbetungsnischen für alles, was mystisch zu sein schien. Je mystischer eine neue Idee sich anhörte, desto sicherer waren die das Fehlen sozio-moralischer Werte beklagenden und nach Ritualen dürstenden jungen Abendländer von ihrer Gültigkeit überzeugt. Jetzt betrat das soziologische Phänomen der Groupies die Szene, junge Menschen, die zu devoten Mystifizierern wirrer Gedanken wurden, wobei es zu erstaunlichen Assimilierungen kam. Die im Westen als Journalistin arbeitende Inderin Gita Mehta nennt diese Adaptationen «karṃa cola», naive Vulgärformen der Hindu-Religion. Sie berichtet von einem buddhistischen Zen-Priester, der Gott als Das Nichts verkündete. Je mehr die Gottheit als Das Leere erklärt wurde, desto schneller bemühten sich die Groupies, diese Leere mit persönlichen Attributen auszufüllen.

Im Handumdrehen wurden viele Gurus zu Personen des öffentlichen Lebens und charismatischen Führern – zum Beispiel Bhagwan Rajneesh, genannt «König der Tantra-Lehre» oder auch «der Goldene Guru» (Gordon). Er bereicherte die Landkarte von Oregon um die Stadt Rajneeshpuram. Maharishi Mahesh Yogi, der Kaiser der Transzendentalen Meditation, gründete in Iowa die Maharishi International University und wies den Weg zu Gottesbewußtsein und *siddhi* (Levitation durch psychische Energie) – und zwar für beträchtliche Honorare (siehe den Bericht eines Sympathisanten bei Ebon).

Der Guru galt als Vermittler kosmischer Energieschwingungen, und sein *shakti* (Kraft) ermöglichte die unmittelbare Übertragung dieser Energie auf seine Schüler, wie Mehta schreibt. Viele junge Menschen aus dem Westen bemühten sich um das Verständnis von Tantras, mystischen Hindu- oder buddhistischen Schriften, *sunyata*, der Leere aller Form, *dharmakaya*, der Buddha-Natur, und der verschiedenen *chakras*, der «inneren Sinne» mit ihren niederen und höheren Eigenschaften, die von einigen Autoren als Pendants zu psychoanalytischen Begriffen wie Libido und Ego betrachtet werden. Die Seele wurde zum *atman*, und die universale Seele, aus der alle Seelen stammen, zum *Atman*. Die Verpflichtung, in dieser Welt das Rechte zu tun, heißt *dharma*; man kann jedoch auch nach *sanya* streben, dem Verzicht auf alles Weltliche. Auf dieselbe Weise wurde *moksha* zur Befreiung von der Welt. Hielt man sich selbst für einen Kämpfer, dann wurde die eigene Pflicht zu *kshatriya dharma*. Studiert man schließlich die hinduistische Geschichtsphilosophie, dann entspricht *kalyug* dem heutigen Zyklus von Verfall und Dunkelheit, der schon viele Jahre vor Beginn der christlichen Ära einsetzte.

Auch der bisherige Konsens hinsichtlich der Bedeutung der Begriffe geht nach Ansicht von Gita Mehta mehr und mehr verloren:

> Zwanzig Jahre lang haben wir [Inder] uns unbekümmert ihres [amerikanischen] Vokabulars bedient, jetzt wildern sie in unserem. Ihre Spezialbegriffe bestanden neben unseren Karmas, Sadhanas, Nirwanas, Tantras und Sanyas... Heute jedoch, nachdem Amerika unsere kompliziertesten philosophischen Begriffe zum Bestandteil seiner Alltagssprache gemacht hat, wird die Sache unangenehm. Wessen Interpretation soll denn nun als endgültig autorisiert akzeptiert werden – die der Sanskrit-Gelehrten oder die der herumlungernden Taschendiebe?

Die Anhänger des New Age kümmern sich weder um linguistische Copyrights noch um die Belange der Puristen und genießen ganz unbefangen ihr diminutives Hindu-Vokabular. Im Gespräch untereinander verstehen sie sich bestens. Die Probleme beginnen jedoch, wenn sie mit «Nichteingeweihten» reden. Die Vulgarisierung hat sich einen eigenen stolzen Jargon geschaffen.

New-Age-Jünger haben anscheinend auch keine Probleme mit Logik oder Unvereinbarkeit, wenn sie Hindu-Begriffe mit christlichen Vorstellungen verbinden. Ihre Fragen nach Unsterblichkeit und Ewigkeit werden anscheinend von beiden Glaubenssystemen beantwortet – sei es durch die Reinkarnation oder das ewige Leben, und beides kann dem Menschen als Lohn oder als Strafe zuteil werden. Tatsächlich war bei New-Age-Anhängern als popularisierte Hindu-Vorstellung die Anschauung verbreitet, das Verhalten im gegenwärtigen Leben werde noch während *derselben* Lebensspanne belohnt oder bestraft. Die Neuromantiker schätzen einen alten Song von John Lennon:

> Instant karma's gonna get you
> Gonna knock you right in the head,
> You better get yourself together,
> Pretty soon you're gonna be dead.

Sie sind auch der Meinung, dieses Prinzip löse fast unmittelbar Reaktionen universaler Kräfte aus. Eine solche Anschauung ist bezeichnend für den harmlosen Eklektizismus, der die Theorie der Reinkarnation mit dem abendländischen Verlangen nach Augenblicklichkeit verknüpft, unbeschadet der Angewohnheit der New-Age-Jünger, letztere Eigenschaft als Besessenheit der Technokraten zu verdammen. Nimmt man diese New-Age-Vorstellung genauer unter die Lupe, wird eine Ironie deutlich: Dieser Moralkodex ließe sich nämlich ebensogut aus dem jüdisch-christlichen Erbe ableiten, das mit bewundernswerter Kürze feststellt: «Wie man säet, so wird man ernten.» Doch lassen sich die Romantiker mehr vom Entfernten als vom Nahen beeindrucken, mehr vom Unbekannten oder Esoterischen als vom Bekannten oder Vertrauten.

Eine noch esoterischere Mischung aus Christologie und Hindu-Mystik sieht in Jesus einen Yogi-Schüler. Sie nimmt an, Jesus habe die in seinem Leben nicht dokumentierten neunzehn Jahre zwischen seinem zwölften und dreißigsten Lebensjahr in Indien verbracht, wo ihn bedeutende Gurus Fasten, Levitation und yogische Selbstbeherrschung lehrten. Diese Schulung, so glauben einige, erkläre das vierzigtägige Überleben Jesu in der Wüste, die drei Tage und Nächte im Grab sowie die Auferstehung (Levitation) am Ostersonntag – letztere erzielt durch machtvolle Meditation während des Aufenthalts im Grabe. Schließlich sei Jesus nach Indien zurückgekehrt, wo er *moksha* erlangte, die Erlösung vom Zyklus von Leben und Tod. New-Age-Archäologen haben im Gebiet von Kaschmir nach dem Grab des Herrn gesucht, der sein *karma* überwunden hat (Mehta). Dieser Glaube ist zwar nicht in einem richtigen New-Age-Dogma verankert – doch gibt es überhaupt irgendein richtiges New-Age-Dogma?

Bisher beschränkte sich die Beschreibung der neuen religiösen Synthese auf eine Skizzierung ihrer «Basis-Mischung» von christlichen und orientalischen Religionen. Natürlich erklärt das nicht alles. Ein Teil der Neuromantik besteht im Streben nach Wiederbelebung eines breiten

Spektrums okkulter Überlieferungen, einschließlich der Astrologie, der Erforschung einer Existenz nach dem Tode und, wenn möglich, einer Therapie für die Existenz nach dem Tode, der Geomantik, des Schamanismus, des Spiritismus und einer Vielfalt magischer Vorstellungen, einschließlich der Magie. Einige dieser Richtungen bringen ihre eigenen abendländischen Gurus hervor – beispielsweise Shirley MacLaine, der ihre spiritistischen Lesungen Millionen einbrachten, und Carlos Castaneda, dessen fragwürdige Schriften während der siebziger Jahre Evangelien für Millionen Jugendliche waren (siehe bei de Mille).

Abgesehen vom Schamanismus sind diese Bestrebungen jedoch nicht neu. Sie haben in abendländischen Zivilisationen eine lange Tradition. Von der Spiritualität des New Age unterscheiden sie sich jedoch in ihrer Tendenz, eine Elite anzusprechen. So werden sie überwiegend von kleinen Gruppen Intellektueller oder Exzentriker ausgeübt, weshalb man sie zur Geistesgeschichte, zur Geschichte der Ideen rechnen muß. Dagegen sollte man die New-Age-Spiritualität nicht auf das Gebiet der Geistesgeschichte einschränken, sondern zur Sozialgeschichte zählen, da es sich um eine die ganze Gesellschaft betreffende Bewegung handelt, deren Vorstellungen eine überraschend große Zahl von Menschen beeinflußt haben und die sich über die Grenzen von Eliten oder kultischen Organisationen hinaus verbreitet hat.

Damit will ich nicht sagen, daß spirituelle New-Age-Interessen diese und andere esoterische Disziplinen ausschließen, sondern nur, daß man sie eher an der Peripherie der Hauptthematik von New Age antrifft, nämlich der hinduistischen und buddhistischen Philosophie. Gerade diese Hinwendung macht die New-Age-Bewegung so einzigartig und unterscheidet sie so deutlich von früheren abendländischen Anti-Establishment-Bewegungen.

Moderne Magie ist ein besonderes Kapitel. Obwohl man ihre gegenwärtige Wiederbelebung als einen Teil der Neuromantik des 20. Jahrhunderts betrachten kann, ist sie eher exklusiv und weniger eklektisch. Sie versucht, die Religion der Druiden neu zu beleben bzw. das, was sie sich darunter vorstellt, verknüpft diese stark mit dem Glauben an übersinnliche Phänomene und fügt dann noch das Kampfgeschrei der Feministinnen hinzu. Wicca, wie diese Neu-Heiden sich selbst nennen, versteht man besser als einen Kult, der sich möglicherweise zu einer etablierten Religion entwickeln wird (siehe dazu meine Arbeiten aus den Jahren 1987 und 1978).

Ich konzentriere mich hier auf den breitangelegten Eklektizismus des New Age, wie er im Eindringen orientalischer Religionen ins abendländische Denken zum Ausdruck kommt. Am besten bezeichnet man ihn vielleicht als den Neuen Ost-West-Zeitgeist.

Der Ärger mit der Vulgarisierung

Vulgarisierung beschreibt einen Prozeß, bei dem fremde Ideen von einer Kultur assimiliert werden, und darf daher nicht zwangsläufig mit «vulgär» oder «qualitativ minderwertig» gleichgesetzt werden. Es bedeutet einfach, Ideen und Kenntnisse zu popularisieren, die der breiten Masse ursprünglich unverständlich und verwirrend erschienen. Eine solche Vulgarisierung oder Popularisierung kann praktisch alle geistigen und wissenschaftlichen Bereiche erfassen. Als beispielsweise Carl Sagan seine Fernsehserie *Cosmos* präsentierte, hat er mit ihr die Astronomie vulgarisiert oder popularisiert. Normalerweise ist daran nichts schlecht. Der Laie ist auf die Interpretation von hochtechnischem oder abstraktem Wissen angewiesen. Auf ähnliche Weise sollte man die Vulgarisierung orientalischer Religionen nicht ohne weiteres als verfälschend oder wertlos abqualifizieren. Gelegentlich kann eine falsche Interpretation jedoch zu naiven und simplifizierenden Ansichten führen. Dennoch könnte man folgendermaßen argumentieren: Ist eine naive Interpretation für die Menschen hilfreich und trägt sie dazu bei, ihre Probleme zu lösen und ihnen ein besseres Lebensgefühl zu vermitteln, dann wird Naivität zu einem Vorteil – ohne Rücksicht auf die lauten Klagen der Intellektuellen, hier würden Logik und Realismus auf dem Altar der Träume und des Wunschdenkens geopfert.

Soziokulturelle Assimilierungen vergrößern gewöhnlich das Ideenrepertoire, mit dessen Hilfe der Mensch Probleme löst. Selbst scheinbar miteinander unvereinbare Ideen können sich in ihrer Synthese als wertvoll und nützlich erweisen. Mit den Worten von Alfred North Whitehead: «Der Zusammenprall von Ideen ist kein Unglück – er ist eine Chance.» Was einigen als Verletzung des Lebensstils erscheinen mag, kann in Wirklichkeit neue Ressourcen für das Überleben erschließen. Und genau das ist in gewissem Sinne das entscheidende Charakteristikum der New-Age-Religiosität: eine Synthese zu sein von alten und neuen, traditionellen und fremden Wertvorstellungen zur Erweiterung des Bewußtseins.

Wer harsch über die Vulgarisierung von Religion urteilt, der sollte daran denken, daß solche Anpassungen im Frühstadium aller Religionen stattgefunden haben. Ich bin sicher, daß die religiösen Anleihen bei der

Sekte der Essener den Anhängern der Zoroasterreligion wie naive Vulgarisierungen vorgekommen sind. Und doch beeinflußten diese assimilierten Gedanken die jüdische Kosmologie und schließlich die Ausformung der christlichen Theologie. Die letzte Gültigkeit religiöser Gedanken ergibt sich nicht aus ihrer Herkunft, sondern daraus, was sie für die Gläubigen bedeuten. Kurz gesagt: Modifizierte religiöse Begriffe, die sich den Bedürfnissen ihrer Benutzer angepaßt haben, mögen Vulgarisierungen sein, sind deswegen jedoch nicht zwangsläufig falsch.

Der funktional-analytische soziologische Gesichtspunkt wird jedoch nicht von allen geteilt. Einige Intellektuelle fühlen sich beleidigt, weil ihrer Ansicht nach die Reinheit des Stils verletzt wird. Andere stehen zutiefst erschrocken vor angeblichen Verletzungen der Logik. Und wieder andere machen sich lustig über unschuldige Glaubensvorstellungen, die nicht auf intellektueller Einsicht basieren.

Mehta hat in diesem Sinne beißende Kritik geübt. Als ausgezeichnete Kennerin des Hinduismus verspottete sie die übermäßigen Vereinfachungen einiger aus der Plethora der Hindu-Ideen wahllos herausgerissenen Begriffe. Ihren Beobachtungen nach sind die abendländischen Nachahmer von allem fasziniert, was sie als unbegrenzte Möglichkeiten zum Narzißmus auffassen, die ihnen die Weisheit des Ostens bietet. Dabei begreifen sie nicht, daß gerade die Vernichtung des Narzißmus das Hauptanliegen östlichen Denkens ist. Diese Naivität wird von ungezählten Gurus ausgenutzt, die mit schaler Beredtsamkeit Vulgarisierungen von sich geben. Besonders ätzend beschrieb Gita Mehta die Verherrlichung des jugendlichen Marahaj Ji, der im Astrodom von Houston Tausende mit dem frohen Ruf: «Genießt, genießt, genießt!» inspirierte.

Abgesehen von intellektueller Kritik, die jede religiöse Synthese als Häresie des Eklektizismus betrachtet, gibt es Gründe für echte Sorge um die Einstellung des New Age zur Spiritualität. Ein berechtigter Einwand ist der, daß es für Gurus keine Qualitätskontrolle gibt. Jeder, der ein Mantra weitergibt, ist ein gemachter Mann. Man gesteht ihm unmittelbares Charisma zu, einen goldenen Cadillac und alle Blumen, die er sich nur wünschen mag. Ich spreche von der finanziellen Ausbeutung von Tausenden verzückter Jünger. Eine weitere Gefahr lauert in der gefährlichen Vorstellung, Drogen kürzten den Weg zum Nirwana ab. Zahlreiche devote Anhänger haben die Flucht aus der Wirklichkeit mit psychedelischer «Erleuchtung» verwechselt. Man sucht die Wirklichkeit durch Halluzinationen und das Heil durch Mythologie zu finden. In seinem Buch *The Eden Express* warnt Mark Vonnegut vor psychedelischen Erfahrungen: Man kann auf dem falschen Bahnhof ankommen.

Ebenfalls gefährlich kann sich die Annahme von New-Age-Jüngern auswirken, Wissenschaft sei von Übel, sei die Hure des militärisch-wissenschaftlichen Apparats, weshalb wir uns lieber auf übernatürliche Kräfte verlassen sollten. Diese Kritik geht an der Sache vorbei. Nicht die Wissenschaft an sich ist schuldig, sondern derjenige, der sie in die Praxis umsetzt: fehlgeleitete Menschen, die sich oft von destruktiven politischen Antrieben oder Habgier leiten lassen. Die Wissenschaft ist nichts anderes als der willfährige Diener der Menschheit und kann zum Guten *oder* zum Bösen genutzt werden. Die Kritik muß daher bei Verhaltensmustern und Zielvorstellungen ansetzen. Wie verheerend sich die Ablehnung moderner wissenschaftlicher und medizinischer Leistungen manchmal auswirken kann, wird durch die Fälle dokumentiert, in denen Rousseausche Bestrebungen unnötigerweise durch Krankheiten oder Unfälle zunichte gemacht wurden.[7]

Doch sind solche Probleme für viele Sympathisanten im Lichte der großen von der New-Age-Spiritualität erzeugten «Bewußtseins-Welle» nur ephemer und trivial. Typisch für die intellektuellen Anhänger der Bewegung ist die Art, wie Ira Friedlander den neuen Geist begrüßt:

> Eine großartige spirituelle Energie hat unser Land erfaßt, und heilige Männer aus dem Fernen Osten folgen ihr auf dem Fuße. Sie bringen das LICHT mit sich, in dem wir uns spiegeln sollen. Sie festigen die spirituellen Zentren in uns selbst und pflanzen mit ihrer göttlichen Gnade die Saat inneren Friedens (zitiert von Melton).

Für Fritjof Capra ist die New-Age-Bewegung ein historisches Vehikel, das zur Beseitigung des «Uhrwerk»- oder mechanistischen Modells der Naturwissenschaft beiträgt und einen grundlegenden Paradigmenwandel einleitet, der ein neues psychisch-organisch-ökosystemhaftes Modell der Welt bewirken wird. Für ihn hat sich die von Denkern des 17. Jahrhunderts – wie Descartes, Bacon, Newton – eingeführte Weltsicht überlebt. Heute seien wir Zeugen einer revolutionären Neugestaltung der abendländischen Weltanschauung. Capras Programm der «Wendezeit» läßt keinen Bereich menschlicher Existenz oder akademischer Disziplinen aus und reicht von der Physik über die Biologie bis zur Wirtschaftslehre und Psychologie. Ob man die messianische Salbung des New Age akzeptiert oder nicht: Capras Buch *Wendezeit* bleibt das kenntnisreiche und einfühlsame Neue Manifest, das lesenswert ist für jeden, der am Verlauf der Menschheitsgeschichte interessiert ist.

Eine weitere gelehrte Verteidigung stammt aus einer ganz unerwarteten Quelle, nämlich vom Jesuiten David Toolan. Für ihn wäre jede Billigung der neuen theologischen Schöpfung gleichbedeutend mit Ketzerei. Um daher sein kirchliches *karma* zu retten, hielt er es für klüger, seine Begeisterung für New-Age-Synthesen auf deren psychologische Implikationen zu beschränken. Er hält den New-Age-Eklektizismus für «polyzentrisch», preist ihn als psychologisch gesund. Für ihn sind Hindu-Vorstellungen überlegene Alternativen zu solchen abendländischen Begriffen wie Ich und Über-Ich, die seiner Ansicht nach blinde Stellen in unserer Wahrnehmung der Wirklichkeit verursachen und die Tyrannei des eindimensionalen Ich heraufbeschworen haben. Doch gelingt es Toolan nicht, zu unserem traditionellen Konzept der persönlichen Identität eine klare Alternative zu entwickeln. Die abendländische Suche nach persönlicher Identität hält er offensichtlich für unrealistisch und restriktiv. Jedenfalls scheint er tief beeindruckt von dem, was er für mystisches Gedankengut hält, das aus östlichen Religionen abgeleitet, von aufgeschlossenen jungen Menschen weitergegeben und mit Hilfe psychedelischer Drogen fruchtbar «aus dem geistigen Untergrund ans Licht gebracht wird».

Im Gegensatz zu Toolan heißt der Historiker Theodore Roszak «bewußte» Experimente mit Drogen nicht gut. Doch ist er ein glühender Verfechter gesellschaftlichen Wandels entsprechend den New-Age-Anschauungen. Als Chronist der Anfangsstadien der New-Age-Entwicklung schildert er brillant den traditionellen technokratischen Zeitgeist und artikuliert die Hauptgründe für die ablehnende Haltung der jungen Menschen. Wie für Toolan ist auch für ihn die Anti-Establishment-Haltung nicht nur ein politisches Phänomen, sondern ein massenpsychologischer und kultureller Wandel, der eine neuartige abendländische Psyche schafft:

> Was die Abneigung [gegen die bestehenden Verhältnisse] der Jugend in unserer Zeit eher zu einem kulturellen Phänomen als zu einer politischen Bewegung macht, ist die Tatsache, daß sie über die Ideologie hinaus auf die Ebene des Bewußtseins übergreift und danach strebt, unser tiefstes Selbstgefühl und vor allem die Umwelt zu transformieren.

Cheftheoretiker des New Age ist zweifellos Ken Wilber, der dieser Bewegung einen hervorragenden Platz in der von ihm so bezeichneten «Evolution des Geistes» zuweist. Er meint, «die Zukunft des Geistes liegt im Gottesbewußtsein», das zu einer «wahren Weisheitskultur» führe, und die New-Age-Bewegung sei der erste Schritt in diese Richtung. Seiner Ansicht nach bietet die traditionelle abendländische Religion keinen besonderen evolutionären oder spirituellen Antrieb, da sie Gott «als ontologisches Anderes betrachtet, das von uns für immer getrennt bleibt». Im Gegensatz dazu begreift die Kosmologie des Hinduismus und des Buddhismus Gott und den Menschen «als letzten Endes eins und identisch». Bei seinem Versuch, östliche und abendländische Prinzipien synkretistisch zusammenzubringen und in seiner Theorie des spirituellen Evolutionismus zu integrieren, formuliert Wilber Neudefinitionen einer langen Reihe überwiegend abstrakter Begriffe, darunter Gott, GEIST, Geschichte, Seele, Erbsünde, Ödipuskomplex, Überbewußtsein, Atman, Schamanismus, Eden, Adam und Eva, Höhlenmensch, Teufel und Urknall. Ich bin sicher: Für viele New-Age-Jünger sind die Theorien von Wilber das, was die Gedanken von Thomas von Aquin für die Kirche waren. Sollte die Bewegung den Wunsch verspüren, ihren religiösen Eklektizismus zu dogmatisieren, dann böte sich dafür das Werk von Wilber an. Natürlich wird der eklektische Status im Augenblick der Dogmatisierung aufgehoben und eine neue Religion geboren – legitimiert durch ihre Integrität und Einzigartigkeit.

New-Age-Synthese: Eine empirische Bewertung

Diese Autoren überbieten einander in Lobpreisungen des New Age und reizen die Soziologen zu klären, ob da von bloßem Wunschdenken beflügelte Sympathisanten oder wirklich objektive Berichterstatter am Werk sind. Was macht diese neue kollektive Bewegung eigentlich aus? Im Zuge genauerer Untersuchung lassen sich auf mindestens vier unterschiedlichen Ebenen kollektive Ausdrucksformen feststellen: der subkulturellen, der politischen, der intellektuellen und der gesellschaftlichen.

Ohne Zweifel stellt New Age eine aktive Subkultur dar. Wie schon an anderer Stelle hervorgehoben, wird es durch Eigenschaften wie gemeinsame Zielsetzungen, eigene Kommunikationskanäle und ein besonderes Identitäts- und Zusammengehörigkeitsgefühl charakterisiert. Ob es jedoch eine politische Bewegung ist, die beispielsweise eigene Strukturen entwickelt, um Gesetzgebung und Regierung zu beeinflussen, ist eine Frage, die noch der Bestätigung bedarf.[8] Ideologen, vor allem solche mit einem Hang zum Idealismus, übersehen häufig die Bedeutung eines gesellschaftlich strukturierten Angehens politischer Ziele. Ganz simpel ausgedrückt bedeutet dies, daß gesellschaftliche und politische Veränderungen nicht durch einen bloßen Wandel in der Terminologie zustande kommen, ganz zu schweigen von mystischer Terminologie. Zielorientiertes Organisieren, Gruppieren und Strukturieren gehört zur unentbehrlichen Rüstkammer jeder politischen Veränderung. Es mag zutreffen, daß die New-Age-Kosmologie einen *kulturellen* Paradigmenwechsel herbeigeführt hat, was jedoch noch kein *politischer* ist. In ihrem sonst einfühlsamen Buch *The Aquarian Conspiracy* versäumt Marilyn Ferguson, diese bedeutsame Tatsache hervorzuheben. Ihr Versäumnis erklärt sie damit, daß sie Wertewandel mit politischem Paradigmenwechsel gleichsetzt. Natürlich ist der Wandel von Leitideen eine entscheidende Voraussetzung für politischen Wandel, doch muß er Hand in Hand gehen mit strukturellen Vorgaben. Das Fehlen einer solchen Gleichzeitigkeit kann im Falle von New Age eines von zwei Dingen bedeuten: 1. Die neuen Werte stagnieren in einem subkulturellen Umfeld. 2. Die neuen Werte schaffen tatsächlich eine gewisse Neustrukturierung des allgemeinen Zeitgeistes; dann entsteht daraus eine schizoide Kultur, in der die Welt der neuen Ideen und die alte politische Struktur nicht zusammenpassen.

Man muß es Marilyn Ferguson jedoch als Verdienst anrechnen, daß sie die Rolle von Netzwerken als integrale Prozesse von New Age herausgestellt hat. «Netzwerk» ist ein relativ neuer Begriff in der Soziologie und zu verstehen als Äquivalent zur traditionellen gesellschaftlichen Struktur und zu verschiedenen gesellschaftlichen Institutionen, an deren Stelle es tritt. Dazu gehören auch spezialisierte Netzwerke, die bestimmte Bedürfnisse ihrer Klientel befriedigen sollen, im Augenblick zwar noch weitgehend subkulturell, jedoch werden zusehends breite Bevölkerungsteile davon erfaßt. Die Entwicklung sich ständig ausweitender Netzwerke mag die Antwort sein auf die gegenwärtig fehlenden politischen Strukturen – vorausgesetzt, es entstehen genug spezifische Netzwerke, um Veränderungen auf der gesetzgebenden und der verwaltenden Ebene zu bewirken. Solche Strukturen/Netzwerke sind das *sine qua non* des politischen Wandels.

New Age scheint jedoch darunter zu leiden, daß seine synkretistische Spiritualität und sein mystischer Transzendentalismus immer wieder der Entwicklung politischer Aktionsprogramme im Wege stehen. Die vordringliche Beschäftigung mit der Frage, wie es um das eigene *karma* bestellt ist, oder sogar das Nachsinnen über das kollektive *karma* einer ganzen Nation können so weit führen, daß die Jünger der Bewegung sich selbst zu Narren machen, wodurch New Age die historische Chance versäumen würde, dauerhaft auf die Zivilisation einzuwirken.

Publikationen über die Entstehungsgeschichte von New Age bestehen oft nur aus polemischen Reaktionen irgendeines Akademikers auf die Schriften eines anderen Akademikers. Anschließend können dann beide frohen Mutes ihre Manuskripte in die Schublade legen und auf die lang erhoffte Gehaltserhöhung warten. Geistesgeschichte scheint unabhängig vom tatsächlichen gesellschaftlichen Geschehen ein Eigenleben zu führen. Zweifellos haben Roszak und Toolan faszinierend über intellektuelle Fragen geschrieben. Sie haben Aufkommen und Weiterentwicklung gewisser Ideen dargestellt, die sie als «Bewußtseinsbewegung» präsentieren – und sind dabei ständig den empirischen Entsprechungen im Alltagsleben ausgewichen.

Andererseits tendiert die Sozialgeschichte zur Darstellung dessen, was wirklich geschieht, was die normalen Bürger fern der Zentren intellektueller Auseinandersetzungen so denken und tun. Um diese Art von Information zu erlangen, muß man mit den Leuten selbst sprechen und ihnen zuhören, und genau das versucht empirische Forschung zu tun. Die nachfolgenden Daten stammen aus solchen Untersuchungen.

Um das Thema noch mal in die richtige Perspektive zu rücken, müssen wir bedenken, daß die Gegenkultur-New-Age-Bewegung seit etwa einem Vierteljahrhundert Einfluß ausübt. Daher ist es heute durchaus angemessen zu fragen, ob sie sich nunmehr als inkonsequente modische Bewegung erweist oder aber als Fundament einer Neuorientierung der westlichen Zivilisation.

Das Medium, das uns am klarsten erkennen läßt, wie Menschen denken, sind die von ihnen verwendeten Begriffe und die Bedeutung, die sie ihnen geben. Erkennen wir da nun einen signifikanten Bedeutungswandel, dann haben wir zugleich einen Maßstab für kulturellen Wandel. Ich habe daher unter diesem Gesichtspunkt ein Glossar von Begriffen zusammengestellt, das aufzeigt, wie konventionelle Bedeutungen sich verändert haben. Obwohl solcher Bedeutungswandel natürlich vor allem für reine New-Age-Institutionen charakteristisch ist, etwa Kommunen, bleibt die Erkenntnis wichtig, daß einige der neuen Bedeutungen von einer breiteren Bevölkerungsschicht übernommen wurden, vor allem von Studenten (siehe Tabelle 1)[9].

Tabelle 1

Glossar (Auswahl)

Konventionelle Bedeutung	*New-Age-Bedeutung*
analytisch	engstirnig
empirisch	oberflächlich
esoterisch	wahrhaft/einsichtig
Phantasie	übernatürlich
hedonistisch	selbstverwirklichend
Halluzination	Weisheit
undeutlich	tiefsinnig
wirr	erleuchtet
irrational	einfühlsam
logisch	streitsüchtig
Medizin	Betrug
Normen	Übergriffe
mystisch	verifizierbar
objektiv	kleinlich
okkult	allwissend
rational	arrogant
romantisch	bewußt
Naturwissenschaft	Übel
wissenschaftlich	unwissend
ungewöhnlich	wunderbar
unhygienisch	naturhaft
Wunschdenken	realistisch

Schlüssigere Hinweise auf die Auswirkungen der New-Age-Bewegung auf unsere Gesellschaft geben Untersuchungen in einem «säkularen» Bevölkerungsteil, der also nicht bewußt dem New Age verbunden ist. In diese Kategorie fallen beispielsweise Collegestudenten. Im Laufe mehrerer Jahre habe ich Umfragen unter Studenten der Arizona State University angestellt, einem Universitätscampus von etwa 40000 eingeschriebenen Studenten mit einem großen Anteil junger Menschen aus allen Regionen der Vereinigten Staaten. Aus den Antworten habe ich eine Auswahl von 600 Angaben zusammengestellt.[10] Tabelle 2 gibt (in Prozentzahlen) die Glaubensvorstellungen der Studenten wieder. Obgleich nur ein Item der Umfrage direkt mit New-Age-Religiosität zu tun hat, nämlich Reinkarnation, sind auch die übrigen Orientierungen von

Interesse. Die Umfrage ergab: 21 Prozent der Studenten glauben an Reinkarnation, 33 Prozent halten sie für möglich. Daraus läßt sich logisch auf ein vulgarisiertes Verständnis von *karma* und anderen Hindu-Vorstellungen schließen. Nur 46 Prozent der Studenten schlossen Reinkarnation bzw. ihre Möglichkeit aus.

Hinsichtlich anderer Glaubensvorstellungen fällt auf, daß der Glaube an einen persönlichen Gott, mit dem man kommunizieren kann, mit 74 Prozent alle anderen übertrifft. Nur 13 Prozent sind Atheisten. Da die Annahme eines persönlichen Gottes fester Bestandteil der abendländischen Kultur ist, kann dieser hohe Prozentsatz nicht überraschen. Andererseits ist der Glaube an Reinkarnation oder das Zugeständnis, sie könne möglich sein, der westlichen Gesellschaft fremd, weshalb die 54 Prozent (für beides zusammen) höchst bedeutsam sind.

Eine nähere Befragung derjenigen, die an Reinkarnation glauben, ergab, daß 74 Prozent von ihnen auch an den Gott der Christenheit glauben – interessanterweise genau dem Prozentsatz der Theisten insgesamt entsprechend. Andererseits glauben nur 21 Prozent der Theisten an Reinkarnation. Das bedeutet, daß Personen mit einem Hang zu Hindu-Vorstellungen auch dem traditionellen christlichen Gottesbild zuneigen.

Befragte man die Studenten getrennt nach christlichen Konfessionen, wie weit sie an Hindu-Vorstellungen glauben, machten die protestantischen Fundamentalisten dabei die kleinste Gruppe aus – ein Hinweis auch auf Ablehnung der New-Age-Spiritualität. Daraus läßt sich auf eine Polarisierung zwischen New-Age-Spiritualität und biblischem Fundamentalismus schließen.

Der Glaube an die Stichhaltigkeit der Astrologie ist New Age nicht so stark assoziiert, wie man vielleicht erwartet hätte. Nur 27 Prozent der Anhänger der Hindu-Philosophie glauben auch an Astrologie. Faßt man jedoch die Astrologiegläubigen zu einer Gruppe zusammen, dann glauben davon überraschende 48 Prozent auch an Reinkarnation. Daraus läßt sich schließen: Wer an Astrologie glaubt, bekennt sich auch zur Reinkarnation, aber nicht zwangsläufig umgekehrt.

Eng verbunden mit der New-Age-Weltanschauung ist der Glaube an viele Phänomene, die sich unter dem Begriff Außersinnliche Wahrnehmung (ASW) zusammenfassen lassen: 79 Prozent der Reinkarnationsgläubigen halten auch ASW-Phänomene für möglich, vor allem Hellsehen. Interessant ist, daß nur 28 Prozent der ASW-Anhänger den Glauben an Reinkarnation teilen. Daraus ergibt sich, daß sie mehr zur Parapsychologie als zur Hindu-Philosophie tendieren.

Ich bin nicht sicher, ob der Glaube an UFOs als Phänomene extraterrestrischer Intelligenz besonders unter New-Age-Anhängern verbreitet ist. Vielmehr scheint er mir in der Gesamtbevölkerung überhaupt verbreitet – auch wenn sich ihm vor allem bestimmte Interessengruppen und Forschungsorganisationen widmen. Dennoch deuten 26 Prozent der Anhänger der Reinkarnation die UFOs esoterisch. Ein Vergleich mit den 51 Prozent aller Befragten, die an esoterische Erklärungen glauben, zeigt, daß der Glaube an eine extraterrestrische Herkunft der UFOs unter New-Age-Anhängern relativ geringer ist als unter den Studenten im allgemeinen.

Zusammenfassend läßt sich sagen, daß die statistischen Daten der Befragung der Studenten der Arizona State University ein bestimmtes Syndrom von Haltungen aufzeigen: 74 Prozent der Reinkarnationsgläubigen neigen auch zum Glauben an einen christlichen Gott, 27 Prozent vertrauen der Astrologie, 79 Prozent halten außersinnliche Wahrnehmungen für möglich, doch sind nur wenige vom UFO-Phänomen beeindruckt.

Tabelle 2

Anschauungen der Studenten in Prozentzahlen
(Durschnittswerte aus 600 Antworten, die bei Umfragen im Laufe mehrerer Jahre eingeholt wurden.)

Ich glaube an:	ja	nicht sicher, aber möglich	nein
Reinkarnation	21	33	46
Stichhaltigkeit der Astrologie	12	32	56
UFOs als außerirdische und intelligente Phänomene	51	36	13
einen persönlichen Gott, mit dem man kommunizieren kann	74	13	13
ASW (außersinnliche Wahrnehmung), einschließl. Hellsehen, Vorherwissen etc.	58	27	15

New-Age-Synthese: Modeerscheinung oder Fundament?

Kehren wir zurück zu den vier Ebenen der Analyse kollektiver Bewegungen, und umreißen wir den Status quo der New-Age-Bewegung. Zunächst einmal zeigt sie immer noch den gesunden Elan einer Subkultur, die den Weg zu alternativen Lebensformen weist. Die Tatsache, daß diese Vision immer noch ganze Menschenmassen motivieren kann – inzwischen schon in der zweiten Generation –, läßt vermuten, daß sie mehr darstellt als eine kurzlebige Modeerscheinung. In diesem subkulturellen Umfeld werden grundlegende Bedürfnisse befriedigt, das Verlangen nach Ritualen, Kameradschaft, Orientierung, Erklärungen, nach einem erweiterten Bewußtsein und nach Mystifizierung des Lebens. Solange sie solche Bedürfnisse erfüllt, wird diese Subkultur gedeihen.

Zweitens erkenne ich zur Zeit nur eine geringfügige politische Umsetzung von New-Age-Ideen. In diesem Punkt unterscheide ich mich von anderen Autoren, die New Age als politische Bewegung betrachten. Das mag für Westeuropa gelten, insbesondere für die Bundesrepublik Deutschland, wo «grüne» Verwirklichung von New-Age-Philosophie erkennbar ist, nicht jedoch in den Vereinigten Staaten.[11]

Drittens trifft zu, daß neuere Schriften zur Geistesgeschichte sich tatsächlich mit substantiellen Ideen befassen, die heute sehr viele Menschen beschäftigen. Anschauungen von Schriftstellern wie Roszak und Toolan liefern im Grunde eher Inhaltsverzeichnisse als neue Gedanken.

Was, viertens, den gesellschaftlichen Wandel betrifft, so sind die Belege dafür bisher nur teilweise begründet und noch sehr unvollständig. Auch wenn New-Age-*Ideen* weite Verbreitung gefunden haben und im Denken vieler Menschen präsent sind: Viele dieser Leute sind sich nicht einmal klar darüber, daß sie einen erheblichen Teil an New-Age-Weltanschauung verinnerlicht haben, was den nachhaltigen Erfolg der Bewegung bezeugt. Das läuft aber eher auf *kulturellen*, jedoch nicht zwangsläufig *gesellschaftlichen* Wandel hinaus. Zwischen beiden besteht ein Unterschied. Der eine betrifft die Welt der Ideen, der andere die gesellschaftlichen Strukturen. So kann beispielsweise eine Subkultur weiterhin neue Ideen propagieren, ohne jedoch bedeutsame Veränderungen in der Gesellschaftsstruktur zu bewirken. Autoren der Geistesgeschichte neigen dazu, dies zu übersehen. Solange Ideen es nicht schaffen, Gesellschaftsstrukturen und im Zusammenhang damit die ihnen assoziierten gesellschaftlichen Interaktionen zu transformieren, liefern sie zwar unterhaltsamen kulturellen Stoff, über den man reden und schreiben kann, lassen jedoch die konventionellen Strukturen und die auf ihnen basierende konventionelle Interaktion unberührt. Das Bindeglied für ein harmonisches Zusammenwirken von Kultur und Gesellschaftsstruktur ist die politische Aktion. Ohne diese Harmonisierung haben wir eine schizoide Zivilisation, in der wir auf die eine Weise reden und auf die andere handeln.

Es bleibt abzuwarten, inwieweit eine neue Weltanschauung politisch umgesetzt wird, um so wirklichen gesellschaftlichen Wandel in die Wege zu leiten, einen Wandel, der die Beziehung der Menschen untereinander und die zwischen Mensch und Natur reformiert.

(Aus dem Englischen von Erwin Schuhmacher)

Anmerkungen

1 Der Ausdruck christlicher Fundamentalismus bezieht sich hauptsächlich auf eine Bewegung konservativer Protestanten. Das soll nicht heißen, Katholiken seien von der Konfrontation mit Humanisten ausgenommen. Doch bilden sie eine weitaus weniger gefestigte, radikale und politisch rechtsorientierte Front. Nach Untersuchungen von Guth und Green (1988) besteht die christliche Rechte überwiegend aus konservativen Protestanten, die oft mit beliebig auswechselbaren Attributen wie «neugeboren», «fundamentalistisch», «charismatisch» und «evangelisch» charakterisiert werden.
In ihren politischen Zielsetzungen und Aktionsprogrammen zeigen sich diese Untergruppierungen trotz einiger Unterschiede gewöhnlich sehr einig. Das war zum Beispiel bei der Unterstützung des 1988er Präsidentschaftskandidaten Pat Robertson der Fall und gilt weiterhin für konservative Belange der Republikanischen Partei ganz allgemein.

2 Säkularer Humanismus muß als Gegensatz zum christlichen Humanismus gesehen werden. Bei gewissen politischen Bemühungen scheinen zwar beide gelegentlich übereinzustimmen, doch unterscheiden sie sich erheblich in ihren grundlegenden Voraussetzungen. Die christliche Version ist genuin transzendental und religiös und daher mit der säkularen nicht vereinbar (zur ersten Orientierung siehe Maritain, 1942).

3 Fromms Grundthese besagt, daß die Struktur einer religiösen Organisation und ihre Stellung innerhalb einer Gesellschaft oder Zivilisation ihr Dogma und ihre Weltanschauung bestimmen. So veränderte die soziale Zusammensetzung der Christengemeinschaft die psychische Haltung der Gläubigen: Die Vorstellung vom Menschen, der Gott wird, wandelte sich zur Vorstellung vom menschwerdenden Gott. Der Vater sollte nicht mehr gestürzt werden. Das heißt: So wie Machtlosigkeit sich in Macht verwandelte, so wandelte sich auch die Definition Gottes.

4 Von den früheren Einflüssen orientalischer Religionen auf das abendländische, vor allem das amerikanische Leben unterschieden sich jene der fünfziger Jahre erheblich, und zwar auf zweifache Weise: Sie nahmen Massencharakter an, und es handelte sich vornehmlich um eine Bewegung der jungen Generation. Frühere westliche «Liebesaffären» mit östlichen Religionen hatten sich auf kleine intellektuelle oder kultische Zirkel beschränkt. So wurde beispielsweise Yoga in seiner religiösen Form zu Anfang unseres Jahrhunderts von Vivekānanda in den Vereinigten Staaten eingeführt. Er war ein direkter Schüler von Ramakrishna, einem Hindu *sadhu*, der von 1830–1886 in der Nähe von Kalkutta lebte. Nach seinem Tode verbreitete sich sein Gedankengut international, und Zweige der Rama-

krishna Society findet man überall in der Welt. (Ebon 1968, S. 121). Doch blieb sein Einfluß auf kleine Kultgruppen beschränkt. Auch die Liaison der Theosophical Society mit dem Hinduismus kann man nicht als Massenbewegung betrachten. Obwohl diese Gesellschaft schon 1890 das erste englischsprachige Buch über Hinduismus veröffentlichte – *Nature's Finer Forces* von Rama Prasad – und sich um die Bekehrung anderer bemühte, ging ihr Einfluß über den Rahmen einer spezifischen religiösen Organisation nie hinaus. Auch die Rolle von Madame Blavatsky, der führenden Repräsentantin der Theosophie, die in den 1870er Jahren nach Indien ging und von dort mit hinduistischen Anschauungen zurückkehrte, muß unter diesem Aspekt gesehen werden (Melton 1987, S. 60). Zwar sorgte sie für eine Sprachregelung im Hinblick auf zentrale Hindubegriffe, vor allem den der Reinkarnation, doch beschränkte sich ihr Wirken im großen und ganzen auf den Kreis ihrer Gefolgschaft. Während der 1950er Jahre ging die Entwicklung in den Vereinigten Staaten an den eigentlichen Quellen vorbei und stützte sich auf neue Interpreten und Popularisierer wie Ginsberg und Watts.

5 Erwartungsgemäß findet man den reinsten New-Age-Lebensstil in New-Age-Kommunen. Die durchschnittliche Lebensdauer von Jugend-Kommunen überall in den Vereinigten Staaten ist nicht sehr lang, gewöhnlich beträgt sie nicht mehr als drei Jahre. Doch gibt es einige bemerkenswerte Ausnahmen. Folgende Kommunen blicken auf viele Jahre erfolgreichen Gemeinschaftslebens zurück: Twin Oaks in Virginia, inspiriert durch Skinners Buch *Walden Two*; Fort Hill in Boston, die als eine ständige Encounter-Gruppe fungiert; Packers Corner, Vermont, mit dem einfachsten Lebensstil von allen; Community Design, Colorado, nach dem Modell des israelischen Kibbuz; Neverland, Kalifornien und Oregon, wo transzendentale Meditation und Yoga-Übungen im Mittelpunkt stehen; The Farm, Tennessee, mit stark autoritärer Struktur und autonomer Landwirtschaft; und schließlich die aktiven Kommunen in den Gebieten von Santa Fe und Taos im nördlichen Mexiko (Material hierüber bei Kantner 1973, Case 1979 sowie eine empirische Studie von Sebald 1988).

6 Die Modifizierung der ursprünglichen Religion verlief nicht ausschließlich in Ost-West-Richtung. Auch der moderne Hinduismus wurde in seinen Ritualen und seinem Denken vom abendländischen Drang nach Synthese beeinflußt. Mit diesem Thema befassen sich zwei Werke: Gita Mehta (1979) in satirisch-abschätziger Weise sowie Helen Ralston (1987) auf ernsthafte und ehrerbietige Art. Helen Ralston bewertete das Entstehen christlicher *ashrams* als eine neue religiöse Bewegung, die in der heutigen indischen Gesellschaft traditionelle hinduistische mit traditionellen christlichen Elementen verbindet. Diese Assimilation in West-Ost-Richtung verdient eine ausführlichere Darstellung, als im Rahmen dieses Essays möglich ist.

7 Ich erinnere mich da an eine zurückgezogen lebende New-Age-Kommune in der Wüste von Arizona, in der eine medizinisch nicht überwachte natürliche Geburt zu dauerhaften Schäden bei dem Baby führte, als es im Zusammenhang mit einer Steißgeburt zu unerwarteten Komplikationen kam und keine ärztliche Hilfe in Reichweite war. Eine andere, bei paradiesischen Thermalquellen angesiedelte Kommune in Arizona, wurde infolge Mißachtung moderner Hygiene von einer epidemischen Hepatitis heimgesucht. Unglücksfälle dieser Art stellen ernsthaft die Angemessenheit solcher Rousseauschen Verhaltensnormen in Frage, wie sie vom New-Age-Intellektuellen Fritjof Capra zum Ausdruck gebracht werden, wenn er

schreibt: «Im konventionellen medizinischen Denken gehören technologische Interventionen zur Therapie. Dabei wird das sich selbst organisierende Selbstheilungspotential des Patienten nicht berücksichtigt» (März 1988).

8 In Westeuropa, vor allem in der Bundesrepublik Deutschland, wurden New-Age-Ideen durch die Aktivitäten der Grünen stark politisiert. Dagegen fehlen derartige politische Parteien und ein entsprechender Einfluß auf die Regierung in den Vereinigten Staaten. Doch gibt es dort mehrere Organisationen, die einen strukturierten politischen Ansatz versuchen. Das sind private Interessengruppen wie Earth First!, Nature Conservancy, Greenpeace und der Welt größter Wanderverein, der Sierra Club. Diese Organisationen finanzieren sich allein aus privaten Beiträgen, haben keine direkte Vertretung in der Regierung und können nur für ihre Belange werben. Die Mitglieder von Earth First! haben bei der Verfolgung ihres Ziels, das Ökosystem zu retten, auf Methoden des zivilen Ungehorsams zurückgegriffen. Sie verärgerten Industrieunternehmen und Verwaltungsbehörden, indem sie sich an Bäumen festbanden, sich vor Bulldozer setzten und Geräte unbrauchbar machten, die zur Zerstörung der Umwelt eingesetzt werden sollten. Eine romanhafte Beschreibung der amerikanischen Version radikaler Grüner findet man bei Abbey (1976). Frankland (1988) schildert Aktivitäten der deutschen Grünen während der späten 1980er Jahre.

9 Die Anregung für die Zusammenstellung des Glossars erhielt ich vor allem durch meine Beobachtungen als Gast in einer New-Age-Kommune in Arizona. Sie hatte ihre Tipis um einige idyllisch gelegene Thermalquellen aufgebaut und sich auf die Heilung verletzter Seelen und Körper durch New-Age-Methoden spezialisiert. (Einzelheiten hierzu siehe Sebald 1980 und Herbst/Winter 1987.)

10 Von 1983 bis 1986 machte ich stichprobenhaft Interviews mit Studenten, die soziologische Vorlesungen belegt hatten. Die Statistiken in Tabelle 2 beruhen auf den Durchschnittswerten aller dieser verschiedenen Gelegenheitsbefragungen. Meiner Ansicht nach liefern sie zuverlässigere und gültigere Hinweise auf die Anschauungen der Studenten während der 1980er Jahre, als eine einmalige Befragung sie vermittelt hätte. Die Analyse der Daten zeigte, daß die Fluktuationen bei den Antworten der einzelnen Befragungen äußerst geringfügig waren. Bei dieser Umfrage sind jedoch Studenten mit Soziologie als Hauptfach überrepräsentiert. Da jedoch die Lehrgänge auch als Pflichtvorlesungen für das Studium generale gewertet wurden, nahmen an ihnen Studenten aus den verschiedensten Fachbereichen teil – Physik, Pädagogik, Kunst, Krankenpflege oder soziale Dienstleistungen. Meines Erachtens erlaubt dieser hinreichend unterschiedliche Disziplinen erfassende Querschnitt eine Verallgemeinerung der Ergebnisse in bezug auf die Studentenschaft insgesamt.

Übrigens zeigen die Ergebnisse, daß Studenten der Soziologie besonders für orientalische Philosophie empfänglich sind. 68 Prozent von ihnen glauben an Reinkarnation oder halten sie für möglich. Das ist die höchste Quote innerhalb der nach verschiedenen Wissenschaftsdisziplinen getrennt vorgenommenen Befragung.

11 Subkultur wie politische Struktur haben jeweils spezifische Probleme, von denen jedes einzelne Stagnation und das Scheitern des Strebens nach Veränderung der Zivilisation verursachen kann.

Eine politische Struktur kann im Einzelfall die ursprünglichen Ideen erdrücken, sie aushöhlen und schließlich im Wirrwarr der Bürokratie in Vergessenheit geraten lassen. Das Eingehen von politischen Kompromissen kann schnell zur Verwechslung von Mittel und Zweck führen, das unbeabsichtigte Ergebnis Verrat am ursprünglichen Konzept sein. Eine politische Struktur besitzt eine Art sich selbst verzehrender Energie – manchmal bis zu einem Punkt, an dem die ursprünglichen Ideale nicht mehr zu erkennen sind. Das ist so, als packe man einem Minnesänger ein Piano auf den Rücken – was das Ende seiner Fahrten und seines Gesangs bedeuten würde.

Eine Subkultur kann als Träger gesellschaftlichen Wandels ineffizient werden, weil die Ideen in gewisser Weise die Struktur erdrücken, oder, richtiger gesagt, die Entwicklung einer effektiven politischen Struktur von vornherein unmöglich machen. Daher isoliert eine Art Inzucht der Ideen die Subkultur vom Großteil der Gesellschaft. Das wiederum hat Inaktivität zur Folge, so daß sich also nichts ändert. Außerhalb der Kommune ist das Lied nicht zu hören. Politische Passivität und Beschäftigung mit sich selbst können nahezu absolut werden, wenn eine Subkultur diverse eigene Unterstrukturen entwickelt, um sich den Bedürfnissen und Wünschen der Anhänger widmen zu können. Dieser interne Prozeß verewigt die Subkultur als solche, hindert sie daran, zu einer gesellschaftlichen Bewegung zu werden, da alle Bedürfnisse befriedigt werden, ohne daß eine Veränderung der Zivilisation notwendig wird – und wo keine Not(wendigkeit), da kein Kampf.

Literatur

Abby, Edward, *The Monkey Wrench Gang*, New York 1976.

Adolph, Jonathan, «What is New Age?», in: *The 1988 Guide to New Age Living*, Dez. 1987, S. 5–14, 20.

Beyerstein, Barry L., «Neuropathologie and the Legacy of Spiritual Possession», in: *Sceptical Inquirer*, Frühj. 1988, S. 248–262.

Capra, Fritjof, *Wendezeit. Bausteine für ein neues Weltbild*, Bern/München/Wien [16]1987.

– , *Das Neue Denken. Aufbruch zum Neuen Bewußtsein. Die Entstehung eines ganzheitlichen Weltbildes im Spannungsfeld zwischen Naturwissenschaft und Mystik*, Bern/München/Wien 1987.

– , «National Insecurity», in: *New Age Journal*, März 1988, S. 39–41.

Case, John/Taylor, Rosemary, *Co-ops, Communes, and Collectives*, New York 1979.

Castaneda, Carlos, *Die Lehren des Don Juan. Ein Yagui-Weg des Wissens*, Frankfurt a. M. [20]1988.

Ebon, Martin, *Maharishi, the Guru*, Toronto 1968.

Franck, Adolph, *The Kabbalah*, New York 1940.

Ferguson, Marylin, *The Aquarian Conspiracy. Personal and Social Transformation in the 1980s*, Boston 1980, S. 197 (dt. *Die sanfte Verschwörung*, München 1984).

Frankland, E. Gene, «Green Politics and Alternative Economics», in: *German Studies Review*, 11 (1), Febr. 1988, S. 111–132.

Fromm, Erich, *Das Christusdogma und andere Essays*, Stuttgart 1981.

Gibran, Kahlil, *The Prophet*, New York 1961, S. 32 (dt. *Der Prophet. Wegweiser zu einem sinnvollen Leben*, Olten [23]1988).

Ginsberg, Allen, *Empty Mirrors*, New York 1961.

Gordon, James S., *The Golden Guru: The Strange Journey of Bhagwan Shree Rajneesh*, New York 1987.

Guth, James L./Green, John C., «Grand Old Deity», in: *Psychology Today*, Jg. 22, April 1988, S. 20–23.

Hoffman, R. J./Larue, Gerald A., *Biblical vs. Secular Ethics: The Conflict*, Buffalo 1987.

Houston, Jean, *Lifeforce: The Psycho-Historical Recovery of the Self*, New York 1980, S. 5 (dt. *Der mögliche Mensch. Handbuch zur Entwicklung des menschlichen Potentials*, Basel 1984).

Kantner, Rosabeth M., *Communes: Creating and Managing the Collective Life*, New York 1973.

Kramer, Samuel Noah, *The Sumerians*, Chicago 1963.

Kurtz, Paul, *The Transcendental Temptation. A Critique of Religion and the Paranormal*, Buffalo 1986.

– , *The Humanist Alternative*, Buffalo 1973.

– , *Humanist Manifesto I & II*, Buffalo 1973.

MacLaine, Shirley, *Zwischenleben*, München 1988.

Maritain, Jacques, *The Range of Reason*, New York 1942.

Mehta, Gita, *Karma Cola*, New York 1979, S. 2, 12, 47, 69, 103, 106, 194.

Melton, J. Gordon, «Living in the New Age», in: *Fate*, Jg. 40, Aug. 1987, S. 57–64.

Mille, Richard de, *Die Reisen des Carlos Castaneda*, Bern 1980.

Pagels, Elaine, *The Gnostic Gospels*, New York 1981, bes. S. XXI.

Ralston, Helen, *Christian Ashrams. A New Religious Movement in Contemporary India*, Lewiston, N.Y., 1987.

Roszak, Theodore, *The Making of a Counter Culture*, New York 1969, S. 49, 125, 128, 139, 141 (dt. *Gegenkultur. Gedanken über die technokratische Gesellschaft und die Opposition der Jugend*, München 1973).

Schur, Edwin, *The Awareness Trap: Self-Absorption instead of Social Change*, New York 1976.

Sebald, Hans, «The Waxing and Waning of a New Age Commune: From Nudity to Business Suit», in: *Humboldt Journal of Social Relations*, Jg. 15, Herbst/Winter 1987/88, S. 1–27.

– , *Hexen damals – und heute?*, Frankfurt a. M. 1987.

– , «New Age Romanticism: The Quest for an Alternative Lifestyle as a Force in Social Change», in: *Humboldt Journal of Social Relations*, Jg. 11, Sommer 1984, S. 106–127.

– , *Witchcraft: The Heritage of a Heresy*, New York 1978.

Sorokin, Pitirim A., *The Crisis of our Age*, New York 1941.

Streiker, Lowell D., *The Gospel Time Bomb*, Buffalo 1984.

Toolan, David, *Facing West from California's Shores: A Jesuit's Journey into New Age Consciousness*, New York 1987, S. 56ff., 304.

Vonnegut, Mark, *The Eden Express*, New York 1975.

Watts, Alan, *Vom Geist des Zen*, Frankfurt a. M. 1986.

– , *Psychotherapie und östliche Befreiungswege*, München 1981.

Wilber, Ken, *Up from Eden. A Transpersonal View of Human Evolution*, Garden City, N.Y., 1981, S. 3, 323–328 (dt. *Halbzeit der Evolution. Eine interdisziplinäre Darstellung der Entwicklung des menschlichen Geistes*, Bern/München/Wien 1984).

Christof Schorsch

Versöhnung von Geist und Natur? Eine Kritik

I Versöhnung von Geist und Natur im Kontext menschlicher Bewußtwerdung – ein Überblick

Geist und Natur werden immer dann zum theoretischen Thema, wenn ihre praktische Beziehung problematisch geworden ist. Der *archaische* Mensch war noch ganz Naturwesen, integraler Teil der Natur, in der und von der er lebte. Erst indem in einem langen Prozeß die natürlichen Verhaltensgrundlagen des Menschen kulturell überformt wurden, setzte eine Distanzierung vom Vorfindlichen ein, durch die es zur menschlichen Bewußtwerdung und damit auch zum Antagonismus von Geist und Natur kam, der uns heute so sehr beschäftigt.

Die Frage nach der Versöhnung von Geist und Natur zieht sich leitmotivisch durch die Menschheitsgeschichte, wobei, der jeweiligen Stufe der soziokulturellen und der Bewußtseinsentwicklung entsprechend, unterschiedliche Antworten formuliert wurden. Bereits beim *Homo sapiens neanderthalensis* finden sich ein ausgeprägter Totenkult, Jenseitsglauben und Totemismus.[1] Mit einer Fülle von Naturgewalten, dem Wissen um die eigene Sterblichkeit und mit der Angst vor Totemtieren und den Geistern der Ahnen konfrontiert, entwickelten dann die frühen Jetztmenschen vielfältige Formen magischer Rituale, überwiegend im Zusammenhang mit Jagd- und Fruchtbarkeitszauber. Der Geist aber ist damit schon nicht mehr nur *in* der Natur, sondern diese steht ihm *gegenüber*, wenngleich er sich noch auf *magische* Weise mit ihr verbunden und in sie eingeflochten denkt.

Als der Mensch mit der neolithischen Revolution endgültig aus der Einheit mit der Natur heraustrat, entstanden in den frühen Hochkulturen Mythen, die das Zusammenleben legitimierten und orientierten und Geist und Natur erneut kognitiv zu versöhnen suchten: Der Mythos begründet die soziale Wirklichkeit, in der sich Geist bestimmter als je zuvor von Natur emanzipiert hat, und er ermöglicht gleichermaßen *nach* der Differenzierung in die verschiedenen Schichten und Berufsgruppen einer arbeitsteiligen, produzierenden Gesellschaft soziale Kohärenz auf einer neuen Integrationsstufe. Nicht zufällig finden sich in den städtischen Hochkulturen auch die Anfänge zentralisierter Religion und des Gottkönigtums. Dem *mythischen* Bewußtsein sind die Welt der Götter und der Menschen in evidenter Weise eins.[2] Der Geist erscheint, wie die Natur, als Schauplatz und Wirkungsstätte des Numinosen.[3] Der Kultus stellt die göttliche Urwirklichkeit dar und vergegenwärtigt sie. Ursprung und Gegenwart sind unauflöslich miteinander verknüpft.

Aus dem mythischen Gruppen-Ich heraus entwickelte sich in einer längeren Übergangsphase ein individuelles Ich-Bewußtsein – ein Prozeß, der sich in den Mythen selbst widerspiegelt: Der neue Heldenmythos erzählt vom Prozeß der Selbstbewußtwerdung des einzelnen, der den Göttern und Naturgewalten trotzt und, listig wie Odysseus, seine eigenen Pläne verfolgt. Zahlreiche Mythen schildern diese Odyssee des Heros zum eigenen Ich als Meerfahrt, als ein Suchen und Finden mit Aufbruch, Initiation und Rückkehr.[4].

Mit der vorsokratischen Aufklärung dokumentierte sich das *mentale* Ich-Bewußtsein zum ersten Mal auf breiter Ebene als neue Struktur der Bewußtwerdung, die sich in Mitteleuropa erst so viel später ausbilden sollte. Die Entwicklung des individuierten Ich war, retrospektiv gesehen, ein wichtiger Prozeß, der nach Erreichen einer relativen Unabhängigkeit der Menschen von der Natur auch eine relative Unabhängigkeit des einzelnen von der Kultur ermöglichte. Reflexion und Selbstreflexion, Autonomie und Selbstverwirklichung können schlecht in einer Bewußtseinsstruktur ausgebildet werden, die in Bilder und Geschichten und die ewige Wiederkehr des Gleichen eingesponnen ist. Erst die Entwicklung des mentalen Ich erlaubte es, sich selbst zum Objekt des Denkens zu machen, Philosophie, Logik und Wissenschaft zu betreiben.

Mit der Neuzeit wurde diese Entwicklung radikalisiert: Reformation und Aufklärung, kapitalistische Produktionsweise und bürgerliche Revolutionen, Naturwissenschaft und Technik, Verstädterung und Industrialisierung und nicht zuletzt der Säkularisierungsprozeß des Bewußtseins, den Max Weber so treffend als «Entzauberung der Welt» begriff, führten zu jenen Strukturen, die für die Moderne charakteristisch sind. Die heilsgeschichtliche Perspektive des Christentums, derzufolge die Versöhnung der Welt als in Christus bereits geschehene auch Vorschein des eschatologischen Gottesreiches ist, wurde durch den Fortschrittsglauben des autonomen Subjekts an die technische Herstellbarkeit einer besseren – und in der antizipierenden Hoffnung goldglänzenden – Zukunft verdrängt.

Als die auf diese Weise radikalisierte Emanzipation des Geistes von der Natur dem modernen Bewußtsein um die Wende zum 19. Jahrhundert problematisch wird, entstehen neue Vermittlungsversuche – Frühromantik, spekulative Naturphilosophie und Hegels System –, die jeweils unterschiedliche und doch aufeinander bezogene Antworten auf die Frage nach dem Verhältnis von Geist und Natur darstellen. Wurde durch Schellings Identitätsphilosophie der Gedanke vorgegeben, wonach Natur der sichtbare Geist und Geist die unsichtbare Natur ist, so waren für Hegel Geist und Natur «die beiden unendlichen Seiten der [göttlichen, C. S.] Idee».[5] In der *Enzyklopädie* (§§ 246f.) heißt es, Gott habe zwei Offenbarungen: Natur und Geist. Die göttliche Idee setze das Andere, die Natur, aus sich heraus und nehme sie wieder in sich zurück, um Subjektivität und Geist zu sein.[6] Hegels Philosophie ist *Geistphilosophie*, insofern als der Geist gegenüber der Natur in besonderer Weise ausgezeichnet wird: Natur ist das unwahre Dasein des Geistes[7], «absolute Idee in der Gestalt des Andersseins»[8], «der sich entfremdete Geist»[9], «nur dienend seiner Manifestation»[10]. «Der Geist ist ein unendlich Höheres als die Natur; in ihm manifestiert sich die Göttlichkeit mehr als in der Natur»[11], formuliert eine der *Vorlesungen über die Geschichte der Philosophie*. Bestimmung der «gefallenen» Natur ist es folglich, sich aufzuopfern und zu verbrennen[12], «zum Geiste zu werden, ihr Anderssein aufzuheben»[13]. Philosophie ist für Hegel «das schlechthin tätige und den Gegensatz vereinigende Denken»[14]. In der *Enzyklopädie* (§ 247) gehört die Naturphilosophie zu diesem Weg der *Rückkehr*, da sie dem Geist die Erkenntnis seines Wesens in der Natur gewähre und die Trennung von Natur und Geist aufhebe.[15] Die Philosophie also (bzw. der Glaube) bewirkt die Wiederherstellung der «wirklichen Natur»[16] und die Versöhnung von Natur und Geist im *absoluten Geist*[17] – das heißt aber: bloß imaginär.

Hegels spekulativer Idealismus, in dem die Bewegung des Denkens die Bewegung der Sache selbst ist[18], wurde von Marx bekanntlich vom Kopf auf die Füße gestellt. Wie es in der berühmten *11. These über Feuerbach* heißt, hätten die Philosophen die Welt nur verschieden *interpretiert*, es käme aber darauf an, sie zu *verändern*[19]; und bereits in der *Einleitung zur Kritik der Hegelschen Rechtsphilosophie*[20] findet sich das Programm der Verwirklichung der Philosophie durch die Aufhebung des Proletariats. Marx und Engels galt gesellschaftliche *Arbeit* als erkenntnisleitendes Paradigma und die Dialektik von Produktivkräften und

Produktionsverhältnissen als Triebkraft der geschichtlichen Entwicklung. Deren Telos aber liegt *für sie* im *Reich der Freiheit* (dem säkularen Widerschein des messianischen Friedensreiches aus Jesaja 11, wo der Wolf wieder beim Lamm liegen würde). In diesen utopischen Zusammenhang gehört auch das kryptische Wort des frühen Marx vom durchgeführten Naturalismus des Menschen und vom durchgeführten Humanismus der Natur.[21] Versöhnung ist damit zum Projekt einer künftigen kommunistischen Gesellschaft geworden. Die revolutionäre Umwandlung der kapitalistischen in die kommunistische Gesellschaft soll durch die Abschaffung der Klassenunterschiede in der politischen Übergangsperiode der Diktatur des Proletariats erfolgen, von der Marx in seiner *Kritik des Gothaer Programms*[22] handelt. In den heutigen realsozialistischen Ländern existiert zwar eine Diktatur *über* das Proletariat, nicht aber der *Vorschein* einer versöhnten menschlichen Lebensform, in der soziale und politische Ungleichheit verschwunden und das natürliche Dasein des Menschen auch sein menschliches geworden ist. Vielmehr ist die Entfremdung des Menschen von der Natur, von sich selbst und von der Gattung[23] allgemein *perpetuiert* und in den bürgerlichen Demokratien des Westens lediglich durch die Pluralität individueller Optionen gemildert.

II Die apokalyptische Moderne – zur Kritik der neuen Mythen

Die heutzutage technisch machbare und jederzeit mögliche Do-it-yourself-Apokalypse treibt den Antagonismus von Geist und Natur krisenhaft auf die Spitze, denn der alte Zwang zur Unterwerfung der Natur – der immer auch ein Zwang zur Unterwerfung des Natürlichen im Menschen war – ist in apokalyptische Bedrohung der Menschheit, ja der gesamten Biosphäre umgeschlagen. Angesichts einer heute zur verabsolutierten Herrschaft des Geistes über die Natur geronnenen Emanzipation von der Natur stellt sich die Frage nach der Versöhnung von Geist und Natur in nie dagewesener Schärfe. Dabei scheint es vorrangig um die *Rettung der Natur vor dem Geist* und seinen wissenschaftlich-technischen Hervorbringungen zu gehen. Infolgedessen mag sich dem Denken in der Krise die eigene Ambivalenz enthüllen: Zum einen werden zwar kognitive Auswege aus der Krise gesucht, zum anderen aber ist das moderne Denken selbst zutiefst in jene Strukturen verstrickt, welche die Krisis generieren und prolongieren, weswegen Horkheimer[24] bekanntlich die Denunziation dessen, was gegenwärtig Vernunft hieße, als größten

Dienst ansah, den die Vernunft selbst zu leisten in der Lage sei. Wenn man nun dergleichen bedenkt, befindet man sich mitten in der Diskussion um Moderne und Postmoderne, Aufklärung und Vernunftkritik, in der es um die vielleicht entscheidende Frage geht, «ob wir die Selbstkritik einer mit sich zerfallenen Moderne *fortsetzen* und ob wir innerhalb des Horizonts der Moderne selber von den Pathologien des verfügenden Denkens Abstand gewinnen können – oder ob sich, wie manche behaupten, das Projekt einer Befreiung aus selbstverschuldeter Unmündigkeit schon definitiv erledigt hat»[25].

Aufgrund der desolaten Lage der Dinge scheinen allenthalben neue Suchbewegungen eingesetzt zu haben, in denen Geist – näher bestimmt als *Vernunft* oder *Rationalität* – als Ursache der apokalyptischen Moderne entweder bestritten oder behauptet wird, führte dies auch zur Ästhetik, Imagination oder zur «Maskerade hoch zwei»[26]. Darüber hinaus erwachsen aus der Krisis auch jene sozialen Bewegungen, in denen «Natürlichkeit», «Spiritualität», «Bewußtseinserweiterung» und «Ganzheitlichkeit» als Losungsworte zirkulieren. Vor vorschnellen Urteilen sei in diesem Zusammenhang gewarnt: Die bekannten Fronten haben sich verschoben und verwirrt, und dem prüfenden Blick enthüllt sich somit nicht mehr so leicht, wer denn Verfechter von Aufklärung und Emanzipation und wer Gegenaufklärer ist. Die Verwirrung ist *objektiv* vorhanden, denn der gesellschaftlich gangbare Weg ist nicht mehr klar zu erkennen, allen Durchhalteparolen zum Trotz.

Wenn sowohl die christliche Idee von Heilsgeschichte als auch die säkularen Versöhnungsphilosophien disqualifiziert zu sein scheinen, dann entsteht daraus nicht nur ein psychosoziales Defizit an Deutungsmustern der Krise, sondern auch ein Sinnvakuum, in das neue Heilsentwürfe vordringen: Es sind dies allemal geschichtsmetaphysische und -prophetische Vorstellungen, in denen sich auf vielfältige Weise utopische und mythisch-chiliastische Ansätze überkreuzen und verschlingen.[27] Zeitgleich mit politischer Resignation und postmoderner Destruktion von Vernunft, Subjekt und Geschichte werden von den neuen sozialen Bewegungen Möglichkeiten zur Versöhnung von Mensch und Mensch, Mensch und Natur, Mensch und Gott zu erkunden gesucht, und zwar bei neuerwachtem Interesse an allem Archaischen, Okkulten, Mythischen. Wenn nun tatsächlich ein Zusammenhang zwischen Vernunft und Gewalt, Aufklärung und Unterdrückung bestünde, wie von der *Dialektik der Aufklärung*[28] behauptet, dann hätte derlei als nachgerade *emanzipatorisch* zu gelten.

Es kommt jedenfalls nicht von ungefähr, daß dort, wo Rationalität zur

Gänze abgewirtschaftet zu haben scheint, Wissen und Weisheit in den magischen und mythischen Überlieferungen sogenannter Naturvölker und in den vom kulturellen Hauptstrom der Moderne verdrängten und verschütteten Traditionen gesucht werden: Wenn Rationalität nicht mehr im emphatischen Sinn als Medium von Aufklärung und Emanzipation verstanden wird, sondern als Herrschaftsinstrument und als Gedankenpolizei (oder sogar als Urheberin aller Übel dieser, der modernen, Welt), und wenn die moderne Entzauberung der Welt und der Sturz der Einbildung durch Wissen[29] diskreditiert sind, dann erscheint es als bloß folgerichtig, ein *Zurück zum Ursprung* zu fordern, zur natürlichen Natur und zur Welt der lebensspendenden Wirkmächte.

«Wiederverzauberung der Welt» ist das Schibboleth insbesondere der New-Age-Bewegung, deren Themen und Thesen gegenwärtig geradezu gesellschaftliche Breitenwirkung entfalten. Ihre Erwartung eines neuen und besseren Äon knüpft direkt an jüdisch-christliche Eschatologie an, wonach die Zeit erfüllt und das Reich Gottes gekommen ist, und auch *hier* ist Verheißung eines neuen Himmels und einer neuen Erde, da die alte im argen liegt.[30] Die heute von vielen proklamierte Geburt des «Goldenen Zeitalters»[31] der Allversöhnung und kollektiven «Erleuchtung»[32], des «neuen Menschen»[33] und des «Neuen Jerusalem»[34] wird durch die heilsgeschichtliche Deutung von Geschichte geradezu evoziert. Die krisengeschüttelte Gegenwart gilt daher als entscheidende Zeit der «Säuberung» und «Reinigung» des Planeten[35], um die «Spiritualisierung der ganzen Menschheit»[36] einzuleiten. Obgleich die elysische Gestalt des geforderten und geträumten Neuen mit schnellen Strichen skizziert wird, bleiben die Einzelheiten des kommenden Sozialparadieses doch merkwürdig unausgeführt – vermutlich aufgrund der Annahme, *nach* der kosmisch-numinos verursachten Geburt der Neuen Zeit werde sich alles andere schon von selbst finden.

Derlei Auffassungen verlangen geradezu danach, mit ihrer eigenen Begründungsproblematik konfrontiert zu werden, zumal sich ein Denken, das durch die Aufklärung bzw. ihre Folgen hindurchgegangen und auf der Höhe seiner Zeit ist, von kritischer Selbstvergewisserung und argumentativer Begründung der eigenen Geltungsansprüche auf propositionale Wahrheit nicht mehr dispensieren kann. Die New-Age-Bewegung hingegen bannt in breiter Front das Denken in einer «zweiten Mythologie»[37]: Ihr Anspruch, selbst über einen privilegierten Zugang zur Wahrheit zu verfügen[38], leitet sich her von einem unreflektierten Fürwahrhalten der eigenen Vorstellungen, von Privatoffenbarungen und esoterischen Lehren, die mit bekannten Motiven aus der Religions- und

Philosophiegeschichte, wie etwa einer quasi-neuplatonischen Emanations- und Remanationslehre, amalgamiert werden.[39] In hohem Maße handelt es sich bei derlei zudem um ein kurzschlüssiges Denken, das – so wissenschaftsgläubig wie wundersüchtig – nicht zuletzt meint, die Versöhnung der Welt schon vollzogen zu haben, indem es die vermeintlich geschichtsmächtigen Kräfte beim Namen ruft oder auf den Begriff bringt. Die tatsächliche Versöhnung jedoch ist als Menschheitsaufgabe ein *Utopikum ersten Ranges*, dessen heute behauptete Verwirklichung bloßes Surrogat ist. So wichtig zwar theoretische Wegweiser und *Modelle des Menschenmöglichen* sind, die über eine positivistisch zementierte Weltimmanenz hinausweisen, so eindeutig steht doch auch fest, daß die *faktische* Versöhnung von Natur und Geist, so sie jemals erfolgen sollte, einzig Resultat der im weitesten Sinne politischen Handlungen tätiger Subjekte sein kann. Alles andere bleibt ein zwar notwendiges, aber nicht hinreichendes Hantieren im utopischen Vorstellungsraum, aber im *utopischen*, der, sofern er nicht chiliastisch kontaminiert wird, Zukunft hat und haben will.

Demgegenüber blasen weite Teile gerade der New-Age-Bewegung den «Marsch nach rückwärts»[40]: Die Versöhnung von Natur und Geist wird rückdatiert in einen nebelhaft verborgenen paläolithischen Ursprung, dem die Prädikate der Nicht-Entfremdung, der Gottesnähe und der Harmonie mit der Natur zugesprochen werden, da es «keine Unterscheidung gab, kein Bewußtsein des Selbst und des anderen, in dem alles Harmonie war»[41]. Der Mythos von der Rückkehr zur paradiesischen Unschuld verkennt jedoch, daß das reale steinzeitliche «Paradies» kein Zustand der Glorie und der vollkommenen und gottgleichen Bewußtheit war, sondern der unbewußten und das Menschenmögliche verbergenden Einheit von Geist und Natur. In seinen *Vorlesungen über die Philosophie der Religion*[42] kritisiert Hegel die Auffassung, derzufolge der Mensch im «Stand der Unschuld» bereits im Besitz aller Kunst und Wissenschaft gewesen sei und Gott selbst zu schauen vermocht habe, da jener vielmehr einen Zustand der Rohheit, der Begierde und der Wildheit dargestellt habe: «Daß der Mensch in diesem Zustande das höchste Wissen der Natur und Gottes gehabt, auf dem höchsten Standpunkt der Wissenschaft gestanden, ist eine törichte Vorstellung, die sich auch historisch als ganz unbegründet erwiesen.»[43] «Das Paradies», wie Hegel an anderer Stelle[44] sagt, «ist ein Park, wo nur die Tiere und nicht die Menschen bleiben können.» Nur der *Ausgang* aus der paradiesischen Dumpfheit erlaubt es, «zum Licht des Bewußtseins» zu kommen[45] – eine Einsicht, die später von Bloch[46] in kongenialer Weise neuformuliert wurde.

Nach Jahrhunderttausenden menschlicher Kultur- und Bewußtseinsentwicklung[47] hilft uns kein Rekurs auf eine vermeintlich heile Natur, denn die ist, ebenso wie unsere eigene, hoffnungslos, hoffnungslos kulturell überformt. Die amorphe Sehnsucht nach Unterwerfung des Geistes unter die natürliche Natur, und das heißt, nach Preisgabe seiner selbst in Bewußtlosigkeit, muß, einmal mehr, die Dinge verkennen und verkehren. Es verwundert auch nicht, daß in dieser mythogenen Geisteslage noch die Krisis der Moderne als mythischer Endkampf der lichten Mächte mit denen der Finsternis gedeutet wird.[48]

Indem man solcherart den Menschen sich zwangsläufig-zwanghaft vollziehenden Entwicklungen unterwirft, reduziert man ihn aber vom handelnden zum sich bloß verhaltenden Wesen: Wo derartig gewaltige Mächte miteinander um die Neue (allesversöhnende) Zeit ringen, kann es dem einzelnen nur obliegen, sich auf den vermeintlich objektiven Gang der Dinge *einzustimmen* – und ihnen ansonsten ihren Lauf zu lassen. So auch wird – und auch hier *prima facie* ganz folgerichtig – das Ende menschlicher Entfremdung lediglich durch Opferung des Ich-Bewußtseins zu erreichen gesucht.[49] Dies jedoch stellt keine Überwindung der krisengeschüttelten Moderne dar, sondern lediglich ihre «Unterwindung»[50]: Sittliche Autonomie, Freiheit und Selbstverwirklichung sind *mythisch* nicht zu denken.[51] Das Zurück zur Natur, zum magisch-mythischen Eingebettetsein in eine beschützende Welt partizipierenden Bewußtseins ist infolgedessen eine Illusion und die Beschwörung ichloser Dumpfheit als Patentrezept zur Lösung aller Weltprobleme fauler Zauber und sonst nichts. Ob also mit dem von einigen enthusiastisch verkündeten Konzept einer Wiederverzauberung der Welt die drängenden Probleme der Menschheit gelöst werden können, darf getrost bezweifelt werden. Denjenigen, die heute ein Goldenes Zeitalter erwarten, wird es nicht anders gehen als ihren millenarischen Vorgängern: Die erwartete Neue Zeit wird einmal mehr ausbleiben.

Mit dieser Feststellung sollte man es jedoch nicht bewenden lassen. Obgleich die vermeintlichen Patentrezepte allzu sehr Ausgeburt mythisch-chiliastischen Denkens sind, das ein gänzlich irreales Adventsbewußtsein hervorruft, wird man doch auch diesfalls fragen müssen, worin ein brauchbares *Erbe* bestehen könnte, schließlich produzieren die gegenwärtigen Suchbewegungen nicht nur ideologischen Nebel, sondern auch permanenten Überschuß, der aus dem Mythendickicht erst zu befreien wäre: Als Reflex auf die Krisis der Moderne entstanden, werden von ihnen nicht nur wichtige Überlebensfragen aufgegriffen, sondern auch die «alten Flieh- und Suchefragen nach der rechten Art, menschenähnlich zu werden»[52] reformuliert. Die breitangelegte theoretische wie praktische Suche nach neuen, auch ökologisch angepaßteren, Lebensformen, nach Ganzwerdung, meditativer Gotteserfahrung und Selbstverwirklichung scheint mir ein wichtiger kultureller Impuls zu sein, der von den Suchbewegungen ausgeht, verweist er doch auf die Hoffnung auf Heimkehr aus der Entfremdung menschlicher «Vorgeschichte» und auf all die anderen utopischen Wunschbilder mehr, die darin ausgesprochen sind: Solange man noch nicht *ist*, was man *sein könnte*, bleibt der Mensch nach wie vor ein Fremdling in der Welt und die Versöhnung von Geist und Natur die dunkle Seite der Menschwerdung.

Derzeit befinden wir uns noch *mitten* in einem Prozeß, in dem die Grundlagen der Moderne erschüttert sind und in dem das kommende Neue noch nicht absehbar ist – ein Prozeß auch, in dem alle Spekulation über die Zeit «nach der Geschichte» bloß Überzeichnung der Gegenwart ist, nicht aber Stillstellung der Zukunft bedeutet.[53] Bei aller intellektuellen Trauerarbeit angesichts der apokalyptischen Moderne kann es weder darum gehen, wie Kamper[54] zu Recht feststellt, «den naiven Hoffnungen einer Remythisierung der Erfahrung, noch den regressiven Tendenzen einer Einmauerung der Vernunft nachzugeben». Der gängige Ansatz postmoderner Vernunftschelte verfehlt jedoch diesen dritten und einzig zukunftsträchtigen Weg zwischen den Fronten, weil es nicht das Versagen der Aufklärung *als solches* zu kritisieren gilt, sondern den defizienten Modus der sich an ihr positivistisches Moment verlorenen Aufklärung[55]: Nicht *die* Vernunft ist bankrott, sondern *ihre Engführung auf die instrumentalisierte Spezialrationalität.*[56] In *dieser* Vereinseitigung war die Moderne zu radikal und zu erfolgreich – und somit auch liegt die Krise der Vernunft gerade in ihrer *Ohnmacht* gegenüber solcher Engführung und Funktionalisierung. Von daher kann es kaum krisenbewältigend wirken, die Vernunft, wie geschehen, zu denunzieren oder durch Mythos zu ersetzen. Die entscheidende Frage ist vielmehr, ob und wie die lebensgefährlichen Konsequenzen der Modernisierung überwunden werden können, *ohne* diejenigen ihrer Errungenschaften aufzugeben, welche für jedwede fortzusetzende Emanzipation der Menschheit das *fundamentum inconcussum* bilden. Wenn man nämlich weder gewillt ist, sich vom vermeintlichen Verfall der «Erzählung der Emanzipation»[56] passivieren zu lassen, noch sich in adventistische Erfüllungsphantasien zu verabschieden, bleibt nur das *tertium datur* einer Perspektive von Versöhnung als *utopischem* Gegenentwurf zu Entzweiung, Entfremdung und Naturzerstörung[57]. *Aufklärung* im Kantischen Sinn[58] ist deshalb nach wie vor aktuell, heute auch und gerade als Ausgang aus den selbstverschuldeten Zwangsverhältnissen einer positivistisch mißverstandenen Rationalität.

Wenngleich man also, ohne ihre Errungenschaften preiszugeben, nicht mehr *vor* die Moderne zurück kann, so kann man doch, jene beerbend, darüber hinausgelangen, so etwa, indem Aufklärung und Mystik einander vermittelt werden[59]: Beide verbindet der Wille zum klaren Sehen, denn auch dort, wo man meditativ die Augen schließt, geschieht dies ja, um mit dem gewiß unverdächtigen Ernst Bloch[60] zu sprechen, «der Absicht nach aber nur, um gleich dem blinden Seher desto heller zu schauen». Doch auch Mystik ist kein Thema für vorschnelle Verheißungen menschlichen Gelingens: Der Topos der Gottwerdung ist zweifellos prekär und nicht für Euphoriker geeignet, die den imaginierten Strom der inneren Bilder mit der realen Erfahrung, Gottwerdung mit ihrer Simulation, Kontemplation mit Quietismus verwechseln und de facto allenthalben einer Rückkehr zum Dunkel der eingeschränkten Bewußtheit, zum muffigen Dünkel spiritistischer Ratifikationen und zur undurchdringlichen Nacht, in der die Gespenster umgehen, das Wort reden. Gerade der Mystik galten stets Sinne und Verstand als trügerisch: Evidenz allein genügt nicht, schließlich gibt es auch Wahn, Täuschung und Illusion, und dies nicht zu berücksichtigen, hieße, Gefahr zu laufen, *epistéme* gegen *dóxa* einzutauschen. Hier scheiden sich folglich Geist und Geister, und auch dies ist Fortschritt im Bewußtsein der Freiheit.

In der gegenwärtigen und nicht lediglich unübersichtlich gewordenen Situation sollte Philosophie, um utopischen Zukunftshorizont zu eröffnen, sowohl gegen die Remythisierung des Denkens als auch gegen die postmodernen Endspiele einer aporetischen Vernunftkritik denken, und zwar selbst dann, wenn die Ratio *nicht* das letzte Wort menschlicher Bewußtwerdung ist.[61] Denn das versöhnte Ganze ist weder in der mythisch verklärten Vergangenheit präsent noch in der chiliastisch überhöhten Gegenwart, weder ist es das a priori Göttliche oder Wahre noch das Unwahre, sondern vielmehr das Ziel als zu entwickelndes utopisches Totum, das einzig aus der Zukunft entgegenkommt. Oder, weniger metaphorisch gesprochen: Die Versöhnung der Welt wird nur Resultat eines geschichtemachenden Prozesses sein, der so utopisch wie ohne rational begründbare Garantie des Gelingens ist. Allen falschen Versprechungen des Angelangtseins zum Trotz bleibt die Sphärenharmonie *in* der Welt nach wie vor Zukunftsmusik.

Literatur

Adorno, Theodor W., *Minima Moralia. Reflexionen aus dem beschädigten Leben*, Frankfurt a. M. 1987.

Benhabib, Seyla, «Kritik des ‹postmodernen Wissens› – eine Auseinandersetzung mit Jean-François Lyotard», in: Andreas Huyssen/Klaus R. Scherpe (Hrsg.), *Postmoderne. Zeichen eines kulturellen Wandels*, Reinbek 1986, S. 103–127.

Berger, Peter L./Luckmann, Thomas, *Die gesellschaftliche Konstruktion der Wirklichkeit. Eine Theorie der Wissenssoziologie*, Frankfurt a. M. 1984.

Berman, Morris, *Wiederverzauberung der Welt. Am Ende des Newtonschen Zeitalters*, Reinbek 1985.

Bloch, Ernst, *Werkausgabe*, Frankfurt a. M. 1985 (abgekürzt: *BW*).

Busche, Hubertus, «Logozentrismus und différance – Versuch über Jacques Derrida», in: *Z. f. phil. Forschung*, 41, 1987, S. 245–261.

Campbell, Joseph, *Der Heros in tausend Gestalten*, Frankfurt a. M. 1978.

Eco, Umberto, *Nachschrift zum «Namen der Rose»*, München [5]1986.

Frank, Manfred, «Die Dichtung als ‹Neue Mythologie›», in: Karl Heinz Bohrer (Hrsg.), *Mythos und Moderne. Begriff und Bild einer Rekonstruktion*, Frankfurt a. M. 1983, S. 15–40.

– , *Die Unhintergehbarkeit von Individualität. Reflexionen über Subjekt, Person und Individuum aus Anlaß ihrer «postmodernen» Toterklärung*, Frankfurt a. M. 1986.

– , «Zwei Jahrhunderte Rationalitäts-Kritik und ihre ‹postmoderne› Überbietung», in: Dietmar Kamper/Willem van Reijen (Hrsg.), *Die unvollendete Vernunft. Moderne versus Postmoderne*, Frankfurt a. M. 1987, S. 99–121.

Gebser, Jean, *Ursprung und Gegenwart*, 3 Bde., München 1986.

Habermas, Jürgen, *Die Neue Unübersichtlichkeit. Kleine politische Schriften V*, Frankfurt a. M. 1985.

– , *Der philosophische Diskurs der Moderne. Zwölf Vorlesungen*, Frankfurt a. M. 1985 (abgekürzt: 1985a).

Hegel, Georg Wilhelm Friedrich, *Werke in zwanzig Bänden*, hrsg. von Eva Moldenhauer und Karl Markus Michel, Frankfurt a. M. 1986 (abgekürzt: *HW*).

Horkheimer, Max, *Zur Kritik der instrumentellen Vernunft. Aus den Vorträgen und Aufzeichnungen seit Kriegsende*, Frankfurt a. M. 1986.

Horkheimer, Max/Adorno, Theodor W., *Dialektik der Aufklärung. Philosophische Fragmente*, Frankfurt a. M. 1986.

Hübner, Kurt, *Die Wahrheit des Mythos*, München 1985.

Kamper, Dietmar, *Zur Soziologie der Imagination*, München/Wien 1986.

– , «‹Atlantis› – Eine nachgeschichtliche Dekonstruktion», in: Dietmar Kamper/Ulrich Sonnemann (Hrsg.), *Atlantis zum Beispiel*, Darmstadt/Neuwied 1986, S. 257–262 (abgekürzt: 1986a).

– , «Aufklärung – was sonst? Eine dreifache Polemik gegen ihre Verteidiger», in: Dietmar Kamper/Willem van Reijen (Hrsg.), *Die unvollendete Vernunft. Moderne versus Postmoderne*, Frankfurt a. M. 1987, S. 37–45.

– , «Symbolischer Tausch oder Die Fabrikation von Ungeheuern», in: *Information Philosophie*, 15, 3/1987, S. 5–11 (abgekürzt: 1987a).

Kant, Immanuel, *Kants Werke*, Akademie-Textausgabe. Berlin 1968 (abgekürzt: *KW*).

Kull, Ulrich, *Evolution des Menschen. Biologische, soziale und kulturelle Evolution*, Stuttgart 1979.
Lassalle, Hugo M. Enomiya, *Am Morgen einer besseren Welt. Der Mensch im Durchbruch zu einem neuen Bewußtsein*, Freiburg i. Br. 1984.
Lyotard, Jean-François, *Das postmoderne Wissen. Ein Bericht*, Graz/Wien 1986.
Marcuse, Herbert, *Der eindimensionale Mensch. Studien zur Ideologie der fortgeschrittenen Industriegesellschaft*, Darmstadt/Neuwied ²¹1987.
Marx, Karl/Engels, Friedrich, *Studienausgabe in vier Bänden*, hrsg. von Iring Fetscher, Frankfurt a. M. ¹²1979.
Müller, Robert, *Die Neuerschaffung der Welt. Auf dem Weg zu einer globalen Spiritualität*, München 1985.
Raulet, Gérard, *Gehemmte Zukunft. Zur gegenwärtigen Krise der Emanzipation*, Darmstadt/Neuwied 1986.
Rifkin, Jeremy, *Kritik der reinen Unvernunft. Pamphlet eines Ketzers*, Reinbek 1987.
Russell, Peter, *Die erwachende Erde. Unser nächster Evolutionssprung*, München 1984.
– , «An der Schwelle zur Spiritualisierung der ganzen Menschheit. Die kühne These vom ‹globalen Gehirn› der Erde: Über die Zukunft eines spirituellen Zeitalters des Bewußtseins», in: Gert Geisler (Hrsg.), *New Age – Zeugnisse der Zeitenwende*, Freiburg i. Br. 1984, S. 185–195 (abgekürzt: 1984a).
Schelling, Friedrich Wilhelm Joseph von, *Ausgewählte Schriften in 6 Bänden*, hrsg. von Manfred Frank, Bd. 3: 1804–1806, Frankfurt a. M. 1985.
Schmidt, Burghart, *Postmoderne – Strategien des Vergessens*, Darmstadt/Neuwied ³1987.
Schnädelbach, Herbert (Hrsg.), *Rationalität. Philosophische Beiträge*, Frankfurt a. M. 1984.
Schorsch, Christof, *Auf der Suche nach der Einheit. Ein philosophischer Essay*, Essen 1987.
– , «Wege zu einer Philosophie der Evolution», in: *Philosophia Naturalis*, 24, 1987, S. 83–100 (abgekürzt: 1987a).
– , *Die New-Age-Bewegung. Utopie und Mythos der Neuen Zeit – Eine kritische Auseinandersetzung*, Gütersloh 1983.
– , «Wovon man nicht schweigen kann, darüber muß man sprechen», in: Dietmar Kamper/Christoph Wulf (Hrsg.), *Das Schweigen* (i. V.; abgekürzt: 1988a).
Schüler, Andreas, «Alte Gefahren, neue Zeit? Zivilisationskritik und Prophetie des ‹New Age›», in *Universitas*, 42, 1987, S. 1016–1026.
Spangler, David, *New Age – Die Geburt eines Neuen Zeitalters*, Kimratshofen 1983.
Steitz, Erich, *Die Evolution des Menschen*, Weinheim ²1979.
Trevelyan, George, *Unternehmen Erlösung. Hoffnung für die Menschheit*, Freiburg i. Br. 1983.
– , *Eine Vision des Wassermann-Zeitalters. Gesetze und Hintergründe des «New Age»*, München 1984.
Vattimo, Gianni, *Jenseits vom Subjekt. Nietzsche, Heidegger und die Hermeneutik*, Graz/Wien 1986.
Wellmer, Albrecht, *Zur Dialektik von Moderne und Postmoderne. Vernunftkritik nach Adorno*, Frankfurt a. M. 1985.
Wilber, Ken, *Halbzeit der Evolution. Der Mensch auf dem Weg vom animalischen zum kosmischen Bewußtsein*, Bern/München/Wien 1984.

Anmerkungen

1 Kull 1979, S. 42 und 222f., sowie Steitz 1979, S. 150ff.
2 Vgl. Berger/Luckmann 1984, S. 119.
3 Hübner 1985, S. 115.
4 Campbell 1987.
5 *HW* XX, S. 65.
6 *HW* IX, S. 23f.
7 *HW* III, S. 570.
8 *HW* IV, S. 33.
9 *HW* IX, S. 25.
10 *HW* XVII, S. 10.
11 *HW* XVIII, S. 88.
12 *HW* XVI, S. 109.
13 *HW* IX, S. 25.
14 *HW* XVI, S. 32.
15 *HW* IX, S. 24.
16 *HW* XI, S. 384.
17 *HW* X, S. 394.
18 *HW* XVI, S. 109.
19 Marx/Engels I, S. 141.
20 A. a. O., S. 30.
21 Marx/Engels II, S. 101.
22 Marx/Engels III, S. 184ff.
23 Marx/Engels II, S. 81.
24 Horkheimer 1986, S. 174.
25 Habermas 1985, S. 134.
26 Eco 1986, S. 79.
27 Schorsch 1988, pass.
28 Horkheimer/Adorno 1986.
29 A. a. O., S. 7.
30 Vgl. *BW* XIV, S. 173ff.
31 Müller 1985, S. 253.
32 Russell 1984, S. 214.
33 Lassalle 1984, S. 25.
34 Trevelyan 1983, S. 209.
35 A. a. O., S. 205, und Trevelyan 1984, S. 161.
36 Russell 1984a.
37 Adorno 1987, S. 322.
38 Spangler 1983, S. 42, und Trevelyan 1983, S. 13.
39 Vgl. Schorsch 1988, S. 93ff.
40 Wilber 1984, S. 276.
41 Rifkin 1987, S. 102.
42 *HW* XVI, S. 260ff.
43 *HW* XVI, S. 266.
44 *HW* XII, S. 389.
45 *HW* XVI, S. 266.
46 *BW* XIV, S. 24, S. 116f. u. ö.
47 Schorsch 1987, S. 32ff.
48 Trevelyan 1984, S. 145.
49 Berman 1985, S. 331ff.
50 Gebser 1986.
51 Hübner 1985, S. 355.
52 *BW* V, S. 1097.
53 Vgl. Kamper 1987a, S. 5ff.
54 Kamper 1986, S. 12.
55 Vgl. Horkheimer/Adorno 1986, S. 39.
56 Frank 1983, S. 31, und Habermas 1985a, S. 130ff.
57 Lyotard 1986, S. 112.
58 Vgl. Wellmer 1985, S. 102.
59 *KW* VIII, S. 35.
60 Schorsch 1988a.
61 *BW* XIV, S. 92.
62 Schorsch 1987a, S. 96.

VII
Technische Wissenschaft, Natur, westliche Kultur

ERWIN CHARGAFF

Erforschung der Natur und Denaturierung des Menschen

I

Ich gehe von der Feststellung aus, daß die Funktion der Naturwissenschaften sich in unserem Jahrhundert, vor allem seit dem Zweiten Weltkrieg, enorm verändert hat. Tatsächlich sind die Veränderungen so groß, daß man sich fragen müßte, ob die alten Bezeichnungen überhaupt noch zutreffen oder ob wir wieder einen Fall haben, wie so oft in der Historie, daß gepanzerte Ritter mit Schild und Speer in eine Schlacht reiten, in der mit Kanonenkugeln auf sie geschossen wird. Es hat Zeiten gegeben, wo der einzelne Mensch viel ungeduldiger war als die Gesellschaft, in der er lebte. Jetzt leben wir in einer unglaublich rastlosen und ungeduldigen Gesellschaft, die den einzelnen überbeansprucht. In dieser Beziehung ist also die moderne Naturforschung ein gültiger Ausdruck unserer Gesellschaft. Wobei man sich allerdings fragen kann, wer zuerst da war, die synthetische Henne oder das künstliche Ei.

Ich nehme an, daß es schon zu neolithischen Zeiten vorgekommen ist, daß ein Mann, dem ein Stein auf den Kopf fiel, stehengeblieben ist, um sich den Stein genau anzusehen und sich zu fragen, woher der Stein eigentlich kam und warum er ihm so weh tat. Das mag ein seltener Mensch gewesen sein, aber ich bin sicher, daß er bald danach damit begann, umherzugehen unter seinen Mitneandertalern, um ihnen verschiedenes zu erklären und auszulegen. So war der erste Naturforscher geboren und der erste Fachmann. War es außerordentliche Neugier, die ihn beseelte, war es ungewöhnliche Intelligenz? Wahrscheinlich eine Mischung von beidem und noch vielem andern.

Viele, viele Jahrtausende mußten jedoch vergehen, bevor es zu dem kommen konnte, was wir auch jetzt als Naturwissenschaft oder gar als Naturforschung bezeichnen würden. Solange die Menschen, auch ohne sich diese Frage stellen zu müssen, sich als Teil der Natur betrachteten – nicht nur von ihr umgeben, sondern als zu ihr gehörig –, konnte man vielleicht von einer sehr primitiven Form von Naturwissenschaft sprechen, aber kaum von Naturforschung. Zuerst mußten nämlich die Menschen gleichsam aus der Natur hinausfallen, sich von ihr als etwas Andersgeartetem loslösen, ihr als Freundin oder meistens als Feindin gegenüberstehen. So gibt es zwar in der Antike – und nicht nur bei den Griechen und Römern – bescheidene Anfänge von Naturwissenschaft, hauptsächlich Naturbeschreibung, aber um erkennbare Naturforschung zu finden, dürfen wir nicht mehr als etwa dreihundert Jahre zurückgehen. Dazu mußte nämlich das geschehen, was ich als den Fall aus der Natur bezeichnet habe, und dieser fand wahrscheinlich in dem auf die Entdeckung Amerikas folgenden Jahrhundert statt.

Das 16. Jahrhundert war alles in allem ein großes Jahrhundert der Loslösung, und man könnte sagen, daß die Kräfte, die den Menschen zur Apostasie von der Natur drängten, denen nicht unähnlich waren, die die Reformation herbeiführten. Es war ein vielfach apostatisches Zeitalter. (Freundlichere Leute würden es ein Zeitalter der Befreiung nennen; einer Befreiung, die zu einer neuen und unauflöslicheren Sklaverei führen sollte.)

II

Wenn ich in Verfolgung meines Kleingewerbes, der Wissenschaftskritik, die Richtung verurteile, die die experimentellen Naturwissenschaften in den letzten fünfzig Jahren eingeschlagen haben, werde ich oft gefragt, ob es alternative Naturwissenschaften gebe. Meine Antwort pflegt zu sein, daß, wie die großen Wissenschaften jetzt konstituiert sind, ich mir keine Alternativen vorstellen könne. Es gebe keine andere Physik, keine andere Chemie. Eine andere Biologie sei vielleicht eher vorstellbar; und vollends bei den angewandten und industrialisierten Wissenschaften, zu denen ich auch die Medizin rechnen würde, wären Reformen, zum Beispiel eine Änderung ihrer Ziele und Zwecke, durchaus denkbar.

Man muß sich nämlich vergegenwärtigen, daß eine Abkehr von den heute üblichen Methoden der Naturforschung einen derartigen Riesensprung erfordern würde, daß er ohne eine vorhergehende soziale, moralische und psychologische Revolution von unvorstellbaren Ausmaßen gar nicht gedacht werden kann. Es wäre, um bei der jetzt eingeführten Nomenklatur zu bleiben, einer der größten Paradigmenwechsel der Weltgeschichte, vergleichbar mit der Entstehung des Buddhismus oder dem Aufstieg des Christentums. Es würde heißen, dem ade zu sagen, was ich einmal die galoppierende Experimentitis unserer Forschung genannt habe; es würde heißen, zu verzichten auf die hauptsächlichen intellektuellen Werkzeuge unserer Zunft, auf die Induktion und den Reduktionismus. Vom Kleinen auf das Große zu schließen, vom Teil auf das Ganze, das ist unseren Wissenschaften so eingefleischt, daß eine Umgewöhnung einer Schindung gleichkommen müßte. Ihrer pseudophilosophischen Stützen beraubt, wären sogar die exakten Naturwissenschaften so hilflos wie der von Apollo seiner Haut beraubte Marsyas, der sicherlich daraufhin dem Flötenspiel entsagen mußte.

Aber machen wir für einen Augenblick den Gedankensprung zu jenen alternativen Wissenschaften, die auf das Ganze der Natur blicken, ohne daran zu denken, sie zu zerfasern, die sich darauf beschränken, das Sichtbare, sozusagen die Oberfläche der Natur zu betrachten und zu beschreiben. Und wohin hat uns dieser Sprung geführt? Seltsamerweise zu den Vorsokratikern, diesen Meistern phantasievoller Deduktion. Wollten wir zu ihnen zurückkehren, so wäre das nur eine komische Maskerade; als erwarteten wir von den Bildhauern der Gegenwart, etwas zu schaffen, das dem Wagenlenker von Delphi gleichkäme. Es gibt kein Zurück auf der Welt, die Reise zum Maximum der Entropie geht nur in eine Richtung.

III

Seit Bacon und Newton, seit Galilei und Galvani, seit Lavoisier und Darwin stand die Richtung der Reise fest, wenn auch Unklarheit herrschte über ihr Ziel. Tatsächlich muß man es vermeiden, irgendeinen der Reisenden nach seinem Ziel zu fragen. Er kriegt trübe Augen und faselt einen Gemeinplatz, denn er hat meistens kein Ziel, außer sich und die Seinen gut zu versorgen. Das ist übrigens ein recht einwandfreies Ziel und gewiß anständiger, als bekäme man etwas vorgesetzt über die Suche nach Wahrheit oder den Wunsch, der Menschheit zu helfen. Es gibt wenig Abscheulicheres als die Tendenz unserer Zeit, mittels abgegriffener Schablonen ihre Schandtaten in Wohltaten umzumodeln. Darauf komme ich noch zurück.

Wenn die ethischen Aspekte der Naturforschung diskutiert werden, hört man immer wieder die Unterscheidung zwischen den reinen und den angewandten Wissenschaften, oder es wird unterschieden zwischen Forschung und Technik. Daran knüpft sich gewöhnlich eine Banalität, wie zum Beispiel, daß die reine Forschung wertfrei oder sogar etwas Gutes sei, während das Übel nur von der Anwendung oder der praktischen Verwertung der Forschungsresultate komme. Ich halte das für eine faule Ausrede, denn es verkennt einige der weniger edlen Eigenschaften des Menschen: die Neugier, die Habgier, die Rastlosigkeit, die Unbeständigkeit. Wenn jemand jetzt unterscheiden will zwischen der immer edlen Forschung und ihrer oft tadelnswerten Nutzung, so erinnert mich das an die Geschichte von dem Mann, dem es gerade gelungen war, seinem Pferd das Fressen abzugewöhnen, als es starb. In den mir zugänglichen Disziplinen werden die meisten Forschungen nur zwecks sofortigen Verschleißes durchgeführt. Keine Gentechnologie ohne Impresario, keine Transplantation ohne Barkapital. Ein Aidsforscher braucht nur zu krähen, er wolle den Staatsdienst verlassen, weil er in der Privatindustrie viel mehr verdienen könne; und schon erscheint – ganz anders als einst dem Belsazar – die Leuchtschrift auf dem Fernsehschirm, und sie sagt: «Man hat dich gewogen und zu leicht gefunden. Daher wird dein Gehalt verdoppelt.»

Am Anfang dieses Vortrags habe ich darauf hingewiesen, daß sich in unsrer Zeit die Funktion der Naturwissenschaften weitgehend verändert zu haben scheint. Diese Behauptung hat unter anderem mit der wohlbekannten Erkenntnis zu tun, derzufolge eine Veränderung der Quantität eine neue Qualität bedinge. Die Wissenschaften, ob man nun an die Geistes- oder die Naturwissenschaften denkt, waren immer die Sache verhältnismäßig weniger Menschen gewesen. Dabei teilten diese ihre Tätigkeit zwischen Lehren und Forschen, so daß für die Forschung selbst nur wenig Zeit übrigblieb. Mit Ausnahme einiger großer Universitäten und Forschungsinstitute war der Forscherkreis auch in meinen Anfängen noch sehr klein. Das änderte sich erst während des Zweiten Weltkriegs, als die Zahl der Naturwissenschaftler zu steigen begann. Ich erinnere mich, daß man, als ich in den sechziger Jahren anfing, von solchen Dingen zu sprechen, die Zahl der Naturwissenschaftler in den Vereinigten Staaten auf etwa 120000 schätzte, wobei ich hinzufügte, daß mir diese Zahl als übertrieben hoch vorkomme.

Jetzt möchte ich Sie bitten, diese Schätzung von 120000 mit den

Zahlen zu vergleichen, die die National Science Foundation vor kurzem veröffentlicht hat. Für das Jahr 1976 wurde die Zahl der Naturforscher in Amerika auf 960000 geschätzt und für 1986 auf 2200000, also einer Erhöhung von 130 Prozent in 10 Jahren entsprechend. Als ich von fast 2 ¼ Millionen auf die Natur losgelassenen Amerikanern hörte, rief ich aus: «Aber so viel Natur gibt es ja überhaupt nicht! Was sollen die alle anfangen?» Man gewinnt den Eindruck, daß unsere Politiker und Wissenschaftler jetzt auf die Natur schauen, als wäre sie das untergehende Römische Reich. Je mehr Vandalen auf sie gehetzt werden, um so größer die Beute. Ich brauche kaum zu betonen, wie idiotisch mir all das erscheint. Tatsächlich wäre ich erstaunt, wenn die Anzahl wirklicher Naturforscher in USA auch nur einem Tausendstel der hier genannten Ziffer entspräche.

Ich habe nicht das Recht, soziologische Schlußfolgerungen zu ziehen, aber ist es nicht offenkundig, daß wir der Begründung und dem Aufstieg einer neuen Klasse beiwohnen, für die ich den Namen Wissensproduzenten vorgeschlagen habe? Die meisten davon sind eigentlich keine Forscher im früheren Sinne, sondern eine Art von akademischen Möbelpakkern, dazu trainiert, unzählige Banalitäten platzsparend zu verstauen. Diese Geschicklichkeit wird auch immer dringender gebraucht, denn ich kann mit einer weiteren Statistik aufwarten. Der *New York Times* vom 16. 2. 1988 entnehme ich, daß es jetzt etwa 40000 naturwissenschaftliche Zeitschriften gibt, in denen etwa eine Million Arbeiten pro Jahr veröffentlicht werden. Wer schreibt das Zeug, wer liest das Zeug? Ist die Forschung, wie wir sie jetzt betreiben, überhaupt noch als menschliche, als menschenwürdige Tätigkeit zu erkennen?

IV

Die Erwähnung der von mir postulierten neuen Klasse der Wissensproduzenten bringt mich zu der Frage, ob wir unter Wissen eigentlich noch dasselbe verstehen wie frühere Zeiten. Natürlich kann man es sich leicht machen, indem man sagt, Wissen sei das, was der Wissensproduzent erzeugt. Also genauso wie der Schuster Schuhe macht. Selbst auf Ihren Einwand bin ich gefaßt, wenn Sie mir erwidern, kein Schuster mache jetzt mehr Schuhe, sondern der Schuhfabrikant besitze Maschinen, die Schuhe in großer Zahl erzeugen. Tatsächlich habe ich auf diesen Einwand gewartet, um antworten zu können, daß wir jetzt Wissensfabrikanten haben, die Maschinen zur Erzeugung großer Massen von Wissen besitzen. Die Analogie geht sogar weiter: So wie Schuhe sich abnutzen und durch neue ersetzt werden müssen, wird auch das semi-industriell erzeugte Wissen bald abgetragen und bedarf immer wieder der Erneuerung. Die Lebensdauer wissenschaftlicher Fakten ist ähnlich der von Schuhen, etwa drei bis fünf Jahre. Ich brauche nicht darauf einzugehen, daß eingebaute Obsoletheit auch im sozusagen gewerkschaftlichen Interesse der Wissensproduzenten liegt. Das ist übrigens nicht der einzige Punkt, in dem unsere gegenwärtigen Naturwissenschaften an den Kommerz erinnern.

Wissen, das war ursprünglich das alte lateinische Wort *scientia*; es bereicherte den einzelnen, es erweiterte seinen Geist, es belehrte ihn, so wurde er manchmal ein Gelehrter. Damit ist es, denke ich, zu Ende. *Sum, ergo cogito*, ist jetzt das Motto. Ich würde sagen, wenn heute in einem einzigen Land 2 ¼ Millionen Menschen über die Natur nachdenken, kann nichts dabei herauskommen. Oder richtiger: Es kommt viel, aber sehr Übles dabei heraus. Es entsteht eine Art von Bevölkerungsdruck, ein Wettlauf um Themen und Einfälle, ein Überlebenskampf. Es entsteht eine Trivialisierung und Brutalisierung. Je mehr Leute Wissenschaft betreiben, desto weniger gut ist die Wissenschaft; oder, genauer gesagt, der Begriff Wissenschaft wird ein anderer. Es verändert sich das Tempo der Forschung, indem mit einem Mal das schnellere Denken – früher nur eine Zirkuskunst – und das lautere Reden – früher ein Privileg des Politikers – den Preis davontragen. Nur wer längere Zeit den Forschungsbetrieb mitgemacht hat, kann ermessen, wie schädlich die plötzlich eintretende, immense Beschleunigung sich bemerkbar macht.

Am gefährlichsten ist aber die Brutalisierung, die die allgemeine wissenschaftliche Einbildungskraft und noch mehr den einzelnen Forscher ergriffen hat. Was meine ich damit? Sehen Sie sich die Themen an, die heute in der sogenannten biomedizinischen Forschung bearbeitet werden; oder, noch besser, lauschen Sie den Diskussionen und Wunschträumen der Forscher, lesen Sie die zusammengepfuschten Berichte der Journalisten. Man hat den Eindruck, als wollte ein seniler Prometheus die Erbschaft von Jahrmillionen in einem Tag vergeuden. Wehe den Wissenschaften, wenn den Völkern eines Tages die Idee kommt, man müsse diesen entfesselten Prometheus unter Kuratel stellen! Die Erinnerung, daß die Götter das schon einmal vergeblich versucht haben, hat unter den gegenwärtigen Umständen rein dekorativen Charakter. Wir wissen nämlich nur von jenen Knebelungsversuchen, die in der Vergangenheit gescheitert sind, von den erfolgreichen wissen wir nichts.

«Das ist aber eine häßliche Bemerkung», flüstert mir eine meiner zahlreichen inneren Stimmen zu. Aber wieso? «Die Gedanken sind frei!» habe ich zwar seinerzeit in krächzendem Knabenchor mitgesungen. Unterdessen habe ich mich oft gefragt, ob wir wirklich als gute Demokraten verpflichtet sind, alle Gedanken, die Luzifer dem Herostrat eingeblasen hat, freudig mitzudenken. Ich plädiere demnach für eine Abkühlung des Forschungsbetriebes, für eine Kürzung der dafür zur Verfügung gestellten Geldmittel und für eine beträchtliche Verringerung der Zahl derjenigen, die sich diesem Beruf widmen. Es wird nötig sein, daß die Völker sich mit dem Gedanken befreunden, daß nicht alles Wißbare wissenswert ist, und insbesondere, daß die immer weiter zunehmende Beschleunigung der Erzeugung sogenannten neuen Wissens eine große Gefahr für die Menschheit ist. Handelt es sich doch beim naturwissenschaftlichen Wissen um ein Produkt, das der Kontrolle durch Angebot und Nachfrage nicht unterliegt.

V

Ich glaube nicht, daß es eine Übertreibung ist, wenn ich sage, daß wir in einem Zeitalter leben, in dem die Naturwissenschaft es auf sich genommen hat, die Natur zu brutalisieren wie nie zuvor. Es könnte sein, daß sie es schon immer getan hätte, wenn sie die Mittel dazu gehabt hätte, aber ich bezweifle es. Es hat Zeiten gegeben, in denen das Gewissen des einzelnen noch funktionierte und ihn von vielem abhielt, das jetzt durch den Teufelskult der Machbarkeit als des einzigen kategorischen Imperativs nicht nur sanktioniert, sondern sogar anbefohlen wird. Große Theologen der Vergangenheit, zum Beispiel Kardinal Newman, sahen im Gewissen der Menschen einen der hauptsächlichen Gottesbeweise. Damit ist es vorbei. Kann man sich jetzt einen Naturforscher vorstellen, der sich weigert, gewisse Versuche zu machen, weil sein Gewissen es ihm verbiete? Ich glaube, daß das Verschwinden von zwei einstmals lebendigen Kräften viel zu unserer Misere beigetragen hat. Diese sind das menschliche Gewissen und die Einbildungskraft, um sich in ein anderes Lebewesen hineinzuversetzen.

Wenn man Glück hat, kann man in einer einzigen Nummer der *New York Times* oder der Zeitschrift *Science* von genug wissenschaftlichen Schandtaten lesen, um ein ganzes Leben mit bitterstem Widerspruch versorgt zu sein. Fünfzigtausend Obdachlose allein in New York und 4 ½ Milliarden Dollar für den sogenannten «Supercollider», eine Maschine, die die Teilchenphysiker befähigen wird, das Atom noch kräftiger auf den Kopf zu hauen, bis es schreit, daß man es sogar in Stockholm hört; oder dort unten in Kalifornien eine azephale Mißgeburt, die einige Tage künstlich am sogenannten Leben erhalten wird, bis sich andere Neugeborene finden, die das eine oder andere Organ des hirnlosen Kindes brauchen können. *Requiescat in dollaribus!* Einem andern Fötus wird etwas entnommen, was, ins Gehirn eines Parkinson-Kranken verpflanzt, Wunder wirkt, zumindest für den Chirurgen. Organe werden munter transplantiert, als wären es Vergaser oder Zündkerzen; dabei mußte doch ein anderer sein Leben lassen unter Umständen, denen man besser nicht nachgeht. Tiefgefrorene Embryos werden schließlich zum Tode im Mistkübel verurteilt. Leihmütter streiten sich um Kind und Profit; In-vitro-Babys kennen weder Vater noch Mutter, an ihrer Wiege standen milde lächelnd Pipetten und Pinzetten, vielleicht auch noch Gynäkologe und Advokat mit ihren Schecks. Was das für eine Welt ist!

Oder ein anderer, rosigerer Aspekt derselben Hölle. Das Gerede von der Bestimmung der gesamten Nukleotidsequenz des menschlichen Genoms. Was da alles herauskommen wird, und für nur drei Milliarden Dollar! (Dabei hat Präsident Reagan vor kurzem gewisse Steuererleichterungen für Blinde abgeschafft.) Endlich werden wir wissen, daß die ganze Menschheit krank ist, denn gewiß wird ein jeder von der Norm des menschlichen Genoms abweichen. Die Motive sind, denke ich, rein gewerkschaftlich; jahrelang Arbeit für eine Menge sonst unverwendbarer Molekularbiologen. Sequenzbestimmung, wie sie jetzt betrieben wird, gehört zum Geistlosesten auf der Welt. Aber die Computer werden viel zu tun bekommen, denn ein Text aus dreitausend Millionen Buchstaben kann von menschlichen Augen weder gelesen noch interpretiert werden.

So erhebt sich denn die Frage: Müssen wir alles wissen? «Der Vogel Strauß ist ein weiser Vogel!» habe ich schon vor Jahren ausgerufen. Haben wir nicht das Recht, ja sogar in manchen Fällen die Pflicht, unsere Ohren zu verschließen? Ist nicht die übertriebene Emsigkeit unserer Forscher mit beteiligt an der Neurasthenie, der Rastlosigkeit unserer Zeit? Überall, in allen Belangen unserer Existenz macht sich die Gilde, die ich die Wissensgschaftlhuber genannt habe, zu schaffen. Ich zitiere aus meinem letzten Buch *Serious Questions*:

> Unser Leben wird von Fachleuten regiert, die vielleicht nicht besonders gescheit sind, aber wissen, wo man nachschaut. Spezialisten der gleichen Disziplin sind gewöhnlich *einer* Meinung, außer wenn sie von

den beiden Prozeßgegnern bezahlt werden; dann haben sie zwei Meinungen. Von der Geburt bis zum Grab sind wir Forschungsobjekte. Der kleinste Fötus wird den Zytogenetikern nicht entkommen, wenn sie aus den Chromosomen sein Horrorskop stellen. Wenn er trotz der Anstrengungen der Erziehungsfachleute aufwächst und seine Sozialversicherungsnummer bekommt, wird er ein Gegenstand für Statistiker, Soziologen, Politologen, Nationalökonomen. Im weiteren Verlauf seines Lebens wird er unvermeidlicherweise in die Hände des biomedizinischen Standes geraten, und wenn er schließlich ans andere Ende kommt, werden Thanatologen seine Agonie studieren. Ethizisten werden seine Moral beklagt haben, Analytiker seine Seele auseinandernehmen. Gurus, Propheten, Tonangeber, Politiker werden ihn irregeführt und verwirrt haben. Für alle ist er ein Mahlgut, und so wird er erscheinen in unzähligen Arbeiten, Büchern, Fragebogen und Kongreßberichten.

Ich habe mir erlaubt, Ihnen dieses etwas längere Zitat in meiner eigenen Übersetzung zuzumuten, weil es einen Teil dessen kurz beschreibt, was ich unter der Denaturierung des Menschen durch die Naturforschung verstehe.

VI

Das ist aber bei weitem nicht alles, und vielleicht nicht einmal das Wesentlichste. «Menschenwürde» ist im Deutschen ein relativ junges Wort, aus der Schillerzeit. Aber schon im 15. Jahrhundert gab es das berühmte Buch des Pico della Mirandola *De dignitate hominis*. Der Begriff ist also älter als die Naturwissenschaft. Während diese sich langsam, zuerst sehr langsam, entwickelte, bestand für sie nicht einmal die Möglichkeit, die Würde des Menschen zu verletzen, außer vielleicht in der Sektion der gestohlenen Leichname. Noch kann man behaupten, daß während der ersten dreihundert Jahre ihrer Existenz die Naturforschung sich an der Natur vergriffen habe. Der Abstand zwischen Forscher und Forschungsobjekt war viel zu groß. Der winzigen Phalanx ziemlich ratloser Forscher stand eine unglaublich vielfältige, gigantische Natur gegenüber. Man wußte nicht, wo anfangen. Ob man je ein Gefühl für die *dignitas naturae* gehabt hat, weiß ich nicht; eher eine Scheu vor ihr oder sogar Ehrfurcht. Die Religion der Griechen und Römer hatte durch die Vergötterung der Naturerscheinungen – Ozean, Wind, Fluß, Baum –

viel zu dieser *verecundia* vor der Natur beigetragen, und das Mittelalter hielt im wesentlichen daran fest.

Die gegenwärtige biologische und medizinische Forschung hat all dem ein radikales Ende bereitet. Der Mensch, der arme Mensch, wie er in seiner Nacktheit, Anfälligkeit, Sterblichkeit dasteht, ist ein primäres Objekt der Forschung geworden. Ein großer Teil der sogenannten Durchbrüche, von denen man liest, muß als Vivisektionsexperimente am Menschen betrachtet werden; die – gäbe es ein himmlisches Nürnberg – fraglos als verbotene Experimente verurteilt und geahndet würden. Zumindest in Amerika ist diese Ahndung vorläufig den Geschworenengerichten überlassen, die durch die Zuerkennung phantastischer Geldsummen für sogenannte medizinische Kunstfehler dazu beigetragen haben, daß die Versicherungsgesellschaften die hauptsächlichen Nutznießer der Blüte biomedizinischer Forschung geworden sind, denn ihre Prämien steigen ins Astronomische.

Meiner Meinung nach ist also die moderne Naturforschung eine andauernde Attacke geworden auf die Würde des Menschen und auf die Idee einer ehrfurchterregenden, gewaltigen Natur. Beide hängen miteinander zusammen, und mit dem einen verschwindet das andere. Auf die Reifizierung, die Verdinglichung, der menschlichen Seele durch die Psychiatrie, die Psychologie und die Psychoanalyse folgte die Erniedrigung des Menschenleibes zu einem reinen Material der Forschung. Wer braucht noch die Schlachthäuser oder die Sektionssäle, aus denen früher das Material kam? Und glauben Sie nicht, daß es dabei bleiben wird. Es gehört nicht viel Phantasie dazu, um sich die künftigen Fabriken auszumalen, in denen menschliche Embryos und Föten fabriziert werden als Ausgangsmaterial hochinteressanter Substanzen. Auch, glaube ich, sind wir nicht mehr weit weg von dem Zeitpunkt, da die Molekulargenetik sich am Erbmaterial solcher menschlichen Embryos zu schaffen macht, mit allen ihren Künsten des Zusammenspleißens von arteigener und artfremder DNA. «Was gemacht werden kann, muß gemacht werden», sagte der Teufel; und was kann nicht alles gemacht werden!

Hat jemals einer von diesen In-vitro-Befruchtern daran gedacht, daß mit jeder gelungenen Befruchtung eine menschliche Seele erzeugt wird – erzeugt von ihm, dem sich keiner Verantwortung Bewußten? Ich habe vor ein paar Tagen wieder einmal in Kierkegaards Tagebüchern gelesen. Zu denken, daß das vor weniger als hundertfünfzig Jahren geschrieben werden konnte! Ich schaudere bei dem Gedanken, was in dieser kurzen Zeit aus des Schöpfers Ebenbild geworden ist und was alles mit diesem Ebenbild jetzt gemacht wird.

Zu dieser allgemeinen Entmenschlichung der Wissenschaften, zu dem, was ich Denaturierung genannt habe, gehört auch, was ich vor kurzem in einer Zeitschrift las. Da erklärte der Verfasser, daß wir jetzt alle Naturerscheinungen im Griff hätten, nur das Wetter noch nicht. Den Tod erwähnte er nicht, wahrscheinlich weil an dessen Abschaffung bereits gearbeitet wird.

VII

Der vor kurzem verstorbene bedeutende Biochemiker Albert Szent-Györgyi sagte einmal, daß jetzt mehr Leute vom Krebs leben als an ihm sterben. Damit spielte er auf die ungeheuren Geldsummen an, die alljährlich in den Vereinigten Staaten für die Krebsforschung ausgegeben und eigentlich vergeudet werden. Die Statistiken zeigen keine Abnahme dieser Krankheit. Auch im Kampf gegen Aids hat sich die Forschung vorläufig keinen Lorbeerkranz erworben. Man sollte also meinen, daß ihr ein wenig Bescheidenheit nicht schlecht anstünde. Davon ist aber keine Rede; im Gegenteil, das Marktgeschrei wird immer lauter, denn die Wissensproduzenten bilden eine sehr einflußreiche Lobby. Sie besitzen eine Flagge, auf deren beiden Seiten zwei verschiedene Inschriften stehen. Die eine sagt: «Wissen ist schön», die andere: «Wissen ist nützlich.» Welche Inschrift gezeigt wird, hängt von den Umständen ab. Keine dieser Aussagen würde einer strengen philosophischen Analyse standhalten; es kommt immer auf das Kleingedruckte an.

Das Kleingedruckte nimmt aber viel Zeit in Anspruch, und die haben wir nicht. Eines sollte aber gesagt werden, insoweit meine Ausführungen zu radikal geklungen haben. Ebensowenig wie ein Theaterkritiker ein Feind des Theaters ist – wenigstens sollte er es nicht sein –, ist ein Wissenschaftskritiker ein Feind der Wissenschaft. Er mag den Kopf schütteln über manche Ausartungen des Wissenschaftsbetriebs, über das Verhalten mancher Wissenschaftler, er mag die durch eine gewissenlose Reklame aufgepeitschten, übertriebenen Erwartungen des Publikums bedauern, er mag die Höhe der aufgewandten Geldmittel beklagen; aber all dies macht ihn nicht zu einem Wissenschaftsfeind. In meinem Fall wäre das besonders albern, denn ich habe einen großen Teil meines Lebens der naturwissenschaftlichen Forschung gewidmet. Ich betrachte noch immer, um Beispiele zu nennen, die physikalische und organische Chemie als wahre Wunder des menschlichen Geistes, imposant in ihrer intellektuellen Kohärenz und in ihrer ästhetischen Leistung. Bei alldem habe ich dennoch, wie schon gesagt, den Eindruck, daß in unserem Jahrhundert die Naturwissenschaften einer gewaltigen Veränderung erlegen sind. Sie liefern die Musik zu einem riesigen Kehraus, zum Ende der fast dreitausend Jahre währenden griechisch-römisch-christlichen Kulturepoche. Was jetzt anfängt, hat noch keinen Namen; auch würde es, fürchte ich, kein sehr schöner sein.

VIII

Meine sehr kritische Einstellung zu unserem gegenwärtigen Naturwissenschaftsbetrieb ist nicht meiner geringen Meinung über seine Leistungen zuzuschreiben, sondern meiner Überzeugung von der verhängnisvollen Wichtigkeit der Naturforschung. Sie hat den leeren Raum ausgefüllt, den das Verblassen der Religionen und des menschlichen Gewissens hinterließ. Wenn jedes Zeitalter einer Religion bedarf, so sind die Naturwissenschaften die Religion dieses Jahrhunderts geworden. Daß die meisten der ausübenden Forscher sich als Atheisten bezeichnen, stört mich nicht. Tatsächlich denken sie an etwas ganz anderes.

Wenn man die Naturwissenschaften mit den Religionen, die eine schriftliche Offenbarung besitzen, vergleicht, wird man eines Mangels gewahr, der ihre Stärke ausmacht: Die Naturwissenschaften besitzen nichts Geschriebenes zum Anhalten. Es wird zwar viel von der sogenannten wissenschaftlichen Methodik geredet, aber niemand kann einem sagen, was das ist. Von dieser Ungewißheit lebt die relativ junge Branche der Wissenschaftsphilosophie.

Während offenbarte Religionen im Prinzip statisch sind – sie entwikkeln sich höchstens durch Auslegung und manchmal durch Häresie –, sind die Naturwissenschaften eine immerfort wachsende Religion und nicht nur dadurch den heidnischen Religionen der Antike ähnlich. Die Anzahl der adorierten Götter und Heroen ist unbeschränkt, es können immer neue hinzugefügt werden, und die Tempel werden umbenannt. Auch ein gelegentlicher Caracalla oder Heliogabalus fehlt nicht, denn die Selbstvergötterung hat in den Wissenschaften so zugenommen, daß es häufig schwerfällt, zwischen Naturforscher und Politiker zu unterscheiden. Alles in allem würde ich sagen, daß die meisten Naturforscher nicht Atheisten sind, sondern Polytheisten.

Ich möchte die Analogie natürlich nicht übertreiben, obwohl ich glaube, daß das plötzliche, rapide Wachstum der Naturwissenschaften daher kommt, daß sie ein ebenso plötzlich entstandenes Vakuum ausfüllen mußten. Aber auf eine weitere Ähnlichkeit will ich doch hinweisen: Wenn man heutzutage wahre Devotion und Selbsthingabe sucht, wenn man Ausschau hält nach feuriger Gläubigkeit, ja sogar nach unduldsamer Sektierentbranntheit – wo sonst als unter den Naturforschern würde man all das finden in unserer entgötterten Welt?

IX

Am Schluß meiner Betrachtungen möchte ich Sie bitten, mir zu gestatten, noch einmal auf deren Titel zurückzukommen, in dem ich von der Denaturierung des Menschen durch die Naturerforschung gesprochen habe. Ich habe schon früher Beispiele angeführt, möchte jedoch jetzt noch einige Nuancen nachholen. Was ich Denaturierung nenne, hat sozusagen zwei Facetten. Einerseits haben fast alle Naturwissenschaften mit ihrem Anspruch die Natur zu verändern und zu verbessern und viele Tätigkeiten der Natur in neue, nicht von ihr vorgesehene Wege zu lenken, den Menschen aus der Natur herausgerissen, sie haben aus ihm einen Gegner und zugleich einen Eigentümer der Natur gemacht. Unsere Forscher und Techniker scheinen seltsamerweise vergessen zu haben, daß es eine Zukunft gibt. Um nur ein Beispiel zu nennen: Der jetzt abgelegte Atommüll wird möglicherweise noch auf Generationen strahlen, die gar nicht mehr wissen, was Kernenergie ist.

Dann gibt es aber noch die andere Facette, und die hat hauptsächlich mit der biologischen und medizinischen Forschung zu tun. Diese behandelt den Menschen als einen lebenden Kadaver. (Ich hoffe, der Graf Tolstoi runzelt nicht seine himmlische Stirn.) Er ist ein seiner Würde entkleidetes Stück Fleisch, mit dem man allerhand Experimente machen darf. Auf einige davon habe ich schon früher angespielt. Da kommt das Sakrileg hauptsächlich davon, was ich einmal die Statistifizierung des Menschen genannt habe. *Individuum ineffabile*, sagten die Scholastiker, und sie wußten, daß es keine zwei völlig identischen Menschen gibt. Jetzt sind wir aber nur mehr Nummern, für die sich lediglich ein Computer interessieren kann.

Ich denke hingegen, daß die Individuation viel weiter gehen mag, als die Medizin ahnt. Als ich noch Universitätsvorlesungen hielt, pflegte ich den Studenten vorzuführen, was meiner Meinung nach die Aussagen einer Leberzelle sein könnten. Die Leberzelle sagt: 1. «Ich bin eine Leberzelle.» 2. «Ich bin eine menschliche Leberzelle.» 3. «Ich bin eine männliche Menschenleberzelle.» 4. «Ich bin die Leberzelle des Herrn

N.» Auf die letzte Aussage kommt es mir besonders an, denn ich frage mich, ob man wirklich ahnt, was alles bei der Transplantation eines Organs geschieht. Zurückweisung ist vielleicht nur die erste extreme Reaktion des Körpers auf ein fremdes Gewebe, vielleicht ist ihm auch das nicht zurückgewiesene nicht willkommen. Ich glaube, wir haben das letzte Wort darüber noch nicht gehört. Überhaupt hören wir sehr wenig über den schließlichen Ausgang der anfangs so laut verkündeten Wunderkuren.

Ähnliche Bedenken – aber sie sind mehr metaphysischen Charakters – habe ich bezüglich der Befruchtung *in vitro*. Man nimmt an, daß alle Spermien gleichwertig seien und daß, wenn ein Ovum im Glasschälchen mit einer genügenden Zahl von Spermien zusammengebracht wird, es nur auf den Zufall ankomme, welche Keimzelle sich mit dem Ei vereinigen werde. Also genauso, wie wenn wir Silber mit Kochsalz zusammenbringen und es nur der Zufall will, welches Silberion mit welchem Chloridion reagieren solle. Aber ist das wirklich so im Fall der Befruchtung? Oder wählt das Ovum das geeignete Spermium aus, um sich mit ihm zu vereinigen? Sollte dem so sein, so bestünden wichtige Unterschiede zwischen der normalen Befruchtung und dem In-vitro-Experiment. Im letzteren Fall hat der Experimentator – soll ich ihn als den Versucher übersetzen? – das Ei auf die ihm angebotenen Spermien beschränkt und auf diese Weise mit seiner Pipette bestimmt, welche Seele sich bilden soll.

Menschliche Seele – automatische Pipette: Hier haben Sie die ganze Diskrepanz, die der Denaturierungsvorgang an den Tag bringt. Es ist eine furchterregende Kluft zwischen einer Methodik und einem Menschen. Ob Sie die geheime Macht über das Schicksal der Menschen Vorsehung nennen oder Zufall: Sie rechnet mit Äonen, sie mündet in die Ewigkeit. Und schräg gegenüber, da steht der einzelne Wissenschaftler, und mit einer Hand, mit einem Finger rührt er an Geschicke, die anzutasten selbst die Größten der Welt sich früher gescheut hätten. Was mich so besonders berührt, ist die furchtbare Verantwortung, die die Naturwissenschaft auf sich nimmt: Sie greift ein, mit plumper Hand greift sie ein in die große, die überwältigende Unbestimmtheit und Unbestimmbarkeit menschlicher Schicksale.

Roger Garaudy

Der Sinn des Lebens und der Dialog der Kulturen

Wie Kenneth Galbraith einmal sagte, geht es in unseren wachstumsorientierten Gesellschaften so zu, als ob Petrus an der Himmelstür den Verstorbenen, bevor sie, entweder in den Himmel oder in die Hölle geschickt werden, nur eine einzige Frage stellen würde: «Was hast du auf Erden getan, um das Bruttosozialprodukt zu steigern?»

Bei unserer Wachstumsideologie geht es in der Tat um viel mehr als um eine Kultur – eher um so etwas wie eine Religion.

Wachstum im quantitativen Sinn, wie es praktisch alle internationalen Körperschaften fälschlicherweise als Maßstab für Entwicklung verwenden, bedeutet, daß immer mehr und immer schneller produziert werden soll, ganz gleich, um was es sich dabei handelt – um Nützliches oder Nutzloses, um Schädliches oder gar Tödliches (wie etwa Waffen).

Wenn das Leben des einzelnen wie der Gesellschaft tatsächlich keinen anderen Zweck hat als dieses quantitativ verstandene Wachstum, dann fehlt ihm der Sinn. Das geistige Nebenprodukt dieses Wachstumsverständnisses ist dann notwendigerweise eine Kultur der Verzweiflung.

Es ist bezeichnend, daß sich die höchste Selbstmordrate unter Jugendlichen nicht in den ärmsten, sondern in den reichsten, den angeblich am höchsten entwickelten Ländern findet, etwa in den Vereinigten Staaten oder in Schweden.

In der Dritten Welt sterben die Menschen aus Mangel an *Mitteln*, in den westlichen Ländern aus Mangel an *Zielen*.

Was ist der tiefere Grund für diesen geistigen Bankrott des Westens?

Fünf Jahrhunderte nach Beginn der sogenannten «Renaissance» – das heißt der gleichzeitigen Entstehung des Kapitalismus und des Kolonialismus im Europa des 16. Jahrhunderts – sind wir soweit, daß wir den letzten Glauben an absolute Werte aufzugeben beginnen.

In der Wissenschaft zeigt sich dies im *Positivismus*, im sozialen Leben kommt der Werteverlust im *Individualismus* zum Ausdruck.

Der *Positivismus* ist die völlige Verneinung von Transzendenz und absoluten Werten. Er *reduziert* die Rolle der «Vernunft» auf die Untersuchung von Zusammenhängen zwischen einzelnen Phänomenen in Form von Fakten und von Kausalgesetzen.

Der *Individualismus* beruht auf der gleichen Negation, dem gleichen Reduktionismus und den gleichen Ansprüchen. Er besteht in der Illusion, der Einzelne sei Mitte und Maß für alles, was ist.

Solange wir innerhalb dieses Denkens verharren, befinden wir uns in einem Dschungel, in dem sich der Wille zur Macht, der Wille zum Genießen und der Wille der einzelnen, Gruppen oder Völker zu immer mehr Wachstum mit immer mächtigeren technischen und wissenschaftlichen Mitteln bekämpfen.

Schließlich kulminiert diese Entwicklung dann, wie Marx einmal sagte, in «etwas, was keiner wollte»: in einer Krise, in einem Krieg, und führt zu einem Europa, das nicht weiß, was es mit seinem Fleisch und mit seinen Butterbergen in seinen Riesenkühlhäusern anfangen soll, und zu einer Dritten Welt, in der Millionen von Menschen verhungern.

Ihrem Wesen nach hätte die Vernunft die Aufgabe, Fragen zu stellen und Probleme so zu lösen, daß die Menschheit einer Zukunft mit menschlichem Gesicht entgegengehen kann.

Heute spielt sie jedoch nicht diese Rolle. Warum?

Weil das, was wir inzwischen gewohnt sind, «Vernunft» zu nennen, nur eine «positivistische», verkrüppelte Vernunft ist, die ihre essentielle Dimension verloren hat und nicht mehr nach *Zielen*, sondern nur mehr nach beliebig einsetzbaren *Mitteln* fragt.

Es kann durchaus sein, daß das gewaltige Epos der menschlichen Geschichte nach Millionen von Jahren in unseren Tagen zu Ende geht. Zum ersten Mal in seiner Geschichte ist es dem Menschen heute möglich, alles Leben auf der Erde zu zerstören – wenn die menschliche Vernunft nicht wieder zu ihrer wahren Aufgabe zurückfindet und den heute verfügbaren technischen Mitteln einen anderen Sinn gibt.

Auf dem Weg zu dieser Situation ist die Wissenschaft zum Szientismus, die Technik zur Technokratie und die Politik zum Machiavellismus entartet.

Der Szientismus, das heißt die Wissenschaftsgläubigkeit, ist ein Aberglaube oder noch besser ein totalitärer Fundamentalismus, der von dem Anspruch ausgeht, «die Wissenschaft» könne alle Probleme lösen.

Was nicht «wissenschaftlich» gemessen, erforscht oder vorausgesagt werden kann, gilt als nicht wirklich. Liebe, schöpferischer Geist, wie er sich etwa in der Kunst zeigt, Glaube oder Religion – all diese tieferen

Dimensionen des Lebens werden vom herrschenden reduktionistischen Positivismus ausgeschlossen und zur Seite gedrängt.

Die heutige Technokratie treibt Technik um der Technik willen und verhält sich wie ein Schlafwandler, der weder weiß noch fragt, wohin er läuft. Sie geht von der Annahme aus, daß alles, was technisch möglich ist, auch gut und notwendig sei. Diese Art von «Vernunft» und Rationalität führt zur schlimmsten Unvernunft wie etwa zu Atomwaffen oder zum «Krieg der Sterne». Die Herrschaft der Technik ist eine Religion, die alles und jedes verfügbar machen will und nur nach den Mitteln fragt.

Und eine Politik, die nur danach fragt, wie man die Macht erringen und behalten kann, statt die Frage nach Sinn und Ziel des menschlichen Zusammenlebens zu stellen und von da her zu bestimmen, welche Mittel sie dafür einsetzen will, zeigt sich auf der Ebene des Daseinskampfs als Machiavellismus.

Die wichtigste Frage heute ist, worauf es eigentlich ankommt, welche Ziele und Werte wir haben, worin der Sinn unseres Lebens besteht. Wir dürfen nicht nur darüber nachdenken, was wissenschaftlich und technisch machbar ist und wie man es bewerkstelligt, sondern müssen uns vor allem fragen, was wir eigentlich wollen. Welche Forschungsziele muß sich die Wissenschaft setzen, wenn sie der Erfüllung und nicht der Zerstörung des menschlichen Lebens dienen soll?

Die jetzige Wissenschaftskritik wird daher ihrem wahren Sinn erst dann entsprechen, wenn sie nicht nur versucht, die Wissenschaft wieder an die Weisheit zu binden, sondern wenn sie zugleich die Weisheit an den Glauben bindet, denn weder die Wissenschaft bei ihrer Erforschung der Ursachen noch die Weisheit bei ihrer Suche nach den rechten Ziele können bis zum Ursprung aller Dinge bzw. bis zum letzten Sinn und Ziel gelangen. Der Glaube beginnt allerdings erst dort, wo die Vernunft endet, nicht etwa schon vorher, erst, wenn die Vernunft im wahren Sinne dieses Wortes bei ihrer gleichzeitigen Suche nach den Ursachen und nach den Zielen alle ihre Kräfte eingesetzt hat.

In voller Freiheit kann dann die Vernunft erkennen, wo ihre Grenzen liegen und von welchen Annahmen und Voraussetzungen sie ausgegangen ist.

So gesehen ist Glaube dann nicht mehr etwas, was der Vernunft widerspricht oder diese einschränkt, sondern vielmehr umgekehrt das, was die Vernunft daran hindert, sich in falscher Selbstgenügsamkeit einzuigeln und zu ignorieren, was ihre Grenzen überschreitet.

Wenn die Menschheit sowohl aus dem Dschungel des Kampfs aller gegen alle wie aus dem sogenannten Gleichgewicht des Schreckens herauskommen will, liegt ihre einzige Rettung darin, daß sie – gegen den herrschenden Positivismus und Indiviualismus – sowohl den Glauben an die *Transzendenz* (im Gegensatz zur positivistischen «Selbstgenügsamkeit») als auch den Glauben an die *Gemeinschaft* (im Gegensatz zum Individualismus) wiedergewinnt.

A. Die *Transzendenz*, das Jenseitige bejahen heißt

erstens, gewiß zu sein, daß es nur *einen* Gott gibt: «Gäbe es noch andere Götter neben Gott», sagt der Koran, «so wäre dies ein Chaos» (21:22). Und Gott hat kein gemeinsames Maß mit irgendeiner menschlichen Wirklichkeit;

zweitens, sich von diesem einen Gott abhängig zu fühlen und sich ihm und seinen Gesetzen zu «unterwerfen», sich ihm zu «ergeben». Mit diesem Gehorsam gegenüber Gott allein werden auch alle anderen Mächte relativiert, denen man unterstehen und von denen man wissen mag;

drittens, an absolute Werte zu glauben, die unsere moralischen Grundsätze und unsere Logik transzendieren, die über sie hinausgehen. In höchstem Maße hat Abraham diesen Glauben vorgelebt.

Nur so können die Polytheismen der heutigen Welt überwunden werden. Denn unsere Welt ist zwar nicht in ihren öffentlichen Glaubensbekenntnissen, aber in ihrem praktischen Verhalten zum größten Teil polytheistisch: Ihre absoluten Werte sind Geld, Nation, Macht, Wissenschaft, Sex. Die Hauptaufgabe ist daher der Kampf gegen diese Götzen, die sich heimlich in die Dunkelheit unserer Seelen eingeschlichen haben.

B. Der Glaube an die *Gemeinschaft* ist das Gegenteil des Individualismus. In einer Gemeinschaft weiß jeder, daß er persönlich für die anderen verantwortlich ist.

Die Menschheit ist *eins*, weil Gott, ihr Schöpfer, *Eins* ist. Alle Menschen haben den gleichen Ursprung und sind für das gleiche Ziel geschaffen.

Die Anerkennung dessen, was unser Begriffsvermögen überschreitet (die Transzendenz) sowie die Anerkennung der Gemeinschaft durch die Ergebung in den Willen Gottes ist der gemeinsame Nenner aller Religionen. Bei allen besteht die erste Glaubensgewißheit darin, daß Gott im Menschen gegenwärtig ist: Mein eigenes Zentrum, meine Mitte liegt nicht in mir, sondern im anderen und in Gott.

«Tat twam asi» «Du selbst bist Jenes», das heißt das Jenseitige, heißt es in den indischen Veden, deren heilige Bücher das menschliche «Ich» lehren, sein Einssein mit dem Herzen der Welt zu erkennen.
«Gott schuf den Menschen nach seinem Bilde», heißt es in der jüdischen Thora.
«Das Reich Gottes ist in euch selbst», verkündet das Evangelium.
«Ich habe dem Menschen meinen Geist eingehaucht», sagt Gott im Koran.
Ohne diese Gewißheit der göttlichen Gegenwart im Menschen, ohne diese transzendente Dimension des Menschen ist jede Gemeinschaft zur Auflösung und zum Untergang verurteilt.
Umgekehrt wird jede echte Gemeinschaft und jede echte Menschlichkeit erst durch diesen Glaubensakt hervorgebracht.
Wenn Gott in mir wohnt, wer kann, wer darf mir Ketten anlegen?
Wenn Gott in dir wohnt, kann ich dich lieben, da ich in dir seine Gegenwart erkenne.
Wenn Gott in jedem Menschen wohnt, wie kann, wie darf ich die Schändlichkeiten und Ungerechtigkeiten der Welt hinnehmen?
Wie kann, wie darf ich übersehen, daß jedes Werk im Dienst aller ein Gottesdienst ist und daß nur der ein wahrhaft Gläubiger ist, der allen Wesen dient?

Wenn eine Gesellschaft einmal diese transzendente Dimension des Menschen verloren hat, ist sie zum Untergang verurteilt, gleichgültig, ob sie kapitalistisch oder sozialistisch ist.

Was wir dann Frieden nennen, ist nur mehr ein «Gleichgewicht des Schreckens», obwohl Gewaltlosigkeit oder Frieden in Wahrheit keineswegs durch das Fehlen von Krieg definiert ist. Friede ist vor allem Gerechtigkeit, das heißt eine Sozialordnung, die für jedes Kind, jede Frau und jeden Mann die wirtschaftlichen, gesellschaftlichen, politischen und kulturellen Voraussetzungen schafft, daß sie den Reichtum an Menschlichkeit, den sie in sich tragen, voll entfalten können.

Dies also ist das Ziel.

Wie können wir es erreichen?

Denen, die das alles für eine Utopie halten, können wir ungerührt entgegenhalten, daß die schlimmste Utopie heute der Status quo ist.

Denn wir haben gar keine Wahl. Entweder machen wir mehr oder weniger so weiter bis bisher – und dann gehen wir geradewegs auf einen planetarischen Selbstmord zu –, oder wir halten uns wieder an die

Transzendenz und die Gemeinschaft und öffnen durch diesen Bruch mit der Vergangenheit einen Weg in die Zukunft.

Bei den großen geschichtlichen Unruhen dieses Jahrhunderts wie etwa der chinesischen oder der iranischen Kulturrevolution ging es stets darum, ein neues Verhältnis zur westlichen Kultur mit ihrem Positivismus und ihrem Individualismus zu gewinnen.

Es ist bezeichnend, daß alle diese Erweckungsbewegungen aus der nichtwestlichen Welt, aus Asien, Afrika oder Lateinamerika kamen.

Typisch für diese großen Erweckungsbewegungen in der Dritten Welt ist, daß sie den kulturellen Ethnozentrismus des Westens sowie die Gestalt ablehnen, die dieser kulturelle Ethnozentrismus dem christlichen Glauben aufgezwungen hat.

So sprach zum Beispiel Pater Ebussi Bulega auf der schwarzafrikanischen Konferenz christlicher Theologen, die 1977 unter dem Vorsitz von Erzbischof Yago von Abidjan stattfand, von einer «kopernikanischen Wende» der afrikanischen Theologie. «Afrika», so erklärte er, «ist auf den neuartigen Gedanken gekommen, nicht mehr Europa, sondern sich selber für seinen Mittelpunkt zu halten und um seiner selbst willen dazusein.»

Pater Jean Marc Ela wies darauf hin, daß man nicht mehr erkennen könne, wie universal das Christliche sei, da die jüdisch-mittelmeerische Kultur, in deren Rahmen die christliche Botschaft bisher verkündet wurde, inzwischen nicht mehr als universale Kultur, sondern nur als eine Kultur unter anderen erscheine, so daß «katholisch» – das griechische Wort für «allgemein» – nicht mehr mit «römisch», also einer bestimmten Kultur, zusammenfalle.

Dieser Wille zur Entkolonialisierung des Glaubens und zur Relativierung der westlichen Kultur, der die universale Bedeutung des Christlichen zu retten versucht, kommt sehr deutlich und heftig in dem Buch eines Jesuiten aus Kamerun, Pater Hegba, zum Ausdruck, das den Titel *Emancipation d'églises sous tutelle* («Die Emanzipation bevormundeter Kirchen») trägt.

«Das Christentum», so heißt es dort, «ist keine westliche, sondern lediglich eine vom Westen monopolisierte orientalische Religion, der der Westen der Prägestempel seiner Philosophie, seines juristischen Denkens und seiner Kultur aufgezwungen hat, um sie dann in dieser Form den anderen Völkern der Welt darzubieten. Jetzt ist es umgekehrt an uns», fährt Pater Hegba fort, «dieser selben Religion unseren eigenen Stempel aufzudrücken, ohne wie bisher die aristotelisch-thomistische Philosophie, den germanisch- bzw. angelsächsisch-protestantischen

Geist oder die von Europa ‹christianisierten›, wenn nicht sakralisierten gallischen, griechisch-römischen, lusitanischen, spanischen oder deutschen Sitten und Gebräuche in den Rang einer göttlichen Offenbarung zu erheben.»

Aus der Erklärung des Bischofs von Jaunde, Reverend Zoa, zog ein anderer Konferenzteilnehmer, Pater Ossana, sogar den Schluß: «Wir sind die legitimen Erben der traditionellen afrikanischen Religion. Diese althergebrachte afrikanische Religion, die genau wie jede andere Religion den afrikanischen Menschen auf das Kommen Jesu Christi vorbereitet hat, läßt sich durchaus mit dem Alten Testament der jüdischen Tradition vergleichen.»

Entsprechend dieser Perspektive entdecken heute die Theologien der Hoffnung und die Befreiungstheologien dank der Relativierung des Rationalismus griechisch-römischer Prägung – der von der Renaissance bis hin zum Positivismus ständig ärmer und leerer geworden ist (obwohl er sich zugleich als die einzig zulässige Denkmöglichkeit ausgab) – von neuem die immer gegenwärtige Botschaft eines Joachim von Fiore oder eines Thomas Müntzer und machen damit sogar eine Neubesinnung des Marxismus möglich.

Nichts ist zum Beispiel absurder, als den Marxismus für einen wirtschaftlichen oder historischen Determinismus zu halten. Angesichts solcher Interpretationen pflegte Marx selber zu sagen: «Wenn dies Marxismus ist, dann bin ich, Marx, kein Marxist.»

Wenn wirklich der kausale Determinismus die letzte Wahrheit sein sollte, wenn wir also nur «Marionetten» sind, deren Fäden von (wirtschaftlichen oder gesellschaftlichen) «Strukturen» bewegt werden, was hätte es dann für einen Sinn, die Revolution zu predigen? Revolution ist doch gerade nur insoweit möglich, als der Mensch imstande ist, aus seinen Determinismen auszubrechen.

Die Voraussetzung, von der jedes revolutionäre Denken ausgehen muß, ist gerade nicht der Determinismus, sondern die Transzendenz, das Überschreiten der durch die natürliche Kausalität gesetzten Grenzen. In Lateinamerika und in Afrika begann jene Erweckungsbewegung 1968 nach Medellin in eruptiver Weise mit dem Aufkommen der sogenannten Basisgemeinschaften, wie man sie Dom Fragosos Buch *Evangelium und soziale Revolution* oder in der Befreiungstheologie von Pater Guttierez finden kann, das heißt in Werken, die 1971 aus dem «menschlichen Humus» dieser Gemeinschaften entstanden sind, ebenso wie Pater Boffs *Jesus Christus, der Befreier* von 1972 und Dom Helder Camaras *Die Spirale der Gewalt* von 1970.

Diese Bewegung der Basisgemeinschaften und der Befreiungstheologie ist beispielhaft, sowohl durch ihre methodisches Vorgehen wie durch ihre Kritik und durch die Aussichten und Perspektiven, die sie für politische und soziale Neuerungen, für den Glauben oder für eine militante Theologie eröffnet.

Was die Methode betrifft, ist diese Bewegung ein Exempel für eine ungeheure, zugleich aber auch notwendige *Umkehrung* des theologischen Denkens. Hier wird nicht mehr wie bisher der Anspruch erhoben, aus den Texten des Evangeliums – oder des Korans – eine «Politik» oder «Soziallehre» zu *deduzieren*, die sich auf die Bibel beruft, wie dies zum Beispiel der französische Kanzelredner Bossuet im 17. Jahrhundert getan hat, sondern hier wird *induktiv* vorgegangen, beim Versuch, den Sinn jenes Lichts zu verstehen, das aus dem Willen Gottes kommt. Diese induktive Methode geht nicht von Texten, sondern von der realen historischen Situation all jener Menschen aus, deren Armut sie daran hindert, Menschen zu sein. «Die Verdammten dieser Erde zwingen uns zu einer anderen Lesart des Evangeliums», wie Pater Jean Marc Ela aus Kamerun einmal gesagt hat – und entsprechend natürlich auch des Korans.

Diese Bibellektüre «von unten» macht die göttliche Botschaft ursprünglicher und befreiender, indem sie hinter die herkömmlichen Lesarten «von oben» zurück- und über sie hinausgeht. Mit «Lesarten von oben» meine ich das Bibelverständnis der Mächtigen und all die Traditionen, die es den Mächtigen so leichtmachen, indem sie die Bindung an eine Überlieferung fordern, die eher erhalten und bewahrt als neugewonnen und neugestaltet werden soll.

Dieses Vorgehen hat eine neue, kritische Betrachtungsweise des Weltgeschehens ermöglicht. So zum Beispiel Dom Helder Camaras Kritik jenes scheinheiligen Verhaltens, das jede *revolutionäre* Gewalt als gewalttätig anprangert, aber vorgibt, weder die strukturelle Gewalt all der Ungerechtigkeiten zu sehen, durch die die revolutionäre Gewalttätigkeit erst hervorgerufen wird, noch die *repressive* Gewalt, mit welcher die Auflehnung gegen die ursprüngliche strukturelle Gewalt erstickt werden soll.

Bei «Befreiungstheologie» denkt Pater Guttierez sozusagen an drei verschiedene, aber voneinander untrennbare Ebenen der Befreiung: 1. an die politische Befreiung, 2. an die Verwirklichung der Freiheit des Menschen im Laufe der Weltgeschichte und 3. an die Befreiung von der Sünde.

In seinem Buch *Evangelium und soziale Revolution* faßt Dom Fragoso den Gedanken der Freiheit zusammen, indem er sagt: «Der Kampf um Gerechtigkeit ist zugleich der Kampf um das Reich Gottes.»

Daß die Befreiung des Menschen von allen Formen der Ausbeutung und Unterdrückung untrennbar mit dem befreienden Ruf des Reiches Gottes verknüpft wird, ist heute nicht mehr einfach in unser Belieben gestellt, sondern inzwischen eine Frage auf Leben und Tod geworden.

So seltsam es unseren sogenannten Realisten in ihrer Blindheit und Taubheit für die Wirklichkeit erscheinen mag: Der künftige Kampf wird in den Köpfen und Herzen der Menschen entschieden werden.

Wenn jeder einzelne Mensch neu geboren werden soll – und dies wäre die wahre Renaissance, die wahre Wiedergeburt unseres Zeitalters –, dann kann dies nur durch eine solche Hinwendung zum schöpferisch-gestaltenden Leben geschehen, durch den «Aufstand» einer Generation von Menschen, die entschlossen sind, aus dem dunklen Verlies der sogenannten «Fakten» herauszuklettern, die die sogenannten vernünftigen und rationalen Leute ständig hervorzaubern, durch den Aufstand einer Generation von Menschen, die nicht mehr glauben wollen, daß sich die Wirklichkeit auf die «Fakten und Gegebenheiten» der Sinneswahrnehmung oder auf eine unerbittliche technokratische *ratio* reduzieren läßt, durch Menschen, die entschlossen sind, «poetisch zu leben» und in schöpferischer Phantasie zusammenzuwirken. Und dies gilt für unser Handeln in allen Bereichen, von der Kultur bis zur Politik, von der Wirtschaft bis zum Glauben.

Das ist jedoch nichts Geringeres als eine Kriegserklärung an den Computermenschen oder Computeranthropoiden. Eine Kriegserklärung an alle, die meinen, das Denken sei eine Funktion des Gehirns, und die dann das menschliche Gehirn mit einem Computer gleichsetzen und völlig vergessen, daß es zum Wesen des Menschen gehört, die letzten Fragen zu stellen, vor allem die Fragen nach dem «Warum» und nach dem Sinn und Ziel unseres Lebens.

Jene späten Erben des szientistischen Klerikalismus des 19. Jahrhunderts haben lediglich das mechanistische Denken von Laplace durch die Kybernetik ersetzt.

Der technokratische Computermensch, der nie nach dem letzten Sinn und Zweck fragt, stellt die – aus dem Atom oder der Genmanipulation gewonnenen – Kräfte eines Riesen in den Dienst der Triebe eines Tieres mit pervertierten Instinkten. Der Computermensch ist die neueste Inkarnation des Pithekanthropus.

Der Computermensch ist nie so gefährlich, wie wenn er von der Zukunft redet und versucht, durch erzieherische Beeinflussung der Menschen und mit Hilfe der Medien an dieser Zukunft herumzubasteln.

Wenn das 20. Jahrhundert nicht in einer Apokalypse enden soll, muß daher dieser Computermensch bekämpft werden.

Die Zukunft zu erforschen heißt nicht etwa, eine schon feststehende Zukunft «vorauszusagen», so wie etwa Columbus die Entdeckung eines amerikanischen Kontinents voraussagte, dessen Existenz und Gestalt auch schon vor seiner Entdeckung durch Columbus feststanden. Die menschliche Zukunft wird nicht entdeckt, sondern erfunden. Der Gegenstand der Zukunftsforschung kann daher nicht darin bestehen, ohne Rücksicht auf die schöpferischen Initiativen des Menschen und auf die Unbestimmtheiten, die sich daraus ergeben, durch Extrapolationen aus der Gegenwart und Vergangenheit zu berechnen, was vermeintlich mit Sicherheit geschehen wird. Die Erforschung der Zukunft hat vielmehr den Sinn, im voraus die möglichen Folgen einzelner *Entscheidungen* darzustellen. In Wahrheit besteht die Aufgabe also darin, uns das gesamte Spektrum möglicher Zukünfte vor Augen zu führen, die jeweils von der Art unserer Mitwirkung und Beteiligung abhängen.

Dies ist das genaue Gegenteil der positivistischen «Futurologie» nach Art der Herman Kahns, Daniel Bells oder Alvin Tofflers. Was ich hier mit positivistisch meine, ist ein Weltbild ohne Menschen, ein Weltverständnis, das sich mit weitgehend technisch bestimmten Extrapolationen aus Gegenwart und Vergangenheit zufriedengibt, ohne sich von der in dieser Gegenwart oder Vergangenheit herrschenden Ordnung zu distanzieren. Ohne daß man es ausspricht, wird dabei also die unveränderliche Fortdauer des jeweils herrschenden Systems vorausgesetzt. Abgesehen vom quantitativen Wachstum innerhalb der bestehenden Strukturen werden somit bei dieser Futurologie keinerlei wirkliche Veränderungen «vorausgesagt». Eine solche falsche, nichtmenschliche Zukunft ist daher lediglich die Verewigung der Gegenwart in sehr viel größerem Maßstab.

Diese Art von positivistischer Futurologie führt faktisch zu einem Präventivkrieg gegen die Offenheit der Zukunft. Sie dient der Kolonisierung der Zukunft durch die Systeme der Gegenwart und Vergangenheit. Ziel ist die Erhaltung des gegenwärtigen Systems, dem man lediglich hilft, die allerschlimmsten Folgen seines Gigantismus zu vermeiden. Bei all dem wird keinen einzigen Augenblick daran gedacht, daß der Mensch vielleicht den radikalen Entschluß fassen könnte, sich künftig nicht mehr blindlings auf einen planetarischen Selbstmord zutreiben zu lassen.

Auch öffentliche Erhebungen sind oft auf dem Boden dieses gleichen enthumanisierten Menschenbildes entstanden und stellen insofern keine Information, sondern eine Manipulation der öffentlichen Meinung dar.

Von der gleichen menschenvernichtenden Denkweise geht auch eine untermenschliche «Pädagogik» aus, die das Wissen eines Schülers oder Studenten dadurch kontrollieren will, daß dieser nach der sogenannten Multiple-Choice-Methode aus einer Anzahl von verschiedenen, aber im vorhinein feststehenden Möglichkeiten die «richtige» Antwort auf eine Frage ankreuzen muß. Ein solches System schließt von vornherein aus, daß zum Beispiel die Frage anders formuliert oder daß eine eigenständige, nicht schematisch vorgestanzte Antwort auf sie gegeben wird. Bei diesem System wird völlig vergessen, was am Menschen spezifisch menschlich ist: neue Fragen stellen und eigenständige Antworten geben zu können.

Wenn dann die Abstumpfung der Intelligenz zur Gewohnheit geworden ist, tritt das Fernsehen auf den Plan, das nach den gleichen Prinzipien sein eigenes Videospiel erfindet und auch noch die absurde Frage stellt, ob der Computer den Menschen ersetzen könne.

Natürlich. Jedesmal, wenn bestimmte Fragen des Menschen beantwortet werden müssen. Aber nur der Mensch selbst kann die menschlichen Fragen nach dem «Warum», nach dem Sinn und Ziel stellen.

Deswegen haben sich die sogenannten Strategen – vom Vietnamkrieg bis zur iranischen Revolution – mit ihren Computerprognosen immer wieder geirrt. Kraft und Wirkung des Glaubens lassen sich nicht in ein elektronisches Schaltsystem einspeisen.

Wenn man daher die weltverändernde Rolle des Glaubens in der Politik und bei der Gestaltung der Zukunft anerkennt, bedeutet dies keineswegs, daß damit ein Humanismus, der alle Religion ablehnt und sich selbst für atheistisch erklärt, in Bausch und Bogen abgelehnt werden soll. Wichtig ist nicht, was ein Mensch über seinen Glauben sagt, sondern was dieser Glaube aus ihm macht.

Wir können daher auf die Herausforderung unserer Zeit antworten, indem wir gemeinsam

neue Modelle des Wachstums entwickeln: kein weiteres wirtschaftliches Wachstumschaos, sondern statt dessen das innere Wachstum, das Heranreifen des Menschen und die Entfaltung des Geistes, den Gott ihm eingehaucht hat;

neue kulturelle Möglichkeiten entwickeln, die die Kultur ihrer eigentlichen Aufgabe näher bringen, über Sinn und Ziel des Lebens nachzudenken und eine Zukunft mit menschlichem Gesicht zu erfinden;

neue Formen der Kommunikation entwickeln, bei denen Presse, Hörfunk und Fernsehen den Vorrang nicht mehr dem Sensationellen oder Kriminellen, der Gewalt oder dem Sex geben, als ob solche Perversionen und deren Ausbeutung durch die Medien das Wesentliche am heutigen Menschen ausmachen würden. Bei solchen neuen Formen der Kommunikation würden die Medien keine zersetzende Rolle mehr spielen, sondern Lebens- und Sinnerfüllung des Menschen fördern und Informationen verbreiten, die die schöpferischen Kräfte in jedem von uns anregen – das heißt Informationen über alles, was neu hervortritt oder sich entfaltet, über alles, was nur selten in unseren Zeitungen oder auf unseren Bildschirmen erscheint, was aber dennoch in Millionen von Männern und Frauen lebendig ist, die durch ihr Opfer, ihre Liebe, ihre Phantasie, ihre Fragen und ihr Forschen sowie durch Schönheit die wahre Geschichte hervorbringen.

Auf diese Weise werden wir zu Stützen und Pfeilern bei der Errichtung einer neuen Weltordnung auf neuen Fundamenten, nicht mehr auf der Grundlage von Positivismus, Individualismus oder Verzweiflung, sondern auf der Basis von Transzendenz und menschlicher Gemeinschaft.

(Aus dem Englischen von Ruprecht Paqué)

KARL POPPER

Gedankenskizzen über das, was wichtig ist

I

Das Programm dieses Kongresses ist eine große Herausforderung für mich: die Formulierung einer Weltsicht. Diese Sicht muß bis zu einem gewissen Grad die Naturwissenschaften mitumfassen, das heißt die Physik, die Chemie und die Biologie. Sie muß eine Kosmologie sein. Und sie muß vom Menschen und der Aufgabe unseres Lebens handeln.

Das ist ein hochgestecktes Ziel für einen Vortrag. Ich will deswegen keine Zeit mit einführenden Worten vertun, sondern sofort mit dem eigentlichen Thema beginnen: mit uns selbst und der Aufgabe unseres Lebens.

Ich glaube, zu leben ist ein großes Geschenk. Das Leben ist einfach wunderbar, und wir sollten alle zutiefst dankbar dafür sein, daß wir leben können. Das gilt vor allem für mich selbst, denn ich lebe schon lange. Wir sollten dankbar sein für die großen Gaben, die wir dauernd von anderen erhalten: von Männern und Frauen, von lebenden und toten Menschen. Es gab und gibt unzählige Männer und Frauen, die Leiden ertragen und das Leben trotz ihres Leidens geliebt haben, die dennoch ihr Bestes taten, um anderen, auch uns, zu helfen. Und viele von ihnen haben zu zeigen vermocht, wie wunderbar das Leben sein kann. Unter ihnen waren große Dichter und Schriftsteller, berühmte Musiker, Maler und Architekten. Unter ihnen befinden sich auch einige Staatsmänner, in unserer Zeit vor allem Winston Churchill, obwohl dies nur wenigen Menschen wirklich bewußt ist. Solchen Frauen und Männern ist es zu verdanken, daß wir im Westen in einer sozialen Ordnung ohne Sklaven leben, ohne Sklaven de jure und ohne Sklaven de facto. Ein sehr großes Ziel wurde damit erreicht. Natürlich hat unsere Welt viele Fehler, doch gleichzeitig besitzt sie die beste soziale Ordnung, die jemals existiert hat: eine Welt ohne Sklaven.

Auch wir haben mit Sicherheit viele Fehler gemacht, und wir machen weiterhin Fehler. In gewisser Hinsicht läßt sich das gar nicht vermeiden. Denn ich glaube, es ist eine biologische Tatsache, daß wir durch Versuch und Irrtum lernen. Anscheinend brauchen wir den Irrtum, die Fehler ebenso wie die Versuche. Jedenfalls müssen wir sie klar als das erkennen, was sie sind, um daraus lernen zu können.

Ich will nun kurz, aber doch mit einigen Einzelheiten, auf zwei der größten Fehler eingehen, die wir im Westen begangen haben. An erster Stelle steht die Zerstörung zweier japanischer Städte durch Atombomben im August 1945. Ich will diesen schrecklichen Fehler kurz analysieren. Doch dann will ich einen vergleichbaren, ebenso schrecklichen zweiten Fehler untersuchen: die ideologische Ausnutzung des Atombombenabwurfs, die bewirkt hat, daß so viele junge Männer und Frauen an unserer Zivilisation verzweifeln.

Ich verdanke meine Bemerkung über die Atombombenabwürfe zu einem großen Teil einem berühmten japanischen Kernphysiker, Philosophen und Priester: dem früheren Kanzler der Sophia University von Tokio, Reverend Michael Yanase. Ich hatte die Ehre, diese Fragen mit ihm nicht lange nach dem Ende des Zweiten Weltkriegs diskutieren zu können.

Welcher Situation standen Präsident Truman und seine Ratgeber im Juli 1945 gegenüber? Die Vereinigten Staaten hatten enorme wissenschaftliche und industrielle Anstrengungen zum Bau einer Atombombe unternommen, da man der Ansicht war, daß Hitler auf demselben Weg war. Und es gab viele Hinweise, die diese Annahme stützten, vor allem die Anstrengungen der Deutschen, in Norwegen schweres Wasser zu produzieren, und Hitlers Erwähnung geheimer Waffen. Glücklicherweise ging der Krieg in Europa zu Ende, bevor die amerikanische Atombombe zum Versuch oder gar zum Einsatz bereit war. Das Problem hieß nun: Sollte man sie gegen Japan einsetzen?

Japan hatte am 7. Dezember 1941 ohne Vorwarnung die amerikanische Flotte in Pearl Harbour angegriffen und praktisch zerstört. Dann hatte es die britische Flotte auf der anderen Seite des Pazifiks angegriffen und vernichtet. Der Krieg gegen Japan hatte mehr als drei Jahre und sieben Monate gedauert und vielen Amerikanern das Leben gekostet – oft unter den schrecklichsten Umständen. Es gab einige Anzeichen dafür, daß Japan dem Zusammenbruch nahe war, doch gab es in Japan auch eine Partei, die im Falle der zu erwartenden amerikanischen Invasion Widerstand bis zum letzten Mann leisten wollte, was weitere amerikanische Opfer bedeutet hätte. Die Entscheidung, die Bombe nicht einzusetzen, hätte man vor der amerikanischen Wählerschaft nur schwer rechtfertigen können. Auf der anderen Seite hoffte man, der Einsatz der Bombe würde jenen Japanern Auftrieb geben, die für eine Kapitulation eintraten.

Man hat oft gesagt, die amerikanische Regierung hätte den Japanern mitteilen sollen, sie besäße die Atombombe, um ihr damit die Chance zu geben, *vor* dem Abwurf zu kapitulieren.

Doch eine solche Warnung hätte zu einem Machtzuwachs der japanischen Kriegspartei führen können. Man hat auch gesagt, die Amerikaner hätten ihrer Warnung durch eine Demonstration der Stärke dieser Bombe auf irgendeiner unbewohnten Insel Nachdruck verleihen sollen. Doch die meines Erachtens ziemlich schlüssige Antwort auf diesen Vorschlag war, daß eine solche Demonstration leicht zu einem Debakel hätte führen können: Die eine Versuchsbombe, die bisher explodiert war, lieferte keine Gewähr dafür, daß auch die zweite Bombe explodieren würde, besonders da sie sich in ihrer Konstruktion von der ersten unterschied. Überdies waren nur zwei Bomben einsatzfähig, und niemand konnte wissen, ob überhaupt eine von diesen beiden explodieren würde.

Das war, kurz gesagt, die Lage, die man bei der Entscheidungsfindung berücksichtigen mußte. Was also hätte man unter diesen Umständen tun sollen?

Ich glaube, die Antwort liegt auf der Hand. Es war ein fürchterlicher Krieg im Gange, und die Bombe mußte man einsetzen in der Hoffnung, ihm ein Ende zu bereiten. Doch hätte man sie gegen ein Ziel einsetzen müssen, das unzweideutig militärischer Natur war. Das erforderten Kriegsrecht und Ethik gleichermaßen: Es war eine Forderung der Humanität. Solche rein militärischen Ziele gab es zu jener Zeit. Wie Professor Yanase mir damals sagte, gab es beispielsweise Konzentrationen japanischer Kriegsschiffe, die sehr geeignete Ziele abgegeben hätten. Die Japaner hatten zugegebenermaßen das Kriegsrecht in vielen Fällen verletzt. Es traf auch zu, daß in Hiroshima wie in Nagasaki kriegswichtige Industrien ihren Sitz hatten, so daß das Kriegsrecht formal betrachtet nicht verletzt wurde. Dennoch waren beide überwiegend zivile Orte, und den Abwurf einer Waffe mit derart unvergleichlicher Zerstörungskraft über solchen Städten hätte man nicht zulassen dürfen. Das war ein großer Fehler, ein moralischer Fehler.

Die betroffenen Wissenschaftler debattierten über diese Frage. Soviel ich weiß, diskutierten sie aber nicht diesen speziellen Punkt. Es ging vielmehr um ein grundsätzliches Ja oder Nein: Abwurf oder nicht. Wenn dies zutrifft, dann war auch das ein Fehler: Es ging um Ideologien anstelle von Legalität und moralischer Kraft.

Ich möchte nun auf das zu sprechen kommen, was ich als den zweiten sehr großen Fehler ansehe, den wir in diesem Zusammenhang begangen haben. Er ist wie der erste ein verständlicher Fehler, wenn man die damalige Situation in Betracht zieht.

Der zweite Fehler, den ich meine (und der bis auf den heutigen Tag gemacht wird), besteht in einem verantwortungslosen Angriff auf die Naturwissenschaften und die Vernunft. Er hat seine Grundlage hauptsächlich im unfaßbaren Horror von Hiroshima und Nagasaki. Diese schrecklichen Geschehnisse werden von einer bestimmten Propaganda für ihre eigenen Zwecke gegen die Naturwissenschaften und die Vernunft und zugunsten eines Irrationalismus mißbraucht. Und diese Schrecknisse werden dazu mißbraucht, um jungen Menschen unsere Welt als elende, furchtbare Welt darzustellen, als eine Welt, die von den Naturwissenschaften, der Technologie und der Industrie denaturiert wurde: eine ungerechte Welt, ruiniert durch die Gier der Industrie und die Unfähigkeit der Politiker. Ich behaupte, daß dies alles nicht wahr ist. Es ist auf eine groteske Weise unwahr. Und ich erkläre, daß diese Art der Propaganda unverantwortlich ist. Sie hat junge Menschen zur Verzweiflung und in die Drogensucht getrieben, und deren Augen blieben gegenüber der wundervollen Schönheit der Welt, in der wir leben, verschlossen. Statt dessen hätten sie lernen müssen, wie es uns gelungen ist, trotz Hitler und Stalin und anderer verantwortungsloser Ideologen und Propheten des Bösen unsere soziale Ordnung im Westen besser und gerechter, offener und reicher an Wahlmöglichkeiten zu gestalten als jede andere Gesellschaft, die jemals auf der Erde existiert hat.

Einige Menschen sind der Ansicht, daß unsere Welt, obwohl keine Idealwelt, doch in jeder Hinsicht weit besser ist als irgendeine andere soziale Ordnung, die bisher existiert hat. Dem wird jedoch entgegengehalten, daß dies nicht für die Entwicklungsländer zutreffe. Ich bin derselben Ansicht, doch die Entwicklungsländer wollen für sich selber verantwortlich sein. Wir haben natürlich versucht, ihnen zu helfen. Ich will damit nicht sagen, daß wir keine Verantwortung gegenüber den Entwicklungsländern haben. Eine solche Meinung zu vertreten wäre zynisch. Wenn wir jedoch die politischen Strukturen dieser Staaten, ihre Spannungen und Kriege in Betracht ziehen, dann ist es uns fast unmöglich, sinnvolle Prinzipien für unser Vorgehen zu entwickeln. Und da die fehlen, gehen wir blindlings weiter. Doch wer ist kompetent genug angesichts dieser extrem komplexen und außerordentlich schwierigen

Situation, um ein vernünftiges Urteil abzugeben? Auf dieses komplizierte Thema kann ich hier nicht näher eingehen.

Seien wir alle um so dankbarer für unser Glück, in der freiesten und gerechtesten Gesellschaft leben zu können, die jemals auf dieser Erde existiert hat. Das kann man nicht oft genug wiederholen. Und wir dürfen niemals die heldenhaften Opfer vergessen, die so viele Männer und Frauen brachten, damit unsere bedrohte Welt weiterhin frei bleibt.

Ich weiß, daß solche Äußerungen unmodern sind. Doch wer kümmert sich schon um einfältige Moden? Ich bin sicher, daß kein verantwortungsbewußter Mensch das tut. Ich jedenfalls kümmere mich nicht darum, im Gegenteil, ich habe mein ganzes Leben lang dagegen gekämpft.

Ich kann nicht scharf genug den verantwortungslosen, ja kriminiellen Mythos öffentlich brandmarken, daß wir angeblich in einer sozialen Hölle leben, geschaffen und beherrscht durch Habgier. Dieser Mythos wurde in unserer Zeit zur Religion der Intellektuellen. Überall wird er geglaubt und von den Medien und sogar von einigen Lehrern weiterverbreitet, und er hat unzählige Opfer gefunden. Doch stimmt dieser Mythos einfach nicht.

Der Zweite Weltkrieg war so schrecklich wie der Erste. Doch das war nicht unsere Schuld: Wir taten alles, um ihn zu vermeiden. Ja, ohne Zweifel, wir taten *zu viel*. Die Zurückhaltung gegenüber Diktatoren, die Appeasement-Politik, war ganz gewiß einer der Faktoren, die zum Ausbruch des Krieges beitrugen. Und seitdem haben wir viele weitere Fehler begangen. Dennoch haben wir im Westen die beste Gesellschaft geschaffen, die es jemals gegeben hat. Wir haben sie ausgebaut und ständig verbessert. Es ist eine Gesellschaft, die offen ist für Reformen und fähig, sich weiterzuentwickeln. Das ist vielleicht am wichtigsten: daß wir dafür gesorgt haben, daß diese Gesellschaft weiter verbessert werden kann. Das wußten wir lange Zeit nicht. Die Möglichkeit, unsere Gesellschaft weniger gewalttätig zu gestalten und unsere eigene Grausamkeit zu bekämpfen und zu zähmen – auch die Grausamkeit der Japaner –, ist für jedermann erkennbar, der sich die Mühe macht, sich zu informieren.

Lassen Sie mich nun ein paar Worte über unsere atomare Bewaffnung sagen. Ich bin sicher, daß alle Wissenschaftler, die an der Entwicklung der Bombe arbeiteten, aufgeatmet hätten und glücklich gewesen wären, wenn sie herausgefunden hätten, daß es unmöglich ist, die Bombe zu bauen. Einstein, Bohr und Rutherford wären froh darüber gewesen. Und ich bin der Ansicht, daß die Zukunft der Menschheit glücklicher wäre, wenn dies tatsächlich der Fall gewesen wäre. Obwohl das auf der

Hand liegt, habe ich doch oft auch meine Zweifel daran. Und ich halte es für wichtig, Ihnen drei Argumente zu nennen, die zugunsten der Ansicht sprechen, daß wir der Atombombe eine ganze Menge verdanken:

1. Es ist der Atombombe gelungen, fast jedermann zu einem überzeugten Pazifisten zu machen. Das gilt zumindest für jedermann in der westlichen Welt. Wir wissen, daß dies im Mittleren Osten nicht der Fall ist, wo zwei islamische Nationen sich jahrelang einen Religionskrieg oder einen Krieg mit halbreligiösem Hintergrund geliefert haben, wenn auch ohne Einsatz der Atombombe. Aber ich möchte behaupten, daß jeder halbwegs gesunde Politiker und jeder, der halbwegs verantwortungsvoll denkt, mittlerweile darauf gekommen sein muß, daß ein nuklearer Krieg etwas absolut Böses wäre und daß ein Krieg zwischen den Supermächten wahrscheinlich zu einem Atomkrieg würde.

2. Als der Zweite Weltkrieg zu Ende ging, erwarteten die meisten Beobachter der politischen Szene, daß innerhalb von fünf oder höchstens sechs Jahren ein Krieg zwischen dem Westen und Rußland ausbrechen würde. Das war im nachhinein gesehen ein Fehlurteil. Doch sechzehn oder siebzehn Jahre nach Kriegsende hätte ein Atomkrieg ausbrechen können. Verantwortlich dafür waren Präsident Kennedy und sein Bruder Robert. Wer das nicht glaubt, hat meiner Ansicht nach die Pflicht, eine kleine Schrift zu lesen, deren Titel *Dreizehn Tage* lautet und deren Autor Robert Kennedy ist. Beide Kennedy-Brüder wurden ermordet. Die Morde wurden nie aufgeklärt.

Das waren die schwierigen Umstände, unter denen die Reform unserer Welt voranschritt. Eine Reform, deren Entwicklung ich während meines ganzen Lebens verfolgen konnte und die viel weiter ging, als ich jemals für möglich gehalten hätte. Vielleicht eine der wichtigsten Reformen war die Veränderung der sozialen Stellung der Schwarzen in den Vereinigten Staaten. Mit dieser Reform erwarben sich die Vereinigten Staaten eine reine Weste und das gute Gewissen, der Sowjetunion gegenüber auf die Menschenrechte zu pochen.

3. Da während der dreizehn Tage der Kubakrise ein Atomkrieg vorbereitet und von Rußland fast begonnen wurde, können wir praktisch sicher sein, daß ohne die schreckliche atomare Bedrohung ein konventioneller Krieg zwischen den beiden Supermächten ausgebrochen wäre. Es war die Drohung der völligen Zerstörung, die bisher einen dritten Weltkrieg verhinderte. Und glauben wir ja nicht, daß ohne Atomwaffen ein solcher Krieg «erträglicher» gewesen wäre. Chemische und biologische Kriegführung kann genauso schrecklich und selbstmörderisch sein.

Zum Schluß des ersten Teils meiner Ausführungen möchte ich an die intellektuelle Verantwortung appellieren. Es ist der Appell eines Optimisten. Allen Pessimisten zum Trotz bestehe ich darauf, daß wir nicht völlig falsch gehandelt haben, obwohl wir es natürlich viel besser hätten machen können. Und ich klage alle Modepessimisten an, alles nur noch verschlimmert zu haben. Indem sie unsere großen Errungenschaften nicht anerkennen – ja, ihre Augen völlig vor ihnen verschließen –, unterminieren sie unsere zwar beschränkten, aber doch wichtigen Fortschritte. Es steht fest, daß ein Atomkrieg den Selbstmord der Menschheit bedeuten würde. Doch sich selbst moralisch aufzugeben und damit den moralischen Tod für die westliche Welt zu akzeptieren, wie es die Pessimisten und die Untergangspropheten tun, ist nur eine andere Form des Selbstmords. Und es führt dazu, daß die jungen Menschen allein gelassen werden.

Ich hoffe, daß meine Darlegungen genügend moralische Überzeugungskraft besitzen.

II

Ich komme nun zu einem kurzen Abriß meiner Ansichten über die Natur, das heißt über die physische und biologische Welt.

Ich glaube, hier hat sich alles zum Besseren hin gewendet. In meiner Jugend wurde die gesamte Welt als ein riesiges mechanisches Räderwerk betrachtet: Sie war völlig deterministisch, jedes Ereignis war bis ins kleinste Detail vorausbestimmt. Descartes, dem wir diese Sicht verdanken, machte nur für den Menschen eine Ausnahme: Ihm allein gestand er einen freien Willen zu. Diese Ausnahme war aber kaum plausibel, und nur wenige Wissenschaftler akzeptierten sie überhaupt. Unsere intuitive Überzeugung, wir handelten mit freiem Willen, wurde nicht mehr geglaubt oder sogar völlig aufgegeben. Man behauptete, der Mensch habe nicht mehr freien Willen als ein Stein.

Alle diese irgendwie weithergeholten Ansichten wurden während meines Lebens durch veränderte Ansichten in der Physik und besonders der Quantenphysik ersetzt.

Wir sind nun nicht mehr gezwungen, für unsere freien Willensentscheidungen eine kausale Erklärung abzugeben. Wir wissen, daß wir nicht jedes beliebige reale Ereignis bis auf seine natürlichen kausalen Wurzeln zurückverfolgen können. Und wir wissen, daß wir beim Experimentieren unsere kausalen oder sonstigen Theorien überprüfen und nicht so sehr Kausalketten verfolgen.

Diese Einsicht bedeutet eine ungeheure Befreiung für die Wissenschaft und die Wissenschaftler. Wir sind nicht länger gebunden durch selbsterfundene (Kausal-)Ketten. Die Natur steht uns nicht mehr feindlich gegenüber: Sie wurde freundlich, sie wurde zu einem freundlichen Ort zum Leben. Mit dem Fortschritt des Lebens wurde sie zu einem besseren Ort. Und der Darwinismus braucht nicht mehr den Kampf ums Dasein als zentrales Thema.

Ich weiß sehr wohl, daß dies sehr ungewohnte Ansichten sind, so ungewohnt, daß sie ungläubig aufgenommen werden. Ich könnte detailliertere Argumente für sie anführen, wenn Zeit dafür wäre in einem Vortrag, in dem ich noch andere, ebenso ungewöhnliche Ansichten vertreten möchte. Auf jeden Fall möchte ich darauf hinweisen, daß die Vorstellung, der Mensch beherrsche eine feindliche Natur, eindeutig überholt ist. Es gilt vielmehr: Der Mensch befreit sich von der Angst vor dem Unbekannten und damit von Kräften, die ihn in Schrecken versetzen.

Die gesamte Evolution des Lebens steht unter dem Zeichen: mehr Freiheit; mehr Freiheit durch mehr Lernen, durch mehr Wissen, mehr Freiheit durch weniger Angst, durch Befreiung von der Angst.

Der größte Schritt in dieser Evolution war die Entwicklung der spezifisch menschlichen Sprache. Sie machte uns zu völlig bewußten Wesen, unserer selbst und unserer Aufgabe bewußt. Sie bewirkte, daß wir anderen Antwort geben können – sie machte uns ver*antwort*lich. Sie schuf unsere Bewußtheit von der physischen Welt und unserer eigenen seelischen Zustände, unserer Gesellschaft und unserer eigenen Leistungen, der Hervorbringungen unseres Geistes.

(Aus dem Englischen von Marcus Würmli)

Walther Ch. Zimmerli

Technik als Natur des westlichen Geistes

Ab und zu geschieht Erstaunliches: Das Weltbild der Physik scheint gegenwärtig wieder abgelöst zu werden durch ein Weltbild der Metaphysik, genauer: der Naturmetaphysik. Pointiert formuliert: An die Stelle des Weltbildes der Physik tritt das Weltbild der *Physis*. Und diese Bewegung wird nicht zuletzt von Naturwissenschaftlern getragen.

Daß auch allerhand andere Quellen in dieses Weltbild einfließen und daß allerhand Unterschiedliches sich unter dem Banner des «Neuen Denkens der Natur» zusammenfindet, läßt aus einem Symptom ein Syndrom werden: Von der New-Age-Bewegung bis zu den Ökologen, von der Anthroposophie bis zum Feminismus, von der Entdeckung fernöstlicher Meditationstechniken bis zu Homöopathie und Naturheilkunde fließt hier alles mögliche zusammen mit Ungleichgewichts-Thermodynamik, Chaos- und Hyperzyklen-Theorie.

Und da heißt es – geistige Entropie hin oder her – für den Philosophen zunächst einmal Ordnung schaffen. Zu diesem Zweck seien einige allgemeine Thesen vorangestellt, die meine spezifizierten Ausführungen leiten werden:

1. Das neue Denken der Natur ist nicht in dem Sinne neu, daß seine einzelnen Elemente völlig neu und im Wortsinne un-erhört wären. Vielmehr besteht die Neuheit auch hier – wie überall – in der *neuen Konfiguration* bereits aus der Tradition des Naturdenkens bekannter Elemente. Die neue Qualität ist gleichsam deren höherer Aggregatzustand.

2. Die Vorstellung, es werde hierbei ein einheitlich-ganzheitlich organisches Konzept der Natur jenseits naturwissenschaftlich-technischer Rationalität erreicht, das alle Wunden heilen könnte, die diese geschlagen habe, beruht auf einer falschen Annahme. Das neue Denken

der Natur ist vielmehr in bisher noch nicht gekanntem Maße *Resultat eben der technisch-naturwissenschaftlichen Rationalität* selbst, die es überwinden soll.

3. Die unterschiedlichen Zuwendungen zur Naturthematik, die sich in unserer außerwissenschaftlichen Diskussionslandschaft beobachten lassen, drücken ein *legitimes Bedürfnis* aus. Den Anspruch, Orientierungsleistungen zu erbringen, kann die Philosophie als Naturphilosophie jedenfalls nur erfüllen, wenn es ihr gelingt, wenigstens den rationalen Kern auch dieser Versuche des Denkens von Natur freizulegen.

4. Weder historisch noch systematisch stimmt die These, daß Technik nichts als angewandte Naturwissenschaft sei. Vielmehr muß die gegenwärtige Situation so verstanden werden, daß in ihr zwei wichtige Einsichten in bezug auf das Verhältnis von Natur, Wissenschaft und Technik unabweisbar werden: zum einen, daß, wie ausgerechnet Martin Heidegger seherisch antizipiert hat[1], der *technologische Charakter neuzeitlicher Wissenschaft* immer deutlicher hervortritt, und zum anderen, daß umgekehrt die Einsicht in das selbstbezügliche «Wesen» der Natur, in ihren hohen Rückkopplungsgrad und ihre Nichtlinearitäten erst im Kontext der *Technologiefolgen-Dimension* voll greifbar wird.

Das Anliegen meiner folgenden Ausführungen ist es, diese Thesen, wenn auch nicht vollständig zu belegen, so doch mindestens zu illustrieren und argumentativ zu stützen.

Dabei werde ich in den folgenden drei Schritten vorgehen: Nach einer Bestandsaufnahme signifikanter Züge des gegenwärtigen Naturdenkens (I) sollen in einem zweiten Schritt die naturphilosophischen Hintergründe aufgezeigt werden (II). Im dritten, abschließenden Teil wird es darum gehen, jene Beziehung zwischen dem ganzheitlichen Naturdenken und der technologisch vermittelten wissenschaftlichen Rationalität in theoretischer und ethischer Hinsicht herzustellen, von der thesenhaft die Rede war (III).

I

Fast ist man versucht zu sagen, es sei «natürlich», daß das «Neue Denken der Natur» diese nicht mehr einfach, als Inbegriff aller Erfahrungsgegenstände etwa, wie noch bei Kant[2], begreift, sondern daß «Natur» als ein komplexer Begriff verstanden wird, zu dessen «Definition» es gehört, sich jeder exakten Definition zu entziehen. Sicher ist für den Philosophen zumindest, daß eine extensionale Definition des Begriffs «Natur» sich aus dem einfachen, noch zu diskutierenden Grund verbietet, daß der Begriff «Natur» im neuen Sinne die weitestmögliche Extension hat. Wenn überhaupt, dann kann also nur der Versuch einer intensionalen Definition Aussicht auf Erfolg haben, die davon ausgeht, daß mit dem Begriff «Natur» keine abgrenzbare Klasse von Gegenständen, sondern eine besondere *Art des Gegebenseins aller Gegenstände* gemeint ist. Darüber hinaus ist die pragmatische Bedeutung wichtig, die sich daraus ergibt, daß das «Neue Denken der Natur» diese in Absetzung von traditionellen, zumal an wissenschaftlicher Rationalität orientierten Naturauffassungen zu bestimmen versucht.

Es sind, wenn ich recht sehe, vor allem fünf Charakteristika, deren Zusammenspiel das zu kennzeichnende Naturdenken ausmacht, anders ausgedrückt: Es handelt sich um ein – allerdings nur in einem schwachen Sinne geordnetes – Quintupel von intensionalen Bestimmungen. Dabei ist zu beachten, daß auch diese Annahme, es handle sich um genau fünf Hinsichten, nur als schwache Annahme betrachtet werden kann. Die Ergänzung dieser Liste durch weitere Charakteristika ist jedenfalls nicht ausgeschlossen; sie ist mithin in diesem Sinne offen.

Ich nenne und diskutiere die besagten fünf Charakteristika:

1. Im Gegensatz zur traditionellen empiristischen oder rationalistischen Auffassung, für die «Natur» immer ein prinzipiell trennscharfer Objekt-Terminus war, der sich a) auf den Gegenstandsbereich bezog und b) eine echte Teilmenge desselben bezeichnete (zur Abgrenzung etwa von «Kultur», «Politik», «Technik», «Kunst» etc.), setzt das neue Naturdenken Natur als die *die subjektive und objektive Sphäre umgreifende Einheit* voraus. Carl Friedrich von Weizsäcker, «Einheit der Natur»-Klassiker, bringt diesen Zusammenhang, ausgehend von der naturwissenschaftlich gestifteten Einheit, auf folgende Formulierung:

> Die Einheit der Natur ist, wenn sie in der Einheit der Physik verstanden wird, die Einheit der Erfahrung. Dieser Begriff der Einheit der vom Menschen erfahrenen Natur setzt den Dualismus von Subjekt und

> Objekt, von Mensch und Natur voraus. Man könnte nach einer höheren Einheit fragen, der Einheit des Menschen mit der Natur ... Die Natur ist älter als der Mensch, und der Mensch ist älter als die Naturwissenschaft. So müssen wir die Naturwissenschaft mit all ihren Begriffen von der Natur als Werk des Menschen, den Menschen aber mit all seinem Erkenntnisvermögen als Kind der Natur begreifen. Diese Forderungen schließen sich im Kreis, und bildlich gesagt wäre der Mittelpunkt dieses Kreises, also das, was den Kreis überhaupt erst ermöglicht, die gesuchte Einheit von Mensch und Natur. Ehe wir so weit dringen können, müssen wir modernen Wissenschaftler aber die beiden Halbkreise, aus denen sich der Kreis zusammensetzt, durchlaufen.[3]

Die Rede von der sprichwörtlichen Katze, die sich hier in den Schwanz beißt, ist ebenso naheliegend wie unzutreffend, da es sich dabei gleichsam um zwei Katzen, eine namens «Subjektivität» und eine namens «Objektivität» handelt. Die Einheit beider erfordert deswegen auch immer zwei Rekonstruktionswege: einen subjektiven und einen objektiven. Eine Reduktion dieses Zusammenhangs allein auf den subjektiven oder allein auf den objektiven Weg wäre daher durchaus im fatalen Wortsinne reduktionistisch. Und daß man sich als Erklärungsersatz mit der metaphorischen metasprachlichen Verwendung des Begriffs «Komplementarität» zufriedengeben darf (so verlockend dies auch sein mag), möchte ich bezweifeln.

2. Die Naturauffassung des «Weltbildes der Physis» ist – daran kann gegenwärtig kein Zweifel bestehen – *evolutionär*. Ich wähle diese Formel bewußt, um damit meiner Auffassung Ausdruck zu verleihen, daß der Begriff «Evolution» etwas bezeichnet, was in den metaphysischen Kern des neuen Naturdenkens gehört, wenn man Kriterien von Lakatos in Ansatz bringen will, durch die der Begriff «Metaphysik» wissenschaftstheoretisch wieder «salonfähig» geworden ist.[4] Man kann dies als die gegenwärtig als adäquat unterstellte Weise verstehen, die Einheit der Natur nicht nur als erkenntnistheoretisch zu rekonstruierende synchrone Subjekt-Objekt-Einheit, sondern auch als Einheit der Zeit einer genetisiert verstandenen Naturauffassung zu begreifen, als «Zeit des Naturbildes», um Heidegger zu variieren.[5]

Diese Vorstellung wird noch in den Texten aus der Feder auch der erklärtesten Gegner solcher evolutionären Vorstellungen deutlich, so etwa, wenn Spaemann und Löw schreiben:

Das naturwissenschaftliche Bild der Wirklichkeit ist heute von einer nie zuvor erreichten großartigen Einheitlichkeit. Die Genetisierung der Natur, ihre Projektion auf die seit dem Urknall verstrichene Zeit, erfaßt sämtliche Phänomene der Wirklichkeit, weit über die organische Evolution hinaus, und lokalisiert sie an einer bestimmten Stelle der Zeitgeraden in ihrem Auftreten. Wie das Auftreten des radikal Neuen als eine prinzipiell unvorhersehbare *Fulguration* (K. Lorenz) interpretiert werden soll, scheint eine für das Gesamtbild eher unwesentliche Geschmacksfrage zu sein ... Es hat sich ohne Eintrag gegenüber der Einheit der Natur eingebürgert, im Gesamtprogramm der genetisierten Natur drei verschiedene Evolutionen zu unterscheiden:
1. eine Evolution des Kosmos; Beginn vor ca. 18×10^9 Jahren
2. eine Evolution des Lebens; Beginn vor ca. 4×10^9 Jahren
3. eine Evolution des Menschen; Beginn vor ca. $1{,}5 \times 10^7$ Jahren
Innerhalb der dritten Evolution lassen sich noch einmal zwei logisch differente Entwicklungen unterscheiden ...
3a. die Evolution des Geistigen (auch: Sprache, Bewußtsein)
3b. die Evolution des Sittlichen (auch: Kultur, Wirtschaft).[6]

Daß die Natur evolutionär gedacht wird, ist zwar von der faktisch verlaufenden empirischen Forschung nicht unabhängig, ist aber doch eine Vorentscheidung im Naturdenken, von der schwer vorstellbar ist, wie man sich von ihr anders als dadurch befreien sollte, daß man sie durch ein weiteres, noch stärker metaphysisches Konstrukt ersetzte.

An dieser Stelle möchte ich doch noch kurz auf den in meinen Augen obsoleten Streit zu sprechen kommen, ob die Evolution eine «Tatsache» sei oder nicht. Diese Frage gehört zu jenen, die so erfreulich diskussionsträchtig sind, weil sie sich nicht entscheiden lassen. Denn Befürworter wie Gegner können sich darüber nur deswegen sozusagen pausenlos streiten, weil sie – um es paradox zu formulieren – beide letztlich davon ausgehen, daß es wissenschaftlich unmöglich ist, etwas unabhängig von einer vorgegebenen Theorie eine «Tatsache» zu nennen. Anders ausgedrückt: Der Vertreter der Evolutionstheorie meint nicht, daß die Evolution evolutionstheorieunabhängig ein «factum brutum» sei, wie es ihm der Kritiker unterstellt, wenn er dagegenhält, Evolution sei keine Tatsache.

3. Natur wird aufgefaßt als das auf höherer Strukturebene sich erneut *selbstorganisierende System* aus selbstorganisierenden und fremdorganisierten Teilsystemen, wobei nochmals konservative und dissipative Selbst-Organisation unterschieden werden muß. Nur letztere, die die Entstehung neuer Strukturen thematisiert, kann, über die Zeit gerech-

net, als «Evolution» bezeichnet werden, da nur unter der Voraussetzung der Entstehung neuer Qualitäten die selektiven Evolutionsmechanismen überhaupt greifen können. Voraussetzung dafür, daß hier die theoretische «Einheit der Natur» überhaupt gedacht werden kann, ist allerdings eine Thermodynamik fern vom Gleichgewicht.[7]

Von besonderer Wichtigkeit dabei ist der zusätzlich eingeführte griechische Begriff der *autopoietischen Systeme*, deren einzige Funktion ihre eigene Selbsterneuerung ist. Mit diesem Begriff wird – über Prigogine hinaus – von den chilenischen Biologen Maturana, Varela und Uribe eine Sorte von Systemen gekennzeichnet, die wir als «lebende» Systeme, vielleicht gar als Systeme der Wissensrepräsentation im neuronalen Bereich auffassen können. Das Interessante an autopoietischen Systemen ist, daß sie hinsichtlich ihrer Autopoiese als geschlossene Systeme gedacht werden, die also weder Input- noch Output-Oberflächen aufweisen. Das gilt zumal für jene Systeme, die wir «Nervensysteme» nennen und die in Wahrheit nichts als neuronale Netzwerke sind, und zwar Netzwerke lateral, parallel, sequenziell und rekursiv interagierender Neuronen. Diese Netzwerke operieren gleichsam «ohne Sicht» wie Piloten im Blindflugverfahren. Zwar passen auch solche Systeme sich ihrem Medium an, aber ohne In- und Output, in einer radikalen «Konstruktion von Wirklichkeit».[8]

4. Ein weiteres Charakteristikum der so neu gedachten Natur ist ihre *Konvergenz mit dem Numinosen*, was zuweilen eine Aufhebung der Grenzen zwischen wissenschaftlicher Rationalität und Religiosität oder mystischer Einheitserfahrung zur Folge hat. Schon bei Carl Friedrich von Weizsäcker konnte man lesen:

> Das Eine ist der Begriff der klassischen Philosophie für Gott. Die Einheit der Natur ist für diese Philosophie die Weise, wie die Natur Gott sehen läßt ... Als erste Bedingung der Möglichkeit der Erfahrung und damit der Einheit der Natur haben wir ... die Zeit gefunden. Die geschichtliche Zeit ist auch der Ort des Kreises der gegenseitigen Abhängigkeit von Mensch und Natur. Die Einheit von Mensch und Natur, von Subjekt und Objekt scheint ihren Grund in der Einheit der Zeit zu haben. Wie verhält sich die Einheit der Zeit zur Einheit des Einen?[9]

Und Fritjof Capra, der Protagonist des Neuen Bewußtseins, bringt dies auf den Nenner «Wissenschaft und Mystik» und bezieht es auf die Selbstorganisationsdynamik:

> Weitet man dieses Denken auf das Universum als Ganzes aus, dann ist die Annahme nicht zu weit hergeholt, daß alle seine Strukturen – von den subatomaren Teilchen bis zu den Galaxien und von den Bakterien bis zu den Menschen – Manifestationen der Selbstorganisationsdynamik des Universums sind, die wir . . . mit dem kosmischen Geist identifiziert haben. Das ist jedoch fast schon eine mystische Anschauung.[10]

An anderer Stelle formuliert er den Zusammenhang zwischen moderner Wissenschaft und Mystik:

> Die Wissenschaft braucht die Mystik nicht und die Mystik nicht die Wissenschaft, aber der Mensch braucht beides. Mystische Erfahrung ist nötig, um das Wesen der Dinge zu begreifen, und Wissenschaft ist für das moderne Leben unerläßlich. Wir brauchen daher keine Synthese, sondern ein dynamisches Zusammenspiel der mystischen Intuition und der wissenschaftlichen Analyse.[11]

Sich eins zu fühlen mit der Natur, ökologische Einsichten in ihren systemischen Charakter zu gewinnen und einer alten oder neuen Religiosität und Spiritualität sich zuzuwenden – dies scheint gegenwärtig im Neuen Denken der Natur zu konvergieren. So verwundert es nicht, daß von einem christlichen Physiker und Philosophen wie dem ehemaligen Hamburger Wissenschaftssenator Klaus Meyer-Abich der «Frieden mit der Natur»[12] zum Postulat erhoben wird und daß zen-buddhistische Meditationspraktiken zur Einübung in einen harmonischen Umgang mit der (eigenen oder fremden) Natur Konjunktur haben.

5. Und schließlich ist, hiervon sicherlich nicht unabhängig, zu beobachten, daß der Begriff «Natur», der zunächst durchaus deskriptiv, später wissenschaftlich überhaupt nicht mehr benutzt wurde, heute so etwas wie einen *normativen Gehalt* gewonnen hat. Gewiß, man mag auch mit philosophischen Argumenten auf die sich hierin versteckende Gefahr des «naturalistischen Fehlschlusses» aufmerksam machen, also des Schlusses von rein deskriptiven Prämissen auf präskriptive oder normative Konklusionen. Das ändert nichts an dem Faktum, daß der Begriff «Natur» in den letzten Jahren ökologisch, religiös und moralisch normativ aufgeladen worden ist. Natur gilt heute als Wert an sich.

Diese normative Gewalt des Naturbegriffs kommt nicht bloß in unseren Theorien und philosophischen Seminaren vor, sondern muß als bereits jetzt bis tief in die Wahrnehmung hinein sedimentiert angesehen werden. Natur gilt als das vor ihrer Verunstaltung durch den Menschen zu Rettende oder Wiederherzustellende. Das gilt von den vielen zur Zeit diskutierten Ansätzen zu ökologischer Ethik ebenso wie von dem als Ersatz für den Naturbegriff durch Hans Jonas normativ geadelten Begriff des Seins[13], und die New-Age-Bewegung fügt noch eine entsprechende Spiritualisierung hinzu, indem sie «oberflächliches Umweltdenken» und «tiefe Ökologie» unterscheidet. Erneut im Originalton Capra:

> Das oberflächliche Umweltdenken sorgt sich um eine wirksamere Kontrolle und besseres Management der natürlichen Umwelt zum Nutzen der Menschheit, während die tiefe Ökologiebewegung erkennt, daß das ökologische Gleichgewicht tiefgreifende Wandlungen in unserer Auffassung von der Rolle des Menschen im planetaren Ökosystem erforderlich macht. Wird der Begriff des transzendenten menschlichen Geistes in diesem Sinne verstanden, als Bewußtseinsform, in der sich das Individuum mit dem Kosmos als Ganzem verbunden fühlt, dann wird deutlich, daß ökologisches Bewußtsein im wahrsten Sinne des Wortes spirituell ist.[14]

II

Das «Neue Denken der Natur», durch dieses schwach geordnete Quintupel von Bestimmungen charakterisiert, ist – so hatte ich behauptet – nicht hinsichtlich seiner Elemente, sondern allein hinsichtlich seines höheren Aggregatzustandes im engeren Sinne *neu*. Ein erster auch nur oberflächlicher Blick auf das traditionelle philosophische Denken der Natur in unserer eigenen abendländischen Tradition zeigt, daß alle diese Elemente bereits vorhanden waren.

Im westlichen Denken, an das wir – aller kulturvergleichenden Relativierung zum Trotz – dennoch gekettet sind, hat Natur es von allem Anfang an mit dem handwerklichen Schaffen, der «techne», zu tun. Natur steht so als «physis» im Spannungsfeld von *Kausalität und Teleologie.*[15]

Diese zwei Denkmuster sind es, die sich gegenüberstehen: Zum einen wird Natur als zweckmäßig teleologisch geordnet gedacht, und das setzt einen absichtenverwirklichenden Weltschöpfer nach dem Muster eines Handwerkers voraus – so das platonische Modell des Demiurgen.[16] Zum anderen aber unterscheidet man von dem Platonschüler Aristoteles bis zu den Selbstorganisations- und Autopoiese-Theorien der Gegenwart innerhalb der Natur zwischen solchem, was im eigentlichen Sinne «natürlich» ist, das heißt den Grund seines Daseins in sich selbst hat, und solchem, was künstlich ist, das heißt den Grund seines Daseins außerhalb seiner selbst hat.[17] Diese Unterscheidung, in heutiger Terminologie: die zwischen «autopoietischen» und «allopoietischen» Systemen, taucht in verschiedenen Formen durch die Geschichte des Naturdenkens hindurch immer wieder auf, und zwar durchaus auch in widersprüchlichen Konstellationen. So wird im gegenwärtigen Naturdenken einerseits Natur als Einheit gefordert und gleichzeitig die Auffassung vertreten, sobald menschliches teleologisches Handeln als Technik in die Natur eingreife, werde diese verändert, de-naturiert. Und so ist auch noch unter wohlmeinenden Naturfreunden – vorbereitet durch das westliche Denken der Natur – häufig die Auffassung verbreitet, daß die Natur das Andere des Menschen, also das sei, was *nicht* durch zielgerichtetes Handeln intentional gemacht ist. Hiermit wird aber durchaus für verträglich gehalten, daß die Natur den teleologischen Eingriff des Menschen, den wir «Technik» nennen, zulasse. Natur muß indessen – und dem tragen verdrängte Stränge auch noch des neuzeitlichen Denkens der Natur Rechnung – bereits selbst einen quasi-teleologischen Charakter haben, soll technisches Einwirken auf sie überhaupt möglich sein. Die faktisch-teleologische Struktur unseres menschlichen Naturhandelns, welches die Natur technisch umschafft, ruht mithin auf einer entsprechenden quasi-teleologischen Struktur von Natur auf.

Die historische Dimension des Naturdenkens zeigt uns aber auch, daß es – etwa durch den Namen Spinoza repräsentiert – Versuche gab, Kausalität und Teleologie ineinander zu denken, nämlich in dem Begriffspaar «natura naturans» und «natura naturata».[18] Hier wird Natur im gleichen teleologisch-intentional als «deus sive natura» *und* kausal als Selbstverursachung, als «causa sui» gedacht.[19] Dadurch ist das Denkmuster bereitgestellt, das in der abendländischen Tradition zu denken erlaubt, daß der Mensch, obwohl er denkend und handelnd Natur erst konstituiert, doch sich zugleich auch als von ihr hervorgebracht auffassen muß. Diese Einsicht wird allerdings bei Spinoza noch um den Preis der menschlichen Freiheit erkauft: Zwar präsentiert er uns eine einheitliche Naturordnung, aber in dieser sind Freiheit und Teleologie, das heißt zweckgerichtetes, nicht von außen her beeinflußtes Verhalten des Menschen, bloßer Schein, beruhend allein auf seiner Ignoranz und Beschränktheit.

Aus dieser kurzen historisch-systematischen Erinnerung wird ersichtlich, daß jeder Versuch, Natur nicht als das Andere des Menschen, sondern als die den Menschen und die außermenschliche Natur umgreifende Einheit aufzufassen, dem in ihm enthaltenen doppelten theoretischen Anspruch gerecht werden muß: Natur implizit *teleologisch und kausal* begreifen sowie erklären zu müssen, wie der in ihr hervorgebrachte Mensch seinerseits nach Zwecken handeln, teleologisch denken, kurz: frei sein könne. Denken wir uns dies, in radikaler Form von Schelling[20] bearbeitete Pflichtenheft noch kombiniert mit der unabweisbaren Einsicht des 20. Jahrhunderts, daß Natur uns seit ihrer Verwissenschaftlichung hinsichtlich ihrer inneren Strukturen vordringlich im Modus des wissenschaftlichen Wissens und seit ihrer Verwandlung durch wissenschaftlich geleitetes Handeln im Modus des technischen Könnens gegeben ist, so resultiert eine Konzeption der lebensweltlichen, wissenschaftlichen und technischen *Einheit der Natur*.

Schließlich gilt es zur vollen Erfassung unserer gegenwärtigen Situation noch, die Erkenntnis fruchtbar zu machen, daß es sich bei diesem Naturdenken und Naturhandeln weder um ein rein theoretisch-kontemplatives Erfassen von Strukturen, noch auch um ein rein hinsichtlich seiner Moralität zu beurteilendes Handeln dreht, sondern daß Erfahrung und Handlung gegenwärtig *technologisch* vermittelte Erfahrung und Handlung sind. Natur ist somit nicht nur Gedanken- und nicht nur Handlungs*gegenstand*, sondern auch Gedanken- und Handlungs*produkt* des Menschen. Anders ausgedrückt: *Natur* ist de facto ihrerseits bereits *Kultur*, wie etwa an dem Beispiel der Agrikultur und der mit ihr zusammenhängenden wissenschaftlichen und technischen Verfahren deutlich gemacht werden kann.[21]

Nach dieser stärker inhaltlich orientierten Erinnerung an die verdrängte Geschichte des Naturdenkens können die aufgelisteten Charakteristika auf ihre Hintergründe befragt werden:

1. Den Gedanken der *Einheit der Natur* hatten wir bereits als Element des Spinoza-Schelling-Erbes identifiziert. Der Doppelcharakter der Einheit der Natur ist in dem von Spinoza aufgegriffenen Konzept einer «natura naturans», die sich als «natura naturata» hervorbringt, aufgehoben.

2. Der Gedanke einer *evolutionären Verfassung von Natur* als ganzer gehört ebenfalls in eben diesen Traditionskreis. Daß Natur nicht ewig und unwandelbar ist, sondern eine Geschichte bekommt, ist ein im 18. Jahrhundert verbreiteter Gedanke, der durchaus das Einheitliche der Natur im Rahmen jener anderen, apokryphen Tradition des Naturdenkens miteinbezieht.[22] Der Streit zwischen Präformationisten und Deszendenztheoretikern, von einer positivistischen Wissenschaftsgeschichtsschreibung zur reinen Vorläuferdebatte des Darwinismus stili-

siert, ist in Wahrheit eine Neuauflage des Kausalität-Teleologie-Spannungsverhältnisses von Natur. Das Beispiel, das ich hier wähle, ist das des Philosophen, Theologen und Schriftstellers Johann Gottfried Herder, der fast gleichzeitig mit den das Denken revolutionierenden Gedanken der kritischen Philosophie Immanuel Kants eine großangelegte Theorie des Zusammenhangs der Entwicklung von Natur und Kultur unter dem Titel *Ideen zur Philosophie der Geschichte der Menschheit* vorlegte:

> Wenn man also auch von den Endursachen der Schöpfung ganz abstrahiret: So lag es schon im Stoff der Natur selbst, daß sie aus Vielem ein Eins machen und durch das kreisende Rad der Schöpfung Zahlloses zerstören mußte, damit sie ein Minderes aber Edleres belebte. So fuhr sie von unten hinauf und indem sie allenthalben genug des Samens nachließ, Geschlechter, die sie dauern lassen wollte, zu erhalten, bahnte sie sich den Weg, zu auserlesneren feinern, höheren Geschlechtern. Sollte der Mensch die Krone der Schöpfung seyn: so konnte er mit dem Fisch oder dem Meerschleim nicht Eine Masse, Einen Tag der Geburt, Einen Ort und Aufenthalt haben ...
> Alles ist in der Natur verbunden: ein Zustand strebt zum andern und bereitet ihn vor. Wenn also der Mensch die Kette der Erdorganisation als ihr höchstes und letztes Glied schloß: so fängt er auch eben dadurch die Kette einer höheren Gattung von Geschöpfen als ihr niedrigstes Glied an; und so ist er wahrscheinlich der Mittelring zwischen zwei in einander greifenden Systemen der Schöpfung. Auf der Erde kann er in keine Organisation mehr übergehen oder er müßte rückwärts und sich im Kreise umhertaumeln; stillstehen kann er nicht, da keine lebendige Kraft im Reich der wirksamsten Güte ruhet; also muß ihm eine Stufe bevorstehn, die so dicht an ihm und doch über ihm so erhaben ist, als er, mit dem edelsten Vorzuge geschmückt, ans Thier grenzet.[23]

3. Der Gedanke der *Selbstorganisation*, der bis hin zur *Autopoiese* neuronaler Systeme und zum Geist führen soll, greift zum einen ebenfalls zurück auf Spinozas Konzept einer Selbstverursachung der Natur, zum anderen ist er aber vorgeprägt erneut durch Schelling, der mit dem Organisationsbegriff den reinen Mechanismus der Natur ergänzt, wenn er etwa in seiner *Einleitung zu den Ideen zu einer Philosophie der Natur* formuliert:

> Nun ist aber Mechanismus allein bei weitem nicht das, was die Natur ausmacht. Denn sobald wir ins Gebiet der *organischen Natur* übertreten, hört für uns alle mechanische Verknüpfung von Ursache und Wirkung auf... Jedes organische Produkt trägt den Grund seines Daseyns *in sich selbst*, denn es ist von sich selbst Ursache und Wirkung. Kein einzelner Theil konnte *entstehen*, als in diesem Ganzen und dieses Ganze selbst besteht nur in der *Wechselwirkung* der Theile. In jedem anderen Objekt sind die Theile *willkürlich*, sie sind nur da, insofern ich *theile*... Also liegt jeder Organisation ein *Begriff* zugrunde, denn wo nothwendige Beziehung des Ganzen auf Theile und der Theile auf ein Ganzes ist, ist *Begriff*. Aber dieser Begriff wohnt *in ihr selbst*, kann von ihr gar nicht getrennt werden, sie *organisirt sich selbst*, ist nicht etwa nur ein Kunstwerk, dessen Begriff *außer* ihm im Verstande des Künstlers vorhanden ist.[24]

Und die radikal-konstruktivistisch aufgefaßten autopoietischen Systeme finden ihre Vorform in den fensterlosen Monaden bei Leibnitz.

4. Auch das Charakteristikum der Konvergenz von Wissenschaft und Religion/Mystik ist durch den Pantheismus Spinozas vorgeprägt. «Natur» wird von ihm sogar explizit als synonym mit «Gott» erklärt.[25] Die alte, aus dem griechischen Denken stammende Vorstellung, die Natur sei handwerkliches Produkt eines obersten Handwerksmeisters und mithin in all ihrem kausalen Aufbau für denjenigen durchschaubar zweckmäßig organisiert, der sie auf den Handwerksmeister bezieht, wird durch den Kunstgriff der Identifikation von Baumeister und Bauwerk so uminterpretiert, daß nun Identität von Zwecken und Ursachen behauptet werden kann. Analoges kann man durchaus bereits bei Kepler finden, der im Widmungsteil des *Mysterium Cosmographicum* formuliert:

> Wir sehen hier, wie Gott gleich einem menschlichen Baumeister, der Ordnung und Regel gemäß, an die Grundlegung der Welt herangetreten ist und Jegliches so ausgemessen hat, daß man meinen könnte, nicht die Kunst nehme sich die Natur zum Vorbild, sondern Gott selbst habe bei der Schöpfung auf die Bauweise des kommenden Menschen geschaut.[26]

5. Daß Natur selbst zum Wert avanciert und daher aus dem Status eines Begriffs der Beschreibung in den der Vorschrift übergeführt werden kann, findet ebenfalls Vorläufer in unserem traditionalen abendländi-

schen Naturdenken. Neben Rousseau, für den Natur den guten Zustand vor der Zertrennung und daher vor dem Eintritt des Bösen in die Welt repräsentiert, ist es erneut wieder Schelling, der in seiner Schrift *Über das Wesen der menschlichen Freiheit* die Natur als den noch ungeschiedenen Grund der Freiheit als des Unterscheidens von Gut und Böse auffaßt und – hierin spinozistisch – mit Gott identifiziert:

> Diejenige Einheit, die in Gott unzertrennlich ist, muß also im Menschen zertrennlich seyn, – und dieses ist die Möglichkeit des Guten und des Bösen.[27]

Von den verschiedensten Versuchen des ethischen Naturalismus[28], aus der reinen Naturhaftigkeit bzw. einem religiös fundierten naturrechtlichen Ansatz normative Verpflichtungen abzuleiten, möchte ich an dieser Stelle einmal absehen.

III

Und so stellt sich hiermit die entscheidende Frage nach dem Neuen Denken der Natur folgendermaßen: Alle Elemente des Neuen Denkens der Natur lagen bereits vor. Alle gehörten mehr oder minder in – wenigstens von der naturwissenschaftlichen Denkweise – verdrängte Traditionen des Naturdenkens. Wie kommt es nun dazu, daß das Neue Denken der Natur in einer gewissen Einheitlichkeit sich sowohl wissenschaftlich wie lebensweltlich als *Rekombination ausgerechnet dieser Elemente* realisiert?

Hierzu muß auf einen Sachverhalt hingewiesen werden, der in den bisherigen Überlegungen zwar immer wieder angesprochen, aber noch nicht eigens thematisiert worden ist. Betrachten wir einmal das nun verschiedentlich angesprochene Begriffspaar von «natura naturans» und «natura naturata». Hintergrund dafür ist die erwähnte Unterscheidung der aristotelischen Physik in solches, was den Grund seines Daseins in sich hat, und solches, was von anderem geschaffen worden ist. Mit anderen Worten: Es geht zurück auf eine Unterscheidung zwischen solchem, was durch Natur, und solchem, was durch Kunst produziert ist. Mit dem Begriff der «techne» wird also, so hatten wir bereits gesehen, auch noch das Naturprodukt erklärt; und dies kann das Spannungsverhältnis zwischen Kausalität und Teleologie aufhellen. Natur ist, um eine Formulierung zu verwenden, die noch bis Kant hin gebräuchlich war, das, was so aufgefaßt werden muß, als ob ein Verstand, wenngleich nicht der unsrige, es zweckmäßig, das heißt als Artefakt hergestellt habe.[29]

Die neuzeitliche Auffassung von Natur wird – so hatten wir ebenfalls bereits gesehen – stark geprägt von der Auffassung, Natur sei das, was uns *die Wissenschaft* von ihr sehen lasse. Dem neuzeitlichen Wissenschaftsverständnis (wenngleich nicht seinen Ursprüngen) folgend, wird nun aber wissenschaftliche, objektivierende Erkenntnis von technischem Eingriff getrennt. Indessen hat bereits die wissenschaftsimmanente Entwicklung immer stärker technomorphe Züge angenommen. Der technische Eingriff wird – zunächst als Beobachter-Eingriff in der relativistischen Mechanik und der Quantenmechanik unseres Jahrhunderts, denn in explizit technisch werdender Weise – zum Element des wissenschaftlichen Beobachtens und Theoretisierens selbst. Gerade in den Frontdisziplinen unseres gegenwärtigen wissenschaftlich-technischen (oder, wie ich lieber sage: technologischen) Fortschritts wird der technische Charakter der neuzeitlichen Wissenschaft manifest, was bis in die Bezeichnungen durchschlägt: Wir sprechen von den wissenschaftlichen Frontdisziplinen bereits als von «neuen Technologien».

Und das hat nun natürlich Folgen für die Auffassung von Natur. Anders formuliert: Wenn Natur ein äußerst hochstufiges, hochaggregiertes rückgekoppeltes Gesamtsystem ist, in dem wir selbst und unser naturwissenschaftlich-technischer Eingriff auf einer niederen Stufe mitspielen, dann muß dies in einem überspekulativen Sinn genau dann deutlich werden und zum Bewußtsein kommen, wenn die in dieses Naturganze eingreifenden, vermeintlich wissenschaftlichen, in Wahrheit aber technologischen Handlungen Folgen auslösen, die es unabweisbar machen, Rückkoppelungsstrukturen nicht nur in der objektivierten Natur selbst[30] anzusetzen, sondern sie auch als strukturelle Kennzeichen jenes Gesamtsystems von Mensch und objektivierter Natur anzunehmen, als das wir Natur immer deutlicher zu begreifen beginnen. Anders ausgedrückt: Ebenso wie ich daraus, daß ich, immer auf einer vermeintlichen Ebene geradeaus gehend, an meinen Ausgangspunkt zurückkehre, schließen kann, daß es sich nicht um eine Ebene, sondern um eine Kugel gehandelt hat, kann ich auch aufgrund der Rückwirkungen, die mein technologisch-naturerkennendes und auf Natur einwirkendes Handeln hat, erkennen, daß es sich bei dem, was ich nun «Natur» nenne, um das eine, die menschliche und außermenschliche Natur übergreifende, hochrückgekoppelte Gesamtsystem handelt.

Anders und in bezug auf meine vorausgeschickte allgemeine zweite These formuliert: Erst dadurch, daß ich Natur technisch ergreife und durchwalte, und zwar erst von einem gewissen Technisierungsgrad an, drängt sich das Gedankensyndrom, das ich als das «Neue Denken der Natur» bezeichnet hatte, geradezu auf. Nun aber ist es nicht mehr ein spekulatives Gedankenkonstrukt, sondern durch wissenschaftliche und technische, genauer: durch *technologische* Erfahrungen vermittelt und gestützt. Wer bemerkt, wie massiv sich durch technische Implementierung wissenschaftlicher Ergebnisse der damit vorgesetzte Handlungszweck auf Dauer ins Gegenteil verkehren kann, wer gemerkt hat, wie die technologisch gesteigerte Handlungsmacht Effekte produziert, die von den sie Auslösenden weder gewollt noch auch vorhergesehen werden konnten, der wird – nachdem er dies einmal eingesehen hat – diese Effekte selbst in sein Denken von Natur mit einbeziehen. Und erst dies ist es dann, was wir «Ökologie» nennen: der systemtechnisch strukturierte und technologisch motivierte Gedanke nämlich, daß in einer letztlich zirkulären vernetzten Weise *alles mit allem zusammenhängt.*

Zumindest unser westlicher Geist, geprägt durch die Geschichte der neuzeitlichen Wissenschaft und Technik, ist also seiner Natur nach technisch, und die Einsicht in die nicht bloß spekulativ unterstellte Einheit der Natur auf einer höheren Organisationsstufe vermittelt sich uns eben gerade nicht durch einen Sprung in eine andere, fernöstlich-meditativ-religiöse «unio mystica», sondern durch den Versuch eines restlosen geistigen Durchdringens des sich immer deutlicher als technologisch herausstellenden Charakters unserer Natur. Daß strukturelle Parallelen zwischen unterschiedlichen Zugangsweisen zur Natur bestehen, erstaunt dann allerdings auch nicht mehr. Abgesehen von Bestsellererfolgen läßt sich damit indessen nicht mehr bewirken als die ohnehin schon vorhandene Einsicht, daß in diesen Gesamtbegriff von Natur auch andere Weisen, sie zu repräsentieren, sprich: andere Kulturen, mit einbezogen sind.

Und daraus ergibt sich, daß für uns in der Tat der Weg über eine *Ethik* führen muß. In Termini des bisher Ausgeführten: Wenn mit dem schwindenden Zutrauen in die Omnipotenz des traditionalen Wissenschaftsverständnisses die Einsicht wächst, daß Natur der auf höchster Stufe aggregierte und rückgekoppelte Zusammenhang von menschlicher und außermenschlicher Natur ist, der dem erkennenden Zugriff weitgehend entzogen ist, dann folgt daraus, daß eine andere Instanz als die wissenschaftlich prognostizierende Vernunft nötig ist, um die Korrekturaufgaben wahrzunehmen.[31] Eine Instanz dieser Art ist die Ethik.

Ethik kann nun aus zweierlei Perspektive betrachtet werden.

Zum einen erfüllt sie in funktionalistischer *Außenbetrachtung* in jenem oberen Teilsystem der sich selbst organisierenden Natur, das wir «menschliche Gesellschaft» nennen, die Aufgabe der *Selbststabilisierung und -korrektur*. Anders gesagt: Dort, wo aufgrund der erreichten reflexiven Stufe der Selbstorganisation die höchsten Freiheitsgrade gegeben sind, sind nur noch wenige streng deterministische Mechanismen vorhanden. Daher muß eine reflexive freie Setzung – ein Normensystem, das sich die Menschen selbst geben – diese Aufgabe übernehmen.

Von der *Innenseite* her betrachtet, sieht dies allerdings ganz anders aus. Hier haben wir es mit dem *Gefühl der moralischen Verpflichtung* zu tun, das das Handeln zwischen Menschen und Menschen sowie – wie wir im Rahmen der technologischen Wendung merken – das Einwirken des Handelns zwischen Menschen auf die außermenschliche Natur reguliert.

Nun läßt sich leicht einsehen, daß bereits in auch nur etwas komplexeren Zusammenhängen, sagen wir: in Zusammenhängen, in denen das moralische Pflichtgefühl auf Kollisonskurs mit sich selbst geht, weil sich ausschließende Handlungen moralisch geboten sind, eben dieses moralische Gefühl versagt. An diesen Stellen wird Ethik notwendig. Mit unserer abendländischen Tradition ist daher denn auch seit der Antike die ethische Reflexion verbunden, die von der Moral zu unterscheiden ist: Ethik ist der Versuch, mit Hilfe rationaler Klärungsmittel jene Verwicklungen aufzulösen, in die uns unser moralisches Gefühl notwendigerweise stürzt.

Nicht erst seit der Wendung zum technologischen Zeitalter, sondern schon seit alters hat der *westliche Geist* der unmittelbaren Leitung durch das Gefühl – zu Recht – mißtraut. Die Ethik nun, die uns heute not tut, hat der Tatsache Rechnung zu tragen, daß es die *Technik* ist, die als die Natur des westlichen Geistes erkannt wird. Und das heißt: Es muß eine Ethik sein, die berücksichtigt, daß unser Einwirken auf die Natur nicht linear bloß Folgen hervorbringt, sondern aufgrund des Hervorbringens von Folgen und Nebenfolgen Rückwirkungen auf den Handelnden selbst ausübt, die – ebenso wie alle anderen Naturprozesse – unter den Bedingungen der Möglichkeit nichtlinearer, chaotischer Prozesse und Aufschaukelungsmechanismen stehen. Anders ausgedrückt: Die Ethik des technologischen Zeitalters muß zwar eine Ethik sein, die die Folgen mitbedenkt (Verantwortungsethik), aber sie muß zugleich eine Ethik sein, die in Rechnung stellt, daß unsere Vernunftkapazität zu diesem Zweck zu eng, zu begrenzt, an vielen Stellen sogar irreführend ist und möglicherweise in fatalem Maße selbstverstärkend wirkt.

Es kommt hinzu, daß das Einwirken des Menschen auf die Natur – im wissenschaftlichen Sinne indirekt, im technologischen Sinne direkt – sich von seiner früheren Gestalt dadurch radikal unterscheidet, daß nicht mehr das einzelne Individuum das Handlungssubjekt ist, obwohl es immer noch die Verantwortung für die Folgen des Handelns zu übernehmen hat. Anders gesagt: Gruppen, Teams, Firmen, ganze Konzerne und politische Gemeinwesen sind die weit oberhalb des Individuums anzusiedelnden Akteure des menschlichen Einwirkens auf die außermenschliche Natur, während die Verantwortung für deren Folgen nach wie vor von einzelnen Individuen übernommen werden muß. Das moralische Gefühl aber, heute in der Gestalt des Verantwortungsgefühls, ist hiervon scheinbar restlos überfordert. Aus dieser Überlegung resultiert zweierlei. Zum einen läßt sich so die relative Hilflosigkeit von, sei es moralistisch, sei es spiritualistisch an das einzelne Individuum adressierten Forderungen erklären: Sie bleiben immer unterhalb jener Ebene, auf die sie eigentlich einwirken sollten. Zum anderen läßt sich aber aus eben demselben Befund nach dem Hölderlin-Muster («Wo aber Gefahr ist, wächst das Rettende auch»)[32] einiges an positiven Konsequenzen für eine Ethik im technologischen Zeitalter ableiten. Mit diesen sollen sich meine abschließenden Bemerkungen beschäftigen.

1. Da ist zum einen die Einsicht, daß mit Sicherheit *der technologische Weg nicht vollständig verlassen werden kann.* Hierbei handelt es sich nicht um eine normative Forderung, sondern um ein Konstatieren der Randbedingungen: Noch der Versuch der radikalen Negation und des vollständigen Ausstiegs aus allen Technologien bedürfte zu seiner Realisierung der Ausstiegs*technologien*[33], wie an den gegenwärtig erneut debattierten Schwierigkeiten um die Kernenergietechnologie samt den damit zusammenhängenden Entsorgungsproblemen deutlich abgelesen werden kann.

2. Da eben dieser technologische Weg aber, wie gezeigt, auf der Einsicht in die Notwendigkeit zur Selbstregulierung aufgrund des fast völligen Fehlens strenger Determination beruht, muß jegliches Plädoyer für vollständige Willkür technologischen Handelns als kontraproduktiv angesehen werden, auch wenn es unter dem Titel der unbegrenzten *Freiheit der Grundlagenforschung* antritt. Daß die Freiheit der Grundlagenforschung, obwohl verfassungsmäßig garantiert, nicht das höchste durch die Verfassung geschützte Gut ist, kann man leicht daran erkennen, daß sie überall dort zurückzustehen hat, wo ihre Wahrnehmung die Freiheit und Integrität des Menschen beschneidet.[34] Die Annahme menschlicher Freiheit bedeutet eben nicht eine Legitimation der Willkür, sondern beinhaltet die Verpflichtung zur Selbstregulierung. Außer-

dem befinden wir uns gegenwärtig nicht mehr in der Situation, für alle Forschungen, die wir uns ausdenken, und für alle technischen Lösungen, die wir realisieren können, über genügend Mittel zu verfügen. Es ergibt sich daher ohnehin schon rein ökonomisch der Zwang zur Auswahl. Und da fragt es sich denn, warum eine Auswahl gemäß anderen Gesichtspunkten besser sein sollte als eine Auswahl gemäß den ohnehin zu fordernden ethischen Gesichtspunkten der moralischen Zulässigkeit von Handlungen.

3. Das System von Mensch und außermenschlicher Natur, als das wir so die «Natur» zu verstehen haben, muß Wege vermeiden, die in den kritischen Zustand sich ins Chaotische aufschaukelnder Verzweigungsbäume von Folgerungen führen können. Dabei ist in Rechnung zu stellen, daß der handelnde Mensch mit all seinen Unvollkommenheiten ein Handlungsfaktor im Gesamtsystem ist. Anders und konkreter formuliert: Es ist moralisch geboten, technische Lösungen zu suchen, die sowohl *menschliche als auch technische Fehler zulassen*, ohne zu hyperkritischen Zuständen zu führen, in denen es zur unkontrollierten Selbstverstärkung von Effekten kommen kann.[35]

4. Die *qualitativen anthropologischen, philosophischen, geistes- und sozialwissenschaftlichen Faktoren technischen Handelns* sind in Planung und Abschätzung miteinzubeziehen. Während im vor-technologischen Handeln der Rückgriff auf die Behauptung, man habe von den möglichen Folgen nichts gewußt, den betreffenden Akteur moralisch exkulpieren konnte, gilt dies heute im strengen Sinne nicht mehr. Auch für Handlungsfolgen, von denen ich selber nichts gewußt habe oder die durch Akteure ausgelöst wurden, die weit oberhalb der Ebene der individuellen Handlungsentscheidungen liegen, werden individuelle Akteure heute moralisch verantwortlich gemacht.[36]

5. Gemäß den Überlegungen zur differenzierten (vielleicht sogar: dialektischen) Einheit der Natur gilt in abgestuftem Maße *die Verantwortung* als eine Beziehung, die nicht nur zwischen Menschen, sondern im technologischen Handeln *auch zwischen Menschen und außermenschlicher Natur* gilt.

6. Die von der Ethik entdeckten und freigelegten Verantwortungsbeziehungen müssen, zumal mit jungen Menschen, *im täglichen Leben eingeübt* werden.

Hieraus folgt für die einzelnen Institutionen, die die gesellschaftlichen Akteure stellen, Unterschiedliches. Einige konkrete institutionelle Folgerungen will ich doch nun wenigstens noch nennen:

- Es gehört zur Verantwortung der politischen Instanzen, im Rahmen der Forschungs- und Technologieförderungspolitik das Gewicht auf in dem beschriebenen Sinne *fehlerfreundliche* Technologien zu legen.
- Da «Verantwortung» bedeutet, für die Folgen seines Handelns notfalls geradezustehen, gehört es auch zur Verantwortung der Politik, keine Forschungsprojekte zu fördern oder Technologien zu implementieren, deren *Verantwortungszeitraum* sich so weit in die Zukunft erstreckt, daß das Definitionskriterium von Verantwortung völlig *hinfällig* wird.
- In die Verantwortung der gesellschaftlichen Ausbildungsinstitutionen gehört es, gesellschaftlich Handelnde, Ingenieure ebenso wie Nichttechniker, durch eine *sozialwissenschaftlich-geisteswissenschaftliche Integration der natur- und technikwissenschaftlichen Ausbildung* in die Lage zu versetzen, technisch und gesellschaftlich tendenziell chaotische Lösungen von anderen zu unterscheiden. Unter diesem Gesichtspunkt muten Versuche, das Ausbildungssystem monistisch auf naturwissenschaftlich-technische Rationalität einzuschränken, in geradezu abenteuerlicher Weise anachronistisch an.

Für diese Aufgaben, die sich an jedem Sektor der neuen Technologien demonstrieren lassen, benötigen wir alle Kräfte und eine kritische Aufmerksamkeit der gesellschaftlichen Öffentlichkeit. Weder gegen eine hieran mitwirkende, noch auch gegen eine sich kompensatorisch davon abhebende religiöse Kultur ist etwas einzuwenden; nur dort, wo sie die Menschen von diesen Aufgaben abzieht, indem sie ihnen eine visionäre heile Zukunft vorgaukelt, verstößt sie gegen ihre eigene Verantwortung in der technologischen Zivilisation.

Gewiß – damit ist die Zukunft der Menschheit noch nicht gerettet. Aber wenn denn alles Handelnwollen sich nicht in die Realität umsetzen läßt, gilt immerhin (in Abwandlung von Wittgensteins berühmtem Satz 7 aus dem *Tractatus*) für uns Arbeiter des Kopfes und Mitglieder der federführenden Zunft: *Wogegen man nichts tun kann, darüber muß man schreiben* . . .

Anmerkungen

1 M. Heidegger, «Die Frage nach der Technik», 1949, in: ders., *Die Technik und die Kehre*, Pfullingen 1962, 5–36. Vgl. G. Seubold, *Heideggers Analyse der neuzeitlichen Technik*, Freiburg i.Br./München 1986.
2 Vgl. I. Kant, *Prolegomena*, 1783, 16, Akademieausgabe Bd. IV, 295.
3 C. F. v. Weizsäcker, *Die Einheit der Natur*, München [5]1986, 13f.
4 I. Lakatos, *The Methodology of Scientific Research Programms*, Philosophical Papers, Bd. I, hrsg. von J. Worrall und G. Currie, Cambridge 1978, 47 et passim.
5 Vgl. M. Heidegger, «Die Zeit des Weltbildes», in: ders., *Holzwege*, Gesamtausgabe Bd. 5, hrsg. von F.-W. v. Herrmann, Frankfurt a. M. 1977, 75–113.
6 R. Spaemann/R. Löw, *Die Frage Wozu? Geschichte und Wiederentdeckung des teleologischen Denkens*, München/Zürich 1981, 226f.
7 Vgl. I. Prigogine/I. Stengers, *Dialog mit der Natur. Neue Wege naturwissenschaftlichen Denkens»,* München 1981, bes. 148ff.
8 H. R. Maturana, *Erkennen: Die Organisation und Verkörperung von Wirklichkeit*, bes. 157–169: «Autopoiese: die Organisation lebender Systeme, ihre nähere Bestimmung und ein Modell» (zusammen mit F. J. Varela und R. Uribe) und 272–296: «Repräsentation und Kommunikation».
9 C. F. v. Weizsäcker, *Die Einheit der Natur*, a.a.O., 16. – Zur Konvergenz von Naturwissenschaft und Numinosem vgl. H.-P. Dürr (Hrsg.), *Physik und Transzendenz. Die großen Physiker unseres Jahrhunderts über ihre Begegnung mit dem Wunderbaren*, Bern/München/Wien 1986.
10 F. Capra, *Wendezeit. Bausteine für ein neues Weltbild,* Bern/München/Wien 1982, 331; vgl. dazu kritisch W. Ch. Zimmerli, «Das Zeitalter der angekündigten neuen Zeitalter. ‹New Age› auf dem Prüfstand der philosophischen Kritik», in: H. Bürkle (Hrsg.), *New Age. Kritische Anfragen an eine verlockende Bewegung*, Düsseldorf [2]1989, 42–61, bes. 49f.
11 F. Capra, *Das Tao der Physik. Die Konvergenz von westlicher Wissenschaft und östlicher Philosophie*, Neuausgabe, Bern/München/Wien 1983, 307.
12 K. Meyer-Abich (Hrsg.), *Frieden mit der Natur*, Freiburg i. Br. 1979.
13 H. Jonas, *Das Prinzip Verantwortung*, Frankfurt a. M. 1978, bes. 153ff.; zur ökologischen Ethik vgl. D. Birnbacher (Hrsg.), *Ökologie und Ethik*, Stuttgart 1980.
14 F. Capra, *Wendezeit*, a.a.O., 465. Zur Spiritualität als grundlegender New-Age-Orientierung vgl. Ch. Schorsch, *Die New Age Bewegung. Utopie und Mythos der Neuen Zeit*, Gütersloh [3]1989.
15 Vgl. W. Ch. Zimmerli, «Kausalität versus Teleologie. Zu Geschichte und Leistungsfähigkeit unseres Naturdenkens», in: C. Burrichter/R. Inhetveen/R. Kötter (Hrsg.), *Zum Wandel des Naturverständnisses*, Paderborn/München/Wien/Zürich 1987, 137–159.
16 Vgl. Platon, *Timaios*, 29a et passim.
17 Aristoteles, *Physik*, 192b 8ff.; *De generatione animalium*, 762a 17f., 775a 22.
18 Spinoza, *Ethica*, pars I, propositio 29, scholium. Vgl. H. Siebeck, «Über die Entstehung der Termini natura naturans und natura naturata», in: *Archiv für Geschichte der Philosophie* 3, 1980, 370–378.
19 Spinoza, *Ethica*, pars I, def. 1.
20 Vgl. dazu L. Hasler (Hrsg.), *Schelling. Seine Bedeutung für eine Philosophie der*

Natur und der Geschichte, Stuttgart–Bad Cannstatt 1981; R. Heckmann/H. Krings/R. W. Meyer (Hrsg.), *Natur und Subjektivität, Zur Auseinandersetzung mit der Naturphilosophie des jungen Schelling*, Stuttgart–Bad Cannstatt 1985.

21 Vgl. zu diesem Konzept des Verhältnisses von Natur zu gesellschaftlichem Kulturprodukt H. Markl, *Natur als Kulturaufgabe. Über die Beziehung des Menschen zur lebendigen Natur*, Stuttgart 1986; neuerdings ganz prononciert sozialwissenschaftlich U. Beck, *Gegengifte. Die organisierte Unverantwortlichkeit*, Frankfurt a. M. 1988, bes. 62ff.

22 Vgl. hierzu S. Toulmin/J. Goodfield, *Entdeckung der Zeit*, München 1970.

23 J. G. Herder, *Ideen zur Philosophie der Geschichte der Menschheit*, Zweiter Theil, 1785, Sämtliche Werke, hrsg. von B. Suphan, Bd. 13, Vwelin 1887, 401; ebd. 194f.

24 F. W. J. Schelling, *(Einleitung zu den) Ideen zu einer Philosophie der Natur als Einleitung in das Studium dieser Wissenschaft*, Schellings Werke, hrsg. von M. Schröter, 1. Hauptband, München 1927, 690f. Vgl. M.-L. Heuser-Keßler, *Die Produktivität der Natur. Schellings Naturphilosophie und das neue Paradigma der Selbstorganisation in den Naturwissenschaften*, Berlin/München 1986.

25 Spinoza, *Ethica*, pars IV, praefatio.

26 J. Kepler, *Mysterium Cosmographicum*, «Epistola dedicatoria», Gesammelte Werke, Bd. I, hrsg. von M. Caspar, München 1938, 6: «dum cernimus, uti Deus instar alicuius ex nostratibus Architectis, ordine et norma ad mondi molitionem accesserit, singulaque sit ita dimensus; quasi non ars naturam imitaretur, sed Deus ipse ad hominis futuri morem aedificandi, respexisset.»; dt. nach J. Mittelstrass, «Leben mit der Natur», in: O. Schwemmer (Hrsg.), *Über Natur*, Frankfurt a. M. 1987, 43.

27 F. W. J. Schelling, *Philosophische Untersuchungen über das Wesen der menschlichen Freiheit und die damit zusammenhängenden Gegenstände,* Schellings Werke, a.a.O., 4. Hauptband, 256.

28 Zur metaethischen Bedeutung des Terminus «Naturalismus» vgl. als «locus classicus» G. E. Moore, *Principia Ethica*, Stuttgart 1970, bes. 74ff.

29 Vgl. I. Kant, *Kritik der Urteilskraft*, XXVII.

30 Zum Zusammenhang der so zu verstehenden Genese biologischer Information vgl. B.-O. Küppers, *Der Ursprung biologischer Information. Zur Naturphilosophie der Lebensentstehung*, München/Zürich 1986; zum Gesamtzusammenhang erneut I. Prigogine/I. Stengers, *Dialog mit der Natur*, a.a.O.

31 Vgl. W. Ch. Zimmerli, «Hat die Natur eine Zukunft? Das wissenschafts-theoretisch-technologische Prognoseproblem und die Biowissenschaften», in: *Evolution und Prognose*, Aachen 1989 (im Druck).

32 F. Hölderlin «Patmos. Dem Landgrafen von Homburg». Sämtliche Werke, hrsg. von F. Beissner, Stuttgart 1951ff., Bd. 2/1, 165.

33 Dieses «Teufel-Beelzebub»-Argument wird ebenfalls stark gemacht von U. Beck, *Gegengifte*, a.a.O. Zum technologischen Charakter unserer Gegenwart vgl. W. Ch. Zimmerli (Hrsg.), *Technologisches Zeitalter oder Postmoderne?,* München 1988.

34 Vgl. Art. 1 GG.: «Die Würde des Menschen ist unantastbar. Sie zu achten und zu schützen ist Verpflichtung aller staatlichen Gewalt.»

35 Vgl. E. v. Weizsäcker/Ch. v. Weizsäcker, «How to Live with Errors? On the Evolutionary Power of Errors», in: *World Futures*, Bd. 24, 1987, 237–247.

36 Vgl. W. Ch. Zimmerli, «Wandelt sich die Verantwortung mit dem technischen Wandel?», in: H. Lenk/G. Ropohl (Hrsg.), *Technik und Ethik*, Stuttgart ^{2}1989, 92–111.

Die Autoren

ALBRECHT, Ernst, geb. 1930 in Heidelberg. Studium der Philosophie und Theologie in Tübingen, Cornell, USA, und Basel (Bachelor of Arts). Anschließend Studium der Rechts- und Wirtschaftswissenschaften in Tübingen und Bonn (Promotion zum Dr. rer. pol.). Seit März 1979 stellv. Vorsitzender der CDU Deutschlands und seit dem 6. Februar 1976 Ministerpräsident des Landes Niedersachsen. Schirmherr des Öffentlichen Internationalen Kongresses «Geist und Natur» (Hannover, 21.–27. Mai 1988).

BHARATI, Agehananda, geb. 1923 in Wien, seit 1968 US-Staatsbürger. Studierte Sanskrit, Indologie, Anthropologie und Philosophie in Europa, Indien und Amerika und promovierte in Indologie. 1951 trat er als erster Europäer in den hinduistischen Dasanami-Orden der Sannyasi ein. Nach Lehraufträgen an verschiedenen Universitäten in Indien, Thailand und Japan seit 1961 Professor für Anthropologie an der Syracuse University, New York. Hauptforschungsgebiete: Kulturanthropologie, Erkenntnistheorie und vergleichende Philosophiegeschichte. Zahlreiche Veröffentlichungen, darunter: *Die Tantra-Tradition*, Freiburg i.Br. 1977.

BRÜCK, Michael von, geb. 1949 in Dresden. Studium der evangelischen Theologie, der vergleichenden Sprachwissenschaft und Indologie an der Universität Rostock (1968–75); 1975 Promotion zum Dr. theol.; 1982 Habilitation; Professor für evangelische Theologie und vergleichende Religionswissenschaft, lehrte u. a. am Gurukal Lutheran Theological College in Madras, Indien, und ist seit Okt. 1985 Mitarbeiter des Instituts für Ökumenische Forschung der Universität Tübingen (Forschungsprojekt: Buddhismus und Christentum – eine Bilanz des Dialogs; zusammen mit Prof. Whalen Lai, University of California). Zahlreiche Veröffentlichungen, darunter: *Einheit der Wirklichkeit. Gott, Gotteserfahrung und Meditation im hinduistisch-christlichen Dialog*, München ^{2}1987, und *Einheit der Religionen. Bewußtseinswandel der Menschen*, München 1987.

CHARGAFF, Erwin, geb. 1905 in Czernowitz (Bukowina), Studium der Chemie in Wien (1923–28); lehrt seit 1935 an der Columbia University, New York, seit 1952 Professor der Biochemie, seit 1970 Direktor des Biochemischen Instituts. Viele wissenschaftliche Auszeichnungen, 1975 die National Medal of Science, die höchste wissenschaftliche Auszeichnung der USA. Zahlreiche Veröffentlichungen, darunter: *Das Feuer des Heraklit. Skizzen aus einem Leben vor der Natur*, Stuttgart 1979; *Unbegreifliches Geheimnis. Wissenschaft als Kampf für und gegen die Natur*, Stuttgart 1980; *Abscheu vor der Weltgeschichte. Fragmente vom Menschen*, Stuttgart 1988.

Dürr, Hans-Peter, geb. 1929 in Stuttgart. Promovierte nach dem Studium der Physik in Stuttgart (Dipl.-Phys.) an der University of California in Berkeley zum Dr. phil. 1962 Habilitation an der Universität München, 1963 Wissenschaftliches Mitglied der Max-Planck-Gesellschaft, heute Professor für Physik und seit 1987 Direktor des Werner-Heisenberg-Instituts (Max-Planck-Institut für Physik und Astrophysik) in München. Arbeitsgebiete: Kernphysik, Elementarteilchenphysik und Gravitation. 1987 erhielt er den sog. Alternativen Nobelpreis für seine Verdienste um die Friedensforschung und sein Engagement gegen SDI. Zahlreiche Veröffentlichungen, darunter: *Das Netz des Physikers*, München 1988; *Physik und Transzendenz* (als Hrsg.), Bern/München 1987, sowie (mit W. Blum und H. Rechenberg): Werner Heisenberg, *Gesammelte Werke*, Berlin ab 1985.

Eccles, Sir John C., geb. 1903 in Melbourne. Medizinstudium in Melbourne. Nach Promotion Lehrtätigkeit in Oxford, dann Institutsdirektor in Sidney, Professuren in Otago (Neuseeland), Canberra (Australien) und Buffalo (USA). 1957–61 Präsident der australischen Akademie der Wissenschaften. 1963 Nobelpreis für Medizin. Zahlreiche Veröffentlichungen, darunter: *Das Ich und sein Gehirn* (mit Karl Popper), München [2]1987, und *Das Wunder des Menschseins – Gehirn und Geist*, München 1985.

Forte, Francesco, geb. 1929 in Busto Arsizio (Italien). Promotion in Wirtschaftswissenschaften an der Universität von Padua. (Gast-)Professuren u. a. an der University of Virginia und der Universität von Torino. 1971–75 Vizepräsident des italienischen Staatskonzerns der Erdöl- und Energiewirtschaft ENI. 1982–83 Finanzminister (als Mitglied der Sozialistischen Partei Italiens), 1983–85 Minister für EG-Politik. Seit 1985 Professor für Volkswirtschaft an der Universität Rom.

Garaudy, Roger, geb. 1913 in Marseille. Promotion zum Dr. phil. in Paris. Der Wortführer des «orthodoxen Kommunismus» (seit 1933 KP-Mitglied) wurde zum «Reformkommunisten» (1956), der sich schließlich völlig von seinen ehemaligen Genossen abwandte (Parteiausschluß 1970 nach Erscheinen seines Buches *Die ganze Wahrheit*) und «ein neues Modell der Gesellschaft jenseits von Kapitalismus und Kommunismus» propagierte, u. a. in *Die Alternative*, Reinbek 1974. Zahlreiche weitere Veröffentlichungen, darunter: *Biographie des 20. Jahrhunderts. Ein philosophisches Testament*, 2 Bde., Hannover 1986 und 1988.

Henderson, Hazel, geb. 1933 in England. Autodidaktin und international renommierte Zukunftsforscherin. Für ihre wirtschaftstheoretischen Arbeiten erhielt sie den Ehrendoktor vom Worcester Polytechnic Institute. 1974–80 Mitglied des Beraterstabes des Office of Technology Assessment des amerikanischen Kongresses. Seit über zehn Jahren leitet sie das unabhängige Center for Alternative Futures, ein privater «think tank», und ist im Direktorium verschiedener Forschungsinstitute, u. a. dem World-watch Institute, Washington, der World Future Society, der World Social Prospects Study Association, Genf. Als engagierte Umweltschützerin und Wirtschaftskritikerin ist Hazel Henderson eine vielgefragte Rednerin auf internationalen Konferenzen. Zahlreiche Veröffentlichungen, darunter: *Creating Alternative Futures*, New York 1978, und *The Politics of the Solar Age*, New York 1981 (Auszüge aus beiden Büchern auf deutsch erschienen unter dem Titel *Das Ende der Ökonomie. Die ersten Tage des nachindustriellen Zeitalters*, München 1987).

Jonas, Hans, geb. 1903 in Mönchengladbach. Studium der Philosophie, Theologie und Kunstgeschichte in Freiburg, Berlin, Heidelberg und Marburg, Promotion 1928 bei Heidegger und Bultmann. 1933 Emigration nach England, 1935 nach Palästina;

1938/39 und 1946–48 Dozent an der Hebräischen Universität Jerusalem. 1949 Professor an der McGill University, Montreal, 1950–54 an der Carleton University, Ottawa, 1955–76 an der New School for Social Research, New York; Gastprofessor u. a. an der Princeton University, der Columbia University und an der Universität München. 1987 Friedenspreis des Deutschen Buchhandels. Zahlreiche Veröffentlichungen, u. a.: *Organismus und Freiheit. Ansätze zu einer philosophischen Biologie*, Göttingen 1973; *Das Prinzip Verantwortung. Versuch einer Ethik für die technologische Zivilisation*, Frankfurt a. M. 1984; *Technik, Medizin und Ethik. Zur Praxis des Prinzips Verantwortung*, Frankf. a. M. 1985.

KÖNIG, Kardinal Franz, geb. 1905 in Pielach (Niederösterreich), Studium der Philosophie und Theologie an der Päpstlichen Universität in Rom; Promotion zum Dr. theol.; 1933 Priesterweihe in St. Pölten; 1946 Habilitation in Religionswissenschaften. Von 1956–85 Erzbischof von Wien; am 15. 12. 1958 von Papst Johannes XXIII. zum Kardinal ernannt. Als erster Kardinal reiste er 1961 zu Patriarch Athenagoras nach Konstantinopel. Anläßlich des Eucharistischen Kongresses in Bombay im Dezember 1964 war er an einem öffentlichen Gespräch mit je einem prominenten Vertreter des Hinduismus, Parsismus und Islam in Indien beteiligt. Im Frühjahr 1965 folgte er einer Einladung des Rektors der Al-Azhar-Universität in Kairo (das «Rom des Islam» genannt), wo er über das gemeinsame Anliegen der monotheistischen Religionen dem Atheismus gegenüber sprach. Im Sommer 1965 erfolgte die Errichtung des dritten vatikanischen Sekretariats. Dieses «Sekretariat für die Nichtglaubenden» leitete er bis zum Juni 1980.

LASSALLE, Hugo, geb. 1898 in Externbrock/Westf. Nach einem Philosophie- und Theologiestudium in Holland und England seit 1927 Priester SJ. 1940–59 Vicarius Delegatus des Apostolischen Vikariats in Hiroshima. Beim Abwurf der Atombombe 1945 verwundet und seitdem strahlengeschädigt. 1948 unter dem Namen Makibi *Enomiya* japanischer Staats- und Ehrenbürger von Hiroshima. 1950–78 Professor für Religionswissenschaft an der Musikhochschule «Elisabeth» in Hiroshima. Lassalle entdeckt den Zen für das Christentum. 1968 erste Zen-Kurse in Benediktinerklöstern in Deutschland, seitdem regelmäßig in Europa. 1977 Eröffnung einer Zen-Halle im Franziskanerkloster Dietfurt a. d. Altmühl. 1978 offiziell anerkannter Zen-Meister in Kamakura, Tokio. Zahlreiche Veröffentlichungen, darunter: *Mein Weg zum Zen* (hrsg. von R. Ropers/B. Snela), München 1988, und *Zen-Meditation für Christen*, Bern/München/Wien ^{6}1987.

LOBO, Rocque, geb. 1941 in Pune (Indien). Studium der Philosophie und der kath. Theologie. 1971 Promotion zum Dr. phil. Studium des Yoga und des Ayurveda bei B. K. S. Iyengar, B. P. Nanal und C. G. Joshi in Pune. 1971–84 in der Curriculum-Forschung auf dem Gebiet Yoga und Ayurveda in der Gesundheitsbildung an der Münchner Volkshochschule tätig. 1984–87 Leiter des Fernstudienprojekts der Kath. Stiftungsfachhochschule für Sozialwesen in München «Integriertes Psychosomatisches Gesundheitstraining». Seit 1978 Leiter der Forschungsstelle für Yoga und Ayurveda in München. 1986 Professor für Sozialpädagogik an der Fachhochschule München. 1988 Gründung des Instituts für Gesundheitspädagogik in München und Übernahme seiner Leitung. Herausgeber des Jahrbuchs für Yoga und ostasiatische Meditationstechniken und Autor mehrerer Bücher über Yoga und Ayurveda.

MERCHANT, Carolyn, geb. 1936 in Rochester, New York (USA). 1967 Promotion zum Dr. phil. in Wissenschaftsgeschichte an der University of Wisconsin (Madison). Nach Lehraufträgen an verschiedenen amerikanischen Universitäten seit 1986 Professorin für Umweltgeschichte, Philosophie und Ethik an der University of California, Berkeley. Zahlreiche Veröffentlichungen, darunter: *Der Tod der Natur. Ökologie, Frauen und neuzeitliche Naturwissenschaft*, München 1987.

NASR, Seyyed Hossein, geb. 1933 in Teheran. Promotion zum Dr. phil. an der Harvard University, 1958–79 Professor für Wissenschaftsgeschichte und Philosophie an der Universität von Teheran; 1979–84 Professor für Islam-Forschung an der Temple University (Texas). Viele Vortragsreisen in Europa und Übersee, zahlreiche Veröffentlichungen über Philosophie, Spiritualität und die Tradition des Islam.

PANIKKAR, Raimundo, geb. 1918 in Barcelona, indischer Staatsbürger mit ständigem Wohnsitz in den USA. Studierte in Spanien, Deutschland, Italien und Indien und hatte Professuren an den Universitäten von Madrid, Santander, Rom, Cambridge (England) und Harvard inne. Von 1971–86 (bis zu seiner Emeritierung) Professor für vergleichende Religionsphilosophie und Geschichte der Religionen an der University of California, Santa Barbara. Auf vielen Reisen besuchte er immer wieder Indien und Europa. Zahlreiche Veröffentlichungen über Philosophie, vergleichende Religionswissenschaft und Indologie, darunter: *Kultmysterium in Hinduismus und Christentum. Zur heilsgeschichtlichen Problematik der christlichen Begegnung mit Indien*, Hardebek 1965, und *Der unbekannte Christus im Hinduismus*, Mainz–Weisenau 1986.

PÖPPEL, Ernst, geb. in Schwessin (Pommern). Studium der Germanistik, Geschichte und Philosophie in Freiburg, München und Innsbruck; 1968 Promotion zum Dr. phil. (Psychologie) in Innsbruck. Nach längerem Forschungsaufenthalt am Massachusetts Institute of Technology doppelte Habilitation – für Sinnesphysiologie in München und Psychologie in Innsbruck. Seit 1976 Ordinarius für Medizinische Psychologie in München und Vorstand des neugegründeten (1977) Instituts für Medizinische Psychologie der Universität München. Hauptforschungsgebiete: Neuronale Mechanismen der Wahrnehmung; zeitliche Organisation des Erlebens und Verhaltens. Zahlreiche Veröffentlichungen, darunter: *Grenzen des Bewußtseins. Über Wirklichkeit und Welterfahrung*, Stuttgart ²1988.

POPPER, Sir (seit 1964) Karl Raimund, engl. Philosoph österr. Herkunft, geb, 1902 in Wien, war 1947–69 Professor in London; Begründer und Hauptvertreter des Kritischen Rationalismus; entwarf in kritischer Auseinandersetzung mit dem logischen Positivismus des «Wiener Kreises» eine allgemeine wissenschaftstheoretische Methodenlehre; seine Sozialtechnologie brachte ihn in scharfen Gegensatz zu den Vertretern der Frankfurter Schule («Positivismusstreit»). Zahlreiche Veröffentlichungen, darunter: *Die offene Gesellschaft und ihre Feinde*. Bd. 1: *Der Zauber Platons*, Tübingen ⁶1980; Bd. 2: *Falsche Propheten. Hegel, Marx und die Folgen*, Tübingen ⁶1980, und (zus. mit John C. Eccles) *Das Ich und sein Gehirn*, München ²1987.

PRIGOGINE, Ilya, geb. 1917 in Moskau, belgischer Staatsbürger. 1939 Lizenziat in Physik und Chemie, 1941 Promotion in Chemie. Nach Professuren an verschiedenen Universitäten in Europa und den USA seit 1967 Direktor des «Ilya Prigogine Center for Studies in Statistical Mechanics and Thermodynamics» der University of Texas in Austin, Texas. Der theoretische Physiker und Nobelpreisträger (1977) erforschte u. a. das Phänomen der Synergetik in thermodynamischen Systemen fern vom thermischen Gleichgewicht («Chaosforschung»). Zahlreiche Veröffentlichungen, darunter: *Vom Sein zum Werden. Zeit und Komplexität in den Naturwissenschaften*, München ⁴1985, und (mit Isabelle Stengers) *Dialog mit der Natur. Neue Wege naturwissenschaftlichen Denkens*, 5. erw. Aufl. München 1986.

Rentschler, Ingo, geb. 1940 in Traben-Trarbach (a. d. Mosel). Studium der Physik in München und der Psychologie in Innsbruck. Seit 1967 Lehrtätigkeit an verschiedenen Instituten der Universität München; 1979 Habilitation in Medizin, seit 1982 Professor für Medizinische Psychologie, Universität München. Forschungsschwerpunkte: Psychophysik und Elektrophysiologie der visuellen Informationsverarbeitung, Klinische Sehfunktionsprüfung, Sensorische Rehabilitation, Visuelle Ästhetik. Zahlreiche Veröffentlichungen, darunter: (mit H. Schober) *Das Bild als Schein der Wirklichkeit. Optische Täuschungen in Wissenschaft und Kunst*, München 1986.

Schorsch, Christof, geb. 1959 in Levico (Italien), studierte an der Freien Universität Berlin. Seit 1985 dort Lehrbeauftragter an den Fachbereichen Kommunikationswissenschaften sowie Philosophie- und Sozialwissenschaften I. Stipendiat des Landes Berlin. Promotion zum Dr. phil. bei Dietmar Kamper. Zahlreiche wissenschaftliche und philosophische Veröffentlichungen, darunter: *Die große Vernetzung* (Freiburg i. Br. 1987), *Auf der Suche nach der Einheit* (Essen 1987) und *Die New-Age-Bewegung* (Gütersloh [3]1989). Zur Zeit Habilitation mit einer Arbeit über Ernst Bloch.

Sebald, Hans, geb. 1929 in Selb, seit 1968 US-Staatsbürger. 1963 Promotion in Soziologie und Anthropologie an der Ohio State University, Columbia. Nach Professuren an verschiedenen amerikanischen Universitäten seit 1975 Professor für Soziologie an der Arizona State University, Tempe. Zahlreiche Veröffentlichungen, darunter: *Hexen damals – und heute?*, Frankfurt a. M. 1987.

Steindl-Rast, David, O.S.B., geb. 1926 in Wien. Studierte Kunst, Anthropologie und Psychologie und promovierte 1952 in Wien zum Dr. phil. Nach zwölfjährigem Studium der Philosophie, Theologie und der 1500 Jahre alten Traditionen des Ordens der Benediktiner erhielt Bruder David die Erlaubnis, Zen zu praktizieren mit buddhistischen Meistern (Hakuun Yasutani Roshi, Soen Nakagawa Roshi und Shunryu Suzuki Roshi). Wie sein Mitbruder und Freund, der verstorbene Thomas Merton, ist er ein Brückenbauer zwischen Ost und West, alten Traditionen und neuen Bedürfnissen. Seit zwei Jahrzehnten bereist er immer wieder alle fünf Kontinente, um über die großen Herausforderungen und Chancen unserer Zeit zu sprechen. Zahlreiche Veröffentlichungen, darunter: *Fülle und Nichts*, München 1988 (Neuauflage), und *Die Achtsamkeit des Herzens. Ein Leben in Kontemplation*, München 1988.

Varela, Francisco J., geb. 1946 in Santiago de Chile. Studierte Medizin an der Universität von Santiago de Chile und Biologie an der Harvard University, USA, wo er auch in Biologie promovierte. Varelas durch internationale akademische Auszeichnungen anerkannte Forschungsarbeit konzentriert sich auf die biologischen und kybernetischen Grundlagen des Erkennens und des Bewußtseins. Nach Forschungsarbeiten an der Harvard University, der University of Colorado, bei den Brain Research Laboratories der New York University und am Max-Planck-Institut für Gehirnforschung in Frankfurt ist er seit 1985 als Professor für kognitive Wissenschaft und Epistemologie in Lehre und Forschung an der Ecole Polytechnique der Universität von Paris tätig. Außerdem ist er Professor für Biologie an der Universität von Santiago de Chile und als Berater für Institute, Universitäten und die Industrie in der westlichen Welt wie in Ostasien tätig. Zahlreiche Veröffentlichungen, darunter: (mit Humberto Maturana) *Der Baum der Erkenntnis. Die biologischen Wurzeln des menschlichen Erkennens – wie wir die Welt durch unsere Wahrnehmung erschaffen*, Bern/München/Wien 1987.

WEIZSÄCKER, Carl Friedrich Freiherr von, geb. 1912 in Kiel. Studierte Physik und Philosophie an den Universitäten Berlin, Göttingen und Leipzig (1929–33), wo er 1933 in Physik promovierte und sich 1936 habilitierte. Lehr- und Forschungstätigkeit am Kaiser-Wilhelm-Institut für Physik in Berlin (1936–42), an der Universität Straßburg (1942–44) und am Max-Planck-Institut für Physik in Göttingen (1946–57); Professor für Philosophie an der Universität Hamburg (1957–70) und Direktor am Max-Planck-Institut zur Erforschung der Lebensbedingungen der wissenschaftlich-technischen Welt (1970–80). Wichtige Arbeiten auf dem Gebiet der Astrophysik (Bethe-Weizsäcker-Zyklus als Prozeß zur Erzeugung der Sonnenenergie) und Kosmologie, insbesondere auch zur Entstehung des Planetensystems und der Galaxien und zur Sternenentwicklung. Grundlegende Betrachtungen zur Quantenphysik und ihrer philosophischen Ausdeutung. Versuch einer einheitlichen Naturbeschreibung durch radikale Berücksichtigung der durch die Quantentheorie geforderten neuen Erkenntnisse (Quantenlogik, semantische Konsistenz).

ZIMMERLI, Walther Ch., Prof. Dr. phil. habil., geb. 1945 in Zürich. Nach Studien am Yale-College sowie den Universitäten Göttingen und Zürich Lehrtätigkeit an der Universität Zürich; 1978–88 o. Professor für Philosophie, 1982–88 auch Leiter des Seminars B für Philosophie an der TU Braunschweig; seit 1988 Inhaber des Lehrstuhls II für Philosophie an der Universität Bamberg und Direktoriumsmitglied im Institut für Gesellschaft und Wissenschaft an der Universität Erlangen-Nürnberg; lehrt außerdem an der Universität Zürich. Hauptforschungsgebiete: Philosophie der Wissenschaften und Technologie, Sozialphilosophie, Ethik, Ästhetik, politische Philosophie, Geschichte der neuzeitlichen Philosophie, bes. der Aufklärung, des Deutschen Idealismus und der Gegenwart. Zahlreiche Veröffentlichungen, darunter: *Die Frage nach der Philosophie. Interpretationen zu Hegels «Differenzschrift»*, Bonn [2]1986; *Homo faber ignorans? Technisches Können – technologisches Wissen – menschliche Moral*, Wien 1988; *Technologisches Zeitalter oder Postmoderne?* (als Hrsg.), München 1988.